年鉴

SOOCHOW UNIVERSITY YEARBOOK

2023

张晓宏　主编
苏州大学档案馆　编

2022年1月7日,苏州大学哲学社会科学联合会成立大会暨第一次代表大会召开

2022年1月11日,苏州大学2021年度本科教学与科研工作总结表彰大会召开

2022年1月12日,苏州大学2021年度综合考核工作汇报会召开

2022年1月15日,苏州大学苏州医学院2022年工作会议召开

2022年1月18日,苏州大学、宿迁学院对口援建协议签约仪式举行

2022年1月19日,"学党史 办实事 惠民生"苏州大学附属儿童医院帮扶广西百色地贫患儿骨髓移植项目暨右江民族医学院附属医院首例地贫患儿骨髓移植启动仪式举行

2022年1月26日,苏州教育局、苏州大学共建"苏州大学附属苏州十中"协议签约及揭牌仪式举行

2022年1月27日,苏州大学、苏州高铁新城管理委员会深化教育合作备忘录签约仪式举行

2022年3月15日,苏州大学举行全国"两会"精神学习报告会暨校党委理论学习中心组(扩大)学习会

2022年5月17日,新任职、新提拔、新转岗中层干部集中廉政谈话会召开

2022年5月25日—26日,苏州大学八届三次教职工代表大会召开

2022年5月26日,在由苏州大学共同发起成立的苏州市大院大所党建联盟成立大会上,举行校地党建共同体合作协议签约仪式

2022年6月9日，江苏省地方立法研究基地（苏州大学）揭牌仪式举行

2022年6月15日，江苏省财政厅、江苏省教育厅支持苏州大学建设高水平特色商学院揭牌仪式举行

2022年6月21日,苏州大学2022年毕业典礼暨学位授予仪式举行

2022年6月26日,苏州市人民政府、苏州大学共建"苏州大学江苏师范学院"签约仪式举行

2022年6月29日，苏州大学"两优一先"表彰大会召开

2022年6月30日，苏州大学获"全过程人民民主基层实践基地"授牌

2022年8月11日，苏州大学召开全校干部大会，宣布江苏省委关于校领导班子调整的决定

2022年9月17日，"同根　同源　同梦想"第二届苏州大学与台湾东吴大学文化沙龙举行

2022年9月27日,"苏写青春·放飞梦想"2022年苏州高校新生开学季活动启动暨苏州大学未来校区启用仪式举行

2022年9月30日,中国共产党苏州大学第十三届委员会委员合影

2022年10月6日,苏州大学2022级学生开学典礼举行

2022年10月11日,江苏省学士学位授予质量专项督导工作实地督查活动举办

2022年10月27日,苏州大学与相城区黄桥街道合作办学签约仪式举行

2022年11月5日,苏州大学医学教育110周年发展大会召开

2022年11月11日,苏州大学第五十九届学生、第二十四届教职工体育运动会举行

2022年11月13日,"赓续四十载 逐梦向未来"苏州大学商学院40周年发展大会召开

2022年11月14日,江苏省委宣讲团成员、江苏省委常委、苏州市委书记曹路宝来苏州大学宣讲党的二十大精神

2022年11月19日,"名城名校"2022苏州大学校园马拉松　江苏省大学生马拉松联赛活力开跑

2022年11月26日,"苏州市侨联+苏州大学侨联+苏州大学校友总会"工作机制签约暨"苏州东吴侨创联盟"成立仪式举行

2022年11月26日,苏州大学第三十五次学生代表大会、第三十八次研究生代表大会召开

2022年12月10日,苏州市青年领军企业家训练营结业仪式举行

2022年12月28日,苏州大学东吴海外高层次人才学术交流会开幕式举行

苏州大学年鉴

2023

张晓宏　主编
苏州大学档案馆　编

苏州大学出版社

图书在版编目（CIP）数据

苏州大学年鉴 . 2023 / 张晓宏主编；苏州大学档案馆编 . -- 苏州：苏州大学出版社，2024. 12. -- ISBN 978-7-5672-5044-4

Ⅰ. G649.285.33-54

中国国家版本馆 CIP 数据核字第 2024U24V66 号

书　　名	苏州大学年鉴 2023 SUZHOU DAXUE NIANJIAN 2023
主　　编	张晓宏
编　　者	苏州大学档案馆
责任编辑	杨　柳
装帧设计	吴　钰
出版发行	苏州大学出版社 （地址：苏州市十梓街 1 号　邮编：215006）
印　　刷	苏州工业园区美柯乐制版印务有限责任公司
开　　本	787 mm×1 092 mm　1/16
字　　数	1337 千
印　　张	52.25　插页 10
版　　次	2024 年 12 月第 1 版 2024 年 12 月第 1 次印刷
书　　号	ISBN 978-7-5672-5044-4
定　　价	188.00 元

图书若有印装错误，本社负责调换
苏州大学出版社营销部　电话：0512-67481020
苏州大学出版社网址　http://www.sudapress.com
苏州大学出版社邮箱　sdcbs@suda.edu.cn

《苏州大学年鉴2023》编委会名单

主　　编　　张晓宏
执行主编　　徐云鹏
副 主 编　　刘春雷　于毓蓝　卜谦祥　庄刘成
编　　委　　（以姓氏笔画为序）
　　　　　　王凝萱　叶晓静　刘　萍　张志平
　　　　　　曹　晨　崔瑞芳

目录 Contents

学校沿革示意图

学校综述

  苏州大学概况 …………………………………………………………………… (3)
  苏州大学2022年度工作总结 …………………………………………………… (6)

重要文献

  苏州大学2022年度工作要点 …………………………………………………… (13)
  在2022年全面从严治党工作会议上的讲话 …………………………………… (21)
  喜迎"二十大"　一起向未来
    ——校长熊思东在苏州大学八届三次教职工代表大会上的工作报告
    ……………………………………………………………………………… (27)
  校党委书记江涌在苏州大学八届三次教职工代表大会上的讲话 …………… (37)
  最好的你们，可好?!
    ——校长熊思东在2022年毕业典礼暨学位授予仪式上的讲话 ………… (41)
  党委常委会工作报告
    ——校党委书记江涌在校党委十二届十八次全会上的报告 …………… (45)
  校党委书记江涌在中国共产党苏州大学第十三届委员会第一次全体会议上的讲话
    ……………………………………………………………………………… (54)
  做逐梦世界的苏大人
    ——校长张晓宏在苏州大学2022级学生开学典礼上的讲话 …………… (57)
  培优建强"第一资源"　支撑中国式现代化建设
    ——校长张晓宏发表于《神州学人》 …………………………………… (60)

踔厉奋发　勇毅前行　全面贯彻党的二十大精神　推进"双一流"建设苏大新实践
——校党委副书记张晓宏在校党委十三届二次全会上的报告 …………… (64)

2022年大事记

1月 …………………………………………………………………………… (77)
2月 …………………………………………………………………………… (79)
3月 …………………………………………………………………………… (81)
4月 …………………………………………………………………………… (84)
5月 …………………………………………………………………………… (87)
6月 …………………………………………………………………………… (89)
7月 …………………………………………………………………………… (92)
8月 …………………………………………………………………………… (95)
9月 …………………………………………………………………………… (99)
10月 ………………………………………………………………………… (103)
11月 ………………………………………………………………………… (106)
12月 ………………………………………………………………………… (111)
2022年 ……………………………………………………………………… (115)

各类机构设置、机构负责人及有关人员名单

苏州大学党群系统机构设置 ……………………………………………… (119)
苏州大学行政系统、直属单位机构设置 ………………………………… (124)
苏州大学中层及以上干部名单 …………………………………………… (136)
苏州大学第十四届工会委员会委员名单及各分工会主席名单 ………… (165)
2022年苏州大学共青团组织干部名单 …………………………………… (167)
苏州大学有关人士在各级人大、政协、民主党派及统战团体任职名单 … (172)
苏州大学有关人员在校外机构任职名单 ………………………………… (178)
2022年党政常设非编机构 ………………………………………………… (251)
2022年苏州大学及各校友分会主要负责人情况 ………………………… (255)

院（部）简介

文学院 ……………………………………………………………………… (263)

传媒学院 …………………………………………………………………… (266)

社会学院 …………………………………………………………………… (269)

政治与公共管理学院 ……………………………………………………… (272)

马克思主义学院 …………………………………………………………… (275)

教育学院 …………………………………………………………………… (278)

商学院 ……………………………………………………………………… (281)

王健法学院 ………………………………………………………………… (283)

外国语学院 ………………………………………………………………… (286)

金螳螂建筑学院 …………………………………………………………… (289)

数学科学学院 ……………………………………………………………… (293)

物理科学与技术学院 ……………………………………………………… (296)

光电科学与工程学院 ……………………………………………………… (299)

能源学院 …………………………………………………………………… (302)

材料与化学化工学部 ……………………………………………………… (305)

纳米科学技术学院 ………………………………………………………… (308)

计算机科学与技术学院 …………………………………………………… (311)

电子信息学院 ……………………………………………………………… (314)

机电工程学院 ……………………………………………………………… (317)

沙钢钢铁学院 ……………………………………………………………… (320)

纺织与服装工程学院 ……………………………………………………… (323)

轨道交通学院 ……………………………………………………………… (326)

体育学院 …………………………………………………………………… (329)

艺术学院 …………………………………………………………………… (332)

音乐学院 …………………………………………………………………… (335)

苏州医学院 ………………………………………………………………… (338)

苏州医学院基础医学与生物科学学院 …………………………………… (341)

苏州医学院放射医学与防护学院 ………………………………………… (344)

苏州医学院公共卫生学院 ………………………………………………… (347)

苏州医学院药学院 ………………………………………………………… (350)

苏州医学院护理学院 ……………………………………………………… (353)

巴斯德学院 ………………………………………………………………… (356)

东吴学院 …………………………………………………………………… (359)

红十字国际学院 …………………………………………………………… (362)
　　师范学院 ……………………………………………………………………… (365)
　　未来科学与工程学院 ………………………………………………………… (368)
　　敬文书院 ……………………………………………………………………… (371)
　　唐文治书院 …………………………………………………………………… (375)
　　应用技术学院 ………………………………………………………………… (377)
　　老挝苏州大学 ………………………………………………………………… (378)

附属医院简介

　　苏州大学附属第一医院 ……………………………………………………… (383)
　　苏州大学附属第二医院 ……………………………………………………… (387)
　　苏州大学附属儿童医院 ……………………………………………………… (390)

表彰与奖励

　　2022年度学校、部门获校级以上表彰或奖励情况 ………………………… (395)
　　2022年度教职工获校级以上表彰或奖励情况 ……………………………… (399)
　　2022年度学生集体、个人获校级以上表彰或奖励情况 …………………… (406)
　　苏州大学2021—2022学年各学院（部）获捐赠奖学金情况 ……………… (456)

重要资料及统计

办学规模 ……………………………………………………………………… (461)
　　教学单位情况 ………………………………………………………………… (461)
　　全校各类学生在校人数情况 ………………………………………………… (463)
　　研究生毕业、入学和在校人数情况 ………………………………………… (463)
　　全日制本科生毕业、入学和在校人数情况 ………………………………… (463)
　　成人学历教育学生毕业、在读人数情况 …………………………………… (464)
　　各类全日制在校学生的占比情况 …………………………………………… (464)
　　2022年各类外国留学生人数情况 …………………………………………… (464)
　　2022年港澳台地区各类学生人数情况 ……………………………………… (465)
　　2022年毕业的研究生、本科生（含成人学历教育、结业）名单 ………… (465)

办学层次

2022年苏州大学博士后科研流动站及博士、硕士学位授权点名单 …… (583)

苏州大学各学院（部）全日制本科专业/专业方向设置情况 …… (587)

苏州大学成人学历教育专业情况 …… (592)

教学质量与学科实力 …… (593)

国家基础科学研究与教学人才培养基地 …… (593)

国家级大学生校外实践教学基地 …… (593)

国家创新人才培养示范基地 …… (593)

苏州大学国家级、省部级重点学科，国家一流学科，优势学科，重点实验室，
协同创新中心，公共服务平台，工程（技术）研究中心，重点研究基地及
实验教学示范中心 …… (594)

苏州大学2022年度国家级、省级教育质量工程项目获奖名单 …… (602)

苏州大学2022年全日制本科招生就业情况 …… (610)

2022年度苏州大学科研机构 …… (620)

科研成果与水平 …… (633)

2022年度苏州大学科研成果情况 …… (633)

2022年度苏州大学科研成果获奖情况 …… (635)

2022年度苏州大学国家标准发布情况 …… (656)

2022年度苏州大学承担的省部级及以上项目 …… (658)

教职工队伍结构 …… (732)

教职工人员情况 …… (732)

专任教师学历结构情况 …… (732)

专任教师年龄结构情况 …… (733)

2022年获评副高级及以上技术职称人员名单 …… (734)

2022年聘请讲座教授、客座教授、名誉教授、兼职教授名单 …… (742)

院士名单 …… (744)

2022年入选省级及以上人才工程人员名单 …… (745)

2022年博士后出站、进站和在站人数情况 …… (751)

2022年人员变动情况 …… (752)

2022年离休干部名单 …… (778)

2022年退休人员名单 …… (779)

办学条件 ...... (780)
苏州大学办学经费投入与使用情况 ...... (780)
2022年苏州大学总资产情况 ...... (781)
苏州大学土地面积和已有校舍建筑面积 ...... (782)
苏州大学实验教学示范中心情况 ...... (783)
苏州大学图书馆馆藏情况 ...... (785)

海外交流与合作 ...... (787)
2022年公派出国（境）人员情况 ...... (787)
2022年在聘中国语言文教专家和外籍及港澳台籍教师情况 ...... (791)
2022年苏州大学与国（境）外大学交流合作情况 ...... (797)
2022年苏州大学举办各类短期汉语培训班情况 ...... (800)
2022年各类外国留学生人数情况 ...... (800)
2022年港澳台地区各类学生人数情况 ...... (800)
2022年港澳台地区各类单位校际来访情况 ...... (801)

2022年苏州大学规章制度文件目录 ...... (802)

2022年市级及以上媒体关于苏州大学的报道部分目录 ...... (807)

后 记 ...... (820)

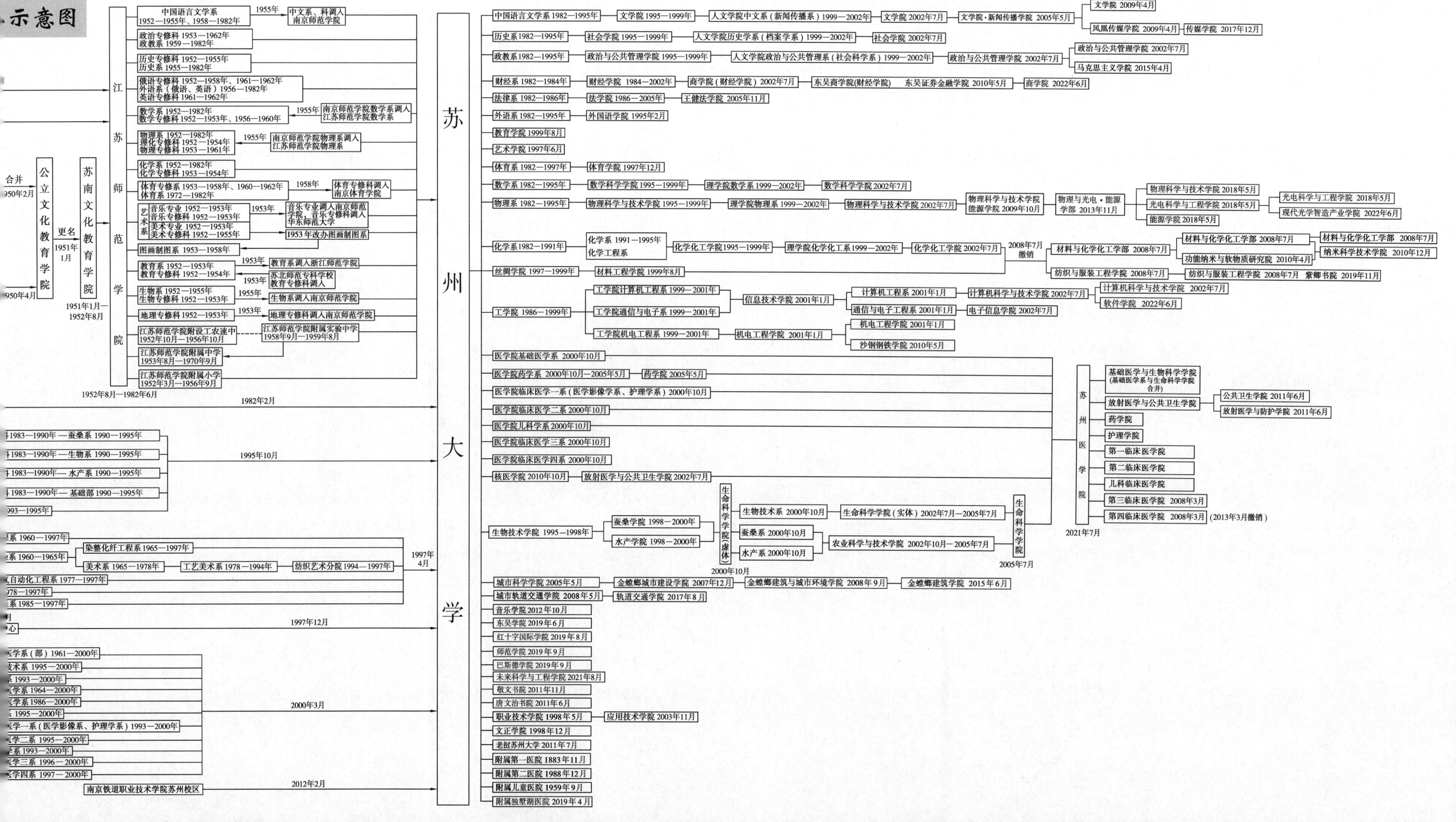

学校综述

苏州大学概况

（2022 年 12 月）

苏州大学是国家"211 工程""2011 计划"首批入列高校，是国家"双一流"建设高校，是教育部与江苏省人民政府共建"双一流"建设高校、国家国防科技工业局和江苏省人民政府共建高校，是江苏省属重点综合性大学，其主要前身为创办于 1900 年的东吴大学。

学校设有 36 个学院（部），135 个本科专业，50 个一级学科硕士点、33 个专业学位硕士点，31 个一级学科博士点、1 个专业学位博士点、30 个博士后科研流动站；学校现有 1 个国家一流学科，4 个国家重点学科，20 个江苏高校优势学科，6 个"十四五"江苏省重点学科。

学校有全日制本科生 28 021 人，硕士生 17 422 人，博士生 2 004 人，留学生 1 501 人；教职工 5 994 人，专任教师 3 682 人，拥有包括 1 位诺贝尔奖获得者、10 位两院院士在内的各类国家级人才 335 人次。

学校现有天赐庄校区、独墅湖校区、阳澄湖校区、未来校区四大校区，占地面积 3 835 亩（约 255.67 平方米），建筑面积 178 万余平方米。

【办学综合实力进一步增强】

2022 年，学校研究型大学内涵建设不断深化。根据最新的第三方国际权威排名，苏州大学分别居英国"泰晤士高等教育亚洲大学排行榜"内地高校第 35 位、亚洲高校第 114 位，美国"U.S. News 世界大学排名"内地高校第 30 位、全球高校第 311 位，上海"软科世界大学学术排名"内地高校第 14—26 位、全球第 151—200 位。

【一流本科教育加速推进】

2022 年，学校有 14 个专业入选第三批国家级一流本科专业建设点，8 个专业入选省级一流本科专业建设点，2 个项目获批双学士学位复合型人才培养项目。学校计算机科学与技术学院入选国家首批特色化示范性软件学院名单。学校获批省级基础学科拔尖学生培养基地 3 个、省级优秀基层教学组织 3 个，立项国家级、省级虚拟教研室建设试点项目各 1 个，荣获江苏省教学成果奖 13 项。

【研究生教育改革不断深化】

2022年，学校完善卓越研究生培养体系，推进与世界高水平高层次合作院校共建博士生联合培养项目，入选首批江苏省研究生导师在线培训基地。1名导师获评江苏省"十佳研究生导师"。研究生教育连续三年获评江苏高校研究生教育工作综合评价A等第一。

【人才培养成果显著】

2022年，学校学生在学科竞赛榜单赛事中喜获国家级奖项266个，其中，中国国际"互联网+"大学生创新创业大赛金奖4项；"挑战杯"全国大学生课外学术科技作品竞赛特等奖、一等奖2项，再捧全国"挑战杯"优胜杯。

【学科建设水平继续提升】

2022年，学校顺利入选第二轮"双一流"建设高校，材料科学与工程学科入选"世界一流学科"建设名单。第五轮学科评估表现优异，5个学科综合实力进入全国第一梯队。新增综合交叉学科进入基本科学指标数据库（ESI）全球排名前1%，16个学科位列前1%，其中，化学、材料科学2个学科稳居前1‰，综合排名居全国第21位。

【人才强校战略深入实施】

2022年，学校实施人才强校战略，深化评价机制改革，完善高层次人才发展支持体系。制定第五轮岗位设置与聘用工作实施办法，推进职员制改革、"三定"工作，整体优化机构职责体系。抢抓海外人才回流机遇，成立人才工作办公室，做好海外人才的引进和服务工作。新增发达国家院士3人、国家级重点人才23人。引进教学科研人员264人，其中，特聘教授27人、优秀青年学者58人，柔性引进海内外知名专家学者31人。朱永新教授荣获全球最大教育单项奖"一丹奖"。26人次入选2022"全球高被引科学家"名单，入选人次连续五年居内地高校前5位、江苏省高校第1位。

【科技创新能力进一步提高】

2022年，学校主动融入国家战略布局，江苏省先进负碳技术重点实验室进入重组试点（首批三家，学校为全省唯一进入试点的新建重点实验室）。成立先进技术处、国基前沿科技创新研究院，科技创新体制机制改革迈入"深水区"。服务国家重大战略需求，阮长耿院士荣获2021年度江苏省唯一一项江苏省基础研究重大贡献奖，26项成果在江苏省科学技术奖励大会上受到表彰。获批全国科普教育基地1个。一批专家学者在中国空间站舱内辐射环境测量模块研制、抗肿瘤免疫治疗等领域做出贡献。蓄力推动有组织科研，获批国家自然科学基金项目341项。国家大学科技园在江苏省科技企业孵化器绩效评估中连续五年获评优秀。实现"国军标""国标"质量体系双认证。

【人文社科研究进一步加强】

2022年,学校强化文科科研目标管理,创建交叉研究和特色研究学术团队。成立苏州大学哲学社会科学联合会,主动谋划重点领域研究和社科普及工作。立项人文社科国家级科研项目49项,其中,冷门绝学专项1项,填补空白。获得高等教育科学研究优秀成果奖4项、江苏省社科应用研究精品工程优秀成果奖2项、江苏省哲学社会科学优秀成果奖46项。获批国家体育总局东吴体育智库、体育科技与健康科普基地,以及高校社科传播与应用基地、江苏省地方立法研究基地、江苏省新时代民营经济研究院。提升咨政建言成效,在省部级及以上内参刊发或被批示123篇次,其中,9篇获党和国家领导人肯定性批示。东吴智库在江苏省重点培育智库中排名第一。2个项目入选"十四五"时期国家重点图书出版专项规划,《苏州通史》《苏州民族民间音乐集成》荣获江苏省新闻出版政府奖图书奖。《苏州大学学报(教育科学版)》复印报刊资料转载率排名全国第六。

【服务地方能力不断提升】

2022年,学校深入推进开放办学,实施名城名校融合发展战略。未来校区一期投入使用,与苏州市人民政府共建江苏师范学院,与江苏省财政厅、江苏省教育厅共建商学院。医学教育110周年发展大会、商学院40周年发展大会、恢复法学教育40周年庆祝活动相继举办。成立苏州东吴侨创联盟,汇聚侨心侨力。苏州大学附属第一医院、苏州大学附属儿童医院获评江苏省研究型医院,苏州大学附属第二医院被认定为江苏省研究型医院建设单位。苏州大学附属儿童医院专家团队坚守广西百色右江民族医学院附属医院开展地贫症防治技术支援。

【国际交流与合作持续推进】

2022年,学校拓展国际合作交流资源,签署合作协议21份。发展与共建"一带一路"国家及地区的教育合作交流,探索搭建国际联合实验室。深入开展全国红十字系统人道事务培训、国际人道合作交流。老挝苏州大学获教育部留学服务中心学历认证。学校获批江苏省高校国际合作联合实验室2个、江苏省国际化人才培养品牌专业建设项目2个。学校获评江苏省涉外办学工作先进单位。

苏州大学2022年度工作总结

2022年，苏州大学坚持以习近平新时代中国特色社会主义思想为指导，围绕迎接党的二十大、学习宣传贯彻党的二十大精神的主线，深入贯彻落实习近平总书记关于教育的重要论述和关于江苏工作的重要指示精神，落实江苏省第十四次党代会精神，团结带领全校党员干部和师生员工，统筹抓好疫情防控和学校事业发展，统筹发展和安全，纵深推进"双一流"建设。学校顺利入选第二轮"双一流"建设高校。学校党委入选"全国党建工作示范高校"培育创建单位。

一、深入学习贯彻党的二十大精神，凝聚起听党话、跟党走的磅礴力量

开展"强国复兴有我，砥砺奋斗前行"迎接学习宣传党的二十大主题宣传教育活动，通过宣讲团宣讲、中心组学习、中层干部轮训、教职工理论学习、深化理论阐释、开好民主生活会等，引导干部师生深刻领悟"两个确立"的决定性意义，增强"四个意识"，坚定"四个自信"，做到"两个维护"。充分发挥学校党委常委会"第一议题"学习示范带动作用、学校党委理论学习中心组领学促学作用，深入学习贯彻党的二十大精神，及时跟进学习习近平总书记在省部级主要领导干部专题研讨班上的重要讲话精神、在中国人民大学考察时的重要讲话精神及《习近平谈治国理政》第四卷等的重点内容。全覆盖做好对全校院级党委理论学习中心组的巡学旁听。学校党委理论学习中心组再次获评全省县以上党委理论学习中心组示范点。配合上级做好学校领导班子换届工作。召开学校第十三次党代会，明确"三步走"发展战略与阶段目标，选举产生学校第十三届党委和纪委，对今后五年的重点工作做出部署。严格执行党委领导下的校长负责制，落实党委全会、党委常委会和校长办公会议事规则及"三重一大"决策制度，就重大事项进行研究决策。各民主党派依照各自章程推进工作，各级人大代表和政协委员积极参政议政、建言献策，1个案例获评江苏省高校统战工作实践创新成果一等奖。召开学校八届三次教代会，推进二级教代会建设，开展庆祝建团百年表彰大会等"十个一"系列活动。1个团支部获评"全国五四红旗团支部"，学校团委获评"江苏省五四红旗团委"。

二、科学精准抓好疫情防控工作，全力统筹发展与安全

贯彻习近平总书记关于统筹疫情防控和经济社会发展的重要论述精神，坚持师生至上、生命至上，慎终如始抓好疫情防控工作，落细落实核酸检测、人员排查、环境消杀、服务保障、应急处突等各项举措，多方协同确保线上教学、考试工作有序开展。"10·

11"疫情发生以后，校地组建疫情联防联控工作指挥部，加强统一指挥，系统落实举措，取得阶段性抗疫成果。根据国务院联防联控机制要求和疫情形势，优化防控举措，加强健康教育，支持学生返乡，精心做好人文关怀。积极贡献苏大抗疫力量，附属医院派出数万人次支援苏州核酸采样、600余人次驰援上海。划拨党费50万元，加强对医护人员的关心关爱。树牢总体国家安全观，以"江苏省高质量平安校园建设高校"创建为抓手，构建大安全防控体系，维护校园政治稳定，加强专项整治和安全教育，提高安全信息化水平。制订安全稳定工作方案，增强应急处突能力，加强警校联动，维护校园安全和谐稳定。坚持党管保密原则，夯实保密工作责任制，重视保密日常管理。

三、守正创新加强思想政治工作，落实意识形态工作责任制

出台《关于推动党史学习教育常态化长效化的实施方案》，巩固拓展党史学习教育成效。发挥思政课铸魂育人主渠道作用，马克思主义学院四度获评"江苏省示范马克思主义学院"。承办江苏省高校思政课现场教学展示活动，获批首批江苏高校思想政治工作质量提升工程建设项目2项、江苏省研究生课程思政示范课1项。实施"铸魂逐梦"工程，试点建设未来校区社区等"一站式"学生社区，相关经验在全国高校思政工作简报、江苏省教育厅教育工作简报上刊发，获得江苏省委领导批示。配齐建强辅导员队伍，推动辅导员转编工作，1人获评"江苏省高校辅导员年度人物"。开展铸牢中华民族共同体意识教育，民汉双语志愿服务团获评江苏省"红石榴家园"。加强国防教育，全年入伍24人。完善教师思想政治和师德师风建设机制，汇编师德手册和师德师风失范案例，开展师德师风专项教育调研。启动"铸魂润心"强师行动计划，宣传"全国高校黄大年式教师团队"等先进典型。修订新闻宣传工作管理办法，聚焦党的建设、立德树人、队伍建设、科学研究等主题，在《人民日报》等国家和省市级主流媒体发表稿件300余篇。严格落实意识形态工作责任制。

四、持续深化教育教学改革，提升人才培养质量

推进一流本科教育改革，制订未来精英（Fe）计划实施方案、本科生学籍管理办法等。14个专业入选第三批国家级一流本科专业建设点，8个专业入选省级一流本科专业建设点，2个项目获批双学士学位复合型人才培养项目。学校计算机科学与技术学院入选国家首批特色化示范性软件学院名单。学校获批省级基础学科拔尖学生培养基地3个、省级优秀基层教学组织3个，立项国家级、省级虚拟教研室建设试点项目各1个，荣获江苏省教学成果奖13项。完善卓越研究生培养体系，深化"五育融合"育人机制，推进与世界高水平高层次合作院校共建博士生联合培养项目，获评中国专业学位教学案例中心入库案例1项，入选首批江苏省研究生导师在线培训基地。1名导师获评江苏省"十佳研究生导师"。研究生教育连续三年获评江苏高校研究生教育工作综合评价A等第一。健全"五育并举"一体化育人体系，开展群众性体育活动150余场，获得江苏省第二十届运动会（高校部）团体总分第一、大学生志愿服务西部计划绩效考核优秀等次。成立创新创业学院，学生在学科竞赛榜单赛事中喜获国家级奖项266个，其中，中国国际"互联网+"大学生创新创业大赛金奖4项；"挑战杯"全国大学生课外学术科技作品竞赛特等奖、一等

奖 2 项，再捧全国"挑战杯"优胜杯。稳妥做好招生工作，录取本科生 6 643 人，江苏省内录取规模位居省内"双一流"高校前列。完善博士生申请考核制，录取博士生 496 人、硕士生 6 065 人，规模保持稳定。打造继续教育产才学研用基地，入选首批"工业和信息化重点领域产业人才基地联合建设机构目录"。

五、培优育强第一资源，厚培人才发展沃土

实施人才强校战略，深化评价机制改革，完善高层次人才发展支持体系。制定第五轮岗位设置与聘用工作实施办法，推进职员制改革、"三定"工作，整体优化机构职责体系。抢抓海外人才回流机遇，举办东吴海外高层次人才学术交流会。成立人才工作办公室，做好海外人才的引进和服务工作。新增发达国家院士 3 人、国家级重点人才 23 人。引进教学科研人员 264 人，其中，特聘教授 27 人、优秀青年学者 58 人，柔性引进海内外知名专家学者 31 人。朱永新教授荣获全球最大教育单项奖"一丹奖"，一批教师获得"十大医学泰斗""十大医学贡献专家""中国青年科技奖""全国五一劳动奖章""全国七五普法先进个人""全国青年岗位能手""江苏省侨界杰出人物""江苏省教学名师"等荣誉。26 人次入选 2022"全球高被引科学家"名单，入选人次连续五年居内地高校前 5 位、江苏省高校第 1 位。

六、打造学科发展集群，提升科研创新能力

推进四层次学科体系建设，材料科学与工程学科入选"世界一流学科"建设名单。第五轮学科评估表现优异，5 个学科综合实力进入全国第一梯队。新增综合交叉学科进入 ESI 全球排名前 1%，16 个学科位列前 1%，其中，化学、材料科学 2 个学科稳居前 1‰，综合排名居全国第 21 位。

主动融入国家战略布局，江苏省先进负碳技术重点实验室进入重组试点（首批三家，学校为全省唯一进入试点的新建重点实验室），与中国科学院苏州纳米技术与纳米仿生研究所共建纳米材料界面科学与应用技术实验室，培育国家战略科技力量。成立先进技术处、国基前沿科技创新研究院，科技创新体制机制改革迈入"深水区"。服务国家重大战略需求，阮长耿院士荣获 2021 年度江苏省唯一一项江苏省基础研究重大贡献奖，26 项成果在江苏省科学技术奖励大会上受到表彰。获批全国科普教育基地 1 个。一批专家学者在中国空间站舱内辐射环境测量模块研制、抗肿瘤免疫治疗等领域做出贡献。蓄力推动有组织科研，获批国家自然科学基金项目 341 项，其中，国家级重点重大项目 63 项。国家大学科技园在江苏省科技企业孵化器绩效评估中连续五年获评优秀。实现"国军标""国标"质量体系双认证。

强化文科科研目标管理，创建交叉研究和特色研究学术团队。成立苏州大学哲学社会科学联合会，主动谋划重点领域研究和社科普及工作。立项人文社科国家级科研项目 49 项，其中，冷门绝学专项 1 项，填补空白。获得高等教育科学研究优秀成果奖 4 项、江苏省社科应用研究精品工程优秀成果奖 2 项、江苏省哲学社会科学优秀成果奖 46 项。获批国家体育总局东吴体育智库、体育科技与健康科普基地，以及高校社科传播与应用基地、

江苏省地方立法研究基地、江苏省新时代民营经济研究院。提升咨政建言成效，在省部级及以上内参刊发或被批示123篇次，其中，9篇获党和国家领导人肯定性批示。东吴智库在江苏省重点培育智库中排名第一。2个项目入选"十四五"时期国家重点图书出版专项规划，《苏州通史》《苏州民族民间音乐集成》荣获江苏省新闻出版政府奖图书奖。《苏州大学学报（教育科学版）》复印报刊资料转载率排名全国第六。

七、深化校地融合战略，双向赋能聚势发展

深入推进开放办学，实施名城名校融合发展战略。未来校区一期投入使用，与苏州市人民政府共建江苏师范学院，与江苏省财政厅、江苏省教育厅共建商学院。医学教育110周年发展大会、商学院40周年发展大会、恢复法学教育40周年庆祝活动相继举办。成立苏州东吴侨创联盟，汇聚侨心侨力。推动实验系列学校、附属系列学校品牌建设。做好对贵州医科大学、拉萨师范高等专科学校、青海民族大学、宿迁学院等的支援帮扶工作。苏州大学附属第一医院、苏州大学附属儿童医院获评江苏省研究型医院，苏州大学附属第二医院被认定为江苏省研究型医院建设单位。苏州大学附属儿童医院专家团队坚守广西百色右江民族医学院附属医院开展地贫症防治技术支援。拓展国际合作交流资源，签署合作协议21份。发展与共建"一带一路"国家及地区的教育合作交流，探索搭建国际联合实验室。与爱尔兰皇家外科医学院合作申报国际创新药学院。深入开展全国红十字系统人道事务培训、国际人道合作交流。老挝苏州大学获教育部留学服务中心学历认证。学校获批江苏省高校国际合作联合实验室2个、江苏省国际化人才培养品牌专业建设项目2个。学校获评江苏省涉外办学工作先进单位。

八、提升学校治理能力，强化师生服务保障

全面加强依法治校，修订《苏州大学章程》，出台法治宣传教育第八个五年规划。完善内部治理体系，深化"以院办校"，系统推进苏州医学院体制机制改革。多渠道筹集办学资金，强化财务预算绩效管理。推动内控制度向二级单位延伸。实现审计整改闭环管理。完成95家所属企业改革，健全管理机制。坚持以师生为中心的办学理念，制定2022年度"我为群众办实事"项目清单，其中，校级项目18项、院级项目97项，年度任务结项率达100%。制定和实施书记校长访企拓岗促就业长效机制，助力毕业生更加充分、更高质量就业，年终毕业去向落实率为94.56%，同比提升0.70个百分点，其中，本科生升学出国（境）率为43.22%，同比提升2.65个百分点。完善学生奖助体系和心理健康工作体系，与苏州大学附属广济医院签署"医校合作"协议。持续改善办学条件，推进独墅湖校区体育馆与学生中心建设和东吴大学旧址一期改造工程，完成一批宿舍、教学楼和体育场馆等的维修改造，天赐庄校区新建学生宿舍等项目建成投用。增加5 280万元用于提高省属高校和校内综合考核奖励发放水平，完成老职工一次性购房补贴审批发放。落实离退休老同志的政治待遇、生活待遇，有序开展离休干部家庭适老化改造等工作。离退休工作部（处）获评"全省老干部工作先进集体"。学校获评首批"江苏省绿色学校（高校）"。

九、纵深推进全面从严治党，营造风清气正的政治生态

对照"全国党建工作示范高校"创建任务指南，制订示范创建方案，实施六大党建赋能工程，实现党建业务互融互促。2个第二批"全国党建工作样板支部"通过创建验收。3个党组织入选第三批"全国党建工作样板支部"创建单位，入选支部数创近年来新高。4个党组织入选首批江苏省党建工作标杆院系、样板支部培育创建单位。贯彻落实组织工作条例，坚持抓基层强基础，实施三级党建书记项目，开展教职工党支部书记示范培训和组织员专题培训，做好基层党组织书记抓党建工作述职评议，召开"两优一先"表彰大会，纵深推进"强基创优"。严把发展党员入口关，全年发展党员1 405名。强化对高知群体的政治引领和政治吸纳，发展高知群体党员95名。共同发起成立苏州市大院大所党建联盟，加快聚集创新要素。召开机关与直属单位党的建设工作会议，全面提高机关党建质量。《新时代苏州大学基层党建的创新与实践》获评江苏省党员教育培训教材展示交流活动优秀教材奖。建设高素质专业化干部队伍，坚持德才兼备、以德为先，完成32名干部的民主推荐和考察、22名试用期满干部的民主测评和考察、35名干部的交流轮岗工作。修订党校工作条例。承办江苏省高校院（系）党政负责人培训班。选派年轻干部到博士服务团、省第十五批科技镇长团、乡村振兴工作队等挂职锻炼，推荐3名干部到地方交流任职，增强干部推动高质量发展的本领。强化干部管理和经常性监督。健全全面从严治党体系，制定年度全面从严治党"四责"清单，常态化开展校党委纪委季度会商，压紧压实管党治党政治责任。开展省考校考相贯通的综合考核，首创立德树人专项监测。高质量完成学校十二届党委巡察刚性全覆盖，组织进行巡察"回头看"和整改质效评估工作。围绕江苏省委巡视反馈问题整改落实情况、疫情防控等，以政治监督为统领，协同推进专项监督、日常监督。贯彻中央八项规定精神，推进整治形式主义、官僚主义为基层减负专项行动，举办干部"廉洁从政、廉洁从业"教育讲座。开展《信访工作条例》宣传月和廉洁文化宣传教育月活动。深化纪检监察体制改革，支持校纪委依规依纪依法查信办案。学校党委在全省组织部长会议、全省高校人才队伍建设推进会、高质量党建引领江苏高等教育高质量发展暨高校党组织"强基创优"建设推进活动上做交流发言。

重要文献

苏州大学 2022 年度工作要点

一、总体要求

全面学习贯彻习近平新时代中国特色社会主义思想，认真贯彻落实党的十九大和十九届历次全会精神，深入落实习近平总书记关于教育的重要论述、对江苏工作重要指示精神和江苏省第十四次党代会精神，加强党对教育工作的全面领导，贯彻党的教育方针，坚持社会主义办学方向，坚持稳中求进工作总基调，为党育人、为国育才，更高质量落实立德树人根本任务，更高水平推进"双一流"建设，以优异成绩迎接党的二十大胜利召开。

二、主要内容

（一）加强党的建设，提升党建工作水平

1. **加强思想理论武装。** 把学习贯彻习近平新时代中国特色社会主义思想作为首要政治任务，持之以恒坚持"第一议题"学习制度；深入学习贯彻党的十九届六中全会精神，不断深化对新时代党的创新理论的理解和掌握；组织师生迎接、学习、宣传党的二十大专项行动，形成广大干部师生喜迎党的二十大的浓厚氛围；推进党的二十大精神进课堂、进教材、进头脑，将全体师生的思想和行动统一到党的二十大做出的新要求和新部署上；贯彻中央《关于推动党史学习教育常态化长效化的意见》，常态化、长效化开展党史学习教育，巩固拓展党史学习教育成果；认真学习领会全国两会精神，抓好贯彻落实工作。（重点责任单位：党委办公室、校长办公室、党委组织部、党校、党委宣传部、党委学生工作部〈学生工作处〉、党委研究生工作部、党委教师工作部、机关与直属单位党工委、人文社会科学处、马克思主义学院，以及相关部门和学院〈部〉）

2. **加强党的政治建设。** 坚定执行党的政治路线，严格遵守党的政治纪律和政治规矩，深刻认识"两个确立"的决定性意义，胸怀"两个大局"，牢记"国之大者"，不断提高政治判断力、政治领悟力、政治执行力；将党的政治建设融入学校决策部署落实全过程，与各项业务工作紧密结合、相互促进；筹备召开学校第十三次党代会。（重点责任单位：党委办公室、校长办公室、党委组织部、党校、党委宣传部）

3. **强化思想政治和意识形态工作。** 坚持以立德树人为根本任务，筑牢思想政治工作生命线，推动新时代学校思想政治工作高质量发展；积极培育和践行社会主义核心价值观，持续推进全国文明校园建设；加强校园文化建设，丰富文化内涵；进一步强化宣传思想工作队伍建设，做好思想政治工作项目培育和申报及相关评选表彰工作；全面贯彻落实党中央、江苏省委关于意识形态工作的决策部署，落实意识形态工作责任制；加强网络平

台信息自查;扎实推进融媒体建设。(重点责任单位:党委宣传部、党委组织部、党委学生工作部〈学生工作处〉、党委研究生工作部、党委教师工作部、马克思主义学院)

4. 夯实基层党建工作基础。学习贯彻全国、全省组织部长会议精神,全面贯彻新时代党的建设总要求和新时代党的组织路线;认真贯彻落实新修订的《中国共产党普通高等学校基层组织工作条例》,加强党对高校的集中统一领导;推动基层党组织党建工作与中心工作同谋划、同部署、同检查、同考核,完善党建引领保障学校事业发展的体制机制;完善定性定量相结合、科学合理的院级党组织基层党建考核指标体系,加强过程监测和多方评估;深入落实《中共教育部党组关于高校党组织"对标争先"建设计划的实施意见》《新时代江苏高校三级党组织"强基创优"建设计划(2021—2025年)》,培育创建全国和全省党建工作示范高校、标杆院系、样板支部;持续实施三级党组织"书记项目"和抓基层党建工作述职评议;进一步完善教师理论学习制度,加强高知群体政治引领、政治吸纳;持续加强专兼职组织员队伍建设。(重点责任单位:党委组织部、党校、党委教师工作部、人力资源处)

5. 加强新时代干部队伍建设。认真配合上级党组织做好学校领导班子换届工作,加强领导班子建设;适时修订并严格执行选任制度,着力选用忠诚、干净、担当并能够推动学校"双一流"建设的干部;做好任期届满处级领导班子、院级党组织换届工作;加大年轻干部、党外干部队伍建设力度,加强专业技术型干部梯队建设,有计划地对优秀年轻干部进行重点培养、实践锻炼,积极推荐优秀干部到政府部门、兄弟高校挂职和任职;做好中层干部、新提任干部、年轻干部、党外干部教育培训;推动"三项机制"落实,让敢于担当的干部担当,让敢于负责的干部负责;严格执行领导干部个人有关事项报告的"两项法规"落地落细;做好干部日常监督。(重点责任单位:党委组织部、党校、党委统战部、纪委办公室〈巡察办公室〉、人力资源处、审计处)

6. 持续深化党风廉政建设。认真学习贯彻十九届中央纪委六次全会精神,把全面从严治党向纵深推进;深入贯彻《党委(党组)落实全面从严治党主体责任规定》,召开全面从严治党工作会议;切实落实"一岗双责",将党风廉政建设与学校业务工作同部署、同落实、同检查;认真落实《中共中央关于加强对"一把手"和领导班子监督的意见》,加强对"一把手"和领导班子的监督;召开新提拔、新转岗、新任职中层干部集中廉政谈话会,从严从实加强教育监督提醒;加强廉洁文化建设,深化警示教育;抓好学校十二届党委第六轮巡察发现问题整改工作,扎实开展巡察整改"回头看",作好巡察工作"后半篇文章";完善党工委工作机制,健全机关与直属单位监督体系;加强模范机关建设,修订机关作风效能考核办法,探索实行"周一无会日"制度。(重点责任单位:党委办公室、校长办公室、纪委办公室〈巡察办公室〉、机关与直属单位党工委)

7. 抓好统战、群团和关工委工作。认真学习贯彻新修订的《中国共产党统一战线工作条例》,加强党对统一战线工作的集中统一领导;推进党外代表人士队伍建设;组织民主党派和统战团体深入学习贯彻党的二十大精神;推进同心教育实践基地建设;做好港澳台侨、欧美同学会等工作;召开第八届教职工代表大会第三次会议;组织开展庆祝中国共青团成立100周年系列活动;学习贯彻落实中共中央办公厅、国务院办公厅印发的《关于加强新时代关心下一代工作委员会工作的意见》及《中共教育部党组关于加强新时代全国教育系统关心下一代工作委员会工作的意见》，推进关工委优质化建设均衡发展。（重点责任单位：党委统战部、工会、团委、关工委）

(二) 深化内部治理，提高办学治校水平

8. 全面提升治理能力。坚持和完善党委领导下的校长负责制，将制度优势转化为办学治校的强大效能；深入推进依法治校，完成学校章程修订工作；完善法律风险防控体系，制定合同管理实施细则；扩大学术治理的自主权，完善学校、学院（部）两级学术委员会上下联动、左右协同的学术治理体系，打造开放共享的学术治理交互平台；引导和支持广大师生、学生参事参与学校治理；统筹推进"院办校"，激发学院（部）办学活力；深化医学教育体制机制改革。（重点责任单位：党委办公室、校长办公室、校学术委员会、学科建设与发展规划处，以及相关部门和学院〈部〉）

9. 优化办学资源配置。加强学校发展总体规划与设计，进一步优化学科布局、空间布局、创新要素布局；加快学校创新资源与区域需求的深度融合，完善学校中长期建设总体方案，优化调整资源配置，保障学校可持续、高质量发展。（重点责任单位：党委办公室、校长办公室、学科建设与发展规划处、国内合作发展处，以及相关部门和学院〈部〉）

(三) 深化立德树人，落实人才培养根本使命

10. 着力推进思政育人。打造"铸魂逐梦"工程，持续推进本科生成长陪伴计划，开展"1+N"辅导员领航计划；推动"一站式"学生社区综合管理模式改革，完善学生综合素质评价；落实"铸魂润心"强师行动计划，配齐建强师德建设专员队伍；落实"三全育人"，试行学院（部）立德树人专项监测；加强专职思政课教师、专职辅导员、心理健康教育专职教师队伍建设；建立健全教师荣誉表彰体系，做好各类先进典型宣传；多措并举深化思政课改革创新；加强课程思政建设，推动专业课建设与思政课建设同向同行；开展"信仰公开课"品牌系列活动，实施"青马工程"人才培养计划；加强马克思主义学院建设，发挥江苏高校示范马克思主义学院的辐射引领作用。（重点责任单位：党委宣传部、党委组织部、党委学生工作部〈学生工作处〉、党委研究生工作部、党委教师工作部、人力资源处、教务处、团委、马克思主义学院）

11. 推进一流本科建设。按照《普通高等学校本科教育教学审核评估实施方案（2021—2025年）》要求，筹备参与新一轮审核评估；推进国家级、省级一流专业建设结项工作，深化专业内涵建设；筹建专业建设质量监测数据库，促进专业分类建设和动态调整，新增"四新"（新工科、新医科、新农科、新文科）专业2—3个，通过认证专业3—5个；推进未来精英（Fe）计划，探索建立有苏大特色的卓越拔尖人才培养体系；积极探索融合发展育人模式，推动微专业、智工舍书院、国家特色化示范性软件学院建设；加快推进师范学院实体化运行，探索师范专业人才培养新模式；优化"通专融合"课程体系，探索构建模块化专业课程体系；推进"苏大课程2.0"项目立项和建设，推进省级、国家级一流本科课程申报工作，获批国家级一流本科课程不少于10门；立项双学士学位人才培养项目，推进教研教改项目建设；组织国家级教学成果奖申报，争取获评2项；多措并举，着力提升本科生升学率。（重点责任单位：教务处、党委学生工作部〈学生工作处〉、招生就业处、师范学院和相关学院〈部〉）

12. 深化研究生教育改革。继续推进本硕博一体化培养工作；组织高水平国际研究生论坛；深化研究生精品课程建设、研究生课程思政示范课程建设；加强教育硕士实践基地建设，推动与苏州市教育局合作共建教育类研究生联合培养工作站；出台《苏州大学关于实行研究生申请硕士、博士学位科研训练积分制暂行实施办法》；加强学位论文过程管理；深化研究生导师队伍建设；建立完善研究生教育高质量发展评价体系。（重点责任单位：研究生院、党委研究生工作部）

13. 优化"双创"教育模式。创新工作机制和举措，出台《苏州大学创新创业教育实践基地管理办法》，筹建双创学院，加强大学生创新实践基地建设；推进学习工作坊建设，实施本科生创新能力培养计划；选拔学生参加第十三届"挑战杯"中国大学生创业计划竞赛、第八届中国国际"互联网+"大学生创新创业大赛等重大竞赛，力争获得国家级奖项2项；推进大学生职业生涯教育示范基地建设，组织学生参加第十七届大学生职业生涯规划大赛。（重点责任单位：教务处〈学生创新创业教育中心〉、团委）

14. 全面落实"五育并举"。持续推进"五育"融合计划和"8+N"融通计划，持续完善德智体美劳全面培养的育人体系；推动学生文化学习和体育锻炼协调发展；推进江苏学校美育研究中心建设，筹建江苏省学校美育学会，持续开展美育浸润行动计划试点工作；加强教育部中华优秀传统文化传承基地建设；加强学生心理健康管理工作，出版心理健康教育校本教材；做好国防教育和征兵工作。（重点责任单位：党委学生工作部〈学生工作处〉、大学生心理健康教育研究中心、人民武装部、教务处、研究生院、党委研究生工作部、团委、艺术教育中心、东吴学院）

15. 做好招生就业工作。主动应对高考改革，优化招生计划编制，合理制定招录政策；探索建立招生宣传激励机制；持续加大推免生接收力度；多措并举吸引优质研究生生源；深化校政企合作，拓展就业渠道；优化并完善校智慧就业平台；建立就业创业指导优质师资库，打造一批就业指导"名师金课"；实行三位一体扶持措施，帮扶学生就业，确保学校毕业生年终毕业去向落实率不低于92%。（重点责任单位：招生就业处、研究生院、党委研究生工作部）

16. 推动继续教育转型。完善继续教育管理体制和机制；加强继续教育国际交流与合作；调整成人高等教育人才培养方案，推动成人教育向应用型人才培养转型；启动社会自考网络助学工作；拓展培训新领域和新市场；探索开展服务校内教职工的培训项目和服务社会老年群体的培训项目；积极落实人社部等部门"数字技术工程师培育项目"实训配套建设。（重点责任单位：教务处、继续教育学院）

（四）推进人才强校，打造"四有"教师队伍

17. 大力引育优秀人才。组织召开学校人才发展大会，谋划实施新时代人才强校战略；以"云端论坛"的形式定期举办海外高层次人才学术交流会、国际青年学者东吴论坛，加大海外高层次人才引进力度；修订高层次人才计划实施办法，提高人才政策吸引力，全年引进各类高层次人才100位；探索构建定位明确、层次清晰、衔接紧密、可持续发展的人才培育计划，新增国家级人才25位；把好师魂铸造"总开关"，打造"四有"教师队伍；完善博士后管理办法，加大博士后招收宣传力度，推动博士后产学研融合发展，招收博士后200名。（重点责任单位：人力资源处、党委教师工作部、科学技术研究

院、人文社会科学处、教务处、研究生院）

18. 深化人事制度改革。根据江苏省高校人员总量相关规定和批复意见，完成"三定"工作，制订二级单位主要职责、内设机构和人员编制核定方案；完成苏州医学院内设机构和编制核定工作；出台《苏州大学管理人员职员制实施办法》，完善管理人员发展通道；开展第五轮岗位设置与聘用工作；完善教师系列专业技术职务评聘办法；修订《苏州大学教师公派出国（境）管理暂行办法》。（重点责任单位：人力资源处）

（五）瞄准学术前沿，提高科研创新水平

19. 优化学科建设路径。贯彻落实《关于深入推进世界一流大学和一流学科建设的若干意见》，推进"双一流"建设向纵深发展；持续优化学科布局，聚焦内涵建设、特色发展、贡献水平，突出建优促强；做好"江苏高水平大学建设高峰计划"推进工作，高质量完成建设任务；完成第三期江苏省优势学科验收和新一轮江苏省优势学科申报工作，推进新一轮江苏省重点学科建设工作；强化基础学科建设，加快特色学科建设，加强交叉学科建设，探索跨学科、学院合作机制；出台学科建设管理办法，修订学科经费管理办法，遴选一批校级重点支撑或培育学科并予以支持；深化学科绩效管理，提升学科核心竞争力；做好第五轮学科评估结果分析，以评促建。（重点责任单位：学科建设与发展规划处、研究生院、科学技术研究院、人文社会科学处，以及相关部门和学院〈部〉）

20. 增强科技创新活力。聚焦国家重大战略需求和科技创新前沿，坚持自由探索与有组织科研双轮驱动，持续完善高质量科技创新体系；推进国家级、省部级科研平台申报和建设，加强运行指导；做好国家自然科学基金项目申报工作；加大重大创新成果及奖励培育力度；制定重大科技创新成果培育办法，完善评价机制；推进国防军工科研机构和科研团队建设；基本形成标准化、规范化国防科研保密和质量管理体系；做好知识产权管理、横向项目管理和科技成果转化等工作；加快产学研融合一体化创新平台布局，打造校企创新联合体；推进国家大学科技园高质量发展；推进国家、省、校三级协同创新体系建设；加强学校科协建设。（重点责任单位：科学技术研究院、科技党委）

21. 发展人文社会科学。突出创新价值、能力、贡献的评价导向，积极推进有顶层设计、有战略目标、有苏大特色的高质量人文社会科学科研工作；做好国家社会科学基金各类项目培育和申报工作，围绕党的二十大等重大主题开展理论研究和阐释；做好教育部和江苏省哲学社会科学优秀成果奖申报推荐工作；推进人文社会科学创新团队建设，完善科研平台建设和考核机制；修订人文社会科学科研经费管理办法；继续开展学术专著出版支持和"社科名家苏大行"工作，提升学术影响力；实施智库迭代升级行动计划；加强学校社科联建设。（重点责任单位：人文社会科学处、党委宣传部）

（六）推进开放办学，集聚优质教育资源

22. 深化校地融合发展。对接长三角一体化、京津冀协同发展、共建"一带一路"等国家战略，加强校地合作；深化名城名校融合发展，推动应用技术学院转设、原文正学院平稳过渡，推进环苏大文创生态圈建设；做好未来校区一期运行与二期建设启动工作；落实与苏州工业园区深化全面战略合作协议；落实与苏州市教育局合作事项，拓展优质基础教育资源；做好对贵州医科大学、铜仁学院、青海民族大学、拉萨师范高等专科学校、宿迁学院等高校的对口支援工作；持续深化与中国核工业集团有限公司、中国广核集团有限公司、华为技术有限公司、亨通集团有限公司等单位合作；做好"一带一路"标准化教育与研究大学联盟、环太湖高校联盟、独墅湖高校联盟联络工作；完成基金会组织架构调整；举办校友返校日活动；积极拓展校友和社会资源，多渠道募集办学资金。（重点责任单位：党委办公室、校长办公室、国内合作发展处、学科建设与发展规划处、师范学院，以及相关部门和学院〈部〉）

23. 拓展境外合作交流。大力发展与共建"一带一路"国家的教育合作交流；搭建国际联合实验室平台，提高国际科研合作水平；制定海外人才需求和评估体系；开展全球胜任力人才培养项目，大力推进国际组织人才培养工作；加强世界名校"中国学习中心"建设；推进国际化战略中心全面落地；加强留学生招生宣传，促进留学生教育提质增效；建立国际学生交流活动基地；积极推动在地国际化；面向粤港澳大湾区建设重大战略，继续深化与港澳地区高校合作；贯彻落实国家对台工作方针，加强与台湾地区高校的交流与合作；加强老挝苏州大学建设。（重点责任单位：国际合作交流处、港澳台办公室、海外教育学院、老挝苏州大学）

（七）完善保障体系，推动学校持续发展

24. 做好学术支撑工作。加强智慧图书馆建设，做好文献资源建设；推进博物馆智能化建设，发挥博物馆文化阵地作用；加强档案资源数字化和信息化建设；加强期刊建设，提高学术水平；促进出版事业高质量发展，更好地服务教学与科研。（重点责任单位：图书馆、博物馆、档案馆、期刊中心、出版社）

25. 提高财务管理效能。加强预算绩效管理，建立项目预算绩效评价体系，强化绩效评价结果应用，提高资金使用效益；加强学校内部控制建设，完善内控制度体系，推动内控建设向学院（部）延伸，提升财务治理效能；加强财务信息化建设，推进财务信息互通互享，完善智能财务平台，提升服务质量和服务效率。（重点责任单位：财务处、审计处、国有资产管理处）

26. 强化国有资产管理。推进国有资产管理绩效评估工作，对二级单位国有资产管理进行全面绩效评价；强化资产配置预算刚性约束，推进资产配置管理与预算管理相结合，提升管理绩效；盘活存量住房，加强房产出租、出借全过程监管；持续推进教学科研用房改革，优化配置相关单位用房；提高采购管理水平；推进智能制造综合实训平台建设；推进仪器设备开放共享；健全对外投资管理体系，推进学校保留企业改制工作和企业经营目标业绩考核。（重点责任单位：国有资产管理处、财务处、实验室与设备管理处、后勤管理处、分析测试中心、工程训练中心、江苏苏大投资有限公司）

27. 提升审计监督质效。开展领导干部经济责任审计，促进权力规范运行；开展建设工程项目管理审计、基建竣工财务决算审计；探索开展大型维修改造项目绩效评价情况专项调查；开展教育方针政策落实情况跟踪审计；强化审计结果运用。（重点责任单位：审计处、财务处、国有资产管理处）

28. 推进基础设施建设。加快推进天赐庄校区学生宿舍、独墅湖校区体育馆与学生中心在建工程建设；推进天赐庄校区东区体育馆改扩建项目建设；推进唐仲英医学研究大楼内部工程前期工作；推进独墅湖校区学生宿舍项目、独墅湖校区体育场及看台项目申报及

开工建设；推进图书馆维修改造工作；做好东吴大学旧址一期修缮工作及用房腾挪工作；逐级向苏州市、江苏省、国家文物局申报东吴大学旧址二期修缮工程有关工作；加强体育场馆资源管理，着力打造方便学生运动的"体育微公园"；加强教室资源管理；推进学生宿舍、食堂、教学楼、实验楼、体育场馆和空调、电梯的电力保障，以及安全隐患整改等维修与改造工作。（重点责任单位：基本建设处、后勤管理处、后勤基建党委）

29. 推进数智校园建设。改善信息化基础设施，进一步提高网络和应用的稳定性、易用性和安全性；完善学校数据资源目录，实现更充分的数据共享；出台学校数据交换利用等信息化建设和管理规定，优化线上业务流程，统筹推进全校各单位业务数字化建设；持续推进"云中苏大"建设，加快推进全景式画像系统——"苏大鉴略"（iSEE）、"360教室"和苏大通系统升级改造等重点项目建设；继续推进全国云中大学联盟建设工作，适时举行第二届全国智慧校园建设峰会。（重点责任单位：校长办公室、数据资源与信息化建设管理处）

30. 切实增进民生福祉。稳步提高教职工收入待遇；修订工会经费管理办法，规范经费使用；完善帮扶机制，关心帮助困难教职工；推进资助育人工作，完善家庭经济困难学生精准资助长效机制；稳步推进养老保险制度改革，做好养老保险待遇核定工作；落实好离退休同志的政治待遇和生活待遇，协调解决困难；举行退休教职工荣休仪式；常态化推进老职工房改补贴工作；做好2022年度师生体检和新生参保工作；修订完善学生食堂、体育场馆、公用房等管理制度，不断提高管理服务水平；推动试行合同能源管理工作；做好校园生活垃圾分类工作，推进江苏省绿色学校建设。（重点责任单位：人力资源处、工会、党委离退休工作部〈离退休工作处〉、党委学生工作部〈学生工作处〉、后勤管理处、后勤基建党委）

（八）筑牢安全防线，高质量建设和谐校园

31. 做好常态化疫情防控。全面压实疫情防控主体责任，严格落实疫情防控各项举措；持续做好常态化核酸抽检和疫苗接种工作；做好防控物资采购和储备工作；坚持问题导向，强化督察整改，确保常态化疫情防控措施落实落细落到位。（重点责任单位：学校新冠疫情防控工作领导小组办公室及相关职能组、后勤管理处〈校医院〉）

32. 完善安全工作体系。继续落实《苏州大学校园安全专项整治三年行动实施方案》，提升校园安全管理工作目标；继续完善人防、技防、设施防、制度防"四位一体"的大防控体系建设；进一步加强保密教育；落实安全工作责任制，持续开展消防安全、实验室及危化品安全、校车与交通安全、食品安全等学校安全重点领域排查整治；提高校园安全管理智能化水平；规范电动自行车校内通行管理；推进《苏州大学实验室安全工作责任制实施办法》《苏州大学实验室违法、违规、违章和冒险操作责任追究实施细则（试行）》的落实，规范实验室技术安全体系建设；积极开展《中华人民共和国网络安全法》《中华人民共和国数据安全法》宣传贯彻工作；扎实推进学校信息系统等级保护工作；进一步明确网络安全主体责任，定期开展对网络和系统的自查、巡检和整改工作。（重点责任单位：党委保卫部〈保卫处〉、保密委员会办公室、后勤管理处、实验室与设备管理处、数据资源与信息化建设管理处）

（九）其他重点专项工作

33. 推进省部共建"双一流"、与国家国防科技工业局共建相关工作；推进四方共建苏州大学苏州医学院，办好庆祝苏州大学医学教育110周年活动；扎实推进江苏省财政厅、教育厅共建苏州大学商学院工作；做好年度综合考核相关工作。（重点责任单位：党委办公室、校长办公室、国内合作发展处、校考核办、苏州医学院、商学院）

在2022年全面从严治党工作会议上的讲话

党委书记　江　涌

（2022年4月13日）

同志们：

宫向阳同志传达了中央纪委、江苏省纪委相关会议特别是习近平总书记在十九届中央纪委六次全会上的重要讲话精神，通报了2021年学校信访举报、问题线索受理情况及发生的违纪违法典型案例，对大家进行了警示教育，并部署了2022年学校纪检监察重点工作。邓敏同志部署了江苏省委巡视发现问题整改情况专项督查工作和2022年校党委巡察"回头看"工作。大家要增强纪法观念，强化红线意识，牢记职责使命，紧密结合实际，抓好贯彻落实。下面，我从2021年取得的成绩、2022年的重点工作和压紧压实责任三个方面提出相关意见。

一、2021年学校全面从严治党工作取得新进展

过去一年，学校党委坚持以习近平新时代中国特色社会主义思想为指导，深入学习贯彻党的十九大和十九届历次全会精神，切实履行管党治党、办学治校的主体责任，以党的政治建设为统领全面加强学校党的建设，深入推进全面从严治党，为学校"十四五"发展实现高质量开局提供了坚强保证。学校党委荣获"全国先进基层党组织"荣誉称号，受到党中央隆重表彰。2022年3月初，学校党委入选第三批"全国党建工作示范高校"培育创建单位，3个党支部入选"全国党建工作样板支部"培育创建单位。

一是政治建设深入推进。贯彻落实《关于加强高校党的政治建设的若干措施》，全面推行"第一议题"学习制度，创新开展校党委理论学习中心组模块化学习、结构化研讨、情景化体验，构建领学、讲学、研学、巡学、督学的"五学"长效机制，及时认真学习贯彻习近平总书记的重要讲话精神，扎实推进政治建设的各项任务。进一步强化政治监督，扎实开展全面贯彻党的教育方针自查、政治建设"回头看"，推进二级单位领导班子政治建设、民主生活会等专项监督检查。学校入选江苏高校统一战线同心教育实践基地联盟首批成员单位。

二是思想引领更加有力。深入开展党史学习教育，从严落实"六专题一实践"重点任务，推动党史学习教育与立德树人相结合、与服务师生相结合、与推动发展相结合、与从严治党相结合，教育引导党员干部师生学史明理、学史增信、学史崇德、学史力行。组织开展庆祝中国共产党成立100周年系列活动，深化"四史"学习教育，开展铸牢中华民族共同体意识教育系列活动。充分发挥基层党组织战斗堡垒作用和党员先锋模范作用，融合推进"我为群众办实事"和"两在两同"建新功行动，办成了一批师生期盼多年的实事，解决了一批师生"急难愁盼"问题，建立完善"马上就办""一单三办""三个一批"的办实事机制。

三是组织体系健全完善。积极推进《中国共产党普通高等学校基层组织工作条例》《普通高等学校院（系）党委会会议和党政联席会议议事规则示范文本》的贯彻落实工作，切实增强院级党组织政治功能。有力开展基层党组织"对标争先""强基创优"建设，实施三级党建"书记项目"，加强对高知群体的政治引领、政治吸纳，一批党组织、党员获得省、市表彰。

四是中坚力量更添活力。结合人员总量改革特别是"三定"工作，开展机关部门、群直单位领导班子集中任聘，进一步加大对优秀年轻干部的选拔力度。做好中层干部、青年管理骨干培养培训，选派干部参与挂职服务锻炼，干部交流力度不断加大。充分发挥综合考核、"三项机制"的激励作用，持续提升领导班子和干部适应新时代新要求抓改革、促发展、保稳定水平。坚持师德师风第一标准，严把政治关，扎实做好海外引才和培青培优工作，全面推进师德专题教育，引导广大教师努力成为"大先生"。

五是新风正气不断充盈。结合重要时间节点狠抓作风建设，开展领导干部警示教育、新入职教职工和毕业生廉洁从业教育，进行"三新"干部集中廉政谈话、受处分（理）党员干部回访教育，强化文明驾驶、醉驾入刑等宣传教育。制定作风建设"10条"，出台"无会日"等为基层减负举措。紧盯关键少数、关键领域持续强化监督，开展"四个领域"腐败风险等专项监督检查，推进"三公"经费支出等专项审计整改，领导和支持纪委查办案件。

六是责任链条持续拧紧。制定全面从严治党主体责任清单，部署推进年度全面从严治党重点工作。健全党的建设与全面从严治党工作领导小组工作规则，定期召开党群部门负责人会议和党务工作例会。开展学校十二届党委第六轮巡察，实现本届党委任期内校内巡察工作全覆盖。学校党委常委会会议专题研究纪检监察工作，扎实开展学校政治生态分析研判。深化纪检监察体制改革，建立党委纪委定期协商机制，压实党群部门、行政部门、纪检监察机构、院级党组织四大主体监督责任，持续完善监督体系。

以上从六个方面回顾了学校2021年全面从严治党工作。当然，在肯定成绩的同时，我们也要清醒认识到对标党中央和江苏省委全面从严治党的新要求，对标师生对学校实现高质量发展的高期待，学校全面从严治党工作还存在不小差距。主要表现在管党治党责任层层落实还不够到位，履责情况不够平衡，基层党建还存在薄弱环节，意识形态阵地管理还不够严格，形式主义、官僚主义问题不同程度存在，有的党员干部干事创业的精气神还存在短板，学校监督体系还不够健全，等等。这些问题需要我们认真反思，切实抓好整改。

二、2022 年全面从严治党工作的总体要求和重点任务

2022 年是进入全面建设社会主义现代化国家、向第二个百年奋斗目标进军新征程的重要一年。2022 年下半年我们党将召开二十大，这是党和国家政治生活中的一件大事。对于苏州大学而言，2022 年是学校第十三次党代会的召开之年，是第二轮高校"双一流"建设的开局之年，是第三批"全国党建工作示范高校"培育创建的起步之年，是"十四五"规划实施的关键之年。做好全面从严治党工作，责任重大、使命光荣、影响深远。我们要坚持以习近平新时代中国特色社会主义思想为指导，学习贯彻中央纪委、江苏省纪委等相关会议精神，贯彻全面从严治党战略方针，坚持严的主基调不动摇，坚持不懈把全面从严治党向纵深推进，引领带动全校各级党组织和党员干部在革命性锻造中，更好肩负起光荣使命、谱写奋进篇章，以实际行动和优异成绩迎接党的二十大的胜利召开。

一是坚持把政治建设摆在首位，强化政治引领，坚决做到"两个维护"。党的政治建设是党的根本性建设，决定党的建设方向和成果。**要坚守政治底线**。学校党员干部要时刻保持共产党人的政治本色，做到心中有党、心中有民、心中有责、心中有戒，进一步增强政治判断力、政治领悟力、政治执行力，把做到"两个维护"体现在坚决贯彻党中央、江苏省委各项决策部署的行动上，体现在履职尽责、做好本职工作的实效上，体现在日常言行上。要尊崇党章，严格执行新形势下党内政治生活的若干准则，提高党内政治生活质量，营造风清气正的良好政治生态。**要坚守廉洁底线**。中央"打老虎""拍苍蝇"，查处一批腐败问题。古人说：心不可乱。破山中贼易，破心中贼难。正心明道、怀德自重，勤掸"思想尘"、多思"贪欲害"、常破"心中贼"。要算好政治账、经济账、名誉账、家庭账、亲情账、自由账、健康账这七笔账，守好政治关、权力关、交往关、生活关、亲情关"五道关"。要重视家教家风，以身作则管好身边家属子女、工作人员，本分做人、干净做事。**要严守安全底线**。贯彻落实习近平总书记在 3 月 17 日中共中央政治局常务委员会会议上关于从严抓好疫情防控工作的重要讲话精神，贯彻江苏省委和苏州市委部署要求，坚持师生至上、生命至上，统筹推进疫情防控和学校事业发展各项工作。要严格落实意识形态工作责任制，守好意识形态阵地，持续推进平安校园建设，提高风险防范化解能力，统筹发展与安全。

二是坚持把思想建设作为基础，强化党的创新理论武装，巩固拓展党史学习教育成果。思想建设是党的基础性建设。**要坚持以习近平新时代中国特色社会主义思想武装头脑**。深入学习贯彻党的十九大和十九届历次全会精神，组织开展迎接党的二十大、学习宣传贯彻党的二十大精神专项行动，全力营造浓厚氛围和学习热潮。发挥高校人才智力资源优势，做好党的二十大精神的宣传阐释。要加强党对统一战线工作的集中统一领导，组织民主党派和统战团体深入学习贯彻党的二十大精神。**要巩固拓展党史学习教育成果**。贯彻落实中共中央办公厅印发的《关于推动党史学习教育常态化长效化的意见》，注重融入日常、抓在经常，持续完善体制机制，推动学党史、知党史、用党史在校园蔚然成风，切实把党史学习教育成效转化为担当作为、干事创业、推进"双一流"建设的动力源泉。**要坚定不移用党的创新理论铸魂育人**。充分发挥思政课程铸魂育人主渠道作用，坚持思政课程和课程思政同抓共促、同向同行。当前，学生接受的是线上教学，我们的思政课程和课程思政不能因为隔着屏幕就忽视学生的学习体验，要更加注重价值引领，通过新媒体技

术、提问互动交流等，让网络教学"有血有肉、有灵魂"，引导学生支持疫情防控举措。要对标推进思政课教师队伍和专职辅导员队伍建设，积极创建全国重点马克思主义学院。进一步健全立德树人落实机制，深入实施"铸魂逐梦"工程，推进"一站式"学生社区综合管理模式建设。加强对群团组织的政治引领和政治教育，组织开展庆祝中国共青团成立100周年系列活动，开展铸牢中华民族共同体意识教育，深化培育和践行社会主义核心价值观，巩固提升全国文明校园建设水平。

三是坚持把组织建设作为根基，贯彻新时代党的组织路线，为高质量发展提供坚强组织保证。**要大力推进"全国党建工作示范高校"培育建设**。根据《中国共产党普通高等学校基层组织工作条例》和"全国党建工作示范高校"培育创建重点任务指南要求，学校已起草了创建工作实施方案，基本明确了构建"6+6+20"的建设体系，即以"六个过硬"总要求为统领，实施"六大党建赋能工程"，推进20项重点任务，着力打造系统集成、开放融合、充满活力的党建工作新格局。我们要把"全国党建工作示范高校"培育创建与深入实施江苏高校三级党组织"强基创优"建设计划结合起来，牢固树立大抓基层的鲜明导向，切实增强基层党组织的政治功能和组织力、凝聚力，推动党建、全面从严治党工作与人才培养、科学研究、社会服务等深度融合，以高质量党建引领学校高质量发展。**要建设忠诚干净担当的高素质干部队伍**。坚持政治标准，健全完善干部选拔任用机制和培养培训体系，教育引导学校干部筑牢理想信念根基、守住拒腐防变防线、践行正确政绩观、练就过硬本领、发扬担当和斗争精神、贯彻群众路线。坚持严管与厚爱相结合，既要以"三项机制"、综合考核等为抓手，激发干部干事创业激情；又要从严管理干部，用好"四种形态"，引导干部特别是年轻干部时刻自重自省，严守纪法规矩，扣好廉洁从政的"第一粒扣子"。**要建设高水平师资队伍**。坚持严把政治关，深入实施"铸魂润心"强师行动计划，持续加强对高知群体的政治引领和政治吸纳。深入贯彻党中央、江苏省委人才工作会议精神，适时组织召开学校人才发展大会，谋划实施新时代人才强校战略，打造人才强校2.0版。

四是坚持把作风建设作为抓手，锲而不舍纠"四风"、树新风。**要坚持以师生为中心的发展思想**。按照时序进度，克服疫情带来的影响，完成2021年校、院两级"我为群众办实事"项目；健全"马上就办""一单三办""三个一批"等工作机制，帮助解决师生反映强烈的问题，让师生从一个个具体问题的解决中切实感受到新风正气。**要严格落实中央八项规定及其实施细则精神**。在优化会议安排、减少报告报表、推进数据共享等方面出硬招、实招，更好为基层减负、为发展赋能。2021年，学校推进了人员总量管理改革和机关部门、群直单位领导班子集中任聘工作，精减内设机构数、领导职数，把一批优秀干部配备到关键岗位上；同步推进了第六轮巡察工作，特别是面向机关部门、群直单位开展的专项巡察工作，近期将反馈巡察结果。希望机关部门、群直单位要以巡察整改为契机，强化担当意识，加强作风建设，改进工作方法，提升服务效能，把干净和担当、勤政和廉政统一起来，着力打造模范机关。要注意关注疫情中师生的情况，对于确有困难的要主动关心、高度重视，学生工作干部与教师要定期保持联系，帮助感染新冠病毒的学生；离退休老同志若生活物资有困难，二级单位党委、行政主要负责人要部署帮扶工作。2022届毕业生的毕业就业工作要倍加重视，要想方设法让毕业生如期毕业。2022年，就业形势非常严峻，各单位主要负责人要发动教师服务毕业生就业。目前来看，就业形势还是不容乐观的，希望群策群力做好相关工作。**要持续深化标本兼治**。学习贯彻中共中央办公厅新印发的《关于加强新时代廉洁文化建设的意见》，把廉洁文化建设纳入党风廉政建设和反腐败工作中，进行谋划布局，推动廉洁文化建设深入开展。加强对国有资产、基建后勤等重点领域的监督管理，深入推进校办企业、合作办学、非学历教育、附属医院等"四个领域"腐败风险专项清理整顿自查自纠工作，严肃监督执纪问责，一体推进"三不"。

五是坚持把制度建设作为重点，加强权力运行监督制约，健全完善学校监督体系。习近平总书记强调："要完善权力监督制度和执纪执法体系，使各项监督更加规范、更加有力、更加有效。"**要聚焦"国之大者"，强化政治监督**。认真落实中共中央《关于加强对"一把手"和领导班子监督的意见》及江苏省委《关于加强对"一把手"和领导班子监督的实施意见》，加强对"一把手"和领导班子督促落实全面从严治党主体责任、贯彻落实民主集中制、严肃党内政治生活等的监督。**要扎实推进巡视发现问题整改落实情况专项督查和巡察"回头看"工作**。要从政治上看待这两项工作，刚刚邓敏同志对相关工作进行了部署，请各二级单位切实抓好贯彻落实。**要织密扎牢学校监督之网**。健全全覆盖的责任制度和监督制度，发挥党内监督的主导作用，促进各项监督融会贯通，完善学校监督体系。进一步压实监督责任，强化上级党组织监督，做实、做细同级监督，增强专责监督实效，打通监督"末梢"，统筹力量资源、形成监督合力。

三、坚决扛起管党治党政治责任，坚定不移推进全面从严治党

日前，学校党委根据党中央、江苏省委相关会议和文件精神，制定了2022年度落实全面从严治党主体责任清单、党委书记第一责任人责任清单、党政班子成员"一岗双责"清单及学校纪委监督责任清单，已经学校党委常委会审定印发。2022年的清单与往年的相比，融入了新要求、新任务，明确了每一项任务举措的责任部门，这对责任落实提出了新的更高要求。

学校党委各部门是抓全面从严治党的具体执行部门，要严格落实清单任务要求，在学校党委的统一领导下充分发挥职能作用，抓好职责范围内的全面从严治党工作，要充分发挥党的建设与全面从严治党工作领导小组的作用，进一步加强统筹、协同推进，让责任真正落到实处。学校各级党组织作为管党治党的领导主体、工作主体和落实主体，要紧扣自身实际，强化问题导向、目标导向，以"钉钉子"精神把责任压紧、压实，把任务落实、落细。各位书记要切实担起管党治党第一责任人职责，提高站位、以身作则、率先垂范，层层传导责任和压力，确保全面覆盖、落实到底，形成全面从严治党的"头雁效应"。各级领导班子成员要履行好"一岗双责"，领导、检查、督促分管领域的全面从严治党工作。

学校纪检监察部门要始终忠诚于党、忠诚于人民、忠诚于纪检监察事业，准确把握在党的自我革命中的职责任务，发挥监督保障执行、促进完善发展的作用，做到靠前监督、精准问责，更好地服务学校高质量发展大局。纪检监察干部要把"三不"一体推进贯穿自身建设，以更高的标准、更严的纪律要求自己，怀敬畏之心、练执纪之能、行规矩之事，主动接受师生的监督，坚决打造学校纪检监察"铁军"，确保任何时候都经得起磨砺、顶得住压力、打得了硬仗。

同志们，全面从严治党永远在路上，只有进行时，没有完成时。我们要更加紧密地团结在以习近平同志为核心的党中央周围，弘扬伟大建党精神，永葆党的自我革命精神，一以贯之地推进全面从严治党向纵深发展，为学校推进"双一流"建设提供坚强保证，以实际行动迎接党的二十大胜利召开！

谢谢大家！

喜迎"二十大" 一起向未来

——校长熊思东在苏州大学八届三次教职工代表大会上的工作报告

(2022年5月25日)

各位代表：

现在，我代表学校向校八届三次教职工代表大会作工作报告，请予以审议。

第一部分 2021年学校事业发展情况

2021年，既是中国共产党成立100周年，也是开启苏州大学第三个甲子、接棒新征程的赶考之年。一年来，学校以习近平新时代中国特色社会主义思想为指导，深入学习贯彻党的十九大和十九届历次全会精神，全面贯彻落实习近平总书记关于教育工作的重要论述，贯彻落实全国教育大会、全国研究生教育会议精神和江苏省委、省政府的决策部署，坚持和加强党对教育工作的全面领导，聚焦立德树人，聚力改革创新，深入推进"双一流"建设，推动内涵发展、特色发展、高质量发展，各项事业稳中有进，核心竞争力进一步增强，发展势头持续向好。下面，我着重报告八个方面的工作。

一、加强党的政治领导，激发体制机制新活力

党的政治建设不断加强。坚持把学习贯彻习近平新时代中国特色社会主义思想作为首要政治任务，忠诚捍卫"两个确立"，坚决做到"两个维护"；部署开展政治建设"回头看"、贯彻落实党的教育方针自查等工作，不断提高政治判断力、政治领悟力、政治执行力；以政治建设为统领，进一步提高政治能力、治理能力和专业能力；积极贯彻落实党中央、江苏省委的决策部署，严格履行"一岗双责"，强化问题导向和目标引领，严格遵守与贯彻中央八项规定及其实施细则精神。

党的组织建设扎实开展。学校入选第三批"全国党建工作示范高校"培育创建单位，成为江苏省首家入选高校；学校标准党支部实现全覆盖，优质党支部超过10%，2个党支

部获评江苏高校特色党支部，2个案例入选江苏高校党建典型案例，3个基层党组织入选第三批"全国党建工作样板支部"培育创建单位。全年发展党员1 738名，其中，高知识群体党员110名；新提任17名正处级干部，其中，年轻干部6名（约占35.3%），全校中层正职干部中年轻干部占比达15.8%，同时通过专题培训和集中学习，不断提高领导干部抓改革、促发展、保稳定的水平和能力；贯彻落实全面从严治党战略方针，建立党委、纪委定期协商机制，压实监督责任，持续增强监督治理效能。

党史学习教育深入落实。将党史学习教育与立德树人相结合、与服务师生相结合、与推动发展相结合、与从严治党相结合；召开党史学习教育专题民主生活会，深入进行对照检查，严肃认真开展批评和自我批评，得到江苏省委教育工委党史学习教育第三指导组成员的充分肯定；切实落实"六专题一实践"重点任务，融合推进"两在两同"建新功行动；举行庆祝中国共产党成立100周年系列活动、"学党史·祭英烈"主题活动、毕业典礼、开学典礼"万人思政课"，增强全校干部师生的历史自信、理论自觉、政治意识和时代责任。

二、提高教育教学质量，实现人才培养新作为

本科教育质量不断提升。全面落实立德树人根本任务，制定本科人才质量评价实施方法；成立课程思政教学研究与实践中心，获批"全国高校思政课名师工作室"，入选江苏省首批课程思政建设示范专业2个，入选教育部"七一"重要讲话精神进思政课示范"金课"2门、江苏省高校课程思政示范课程3门；深度凝练教学成果，获江苏省教学成果奖特等奖2项、一等奖4项、二等奖7项；学校计算机科学与技术学院入选国家首批特色化示范性软件学院；获推荐参评国家级一流本科专业建设点18个，获批省级一流本科专业建设点5个，参与各类专业认证评估专业8个，新获批数据科学与大数据技术、机器人工程、儿科学3个本科专业；荣获首届高等教育类全国优秀教材奖二等奖2项，获评首批省级一流本科课程41门，其中，23门被推荐申报国家级一流课程；获批教育部首批新文科研究与改革实践项目2项，教师在教学竞赛中获国家级奖项4项、省级奖项10项；全国榜单赛事等学科竞赛参赛和获奖学生数连续五年增长，230人次获全国三等奖及以上奖项，在第七届中国国际"互联网+"大学生创新创业大赛全国总决赛上，荣获1金、4银、2铜的优异成绩。

研究生教育改革加速推进。深入实施德政导师制度，大力推进研究生成才支撑计划，修订《苏州大学研究生思想政治课教学改革方案》；建立和完善硕博贯通课程体系，修订学术型研究生培养方案，首批遴选6名优秀本科生进入研究生培养阶段；制定研究生导师指导行为规范和研究生学业行为规范，继续加强学位论文全过程管理。2021年获江苏省优秀硕博论文34篇，获"江苏省研究生培养创新工程"项目130项，获国家和江苏省各类教学指导委员会、学会类科研竞赛奖152项。

学生管理模式不断创新。健全立德树人落实机制，实施"铸魂逐梦"工程，成功入选教育部"一站式"学生社区综合管理模式建设试点单位；实施本科生"成长陪伴"计划，强化"德政导师、学业导师、生活导师"一体化功能；大力推进"三全育人""五育并举"，高度重视大学生心理健康教育，打造四级心理危机预防体系；创新资助工作模

式，提供"大数据、无感知、不评议"精准资助，针对新冠疫情、暴雨洪灾等发放资助153.35万元，学校资助工作连续十次获江苏省学生资助绩效评价"优秀"等第。

招生就业工作有序推进。本科生源质量稳中有升，录取分数在多数省份有所提升；完成未来校区人工智能、统计学、集成电路设计和集成系统、机械电子工程4个专业的招生工作；继续实施研究生生源质量提升计划，共接收推免硕士生1 148人，较2020年增长13.9%，再创新高，其中，"双一流"高校生源较2020年提高3.3%；积极做好疫情下学生就业辅导工作，2021届毕业生年终总毕业去向落实率为94.56%，其中，本科生毕业去向落实率为92.93%，硕士生毕业去向落实率为95.36%，博士生毕业去向落实率为92.51%，本科生国内升学率提升了5个百分点，毕业生就业工作完成江苏省委、省政府提出的工作目标，《江苏教育工作简报》报道《苏州大学着力构建三重"联动体系" 扎实推动毕业生更充分更高质量就业》，《中国教育报》头版刊登苏州大学《"双业联"助力学生"毕业即就业"》，"双业联"等特色做法得到教育部关注。

三、优化人才成长环境，开创人才工作新局面

引才聚才工作成效显著。贯彻全国、全省人才工作会议精神，面向全球引进战略科学家、一流科技领军人才和创新团队、极具发展潜力的青年才俊。拓宽引才渠道，成功举办国际青年学者东吴论坛、东吴海外高层次人才学术交流会，实施人文社科领域讲席教授全球招聘制度，出台特邀文化名家、驻校学者制度；全年新入职教学科研人员283人，包括中国工程院院士1名，特聘教授34名，优秀青年学者50名。

培才育才工作加速推进。实施"顶尖人才（自然学科）培育工程"，修订"仲英青年学者"制度等，大力培养战略科学家和杰出青年人才。1人当选中国科学院院士、1人当选中国工程院外籍院士；1人当选江苏省先进工作者，31人次当选国家级领军人才和青年人才，"江苏特聘教授"和江苏省双创人才入选人数均位居江苏省高校第一；23人次被列入2021"全球高被引科学家"名单，连续四年居全国高校第5位、江苏省高校第1位。省部共建放射医学与辐射防护国家重点实验室获"江苏省教育系统先进集体"荣誉称号，纳米科学技术学院荣获第六届"全国专业技术人才先进集体"，纳米材料科学教师团队入选"全国高校黄大年式教师团队"；新增苏州市外籍院士工作站和苏州市外国专家工作室各1个；充分发挥博士后制度在储备人才、优化师资队伍结构等方面的重要作用，修订博士后绩效考核实施细则，获国家博士后人才计划和项目75个，其中，"博士后创新人才支持计划"入选人数居全国高校第22位，"中国博士后科学基金特别资助"入选项目数居全国高校第23位、江苏省高校第2位。

留才用才工作全面加强。积极推进"三定"工作，深化人员聘用制度改革，加强考核管理，规范用人模式；开展"顶尖人才（自然学科）培育工程""校内特聘教授""优秀青年学者"和"仲英青年学者"遴选工作，完成第四批"东吴学者"期满考核；不断完善人才评价与激励机制；稳步提高教职工的薪酬福利待遇，积极推进养老保险改革，安排专项资金用于发放江苏省综合考核及学校内部综合考核奖励、午餐补贴，提高住房公积金和房贴标准。

四、聚焦创新驱动发展,打造科研创新新引擎

学科生态体系不断健全。精心编制新一轮"双一流"建设方案和江苏高水平大学建设高峰计划"六高一化"建设方案;学校新增一般社会科学学科进入 ESI 全球排名前 1%,现有 15 个学科位列 ESI 全球排名前 1%、2 个学科稳居前 1‰,学科综合排名居全国高校第 21 位;4 个学科位列"U.S. News 世界大学学科排名"前 10 名,2 个交叉学科位列"软科世界一流学科排名"全球前 10 名,43 个学科进入"软科中国最好学科排名",上榜学科数连续五年位列"一流学科建设高校"之首。

科技创新能力稳步提高。获批国家自然科学基金项目 350 项,资助项目数连续五年超过 300 项,资助经费首次突破 2 亿元;获批国家人类遗传资源共享服务平台表型组联合研究中心(苏州创新中心)1 项,国家重点研发计划项目 7 项,新增国家重大人才工程 B 类 3 项;承担"风云三号"温室气体监测仪光学系统的研制;组建江苏省先进负碳技术重点实验室,参与首批重组试点工作(省属高校唯一),为"碳达峰、碳中和"国家战略的推进贡献苏大力量;学校科技团队研制的避障相机、导航地形相机地面模拟器,为中国火星探测任务做出苏大贡献;获国家科学技术进步奖二等奖 1 项、中华人民共和国国际科学技术合作奖 1 项;获树兰医学奖 1 项、科学探索奖 1 项;2021 年以第一署名单位在 Nature 杂志发表论文 1 篇;最新自然指数居全球高校第 47 位、全国高校第 14 位。

人文社科研究开创新局。国家社会科学基金项目获立项 47 个,创历史最好成绩,后期资助项目连续三年居江苏省高校首位,艺术学年度项目、近三年艺术学重大项目立项数均居全国高校第 5 位;获教育部第六届全国教育科学研究优秀成果奖 3 项,获奖数居全国高校第 20 位,取得新突破;优秀学术专著出版资助计划近三年资助 56 部,一批精品力作相继面世;积极建言献策,在省部级及以上内参共刊发决策咨询报告 47 篇、市厅级内参刊发 62 篇,其中,5 篇获党和国家领导人批示;东吴智库入选"2021 年中国智库特色案例(内部治理创新)";获批江苏省学校美育研究中心;成立苏州大学哲学社会科学联合会。

五、统筹办学资源布局,增添开放办学新动能

校地融合进一步深化。与江苏省教育厅、江苏省卫生健康委员会、苏州市四方共建苏州大学苏州医学院及直属附属医院,促进江苏省和苏州市卫生健康事业高质量发展;推动与江苏省财政厅、江苏省教育厅共建商学院;推动与苏州市教育局深化校地融合发展框架协议,与吴江区合作共建 2 所附属学校,与姑苏区合作共建 3 所附属学校,与相城区高铁新城深化教育合作备忘录磋商洽谈,落实苏州大学附属第十中学共建协议;与广西、贵州等地的相关单位签订合作协议,实现资源共享,让优质办学资源实现辐射最大化;未来校区首期工程投入使用,亨通未来信息与人工智能研究院等 8 个校企研究院揭牌成立;贯彻落实国家中西部高等教育振兴计划及江苏省委、省政府加强南北挂钩工作的部署与要求,与贵州医科大学签订对口支援合作协议,与铜仁学院、拉萨师范高等专科学校开展对口帮扶工作。

境外合作进一步加强。成立国际化战略中心,与美国匹兹堡大学、都柏林圣三一学院

等高校机构签署合作协议,与悉尼大学、牛津大学等国际知名院校在苏分支机构开展多次研讨交流,出台博士生联合培养相关管理规定,并与蒙纳士大学就博士生联合培养达成深度合作;当选中国教育发展战略学会国际胜任力培养专业委员会秘书处单位,成功申报中国教育国际交流协会"新青年全球胜任力人才培养计划"项目;加盟"中国-中东欧大学体育教育与研究联盟",成功发展与德国学术交流中心、英国文化教育协会、丹麦创新中心、新西兰教育中心、中意设计创新中心等的合作关系;积极融入粤港澳大湾区建设,依托苏港澳高校合作联盟,与澳门大学、澳门科技大学、澳门城市大学等高校开展实验室共建和学生联合培养;制订《苏州大学外国留学生招生管理办法》,完善《外国留学生奖学金管理办法》,留学生工作提质增效,获"江苏省来华留学生教育先进集体"称号。

继续教育进一步转型。继续教育服务体系更加科学开放、立体多元,获江苏"高校继续教育服务学习型社会建设案例"一等奖;全年共为社会输送学历继续教育毕业生9 128名,培训106 968人次;教育部(中国)留学服务中心出国留学培训基地2019级学生中84%成功申请"泰晤士高等教育世界大学排名"全球前200的高校;立足服务国家战略,成立苏州大学网络安全培训学院、乡村振兴培训学院,人工智能、工业互联网、区块链三个项目入选"工业和信息化重点领域人才能力评价支撑机构目录";积极整合办学资源,加入"一带一路"铁路国际人才教育联盟、江苏省服务型制造产教联盟;积极践行社会服务,承担江苏退役军人成教培养任务,联合发起江苏高校"助力乡村振兴 千门优课下乡"活动,首批25门课程入选江苏省教育厅在线开放课程,持续推进技能大师公开课等公益项目进社区、进企业。

成果转化进一步突破。知识产权申请1 555件,当年授权知识产权920件,转让或许可使用205件,在发明专利结案量前100名的全国高校中,学校排名前10;1项发明专利获第二十二届中国专利优秀奖;获批江苏省高价值专利培育项目1项、江苏省专利转化专项计划项目1项;入选科技部、教育部首批高校专业化国家技术转移建设试点,是唯一入选的省属高校;大学科技园再次获评江苏省"A类科技企业孵化器",获评"江苏省中小企业公共服务示范平台"。

六、提升风险管控能力,打开内部管理新思路

内部治理更加完善。深入落实上级领导调研苏大精神,高度重视学校"十四五"规划编制工作,召开领导班子务虚会、第六次发展战略研讨会等会议,进行专题研究部署,进一步优化资源配置,全面落实高质量发展要求;尊重并支持校学术委员会统筹行使学术事务决策、审议、评定和咨询等职权;广泛听取师生员工和学生参事的意见与建议,坚持科学决策、民主决策、依法决策。

内控建设有效开展。加强依法治校工作,深化学院内控建设,全面完成江苏省教育厅专项审计反馈问题整改;首次探索开展立德树人专项考核,入选"光辉百年·江苏组工那些事"百个典型案例;加强预算绩效管理,推进资产配置管理与预算管理相衔接;加强国有资产管理绩效评估,盘活学校产权存量住房,积极推进委托租赁试点;聚焦合同管理,做好内部审计工作。

七、回应师生关心关切，展现环境育人新气象

校园环境不断优化。传承弘扬苏大精神，大力培育校园文化品牌，校园文化氛围日益浓厚。全年完成52项中大型维修改造工程，其中，包括学生宿舍楼24幢，室外球场、跑道等运动场地43片，文成楼等教学楼，等等；独墅湖校区体育馆与学生中心建设、关爱教职工提升幸福感计划等15个校级重点实事项目稳步实施；启动唐仲英医学研究院大楼内部工程设计；完成南校区土地收储和实验室搬迁、娄葑医院地块回收工作；启动实施学生宿舍洗衣服务优化提升项目；制定《苏州大学学生食堂菜价定价核价办法（试行）》。

安全保障持续发力。贯彻习近平总书记关于安全生产重要论述，召开全校安全稳定工作会议及网络安全、消防安全、实验室安全等专题会议，部署推进安全专项整治三年行动；加强敏感节点防范，分析研判校园安全稳定形势，完善预警预防、综合研判、应急处置、责任追究、技术保障机制和重点人管控的"5+1"工作机制；深入探索人防、技防、设施防、制度防"四位一体"的大防控体系建设；扎实做好防灾减灾救灾工作，累计抢险26次；对实验室安全开展全覆盖摸底清查、综合治理，推进隐患排查整改、第三方专业提升式诊断检查等系列治理行动，严格闭环管理。

"云中苏大"提档升级。制订"云中苏大"建设"十四五"规划，明确发展路线；出台《苏州大学数据资源管理办法》，加快推进对学校数据资源进行全过程规范化管理；全面上线"云中苏大"APP，让教学更智能、科研更创新、生活更便利；启动"云中苏大"全景式画像系统——"苏大鉴略"建设，让数据价值凸显，提升教学质量；全面升级"360教室"建设方案，在各校区推进"360教室"建设；完成数据资源目录一期建设，打破数据之间、部门之间壁垒；成功举办第一届全国云中大学应用开发大赛，吸引国内外一流大学的34支团队参与。学校荣获2021智慧高校综合实力卓越奖、2021年泰晤士高等教育亚洲大奖年度技术创新奖提名、第三届智慧高校CIO西安论坛"智慧校园—示范高校"等荣誉奖项。

八、稳扎稳打慎终如始，适应疫情防控新形势

持续完善常态化疫情联防联控机制，全力做好老生返校、新生报到、各类重要考试和大型赛事等144项活动疫情防控保障；构建食堂、物业、工地等在校服务人员疫情防控管理体系；积极协调对接卫生主管部门，在校内设点做好师生疫苗接种和常态化核酸检测工作，完成85 521人次新冠疫苗集中接种和108 057人次核酸检测工作。同时，积极助力国家疫情防控，派出712名医务人员参与南京、扬州等地的抗疫斗争。

各位代表，过去一年，经过全校师生员工的共同努力与建设发展，学校取得了可喜成绩。在教育部首轮"双一流"建设绩效评价中，学校在整体发展水平、成长提升程度、可持续发展能力三个方面均被评为第一档次——建设成效"显著"，顺利入选第二轮"双一流"建设高校，成功入选江苏高水平大学建设高峰计划A类建设高校。学校党委荣获"全国先进基层党组织"荣誉称号，受到党中央表彰，并在第二十七次全国高校党的建设工作会议上做交流发言。学校位列2021年度省属高校年度综合考核第一等次，其中，高质量发展成效得分、办学治校满意度调查得分、综合考核总得分均列本科高校（高水平

大学）第一名，实现了年度综合考核"三连冠"。回首开启"十四五"和新甲子的2021年，正是因为全体师生员工心往一处想、劲往一处使，才汇聚成学校事业发展中最恢宏的力量，迈出了稳健扎实、铿锵有力的步伐。在此，我代表学校，向各位代表并通过大家向全校师生员工、离退休老同志和海内外校友，表示最诚挚的感谢！

在取得成绩的同时，我们也深知学校还面临一些短板和不足，特别是面对百年未有之大变局、面对严峻复杂的国际形势、面对新一轮"双一流"建设的激烈竞争，学校面临着"中流击水、将强未强、慢进亦退、畸轻畸重、少米之炊"五大新形势，发展不平衡不充分的问题还比较突出：决策科学、执行坚决、监督有力的权力运行机制有待完善，治理体系和治理能力现代化还需向纵深推进；拔尖创新人才培养还需加强；舍我其谁、不可替代的高峰学科有待突破；存在结构性短缺，培育战略科学家、一流科技领军人才和青年科技人才的土壤不够丰沃；在国际学术舞台上占有一席之地的科研原创性成果较少；服务国家战略和区域经济社会发展的能力、国际合作新格局的构建与国际话语权提升有待加强；等等。对于困扰和制约学校发展的这些问题，既要反复推敲、精准研判，也要科学规划、认真落实。接下来，我们要继续保持战略定力和耐心，坚持守正创新，勇于自我革命，以大力量推动大发展，力争取得"双一流"建设更大突破。

第二部分 2022年学校主要任务

2022年，既是党的二十大召开之年，也是学校发展乘势而上、再求突破的关键之年。我们将深入学习贯彻习近平新时代中国特色社会主义思想，全面贯彻党的十九大和十九届历次全会精神，深入落实习近平总书记关于教育的重要论述，贯彻落实江苏省委、省政府关于高等教育发展的重要决策部署，坚持立德树人，秉持行动为先，突破路径依赖，摆脱速度焦虑，高水平推进学校改革与建设，朝着更有格局、更有情怀、更有作为的"新苏大"再出发，迎接党的二十大。2022年和接下来一个阶段重点推进以下八项工作。

一、全面加强新时代党的建设

强化政治统领，把学校建设成坚持党的领导的坚强阵地。将学习贯彻习近平新时代中国特色社会主义思想作为首要政治任务，突出迎接学习贯彻党的二十大精神工作主线，推进党的二十大精神进课堂、进教材、进头脑，为学校内涵式发展提供坚强思想保证和强大精神力量。加强党的政治建设，坚定执行党的政治路线，严格遵守党的政治纪律和政治规矩。强化思想政治和意识形态工作，筑牢思想政治工作生命线，加强校园文化建设，持续推进"全国文明校园"建设。夯实基层党建工作基础，全面贯彻新时代党的建设总要求和新时代党的组织路线。坚定不移推进全面从严治党，将党的政治建设融入学校决策部署落实全过程。加强统战、群团与关工委工作，为学校高质量发展凝心聚力。加强干部队伍建设，坚持正确选人用人导向，切实加强青年干部培养。

二、加快推进治理能力现代化

持续完善学校内部治理结构，坚持和完善党委领导下的校长负责制，将制度优势转化为办学治校的强大效能。健全党委统一领导、党政齐抓共管、部门各负其责的体制机制，确保学校始终成为坚持党的领导的坚强阵地。深入推进依法治校，完善法律风险防控体系。扩大学术治理自主权，打造开放共享的学术治理交互平台。全面探索"院办校"，激发学院活力。完善师生参与学校治理的机制，推进民主办学。加强模范机关建设，持续提升作风效能。加强总体规划与设计，优化学科布局、空间布局、创新要素布局，融入区域创新体系。推进"智改数转"工作，加快"云中苏大"建设和便利校园建设，提升数据治理能力。

三、不断完善一流人才培养体系

牢固确立人才培养核心地位，以学生发展为中心，以"兴趣+能力+使命"为培养路径，全面推进思政体系、学科体系、教学体系、教材体系、管理体系建设，扎实推进一流本科和卓越研究生教育。充分发挥课程思政教学研究与实践中心的功能，深化课程思政建设。完善课程资源、虚拟教研室、教学质量监测等教学数字化体系建设。加强"基础学科拔尖人才"培养，完善优秀本科生直接攻博和本硕博一体化选拔机制；实施苏州大学未来精英（Fe）计划，从大一新生中选拔40%的学生进入"苏大铁军计划"，通过创新选拔、培养、认定和出口模式进行拔尖人才培养模式改革探索。面向人工智能、数字经济等关键领域，加强交叉学科人才培养。积极筹建双创学院，探索有苏大特色的"双创"教育模式。优化完善学校智慧就业平台，建立就业创业指导优质师资库，促进毕业生更加充分、更高质量就业。

四、着力打造高层次人才集聚高地

坚持师德师风第一标准，努力打造"四有"教师队伍。积极参与建设国家战略人才力量，召开学校人才工作会议。主动加强校地联动，以"云端论坛"形式定期举办国际青年学者东吴论坛、海外高层次人才学术交流会，加大海外引才力度，完善创新团队建设机制，集聚一批战略科学家、学术领军人才和高水平创新团队，培养一批具有国际竞争力的优秀青年人才。完善博士后管理办法，进一步推动博士后产学研融合发展，为青年人才潜心耕作提供良好条件和制度保障。积极构建定位明确、层次清晰、衔接紧密、可持续发展的人才培育计划，稳定支持具有创新潜力的青年人才。通过择优选拔、分类培养、目标考核、动态管理的方式，营造"大先生"脱颖而出的生态环境。

五、加快推动学科内涵式发展

对接国家重大战略需求，瞄准科技前沿和关键领域，持续推进"双一流"建设、江苏高水平大学建设高峰计划"六高一化"建设任务，建强世界一流学科、江苏高校优势学科、省重点学科和校特色学科四级学科体系。完善学科建设管理办法，促进学科绩效管理规范化、科学化。根据基础学科特点和创新发展规律，探索建设学科长周期评价，为基础性、前瞻性研究创造宽松包容环境，探索急需学科建设路径，加大中国特色哲学社会科学学科体系建设力度。建立跨学科、跨学院合作机制，打破学科专业壁垒，推进学科交叉融合，推动学科发展与未来科技布局相一致、与重大创新方向相匹配。做好第五轮学科评估结果分析，以评促建，推进学科结构适应新发展格局需要。

六、持续提升科研创新能力

坚持面向世界科技前沿、面向经济主战场、面向国家重大需求、面向人民生命健康，不断向科学技术广度和深度进军，胸怀"两个大局"，心怀"国之大者"，聚焦科技自立自强，打造集原始创新、技术研发、成果转化等于一体的全链式创新生态系统，重点组织、系统推进原创性突破。争取国家和省、市等各方面支持，积极申报、建设国家重点实验室等平台，在大科学装置建设上发力，争取建成更多国家级科研创新平台。持续加强国防军工科研平台和科研团队建设，全面拓展深化国防军工研究领域。深化校地、校企融合共生，促进创新主体协同、创新要素流动、创新资源共享，抢占创新制高点，提高成果转化成效。加强应用学科与行业产业、区域发展的对接联动，加快产学研融合一体化创新和跨界融合创新，更好地服务区域创新和创新型国家建设。围绕党的二十大等重大主题开展相应的理论研究阐释，发展和完善具有中国特色、中国风格、中国气派的人文社会科学。以推进人文社会科学创新团队建设为重点，不断推进对重大理论和现实问题的学理分析、实践验证和理论探索，展现有苏大特色的高质量人文社会科学科研风貌。加强校地合作，推进环苏大文创生态圈建设。重构科研评价体系，探索分类评价与国际同行评议，实施精准评价和差异化评价，建立代表作制度，鼓励原创性研究，有效激励人才创新和业绩持续提升。

七、加大开放办学的力度和广度

积极对接长三角一体化、京津冀协同发展、粤港澳大湾区建设、共建"一带一路"等国家战略，拓展合作渠道。在融入苏州、扎根苏州、服务苏州上主动作为，加强与苏州各部门合作，推进规划同编、科技同兴、产学同链，深化名城名校融合发展，把地理优势、融合态势转变为学校高质量发展的胜势。积极拓展"国际化+"工作思路，深化国际化战略中心建设，大力发展与共建"一带一路"国家及地区的教育合作。开展全球胜任力人才培养项目和国际组织人才培养工作，探索建立学生互动新机制，提升人才培养国际竞争力。积极推动在地国际化，加强立足本土的国际化人才培养。探索与世界高水平大学双向交流的留学支持新机制，加强世界名校"中国学习中心"建设。积极搭建国际联合实验室等平台，深度融入全球创新网络，不断提升国际学术影响力。

八、全力保障校园安全和谐稳定

深入学习贯彻习近平总书记关于疫情防控的重要指示精神，全面压实疫情防控主体责任,严格落实疫情防控各项举措,持续开展校园常态化疫情防控工作。继续完善人防、技防、设施防、制度防"四位一体"大防控体系建设,在组织保障、技防建设、宣传教育、隐患排查等各个方面多下功夫,重点关注意识形态、实验室安全等领域,统筹做好学校安全工作。切实增进民生福祉,稳步提高教职工收入待遇,关心关爱退休教职工、困难教职工、家庭经济困难学生,推进基础设施建设,加快学生宿舍和体育场馆建设,打造方便学生运动的"体育微公园",推进江苏省绿色学校建设,加快便利校园建设,着力提升师生的幸福感与满意度。

各位代表、同志们,习近平总书记在2022年新年贺词中说道:"让我们一起向未来!"展望2022年,党的二十大举世瞩目、万众期待,新一轮"双一流"建设也已积聚力量、蓄势待发。新的一年,学校将迎来继往开来的重要节点,如何在时代坐标中校准前进方向,如何在历史大潮中顺势而为,我们的答案将决定学校未来发展的高度。新的一年,面对更加宽阔的赛道,学校将在新的起点上再出发。面对更高的任务目标和更大的艰难险阻,我们不仅要有期盼、有信心,还要有思考、有行动,坚定不移贯彻新发展理念,构建新发展格局,推动特色发展、内涵式发展、高质量发展,迎接新时代的新挑战,以优异成绩迎接党的二十大胜利召开!

校党委书记江涌在苏州大学八届三次教职工代表大会上的讲话

（2022 年 5 月 26 日）

各位代表、同志们：

大家下午好！

在大家的共同努力下，我校八届三次教代会即将顺利完成各项预定议程。2022 年，新冠疫情多地、多点、多源散发，使得师生不能如期返校，对本次会议的组织也造成了极大影响。在这样特殊的情况下，通过相关部门及与会代表们的共同努力，我们的教代会终于能够采取线上与线下相结合的方式召开。在此，我谨代表学校党委向会议的成功召开表示热烈的祝贺！向各位代表并通过你们向为学校事业发展付出辛勤劳动和做出重要贡献的全校教职工表示衷心的感谢和崇高的敬意！

这次教代会是在深入学习贯彻党的十九届六中全会精神、喜迎党的二十大胜利召开之际，在学校深入实施"十四五"规划、正式启动第二轮"双一流"建设、筹备召开学校第十三次党代会的关键时期召开的一次重要会议。会议期间，各位代表以高度的责任感、使命感，认真听取和讨论了学校工作报告、提案工作报告、财务工作报告、学术委员会工作报告和学位评定委员会工作报告，以及关于《苏州大学章程修正案（草案）》的说明。刚才，有关代表团推选出的 5 位代表进行了交流发言，就各代表团的讨论情况特别是广大师生关心、关注的热点与难点问题进行了交流，提出了宝贵的意见和建议。可以说，这次大会是一次立足新发展阶段、贯彻新发展理念、推动学校高质量发展的大会。会后，请工会和有关职能部门对代表们的意见进行认真梳理汇总，并及时转交学校相关部门、有关方面。我们要认真研究、妥善解决并视情况做出反馈。

借此机会，我结合学校章程修订工作，就进一步落实立德树人根本任务、提升学校治理能力、营造共建共治共享良好氛围谈三点意见，与大家交流。

一、把准方向、提高站位，坚守立德树人初心使命

习近平总书记在 2022 年 4 月 25 日考察中国人民大学时特别强调："'为谁培养人、培养什么人、怎样培养人'始终是教育的根本问题。要坚持党的领导，坚持马克思主义指导地位，坚持为党和人民事业服务，落实立德树人根本任务，传承红色基因，扎根中国大地办大学，走出一条建设中国特色、世界一流大学的新路。"2022 年 5 月 18 日，习近平

总书记回信勉励南京大学留学归国青年学者时强调:"大力弘扬留学报国的光荣传统,以报效国家、服务人民为自觉追求,在坚持立德树人、推动科技自立自强上再创佳绩。"习近平总书记关于教育的重要论述为我们做好学校工作提供了根本遵循。

2021年,《中华人民共和国教育法》经历了第三次修订,明确了我国的教育方针:"教育必须为社会主义现代化建设服务、为人民服务,必须与生产劳动和社会实践相结合,培养德智体美劳全面发展的社会主义建设者和接班人。"更加明确了为党育人、为国育才,立德树人,促进学生全面发展,就是我们的根本任务。

2022年年初,教育部、财政部和国家发展改革委印发了《关于深入推进世界一流大学和一流学科建设的若干意见》,标志着新一轮"双一流"建设正式启动,这也意味着"双一流"建设从2015年开启的"统筹推进"阶段正式迈入"深入推进"的新阶段。对标2035年建成教育强国、人才强国的目标,新一轮"双一流"建设更加突出了培养一流人才、服务国家战略需求、争创世界一流的导向,彰显了坚决破除"五唯"、深化改革的决心,也释放了引导各高校在各具特色的优势领域创建世界一流的信号。这些为我们办好人民满意教育、推进"双一流"建设指明了前行方向。

此前,我们围绕健全立德树人落实机制,持续深化"三全育人"改革,实施"铸魂逐梦"工程,系统推进了一流本科和卓越研究生教育改革,取得了一些积极成效,但是仍然存在不足和短板。我想,教育,教,是教书、教课、教学;育,是培育,更是熏陶,需要因人而异、因势利导、润物无声。教育,在教,更在育,育人是一个良心活。这就意味着,我们每一名教师都应该在自己力所能及的范围内做好育的工作,更加关心关注每一名学生的全面发展、健康成长。我们相关部门和学院(部)应更加深入研究国家、社会需要怎样的人才,深入研究怎样才能激发教师更好地育、更好地教,以此来推进我们人才培养体制的改革、推进我们师资队伍建设的系统性改革。我们要通过改革,让全身心投入育人的教师走到台前、受到表彰、成为榜样,让更多的教师见贤思齐。

二、健全制度,优化治理,推进学校高质量内涵式发展

落实立德树人根本任务,加快推进"双一流"建设,需要学校治理体系和治理能力现代化作为保障。大学章程作为现代大学制度的重要载体,既是大学治理的核心要素,也是大学依法自主办学、实施管理和履行职能的基本准则和依据。自教育部2011年发布《高等学校章程制定暂行办法》以来,全国高校开始制定大学章程。2011年,苏州大学较早启动章程制定工作,并将制定章程作为当时推进学校综合改革试点的"一号工程"。经过起草小组及教代会代表、全校师生的共同努力,《苏州大学章程》立足校情,把学校正在做、应当做和能够做的事情以基本法的形式规定下来。经江苏省教育厅核准生效,《苏州大学章程》于2015年正式印发实施。这使学校的改革探索实践等各项工作更加有法可依、有章可循,为学校建设高水平研究型大学提供了制度保障,对学校改革发展产生了深刻而长远的积极影响。

学校章程自公布实施以来,党的十九大及十九届历次全会、全国教育大会、全国高校思想政治工作会议、新时代全国高等学校本科教育工作会议等重要会议相继召开,《中华人民共和国教育法》《中华人民共和国高等教育法》《中国共产党普通高等学校基层组织

工作条例》等法律法规相继修订，高等教育发展到了更加注重内涵式发展的阶段，高校内部治理法治化、制度化、规范化的要求更为凸显。对于学校而言，党代会、发展战略研讨会也提出了学校改革发展的新战略、新思想和新举措，章程中的一些内容有待进一步完善。所以，学校也适时启动了章程修订工作。

我们要以本次章程修订工作为牵引，全面推进依法治教、依法办学、依法治校。

第一，要强化法治思维和法治方式。深化对学校法治工作重要性的认识，健全领导机制、加大工作力度，切实把依法治理作为学校治理的基本理念和基本方式，融入、贯穿学校工作全过程和各方面。把法治观念、法治素养作为衡量干部的重要内容，把遵守法律、依法办事作为考察干部的重要依据。完善法律风险防控体系，以法治思维和法治方式引领、推动、保障学校改革与发展。

第二，要构建现代大学制度体系。切实做好新修订章程的贯彻落实工作，积极主动利用章程的修订与完善推进制度创新，系统构建以大学章程为龙头的中国特色现代大学制度体系。加强统筹规划，提高制度供给水平和制度建设质量，科学划分学校制度，分类推进根本制度、基本制度、具体制度建设，不断完善以学校章程为核心的规章制度体系。

第三，要推进治理体系和治理能力现代化。进一步完善"党委领导、校长负责、教授治学、民主管理"的治理格局，改革管理体制，激发办学动力。要继续探索"院办校"改革，加快推进苏州医学院体制机制改革，下移管理重心，激发办学活力。

三、集思广益、凝聚共识，营造共建共治共享的良好氛围

自2021年9月启动章程修订以来，学校成立章程修订工作领导小组，制订章程修订工作方案，集思广益、凝聚共识，广泛听取师生意见，把章程修订作为提高认识、统一思想、凝聚人心的过程。此次修订充分体现学校办学历史、办学理念、改革经验、制度成果和办学特色，把学校改革发展的经验，特别是122周年办学的经验总结到章程中来，对于推动学校高质量发展具有深远的意义。

我们要以章程修订实施为示范，更好落实以师生为中心的发展理念，巩固发展共建共治共享、近悦远来的良好氛围。

第一，要加强学校教代会和二级教代会建设。作为学校科学决策、民主管理、民主监督的重要载体，教代会在推进学校改革发展和维护学校稳定工作中有着不可替代的作用。学校教代会要坚持和加强党的全面领导，提高政治站位，坚定不移把握正确政治方向，紧紧围绕学校中心大局，围绕落实立德树人根本任务，多做统一思想、凝聚人心、化解矛盾、激发动力的工作。当前，我们推进治理体系和治理能力现代化、深入探索"院办校"改革，对学院（部）工作也提出了新的更高的要求。我们要从提升治理能力的角度，进一步加强二级教代会建设，推进教代会工作制度化、规范化，增强决策的透明度，增进理解与互信，激发广大教职工的积极性、主动性和创造性。学校教代会执委会和校工会要加强业务指导、工作培训、督促检查，帮助二级教代会更好地发挥作用。

第二，要强化代表意识。教代会代表是教代会的主体。绝大多数代表来自学校教学科研管理服务一线，担负着重要职责，在广大教职工中有着较强的凝聚力和感召力。希望各位代表增强政治意识、大局意识、责任意识，发挥好教代会代表的桥梁作用，做好学校政

策的宣传解读工作，做好对教职工思想、工作和生活状况的了解与反映工作，真正为教职工解难事、办实事、做好事。过去几年，在学校"十四五"规划、未来校区建设、推进学校供给侧结构性改革等工作中，教代会代表都参与其中。当前，江苏省、苏州市对学校的期望和支持呈现"双高"态势，在今后一些涉及学校长远发展的专项工作中，期待各位代表充分发挥作用，立足基层和一线，持续跟进做好意见建议收集整理反馈工作。

第三，要提高提案工作和提案办结工作质量。各位代表要提高政治站位，坚持问题导向、目标导向、效果导向，建真言、献良策，坚持以小切口解决大问题。要围绕落实党中央、江苏省委决策部署，围绕服务区域经济社会高质量发展，围绕落实"十四五"时期主要目标，围绕提高人才培养质量、营造良好育人环境、加强"双一流"建设等工作，提出议案。我们也将创新工作方式方法，密切沟通、协作配合，保障代表知情知政，为代表提出高质量议案建议提供全方位保障。

各位代表、同志们，回望来时路，苏州大学具有与时俱进、敢为人先、自加压力、负重奋进的精神品质，奋进新征程既要有志不改、道不变的坚定，也要有一往无前、风雨无阻的意志，更要有步履铿锵、接续奋斗的行动。让我们以本次教代会的胜利召开为契机，坚定信念、同心协力、真抓实干，始终坚守立德树人初心使命，加快推进"双一流"建设，以实际行动和改革发展的优异成绩迎接党的二十大胜利召开！

谢谢大家！

最好的你们，可好？！

——校长熊思东在2022年毕业典礼暨学位授予仪式上的讲话

（2022年6月21日）

亲爱的同学们：

我们终于如愿以偿地相聚在这里，以"线下+线上"的形式，为2022年毕业的全体苏大学子和部分2020年毕业学子举行隆重的毕业典礼和学位授予仪式。此刻，我们把晚霞披在肩上，将星辰映入眼眸，在湖光月色的见证下，祝贺大家毕业！

记得在四年前的开学典礼上，我曾说："在美好的2018年，118岁的苏大相遇了18岁的你们，一切都是最好的安排！愿最好的你们，最好！"这几年，我时常问同学、问老师、也问自己："最好的你们，可好？"

时光常新，最好的你们，是否梦想如初？你们是否还记得梦想最初的起点：是晒录取通知书时"凡尔赛式的感伤"，是迎新生文艺演出的礼堂，还是公共英语分级考试的考场？是否还记得新生入学时，就期待自己成为优秀毕业生，在毕业典礼上闪耀全场？是否还记得曾以为"考上大学就轻松了"，发现真相后，心中燃起"只要专业选得好，年年期末赛高考"的斗志？是否还记得"只要你不去上课就会被点名"的魔咒，终于明白老师们花式点名的良苦用心？是否还记得，每回开学总是下定最强决心，立下成为学霸、告别拖延、瘦成闪电、早睡早起保卫发际线等生命力堪比野草的Flag，让周围"吃瓜群众"饶有兴趣地等着后续？

唯学无际，最好的你们，可曾步履不停？优秀的人都在暗自努力，你们可曾"每天起床第一事，看眼闹钟再关闭"？可曾自诩为"苏大人早八魂，虽迟但到早八人"？可曾为了课堂汇报通宵达旦，为了组会分享苦思冥想，将PPT改了无数遍，直至最终之"绝不再改"版出现？可曾记得每一个爆肝写作业的深夜都高呼"躺平"，却依旧拿出令老师为之惊叹的作品，一再"卷"出新高度？可曾因为深夜在家连麦，被父母误认为在谈恋爱，其实是为了共同热爱，组队参加学科竞赛？可曾因为选课时小手一抖，选错了校区，后来终于在125路、817路公交车的辗转中明白，有些课一旦选了就不能改？可曾在短则两年长则七年甚至更长的校园时光里，始终怀揣热爱，坚持所爱？

相期努力，最好的你们，可有直面困难？面对刚入学的种种不适应，你们可有忍不住偷偷流泪、偷偷想家？第一次竞选失败、第一次考试发挥不佳、第一次发现优越感全无时，可有怀疑自己？可有因为担心收不到梦中情校的 offer，产生"绩点焦虑"而踏上重修路？你们说夜太美，总是黑着眼眶做实验，但当结果突然无法重复时，可有几近崩溃过？多次表白被拒时，内心可有默念"智者不入爱河，寡王一路硕博"？新冠疫情来临，面对返校时间一拖再拖，线上、线下学习多次切换，家中父母的唠叨和"嫌弃"，你们可有习惯核酸"阴"、天气"晴"、身体"圆"、时间"缺"的苏大版"阴晴圆缺"？

  生活如画，最好的你们，有无更新色彩？大学画卷徐徐展开时，你们有无尽情挥毫、恣意上色，让生活更缤纷多彩？有没有在情人坡看过日出，在白鹭园赏过日落，在阳澄湖畔仰望过星空？有没有成功打卡三大校区 16 个食堂，感叹再美的笑容都没有苏大版月饼甜？面对返璞归真的宿舍环境，有没有想过"生活终于对我下手了"？当"水逆期"袭来时，有没有在学校广播台点一首快歌当作解药，抑或徜徉在天赐庄的银杏雨中，让大脑放空，让 emo 随风？有没有与好友在健身步道备战校园马拉松，成为风一样的少年？有没有把各种单身节、情人节过成购物节，不是在取快递就是在取快递的路上？

  春华秋实，最好的你们，是否收获满溢？你们有没有在各种"神仙打架"的竞赛场上，体验到高手过招时的酣畅，收获并肩而行的感动？有没有从"学会"走向"会学"，形成完善的知识体系，掌握分析和解决问题的能力？有没有跟着导师"南征北战"，踏出老师眼里的一小步，却成就自己学术生涯的一大步？有没有在"国际周"一路逛吃，在彼岸书香与留学生开怀畅谈，拓展自己的国际朋友圈？有没有跨越千里去异乡支教，播撒爱与责任，意想不到地成了孩子王？有没有因为某次晚会后不经意的拥抱，让校园又增加一对羡煞旁人的学霸情侣？在建校 120 周年纪念活动中，有没有与全球苏大人"云合唱"《我的祖国》，把"养天地正气，法古今完人"的校训精神铭刻心间？

  同学们，作为校长，我还有很多问题想从你们那里得到答案，我想你们心里可能也有很多问题想问学校。如果我们把大学岁月置于人生长河中、置于时代坐标上，还会产生更多需要作答的问题。有的问题很简单，你们很容易给出让自己满意的答案；有的问题则很难，需要你们尽最大的努力甚至穷尽一生去寻找最优答案。我想这正是人生的意义所在。在寻找答案的路上，时间会回答成长，成长也会回答什么是你们最好的模样。

  这几年，你们既有追求，也有坚持。你们笃信知识的力量，每个人平均加入了 4.2 个学习励志群，52.5% 的同学坚持"锄禾日当午，打卡不辛苦"，远离"间歇性踌躇满志，持续性混吃等睡"。"冻脚楼"的打印机每日打印千余次，"if 楼"的咖啡机日销百余杯，见证了你们为"上岸"拼搏的每一天。学校有超 300 个实验室的大门上贴着"立意严谨数据好，头发浓密文章多""天天有 data，年年发 paper"等神对联，我看到了"锦鲤"背后你们付出的艰辛。你们还有着令人羡慕的自律能力，超过九成同学没有翘课行为，七成同学在早上 6 点半前就起床了，你们说"苏大早八人"是真的！同学们，青春正好，奋进拼搏的你们真好！

  这几年，你们有付出，也有精彩。孜孜以求的你们成为学霸辈出的一届，来自"苏大鉴略"的统计，学分绩点超过 3.6 的本科生占 42.04%，共有 912 名同学取得过满分的佳绩，高数挂科率持续走低，毕业深造率比上一届提升了 1.69%，再创新高。56% 的研究生同学曾见过凌晨 3 点的苏大，你们共发表高质量论文 3 000 余篇，其中，也不乏"顶天立地"的成果。每年平均有 25 万余人次走进图书馆，沉醉书香的你们，腹有诗书气自华。48% 的同学成为考证达人，人均拥有 4.6 张证书，会计从业资格证、人力资源管理师证书等成为"新宠",你们已经成为地表最强的"六边形战士"。同学们,收获恰好,怀揣硕果的你们绝好!

这几年,你们既有生活,也有远方。98.5%的同学对食堂的菜品和服务赞不绝口,对冬至加餐券心心念念;22.4%的同学争当"苏大干饭人",坚持"负重前行",从温室里的"花朵"进阶为适应性更强的"多肉"。58.2%的同学在成为"刘畊宏男孩/女孩"的道路上"一骑绝尘",平均每周锻炼3次以上,你们说没有"躺"平的岁月,只有奔跑的时光。绝佳的体力也体现在熬夜上,近六成同学表示深夜12点后才能入睡,待机时长比上届同学高出近5个百分点,可谓"月亮不睡你不睡"。每个校区都有一些宿舍门上贴着"睡务局""不醒人室""仙女驻凡大使馆"等花式名字,我虽不懂,但我大受震撼,希望你们一直葆有这有趣的灵魂。你们更把目光投向远方,92.6%的同学参加过各类实践活动,活跃于各领域最前沿;千余人次参加云上国际交流,"云足迹"遍布20余个国家和地区,传递了苏大声音。同学们,梦想真好,梦想成真的你们顶好!

数字承载着记忆,更见证了蜕变。记得在四年前的开学典礼上,我曾提到教育学院王曹仡超同学,你提前40天来到传说中的"土豪食堂",享用了第一顿大学午餐。四年来,你始终保持这份敢为人先的激情,不仅在课堂上一马当先,更怀着赤诚之心走在公益活动前列,希望你用无悔芳华继续谱写西部支教赞歌。王健法学院王仕阳同学,你带着学长们为你精心绘制的无障碍地图在校园中畅行无忧,祝贺你继续留校深造,也愿你未来的道路畅通无阻。能源学院吴宇轩同学,你带着独有的学脉传承,在你父亲当年的恩师的指导下,奋进在科研路上,受到清华大学与浙江大学的青睐,青出于蓝而胜于蓝。所有同学与你们一样,诠释了青春最美的模样,书写了动人的苏大故事。

这几年,你们收获成长。文学院林彦君同学,生于台湾的你,四年来不断寻根并继承、发扬中华传统文化,希望你在北京大学能追寻所爱,继续成长。光电科学与工程学院谢溢锋同学,从经历重修应用光学的尴尬,到成为获授权中国发明专利2项的"科技达人",成长于你而言,就是不断破局与超越。

这几年,你们采撷成功。机电工程学院邹文婧同学,你在科研实践中深感癌症早筛的必要性,带领团队完成从细胞培养到微流芯片制作再到筛查系统的搭建,获得3项国内外专利和"挑战杯"中国大学生创业计划竞赛大奖。所谓成功,乃学以致用,造福他人。材料与化学化工学部陈海阳同学,你本硕博扎根苏大十年,老师和同学眼中的你是在 *Nature Energy* 发表高质量文章的"拼命三郎",媒体眼里的你是获得第71届诺贝尔奖获得者大会入场券的科研新星。从你身上,我们看到了如果成功有捷径,那就是坚持与热爱。

这几年,你们体悟成才。纳米科学技术学院高恒同学,在新冠疫情突发时,面对拥有18万人口的社区,你主动参与抗疫,连续55日的坚守,彰显了新时代青年的责任与担当。敬文书院朱安琪同学,大学四年你一直担任班长,热心班级事务,用心组织各种学习活动,在你的带领下全班升学率高达83%,你用行动告诉我们,成才路上一个也不能少。同学们的大学生活各自精彩、各有不同,但相同的是你们都向着未来全力奔跑,交出了一份自己满意的答卷。而比答案更闪耀的,则是那个做出回答时更加自信的自己。最好的你们,一直很好,未来一定更好!

同学们,毕业是大学与社会的临界点。走出去,是海阔天空,但也意味着要独自面对风雨。身逢世界百年未有之大变局的时代,我们既要关注全球视野下的社会变迁和世界万象，也要坚持自我追求与时代精神有机融合。几代青年，皆以梦为马，不断探索和创造国家未来。最好的你们，又该如何与时代共处、与世界同行，让自己、让更多人变得更好？我想唯有持续成长，方能蜕变为更好的自己。

唯勇锐盖过怯弱，立潮头而为先。时代从未停止出题，青年也从未怕过。年轻，既意味着无限可能，也意味着挺立潮头的勇气和自信。机遇永远属于有抱负、有胆识的"探险者"，希望你们充分释放青年人身上富含的拼搏精神、挑战意识、创新因子，敢于先行、勇于拓荒，去闯出一片新天地；迎难而上、知难而进，去干出一番新事业。唯有勇锐盖过怯弱，青春气贯长虹，方能不负韶华、不负时代。

唯进取压倒苟安，路虽远而必达。对未知世界的恐惧，对未来不确定性的担忧，都可能让你们感到焦虑，或许因此而举步不前。可当"佛系""安稳""躺平"成为年轻人的主要诉求时，青春将会失去活力。希望你们成为"斗战胜佛系"，勇敢地跨出"舒适区"，始终保持一颗进取心，在行动上持之以恒，在心态上全神贯注。你的坚持与进取，终将使梦想的分量和价值充分显现。唯有进取压倒苟安，少年意气昂扬，定能天高梦近、一直向前。

唯本真涤荡世故，伴一生而有光。立本求真，虽为世间最难，但亦是我等必求必达之事。罗曼·罗兰曾说："世界上只有一种真正的英雄主义，那就是认清生活的真相后依旧热爱生活。"拉长时间的镜头，片刻的高光不易，恒久人生则更难。希望你们热爱生活、向真向善，于从容淡定间体会人间烟火，在岁月洗礼中知世故而不世故。待你越过内心那座山，终将看到更大的世界、更亮的未来。唯有本真涤荡世故，一生逐梦追光，终将照亮世界、点亮未来。

唯团结连接孤勇，积众力而致远。翻开历史画卷，我们从不缺少为了民族大义、人民幸福、时代进步而昂首阔步、奋勇向前的"孤勇者"。然"积力之所举，则无不胜也"，我们最大的底气是众志成城。习近平总书记指出："每个人的力量是有限的，但只要我们万众一心、众志成城，就没有克服不了的困难。"当我们树立家国情怀，把小我融入国家的大我、人民的大我之中，我们的内心将更添底气，脚下也将更有力量。唯有以团结连接孤勇，凝聚磅礴力量，必将披荆斩棘、乘风破浪。

同学们，世界很大、时间很长，你们还将攀登更高山峰，看见更多风景，遇到更多朋友，发生更多故事。生逢盛世，身为时代之青年，须骋目未来，须胸怀天下。愿最好的你们，用一颗滚烫的心去勇敢、去奉献、去希望。在人生的每一个季节里，都有最美的绽放！愿最好的你们，爱你所爱的人间，见前人未见的世界，写我们未写的诗篇。你们所走的每一步，都是苏大的未来、国家的未来、世界的未来！愿最好的你们，一切都好，一切更好，一切最好，好上加好！

再见了，同学们！

党委常委会工作报告

——校党委书记江涌在校党委十二届十八次全会上的报告

（2022年8月26日）

各位委员、同志们：

受党委常委会的委托，我向大家报告2022年上半年党委常委会工作。

2022年是党的二十大召开之年，是学校实施"十四五"规划的关键之年，也是召开学校第十三次党代会的重要一年。学校党委常委会坚持以习近平新时代中国特色社会主义思想为指导，全面贯彻党的十九大和十九届历次全会精神，贯彻落实习近平总书记关于教育的重要论述和关于江苏工作的重要指示精神，落实江苏省第十四次党代会精神，认真履行把方向、管大局、作决策、抓班子、带队伍、保落实的职责，团结带领全校党员干部和师生员工，坚持和加强党的全面领导，积极推进"全国党建工作示范高校"培育创建，慎终如始抓好疫情防控工作，坚定不移推动学校高质量发展。学校顺利入选第二轮"双一流"建设高校，在江苏省属高校年度综合考核中获得第一等次"三连冠"。

一、坚持党的全面领导，办好中国特色社会主义大学

一是加强党的政治建设。坚持把学习贯彻习近平新时代中国特色社会主义思想作为首要政治任务，严格执行"第一议题"学习制度，组织开展党委理论学习中心组学习10次，及时跟进学习习近平总书记在省部级主要领导干部专题研讨班上的重要讲话精神、在中国人民大学考察时的重要讲话精神、给南京大学留学归国青年学者的重要回信精神等重点内容，更加深刻领悟"两个确立"的决定性意义，更加坚定做到"两个维护"，不断增强政治判断力、政治领悟力、政治执行力，牢牢把握社会主义办学方向。校党委理论学习中心组再次获评江苏省党委理论学习中心组示范点。紧扣迎接党的二十大胜利召开、学习宣传贯彻党的二十大精神工作主线，组织开展"强国复兴有我，砥砺奋斗前行"迎接学习宣传党的二十大主题宣传教育，通过组织院级党委理论中心组学习、干部教育培训、教职工政治理论学习等，推动党史学习教育常态化、长效化，引导干部教师坚定政治忠诚、勇担时代责任。配合做好校领导班子调整换届，启动学校第十三次党代会的各项筹备工作。学校领导班子在江苏省属高校年度综合考核中连续三次获评"优秀领导班子"。

二是贯彻党委领导下的校长负责制。严格执行党委全体会议、常委会会议、校长办公会议议事规则和"三重一大"决策制度，召开党委常委会会议35次，就重大事项进行研究决策，支持校长依法独立负责地行使职权。成立教材建设与管理、未来校区建设管理、重点实验室重组工作等领导小组，加强对重点工作的组织领导和统筹协调。强化对标找差"答卷意识"，完成《中国共产党普通高等学校基层组织工作条例》贯彻落实情况自查，开展"省考""校考"相连贯通的综合考核，首创立德树人专项监测，制定出台2022年校内综合考核"1+5"文件，对比分析近三年江苏省属高校综合考核结果，持续完善制度举措。学术委员会、学位评定委员会就学校发展、人才培养、学科建设等方面提出评价建议，营造良好学术生态。

三是强化宣传思想和意识形态工作。组织开展"喜迎二十大、永远跟党走、奋进新征程"等系列教育实践活动，上好毕业典礼"万人思政课"，激励学生砥砺报国志、勇担强国责。聚焦学校党的建设、立德树人、人才队伍建设等主题，在《新闻联播》《光明日报》等国家级、省市级主流媒体发表稿件150余篇，学校官方微信入围"中国大学官微百强"。评选"兴育新"宣传思想政治工作奖、思想政治教育中青年优秀人才支持计划，强化宣传思想工作队伍建设。出台法治宣传教育第八个五年规划，深入推进学校法治宣传教育。严格落实意识形态工作责任制，专题研究思想政治工作。

四是凝聚统战，群团合力。支持各民主党派依照各自章程开展工作，各级人大代表和政协委员积极参政议政、建言献策，学校入选苏州市首批"全过程人民民主基层实践基地"。组织开展铸牢中华民族共同体意识教育，有序推进民族宗教工作。加强对群团组织的领导，落实专题研究工会、共青团工作，就加强和改进群团工作进行部署。工会在联系服务教职工方面发挥积极作用，八届三次教代会专题审议《苏州大学章程修正案（草案）》。举办苏州大学庆祝建团百年表彰大会等"十个一"系列活动，带领团员青年深入学习习近平总书记关于青年工作的重要论述和在庆祝中国共产主义青年团成立100周年大会上的重要讲话精神，引导广大青年争做复兴栋梁、强国先锋。学校团委荣获"江苏省五四红旗团委"，1个团支部获评"全国五四红旗团支部"。研究制定二级学院（部）关工委优质化建设工作基本要求，深入推进关工委优质化建设。

五是筑牢疫情防控屏障。全面贯彻习近平总书记关于统筹疫情防控和经济社会发展的重要论述精神，落实党中央、国务院决策，根据江苏省委、省政府部署和苏州市委、市政府要求，坚持师生至上、生命至上，树牢底线思维，增强风险意识，从严从紧抓好新冠疫情防控工作。校领导、二级单位主要负责人一线值守、靠前指挥，学校新冠疫情防控工作领导小组发挥职能作用，带领全校师生员工全力以赴、攻坚克难，切实将核酸检测、人员排查、环境消杀、在校师生服务保障、应急处突等各项措施落细落实，全力守护师生员工生命安全和身体健康。为确保新冠疫情防控期间不停课、不停学，启动教学应急处置预案，扩容校园网络出口总带宽，推进线上教学、考试、答辩等工作有序开展。帮助困难师生纾忧解困，向滞留高风险地区及家庭经济困难学生发放专项关爱补助和网络流量补贴66.69万元，累计资助学生1 283名。

六是贡献苏大抗疫力量。发布《致全校共产党员的一封信》，学校派出15批党员志愿者支援苏州抗疫，苏州医学院师生主动支援苏州PCR（聚合酶链式反应）气膜实验室开展封闭式核酸检测，附属医院派出数万人次支援苏州核酸采样、600余人次驰援上海。

校医院医务人员、300余名教职工、3 000余名学生主动承担校内核酸检测志愿服务，开展常态化核酸检测122次、全员检测73轮，累计检测近62万人次，为打赢新冠疫情防控阻击战做出积极贡献。化"抗疫"为育人契机，讲好"青年战'疫' 温暖复苏""辅导员化身'战疫尖兵'全心守护"等苏大抗疫故事。学校党委划拨专项党费50万元支持疫情防控，加强对一线医务工作者、党员干部和困难党员群众的关心、关爱。

二、创建"全国党建工作示范高校"，健全高质量党建工作体系

一是推进党建示范创建和质量创优。学校入选第三批"全国党建工作示范高校"培育创建单位，成为江苏省首家入选高校。对照《第三批新时代高校党建"双创"工作重点任务指南》，充分整合校内资源，制订示范创建实施方案，实施政治能力提升、思政铸魂逐梦、人才队伍集聚、组织建设强基、宣传文化浸润、高质量发展攻坚等"六大党建赋能工程"，成立6个工作专班，明确20项重点任务，推进党建与事业发展融合更紧、互动更强、互促更实。学校3个党支部入选第三批"全国党建工作样板支部"培育创建单位，入选支部数创近年来新高。2个第二批"全国党建工作样板支部"培育创建单位通过验收。4个党组织入选首批全省党建工作标杆院系、样板支部培育创建单位。

二是增强基层党组织政治功能。深化基层党建"强基创优"，实施党建"书记项目"，举办组工干部（组织员）培训班，全面增强基层党组织的组织力、凝聚力。召开机关与直属单位党的建设工作会议，以政治建设为统领全面提高学校机关与直属单位党的建设质量，建设"让校党委放心、让师生满意的模范机关和单位"。依托重大项目组、课题组、学科组、创新团队、科研平台、部门处室等设置的教职工党支部比例持续提升。共同发起成立苏州市大院大所党建联盟，发挥党建引领作用，加快集聚高层次人才、创新型企业等创新要素。建强党校授课专家团队，优化各类课程，扎实开展入党积极分子培训、预备党员培训，推动广大学员坚定理想信念、提高理论水平。组织召开学校"两优一先"表彰大会，讲好"献礼二十大，奋进新征程"微党课，激励全校各级党组织和广大党员踔厉奋发、笃行不怠。《新时代苏州大学基层党建的创新与实践》获评江苏省党员教育培训教材展示交流活动优秀教材奖。2个党日活动荣获2021年度江苏高校"最佳党日活动"优胜奖。

三是打造过硬干部队伍。将深入学习习近平新时代中国特色社会主义思想作为干部培训的首要内容，优选网络培训课程，线上、线下并举加强干部教育培训，选派一批年轻干部到中共中央组织部赴藏博士服务团、江苏省第十五批科技镇长团、乡村振兴（帮促）工作队等中挂职锻炼，推荐3名干部到地方交流任职，不断提高领导班子和干部适应新时代新要求抓改革、促发展、保稳定的能力，锻造忠诚、干净、担当的高素质专业化干部队伍。强化干部管理监督，召开新任职、新提拔、新转岗中层干部集中廉政谈话会。严格执行干部个人有关事项报告制度，规范做好处级干部个人有关事项随机抽查、档案核查、兼职管理、出国（境）证件管理等工作。

四是压实管党治党责任。学习贯彻十九届中央纪委六次全会精神，坚持严的主基调不动摇，召开党的建设与全面从严治党工作领导小组会议、全面从严治党工作会议等，制定实施2022年度学校全面从严治党"四责"清单，深化"四责"协同，压紧压实责任。充

分发挥巡察综合监督作用，对学校党委前五轮巡察完成集中整改的35家被巡察单位开展巡察"回头看"工作，做好第六轮巡察5家二级党组织和42家机关与直属单位的巡察反馈、整改落实等工作，刚性完成本届党委任期内巡察高质量全覆盖。强化政治监督，开展对上届江苏省委巡视反馈问题整改落实情况的专项督查，围绕学院（部）落实"两个议事规则"，对新冠疫情防控等开展专项监督，聚焦研究生复试、本科生招生、选人用人等进行日常监督，推动各类监督贯通融合，持续完善学校监督体系，实现监督从"有形覆盖"到"有效覆盖"。

五是涵养良好政治生态。贯彻中央八项规定精神，坚持纠"四风"与树新风并举，开展整治形式主义、官僚主义为基层减负专项行动。抓好重要时间节点廉洁提醒关爱教育，举办年轻干部"廉洁从政、廉洁从业"教育讲座，以发公开信的形式加强毕业生廉洁从业教育，编发《纪检监察信息通报》7期，切实推进纪律警示教育常态化、规范化。扎实开展《信访工作条例》宣传月系列活动，依规依纪依法查信办案。学习贯彻落实《中国共产党纪律检查委员会工作条例》《关于加强新时代廉洁文化建设的意见》，进行"加强高校廉洁文化建设"专项调研，系统推进纪检监察工作规范化、法治化、正规化建设。1个案件获评江苏省纪检监察高质量案件（江苏高校唯一获评案件）。

三、完善立德树人机制，培养堪当民族复兴重任的时代新人

一是实施"铸魂逐梦"工程。推进辅导员"1+N"领航计划、"五育"融合计划、"8+N"融通计划、成长陪伴计划，组织开展辅导员素质能力大赛和专题培训，1人获评"江苏省高校辅导员年度人物"。深化"一站式"学生社区综合管理模式建设试点，构建网格化学生社区管理体系，营造价值引领与知识传授有效融合的环境，完善线上、线下"一站式"学生社区育人阵地。发挥思政课铸魂育人主渠道作用，推动思政课程与课程思政同抓共促、与日常思政工作同频共振，承办江苏省高校思政课现场教学展示活动，2名教师分获首届江苏省高校思政课教学展示活动特等奖、一等奖，马克思主义学院四度获评"江苏省高校示范马克思主义学院"。

二是推进一流本科教育改革。制订未来精英（Fe）计划实施方案、深入落实教授为本科生授课制度实施办法，稳步推进模块化人才培养方案改革试点工作，持续完善本科人才培养制度体系。深化专业内涵建设，有序推进部分本科专业参与综合评估、工程教育专业认证，获评国家级一流专业建设点14个、省级一流专业建设点8个。推进"四新"专业建设，成立现代光学智造产业学院，新增机器人工程、数据科学与大数据技术、儿科学专业，新立项微专业5个，获批省级产教融合型品牌专业2个、双学士学位复合型人才培养项目2个。学校计算机科学与技术学院入选国家首批特色化示范性软件学院名单。学校摘得江苏省教学成果奖13项，获批江苏省"十四五"职业教育规划教材1部，1名教师获得全国高校教师教学创新大赛二等奖。

三是健全卓越研究生培养体系。将体育、美育、劳育纳入研究生培养方案，深化科教融合、产教融合、学科融合、国际融合、本硕博贯通"五融合"育人机制，积极推进与世界高水平高层次合作院校共建博士生联合培养项目，做优、做强学术科技文化节，发挥第五届研究生教育督查与指导委员会的积极作用，不断提升卓越研究生培养能力。立项研

究生课程思政示范课38门、研究生精品课程9门，获得江苏省研究生课程思政示范课1门、江苏省优秀研究生教材1部。1名博士生入选参加第71届诺贝尔奖获得者大会，研究生教育连续三年获评江苏高校研究生教育工作综合评价A等第一。

四是完善学生发展支持服务体系。深化创新创业教育，成立创新创业学院，在第十七届"挑战杯"全国大学生课外学术科技作品竞赛中捧得优胜杯、摘得8个奖项（排名并列全国第九），在第八届中国国际"互联网+"大学生创新创业大赛中晋级国赛9项、摘得省赛一等奖8项，学生在各级学科竞赛中斩获佳绩。出版心理健康教育校本教材，与苏州大学附属广济医院开展"医校合作"，护航学生心理健康成长。做好大学生征兵工作，春季入伍17人，秋季报名75人。应对高考改革纵深推进，对本科招生专业组进行优化细分，突出新兴优势学科和特色专业。高分段优质生源增量明显，专业志愿满足率持续提高，生源质量稳中有升。面对"最难就业年"，制定书记校长访企拓岗促就业长效机制实施办法，书记校长领衔访企拓岗促就业，走访企业200余家，举办空中招聘双选会和线上宣讲会200余场，提供就业岗位2万余个。2022届毕业生总体初次毕业去向落实率达80.99%，同比提高2.12%；本科生升学出国（境）率达42.65%，同比提高2%。整合校内资源，着力打造继续教育产才学研用基地，学校入选首批"工业和信息化重点领域产业人才基地联合建设机构目录"，获批人社部首批数字技术工程师培育项目培训机构（江苏省唯一一家），继续教育工作在江苏省高等教育自学考试主考学校综合目标管理考核中获评优秀等次。

四、深化改革创新，推进学校高质量发展

一是培育一流教师队伍。实施"铸魂润心"强师行动计划，将党中央和江苏省委人才工作会议精神、师德警示教育等纳入"双周三"政治理论学习，打造东吴大师讲坛"空中课堂"，组织评选高尚师德奖，广泛宣传"全国高校黄大年式教师团队"等先进典型，全面提升教师理论素养、师德修养、作风涵养。强化师德把关，做好思想政治及师德师风考核评价，加强外籍教师及公派出国教师意识形态安全教育。抢抓海外人才回流机遇，召开海外高层次人才东吴论坛，做好海外人才的引进和服务工作。修订高层次人才计划实施办法和职称制度相关文件，深化人才评价机制改革，完善高层次人才发展支持体系。推进职员制改革、人员总量管理改革特别是"三定"工作。孙立宁教授当选俄罗斯工程院外籍院士，一批教师获得"十大医学泰斗""十大医学贡献专家""全国五一劳动奖章""全国七五普法先进个人""全国青年岗位能手"等荣誉，14人入选"江苏特聘教授"（入选人数位居江苏省高校第一），2人入选江苏省"外专百人计划"，3人入选"博士后创新人才支持计划"，73人入选首批"江苏省卓越博士后计划"（入选人数位居江苏省高校第一）。纳米材料科学教师团队入选"全国高校黄大年式教师团队"，李述汤院士、詹启敏院士获聘苏州市人才特聘顾问，迟力峰院士、黄建安主任获评"最美姑苏人才"。学校新增教学科研人员65人，柔性引进海外知名专家学者16人。

二是提升学科建设水平。学习贯彻《关于深入推进世界一流大学和一流学科建设的若干意见》，健全完善"双一流"建设方案和江苏高水平大学建设高峰计划方案，对标对表落实落细各项建设举措。起草中长期建设总体方案，加快推进学校创新资源与区域需求

的深度融合，集聚学科建设资源，优化学科结构布局。以材料科学与工程一流学科建设为牵引，系统推进一流学科、优势学科、重点学科、特色学科四层次学科体系建设，促进学科整体水平持续攀升。高质量完成江苏省优势学科三期项目期满验收、"十四五"江苏省重点学科立项，启动"登峰计划"保障学科建设，遴选一批交叉学科建设项目，强化学科内涵建设，学科综合实力和影响力持续提升。新增综合交叉学科进入ESI全球排名前1%，目前共有15个学科位列ESI全球排名前1%、2个学科稳居ESI全球排名前1‰，综合排名居全国高校第21位。

三是增强科技创新能力。坚持"守正创新、传承发展"科技发展思路，强化有组织创新，注重基础研究和原始创新，加强高质量成果转化。成立国基前沿科技创新研究院、核环保与核技术研究院，努力建设有苏大特色的国防科技创新特区。在国家自然科学基金集中受理期申报2 030项，首次突破2 000项，其中，"杰青"项目37项、"优青"项目55项、重点项目25项、重点国际合作项目6项，牵头申报国家重点研发计划23项、各级各类科技奖励130项。阮长耿院士荣获2021年度江苏省唯一一项江苏省基础研究重大贡献奖，学校26项成果在江苏省科学技术奖励大会上受表彰。一批专家学者在中国空间站舱内辐射环境测量模块研制、抗肿瘤免疫治疗、氡污染控制等领域做出贡献。放射医学和辐射防护国家重点实验室入选中国科协首批全国科普教育基地和中国核学会第四批（2022—2026年度）全国核科普教育基地，江苏省先进负碳技术重点实验室入选江苏省重点实验室重组试点，江苏省应用数学（苏州大学）中心、苏州材料科学和生物医药离岸创新中心获批建设。获批国防领域国家级青年人才1项。持续深化产学研合作，推进国家知识产权试点高校、赋予科研人员职务科技成果所有权或长期使用权试点单位建设，加强国家、省、校三级协同创新体系建设，优化知识产权管理体系，创新孵化服务方式，提升自主创新能力，推动国家大学科技园高质量发展。新增校级协同创新中心10个，新签订校企创新联合体22个，新孵化科技企业8家，专利申请682件，专利授权490件，专利转化76件。

四是推动人文社科加快发展。强化文科科研目标管理，优化管理服务流程，健全科研管理制度体系。完善科研平台建设、学术团队运行评价机制，积极推进交叉研究和特色研究学术团队创建。累计申报纵向科研项目715项，推荐项目选题101项，已公布立项116项。国家社科基金教育学项目立项数居全国高校第17位，教育部人文社会科学一般项目立项数居全国高校第11位。国家社科基金教育学项目、教育部人文社科一般项目、江苏省社科基金项目立项数均再创历史最好成绩。加强原创基础研究，支持出版学术著作18部，出版《新时代苏州精神——"三大法宝"的历史内涵与当代价值》等一批著作。支持建设省部级科研平台18个，遴选青年交叉研究团队11个；1个基地获批江苏省地方立法研究基地。中国辩证唯物主义研究会城市哲学研究分会、生命哲学研究分会落户学校。正式成立苏州大学哲学社会科学联合会，主动谋划重点领域研究和社科普及工作。提升咨政建言成效，在省部级及以上内参刊发或被批示57篇，其中，4篇获党和国家领导人批示。东吴智库在江苏省重点培育智库中排名第一，获得优秀等次。承办《习近平谈治国理政》翻译及政治文献国际传播论坛、"中国特色世界一流大学建设"学术研讨会、"打造太湖世界级湖区"战略研讨会等高端学术活动。2个项目入选"十四五"时期国家重点图书出版专项规划，《苏州通史》《苏州民族民间音乐集成》荣获江苏省新闻出版政府奖图书奖。《苏州大学学报（教育科学版）》复印报刊资料转载率排名全国第六。

五是服务高质量发展新局。主动对接长三角一体化、共建"一带一路"等国家战略，大力实施名城名校融合发展战略，推动学校创新资源与社会经济发展需求深度融合。未来校区投入使用，未来科学与工程学院聚焦数字与人工智能等领域布局"新工科"专业，着力打造长三角一体化示范区样板校区。与苏州市人民政府共建江苏师范学院，探索推进师范学院人才培养改革，构建校地深度融合的师范教育发展新格局。推进环苏大文创生态圈建设，苏州第十中学校增名"苏州大学附属苏州第十中学校"。与相城区高铁新城管理委员会签订深化教育合作备忘录，提升区域师范教育和基础教育水平。江苏省财政厅、江苏省教育厅和学校三方共建商学院，推进高水平特色商学院建设。落实江苏省委、省政府《关于支持宿迁"四化"同步集成改革推进现代化建设的意见》，签署对口援建协议，支持宿迁学院建设发展。做好贵州医科大学、拉萨师范高等专科学校等对口支援帮扶工作。苏州大学附属儿童医院专家团队坚守广西百色右江民族医学院附属医院开展地贫症防治技术支援，促进百色革命老区妇幼医疗卫生水平提高。

六是拓展国际合作交流资源。建立与南安普顿大学、科克大学、罗马大学、米兰大学、都灵理工大学等的合作关系，推出35个线上交流项目。加强世界名校"中国学习中心"建设。大力发展与共建"一带一路"国家及地区的教育合作交流，探索搭建国际联合实验室。扎实开展中国教育发展战略学会国际胜任力培养专业委员会秘书处工作。积极推动在地国际化，与爱尔兰皇家外科医学院合作设立国际联合学院，申报国际创新药学院合作机构。全国红十字系统人道事务培训、国际人道合作交流深入开展。老挝苏州大学克服当地疫情影响，确保线下教学平稳有序。1名留学生摘得首届江苏省中韩大学生演讲大赛冠军。学校获批江苏省"十四五"高校国际合作联合实验室2个、江苏省国际化人才培养品牌专业建设项目2个，获评2021年度"江苏省涉外办学工作先进单位"。

七是深化内部治理体系建设。按照学校章程修订工作方案，充分吸纳高等教育最新成果，广泛听取意见建议，稳步推进章程修订工作，完成教职工代表大会讨论、校长办公会议审议、党委全体会议讨论审定等关键环节，更好凝聚高质量发展共识。研究出台《关于深化苏州医学院体制机制改革的若干意见》，试点"院办校""放管服"改革，系统推进苏州大学苏州医学院及附属医院内涵式高质量发展。完善内控工作机制，启动第二批4家试点学院内控建设，推动内控建设向更多二级学院延伸。通过争取专项资金、深化校银合作、使用政府专项债券、拓展校友资源等方式，多渠道募集办学资金。加强预算绩效管理，优化资源配置，提高资金使用效益。健全国有资产管理制度体系，优质高效做好采购招标工作。稳妥推进所属企业改革，改组投资公司及14家所属企业董事会、监事会，完善企业决策程序，强化日常监管。推进领导干部经济责任审计、工程项目管理审计等，开展内控评价发现问题的整改落实情况监督检查工作，推进审计整改闭环管理。

八是强化师生服务保障。加快推进独墅湖校区体育馆与学生中心、天赐庄校区学生宿舍等新建项目，启动全国重点文物保护单位东吴大学旧址一期修缮及用房腾挪工作，开展学生宿舍、食堂、实验室等维修改造，持续改善师生学习工作生活条件。有序推进图书馆、博物馆、档案馆数字化智能化建设，深化"云中苏大"APP、"苏大鉴略"等集成性数字平台建设，着力打造数据目录、科研管理、研究生管理、红色党建网络、电子校园卡、智能报销等系统模块。稳步提升教职工收入，增加5280万元用于提高省属高校和校内综合考核奖励发放水平。落实离退休老同志的政治待遇、生活待遇，有序做好家庭适老化改造等工作。持续深化平安校园建设，制作宣传片《作答》强化国家安全教育，健全大安全防控体系，巩固安全专项整治成效，维护校园安全稳定。坚持党管保密原则，夯实保密工作责任制，强化保密日常管理，提升保密教育培训实效。

各位委员、同志们，以上成绩的取得，是以习近平同志为核心的党中央正确领导、上级党组织关心支持、上一届校领导班子成员同心同德、全校师生员工接续奋斗的结果。在此，我代表党委常委会，向各位委员和广大师生员工，对常委会工作的大力支持表示衷心的感谢，向所有为学校事业发展付出辛劳和智慧的同志们致以崇高的敬意！

在总结成绩的同时，我们也清醒地认识到，与上级的要求相比、与师生员工的期盼相比，我们的工作依然存在着一些差距和不足，主要有全面贯彻新发展理念不够到位，基层党组织的政治功能和组织力、凝聚力有待提升，党建与事业发展有机融合尚需深入推进，责任压力传导不够到位；学科专业布局、高水平人才培养体系仍须优化，战略科技力量建设、服务重大战略能力尚需提高，与国际一流院校、研究机构的合作仍须加强；办学条件与师生美好生活需要差距依然存在；意识形态领域斗争依然复杂，安全稳定仍然面临严峻挑战。针对这些问题，我们在今后的工作中将着力加以解决。

下半年，我们党将召开第二十次全国代表大会，必将为我们在新的发展阶段推进社会主义现代化建设指明前进方向，提供科学理论指导和坚强政治保证。我们将始终高举中国特色社会主义伟大旗帜，坚持以习近平新时代中国特色社会主义思想为指导，贯彻落实江苏省委工作会议精神，起而行之、勇挑大梁、争做示范，推动学校各项事业取得新成效、再上新台阶，为谱写"强富美高"新江苏现代化建设新篇章贡献苏大力量，以实际行动迎接党的二十大胜利召开！

我们将在上半年工作的基础上，重点做好以下几个方面的工作。

一是强化政治引领，坚持社会主义办学方向。围绕迎接党的二十大胜利召开、学习宣传贯彻党的二十大精神主线，深入学习习近平总书记在省部级主要领导干部专题研讨班上的重要讲话精神，并与《习近平谈治国理政》第四卷学习教育工作结合起来，推动干部师生学深悟透、入脑入心。发挥哲学社会科学资源优势，组织做好党的二十大精神研究阐释工作。扎实推进党史学习教育常态化、长效化，建立"我为群众办实事"长效机制。

二是坚定政治忠诚，推进学校党委常委会自身建设。贯彻江苏省委书记吴政隆在高校院所换届干部任职集体谈话会上的讲话精神，坚定捍卫"两个确立"，坚决做到"两个维护"，争做旗帜鲜明讲政治、聚精会神育新人、全心全意抓内涵、服务师生勇担当、清正廉洁强作风的表率。

三是加强组织领导，开好学校第十三次党代会。在江苏省委、苏州市委的领导下，筹备好党代会的各项工作，广泛凝聚共识和正能量。把严肃换届纪律和换届工作同谋划、同部署、同落实，保障党员民主权利。做好学校改革发展成果的宣传报道，推动学校事业在新的历史起点再上新台阶。

四是夯实党建根基，推动全面从严治党向纵深发展。对标创建"全国党建工作示范高校"，深化党建与事业发展有机融合。坚持新时代好干部标准，选优、配强二级单位领导班子和领导干部。强化干部培训历练，培养选拔优秀年轻干部。持之以恒正风肃纪，作好巡视巡察"后半篇文章"，对标江苏省综合考核方案创优争先。

五是深化"培根铸魂",提高拔尖创新人才培养水平。深入实施"铸魂逐梦"工程,推进"一站式"学生社区建设,发挥思政课程育人主渠道作用。深化一流本科和卓越研究生教育改革,启动新一轮本科教学审核评估,组织做好国家级教学成果奖的申报工作。完善创新创业教育生态体系,主动备战创新创业竞赛,多措并举助力毕业生更加充分、更高质量就业。

六是坚持党管人才,营造近悦远来的人才发展生态。深入实施人才强校战略,组织召开人才发展大会,健全学校高层次人才引育体系,加强青年人才全周期培养。深入实施"铸魂润心"强师行动计划,健全教师荣誉表彰体系。有序推进"三定"、职员制改革等工作。

七是优化学科布局,丰富学科建设发展内涵。结合第五轮学科评估结果开展多维分析比较,充分认识面临挑战、自身优势、发展机遇,构建重点明确、层次清晰、结构合理、互为支撑的四级学科体系。科学谋划、稳步推进校区规划、学院布局与学科专业结构的协调发展。

八是激发创新活力,提升科研综合能力。推进放射医学与辐射防护国家重点实验室大科学装置建设、现代丝绸国家工程实验室优化重组过渡,加强江苏省先进负碳技术重点实验室等科研平台建设。组织做好下一年度重大重点科研项目申报和科研综合评价激励工作,深化产学研合作,培育原创科研成果,加速科研成果转化。完善人文社科成果分类评价,强化跨学科和交叉研究平台团队建设,做好高级别、高水平决策咨询研究。

九是发挥资源优势,服务区域高质量发展。深化名城名校融合发展战略,启动未来校区二期建设工程,推进环苏大文创生态圈建设。深化四方共建苏州大学苏州医学院,推进医学体制机制改革,筹办庆祝医学教育110周年活动,聚力推动苏州医学院及附属医院高质量发展。全面完成所属企业改革。

十是改善办学条件,增强师生获得感、幸福感、安全感。多方筹措办学资金,加快推进独墅湖校区体育馆与学生中心、天赐庄校区学生宿舍等新建项目和维修改造项目,启动唐仲英医学研究院大楼内部工程设计、立项及独墅湖校区新建学生宿舍项目的前期工作。有序开展东吴大学旧址一期修缮工程,筹备二期修缮工程。统筹抓好疫情防控和学校事业发展,统筹发展和安全,为党的二十大胜利召开营造安全稳定和谐氛围。

衷心希望各位委员、同志们对党委常委会的工作提出宝贵意见和建议,帮助我们把工作做得更好。

校党委书记江涌在中国共产党苏州大学第十三届委员会第一次全体会议上的讲话

(2022年9月30日)

各位委员、同志们：

刚刚闭幕的中国共产党苏州大学第十三次党员代表大会，选举产生了中共苏州大学第十三届委员会和中共苏州大学第十三届纪律检查委员会。刚才，学校党委十三届一次全会选举产生了新一届党委常务委员会和书记、副书记，通过了学校纪委十三届一次全会的选举结果。在此，我代表新一届党委常委会，对大家的信任和支持表示衷心的感谢！

学校第十二次党代会，是在喜迎党的二十大、纵深推进学校"双一流"建设的重要时刻召开的一次重要会议。会议确定的奋斗目标和重点任务，凝聚了全校共产党员的共识，反映了全校师生员工的愿望，对于在新的起点上坚持党的全面领导、落实立德树人根本任务、加快推进国内一流国际知名高水平研究型大学建设具有十分重要而深远的意义。

团结带领全校师生员工，全面完成学校第十三次党代会确定的目标和任务，推进学校"双一流"建设是时代赋予本届党委的光荣使命。新一届党委的全体同志，特别是常委会的同志，一定要倍加珍惜时代给我们提供的机遇和舞台，倍加珍惜组织对我们的厚爱和重托，倍加珍惜全校党员、师生员工对我们的信赖和期望。大家再次选举我为校党委书记，这是对我的信任。我心怀感恩，深感责任重如泰山。我们班子全体成员一定要在江苏省委和苏州市委的正确领导下，在历届党委工作的基础上，坚持以习近平新时代中国特色社会主义思想为指导，更加深刻领悟"两个确立"的决定性意义，更加坚决做到"两个维护"，积极践行以师生为中心的发展理念，以强烈的政治责任感和历史使命感，夙夜在公、扎实工作，奋力谱写"双一流"建设苏大新篇章，努力向上级组织、向全校党员干部和师生员工交出一份满意的答卷。在此，我提五点希望。

一是要坚持对党忠诚，做旗帜鲜明讲政治的表率。讲政治是第一位的，是党性原则的集中体现，也是学校事业发展的根本保证，任何时候都不能含糊、不能动摇。我们要以党章、党规为根本遵循，严守政治纪律和政治规矩，自觉用习近平新时代中国特色社会主义思想武装头脑、指导实践、推动工作，坚持党对学校的全面领导，牢牢把握正确办学方向，扎根中国大地办大学，确保党的教育方针和党中央、江苏省委决策部署在学校落地生根，以实际行动忠诚拥护"两个确立"、坚决做到"两个维护"。我们要坚持民主集中制，坚持党委领导下的校长负责制，坚持集体领导和个人分工负责相结合，严格遵循议事规则和"三重一大"决策制度，学校改革发展的重大事项必须充分听取大家的意见，集体研究、集体决策。我们要严格执行民主生活会制度，胸襟宽广、坦诚相见，善于沟通、增进理解，相互尊重、相互支持，用好批评与自我批评这个武器，使党委班子在思想上同心、工作上合力、行动上合拍，团结一切可以团结的积极力量，加快推进学校"双一流"建设。

二是要坚持立德树人，做聚精会神育新人的表率。习近平总书记指出："要把立德树人的成效作为检验学校一切工作的根本标准，真正做到以文化人、以德育人。""努力培养担当民族复兴大任的时代新人，培养德智体美劳全面发展的社会主义建设者和接班人。"这些重要论述系统回答了新形势下培养什么人、怎样培养人、为谁培养人这一根本问题，指明了教育现代化的方向、目标。我们要深入贯彻落实习近平总书记关于教育的重要论述，不忘立德树人初心，牢记为党育人、为国育才使命，厚植教育情怀，创新教育理念，把握教育规律，增强专业素养，办好人民满意的教育，促进学生德智体美劳全面发展，努力培养高素质拔尖创新人才。

三是要坚持守正创新，做全心全意抓内涵的表率。当前，学校正朝着全面建成国内一流、国际知名高水平研究型大学的目标不懈努力。发展的不平衡、不协调等问题依然存在。要实现党代会确定的发展目标，就必须坚持以改革求突破、以创新增活力、以服务促发展，研究推进一批事关学校长远发展的大事、要事。同时，这一时期，不进则退的激烈竞争态势，要求我们必须以时不我待的精神抓进度、抓落实、抓实效。我们一定要时刻保持清醒头脑，增强忧患意识，强化责任担当，勇于攻坚克难，干在实处，走在前列，以提高人才培养质量、打造一流师资队伍、支撑高水平科技自立自强、服务国家战略和地方发展需求、坚决守牢校园安全稳定底线的有效性，不断累积建设一流大学的信心和底气。

四是坚持以人为本，做服务师生勇担当的表率。只有充分尊重师生的主体地位，广泛听取师生员工的意见、建议，尽心竭力为师生办实事、做好事、解难事，我们才能最大限度地凝聚师生员工的智慧和力量，我们的事业才能获得最广泛、最可靠、最牢固的群众基础和力量源泉。我们要坚持以人为本，牢固树立和践行以师生为中心的发展理念，巩固拓展党史学习教育成果，健全"我为群众办实事"长效机制，及时了解、回应、解决师生员工的利益诉求和现实关切，下大力气推进并办好一批师生满意的民生实事，真正让广大师生在推进"双一流"建设的进程中同步增强自身的获得感、幸福感、安全感。我们要进一步畅通师生表达的渠道，努力把广大师生的积极性和创造性、智慧与力量凝聚到"双一流"建设上来。

五是要坚持从严治党，做清正廉洁强作风的表率。学校是教书育人的重要阵地。我们要坚决扛起管党治党政治责任，勇于自我革命，深入推进全面从严治党。要从严管理干部和教师队伍，严以治校、严以治教、严以治学，一体推进不敢腐、不能腐、不想腐。我们要以身作则、以上率下，时刻牢记我们的职务、手中的权力是党和全校师生赋予的，只能用来为学校事业发展服务，决不能用它来以权谋私。我们要带头严格执行中央八项规定，带头严格执行请示报告、个人有关事项报告制度，带头管好配偶、子女和身边工作人员，自觉接受党和师生员工的监督，营造风清气正的育人环境。

作为班长，在这里我向大家郑重承诺，我将认真履行全面从严治党第一责任人职责，带头严格遵守党员领导干部廉洁从政各项规定。要求别人做到的，自己首先做到；要求别人不做的，自己坚决不做。请全体委员、广大党员和师生员工严格监督我。

同志们，学校第十三次党代会的召开，开启了学校发展的新征程。我们要学习宣传贯彻落实学校第十三次党代会精神，紧紧依靠广大师生员工、紧紧依靠在座的每一位同志，细化目标任务、实化工作举措、强化督促检查，振奋精神，扎实工作，一步一个脚印地把党代会确定的各项目标任务落到实处，以实际行动迎接党的二十大胜利召开！

谢谢大家！

做逐梦世界的苏大人

——校长张晓宏在苏州大学 2022级学生开学典礼上的讲话

（2022年10月6日）

亲爱的2022级新同学，老师们、家长朋友们：

今天我们相聚在美丽的东吴校园，举行2022级学生开学典礼，共同见证13 212名同学成为新苏大人。我谨代表学校，向你们表示最热烈的欢迎和最诚挚的祝贺！欢迎你们来到苏州大学，来到我们共同的家！祝贺你们再次起航，开启崭新的未来！无论是初入苏州大学，还是继续深造，你们都将站在新起点上，与全球苏大人一道，携手向前、逐梦世界！

回首120多年前，甲午海战，国运衰微。苏州大学的前身从寻求民族复兴浪潮中走来，东吴大学开现代高等教育之先河，融中西文化之菁华，成为中国第一所以现代大学学科体系举办的高等学府。也是自那时起，苏大人就开启了逐梦世界的征途。1931年，首译中文版《共产党宣言》的陈望道先生到学校任教，为青年学子逐梦世界带来了信仰的光芒；从1972年开始，李政道校友多次回国访问、讲学，以独到的战略眼光，推动建设北京正负电子对撞机这一国家科研重器，他推动创立国家自然科学基金和博士后制度，为我国科教事业走向世界前列做出了重要贡献；2022年，高志凯校友接受CNN（Cable News Network，美国有线电视新闻网）、BBC（British Broadcasting Corporation，英国广播公司）等境外媒体采访时，为了国家利益坚定发声，让世界认识可信、可爱、可敬的中国。建校122年来，筚路蓝缕，一路向前，一代代苏大人怀揣着"振我家邦"的爱国主义精神，在逐梦世界的征途上风雨兼程、砥砺前行。

同学们，大学是区分人生阶段的界标。来到大学之前，你们的成长环境相对单一，求学目标也清楚明晰，完成课业、考上一所理想的大学，或许是你们最大的心愿。进入大学，你们会逐渐发现，未来不再是踮踮脚就能摸到天花板的狭小天地，而是一望无际、任你逐梦的广阔世界。大学，是穿越历史、连接未来的一座桥梁，走过这座桥，你们将看到一个"多义性""多元化"的世界，她引领你们从"相对封闭"走向"宽广包容"。大学，是传授知识、开拓新知的前沿高地，越过这座山，你们将看到一个批判创新、无限拓展的世界，她推动你们从"被动接受"转向"主动探索"。大学，还是引领风尚、开放发展的智慧学镇，生活在这里，你们将看到一个革故鼎新、不断迭代的世界，她鼓励你们从

"单向发展"走向"全面升级"。成为苏大新主人的你们，将在这片广阔的天地中，孕育激励一生的精神磁场，追寻无限可能的人生契机，开启逐梦世界的崭新旅程。

站在广阔世界的起始站台，你们的行囊里应当装些什么呢？首先，希望你们跟随内心，长存书卷气，而非功利心。有学者说，现在的大学培养了"精致的利己主义者"。我想这是个别现象，大学依旧培养了许多了不起的学生，他们有理想、有本领、有担当。一个人可以有欲望，但不可以只有私欲，总要有所追求。而知识分子的追求，大约就是一股书卷气。书卷气是读书万卷后，内涵的丰富与行为的雅达；是广博见闻后，远视的能力与信念的坚定；是思接千载后，内心的专注与前行的笃定。学校的朱永新教授就是这样一位长存书卷气、葆有赤子心的人，虽然岗位多次变动，仍然笔耕不辍，对我国教育有着深刻的思考和独到的见解，把满腔热情献给了教育事业。他发起的新教育实验，20多年来已惠及全国8 300多所学校、50多万名教师和800多万名学生，其中，超过半数来自农村及偏远地区。前几天，他荣获全球最大教育单项奖"一丹奖"，让我们既感动又敬佩。初心在，理想在，坐标就在，逐梦世界才不会迷航。

同学们，希望你们读懂大学，习得真学问，而非假把式。作为一名大学老师，我每年都会评阅很多学生的论文，客观地说，有一些论文属于上乘，但同时也有部分缺乏学术贡献与创新意义，究其原因是为了完成而完成，并没有习得真学问。"学如弓弩，才如箭镞。"真学问不是一两分钟"长知识"的短视频，也不是在信息浪潮中复制、粘贴的知识碎片，抑或是束之高阁的知识囤积，更不是GPA（Grade Point Average，平均学分绩点）小数点后的微小差距。真学问是学识的厚度、思想的深度，是在系统学习中掌握认知世界的方法和原理，在创新导向中习得解决问题的策略与路径。在苏州大学，有活跃在国际学术前沿的院士群体，也有"95后"的青年才俊，还有一群孜孜以求的青年学子，他们为你们树立了求知的榜样，希望你们能跟随他们的步伐，在学习上下苦功、求真知。习得真学问，才能做到遇挑战时沉着应对、临竞争时无所畏惧、逢机遇时顺势而上，才能更有底气逐梦世界，更好地担当起社会责任。

同学们，希望你们瞄准未来，带上"大胆闯"，而非"等靠要"。新一轮科技革命迅猛发展，我们已能上九天、下五洋，漫步元宇宙，徜徉数字经济"蓝海"，踏入五维空间。科技创新已经成为国际战略博弈的主战场，然而关键核心技术是等不来、要不来、买不来的，科技命脉必须掌握在自己手中。我们不自主创新，就会面临"卡脖子"的困境；不主动发展，就会错失良机。在苏大，有这样一群敢闯敢试的青年才俊，他们把最大胆的想法拓印在"天问一号"探测火星的脚印里，把最具原创性的突破镌刻在"神舟"遨游太空的航道里。青年人不应推崇"躺平"、随遇而安，而是要大胆尝试、占领新地。只有大胆闯，才能打破惯例、冲破瓶颈，于"不可能"中创造非凡可能。愿你们带上"敢为天下先"的勇气，用科学的光辉照亮逐梦未来的道路。

同学们，逐梦世界是宏大的、壮阔的，但也是具体的、现实的。要具备逐梦世界的素质和本领，你们需要了解成长必备的方法论。习近平总书记曾寄语青年大学生，希望同学们肩负时代责任，高扬理想风帆，静下心来刻苦学习，努力练好人生和事业的基本功。练好基本功，是大学生应该掌握的最基本的学习方法论。喜欢打篮球的同学可能对基本功深有体会，无论你掌握了多少炫酷的花式技巧，赢得比赛的关键始终在于投篮命中率、体能训练、团队配合等基本功。对于大学学习而言，核心同样是练好基本功，预习、提问、阅读、反思、复习,每一个环节都要做得更加扎实。要通过解开一个小困惑、破解一个小问题、突破一个小挑战的不断积累,每天都比前一天进步一点点,真正把书本从薄读到厚,再从厚读到薄,逐步完成从学生到学者的蜕变。

对于大学生而言,思考不仅是重要的基本功,也是一种必备的能力。来到大学,同学们不应过多关注应试技巧及浅层表面的知识,而是要坚持勤思考,将习得的知识在大脑里浸"泡"得更久一点,往事物本质和运行规律上再靠近一些。要大胆提出心中的疑惑和想法,遇到新情况、新问题多问几个"为什么、怎么做";要习惯复盘、总结经验,透过现象看本质;要敢于挑战权威、尝试颠覆,将你的好奇心加以验证,根据自身情况和实际条件,寻求当下的最佳实践路径。如果你能适时跳出日常学习生活,将思考的时间维度拉长、空间维度放大,想人之未曾想,保持认知活跃并实时更新,就能在整体上取得更大竞争优势。

当前,我们正经历百年未有之大变局,人类命运共同体的理念引起大家强烈共鸣。在这样的时代背景下,涵养大情怀,是你们逐梦世界的重要指引。苏州大学是一所自带国际化基因的校园。在这里,你们可以体验用多种语言与国际友人交流的畅快,感受国际创新团队里跨学科交叉融合的奇异,在处处充满"兼听则明"的交往中,蕴含着尊重差异、敬畏不同的非凡意义。希望你们培养大视野,广泛接触世界科技前沿,积极参与文化交流互鉴,树立全球意识;培养大格局,增强忧患意识,用战略思维看待个人及社会的发展;培养大气魄,心系"国之大者",为国家长远计,为人类未来谋。愿你们学在苏大、立足中国、关怀世界,将自身发展与祖国发展、世界发展紧密结合在一起,让青春的光芒更加闪亮、更加绚丽、更加多彩。

同学们,这个月我们将共同迎来党的二十大,在这样一个重要历史时刻开启大学生活,对即将逐梦世界的你们来说,有着特殊的荣光、特别的意义、特写的不凡。这将激励着你们传承大学精神、潜心求学、矢志创新,争做走在时代前列的开拓者、奋进者和奉献者。希望你们在扩展世界广度的同时,不要忘了探索内心世界的深度。愿你们做一位内心丰盈、关爱自我、积极向上的新青年,在逐梦世界的新征程中,既有底气应对外部世界的挑战,又有能力处理内心深处的矛盾,永不放弃对自我的思索,永远珍惜对自己的真实,完成由外而内再由此及彼的人生升华。

同学们,"有梦想谁都了不起"!愿大家,一起来做逐梦世界、驰而不息的苏大人,成为了不起的苏大人!

谢谢大家!

培优建强"第一资源"
支撑中国式现代化建设

——校长张晓宏发表于《神州学人》

（2022年12月29日）

党的二十大提出以中国式现代化全面推进中华民族伟大复兴，第一次将科教兴国、人才强国、创新驱动发展三大战略放在一个部分中进行统筹部署、集中表达，确定了教育、科技、人才的基础性和战略性支撑作用。高校必须认真落实党中央的决策部署，持续完善人才发展生态，打造"强磁场"，深挖"蓄水池"，擦亮"试金石"，促成高等学府与天下英才的双向奔赴、高素质人才与社会发展的深度融合，强化中国式现代化建设人才支撑。

一、打造"强磁场"，让人才集聚于现代化建设

立足中国式现代化建设，构筑"百木成林"的聚才磁场，高校要发挥自身具有的科技、人才、创新三方面的独特优势，引导各类人才自觉从"到这里工作"向"为这里工作"转变，为中国式现代化不断贡献原创性、引领性科技成果。

将选才视野扩展到全球，进一步优化人才结构。要坚持人才引领发展的战略地位，遵循"以人为本"的核心原则，以承担国家重大战略任务为牵引，聚天下英才而用之，注重多元化、多层次引进各类人才，为我所用。充分发挥引才、聚才优势，通过优化人才结构、完善服务体系来提升人才吸引力，并通过招引人才反哺学校建设。要树立全域人才观，既要引进"领头羊"，重视引进工程技术类高层次人才、科技类应用型高层次人才等，也要吸引"羊群"，扩大人才引进范围，引进基础性专业技术人才，使高层次人才与基础性人才相互配合、各尽其职。要将选才视野扩展到全球，重点引进享有学术盛誉的战略科学家，加速汇聚世界一流创新团队，为顶尖人才量身定制专门科研平台，做到有条件、有能力在全球范围内吸引和留住更多战略科技人才。要聚焦世界学术前沿，借鉴发达国家学术领域的经验与做法，注重培育国际性学术大家、国际学术精英，着力形成人才国际竞争的比较优势，抢占科技创新和产业发展制高点。

以科技自立自强为目标导向，创新人才组织形式。坚持以科技自立自强为目标导向，

布局系列改革，创新人才组织形式，创新人才使用机制。要围绕科技创新、产业升级等关键领域进行系统布局，统筹实施重点人才开发计划，同步考虑人才培养方式和人才发展体制机制改革。要构建实施"五位一体"科技创新体系，突出"高精尖缺"导向，聚焦人工智能、生命科学等前沿领域和新兴学科，细化人才规划目标。要打造一流科技生态和人才生态，持续优化高校师资队伍结构，坚持"科学家本位"方向不动摇，探索实施"领军人才+专家团队+科研平台"引智新模式。要积极争取国家大科学计划、大科学工程和大科学装置布局落地，依托现有国家级平台，培养、引进、聚集、使用一批战略引领型人才。还要提供高质量科教资源支持，鼓励人才集中力量攻克关键核心技术，有效破解"卡脖子"难题，产出更多从"0"到"1"的突破，为锻造战略科技硬实力、实现尖端科技自主可控贡献力量。

做强产学研协同科研体系，打造人才汇聚新生态。建设以国家实验室为引领的实验室体系、产学研协同的科研体系，持续推进大平台、大团队、大项目、大成果"四大"联动建设，积极配合地方政府培育具有国际竞争力的创新型产业集群。要积极融入区域经济社会发展大格局，充分发挥地方产业、科教、资本等模块优势，推动顶尖人才团队共引、校地人才资源共享、科研实验平台共用，携手建设人才高地。要着力建设依托学校、立足当地、辐射周边的区域创新服务平台，通过高质量创业基地和创客空间，吸引具有自主知识产权和科研成果的海外高层次人才来校创新创业。要深化产学研合作，克服企业、高校、科研院所等组织间的合作屏障，从科研投入、科技评价、科研项目等方面出发，进一步拓展和吸引全社会创新要素资源，推进多元化的科研投入结构。要建立产才融合发展机制，培育产业领军人才，以"双聘制"形式，让人才以不同身份在企业和高校同时从事创新实践与科研教学。要聚焦"四个面向"，紧密联系学科发展与市场需求，加强转化应用研究，优化知识产权管理，为实现产学研一体化发展提供全方位支持和全周期保障。

二、深挖"蓄水池"，让人才成长于现代化建设

对人才的数量、质量和结构，中国式现代化建设的需求是全方位、全新的。当前，我国面临高层次创新型人才短缺、基础研究和关键领域专业人才不足、专业人才分布不均衡等问题，人才作为稀缺资源、战略资源，不可能完全依靠外部培养，高校需要在人才自主培养之路上担起责任。

加大"双一流"建设力度，筑牢人才自主培养基础工程。培养一流人才既是"双一流"建设的核心要素，也是高校服务中国式现代化建设的重要评价标准。而要为中国式现代化建设源源不断提供人才资源，必须以一流高校群作为坚实基础。因此，必须深入推进"双一流"建设，充分发挥建设高校的示范引领作用，构建高质量人才培养体系。在战略方向上，高校必须坚持立德树人根本原则。坚持以习近平新时代中国特色社会主义思想铸魂育人，为党育人、为国育才。坚持"跳出学校看学校、跳出教育看教育"，人才培养要紧紧围绕世界科技前沿及国家重大战略和社会发展需求，做到同频共振。在战术路径上，高校必须坚持以"双一流"建设赋能人才培养。扎根中国大地，坚持中国特色，紧扣国家重大需求，全方位谋划一流学科群建设，推进学科交叉融合，强化人才培养的跨学科性、多学科性。创新一流拔尖创新型人才培养模式，构建符合中国实际、具有世界水平

的人才培养评价体系，面向数字时代，实施制度化、常态化的知识更新，超常规培养急需人才。

创新全链条人才培养模式，提高人才供给自主可控能力。当前，破除高水平人才供应困境，完善高校人才自主培养顶层设计，已迫在眉睫。高校要以学生全面发展为导向，打通"三链"，着力构建协同育人新机制。一是打通"产学研"一体化链，推动高素质人才培养。精准对接产业发展需求，与产业共建高能级创新平台和大型科技基础设施，通过与行业重点企业联合培养，实现从"学用结合"向"学用创融合"提升，助力学科建设、人才培养与产业创新协同发展，为行业培养具有突出技术创新能力、善于解决复杂问题的创新型、产业化、高科技人才。二是打通"三创"融合链，推动创新型人才培养。将"创意—创新—创业"教育体系融入学生成长、成才全过程，着重培养学生的创新意识和创新能力，让学生具备多元化的知识与能力，成为更懂创意、更懂跨界、更懂开放、更会合作的人才。三是打通本硕博贯通式培养链，推动基础学科人才培养。有机衔接、梯次推进人才培养模式过程中存在的"割裂"问题，横向拓展学生在交叉专业领域的知识宽度，纵向增强学生在专业领域内的科研能力和本领，缩短人才培养周期，让科研"好苗子"尽早"破土而出"，提升人才国际竞争力，补齐我国基础科学研究短板。

深化新时代教育评价改革，打造人才自主培养比较优势。坚持以教育评价改革为牵引，树立科学的教育发展观、人才成长观、选人用人观，统筹推进育人方式、办学模式、管理体制、保障机制改革。用好教育评价指挥棒，建立以生为本、促进学生全面发展的多元评价体系，大力培厚有利于创新人才成长的土壤。不断完善教学模式评价机制，引导学生"早进实验室、早进课题、早进团队"，鼓励教师将最新研究成果与学术前沿引入课堂，培养学生自主学习、探究性学习及终身学习的能力，培养学生的科研兴趣，提升科研素养。构建以培养学生创新能力为目标的评价机制，进一步加强系统科研训练，让学生把更多精力投入科技创新和研发活动中，厚植人才资源竞争优势。

三、擦亮"试金石"，让人才服务于现代化建设

党的十八大以来，我国高校在人才工作方面投入了大量精力，着眼人才评价、激励、使用、服务等层面进行了系列改革，并取得了较好成效。立足新时代新征程，需要进一步深化人才发展体制机制改革，充分释放人才活力，培育发展新动能、新优势。

完善评价，让人才"大胆闯"。高校要加强教师思想政治和师德师风建设，落实师德师风第一标准。实施"铸魂润心"强师行动计划，严把思想政治素质关，持续加强对人才的政治引领、政治吸纳，强化教师教书育人、做"大先生"的责任担当。持续推进破"五唯"工作，精简人才"帽子"，建立综合考虑创新价值、科研能力、个人贡献的人才评价体系，突出个人评价与团队评价相结合的导向，注重与实际需求挂钩，避免"一刀切"评价，形成有利于创新型人才潜心研究的评价体系。采取目标管理与过程管理相结合、定量评价与定性评价相结合、重点与全面相结合的国际化、多元化评价指标体系，构建并完善以人才分类管理为重点、基于学术影响和价值贡献的评价机制。

放手使用，让人才"打头阵"。遵循人才成长规律和科技工作发展规律，破除传统的行政化管理思维，积极为人才"松绑"，做到信任人才、尊重人才、善待人才、包容人

才。敢于放手任用青年骨干人才，让其打头阵、当先锋，积极在关键岗位上释放创新发展能量。赋予科研单位更多自主权，赋予科学家和领军人才更多技术、经费、资源层面使用决定权和调度权。落实科研项目责任制，改革科技人才分类评价机制，以"军令状"和"揭榜挂帅"为抓手，严格按照制度进行评价监督，确保组织管理方式有序、科研项目有成效，形成以信任为基础，松紧有度、张弛有道的人才使用机制。

给予重担，让人才"成帅才"。人才是创新驱动的核心力量，高校要引导人才面向国家和时代重大需求，面向科学前沿的新问题、社会发展的大问题、国家急迫的难问题，以自己的知识专长和研究成果，用于国之命脉、用于国之重器、用于国之大政，将人才的学术理想融入国家科技创新的伟大事业中。发挥帅才型科学家"关键少数"的作用，建立健全整合科研资源的机制，在实施新的国家重大科技任务中委以重任，明确权责清单。建立有效整合不同类型科研机构各类资源的机制，加强与大院大所合作对接，打造能级更高的创新平台，为帅才型科学家承担重大科研任务提供协调和服务，让更多人才能够大显身手。

随着新一轮科技革命和产业变革的兴起，人才成为创新活动中最活跃、最积极的因素，对经济社会发展的引领地位和支撑作用愈加凸显。高校尤其是"双一流"建设高校，承担着培育堪当民族复兴重任的时代新人的战略使命，在创新资源储备库、人才储备库中具有核心作用，必须深入落实科教兴国、人才强国、创新驱动发展等战略，培优建强用好"第一资源"，为中国式现代化建设做出更大贡献。

（刊发于《神州学人》2022年第12期，有修改）

踔厉奋发　勇毅前行
全面贯彻党的二十大精神
推进"双一流"建设苏大新实践

——校党委副书记张晓宏在校党委
十三届二次全会上的报告

（2023年2月17日）

各位委员，同志们、老师们：

现在，我受学校党委常委会委托，向全会报告工作。

全会的主要任务是以习近平新时代中国特色社会主义思想为指导，深入学习贯彻党的二十大精神，落实江苏省委十四届二次全会和学校第十三次党代会精神，回顾总结2022年工作，研究确定2023年的工作思路和重点任务，团结和动员全校各级党组织、党员干部和师生员工，扎根中国大地，深化内涵式发展，奋力谱写"双一流"建设苏大新篇章，在新征程上以实际行动为全国、全省现代化建设大局做出新的更大贡献。

一、凝心聚力、砥砺奋进，学校事业发展取得新进展、新成效

2022年，是党的二十大胜利召开之年，也是学校掀开"双一流"建设新篇章的重要一年。一年来，学校党委常委会坚持以习近平新时代中国特色社会主义思想为指导，紧扣迎接党的二十大胜利召开、学习宣传贯彻党的二十大精神工作主线，贯彻落实习近平总书记关于教育的重要论述和关于江苏工作的重要指示精神，落实江苏省第十四次党代会精神，团结带领全校党员干部和师生员工，统筹抓好新冠疫情防控和学校"双一流"建设。学校党委入选第三批"全国党建工作示范高校"培育创建单位。学校入选第二轮"双一流"建设高校，第五轮学科评估表现优异，在江苏省组织部长会议、江苏省高校人才队伍建设推进会上作经验交流。

一是深入学习贯彻党的二十大精神，凝聚起听党话、跟党走的磅礴力量。开展"强国复兴有我，砥砺奋斗前行"迎接学习宣传党的二十大主题宣传教育活动，通过宣讲团宣讲、中心组学习、中层干部轮训、教职工理论学习、深化理论阐释、开好民主生活会

等，引导干部师生深刻领悟"两个确立"的决定性意义，增强"四个意识"，坚定"四个自信"，做到"两个维护"。充分发挥学校党委常委会"第一议题"学习示范带动作用、学校党委理论学习中心组领学促学作用，深入学习贯彻党的二十大精神，及时跟进学习习近平总书记在省部级主要领导干部专题研讨班上的重要讲话精神、在中国人民大学考察时的重要讲话精神及《习近平谈治国理政》第四卷等的重点内容。全覆盖做好对全校院级党委理论学习中心组的巡学旁听。学校党委理论学习中心组再次获评全省县级以上党委理论学习中心组示范点。

配合上级做好学校领导班子换届工作。召开学校第十三次党代会，明确"三步走"发展战略与阶段目标，选举产生学校第十三届党委和纪委，对今后五年的重点工作做出部署。严格执行党委领导下的校长负责制，落实议事规则和决策制度，召开党委全会6次、常委会60次，就重大事项进行研究决策，支持校长依法独立负责地行使职权。支持学术委员会、学位评定委员会就学校发展、人才培养、学科建设等方面提出评价建议。支持各民主党派依照各自章程推进工作，各级人大代表和政协委员积极参政议政、建言献策，1个案例获评江苏省高校统战工作实践创新成果一等奖。专题研究群团工作，召开学校八届三次教代会，推进二级教代会建设，开展庆祝建团百年表彰大会等"十个一"系列活动。1个团支部获评"全国五四红旗团支部"，学校团委获评"江苏省五四红旗团委"。

二是科学精准抓好疫情防控工作，全力统筹发展与安全。贯彻习近平总书记关于统筹疫情防控和经济社会发展的重要论述精神，坚持师生至上、生命至上，慎终如始抓好疫情防控工作，落细落实核酸检测、人员排查、环境消杀、服务保障、应急处突等各项举措，多方协同确保线上教学、考试工作有序开展。"10·11"疫情发生以后，校地组建疫情联防联控工作指挥部，加强统一指挥，系统落实举措，取得阶段性抗疫成果。根据国务院联防联控机制要求和疫情形势，优化防控举措，加强健康教育，支持学生返乡，精心做好人文关怀。积极贡献苏大抗疫力量，附属医院派出数万人次支援苏州核酸采样、600余人次驰援上海。划拨党费50万元，加强对医护人员的关心关爱。

树牢总体国家安全观，以"江苏省高质量平安校园建设高校"创建为抓手，构建大安全防控体系，维护校园政治稳定，加强专项整治和安全教育，提高安全信息化水平。制订安全稳定工作方案，增强应急处突能力，加强警校联动，维护校园安全和谐稳定。坚持党管保密原则，夯实保密工作责任制，重视保密日常管理。

三是守正创新加强思想政治工作，落实意识形态工作责任制。出台《关于推动党史学习教育常态化长效化的实施方案》，巩固拓展党史学习教育成效。发挥思政课铸魂育人主渠道作用，马克思主义学院四度获评"江苏省示范马克思主义学院"。承办江苏省高校思政课现场教学展示活动，获批首批江苏高校思想政治工作质量提升工程建设项目2项、江苏省研究生课程思政示范课1项。实施"铸魂逐梦"工程，试点建设未来校区社区等"一站式"学生社区，相关经验在全国高校思政工作简报、江苏省教育厅教育工作简报上刊发，获得江苏省委领导批示。配齐建强辅导员队伍，推动辅导员转编工作，1人获评"江苏省高校辅导员年度人物"。开展铸牢中华民族共同体意识教育，民汉双语志愿服务团获评江苏省"红石榴家园"。加强国防教育，全年入伍24人。

完善教师思想政治和师德师风建设机制，汇编师德手册和师德师风失范案例，开展师德师风专项教育调研。启动"铸魂润心"强师行动计划，宣传"全国高校黄大年式教师团队"等先进典型。

修订新闻宣传工作管理办法,聚焦党的建设、立德树人、队伍建设、科学研究等主题,在《人民日报》等国家和省市级主流媒体发表稿件300余篇。严格落实意识形态工作责任制。

四是持续深化教育教学改革,提升人才培养质量。推进一流本科教育改革,制订未来精英(Fe)计划实施方案、本科生学籍管理办法等。14个专业入选第三批国家级一流本科专业建设点,8个专业入选省级一流本科专业建设点,2个项目获批双学士学位复合型人才培养项目。学校计算机科学与技术学院入选国家首批特色化示范性软件学院名单。学校获批省级基础学科拔尖学生培养基地3个、省级优秀基层教学组织3个,立项国家级、省级虚拟教研室建设试点项目各1个,荣获江苏省教学成果奖13项。

完善卓越研究生培养体系,深化"五育融合"育人机制,推进与世界高水平高层次合作院校共建博士生联合培养项目,获评中国专业学位教学案例中心入库案例1项,入选首批江苏省研究生导师在线培训基地。1名导师获评江苏省"十佳研究生导师"。研究生教育连续三年获评江苏高校研究生教育工作综合评价A等第一。

健全"五育并举"一体化育人体系,开展群众性体育活动150余场,获得江苏省第二十届运动会(高校部)团体总分第一、大学生志愿服务西部计划绩效考核优秀等次。成立创新创业学院,学生在学科竞赛榜单赛事中喜获国家级奖项266个,其中,中国国际"互联网+"大学生创新创业大赛金奖4项;"挑战杯"全国大学生课外学术科技作品竞赛特等奖、一等奖2项,再捧全国"挑战杯"优胜杯。

稳妥做好招生工作,录取本科生6 643人,江苏省内录取规模位居省内"双一流"高校前列。完善博士生申请考核制,录取博士生496人、硕士生6 065人,规模保持稳定。打造继续教育产才学研用基地,入选首批"工业和信息化重点领域产业人才基地联合建设机构目录"。

五是贯彻新发展理念,加快推进"双一流"建设。实施人才强校战略,深化评价机制改革,完善高层次人才发展支持体系。制定第五轮岗位设置与聘用工作实施办法,推进职员制改革、"三定"工作,整体优化机构职责体系。抢抓海外人才回流机遇,举办东吴海外高层次人才学术交流会。成立人才工作办公室,做好海外人才的引进和服务工作。新增发达国家院士3人、国家级重点人才23人。引进教学科研人员264人,其中,特聘教授27人、优秀青年学者58人,柔性引进海内外知名专家学者31人。朱永新教授荣获全球最大教育单项奖"一丹奖",一批教师获得"十大医学泰斗""十大医学贡献专家""中国青年科技奖""全国五一劳动奖章""全国七五普法先进个人""全国青年岗位能手""江苏省侨界杰出人物""江苏省教学名师"等荣誉。26人次入选2022"全球高被引科学家"名单,入选人次连续五年居内地高校前5位、江苏省高校第1位。

推进四层次学科体系建设,材料科学与工程学科入选"世界一流学科"建设名单。第五轮学科评估表现优异,5个学科综合实力进入全国第一梯队。新增综合交叉学科进入ESI全球排名前1%,16个学科位列前1%,其中,化学、材料科学2个学科稳居前1‰,综合排名居全国第21位。

主动融入国家战略布局,江苏省先进负碳技术重点实验室进入重组试点(首批三家,学校为全省唯一进入试点的新建重点实验室),与中国科学院苏州纳米技术与纳米仿生研究所共建纳米材料界面科学与应用技术实验室，培育国家战略科技力量。成立先进技术处、国基前沿科技创新研究院，科技创新体制机制改革迈入"深水区"。服务国家重大战略需求，阮长耿院士荣获2021年度江苏省唯一一项江苏省基础研究重大贡献奖，26项成果在江苏省科学技术奖励大会上受到表彰。获批全国科普教育基地1个。一批专家学者在中国空间站舱内辐射环境测量模块研制、抗肿瘤免疫治疗等领域做出贡献。蓄力推动有组织科研，获批国家自然科学基金项目341项，其中，国家级重点重大项目63项。国家大学科技园在江苏省科技企业孵化器绩效评估中连续五年获评优秀。实现"国军标""国标"质量体系双认证。

强化文科科研目标管理，创建交叉研究和特色研究学术团队。成立苏州大学哲学社会科学联合会，主动谋划重点领域研究和社科普及工作。立项人文社科国家级科研项目49项，其中，冷门绝学专项1项，填补空白。获得高等教育科学研究优秀成果奖4项、江苏省社科应用研究精品工程优秀成果奖2项、江苏省哲学社会科学优秀成果奖46项。获批国家体育总局东吴体育智库、体育科技与健康科普基地，以及高校社科传播与应用基地、江苏省地方立法研究基地、江苏省新时代民营经济研究院。提升咨政建言成效，在省部级及以上内参刊发或被批示123篇次，其中，9篇获党和国家领导人肯定性批示。东吴智库在江苏省重点培育智库中排名第一。2个项目入选"十四五"时期国家重点图书出版专项规划，《苏州通史》《苏州民族民间音乐集成》荣获江苏省新闻出版政府奖图书奖。《苏州大学学报（教育科学版）》复印报刊资料转载率排名全国第六。

深入推进开放办学，实施名城名校融合发展战略。未来校区一期投入使用，与苏州市人民政府共建江苏师范学院。与江苏省财政厅、江苏省教育厅共建商学院。医学教育110周年发展大会、商学院40周年发展大会、恢复法学教育40周年庆祝活动相继举办。成立苏州东吴侨创联盟，汇聚侨心侨力。推动实验系列学校、附属系列学校品牌建设。做好对贵州医科大学、拉萨师范高等专科学校、青海民族大学、宿迁学院等的支援帮扶工作。苏州大学附属第一医院、苏州大学附属儿童医院获评江苏省研究型医院，苏州大学附属第二医院被认定为江苏省研究型医院建设单位。苏州大学附属儿童医院专家团队坚守广西百色右江民族医学院附属医院开展地贫症防治技术支援。

拓展国际合作交流资源，签署合作协议21份。发展与共建"一带一路"国家及地区的教育合作交流，探索搭建国际联合实验室。与爱尔兰皇家外科医学院合作申报国际创新药学院。深入开展全国红十字系统人道事务培训、国际人道合作交流。老挝苏州大学获教育部留学服务中心学历认证。学校获批江苏省高校国际合作联合实验室2个、江苏省国际化人才培养品牌专业建设项目2个。学校获评江苏省涉外办学工作先进单位。

六是提升学校治理能力，强化师生服务保障。全面加强依法治校，修订《苏州大学章程》，出台法治宣传教育第八个五年规划。完善内部治理体系，深化"以院办校"，系统推进苏州医学院体制机制改革。多渠道筹集办学资金，强化财务预算绩效管理。推动内控制度向二级单位延伸。实现审计整改闭环管理。完成95家所属企业改革，健全管理机制。

坚持以师生为中心的办学理念，制定2022年度"我为群众办实事"项目清单，其中，校级项目18项、院级项目97项，年度任务结项率达100%。制定和实施书记校长访企拓岗促就业长效机制，助力毕业生更加充分、更高质量就业，年终毕业去向落实率为

94.56%，同比提升 0.70 个百分点，其中，本科生升学出国（境）率为 43.22%，同比提升 2.65 个百分点。完善学生奖助体系和心理健康工作体系，与苏州大学附属广济医院签署"医校合作"协议。持续改善办学条件，推进独墅湖校区体育馆与学生中心建设和东吴大学旧址一期改造工程，完成一批宿舍、教学楼和体育场馆等的维修改造，天赐庄校区新建学生宿舍等项目建成投用。增加 5 280 万元用于提高省属高校和校内综合考核奖励发放水平，完成老职工一次性购房补贴审批发放。落实离退休老同志的政治待遇、生活待遇，有序开展离休干部家庭适老化改造等工作。离退休工作部（处）获评"全省老干部工作先进集体"。学校获评首批"江苏省绿色学校（高校）"。

七是纵深推进全面从严治党，营造风清气正的政治生态。对照"全国党建工作示范高校"创建任务指南，制订示范创建方案，实施六大党建赋能工程，实现党建业务互融互促。2 个第二批"全国党建工作样板支部"通过创建验收。3 个党组织入选第三批"全国党建工作样板支部"创建单位，入选支部数创近年来新高。4 个党组织入选首批江苏省党建工作标杆院系、样板支部培育创建单位。

贯彻落实组织工作条例，坚持抓基层强基础，实施三级党建书记项目，开展教职工党支部书记示范培训和组织员专题培训，做好基层党组织书记抓党建工作述职评议，召开"两优一先"表彰大会，纵深推进"强基创优"。严把发展党员入口关，全年发展党员 1 405 名。强化对高知群体的政治引领和政治吸纳，发展高知群体党员 95 名。共同发起成立苏州市大院大所党建联盟，加快聚集创新要素。召开机关与直属单位党的建设工作会议，全面提高机关党建质量。《新时代苏州大学基层党建的创新与实践》获评江苏省党员教育培训教材展示交流活动优秀教材奖。

建设高素质专业化干部队伍，坚持德才兼备、以德为先，完成 32 名干部的民主推荐和考察、22 名试用期满干部的民主测评和考察、35 名干部的交流轮岗工作。修订党校工作条例。承办江苏省高校院（系）党政负责人培训班。选派年轻干部到博士服务团、省第十五批科技镇长团、乡村振兴工作队等挂职锻炼，推荐 3 名干部到地方交流任职，增强干部推动高质量发展的本领。强化干部管理和经常性监督。

健全全面从严治党体系，制定年度全面从严治党"四责"清单，常态化开展校党委纪委季度会商，压紧压实管党治党政治责任。开展省考校考相贯通的综合考核，首创立德树人专项监测。高质量完成学校十二届党委巡察刚性全覆盖，组织进行巡察"回头看"和整改质效评估工作。围绕江苏省委巡视反馈问题整改落实情况、疫情防控等，以政治监督为统领，协同推进专项监督、日常监督。

贯彻中央八项规定精神，推进整治形式主义、官僚主义为基层减负专项行动，举办干部"廉洁从政、廉洁从业"教育讲座。开展《信访工作条例》宣传月和廉洁文化宣传教育月活动。深化纪检监察体制改革，支持校纪委依规依纪依法查信办案。

各位委员、同志们、老师们，这些成绩的取得，充分展现了学校干部师生初心如磐、勇担使命的精神风貌，充分展现了干在实处、一往无前的昂扬斗志。这些成绩的取得，掀开了学校"双一流"建设的崭新篇章，也极大增强了全体苏大人奋进新征程、建功新时代的自信与底气。这些成绩的取得，是坚持以习近平新时代中国特色社会主义思想为指引的结果，是江苏省委、省政府、省委教育工委、省教育厅正确领导的结果，是全校各级党组织、党员干部及全体苏大人众志成城、攻坚克难、埋头苦干的结果。在此，我代表校党委常委会，向各位委员、同志们和老师们，并通过你们向全校师生员工，致以衷心的感谢和崇高的敬意！

对照党的二十大精神和江苏省第十四次党代会的部署要求，对照新时代党的建设总要求，对照学校事业发展和师生期待，我们也清醒地认识到，学校党委常委会的工作依然存在着一些差距和不足，主要有对于党的二十大精神的学习贯彻还不够深入，完整准确全面贯彻新发展理念不够到位，基层党组织的政治功能和组织功能有待提升，党建与事业发展有机融合尚需深入推进；高素质拔尖创新人才培养机制有待健全完善，学科专业体系有待进一步优化，战略科技力量建设、服务重大战略能力尚需增强；办学条件与"双一流"建设的要求依然存在差距。要保持清醒头脑，增强"时时放心不下"的责任感，以实际行动书写争创一流新答卷。

二、坚定拥护"两个确立"，坚决做到"两个维护"，在新征程上奋力谱写"双一流"建设苏大新篇章

党的二十大是在全党、全国各族人民迈上全面建设社会主义现代化国家新征程、向第二个百年奋斗目标进军的关键时刻召开的一次十分重要的大会，为新时代新征程党和国家事业发展、实现第二个百年奋斗目标指明了前进方向、确立了行动指南。党的二十大报告高举中国特色社会主义伟大旗帜，全面学习贯彻习近平新时代中国特色社会主义思想，分析了国际国内形势，回顾并总结了过去5年的工作和新时代10年的伟大变革，阐述了开辟马克思主义中国化时代化新境界、中国式现代化的中国特色和本质要求等重大问题，对全面建设社会主义现代化国家、全面推进中华民族伟大复兴进行了战略谋划，对统筹推进"五位一体"总体布局、协调推进"四个全面"战略布局做出了全面部署。

2022年年底，江苏省委十四届三次全会召开。会议对江苏省深入学习宣传贯彻党的二十大精神进行全面部署，动员全省上下紧紧围绕新时代新征程党的使命任务，全面推进中国式现代化江苏新实践，更好扛起"争当表率、争做示范、走在前列"的光荣使命，奋力谱写"强富美高"新江苏现代化建设新篇章。

面对高等教育的新期待新要求，要把握新机、自强不息、不断超越，推动学校发展增创新优势、再上新台阶。

一是深刻领悟"两个确立"的决定性意义，切实用党的二十大精神统一思想、统一意志、统一行动。学习宣传贯彻好党的二十大精神，事关党和国家事业继往开来，事关中国特色社会主义前途命运，事关中华民族伟大复兴，是当前和今后一个时期的首要政治任务。我们要坚决贯彻习近平总书记"五个牢牢把握""三个全面"的重要指示，按照党中央的部署要求，深入学、反复学，读原文、悟原理。

学习贯彻党的二十大精神，最重要、最根本的是要深刻领悟"两个确立"的决定性意义。"两个确立"是指党确立习近平同志党中央的核心、全党的核心地位，确立习近平新时代中国特色社会主义思想的指导地位。这是新时代十年最大的政治成果、最重要的历史经验、最客观的实践结论，是党和国家事业取得历史性成就、发生历史性变革的决定性因素，是关乎党和国家前途命运、党和人民事业成败的根本性问题，是我们应对一切不确定性的最大确定性、最大底气、最大保证，是走好新的赶考之路必须始终坚持的重大政治

原则、必须全面贯彻的重大实践要求。

奋进新征程，我们要深刻领悟"两个确立"的决定性意义，深刻理解其历史逻辑、理论逻辑、实践逻辑，切实增进政治认同、思想认同、理论认同、情感认同，以实际行动和实际成效坚定拥护"两个确立"，坚决做到"两个维护"。我们要更加坚定地忠诚核心、信赖核心、紧跟核心、维护核心，坚决维护党中央权威和集中统一领导，胸怀"两个大局"，牢记"国之大者"，在全面建设社会主义现代化的新征程上跑出"全国先进基层党组织"的加速度，高质量推进"双一流"建设的苏大新实践。

二是深刻把握习近平新时代中国特色社会主义思想的世界观和方法论，自觉用党的创新理论武装头脑、指导实践、推动工作。党的十八大以来，习近平总书记洞察时代风云、把握时代脉搏、引领时代潮流，以全新的视野深化对共产党执政规律、社会主义建设规律、人类社会发展规律的认识，不断回答中国之问、世界之问、人民之问、时代之问，创立了习近平新时代中国特色社会主义思想，实现了马克思主义中国化时代化新的飞跃，引领中华民族伟大复兴展现出前所未有的光明前景，进入了不可逆转的历史进程。

这一重要思想是我们不断夺取新时代新征程各项事业伟大胜利的思想灯塔和行动指南。其主要内容体现在党的十九大报告提出的"十四个坚持"和十九届六中全会第三个历史决议——《中共中央关于党的百年奋斗重大成就和历史经验的决议》提出的"十个明确""十三个方面成就"中。党的二十大深入总结我们党坚持和发展马克思主义的历史经验，系统阐述了"坚持和发展马克思主义必须同中国具体实际相结合、同中华优秀传统文化相结合"，阐述了"必须坚持人民至上、自信自立、守正创新、问题导向、系统观念、胸怀天下"。

奋进新征程，我们要把"两个结合""六个必须坚持"作为学深悟透习近平新时代中国特色社会主义思想的"金钥匙"，正确处理好速度与质量、发展和安全等重大关系，努力解决学校工作中遇到的新问题、改革发展稳定存在的深层次问题、师生群众急难愁盼问题、党的建设面临的突出问题，进一步聚焦重点、加固弱点、发扬优势、强化治理，推进习近平新时代中国特色社会主义思想指引下的苏大新实践。

三是深刻认识新征程新要求新任务，推动党的二十大精神在学校落地生根。党的二十大深刻阐述了中国式现代化的中国特色和本质要求。报告首次把教育、科技、人才"三位一体"统筹谋划、单列专章部署摆放在高质量发展首要任务之后的突出位置，这是中央的重大理论和实践创新，赋予了教育在全面建设社会主义现代化国家新征程的新定位新要求新使命。

习近平总书记对江苏寄予厚望，赋予江苏"争当表率、争做示范、走在前列"的光荣使命。江苏省委要求学校找准定位、发挥特色，为构建新发展格局、推动高质量发展多做贡献，为全省现代化建设提供有力支撑。苏州市委明确支持学校建设成为中国特色世界一流的高水平研究型大学。

奋进新征程，作为一所承载着江苏省委、苏州市委关怀期盼的"双一流"建设高校，**我们要深刻认识教育的根本问题**。教育是国之大计、党之大计，育人的根本在于立德。要全面贯彻党的教育方针，坚持马克思主义指导地位，坚持社会主义办学方向，落实立德树人根本任务，坚持以人民为中心的办学理念，以高素质拔尖创新人才为培养目标，培养德智体美劳全面发展的社会主义建设者和接班人，办好人民满意的教育。**我们要深刻认识教**

育、科技、人才"三位一体"的部署安排。自觉把学校工作与国家、与世界进行"强连接""大思考",前瞻性谋划、针对性施策、系统性推进,实施人才强校2.0版本,深化综合改革,推动学科专业结构更好地对接长三角一体化建设和江苏、苏州经济社会发展等重大需求,开展有组织、高质量的科研创新,持续加强对战略科学家、科技领军人才和高水平创新团队的引进和培育,加强人才国际交流力度,助力高水平科技自立自强和文化自信自强。**我们要深刻认识"奋力谱写'双一流'建设苏大新篇章"的使命任务**。2022年,学校召开了第十三次党代会,谋划了学校的奋斗目标和今后五年的重点工作,明确到2027年"双一流"建设取得更大进展,实现更多突破,在人才培养、科学研究、学科建设、师资队伍等方面主要核心指标跻身或接近内地高校前20位,为到2035年全面建成国内一流国际知名高水平研究型大学、到本世纪中叶建成中国特色世界一流大学奠定坚实基础。贯彻党中央、江苏省委决策部署,落实学校第十三次党代会精神,要结合学校"十四五"规划纲要中的具体部署,对党代会的目标、任务进行细化,有针对性地拿出具体方案,制定明确的时间表、施工图,扎扎实实向前推进。

三、抢抓机遇、接续奋斗,全力推进高水平研究型大学建设

2023年是全面贯彻落实党的二十大精神的开局之年,是学校实施"十四五"规划承前启后的关键一年,是落实学校第十三次党代会精神、推进"双一流"建设的重要一年,也是本科教育教学审核评估的迎检之年,谋划好、推进好全年工作意义重大、影响深远。

2023年年初召开的全国教育工作会议,强调要坚持稳中求进的工作总基调,坚持和加强党对教育工作的全面领导,落实立德树人根本任务,以教育强国建设为目标,以全面提高人才自主培养质量为重点,加快建设高质量教育体系,办好人民满意的教育,开辟发展新领域、新赛道,不断塑造发展新动能、新优势,为实施科教兴国战略、强化现代化建设人才支撑奠定坚实基础。我们要坚决把思想和行动统一到上级的决策部署上来,胸怀大局、把握大势、着眼长远、狠抓落实。

2023年,学校工作的总体思路是坚持以习近平新时代中国特色社会主义思想为指导,深入学习贯彻党的二十大精神,贯彻落实习近平总书记关于教育的重要论述和关于江苏工作的重要指示精神,落实江苏省委十四届三次全会和学校第十三次党代会精神,完整、准确、全面贯彻新发展理念,全面贯彻党的教育方针,坚持教育、科技、人才一体化发展,以更实举措落实立德树人根本任务,以更高标准深化内涵建设,以更大力度推进全面从严治党,更好统筹发展与安全,加快国内一流、国际知名高水平研究型大学建设进程,为全面推进中国式现代化江苏新实践贡献苏大力量。

今年着重做好以下九个方面的工作。

一是深入学习贯彻党的二十大精神。深刻领悟"两个确立"的决定性意义,坚决做到"两个维护",做好党中央、江苏省委决策部署和学校第十三次党代会任务分解、细化落实工作,不断健全党对学校工作全面领导的体制机制。坚持和完善党委领导下的校长负责制、学院党政共同负责制,落实议事规则和"三重一大"决策制度。完善大统战工作格局,推动统战群体议政建言、献策出力。加强新时代群团工作,召开学校八届四次教代会。

二是创新加强思想政治工作。深入推动习近平新时代中国特色社会主义思想和党的二十大精神进教材、进课堂、进头脑，建强思政课教师发展中心和马克思主义学院，打造思政金课。落实时代新人铸魂工程，全面深入实施"铸魂逐梦"工程，进一步完善工作方案、领导体制、运行机制；构建覆盖全体研究生的思政教育体系，优化工作体制机制，消除工作盲区、断点，提高育人成效。推进"一站式"学生社区管理模式改革，加强党建领航新阵地、"三全育人"新园地和平安校园新高地建设。推动铸牢中华民族共同体意识教育实践基地建设。健全"五育并举"一体化育人体系，促进学生全面发展。完善师德师风建设机制，实施"铸魂润心"强师行动计划，举办师德师风专题展，加强典型选树和先进事迹宣传，做深做实团结凝聚和教育引导人才工作。

三是健全高素质拔尖创新人才培养体系。探索建立与人才培养目标相适应的本科教育教学组织体系、运行机制和制度体系，提升生源质量，优化调整专业结构，建强国家级一流本科专业，实施未来精英（Fe）计划，建设协同育人平台。做好新一轮本科教育教学审核评估迎检工作。扩大本硕博一体化培养规模，健全卓越研究生培养体系。丰富国际化培养路径，统筹推进教育数字化。紧抓四方共建苏州医学院的契机，深化医教研协同，探索新时代医学教育新范式。优化继续教育体系，制订继续教育未来倍增计划。

四是着力打造一流师资队伍。根据新形势、新要求，更高站位谋划人才强校战略，强化育才聚才。实施高端人才集聚计划，拓宽高层次人才引进渠道，严把人才引进政治关。探索实施东吴"登峰人才"培育计划，优化精细育才环境，构建近悦远来人才发展新生态。完善分类评价制度，持续推进职员制改革和"三定"工作。

五是提升学科科研水平。充分运用第五轮学科评估结果，制订学科发展规划，培育高峰学科，推进学科结构适应新发展格局需要。加强基础学科、新兴学科和交叉学科建设。深化科研评价机制改革。强化有组织科研，与苏州实验室开展实质性合作，推进国家重点实验室重组、国家工程中心转设。将区域产业优势转化为学科科研发展优势，有针对性地推进一体化创新，高水平服务科技自立自强，勇当科技创新开路先锋。深化党的二十大精神研究阐释，开展"当代中国马克思主义""中国式现代化""人类文明新形态"等重大理论和现实问题研究，强化高水平科研项目全周期管理，推进文科科研平台团队内涵建设，完善标志性成果选育出版机制，做好高层级咨政建言服务，持续打造"东吴学派"。

六是拓展合作交流领域。深化名城名校融合发展战略，系统推进各类合作项目，建设环苏大文创生态圈和未来校区二期。推广实验学校品牌，深化与地方政府教育部门的合作。加大国际化战略的实施力度，推进高水平实质性国际合作，共建共享全球优质教育资源。加强国际组织人才培养和推送工作。推进国际创新药学院建设，力争实现中外合作办学机构零的突破。打造"留学苏大"品牌，稳妥做好来华留学生入境返校工作。

七是不断完善师生服务保障。坚持以师生为中心的办学理念，深化"我为群众办实事"实践活动。启动唐仲英医学研究大楼内部工程、独墅湖校区学生宿舍、东校区体育馆改扩建工程，完成独墅湖校区体育馆与学生中心项目建设，持续推进基础设施维修改造，不断改善办学条件。加强数据资源和信息化建设，使数据充分赋能，实现有效公共服务。健全书记校长访企拓岗促就业长效机制，推动毕业生更高质量就业。完善薪酬体系和绩效工资分配改革，推进养老保险制度改革，用心用情做好老同志工作，增强师生获得感、幸福感、安全感。

八是推进治理体系和治理能力现代化。优化校区功能布局，推进学校创新资源与区域需求对接。加强后勤精细化、高效化管理。完善财务管理制度规范，全面实施预算绩效管理，有序开展离任经济责任审计、专项审计，加强校院两级内控体系建设。进一步深化公用房改革，提高房产使用效益。推动所属企业体制改革，促进国有资产保值增值，更好地服务教育科研。整合盘活资源，汇聚支持学校发展的力量。

九是增强维护校园安全能力。树牢总体国家安全观，坚持底线思维，增强忧患意识，健全大安全大应急框架，压紧压实安全工作责任，推进安全生产风险专项整治，着力防范化解重大风险，提高校园安全管理智能化水平。科学精准抓好新冠疫情防控工作。

四、完善体系，扛牢责任，一刻不停推进全面从严治党

2023 年，工作任务重，师生期盼高。2023 年，也是学校党委"全国党建工作示范高校"培育创建单位中期考核之年。要全面落实党的二十大对深入推进新时代党的建设新的伟大工程的新部署、新要求，学习贯彻习近平总书记在二十届中央纪委二次全会上的重要讲话精神，增强"永远在路上"的政治自觉，一刻不停推进全面从严治党，为学校建设高水平研究型大学提供坚强政治保证。

一是突出抓好党的政治建设。推动党员干部深刻领悟"两个确立"的决定性意义，增强"四个意识"，坚定"四个自信"，做到"两个维护"。加强校院领导班子政治建设，严明政治纪律和政治规矩，推动 2022 年度民主生活会整改措施落到实处，切实增强政治判断力、政治领悟力、政治执行力。

二是坚持不懈用习近平新时代中国特色社会主义思想凝心铸魂。按照党中央统一部署，深入开展主题教育。加强党的创新理论学习教育，深化"四史"教育，推动师生做社会主义核心价值观的坚定信仰者、积极传播者和模范践行者。召开全校宣传思想工作会议，系统谋划部署重点任务。加强阵地管理，强化分析研判，推进意识形态工作责任制落细落小落实。加强校园文化体系建设，持续涵养一流大学文化。巩固提升"全国文明校园"建设水平，做好"全国文明校园"复评迎检工作。

三是完善全面从严治党体系。开好全面从严治党工作会议，制定实施 2023 年度全面从严治党主体责任清单，纵深推进"四责"协同。做好接受江苏省委巡视工作准备，开展学校第十三届党委巡察工作。聚焦"国之大者"，以有力政治监督保障党的二十大决策部署在学校落地生根。强化对"一把手"和领导班子监督，督促其严于律己、严负其责、严管所辖。深化纪检监察体制改革，统筹推进各类监督力量整合、程序契合、工作融合，推动监督体系高效运转。

四是建设高素质干部队伍。落实新时代好干部标准，从严把好政治关、廉洁关，选拔政治过硬、业务精通、勇于担当、敢于斗争、作风优良的干部。加强实践锻炼、专业训练，开展省科技镇长团、博士服务团等挂职工作，引导干部在干中学、在学中干。通过加强理想信念教育、开展综合考核、完善干部考核评价体系、落实推进能上能下规定和各项关爱激励措施，引导干部践行"敢为、敢闯、敢干、敢首创"的精神。开展干部队伍建设专题调研，健全培养选拔优秀年轻干部常态化工作机制。坚持严管厚爱相结合，加强对干部全方位管理和经常性监督。

五是增强党组织政治功能和组织功能。系统推进"全国党建工作示范高校"培育创建工作，迎接教育部中期考核评估。坚持大抓基层的鲜明导向，加强党建工作标杆院系和样板支部建设，开展三级党建书记项目，提升专兼职组织员能力，促进全校基层党组织全面进步。强化学生党建工作，推进学生党建与立德树人深度融合。加强科研创新领域党的建设，深化校地、校企、校际党建协同。从严抓好党员队伍建设，动员党员奋勇争先、建功立业。

六是坚持以严的基调强化正风肃纪反腐。严格执行中央八项规定精神，注重重要节点作风建设，紧抓问题深化整治，持续纠治"四风"。开展经常性纪律教育，促进党员干部增强纪律意识、规矩意识。加强年轻干部纪律教育。深化运用监督执纪"四种形态"，落实"三个区分开来"，激励干部敢于担当、积极作为。加强新时代廉洁文化建设。一体推进不敢腐、不能腐、不想腐，深化标本兼治、系统治理，维护好、发展好风清气正的政治生态。

各位委员，同志们、老师们，开局关乎全局，起步决定后程。新的一年里，我们要更加紧密地团结在以习近平同志为核心的党中央周围，坚持以习近平新时代中国特色社会主义思想为指导，全面贯彻党的二十大精神，坚定拥护"两个确立"，坚决做到"两个维护"，踔厉奋发，勇毅前行，在新征程上推进"双一流"建设苏大新实践，为全面建设社会主义现代化国家、全面推进中华民族伟大复兴做出苏大贡献。

2022年大事记

1月

4日　△ 学校党史学习教育领导小组会议在钟楼303会议室召开。

5日　△ 学校2021—2022学年第一学期第二次本科教学工作推进会（2021年度本科教学工作交流汇报会）在王健法学院B201会议室举行。

△ 学校青年科学家论坛暨杰青、优青申报交流会在天赐庄校区和独墅湖校区分两场召开。

△ 苏州市委常委方文浜一行莅临学校调研。

△ 学校党史学习教育专题座谈会在天赐庄校区红楼会议中心召开。

△ 学校未来校区二期建设推进会在吴江召开。

6日　△ 经研究决定，朱彦同志任江苏苏大投资有限公司总经理。免去陈彦艳同志江苏苏大投资有限公司总经理职务。

△ 经研究决定，董召勤同志任人民武装部部长，宋海英同志任人民武装部副部长。免去张镇华同志人民武装部副部长职务。

△ 联合国和平大学校董、中国国际跨国公司促进会常务副会长张笑宇一行莅临学校。

△ 学校党委理论学习中心组在钟楼303会议室召开专题学习会，集中学习领会习近平总书记在中共中央政治局第三十五次集体学习时发表的重要讲话。

7日　△ 学校印发《苏州大学国有资产管理绩效评价实施办法》。

△ 学校与固德威技术股份有限公司战略合作框架协议签约仪式在红楼会议中心举行。

△ 学校哲学社会科学联合会成立大会暨第一次代表大会在天赐庄校区学术报告厅举行。

11日　△ 经研究决定，张增利同志任苏州医学院公共卫生学院院长。

△ 经研究决定，龚呈卉同志任光电科学与工程学院党委书记。

△ 学校印发《苏州大学思想政治工作理论研究项目管理办法》。

△ 苏州大学2021年度本科教学与科研工作总结表彰大会在天赐庄校区敬贤堂召开。

12日　△ 经研究决定，成立苏州大学高血压研究所，为校级非实体性科研机构，挂靠苏州大学附属独墅湖医院。聘任周亚峰为该研究所所长。

△ 经研究决定，成立苏州大学脑卒中研究所，为校级非实体性科研机构，挂靠苏州大学附属第一医院。聘任方琪为该研究所所长。

△ 经研究决定，成立苏州大学微创骨科研究中心，为校级非实体性科研机构，挂靠苏州大学附属无锡九院。聘任芮永军任该中心主任。

△ 江苏省第八考核组莅临学校开展年终综合考核。

	△ 学校李述汤院士、詹启敏院士获聘苏州市人才特聘顾问，迟力峰院士、黄建安主任获评"最美姑苏人才"。
13日	△ 经研究决定，解除陈国栋同志的记过处分。
	△ 学校党史学习教育总结会议在天赐庄校区学术报告厅举行。
	△ 学校党委领导班子召开党史学习教育专题民主生活会。
	△ 学校党委理论学习中心组在红楼217会议室召开专题学习会，集中学习《中国共产党章程》《关于新形势下党内政治生活的若干准则》《中国共产党党内监督条例》。
14日	△ 经研究决定，林萍同志任党委教师工作部部长。免去何峰同志党委教师工作部部长职务。
	△ 学校"挑战杯"系列赛事寒假训练营开营仪式在天赐庄校区学术报告厅举行。
	△ 学校原创话剧《丁香，丁香》获"2021年度全省宣传思想文化工作创新奖"提名奖。
15日	△ 学校2021年度基层团委书记述职评议暨"五四红旗团委"评比会在天赐庄校区学术报告厅举行。
	△ 学校安全工作会议在天元讲堂召开。
	△ 学校苏州医学院2022年工作会议在独墅湖校区炳麟图书馆学术报告厅召开。
	△ 江苏省高校思政课现场教学展示活动在天赐庄校区举行。
16日	△ 由学校科学技术研究院、能源学院及江苏省先进碳材料与可穿戴能源技术重点实验室联合举办的首届"知著园"石墨烯论坛在学校新能源大楼召开。
17日	△ 2021年度本科生工作总结大会暨辅导员专题培训在天赐庄校区举行。
18日	△ 学校计算机科学与技术学院入选国家首批特色化示范性软件学院名单。
	△ "青春百年路　永远跟党走"苏州大学共青团史料汇编专家论证会在红楼217会议室举行。
	△ 学校对口援建宿迁学院签约仪式在宿迁学院举行。
19日	△ 学校方新军教授获全国"七五"普法先进个人。
	△ 学校附属儿童医院帮扶广西百色地贫患儿骨髓移植项目暨右江民族医学院附属医院首例地贫患儿骨髓移植启动仪式视频会议在学校附属儿童医院园区总院多功能教室举行。
20日	△ 学校党委副书记王鲁沛，党委常委、副校长姜建明，党委常委、副校长张晓宏等分别对阳澄湖校区、天赐庄校区、独墅湖校区进行安全保障工作检查。
24日	△ 学校印发《苏州大学教职工因公短期出国管理办法（2022年修订）》。
25日	△ 经研究决定，成立苏州大学重症医学研究所，为校级非实体性科

研机构，挂靠苏州大学附属独墅湖医院。聘任郭强为该研究所所长。

△经研究决定，成立苏州大学康复研究所，为校级非实体性科研机构，挂靠苏州大学附属独墅湖医院。聘任苏敏为该研究所所长。

26日　△经研究决定，仇国阳同志任企业党委书记。

△苏州市教育局与学校共建"苏州大学附属苏州第十中学"协议签约及揭牌仪式举行。

27日　△学校印发《苏州大学教师公派出国（境）管理暂行办法（2022年修订）》。

△经研究决定，成立苏州大学—慧疗核酸递送载体协同创新中心，挂靠苏州医学院基础医学与生物科学学院。聘任赵李祥为该协同创新中心主任。

△经研究决定，成立苏州大学—苏磁科技磁悬浮旋转机械协同创新中心，挂靠机电工程学院。聘任吴鹏为该协同创新中心主任。

△学校团委被评为"2021年度全省共青团工作先进单位"，学校团委书记于潜驰被评为"2021年度全省共青团工作先进工作者"。

△学校召开实验学校理事会第十二次会议。

30日　△学校2022年挂职干部新春茶话会在红楼会议中心召开。

31日　△学校党委书记江涌，党委常委、副校长姜建明一行慰问一线值守人员和留校学生。

1月　△学校功能纳米与软物质研究院何乐教授获中美化学与化学生物学教授联合会（Chinese-American Chemistry & Chemical Biology Professors Association，CAPA）颁发的"杰出教授奖"。

△学校以第一完成单位获中国商业联合会科学技术奖6项，其中，一等奖1项、二等奖2项、三等奖3项。

△学校功能纳米与软物质研究院汪超教授团队与数学科学学院陈景润教授、学校造血干细胞移植研究所储剑虹教授合作，以 Yeast-derived nanoparticles remodel the immunosuppressive microenvironment in tumor and tumor-draining lymph nodes to suppress tumor growth 为题的论文发表在 Nature Communications 上。

△学校获2021年全国暑期社会实践活动"优秀单位"称号。

△学校未来校区二期建设推进会在吴江召开。

2月

8日　△学校东吴学院何芊蔚讲师、外国语学院彭文青副教授获2021年度国家社科基金中华学术外译项目立项。

11日　△学校招生就业处处长靳葛一行赴相城区人社局调研。

13日	△学校发布《苏州大学新冠疫情防控通告》《苏州大学关于充分发挥基层党组织和党员先锋作用共同完成疫情防控重大任务的通知》。
14日	△学校全面部署疫情防控相关工作。
15日	△学校党委书记江涌在江苏省组织部长会议作交流发言。
17日	△经研究决定,免去陈晓强同志党委宣传部部长职务、薛辉同志党委统战部部长职务。
18日	△学校党委常委会审议通过《关于召开苏州大学八届三次教职工代表大会的请示》。
21日	△学校开启新学期"线上第一课"。
24日	△经研究决定,对部分校领导分工做出调整:王鲁沛同志增加分管党委研究生工作部,沈明荣同志不再分管党委研究生工作部。宫向阳同志主持校纪委(派驻监察专员办公室)工作,负责纪检监察、巡察等方面工作;协助推进全面从严治党、加强党风廉政建设和组织协调反腐败工作;分管校纪委(派驻监察专员办公室)内设机构、巡察工作领导小组办公室。
	△经研究决定,对部分校领导联系基层单位安排做出调整:宫向阳同志分工联系社会学院、王健法学院、金螳螂建筑学院。
	△学校印发《2021—2022学年度第二学期双周三下午政治学习和组织活动安排表》《2021—2022学年度第二学期苏州大学党委理论学习中心组学习计划》。
25日	△学校附属第二医院神经外科入选全国神经外科进修与培训基地。
	△学校附属儿童医院帮扶广西首例地贫患儿造血干细胞移植出仓。
28日	△学校印发《苏州大学研究生思想政治理论课教学改革实施方案(2022年修订)》《苏州大学研究生学籍管理办法(2022年修订)》。
	△学校党委书记江涌在江苏省高校人才队伍建设暨江苏特聘教授工作推进会上作交流发言。
2月	△学校国家大学科技园被认定为江苏省中小企业公共服务示范平台(三星级)。
	△学校马克思主义学院林慧平副教授获首届全省高校思想政治理论课教学展示活动"思想道德与法治"(本科)组特等奖,宋德孝教授获"新时代中国特色社会主义理论与实践、中国马克思主义与当代"组一等奖。
	△学校获2021年度江苏省科学技术奖13项,以第一完成单位获科学技术项目奖10项,牵头获奖数量在全省高校中排名并列第二,在省属高校中排名第一。
	△学校阮长耿院士获江苏省基础研究重大贡献奖。
	△学校李述汤院士领衔的纳米材料科学教师团队获第二批"全国高校黄大年式教师团队"。
	△学校入选第二轮"双一流"建设高校,材料科学与工程学科入选世界一流学科建设名单。

3 月

1 日　　△ 根据《教育部关于公布 2021 年度普通高等学校本科专业备案和审批结果的通知》精神，学校机器人工程、数据科学与大数据技术、儿科学 3 个本科专业已获教育部批准，可自 2022 年起招生。

△ 经研究决定，成立苏州大学—无锡航鹄精密伺服协同创新中心，挂靠轨道交通学院。聘任樊明迪为该协同创新中心主任。

△ 学校学位与研究生教育 2021 年工作总结暨 2022 年工作布置会通过线上形式举行。

2 日　　△ 学校印发《苏州大学双学士学位复合型人才培养项目管理办法（试行）》。

3 日　　△ 经研究决定，启用"中国共产党苏州大学科技委员会"印章。

△ 学校党委理论学习中心组召开专题学习会。

4 日　　△ 学校党委常委、总会计师周高赴离退休工作部（处）调研。

7 日　　△ 经研究决定，启用"中国共产党苏州大学企业委员会"印章。

△ 经研究决定，启用新制"苏州大学技术合同专用章"印章，旧印章同时作废。

△ 经研究决定，启用"苏州大学新闻与网络信息办公室"等新印章共计 14 枚，原"苏州大学新闻中心"共 16 枚印章同时作废。

△ 学校党委书记江涌一行专题调研国家特色化示范性软件学院建设情况。

8 日　　△ 学校纪委第三十次全委（扩大）会在红楼会议中心召开。

△ 学校党的建设与全面从严治党工作领导小组在红楼 217 会议室召开 2022 年度第一次工作会议。

△ 学校 2022 年组工干部（组织员）专题培训班以线上方式举办。

9 日　　△ 学校印发《苏州大学本科生创新创业学分认定管理条例（2022 年修订）》。

△ 学校党委副书记王鲁沛赴党委研究生工作部调研。

△ 学校民主党派和统战团体负责人会议在红楼 217 会议室举行。

10 日　　△ 经研究决定，启用"中国共产党苏州大学机关与直属单位工作委员会"印章，原"中国共产党苏州大学委员会机关工作委员会""中国共产党苏州大学委员会群团与直属单位工作委员会"印章同时作废。

△ 学校印发《苏州大学纪委、派驻监察专员办 2022 年工作计划》。

11 日　　△ 经研究决定，启用"中国共产党苏州大学后勤基建委员会"印章，原"中国共产党苏州大学后勤委员会"印章同时作废。

△ 经研究决定，调整苏州大学"双一流"建设领导小组成员，组长：

江涌、熊思东。调整苏州大学年度综合考核工作领导小组成员，组长：江涌、熊思东。

△ 经研究决定，成立苏州大学重点实验室重组工作领导小组，组长：江涌、熊思东。

14日　　△ 经研究决定，启用新制"苏州大学后勤管理处"印章，旧印章同时作废。

△ 学校印发《苏州大学哲学社会科学联合会章程》。

△ 学校市人大代表、政协委员专题座谈会在天赐庄校区学术报告厅召开。

15日　　△ 经研究决定，调整苏州大学研究生招生工作领导小组，组长：熊思东。

△ 学校全国"两会"精神学习报告会暨校党委理论学习中心组（扩大）学习会在天赐庄校区学术报告厅举行。

16日　　△ 经研究决定，成立苏州大学—澳江能源低碳产业技术协同创新中心，挂靠材料与化学化工学部。聘任路建美为该协同创新中心主任。

△ 经研究决定，成立苏州大学—江苏吉玥坊环境材料产业技术协同创新中心，挂靠材料与化学化工学部。聘任路建美为该协同创新中心主任。

△ 经研究决定，成立苏州大学—昆山东利功能性新材料协同创新中心，挂靠纺织与服装工程学院。聘任王国和为该协同创新中心主任。

△ 经研究决定，成立苏州大学—江苏华佳桑蚕丝绸协同创新中心，挂靠纺织与服装工程学院。聘任陈国强为该协同创新中心主任。

△ 经研究决定，成立苏州大学—沁恒 RISC-V 协同创新中心，挂靠计算机科学与技术学院。聘任王宜怀为该协同创新中心主任。

17日　　△ 中共苏州大学委员会批复《关于中共苏州大学机关与直属单位工作委员会委员组成的请示》。

18日　　△ 学校党委十二届十五次全会及全校干部大会以线上、线下相结合的方式召开。

23日　　△ 由学校团委主办、计算机科学与技术学院团委承办的苏州大学"大学生青年马克思主义者培养工程"精英人才计划开班仪式暨"青马公开课"校级示范课在天赐庄校区理工楼214室举行。

△ 苏州市委常委、市委宣传部部长金洁，姑苏区政府副区长单杰分别莅临学校天赐庄校区，调研学校疫情防控工作。

△ 学校党委副书记王鲁沛赴苏州市国防教育训练中心和苏州市人民政府征兵办，送别即将踏入军营的苏大学子。

24日　　△ 经研究决定，苏州医学院、苏州医学院党工委均为正处级建制，苏州医学院内设党政管理机构均为副处级建制。苏州医学院领导班子和内设党政管理机构处级领导职数（不含聘任制干部和兼任职务）为2正9副。

25日
△ 经研究决定，成立苏州大学未来校区建设管理领导小组，组长：江涌。

△ 学校2022年度文科学院（机构）科研目标制定暨工作推进会在线上举行。

△ 学校召开后勤疫情防控工作视频会议。

26日
△ 学校印发《苏州大学合同管理实施细则（试行）》。

28日
△ 学校印发《苏州大学行政印章管理暂行办法》。

△ 经研究决定，启用"中国共产党苏州大学离退休工作委员会"印章，原"中国共产党苏州大学委员会离休工作委员会"印章同时作废。

△ 经研究决定，授予学术学位研究生李路等13人理学硕士学位，徐文文等4人工学硕士学位，林杨医学硕士学位；授予专业学位研究生ABRAMAS ALBINA等3人国际商务硕士学位，ALVA MOHAMED汉语国际教育硕士学位，石君等5人工程硕士学位，王雯等2人临床医学硕士学位，王静等5人工商管理硕士学位。

△ 经研究决定，授予学术学位研究生梁栋经济学博士学位，王辉森等4人法学博士学位，蒯笑笑等3人理学博士学位，袁国涛等4人工学博士学位，周舟等7人医学博士学位；授予专业学位研究生秦劼临床医学博士学位。

△ 学校获第十七届"挑战杯"全国大学生课外学术科技作品竞赛特等奖1项、一等奖1项、二等奖2项、三等奖2项，国赛作品成绩积分并列全国第九。在"黑科技"专项赛中，荣获国赛一等奖1项、二等奖1项。

29日
△ 经研究决定，增补汪卫东同志为苏州大学哲学社会科学联合会第一届理事会副秘书长。

△ 学校《苏州大学学报（教育科学版）》转载量居"教育学学科期刊"全文转载排名第27位，转载率居第6位，综合指数居第10位。

△ 学校哲学社会科学联合会第一届理事会第二次会议在线上召开。

△ 学校实验室安全工作委员会2022年第一次全体（扩大）会议暨实验室安全论坛在线上召开。

31日
△ 学校印发《苏州大学2022年实验室安全检查和专项整治实施方案》。

△ 经研究决定，张庆同志任数据资源与信息化建设管理处处长。

△ 学校印发《苏州大学成人高等教育本科毕业生学士学位授予工作实施细则（2022年修订）》。

△ 经研究决定，授予IRFAN PATEL医学学士学位，KIM DOHYEON等2人文学学士学位。

△ 经研究决定，授予肖小月等260名高等教育自学考试本科毕业生学士学位。

△ 经研究决定，授予顾晋等144名普通高等教育全日制本科毕业生学士学位。

△ 经研究决定，授予翟浩程等3人双学位专业学士学位。
　　△ 经研究决定，聘任徐广银同志为苏州大学苏州医学院执行院长。免去徐广银同志苏州大学苏州医学院常务副院长职务。

3月
　　△ 学校获2021年江苏省教学成果奖特等奖2项（含基础教育类1项）、一等奖4项、二等奖7项。
　　△ 学校传媒学院陈龙教授领衔的"传播与社会治理研究"哲学社会科学优秀创新团队获江苏高校人文社会科学优秀创新团队验收考评优秀。
　　△ 学校《苏州大学学报（哲学社会科学版）》转载量居全国综合性大学学报第7位。
　　△ 学校放射医学与辐射防护国家重点实验室获评第一批全国科普教育基地（教育科研与重大工程类）。
　　△ 学校全国人大代表熊思东、全国政协委员吴德沛在两会期间接受《光明日报》《中国青年报》《中国教育报》等媒体采访。
　　△ 学校党委入选"全国党建工作示范高校"培育创建单位。

4月

2日
　　△ 学校校园突发新冠疫情应急处置线上培训会召开。
　　△ 学校6位苏州市人大代表和29位苏州市政协委员参加苏州市第十七届人民代表大会第一次会议和政协苏州市第十五届委员会第一次会议。

4日
　　△ 学校在天赐庄校区开展新冠疫情防控应急演练。

6日
　　△ 由中国科学院院士李永舫主讲的2022年苏州大学"信仰公开课"校级示范课在线上举行。
　　△ 学校阳光体育公开课暨2022年"悦动青春　逐梦未来"系列群众性体育锻炼活动启动仪式在天赐庄校区文辉楼举行。

7日
　　△ 学校党委理论学习中心组召开集中学习会。

8日
　　△ 学校党委组织部样板支部培育创建动员交流会在天赐庄校区红楼会议室举行。
　　△ 学校党委巡察工作领导小组第九次会议在红楼217会议室召开。

9日
　　△ 2022年社会主义核心价值观校园明辨会暨苏州大学第二十届辩论赛落幕。
　　△ 学校校长熊思东、副校长姜建明前往独墅湖校区带班值守。

12日
　　△ 学校在第十七届"挑战杯"全国大学生课外学术科技作品竞赛中捧得优胜杯，并获专项赛"优秀组织奖"。
　　△ 学校苏州医学院20名骨干教师组成的新冠病毒核酸检测志愿者队伍集结出征。
　　△ 学校党委书记江涌一行赴招生就业处调研。

| 13 日 | △ 学校 2022 年全面从严治党工作会议在线上召开。 |
| 14 日 | △ 学校印发《苏州大学党委关于"全国党建工作示范高校"创建工作的实施方案》。 |

△ 经研究决定，成立苏州大学"全国党建工作示范高校"创建工作领导小组，组长：江涌。

△ 学校印发《关于深化苏州医学院体制机制改革的若干意见》。

| 15 日 | △ 由学校东吴智库与江苏医疗器械科技产业园联合主办的"长三角一体化背景下苏州产业创新集群建设与发展"第二十期东吴智库学者沙龙在线上举行。 |

△ 学校召开"全国党建工作示范高校"创建工作部署会。

16 日	△ 由学校马克思主义学院、全国高校思政课名师工作室（苏州大学"思政田园"）、江苏省中国特色社会主义理论体系研究中心苏州大学基地承办的第二届"中国青年马克思主义大会"以线上、线下相结合的方式召开。
18 日	△ 经研究决定，成立苏州大学绿色学校创建工作领导小组，组长：姜建明。
20 日	△ 学校 2022 年度在研国家社科基金项目成果学术交流活动在线上举行。

△ 学校教育部首批虚拟教研室建设试点"纺织工程专业虚拟教研室"启动会暨第一次研讨会在虚拟教研室工作平台召开。

| 21 日 | △ 俄罗斯工程院 B. V. Gusev 院长向苏州大学孙立宁教授发来孙立宁当选为俄罗斯工程院外籍院士的贺信。 |
| 22 日 | △ 苏州大学书记校长访企拓岗促就业活动在线上举行。 |

△ 学校党委第六轮巡察意见反馈完成。

| 23 日 | △ 学校计算机科学与技术学院的 5 支队伍获第七届中国高校计算机大赛—团体程序设计天梯赛"华山论剑"组江苏省高校冠军和团队冠军等奖项。 |

△ 由共青团苏州大学委员会主办，学校学生会承办的 2022 年苏州大学"青年演说家"演讲大赛落幕。

| 24 日 | △ 学校苏州医学院 11 名骨干作为核酸检测志愿者参加为期 10 余天的封闭式核酸检测工作。 |

△ 由江苏省委教育工委、江苏省教育厅主办，江苏省高校辅导员培训与研修基地（苏州大学）协办的第九届江苏高校辅导员素质能力大赛苏州大学基地复赛在学校举行。

| 25 日 | △ 经研究决定，调整各单位分管档案工作领导及兼职档案员。 |

△ 学校印发《苏州大学年鉴 2022》部分内容编写责任书。

△ 学校疫情防控工作会议在线上举行。

| 27 日 | △ 学校校长熊思东带队检查校园封闭管理期间的各项工作。 |
| 28 日 | △ 经研究决定，解除丁吟春同志降低岗位等级处分。 |

△ 学校党委理论学习中心组学习贯彻习近平总书记在十九届中央纪委六次全会上的重要讲话和全会精神集中学习会在线上召开。

　　△ 学校附属第一医院黄建安教授获"全国五一劳动奖章"。

29日　　△ 学校印发《苏州大学人文社会科学高质量论文管理办法》《苏州大学人文社会科学著作类成果管理办法》《苏州大学决策咨询类成果管理办法》。

　　△ 2022年苏州大学"青马公开课"校级示范课举行。

　　△ 学校入选工业和信息化部人才交流中心第一批工业和信息化重点领域产业人才基地联合建设机构目录。

30日　　△ 经研究决定，成立苏州大学第五届研究生教育督查与指导委员会，主任委员：茆晓颖。

　　△ 由学校主办的"中国特色世界一流大学建设"学术研讨会在线上举行。

　　△ 学校2022年"信仰公开课"校级示范课在线上举行。

　　△ 学校学习贯彻习近平总书记在中国人民大学考察时重要讲话精神师生座谈会在线上举行。

4月　　△ 学校外国语学院陈宁阳博士以师资博士后名义参评的论文《一个孤独学习者的故事——二语学习中真实性与真实体验的再思考》（The story of a loner learner: Reconsidering authenticity and authentic engagement in second language learning）在Christopher Brumfit Essay Prize 2021（2021年度克里斯托弗·博伦佛特论文评奖）中获得第二名（Runner-up）。

　　△ 学校药学专业通过教育部药学类本科专业认证。

　　△ 学校任平教授当选第二届马克思主义理论期刊评价专家委员会主任。

　　△ 学校特聘教授、传媒学院执行院长陈龙当选第二届新闻学与传播学期刊评价专家委员会委员。

　　△ 学校胡士军教授、李炳宗教授、汪健教授入选"苏州魅力科技人物"，骨质疏松骨折诊疗杨惠林团队入选"苏州魅力科技团队"。

　　△ 学校江苏省先进负碳技术重点实验室入选江苏省碳达峰碳中和领域重点实验室。

　　△ 学校党委副书记王鲁沛走访慰问在校研究生并与辅导员座谈。

　　△ 学校苏州医学院2017级临床儿科团支部被授予"全国五四红旗团支部"称号。

　　△ 学校获评2020—2021年度江苏省高等教育自学考试主考学校综合目标管理考核优秀等次。

5 月

1 日 △ 学校党委常委、副校长姜建明赴天赐庄校区东区学生宿舍建设工地看望坚守岗位的一线工作人员。

3 日 △ 学校公布 2021 年度综合考核结果。

△ 学校公布 2021 年度机关作风效能建设考评结果。

4 日 △ 学校数学科学学院专职辅导员亓海啸获第九届江苏高校辅导员素质能力大赛二等奖。

△ 学校举行五四特别团日活动暨"信仰公开课"校级示范课。

7 日 △ 学校党委组织部第二批教职工党支部书记示范工作室培育创建工作推进会在线上举行。

9 日 △ 苏南地区组高校纪检监察机构第一季度会议在学校召开。

10 日 △ 学校集中观看庆祝中国共产主义青年团成立 100 周年大会。

△ 苏州市副市长季晶一行莅临学校调研。

11 日 △ 学校召开学习贯彻习近平总书记在庆祝中国共产主义青年团成立 100 周年大会上的重要讲话精神座谈会。

13 日 △ 学校印发《苏州大学人文社会科学类纵向科研经费管理办法》。

△ 学校入选江苏省地方立法研究基地。

△ 学校"双一流"建设专题学习会暨校党委理论学习中心组（扩大）学习会在线上召开。

15 日 △ 学校教师冯洋领衔诵读指导实践课程团队获第二届江苏省高校教师教学创新大赛（本科）暨第二届全国高校教师教学创新大赛选拔赛地方高校中级组特等奖，王大慧教授领衔食品微生物学实验课程团队获地方高校正高组二等奖。

△ 学校开展了青少年法治宣传教育周活动。

16 日 △ 学校第七届中国国际"互联网+"大学生创新创业大赛表彰大会暨第八届校选拔赛决赛开幕式在线上举行。

17 日 △ 学校召开新任职、新提拔、新转岗中层干部集中廉政谈话会。

18 日 △ 经研究决定，成立苏州大学—精濒光电检测协同创新中心，挂靠机电工程学院。聘任王明娣为该协同创新中心主任。

△ 学校举办"青春献礼二十大，强国有我新征程"智工先锋微党课比赛。

19 日 △ 经研究决定，对党校校务委员会成员进行调整，主任：江涌。

20 日 △ 苏州大学第十九届研究生学术科技文化节开幕式暨"学桴讲堂"首场活动于线上举行。

△ 学校召开《习近平与大学生朋友们》专题学习座谈会。

21日 　　　　△"新大陆杯"2022年（第九届）江苏省大学生计算机设计大赛暨中国大学生计算机设计大赛江苏省级赛决赛在学校举行。

　　　　△由学校东吴智库和苏南政府治理与社会治理现代化研究基地共同主办的"多元合作促进城乡共同富裕"第二十二期东吴智库学者沙龙在线上举行，探讨和总结实现城乡共同富裕的多种途径。

　　　　△由学校附属第二医院83人组成的援沪医疗队完成支援任务。

23日 　　　　△经研究决定，启用"中国共产党苏州大学委员会苏州医学院工作委员会"印章，原"中国共产党苏州大学委员会医学部工作委员会"印章同时作废。

24日 　　　　△经研究决定，启用"苏州大学苏州医学院党政办公室"等9枚印章，原"苏州大学医学部学生工作办公室"等6枚印章同时作废。

　　　　△学校党委书记江涌一行赴东吴证券股份有限公司总部调研。

25日 　　　　△学校印发《苏州大学"十四五"改革发展规划纲要》《苏州大学关于深入落实教授为本科生授课制度的实施办法》。

　　　　△学校召开八届三次教职工代表大会。

26日 　　　　△学校党委常委、副校长张晓宏与南安普顿大学副校长JANE FALKINGHAM就两校国际合作进行了云端会晤。

　　　　△由苏州市科技局牵头筹建，学校和材料科学姑苏实验室、长三角先进材料研究院等党组织共同发起成立的苏州市大院大所党建联盟举行成立大会。

27日 　　　　△学校印发《苏州大学专业技术职务评聘工作实施办法（2022年修订）》《苏州大学教师专业技术职务资格条件（2022年修订）》。

　　　　△接中共江苏省委组织部通知（苏组干〔2022〕344号）：查佐明同志任苏州大学党委常委。

　　　　△学校东吴智库与中共苏州市委研究室、苏州日报报业集团联合举办"打造太湖世界级湖区"战略研讨会。

28日 　　　　△学校欧美同学会（留学人员联谊会）与材料科学姑苏实验室、中国科学院苏州纳米技术与纳米仿生研究所和苏州市欧美同学会（留学人员联谊会）海归学者代表举行座谈会。

30日 　　　　△学校印发《苏州大学关于开展整治形式主义官僚主义为基层减负专项行动工作方案》。

　　　　△由苏州市科学技术协会联合中共苏州市委宣传部和学校发起主办的"我说赛先生"科学家精神故事会视频征集大赛启动。

　　　　△学校联合苏州市人才服务中心举办"云端送服务，政策进校园"专场就业政策线上推介会。

　　　　△苏州市委常委、宣传部部长金洁一行莅临学校纳米科学技术学院调研。

31日 　　　　△华中师范大学吴才智教授为全体研究生辅导员作专题培训讲座。

　　　　△学校机关与直属单位党工委书记唐文跃一行赴招生就业处党支部开展专题调研。

5月	△ 学校党委副书记王鲁沛一行赴交通银行苏州分行调研。
	△ 学校王健法学院"聚焦商业秘密，提供学习平台"案例获评2022年首批全国知识产权信息服务优秀案例。
	△ 由学校外国语学院赵爱国教授担任首席专家的国家社科基金重大项目"多维视域下的俄罗斯文化符号学研究"开题论证会在线上举行。
	△ 学校"化学+新能源材料与器件"和"金融+计算机"两个双学士学位复合型人才培养项目获得批准，于2022年开始招生。
	△ 学校计算机科学与技术学院的2支队伍获2022年美国大学生数学建模竞赛（MCM/ICM）特等奖提名（Finalist），3支队伍获二等奖；数学科学学院3人获特等奖提名奖（Finalist），17人获一等奖（Meritorious Winner），40人获二等奖（Honorable Mention）。
	△ 学校商学院段进军教授、王俊教授多篇决策咨询报告获苏州市委主要领导批示。
	△ 学校"惠寒"研究生支教团获评"苏州青年五四奖章集体"。
	△ 学校项目办获2021年大学生志愿服务西部计划绩效考核优秀等次。
	△ 学校获江苏省年度综合考核第一等次"三连冠"。
	△ 学校4个党组织入选首批江苏省党建工作标杆院系、样板支部培育创建单位。
	△ 学校获评江苏高校2021年度研究生教育工作综合评价A等第。

6月

2日	△ 学校印发《苏州大学实验室安全准入管理办法》《苏州大学实验室专业技术安全建设项目管理办法》《苏州大学实验室危险源辨识、风险评估与分类分级管理办法》。
	△ 共青团苏州大学第十七届全委（扩大）会议在天赐庄校区举行。
	△ 学校召开继续教育规范化建设与创新发展研讨会暨推进会。
6日	△ 学校印发《苏州大学加强本科招生宣传工作的实施意见（2022年修订）》。
7日	△ 学校印发《苏州大学本科招生宣传工作评优办法》。
10日	△ 学校2022年本科招生宣传培训会在天赐庄校区学术报告厅召开。
11日	△ 学校欧美同学会（留学人员联谊会）和苏州市欧美同学会（留学人员联谊会）联合举办"知国情 话报国"系列活动之"拙政问雅"活动。
13日	△ 接中共江苏省委通知（苏委〔2022〕414号、苏委〔2022〕415号）：李孝峰同志任苏州大学副校长和苏州大学党委委员、常委。
14日	△ 经研究决定，查佐明同志任学校党委组织部部长。

△ 招生就业处一行赴东太湖度假区（太湖新城）共同探讨校地就业合作事宜。

17日 △ 经研究决定，调整苏州大学第一届专业学位研究生教育指导委员会委员名单。新闻与传播主任委员：陈龙；汉语国际教育主任委员：曹炜；风景园林主任委员：翟俊；药学主任委员：钟志远；教育主任委员：曹健；工程主任委员：沈纲祥。

△ 经研究决定，授予学术学位研究生王霞等3人哲学博士学位，周从金经济学博士学位，蔡秋蓉等10人法学博士学位，马姗姗等2人教育学博士学位，徐莹等11人文学博士学位，徐华炳等2人历史学博士学位，雍智国等58人理学博士学位，华鉴瑜等46人工学博士学位，张萌农学博士学位，翟巧成等82人医学博士学位，陈剑等5人艺术学博士学位。

授予专业学位研究生张前进等123人临床医学博士学位。

△ 经研究决定，授予学术学位研究生张萌萌等18人哲学硕士学位，胡雪冬等19人经济学硕士学位，崔加忆等86人法学硕士学位，黄婷萍等62人教育学硕士学位，徐晓清等94人文学硕士学位，蒋芳芳等15人历史学硕士学位，窦伟等385人理学硕士学位，李绪中等317人工学硕士学位，许芳颖等7人农学硕士学位，王紫薇等179人医学硕士学位，王一帆等71人管理学硕士学位，张璐阳等23人艺术学硕士学位。

授予专业学位研究生程倩雯等71人金融硕士学位，郭嘉等17人应用统计硕士学位，宋威等10人税务硕士学位，陈梦凡等7人国际商务硕士学位，孙震等187人法律硕士学位，张文君等27人社会工作硕士学位，李婉如等239人教育硕士学位，屈盼盼等85人体育硕士学位，王平等6人汉语国际教育硕士学位，孙雯婷等7人应用心理硕士学位，陈妍碧等45人翻译硕士学位，朱磊等394人工程硕士学位，王晓军等12人农业硕士学位，范子祺等35人风景园林硕士学位，徐雨薇等423人临床医学硕士学位，左秀玉等33人公共卫生硕士学位，许磊等44人护理硕士学位，姜伟伟等45人药学硕士学位，黄昱涛等184人工商管理硕士学位，李逸凡等220人公共管理硕士学位，王晴宇等117人会计硕士学位，叶蕊等74人艺术硕士学位。

授予同等学力人员诸思琴等4人教育学硕士学位，丁晓璐等129人医学硕士学位。

△ 经研究决定，授予徐佳辉等2名七年制临床医学专业毕业生医学专业硕士学位。

18日 △ 学校第十九届学术科技文化节闭幕式暨2022届研究生毕业晚会在天赐庄校区存菊堂举行。

27日 △ 学校印发《苏州大学高层次人才计划实施办法》。

28日 △ 学校印发《苏州大学"包干制"科研经费管理暂行办法（自然科学类）》。

△ 经研究决定，成立苏州大学公共健康政策研究院。该研究院为人

文社会科学基础研究类校级非实体科研机构，挂靠政治与公共管理学院。聘任王俊华为该研究院院长。

△经研究决定，成立苏州大学江苏戏曲研究中心。该研究中心为人文社会科学基础研究类校级非实体科研机构，挂靠文学院。聘任王宁为该研究中心主任。

△学校东吴智库2022年重点课题推进会以线上、线下相结合的形式召开。

△学校药学、物理学专业入选江苏省"十四五"国际化人才培养品牌专业第二批立项建设重点项目。

30日　△经研究决定，成立中国共产党苏州大学第十三次代表大会筹备工作领导小组，组长：江涌。

△学校印发《苏州大学开展法治宣传教育的第八个五年规划》。

△经研究决定，成立苏州大学创新创业学院，为学校直属单位，正处级建制，人员编制6—8名，设院长1名。

△经研究决定，成立苏州大学软件学院，为学校直属二级学院，正处级建制。软件学院与计算机科学与技术学院一体化运行，设院长1名，由计算机科学与技术学院院长兼任。

△经研究决定，成立苏州大学现代光学智造产业学院，为学校直属二级学院，与光电科学与工程学院一体化运行，设院长1名，由光电科学与工程学院院长兼任。

△经研究决定，马克思主义学院内设机构党政管理人员编制调整为8名。

△经研究决定，成立苏州大学国基前沿科技创新研究院，为学校直属实体性科研机构，不设行政建制。

△经研究决定，成立苏州大学核环保与核技术研究院，为校级实体性科研机构，不设行政建制，挂靠苏州医学院。

△经研究决定，授予张子薇等15名2022届普通高等教育全日制第二学士学位毕业生学士学位。

△经研究决定，授予王玉琼等6 275名2022届普通高等教育全日制本科毕业生学士学位。

△经研究决定，授予AHN GAEUN等49名外国留学本科毕业生学士学位。

△经研究决定，授予张若荞等25名辅修专业学生学士学位。

△经研究决定，授予刘文浩等283名双学位专业学生学士学位。

6月　△学校数学科学学院本科生获"正大杯"第十二届全国大学生市场调查与分析大赛国家级一等奖5项、二等奖1项、三等奖11项，省级三等奖3项。

△教育部公布了2021年度国家级和省级一流本科专业建设点名单，学校新增14个国家级一流本科专业建设点，8个省级一流本科专业建设

点，入选专业数量实现新突破。

△ 学校彭扬教授、程涛教授及其合作者以 Au-activated N Motifs in non-coherent Cupric Porphyrin Metal organic frameworks for promoting and stabilizing ethylene production 为题的论文发表在 Nature Communications 上。

△ 学校东吴智库获评 2021 年度江苏省重点智库考核评估优秀等次。

7 月

1 日　　△ 学校 2022 年暑期社会实践出征仪式在天赐庄校区学术报告厅举行。

2 日　　△ 第十五届中国传播学大会暨中国传播学 40 周年纪念大会在苏州召开，学校党委副书记邓敏出席开幕式。

3 日　　△ 3 日—7 日，学校举办 2022 年专职辅导员专题培训。

4 日　　△ 学校印发《苏州大学招商银行青年英才奖管理办法》。

△ 经研究决定，成立苏州大学—联智同达智慧物联信创软件协同创新中心，挂靠计算机科学与技术学院。聘任王进为该协同创新中心主任。

5 日　　△ 苏州市副市长季晶一行莅临学校未来校区调研规划建设情况并召开座谈会。

△ 学校党外知识分子联谊会理事会换届会议在红楼会议中心召开。

△ 5 日—8 日，学校开展暑期校园安全保障工作检查。

8 日　　△ 学校印发《苏州大学国防科研项目和经费管理办法（2022 年修订）》《苏州大学纵向科研项目经费间接费用分配及使用实施细则（2022 年修订）》《苏州大学纵向科研项目过程管理办法（2022 年修订）》。

△ 学校领导王鲁沛一行赴江苏国泰国际集团股份有限公司访企拓岗。

9 日　　△ 学校举行老挝苏州大学 2022 年毕业典礼暨学位授予仪式。

10 日　△ 经研究决定，授予陈艳等 1 538 名成人高等教育本科毕业生学士学位。

△ 2022 年第十四届苏州国际精英创业周苏州大学海外高层次人才东吴论坛开幕式在学校传媒学院 1 号演播厅举行。

△ 学校中国特色城镇化研究中心、江苏省新型城镇化与社会治理协同创新中心召开招标课题开题会。

11 日　△ 学校承办《习近平谈治国理政》翻译与国际传播高端论坛。

12 日　△ 江苏省政协副主席王荣平一行莅临学校附属第一医院，慰问中国工程院院士阮长耿。

△ 学校未来科学与工程学院位列 2022 年长三角生态绿色一体化发展示范区开发者大会暨首届示范区全链接大会重点项目，江苏省委常委、常务副省长费高云为学校未来科学与工程学院揭牌。

13 日　△ 学校印发《苏州大学未来精英（Fe）计划实施方案》。

| 14 日 | △ 经研究决定，授予学术学位研究生周西亚法学硕士学位，邱缙等 3 人教育学硕士学位，蒋欣欣文学硕士学位，张业辉等 77 人理学硕士学位，邱雨晨等 43 人工学硕士学位，曲志刚农学硕士学位。

授予专业学位研究生孙璇等 3 人金融硕士学位，刘啸应用统计硕士学位，陈云晖社会工作硕士学位，周之琳等 7 人教育硕士学位，朱慧敏等 8 人体育硕士学位，沈珂羽翻译硕士学位，顾亮等 44 人工程硕士学位，徐笑菊等 3 人风景园林硕士学位，吕昕波等 12 人临床医学硕士学位，宋佳滔等 7 人药学硕士学位，王艳等 64 人工商管理硕士学位，安然等 2 人会计硕士学位，王乃雷等 41 人艺术硕士学位。

授予同等学力人员戴译萱等 6 人医学硕士学位。

△ 经研究决定，授予学术学位研究生孙米莉等 2 人哲学博士学位，陈丰华等 3 人经济学博士学位，麻爱琴等 2 人法学博士学位，SHANDANA 教育学博士学位，杨惠文学博士学位，黄栋等 9 人理学博士学位，靳瑜等 12 人工学博士学位，秦艳等 12 人医学博士学位，吴旻佳管理学博士学位。

授予专业学位研究生钮俊杰等 4 人临床医学博士学位。

△ 由学校东吴智库和姑苏区委组织部（人才办）联合举办的姑苏区·苏州大学东吴智库合作签约暨"姑苏智库"活动季启动仪式在苏州举行。 |
|---|---|
| 15 日 | △ 经研究决定，授予七年制临床医学专业毕业生潘鹏杰医学专业硕士学位。

△ 15 日—17 日，由学校政治与公共管理学院、马克思主义学院共同主办，苏州大学老挝-大湄公河次区域国家研究中心承办的"苏州大学第一届老挝-大湄公河次区域国家研究青年论坛"举办。 |
| 16 日 | △ 16 日—19 日，学校"缪斯之音——基于人工智能的个性化音乐定制"等 8 个项目获得第八届中国国际"互联网+"大学生创新创业大赛省级一等奖，"洑兮电力——全球硅基水伏电池领军者"等 11 个项目获得省级二等奖，"万象'气'新——挥发性有机污染物治理领跑者"等 9 个项目获得省级三等奖。学校获评高教主赛道优秀组织奖和"青年红色筑梦之旅"赛道优秀组织奖。 |
| 18 日 | △ 学校印发《苏州大学校级协同创新中心认定和建设管理办法（2022 年修订）》《苏州大学江苏高校协同创新计划项目及资金管理办法（2022 年修订）》。 |
| 19 日 | △ 学校印发《苏州大学关于建立书记校长访企拓岗促就业长效机制的实施办法》《苏州大学科技成果转化管理办法（2022 年修订）》。

△ 苏州市副市长施嘉泓一行莅临学校调研。 |
| 20 日 | △ 学校党委常委、副校长姜建明一行赴校内维修改造和在建工程工地慰问一线施工人员。 |
| 21 日 | △ 由中国辩证唯物主义研究会、中国社会科学院哲学研究所与学校联合主办，学校政治与公共管理学院、马克思主义学院承办的中国辩证唯 |

物主义研究会会长会议暨"城市化与生命政治：中国式现代化道路的哲学意义"高端学术论坛在苏州举办。

△ 由学校主办，苏州大学人文社会科学处、东吴智库承办的"哲学夜话：新时代苏州精神"暨《新时代苏州精神——"三大法宝"的历史内涵与当代价值》新书发布会在苏州举行。

22日

△ 22日—26日，由江苏省化学化工学会、江苏省化工行业协会、江苏省高等学校化学化工实验教学示范中心联席会、江苏省高校实验室研究会主办，学校材料与化学化工学部、苏州市化学化工学会承办的2022年第十一届江苏省大学生化工设计竞赛暨第十六届全国大学生化工设计竞赛江苏赛区预选赛在学校举行。

26日

△ 学校印发《苏州大学赋予科研人员职务科技成果所有权或长期使用权管理办法》《苏州大学校企创新联合体建设管理暂行办法》。

28日

△ 学校哲学社会科学联合会、马克思主义学院、人文社会科学处联合召开认真学习贯彻习近平总书记在省部级主要领导干部专题研讨班上重要讲话精神学习研讨会。

29日

△ 学校印发《苏州大学2022年迎新工作安排》。

△ 学校党委副书记王鲁沛带队检查各校区暑期安全工作。

△ 学校党委理论学习中心组召开线上集中学习会。

△ 学校召开党委统一战线工作领导小组会议，研究学校无党派人士认定等工作。

△ 29日—30日，学校传媒学院冯洋老师获第二届全国高校教师教学创新大赛地方高校中级组二等奖。

7月

△ 学校苏州医学院公共卫生学院张永红教授课题组的两篇论文 *Plasma thrombomodulin levels and ischemic stroke：A population-based prognostic cohort study* 和 *Plasma soluble dipeptidyl peptidase-4 and risk of major cardiovascular events after ischemic stroke：Secondary analysis of China antihypertensive trial in acute ischemic stroke* 先后发表在著名神经病学期刊 *Neurology* 上。

△ 学校在2021年全国普通高等学校音乐教育专业本科学生和教师基本功展示中获团体奖一等奖（序列第一）、高校优秀组织奖。音乐学院共获教师个人全能奖一等奖3项、单项奖8项，学生个人全能奖一等奖3项、单项奖12项。

△ 学校张阳教授课题组以 *PsyBuilder：An open-source cross-platform graphical experiment builder for psychtoolbox with built-in performance optimization* 为题的论文发表在国际心理学领域方法学顶级期刊 *Advances in Methods and Practices in Psychological Science* 上。

△ 学校王长擂、李孝峰教授团队及其合作者以 *A universal close-space annealing strategy toward high-quality perovskite absorbers enabling efficient all-perovskite tandem solar cells* 为题的论文发表在 *Nature Energy* 上。

△ 学校纺织与服装工程学院研究生辅导员蒋闯蕾老师获第十二届

"江苏省高校辅导员年度人物"称号。

△ 学校功能纳米与软物质研究院申博渊教授及其合作者以 Atomic imaging of zeolite-confined single molecules by electron microscopy 为题的论文发表在 Nature 上。

8 月

2 日 △ 苏州市委常委、统战部部长王飏一行莅临学校纳米科学技术学院走访慰问李述汤院士。

8 日 △ 协鑫能源材料科技集团成立大会在苏州协鑫能源中心举行,学校党委常委、副校长张晓宏出席会议并致辞。

△ 学校获 2022 年度国家社科基金教育学项目重点项目 2 项、一般项目 2 项。

9 日 △ 9 日—16 日,学校党委常委、副校长姚建林调研医学教育创新发展等情况。

11 日 △ 接中共江苏省委通知(苏委〔2022〕537 号):张晓宏同志任苏州大学党委副书记。免去姜建明、周高同志的苏州大学党委常委、委员职务。

△ 接中共江苏省委通知(苏委〔2022〕538 号):张晓宏同志任苏州大学校长,试用期一年;沈明荣、姚建林、李孝峰同志任副校长;查佐明、洪晔、吴嘉炜同志任副校长,试用期一年。免去熊思东同志的校长职务;免去姜建明同志的副校长职务;免去周高同志的总会计师职务。

△ 学校全校干部大会在天赐庄校区存菊堂召开。

△ Nature 上的 Nature Index Nanoscience & Nanotechnology 专刊以"苏州大学开创性纳米研究为全球性挑战提供解决方案"为题,报道了学校在纳米科技领域取得的重大标志性科研成果。

14 日 △ 中宣部出版产品质量监督检测中心副主任仇英义一行莅临学校出版社调研。

△ 教育部教师工作司司长任友群莅临学校调研。

15 日 △ 经研究决定,对校领导分工做出调整:江涌主持校党委全面工作,分管党委办公室(党的建设与全面从严治党工作领导小组办公室)、党委组织部、党委离退休工作部(离退休工作处)、离退休党工委。

张晓宏主持校行政全面工作,分管校长办公室(法律事务办公室、督查办公室)、学科建设与发展规划处、人力资源处、审计处。

邓敏负责宣传思想和意识形态、保密、统战、师德师风、作风效能、综合考核、依法治校、对口援扶和科技镇长团、信访等方面工作,协助抓好组织与干部队伍建设,分管保密委员会办公室、年度综合考核工作领导小组办公室、党校、党委宣传部、新闻与网络信息办公室、党委统战部、党委教师工作部、机关与直属单位党工委、工会。

王鲁沛负责本科生和研究生的思想政治教育与管理、本科生招生、学生就业、大学生心理健康、安全稳定、美育、体育、大学生军训及征兵、共青团、关心下一代等方面工作，分管党委学生工作部（学生工作处、大学生心理健康教育研究中心）、人民武装部、党委研究生工作部、招生就业处、党委保卫部（保卫处）、团委、艺术教育中心、校体委、关工委。

沈明荣负责发展规划、国内合作、基金会、校友会、未来校区、独立学院等方面工作，协助抓好学科建设、"双一流"建设工作，分管国内合作发展处、校友工作办公室、未来校区管理委员会。

姚建林负责本科生教育（含思政课教学、师范教育、公共课教学）、研究生教育与管理、学位评定、大学生创新创业、继续教育等方面工作，分管教务处（教师教学发展中心）、研究生院（导师学院）、创新创业学院、继续教育学院、基础教育管理办公室、工程训练中心、学位评定委员会秘书处（学位办）。

宫向阳主持校纪委、监察专员办公室工作，负责纪检监察、巡察等方面工作，协助推进全面从严治党、加强党风廉政建设和组织协调反腐败工作，分管校纪委内设机构（巡察工作领导小组办公室）、监察专员办公室。

李孝峰负责人文社科、自然科学研究、外事、港澳台、海外教育、实验室建设与管理等方面工作，分管科学技术研究院、科技党委、人文社会科学处、国际合作交流处、港澳台办公室、实验室与设备管理处、分析测试中心、期刊中心、校科协秘书处、校社科联秘书处、学术委员会秘书处。

查佐明负责后勤与基本建设、国资管理等方面工作，协助做好离退休、审计工作，分管后勤管理处（校医院）、基本建设处、后勤基建党委、国有资产管理处（采购与招投标管理中心）、江苏苏大投资有限公司、企业党委、出版社有限公司、东吴饭店、老挝苏州大学。

洪晔负责财经、内部控制、信息化建设等方面工作，分管财务处、数据资源与信息化建设管理处、图书馆、档案馆、博物馆。

吴嘉炜负责医学教育、附属医院建设等方面工作，分管苏州医学院。

△ 经研究决定，调整校领导联系基层单位。江涌：传媒学院、沙钢钢铁学院、敬文书院；张晓宏：商学院、材料与化学化工学部、纳米科学技术学院；邓敏：政治与公共管理学院、马克思主义学院、苏州医学院放射医学与防护学院、苏州医学院公共卫生学院；王鲁沛：数学科学学院、体育学院、艺术学院、音乐学院；沈明荣：纺织与服装工程学院、紫卿书院、红十字国际学院、未来科学与工程学院、应用技术学院；姚建林：机电工程学院、轨道交通学院、东吴学院、师范学院；宫向阳：社会学院、王健法学院、金螳螂建筑学院；李孝峰：物理科学与技术学院、光电科学与工程学院（现代光学智造产业院）、能源学院、海外教育学院；查佐明：

文学院、唐文治书院、教育学院、外国语学院；洪晔：计算机科学与技术学院、电子信息学院、苏州医学院护理学院；吴嘉炜：苏州医学院及所辖基础医学与生物科学学院、药学院、巴斯德学院、唐仲英医学研究院，附属第一医院、附属第二医院、附属儿童医院、附属独墅湖医院。

△ 学校获 2022 年度省级社科基金项目 26 项、重点项目 3 项、一般项目 6 项、青年项目 12 项、自筹经费项目 5 项。

△ 学校召开新任领导班子党委常委会。

18 日　　△ 18 日—22 日，学校 2022 年本科生辅导员座谈会在怡远楼 402 会议室举行。

19 日　　△ 经研究决定，成立苏州大学孤独症研究中心。该研究中心为人文社会科学基础研究类校级非实体科研机构，挂靠教育学院。聘任刘电芝为该研究中心主任。

△ 江苏省新时代民营经济研究院筹建工作汇报会在天赐庄校区红楼会议中心举行。

△ 学校纪委第三十一次全委（扩大）会在天赐庄校区天源会议室召开。

20 日　　△ 经研究决定，张晓宏同志任苏州大学第十届学位评定委员会主席。

△ 经研究决定，中国共产党苏州大学第十三次党员代表大会定于 2022 年 9 月下旬召开。

△ 中国共产党苏州大学第十二届委员会第十七次全体会议在天赐庄校区红楼会议中心召开。

△ 学校党委理论学习中心组在钟楼 303 会议室召开《习近平谈治国理政》第四卷集中学习会。

21 日　　△ 21 日—24 日，学校材料与化学化工学部项目"拉曼光谱的原理及其在化学中的应用"获"微瑞杯"第三届全国大学生化学实验创新设计竞赛全国总决赛二等奖。

22 日　　△ 学校社会学等 14 个专业入选 2021 年度国家级一流本科专业建设点（省品牌专业），思想政治教育等 8 个专业入选 2021 年度省级一流本科专业建设点（省特色专业）。

△ 22 日—26 日，由学校数学科学学院主办，学校高等研究院协办"第 31 届国际流体动力学离散模拟会议（The 31st International Conference on Discrete Simulation of Fluid Dynamics，DSFD 2022）暨第 10 届全国格子玻尔兹曼方法及其应用学术论坛"在苏州召开。

23 日　　△ 学校"成长陪伴"计划阶段性工作汇报交流会在怡远楼 402 会议室举行。

△ 学校"五育"融合之"体心"融合工作研讨会在怡远楼 402 会议室举行。

24 日　　△ 经研究决定，授予学术学位研究生沈小雯等 2 人哲学博士学位，郭潇彬等 2 人法学博士学位，BEGUNOVA MARIYA 等 4 人教育学博士学

位，刘永青等10人理学博士学位，姚宇峰等6人工学博士学位，李超等13人医学博士学位。

授予专业学位研究生徐明珠等9人临床医学博士学位。

△ 经研究决定，授予学术学位研究生柯水华等2人法学硕士学位，朱德军等23人理学硕士学位，陈阳等13人工学硕士学位，黄宝兴等8人医学硕士学位，赵世强等6人艺术学硕士学位。

授予专业学位研究生许卓凡等20人法律硕士学位，许硕等2人教育硕士学位，宋丽婷等8人体育硕士学位，孙卫应用心理硕士学位，尹梦澜翻译硕士学位，路畅等20人工程硕士学位，王斌儒等12人临床医学硕士学位，胡伟东等18人工商管理硕士学位，彭彦铭等11人艺术硕士学位。

授予同等学力人员曹华等4人医学硕士学位。

△ 经研究决定，撤销蒋霄艺术学博士学位。

△ 学校新入职研究生辅导员座谈会在红楼217会议室召开。

△ 学校本科教学工作推进会暨拔尖创新人才培养改革项目汇报交流会在天赐庄校区学术报告厅举行。

25日　　△ 经研究决定，基础教育管理办公室挂靠师范学院，人员编制3名。基础教育研究院作为校级研究机构，挂靠师范学院，暂不设专职人员编制。

△ 校党委书记江涌，党委副书记、校长张晓宏分别带队检查各校区开学准备、疫情防控、校园安全和后勤保障工作。

26日　　△ 中国共产党苏州大学第十二届委员会第十八次全体会议及全校干部大会在天赐庄校区存菊堂召开。

△ 学校传媒学院2019级播音与主持艺术专业学生代晓东获第九届"未来金话筒"全国主持人大赛总决赛配音类全国总冠军，2021级播音与主持艺术专业学生陆语然获晚会类全国十强，2019级播音与主持艺术专业学生肖梓鹤、2020级播音与主持艺术专业学生杨晴清和李宜霖分别获得新闻类、配音类、晚会类全国百强。播音与主持艺术专业教研室主任冯洋获优秀指导教师奖。

27日　　△ 由江苏省管理学类研究生教育指导委员会主办，学校商学院承办的2022年江苏省研究生第三届"智能经济与管理"学术创新论坛举办。

28日　　△ 经研究决定，成立苏州大学—金日清洁设备智能清扫协同创新中心，挂靠机电工程学院。聘任高瑜为该协同创新中心主任。

△ 学校召开2022年师范专业教育实习研讨会。

29日　　△ 学校印发《2022—2023学年度第一学期双周三下午政治学习和组织活动安排表》。

△ 学校党委副书记王鲁沛赴深圳比亚迪股份有限公司开展访企拓岗活动。

△ 《苏州大学学报（哲学与社会科学版）》微信公众号在"CSSCI源刊公众号传播力指数"半年榜中居高校学报类公众号第16位。

30 日   △ 经研究决定，成立苏州大学—欧普康视眼视光科学协同创新中心，挂靠苏州大学附属第一医院。聘任陆培荣为该协同创新中心主任。

  △ 江苏省教育厅副厅长杨树兵一行莅临学校调研。

  △ 苏州市副市长张桥一行莅临学校调研。

31 日   △ 学校第十三次党代会党外人士代表座谈会在红楼 115 会议室召开。

8 月   △ 学校获第十二届"挑战杯"江苏省大学生创业计划竞赛金奖 4 项、银奖 5 项。

  △ 学校放射医学与辐射防护国家重点实验室、苏州医学院放射医学与防护学院王殳凹教授的研究成果以 *Thermodynamics-kinetics-balanced metal-organic framework for in-depth radon removal under ambient conditions* 为题发表在 *Journal of the American Chemical Society* 上。

  △ 学校负责总体设计、探测器研制、质量和定标实验的空间站舱内辐射环境测量模块随中国空间站问天实验舱发射升空。

  △ 学校传媒学院科技传播团队负责人王国燕教授的研究成果以 *The construction of civil scientific literacy in China from the perspective of science education* 为题在线发表在 *Science & Education* 上。

  △ 学校物理科学与技术学院获评江苏省科普教育基地。

  △ 学校放射医学与辐射防护国家重点实验室获第十届"魅力之光"杯全国核科普活动组织工作卓越贡献奖。

  △ 学校苏州医学院公共卫生学院张永红教授课题组硕士生的研究论文以 *Blood pressure fluctuation during hospitalization and clinical outcomes within 3 months after ischemic stroke* 和 *Association between human blood metabolome and the risk of alzheimer's disease* 为题发表在 *Hypertension* 和 *Annals of Neurology* 上。

  △ 学校袁建宇教授被授予"全国青年岗位能手"称号。

  △ 学校获 2022 年江苏省大学生电子设计竞赛一等奖 5 项、二等奖 20 项。

  △ 学校苏州医学院公共卫生学院柯朝甫副教授课题组的最新研究论文 *Role of pulmonary function in predicting new-onset cardiometabolic diseases and cardiometabolic multimorbidity* 和 *Associations of handgrip strength with morbidity and all-cause mortality of cardiometabolic multimorbidity* 在线发表在医学期刊 *Chest* 和 *BMC Medicine* 上。

9 月

1 日   △ 学校转发《江苏省哲学社会科学促进条例》。

  △ 经研究决定，于毓蓝同志任校长办公室主任。免去洪晔同志校长

办公室主任职务，姜竹松同志艺术学院院长职务。

△经研究决定，免去谢岳同志政治与公共管理学院院长（试用）职务。

△学校召开深入学习《江苏省哲学社会科学促进条例》专题座谈会。

△学校中国特色城镇化研究中心、江苏省新型城镇化与社会治理协同创新中心调研基地揭牌仪式在吴江区七都镇开弦弓村江村文化园举行。

2日 △中建新疆建工（集团）有限公司代表莅临学校考察。

5日 △学校印发《2022—2023学年度第一学期苏州大学党委理论学习中心组学习计划》。

△学校校长张晓宏在红楼会议中心会见红十字国际学院院长王汝鹏一行。

△学校获江苏省第二十届运动会（高校部）团体总分第一名，并获优秀组织奖、突出贡献奖及"体育道德风尚奖代表团"称号。

8日 △经研究决定，撤销苏州大学政府会计制度实施领导小组、工作小组。

△经研究决定，调整苏州大学招投标工作领导小组等23个非常设机构组成人员。

△经研究决定，调整苏州大学信息公开领导小组等30个非常设机构组成人员。

△经研究决定，成立苏州大学第十二届本科教学督导委员会，主任委员：尤凤翔。

△经研究决定，张晓宏同志任老挝苏州大学校长（兼）；姚建林同志任导师学院院长（兼）。免去熊思东同志老挝苏州大学校长职务，沈明荣同志导师学院院长（兼）职务。

△经研究决定，刘济生同志任苏州大学附属第一医院党委书记。免去陈卫昌同志苏州大学附属第一医院党委书记职务。

△经研究决定，免去唐宏同志巴斯德学院院长职务。

△中国共产党苏州大学第十二届委员会第十九次全体（扩大）会议在天赐庄校区红楼会议中心召开。

9日 △学校庆祝教师节座谈会在天赐庄校区红楼会议中心召开。

△学校纪委第三十二次全委（扩大）会在天赐庄校区天源会议室召开。

13日 △经研究决定，中国共产党苏州大学第十三次党员代表大会于9月29日—30日在天赐庄校区存菊堂召开。

△中国共产党苏州大学第十二届委员会第二十次全体会议在天赐庄校区红楼会议中心召开。

14日 △学校2022年度安全稳定工作会议在天赐庄校区存菊堂召开。

△中国共产党苏州大学第十三次党员代表大会筹备情况通报会在天赐庄校区红楼会议中心举行。

△ 学校虚拟教研室立项启动会在财经科学馆2楼学术报告厅举行。

15日　　△ 经研究决定，成立江苏省新时代民营经济研究院，挂靠商学院。聘任冯博为该研究院院长。

△ 2022年苏州大学秋季入伍学生欢送会在苏州市国防教育训练中心举行。

△ 教育部全国高校思想政治理论课教师研修班开班仪式在学校培训中心106室举行。

16日　　△ 经研究决定，授予学术学位研究生高艺雯等24人理学硕士学位，陆玉琪等13人工学硕士学位，郭浩翔等5人医学硕士学位，马盛华等2人艺术学硕士学位。

授予专业学位研究生韩石等2人金融硕士学位，王菲等11人法律硕士学位，杜夕芳教育硕士学位，蔡昀刚体育硕士学位，李潇潇等8人工程硕士学位，王晓缘临床医学硕士学位，史晟玮公共卫生硕士学位，吴方珍等11人工商管理硕士学位，张思初等66人公共管理硕士学位，徐婧会计硕士学位，朱丹云等2人艺术硕士学位。

授予同等学力人员王倩等5人医学硕士学位。

△ 经研究决定，授予学术学位研究生张成偕等3人经济学博士学位，王国栋教育学博士学位，OLABINJO YEWANDE MULIKAT文学博士学位，陈高远等5人理学博士学位，卢恒等9人工学博士学位，修春美等6人医学博士学位。

授予专业学位研究生张寅权等2人临床医学博士学位。

△ 学校电子信息学院沈纲祥教授及其团队的全光交换技术项目获华为光产品线优秀合作成果奖。

△ 学校国（境）外博士生联合培养项目工作推进会在红楼201会议室举行。

17日　　△ 学校第二届苏州大学与台湾东吴大学文化沙龙在苏州狮山国际会议中心举行。

18日　　△ 学校脑卒中研究所、苏州市神经系统疾病临床医学中心、苏州市缺血性脑血管病重点实验室正式揭牌成立。

19日　　△ 全国人大常委会副委员长、中国红十字会会长陈竺莅临学校调研。

21日　　△ 经研究决定，成立苏州大学—苏州尼隆电梯安全部件协同创新中心，挂靠机电工程学院。聘任张虹淼为该协同创新中心主任。

△ 经研究决定，成立苏州大学—太湖雪高质量茧丝绸协同创新中心，挂靠苏州医学院基础医学与生物科学学院。聘任李兵为该协同创新中心主任。

△ 学校印发《苏州大学全日制本科生转专业工作实施办法（2022年修订）》。

△ 学校获2022年"领航杯"江苏省教师信息素养提升实践活动一等奖1项、二等奖1项、三等奖2项。

△ 江苏"匠人匠心·青春争先行动"全国青年岗位能手宣讲会（苏州大学站）暨苏州大学"信仰公开课"校级示范课在红楼学术报告厅举行。

△ 苏州市委常委、统战部部长王飏莅临学校调研。

△ 学校纪委2022年迎新工作督查部署会在红楼115会议室召开。

22日

△ 学校天赐庄校区新建学生宿舍项目投入使用交接仪式在新建学生宿舍C区会议室举行。

△ 学校党委理论学习中心组学习习近平总书记在省部级主要领导干部专题研讨班上重要讲话精神及《习近平经济思想学习纲要》集中学习会在红楼217会议室召开。

23日

△ 中国民主促进会苏州大学第五次代表大会在天赐庄校区红楼会议中心举行。

△ 学校第十二届本科教学督导委员会第一次全体会议在凌云楼召开。

24日

△ 24日—25日，由学校商学院、江苏现代金融研究基地主办的2022年江苏现代金融研究基地年会暨未来金融国际研讨会召开。

26日

△ 学校印发《苏州大学普通高等教育本科生学籍管理办法（2022年修订）》。

△ 教育部公布了2022年度教育部人文社会科学研究一般项目立项名单，学校22项课题获得立项，居江苏省高校第1位、全国高校并列第11位。

27日

△ 2022年苏州高校新生开学季活动启动暨苏州大学未来校区启用仪式在未来校区举行。

28日

△ 学校印发《苏州大学研究生国家奖学金评审办法》。

△ 经研究决定，调整苏州大学研究生奖助学金工作领导小组。组长：分管研究生学生工作和培养工作的校领导。

△ 学校科技创新工作推进会暨2023年国家自然科学基金申报启动会在天赐庄校区举行。

29日

△ 经研究决定，启用"苏州大学苏州医学院基础医学与生物科学学院"等10枚印章，原"苏州大学医学部基础医学与生物科学学院"等10枚印章同时作废。

△ 学校朱永新教授获全球最大教育单项奖"一丹奖"。

△ 中国共产党苏州大学第十三次党员代表大会在天赐庄校区存菊堂开幕。

30日

△ 经研究决定，即日起启用新制"苏州大学海外教育学院"印章，旧印章同时作废。

△ 中国共产党苏州大学第十三次党员代表大会在天赐庄校区存菊堂闭幕。

△ 由苏州市委统战部、苏州市工商业联合会联合主办，学校商学院承办的苏州市青年领军企业家训练营开学典礼在天赐庄校区红楼会议中心举行。

9月　　　△ 学校李述汤院士获"江苏省侨界杰出人物";学校侨联副主席、侨青会会长王振欣,侨青会副会长冒小瑛获"江苏省归侨侨眷先进个人"。

△ 由苏州市科技局牵头筹建,学校和材料科学姑苏实验室、长三角先进材料研究院等党组织共同发起成立的江苏省苏州市大院大所党建联盟揭牌成立。

△ 学校获评首批"江苏省绿色学校(高校)"称号。

△ 学校功能纳米与软物质研究院迟力峰教授获第三届江苏省"十佳研究生导师",马克思主义学院田芝健教授带领的"思政田园"研究生导师团队获"十佳研究生导师团队"提名奖。

△ 学校国家大学科技园获2021年度江苏省科技企业孵化器绩效评价"优秀(A类)"。

△ 学校机电工程学院孙立宁教授、杨湛教授课题组,哈尔滨工业大学谢晖教授课题组及德国马克斯·普朗克研究所的METIN SITTI教授课题组,联合研制出能自由穿梭在极端变化环境中的尺度可调控磁液滴机器人SMFR,论文以 *Scale-reconfigurable miniature ferrofluidic robots for negotiating sharply variable spaces* 为题发表在 *Science Advances* 上。

10 月

1日　　　△ 学校印发《苏州大学关于加强新时代研究生美育工作的实施方案》《苏州大学党委常委会工作报告》《扎根中国大地　深化内涵发展　奋力谱写"双一流"建设苏大新篇章》《在中国共产党苏州大学第十三届委员会第一次全体会议上的讲话》。

4日　　　△ 经研究决定,授予夏云等6名普通高等教育全日制本科毕业生学士学位。

5日　　　△ 学校卡尔·巴里·夏普莱斯教授与美国科学家卡罗琳·R.贝尔托齐、丹麦科学家莫滕·梅尔达尔共同获得2022年诺贝尔化学奖。

6日　　　△ 学校印发《苏州大学国际合作与交流专项资金管理办法》《苏州大学国际学术会议资助项目管理办法》《苏州大学国际联合实验室建设与管理办法(试行)》《苏州大学国际化人才培养品牌专业建设管理办法(试行)》。

△ 经研究决定,成立苏州大学—太仓市第一人民医院重大疾病靶标发现协同创新中心,挂靠苏州医学院药学院。聘任王光辉为该协同创新中心主任。

△ 经研究决定,吴江同志任党委宣传部部长,黄志斌同志任党委统战部部长。

△ 经研究决定,王季魁同志正式任后勤基建党委书记。

△ 经研究决定,王云杰同志任党委组织部部长。免去查佐明同志党

委组织部部长职务。
△ 经研究决定，顾建忠同志正式任基本建设处处长。
△ 经研究决定，曹永罗同志正式任数学科学学院院长。
△ 经研究决定，江苏省先进负碳技术重点实验室为学校实体性科研机构，不设行政建制，委托纳米科学技术学院和功能纳米与软物质研究院协助管理。聘任张晓宏为该实验室主任。
△ 学校印发《苏州大学第五轮岗位设置与聘用工作实施办法》。
△ 学校2022级学生开学典礼在天赐庄校区存菊堂举行。

7日　　△ 学校党委理论学习中心组赴苏州革命博物馆开展集中学习。

9日　　△ 学校共有5个项目获2022年度国家社科基金艺术学项目立项。

11日　△ 江苏省督查组组长、江苏省政府督学、江苏省教育厅原一级巡视员洪流一行莅临学校开展实地督查活动。
△ 学校附属第二医院"张力元委员工作室"揭牌仪式举行。

12日　△ 江苏省人民政府副省长陈星莺莅临学校指导疫情防控工作。
△ 12日—14日，由学校承办的江苏省高校毕业班辅导员就业工作轮训第六期培训班在独墅湖书香世家酒店会议中心举行。

14日　△ 经研究决定，成立苏州大学—湖州优彩新能源材料协同创新中心，挂靠纺织与服装工程学院。聘任常广涛为该协同创新中心主任。
△ 苏州市委副书记、市长吴庆文莅临学校指导疫情防控工作。
△ 14日—17日，第二届分子精准合成与碳循环化学国际研究生创新论坛在学校举办。

15日　△ 由学校政治与公共管理学院主办，台湾东吴大学协办的"第六届两岸城市论坛：城市发展——挑战与应对"学术论坛在线上召开。

16日　△ 16日—22日，党的二十大代表、学校党委书记江涌接受《人民日报》、新华社、《光明日报》等国家和省市级媒体采访。

17日　△ 经中共苏州大学第十三次党员代表大会选举、中共苏州大学第十三届委员会、纪律检查委员会第一次全体会议选举，并接中共苏州市委批复（苏委复〔2022〕22号），中共苏州大学第十三次党员代表大会和中共苏州大学第十三届委员会、纪律检查委员会第一次全体会议选举结果：

一、中共苏州大学第十三次党员代表大会选举结果
中共苏州大学第十三届委员会委员（按姓氏笔画排序）：
于毓蓝、王云杰、王鲁沛、仇玉山、方亮、邓敏、冯博、吉伟、刘春雷、江涌、孙宁华、孙庆民、李孝峰、吴江、吴鹏、何峰、沈明荣、张正彪、张晓宏、茅海燕、赵阳、胡新华、查佐明、洪晔、宫向阳、姚建林、钱福良、徐博、徐小乐、黄志斌、董召勤。
中共苏州大学第十三届纪律检查委员会委员（按姓氏笔画排序）：
王成奎、方新军、江建龙、邱鸣、沙丹丹、宫向阳、姚炜、徐映荃、陶培之。

二、中共苏州大学第十三届委员会、纪律检查委员会第一次全体会议

选举结果

江涌、张晓宏、邓敏、王鲁沛、沈明荣、姚建林、宫向阳、李孝峰、查佐明、洪晔、王云杰、吴江、黄志斌等13位同志为中国共产党苏州大学第十三届委员会常务委员会委员。

江涌同志任党委书记,张晓宏、邓敏、王鲁沛同志任党委副书记。

宫向阳同志任中共苏州大学第十三届纪律检查委员会书记,陶培之同志任纪委副书记。

△ 校党委理论学习中心组学习习近平总书记代表第十九届中央委员会向中国共产党第二十次全国代表大会所作的报告集中学习会在线上召开。

18日 △ 学校文学院汉语言文学专业教研室、物理科学与技术学院物理实验及创新竞赛教学团队、苏州医学院医学机能学虚拟教研室获批省级优秀基层教学组织。

19日 △ 经研究决定,授予任义飞等1 779名高等教育自学考试本科毕业生学士学位。

△ 学校党委副书记、校长张晓宏带队走访慰问疫情防控一线工作人员。

△ 学校党委统战部、校欧美同学会(留学人员联谊会)、九三学社苏州大学委员会以"扎根苏大 乐活苏州"为主题的专题报告会在线上举行。

△ 学校哲学社会科学联合会、人文社会科学处学习党的二十大精神专题学习会在线上举行。

△ 19日—20日,学校党委副书记王鲁沛先后赴独墅湖校区、天赐庄校区慰问疫情防控期间在一线驻校工作的全体研究生辅导员。

20日 △ 接中共江苏省委组织部通知(苏组干〔2022〕579号):江作军同志退休。

22日 △ 学校徐世清教授团队改变家蚕丝蛋白结构和性能的靶基因策略的论文以 *Ectopic expression of sericin enables efficient production of ancient silk with structural changes in silkworm* 为题在线发表在 *Nature Communications* 上。

23日 △ 学校马克思主义学院中国近现代史纲要教研室联合云南农业大学等兄弟高校的马克思主义学院,在线开展"共学二十大 集智研金课"集体备课暨教学研讨活动。

25日 △ 党的二十大代表、学校党委书记江涌主持召开党委常委(扩大)会议,传达学习中国共产党第二十次全国代表大会精神,研究部署全校学习宣传贯彻工作。

27日 △ 学校与相城区黄桥街道合作办学签约仪式在苏州智能制造服务产业园多功能厅举行。

28日 △ 学校印发《苏州大学"铸魂润心"强师行动计划(2022—2024年)》。

△ 学校党委常委、副校长洪晔赴继续教育学院调研。

	△ 28日—31日，学校举办苏州大学苏州医学院110周年庆系列学术活动之第二届"东吴"法医学高峰论坛。
29日	△ 学校印发《苏州大学研究生参加国际学术会议资助办法（2022年修订）》。
	△ 学校附属第二医院举行苏州大学苏州医学院医学教育110周年庆系列活动暨苏州大学医学检验专业创办20周年专业建设研讨会。
31日	△ 学校印发《苏州大学研究生学籍管理办法（2022年10月修订）》。
10月	△ 学校王健法学院程雪阳教授撰写的关于农村宅基地改革和法治建设方面的建议，通过江苏省法学会报送中国法学会后被《中国法学》刊发，后经中国法学会批报，获中央领导同志肯定性批示。
	△ 学校附属儿童医院心内科吕海涛教授团队以 Clinical characteristics of Kawasaki disease and concurrent pathogens during isolation in COVID-19 pandemic 为题将关于川崎病临床特征及合并感染的研究成果发表在 World Journal of Pediatrics 上。
	△ 学校苏州医学院基础医学与生物科学学院张洪涛教授课题组以 TIF1γ inhibits lung adenocarcinoma EMT and metastasis by interacting with TAF15/TBP complex 为题的论文在线发表在 Cell Reports 上。

11月

1日	△ 经研究决定，即日起启用"苏州大学江苏省先进负碳技术重点实验室"印章。
	△ 1日—3日，学校体育教育、数学与应用数学专业接受江苏省教育评估院组织的联合认证专家组的师范类专业第二级认证线上考察。
	△ 经研究决定，成立苏州大学共青团与青年发展研究院。研究院不设行政建制，由分管共青团工作的校领导兼任院长，校团委书记和马克思主义学院相关专家兼任执行院长。
	△ 东吴证券抗疫资金捐赠仪式在天赐庄校区红楼会议中心举行。
2日	△ 学校印发《苏州大学普通高等教育全日制本科生学生证、校徽和火车票优惠卡管理办法（2022年修订）》《苏州大学本科教学实习经费管理办法（2022年修订）》。
	△ 学校民主党派和统战团体负责人会议在天赐庄校区红楼会议中心举行。
	△ 学校召开"整治形式主义官僚主义为基层减负专项行动"工作推进会。
	△ 学校2022年暑期社会实践交流分享会暨信仰公开课校级示范课在线上举办。

　　　　　　△ 学校"凯达"奖学金颁奖典礼暨校外导师聘任仪式在独墅湖校区举行。
　　　　　　△ 学校第19期党外中青年骨干培训班开班典礼在敬贤堂举行。
　　　　　　△ 学校举行2022年度国家社科基金项目集中开题报告会。
3日　　　△ 经研究决定，调整苏州大学年度综合考核工作领导小组等14个非常设机构组成人员。
　　　　　　△ 经研究决定，撤销苏州大学"十四五"改革发展规划编制工作领导小组等5个非常设机构。
　　　　　　△ 经研究决定，成立学习宣传贯彻党的二十大精神宣讲团。团长：江涌。
　　　　　　△ 学校党委理论学习中心组进一步学习贯彻党的二十大精神集中学习会在红楼217会议室召开。
4日　　　△ 江苏省委统战部作为业务主管部门，依托学校商学院建设的江苏省新时代民营经济研究院成立大会暨江苏民营经济高质量发展论坛在苏州举行。
　　　　　　△ 学校2022年新教师始业培训暨入职宣誓仪式在天赐庄校区学术报告厅举行。
　　　　　　△ 学校纪委第二次全委（扩大）会暨学习党的二十大精神专题会议在红楼217会议室召开。
　　　　　　△ 学校苏州医学院110周年庆系列活动之"医药学+X"科技创新高峰论坛在苏州举办。
　　　　　　△ 学校附属第二医院举行中法友好医院30周年发展大会暨国际医学论坛。
　　　　　　△ 学校未来科学与工程学院举行劳动教育课程开课仪式。
5日　　　△ 学校医学教育110周年发展大会在独墅湖校区恩玲艺术中心举行。
　　　　　　△ 学校医学教育110周年发展大会医学教育论坛在独墅湖校区炳麟图书馆学术报告厅举行。
6日　　　△ 经研究决定，调整苏州大学党的建设与全面从严治党工作领导小组等4个非常设机构。
　　　　　　△ 经研究决定，成立苏州大学—无锡福镁轻合金科技有限公司先进高性能金属材料联合研发中心，挂靠沙钢钢铁学院。聘任项重辰为该研发中心主任。
　　　　　　△ 经研究决定，成立苏州大学—阿特斯阳光电力集团股份有限公司先进光伏技术与应用协同创新中心，挂靠江苏省先进负碳技术重点实验室。聘任李耀文为该协同创新中心主任。
　　　　　　△ 经研究决定，成立苏州大学—考克利尔竞立（苏州）氢能科技有限公司光伏/电催化耦合二氧化碳转化协同创新中心，挂靠江苏省先进负碳技术重点实验室。聘任李彦光为该协同创新中心主任。
　　　　　　△ 由学校团委主办，学校学生社团联合会承办的"新时代·新征

程·新青年"2022年苏州大学"Hold住我的麦克风"校园青春歌会在天赐庄校区存菊堂举行。

7日 △学校党委常委、副校长查佐明一行赴连云港开展高级中学调研工作。

8日 △学校党委研究生工作部举办首期研究生辅导员实务交流工作坊。

△由台湾东吴大学商学院、苏州大学商学院联合主办的2022年海峡两岸财经与商学研讨会以线上、线下相结合的方式举办。

9日 △学校印发《苏州大学博士学位研究生招生"申请—考核"制实施办法（2022年修订）》。

△经研究决定，成立苏州大学—悉地苏州智慧交通协同创新中心，挂靠轨道交通学院。聘任成明为该协同创新中心主任。

△学校教师代表座谈会在天赐庄校区红楼会议中心召开。

△学校2023年度国家自然科学基金项目申报专题辅导报告会在天赐庄校区学术报告厅举行。

10日 △经研究决定，成立苏州大学东吴资本市场研究院，为校级非实体性科研机构，挂靠商学院。聘任冯博为该研究院院长。

△学校印发《关于开展廉洁文化宣传教育月活动的通知》。

11日 △学校第五十九届学生、第二十四届教职工体育运动会在天赐庄校区东区运动场举行。

12日 △学校何耀教授获第十七届中国青年科技奖。

△由学校教务处、政治与公共管理学院举办的贯彻党的二十大精神"国家治理现代化新征程暨行政管理国家一流本科专业建设"高端微论坛在线上举行。

△学校举办医学教育110周年发展大会医学科技创新论坛。

13日 △苏州大学商学院40周年发展大会在天赐庄校区存菊堂举行。

△学校获第八届中国国际"互联网+"大学生创新创业大赛全国总决赛金牌4枚、银牌3枚。

14日 △学校学习贯彻党的二十大精神江苏省委宣讲团宣讲报告会在独墅湖校区举行。

△苏州大学继续教育学院银龄培训中心揭牌开班。

16日 △学校学习贯彻党的二十大精神苏州市委宣讲团宣讲报告会在学校附属第一医院总院学术报告厅举行。

△学校期刊战略发展研讨会暨一流学术期刊发展论坛在天赐庄校区红楼会议中心召开。

17日 △经研究决定，即日起启用新制"苏州大学教务处"印章，旧印章同时作废。

△经研究决定，方亮同志任创新创业学院院长（兼）。

△经研究决定，原学生创新创业教育中心主任、副主任职务自然免除。

18 日   △ 学校 2022 年党校校务委员会会议在天赐庄校区红楼会议中心召开。

△ 学校学生代表座谈会在天赐庄校区红楼会议中心召开。

△ 由中国红十字会主办，中国红十字会总会事业发展中心联合学校红十字国际学院承办的全国首届红十字推进养老服务建设干部培训班开班仪式在苏州举行。

△ 学校 2023 年度教育部人文社会科学研究项目申报辅导报告会在线上举行。

△ 学校召开 2022 年学位申请工作会议。

△ 18 日—20 日，由学校苏州医学院药学院、复旦大学药学院、浙江大学药学院、国家生物药技术创新中心联合举办，江苏省重大神经精神疾病研究重点实验室和江苏省细胞与发育生物学学会协办的 2022 年生物药研究生国际学术创新论坛以线上、线下相结合的方式在苏州举行。

19 日   △ "名城名校" 2022 苏州大学校园马拉松暨江苏省大学生马拉松联赛在天赐庄校区举行。

20 日   △ 由学校主办、学校传媒学院承办的第六届国际大学生新媒体节暨新媒体原创作品大赛颁奖典礼在苏州开幕。

21 日   △ 学校机关与直属单位党工委学习贯彻党的二十大精神校党委宣讲团报告会在天赐庄校区敬贤堂举行。

△ 中国共产党第二十次全国代表大会代表、中国科学院院士、学校材料与化学化工学部名誉主任于吉红为学部党委理论学习中心组作党的二十大精神专题宣讲。

△ 国家税务总局苏州市税务局、苏州大学商学院战略合作签约仪式暨国家税务总局苏州市税务局首批综合管理类复合型人才研修班开班典礼在天赐庄校区学术报告厅举行。

22 日   △ 经研究决定，成立苏州大学—常熟天地煤机装备有限公司低碳智造联合研发中心，挂靠沙钢钢铁学院。聘任王晓南为该研发中心主任，杜尊重为该研发中心副主任。

△ 学校召开 "全国党建工作示范高校" 创建工作推进会。

△ 学校专职研究生辅导员培训班首场报告会在天赐庄校区举行。

△ "图书馆数字治理与知识服务创新" 论坛暨江苏省高校图工委成立 40 周年学术研讨会在南京大学国际会议中心召开，研讨会采用线上、线下相结合的方式举行。

23 日   △ 学校举办 2022 年教职工党支部书记示范培训班。

△ 学校党委组织部举办 2022 年专兼职组织员集中培训。

△ 学校归国华侨联合会与苏州市安全技术防范行业协会及其会员单位——江苏三意楼宇科技股份有限公司举行三方友好共建合作协议签约仪式。

△ 学校 "微纳机器人关键技术与应用" 和 "基于数字化三维光刻的微纳智能制造与应用" 2 项成果入选 2022 世界智能制造大会 "2022 中国

智能制造十大科技进展"。

△学校2022年"随锐少年图灵奖"颁奖大会在天赐庄校区学术报告厅召开。

△23日—24日，学校新闻宣传通讯员专题培训以线上、线下相结合的形式举行。

24日　△学校印发《苏州大学派遣制人员转人事代理制选拔考核办法》《苏州大学学科经费管理细则（2022年修订）》《苏州大学学科建设绩效评价实施办法（试行）》。

△学校二级党组织纪检委员学习党的二十大精神培训会在王健法学院B201会议室召开。

△学校陈新建教授团队承担的国家重点研发计划"变革性技术关键科学问题"重点专项项目"人工智能元学习新理论与新技术及其在医学影像大数据的示范应用"2022年度总结会议在苏州召开。

25日　△学校学习贯彻党的二十大精神校党委宣讲团宣讲报告会在独墅湖校区炳麟图书馆820会议室举行。

△25日—27日，由学校与国家眼部疾病临床医学研究中心、中国生命科技产业联盟联合主办，苏州比格威医疗科技有限公司承办，东方医疗器械产业科技创新中心协办的第二届苏州国际眼科人工智能论坛在苏州举行。

26日　△"苏州市侨联+苏州大学侨联+苏州大学校友总会"工作机制签约暨"苏州东吴侨创联盟"成立仪式在独墅湖校区传媒学院1号演播厅举行。

△学校恢复法学教育40周年庆典在天赐庄校区存菊堂举行。

△学校召开第三十五次学生代表大会、第三十八次研究生代表大会。

△江苏省委副书记、省长许昆林一行莅临学校调研疫情防控工作。

△由学校和华为技术有限公司共同主办的第一届苏州光通信与网络技术论坛在苏州举行。

27日　△学校学习贯彻党的二十大精神博硕士生宣讲团聘任仪式暨首场宣讲会在天赐庄校区举行。

28日　△江苏省文化和旅游厅党组成员、副厅长兼江苏省文物局局长、南京博物院党委书记拾峰一行莅临学校调研文物建筑保护工作。

△学校党委宣讲团成员、校党委常委、副校长李孝峰在激光楼116会议室作党的二十大精神宣讲报告。

△28日—29日，学校党委常委、副校长李孝峰出席2022年中日大学科技创新论坛（原中日大学展暨校长论坛）。

29日　△经研究决定，成立苏州大学—苏州凯尔博精密机械有限公司非金属绿色智能连接技术研究院，挂靠机电工程学院。聘任王传洋为该研究院院长。

30日　△学校机电工程学院刘会聪教授获2022年中国仪器仪表学会青年科技人才奖，刘会聪、孙立宁、陈涛等教授合作完成的"微能源收集与自供

	能传感关键技术及应用"项目获得中国仪器仪表学会科技进步奖二等奖。
11月	△ 学校未来科学与工程学院与苏州市山东商会智能制造专委会产学研对接交流座谈会在未来校区学术交流中心举行。
	△ 学校长海博文教授当选俄罗斯自然科学院外籍院士。
	△ 学校材料与化学化工学部化学科学国际合作创新中心谭庚文教授课题组以 An isolable germylyne radical with a one-coordinate germanium atom 为题的研究论文在线发表在 Nature Chemistry 上。
	△ 学校举办2022年度人文社会科学校级项目团队年度学术成果交流活动。
	△ 学校能源学院刘瑞远教授课题组以 Flexible self-charging power sources 为题的综述论文发表在 Nature Reviews Materials 上。
	△ 学校2020届计算机科学与技术专业博士毕业生李麟青获2022年度"江苏省大学生就业创业年度人物"称号。
	△ 学校孙立宁教授团队和陈涛教授分别获得"机械工业优秀创新团队"和"机械工业优秀科技工作者"称号。
	△ 学校物理科学与技术学院获评中国电工技术学会科普教育基地。
	△ 学校张正彪教授牵头完成的"高分子结构设计与精准合成"项目获2022年度中国化工学会科学技术奖基础研究成果奖一等奖。
	△ 学校物理科学与技术学院江华教授获第三届江苏省物理学会杰出青年奖,赵承良教授获教育贡献奖,高雷研究员团队完成的"微纳颗粒体系的光学微操控和非线性光学器件设计"项目获科学技术奖一等奖。

12 月

1日	△ 经研究决定,何峰同志任人力资源处处长。免去王云杰同志人力资源处处长职务。
	△ 经研究决定,陈一同志任人文社会科学处处长。免去于毓蓝同志人文社会科学处处长职务。
3日	△ 3日—4日,由学校中国-葡萄牙文化遗产保护科学"一带一路"联合实验室主办,学校金螳螂建筑学院、国际合作交流处、研究生院承办的遗产保护与可持续发展国际会议暨国际建成遗产保护联合体成立大会举行。
7日	△ 学校党委常委、副校长查佐明带队检查后勤基建安全保障工作。
	△ 学校后勤基建党委举行学习贯彻党的二十大精神宣讲报告会,校党委宣讲团成员、校党委常委、副校长查佐明围绕学习贯彻党的二十大精神作宣讲报告。
8日	△ 经研究决定,成立苏州大学—汉塔先进功能整理协同创新中心,

挂靠纺织与服装工程学院。聘任王钟为该协同创新中心主任。

△ 中共苏州大学委员会批复《关于中共苏州大学企业委员会选举结果的报告》《关于中共苏州大学企业委员会委员分工的报告》。

△ 经研究决定，成立苏州大学先进技术处，为正处级建制，人员编制10名，设处长1名。

△ 中共苏州大学委员会批复《关于中共苏州大学应用技术学院委员会选举结果的报告》《关于中共苏州大学应用技术学院委员会委员分工的报告》《关于中共苏州大学应用技术学院纪律检查委员会选举结果的报告》。

△ 经研究决定，王受凹同志任先进技术处处长。

△ 经研究决定，成立苏州大学人才工作办公室，为正处级建制，与人力资源处合署办公。人才工作办公室人员编制7名，人才工作办公室主任由人力资源处处长兼任。

△ 学校体育学院王家宏教授担任首席专家申报的"新时代我国体育消费高质量发展研究"获2022年度国家社科基金重大项目立项。

9日　　△ 经研究决定，成立苏州大学—苏州江锦自动化科技有限公司智能制造及新能源装备研究院，挂靠机电工程学院。聘任王传洋为该研究院院长。

10日　　△ 首届苏州市青年领军企业家训练营结业仪式在天赐庄校区学术报告厅举行。

△ 由学校哲学社会科学联合会、人文社会科学处、东吴智库主办的"扛起新使命　谱写新篇章——中国式现代化与共同富裕"深入学习贯彻党的二十大精神研讨会召开。

12日　　△ 经研究决定，成立中巴犍陀罗Gandara文化艺术中心，为校级非实体性科研机构，挂靠文学院。聘任曹炜为该艺术中心主任。

13日　　△ 13日—22日，学校召开理科组、工科组、医学组3场科技工作推进会。

14日　　△ 由中共江苏省委宣传部、江苏省哲学社会科学界联合会主办，学校承办的江苏省哲学社会科学界第十六届学术大会新文科建设专场在苏州召开。

15日　　△ 经研究决定，成立苏州大学—凯瑞纳米新材料协同创新中心，挂靠材料与化学化工学部。聘任郎建平为该协同创新中心主任。

△ 学校印发《苏州大学科研项目结余经费管理实施细则》。

△ 经研究决定，授予学术学位研究生丁宸等2人文学硕士学位，邹茜璐等20人理学硕士学位，胡胜胜等23人工学硕士学位，唐文昊等13人医学硕士学位，金诗尧管理学硕士学位。

授予专业学位研究生NGUYEN THUY AN国际商务硕士学位，蔡于亮等4人法律硕士学位，陆艳等3人教育硕士学位，盛兵等4人体育硕士学位，朱旭等10人工程硕士学位，郭馨月农业硕士学位，王馨等3人临床医学硕士学位，曹秋逸等2人药学硕士学位，陆逸等39人工商管理硕士学位，萧悦等32人公共管理硕士学位，吉毓旻会计硕士学位，蔡智俊等2人艺术硕士学位。

授予同等学力人员张广全等75人医学硕士学位。

△ 经研究决定，授予学术学位研究生孔令辉经济学博士学位，武红阵法学博士学位，焦晓骏教育学博士学位，郭晓丹等4人文学博士学位，曹瑞冬历史学博士学位，段雅睿等6人理学博士学位，刘婷婷等9人工学博士学位，公丕霞等16人医学博士学位，辛莹莹等2人管理学博士学位，蒋霄等2人艺术学博士学位。

授予专业学位研究生朱爱兵等116人临床医学博士学位。

△ 经研究决定，陈罡同志任临床医学研究院院长，李斌同志任苏州医学院基础医学与生物科学学院院长。免去方琪同志临床医学研究院院长、苏州大学附属第一医院副院长职务，吴嘉炜同志苏州医学院基础医学与生物科学学院院长兼苏州医学院副院长职务。

△ 经研究决定，撤销邵宝历史学博士学位。

△ 经研究决定，撤销牛松杰工程硕士学位。

△ 经研究决定，授予七年制临床医学专业毕业生郭飞燕临床医学专业硕士学位。

△ 由中国文艺评论家协会等主办，学校艺术学院与江苏省文艺评论家协会等共同承办的2022"在新时代的现场"当代文艺评论苏州论坛以线上、线下相结合的形式在苏州开幕。

22日　△ 经研究决定，何峰同志任人才工作办公室主任（兼）。

△ 经研究决定，增补李孝峰、沈纲祥、张进平、崔玉平等4名同志为苏州大学第十一届学术委员会委员。

△ 学校印发《苏州大学捐赠协议管理暂行办法》。

△ 学校党委理论学习中心组召开线上集中学习会学习贯彻中央经济工作会议精神。

23日　△ 23日—24日，中国生理学会血栓与止血专委会学术年会暨苏州大学唐仲英医学研究院成立十周年学术研讨会在线上召开。

24日　△ 学校中国特色城镇化研究中心、江苏省新型城镇化与社会治理协同创新中心召开主任（扩大）会议。

26日　△ 学校印发《苏州大学创新创业教育实践基地建设与管理办法（试行）》《苏州大学接受捐赠管理办法（2022年修订）》。

△ 经研究决定，授予MUPPURI KAVITHA等17名外国留学本科毕业生学士学位。

28日　△ 经研究决定，成立苏州大学—优微生物可溶性微针产业技术创新中心，挂靠苏州医学院药学院。聘任崔京浩为该创新中心主任。

△ 学校2022年度院级党组织书记抓基层党建工作述职大会在线上举行。

△学校举行2022年东吴海外高层次人才学术交流会。

△28日至2023年1月1日，由江苏省委教育工委主办、学校承办的第三十六期全省高校院（系）党政负责人培训班举行。

29日

△学校印发《苏州大学普通高等教育本科毕业生学士学位授予工作实施细则（2022年修订）》《苏州大学关于外国留学生本科生教学管理及毕业、学位授予的若干规定（2022年修订）》。

△国家血液系统疾病临床医学研究中心、苏州大学附属第一医院、苏州大学造血干细胞移植研究所吴德沛和徐杨教授课题组与苏州大学郑慧教授合作的研究成果以 The OTUD1-Notch2-ICD axis orchestrates allogeneic T cell-mediated graft-versus-host disease 为题在线发表在 Blood 上。

12月

△学校获评2022年全国"三下乡"暑期社会实践活动"优秀单位"。

△苏州大学技术转移中心获第十一届中国技术市场金桥奖先进集体奖。

△苏州大学附属第二医院临床检验诊断学博士生朱志宸作为第一作者的研究论文 Epidemiological characteristics and molecular features of carbapenem-resistant Enterobacter strains in China: A multicenter genomic study 发表在 Emerging Microbes & Infections 上。

△学校新型功能高分子材料国家地方联合工程实验室和环保功能吸附材料制备技术国地联合工程实验室通过验收。

△学校社会学院周毅教授的《公共信息服务社会共治理论与实践研究》入选2022年度《国家哲学社会科学成果文库》。

△学校文学院高永奇教授申报的"莽汉词典的编纂与莽语的跟踪调查研究"获2022年度国家社科基金冷门绝学研究专项立项。

△学校智能通信与安全技术创新团队的最新研究论文分别以 Lightweight group authentication for decentralized edge collaboration 和 Autonomous collaborative authentication with privacy preservation in 6G: From homogeneity to heterogeneity 为题在线发表在 IEEE Communications Magazine 和 IEEE Network 上。

△学校数学科学学院在第十四届全国大学生数学竞赛江苏赛区数学专业组获一等奖20名、二等奖25名、三等奖28名。

△学校数学科学学院廖刚教授获江苏省数学成就奖。

△学校路建美教授当选苏州市科学技术协会第十四届委员会主席。

△学校东吴智库获评CTTI 2022年度高校百强智库A+等级。

2022 年

△ 学校2022年全日制本科学生毕业人数为6 509人，新生入学人数为6 643人，在校人数为28 021人。

硕士生毕业人数为4 555人，新生入学人数为6 065人，授予学位人数为4 619人，在校人数为17 422人。

博士生毕业人数为423人，新生入学人数为496人，授予学位人数为642人，在校人数为2 004人。

各类机构设置、机构负责人及有关人员名单

苏州大学党群系统机构设置（表1）

表1　2022年苏州大学党群系统机构设置一览表

序号	党群部门、党委、党工委名称		所属科室名称	备注
1	中共苏州大学委员会		—	—
2	中共苏州大学纪律检查委员会		—	—
3	党委办公室	合署办公	综合科	—
			文秘科	
			机要科	
	保密委员会办公室		党的建设与全面从严治党工作领导小组办公室	—
	规划与政策研究室		—	2021年12月23日撤销
4	纪委	合署办公	纪委办公室	—
			监督检查处	
			审查调查处	
			案件审理处	
	监察专员办公室		巡察工作领导小组办公室	挂靠在纪委
5	党委组织部	合署办公	综合科	2022年8月25日成立
			组织科	—
			干部科	—
			党员教育管理科	2022年8月25日成立
			年度综合考核工作领导小组办公室	—
	党校		—	—

续表

序号	党群部门、党委、党工委名称		所属科室名称	备注
5	党代表联络办	合署办公	—	2021年12月23日撤销
6	党委宣传部	合署办公 （2021年12月23日调整）	综合科	2022年8月25日成立
			理论科	2022年8月25日更名
			宣传科	
	新闻与网络信息办公室		舆情科	2022年8月25日撤销
			思想政治工作科	2022年8月25日成立
7	党委统战部	—	综合办公室	2022年8月25日成立
			民主党派与统战团体办公室	
8	党委离退休工作部	"一个机构，两块牌子" （2021年12月23日调整）	综合科	—
			服务保障科	—
	离退休工作处		教育活动科	—
	离退休党工委		—	2021年12月23日更名
9	机关党工委		纪工委	2021年12月23日撤销
10	群团与直属单位党工委		纪工委	2021年12月23日撤销
	机关与直属单位党工委		纪工委	2021年12月23日合并成立
			办公室	2022年8月25日成立

续表

序号	党群部门、党委、党工委名称		所属科室名称	备注
11	党委保卫部	"一个机构，两块牌子"（2021年12月23日调整）	综合科	—
			政治保卫科	—
			消防科	—
			校园安全指挥中心	—
			天赐庄校区本部治安科	2022年8月25日更名
			天赐庄校区东区治安科	
			天赐庄校区北区治安科	
	保卫处		独墅湖校区治安科	—
			阳澄湖校区治安科	—
			未来校区治安科	2022年8月25日成立
12	党委学生工作部［与学生工作处"一个机构，两块牌子"（2021年12月23日调整）］	合署办公	综合办公室（辅导员发展中心）	2022年8月25日更名
			思想政治教育办公室	
			学生资助管理办公室	
			学生事务与社区管理办公室	
			学生发展指导办公室	2022年8月25日成立
	人民武装部		办公室	—
13	党委教师工作部	合署办公（2021年12月23日调整）	办公室	2022年8月25日更名
	人力资源处			
14	党委研究生工作部	合署办公（2021年12月23日调整）	思想政治教育办公室	2022年8月25日成立
			学生事务管理办公室	
	研究生院		就业指导办公室	
15	科技党委		—	2021年12月23日成立

续表

序号	党群部门、党委、党工委名称	所属科室名称	备注
16	后勤基建党委	纪委	2021年12月23日更名
17	工会	综合科	—
		联络部	2022年8月25日撤销
		组织宣传科	2022年8月25日成立
		文体社团科	
18	团委	组织宣传部	—
		创新实践部	—
		学生社团管理部（校园文化部）	2022年8月25日更名
19	企业党委	—	2021年12月23日成立
20	图书馆党委	—	—
21	文学院党委	—	—
22	传媒学院党委	—	—
23	社会学院党委	—	—
24	政治与公共管理学院党委	—	—
25	商学院党委	—	2022年6月2日更名
26	王健法学院党委	—	—
27	外国语学院党委	—	—
28	教育学院党委	—	—
29	艺术学院党委	—	—
30	音乐学院党委	—	—
31	体育学院党委	—	—
32	数学科学学院党委	—	—

续表

序号	党群部门、党委、党工委名称	所属科室名称	备注
33	物理科学与技术学院党委	—	—
34	光电科学与工程学院党委	—	—
35	能源学院党委	—	—
36	材料与化学化工学部党委	纪委	—
37	纺织与服装工程学院党委	—	—
38	计算机科学与技术学院党委	—	—
39	电子信息学院党委	—	—
40	机电工程学院党委	—	—
41	东吴学院党委	纪委	—
42	苏州医学院党工委	纪工委	
43	苏州医学院基础医学与生物科学学院党委	—	
44	苏州医学院放射医学与防护学院党委	—	
45	苏州医学院公共卫生学院党委	—	2021年7月28日更名
46	苏州医学院药学院党委	—	
47	苏州医学院护理学院党委	—	
48	苏州医学院第一临床医学院党委	—	
49	苏州医学院第二临床医学院党委	—	
50	苏州医学院儿科临床医学院党委	—	
51	金螳螂建筑学院党委	—	—
52	城市轨道交通学院党委	—	—
53	纳米科学技术学院党委	—	—
54	敬文书院党委	—	—
55	应用技术学院党委	纪委	—
56	苏州大学附属第一医院党委	纪委	—
57	苏州大学附属第二医院党委	纪委	—
58	苏州大学附属儿童医院党委	纪委	—
59	未来科学与工程学院党委	—	—

苏州大学行政系统、直属单位机构设置（表2）

表2　2022年苏州大学行政系统、直属单位机构设置一览表

序号	行政部门、学院（部）名称	所属科室名称	备注
1	苏州大学	—	—
2	校长办公室	综合科	—
		文秘科	
		行政科	2022年8月25日成立
	法律事务办公室（挂靠校长办公室）		
	督查办公室（挂靠校长办公室）		
	数据资源管理办公室（挂靠校长办公室）		2021年12月23日撤销
3	新闻中心（与党委宣传部合署办公）	新媒体中心	2021年12月23日撤销
	新闻与网络信息办公室（与党委宣传部合署办公，2021年12月23日调整）	新媒体中心	部门于2021年12月23日成立 科室于2022年8月25日成立
		网络信息科	
4	学科建设办公室	—	2021年12月23日撤销
	学科建设与发展规划处	综合科	部门于2021年12月23日成立 科室于2022年8月25日成立
		学科建设科	
		发展规划科	

续表

序号	行政部门、学院（部）名称		所属科室名称	备注
5	人力资源处（与党委教师工作部）	合署办公（2021年12月23日调整）	综合办公室	2022年8月25日更名
			人才引进与开发办公室	2022年12月8日撤销
			博士后管理办公室	—
			师资发展与培训办公室	—
			人事管理办公室	
			薪酬福利办公室	2022年8月25日更名
			档案信息办公室	
	人才工作办公室		人才引进办公室	部门及科室均于2022年12月8日成立
			人才培育办公室	
6	财务处		综合科	—
			会计核算科	—
			会计服务中心	—
			信息管理科	2022年8月25日更名
			预算管理科	—
			收费管理科	—
			内控与稽核科	2022年8月25日更名
			科研经费管理科	—
			会计委派科	2022年8月25日撤销
			绩效与财务分析科	2022年8月25日成立
			工程结算科	
7	审计处		综合科	2022年8月25日更名
			财务审计科	—
			工程审计科	—
			管理审计科	2022年8月25日成立

续表

序号	行政部门、学院（部）名称		所属科室名称	备注
8	数据资源与信息化建设管理处		综合办公室	部门于2021年12月23日成立 科室于2022年8月25日成立
			数据资源管理办公室	
			信息项目建设办公室	
			智慧教育办公室	
			网络安全办公室	
			运行服务中心	
9	基础教育管理办公室		—	2021年12月23日更名
10	国内合作办公室		联络发展部	2021年12月23日撤销
			校友部	
	发展委员会办公室		基金会（董事会）	
			管理部（综合科）	
	国内合作发展处	合署办公	合作发展科	部门于2021年12月23日成立 科室于2022年8月25日成立
			基金会管理科	
	综合科		校友工作办公室	
			校友工作科	
11	教务处 （2021年12月23日更名）	综合办公室 （2021年12月23日撤销）	综合科	2022年8月25日更名
			教务管理科	2022年8月25日成立
			继续教育管理科	
		教学运行处 （2021年12月23日撤销）	学籍管理科	—
			课程与考试科	2022年8月25日撤销
			实践教学科	2022年8月25日更名
			通识教育与大类培养科	2022年8月25日撤销
		教学质量与资源管理处 （2021年12月23日撤销）	教学质量与评估科	2022年8月25日更名
			教学资源建设科	

续表

序号	行政部门、学院（部）名称		所属科室名称	备注
11	教务处（2021年12月23日更名）	教学改革与研究处（2021年12月23日撤销）	教学改革科	—
			特色（创新）培养科	2022年8月25日撤销
			科研训练与对外交流科	
	教师教学发展中心（挂靠教务处）		办公室	—
	学生创新创业教育中心（挂靠教务处）		—	2021年12月23日调整挂靠单位至教务处 2022年6月30日撤销
12	招生就业处		综合科	—
			招生科	—
			就业指导科	2022年8月25日更名
			宣传与信息管理科	—
13	科学技术研究院		—	2021年12月23日更名
	综合办公室		—	—
	基础科研处（2021年12月23日更名）		基金管理办公室	2022年8月25日更名
			重点项目管理办公室	
			成果管理办公室	
			平台管理办公室	
			国际科研合作办公室	2022年8月25日成立
	军工科研处		科技管理办公室	2022年8月25日更名 2022年12月8日撤销
			资质管理办公室（质量管理办公室）	
	产学研合作处（2021年12月23日更名）		知识产权办公室	2022年12月8日更名
			产学研合作科	2022年12月8日撤销
			技术转移管理办公室	2022年12月8日更名
			大学科技园管理办公室	2022年12月8日成立
			协同创新管理办公室	

续表

序号	行政部门、学院（部）名称	所属科室名称	备注
13	"2011 计划"办公室（挂靠科学技术研究部）	—	2021 年 12 月 23 日撤销
	校科协秘书处	—	2021 年 12 月 23 日变更层级
14	先进技术处	综合办公室	部门及科室均于 2022 年 12 月 8 日成立
		科技管理办公室	
		资质管理办公室（质量管理办公室）	
15	人文社会科学处	综合办公室	—
		项目管理办公室	—
		平台建设办公室	2022 年 8 月 25 日更名
		成果管理办公室	—
		社会服务办公室	—
		校哲学社会科学联合会秘书处	2021 年 12 月 23 日变更层级
16	国有资产管理处	综合科	—
		产权管理科	
		产业管理科	
		资产管理科	
	采购与招投标管理中心（挂靠国有资产管理处）（2021 年 12 月 23 日变更挂靠单位）	工程采购科	2022 年 8 月 25 日成立
		货物与服务采购科	
17	实验室与设备管理处	综合科	—
		实验室建设管理科	
		技术安全科	
		仪器设备管理科	
		实验材料管理科	2022 年 8 月 25 日成立

续表

序号	行政部门、学院（部）名称		所属科室名称		备注
18	研究生院（与党委研究生工作部）	合署办公（2021年12月23日调整）	综合办公室		—
			招生办公室		—
			学籍与教学管理办公室		2022年8月25日成立
			教育改革与创新办公室		
			质量监督办公室		
			国际交流办公室		
			学位管理办公室		
			实践教育办公室		
			培养办公室	教学管理科	2022年8月25日撤销
				质量监督科	
				国际交流科	
			学位管理办公室	学位管理科	
				学位点建设科	
			研究生管理办公室	教育与管理科	
				就业指导科	
	导师学院（挂靠研究生院）		—		—
19	学位评定委员会秘书处（学位办）		—		—
20	学术委员会秘书处		—		—
21	保卫处（与党委保卫部）	"一个机构，两块牌子"（2021年12月23日调整）	综合科		—
			政治保卫科		—
			消防科		—
			校园安全指挥中心		—
			天赐庄校区本部治安科		
			天赐庄校区东区治安科		2022年8月25日更名
			天赐庄校区北区治安科		

续表

序号	行政部门、学院（部）名称		所属科室名称	备注
21	保卫处（与党委保卫部）	"一个机构，两块牌子"（2021年12月23日调整）	独墅湖校区治安科	—
			阳澄湖校区治安科	—
			未来校区治安科	2022年8月25日成立
22	学生工作部（处）（党委学生工作部）	"一个机构，两块牌子"（2021年12月23日调整）	综合办公室（辅导员发展中心）	2022年8月25日更名
			思想政治教育办公室（易班发展中心办公室）	
			学生资助管理办公室	
			学生事务与社区管理办公室	
			学生发展指导办公室	2022年8月25日成立
			易班发展中心	2021年12月23日调整层级 2022年8月25日撤销
	大学生心理健康教育研究中心[挂靠学生工作部（处）]		办公室	2022年8月25日成立
	学生创新创业教育中心[挂靠学生工作部（处）]		—	2021年12月23日调整挂靠单位
23	国际合作交流处	合署办公	综合科	—
			学生交流科	—
			留学生管理科	—
			国际合作与项目管理科	2022年8月25日更名
			外事管理与外专服务科	2022年8月25日成立
	港澳台办公室		—	2021年12月23日合署办公
24	出入境服务中心		—	2021年12月23日撤销

续表

序号	行政部门、学院（部）名称		所属科室名称	备注
25	离退休工作处（与党委离退休工作部）	"一个机构，两块牌子"（2021年12月23日调整）	综合科	—
			服务保障科	
			教育活动科	
26	继续教育处		综合科	2021年12月23日撤销
			网络教育科	
			培训科	
			教学管理科	
			招生与学生管理科	
			留学项目科	
	继续教育学院（2021年12月23日成立）		综合办公室	2022年8月25日成立
			学历教育部	
			出国留学项目部	
			培训部	
			学生工作办公室	
			事业发展部	
27	后勤管理处		综合科	—
			公用房管理科	
			住房管理科	
			教室管理科	
			维修管理科	
			医保与计划生育管理科	
			信息管理科	
			校园环境与物业管理科	
			能源管理科	
			场馆管理中心	
			幼儿园	
			膳食管理科	

续表

序号	行政部门、学院（部）名称	所属科室名称	备注
27	后勤管理处	学生宿舍管理办公室	2022年8月25日调整
		工程委员会办公室	
	基本建设与维修改造工程管理委员会	综合办公室	2022年8月25日撤销
	宿舍管理办公室（挂靠后勤管理处）	—	
	校医院（挂靠后勤管理处）	办公室	2022年8月25日成立
28	基本建设处	综合科	—
		计划与造价管理科	
		工程技术科	
		施工管理科	
29	医院管理处	—	2021年12月23日撤销
30	未来校区管理委员会	综合办公室	2022年8月25日成立
		运行保障办公室	
31	江苏苏大投资有限公司	综合办公室	2022年8月25日成立
32	出版社有限公司	—	—
33	期刊中心（2021年12月23日更名）	办公室	2022年8月25日成立
34	档案馆	—	—
35	博物馆	办公室	2022年8月25日成立
36	图书馆	综合办公室	2022年8月25日成立
37	分析测试中心	办公室	2022年8月25日成立
38	信息化建设与管理中心		2021年12月23日撤销
39	工程训练中心	办公室	2022年8月25日成立
40	艺术教育中心	办公室	2022年8月25日成立
41	创新创业学院	教学与项目管理办公室	部门及科室均于2022年6月30日成立
		实践与平台管理办公室	

续表

序号	行政部门、学院（部）名称	所属科室名称	备注
42	文学院	—	—
43	传媒学院	—	—
44	社会学院	—	—
45	政治与公共管理学院	—	—
46	马克思主义学院	—	—
	思想政治理论课教师发展中心	—	挂靠马克思主义学院
47	商学院	—	2022年6月2日更名
48	王健法学院	—	—
49	外国语学院	—	—
50	教育学院	—	—
51	艺术学院	—	—
52	音乐学院	—	—
53	体育学院	—	—
54	数学科学学院	—	—
55	物理科学与技术学院	—	—
56	光电科学与工程学院	—	—
	现代光学智造产业学院		与光电科学与工程学院一体化运行（2022年6月30日成立）
57	能源学院	—	—
58	材料与化学化工学部	—	—
59	纳米科学技术学院	—	—
60	纺织与服装工程学院		"一套班子，两块牌子"
	紫卿书院		
61	计算机科学与技术学院	—	—
	软件学院	产教融合办公室	与计算机科学与技术学院一体化运行（2022年6月30日成立）

续表

序号	行政部门、学院（部）名称	所属科室名称	备注
62	电子信息学院	—	—
63	机电工程学院	—	—
64	沙钢钢铁学院	—	—
65	苏州医学院	—	—
66	苏州医学院基础医学与生物科学学院	—	—
67	苏州医学院放射医学与防护学院	—	—
68	苏州医学院公共卫生学院	—	—
69	苏州医学院药学院	—	—
70	苏州医学院护理学院	—	—
71	巴斯德学院	—	挂靠苏州医学院
72	苏州医学院第一临床医学院	—	—
73	苏州医学院第二临床医学院	—	—
74	苏州医学院儿科临床医学院	—	—
75	金螳螂建筑学院	—	—
76	轨道交通学院	—	—
77	红十字国际学院	—	—
78	师范学院	—	—
	基础教育管理办公室	—	2022年12月23日挂靠师范学院
	基础教育研究院		
79	东吴学院	—	—
80	海外教育学院	—	—
81	敬文书院	—	—
82	唐文治书院	—	—
83	应用技术学院	—	—
84	老挝苏州大学	—	—

续表

序号	行政部门、学院（系）名称	所属科室名称	备注
85	苏州大学附属第一医院		—
	临床医学研究院（正处级建制）	—	挂靠苏州大学附属第一医院
86	苏州大学附属第二医院	—	—
87	苏州大学附属儿童医院		—
88	苏州市独墅湖医院（苏州大学附属独墅湖医院）	—	
89	苏州大学实验学校		
90	未来科学与工程学院		

苏州大学中层及以上干部名单

1. 校领导

    党委书记：江　涌
    校　　长：熊思东　　　　　　　　　　2022 年 7 月 22 日免
    　　　　　张晓宏　　　　　　　　　　2022 年 7 月 22 日任
    党委副书记：张晓宏　　　　　　　　　2022 年 7 月 22 日任
    　　　　　　邓　敏
    　　　　　　王鲁沛
    纪委书记（监察专员）：宫向阳　　　　2022 年 1 月 8 日任
    副校长：张晓宏　　　　　　　　　　　2022 年 7 月 22 日免
    　　　　沈明荣
    　　　　姚建林
    　　　　李孝峰　　　　　　　　　　　　2022 年 5 月 27 日任
    　　　　查佐明　　　　　　　　　　　　2022 年 7 月 22 日任
    　　　　洪　晔　　　　　　　　　　　　2022 年 7 月 22 日任
    　　　　吴嘉炜　　　　　　　　　　　　2022 年 7 月 22 日任
    　　　　姜建明　　　　　　　　　　　　2022 年 7 月 22 日免
    　　　　陈卫昌　　　　　　　　　　　　2022 年 1 月 8 日免
    总会计师：周　高　　　　　　　　　　2022 年 7 月 22 日免

2. 纪律检查委员会

    书　记（监察专员）：宫向阳　　　　　2022 年 1 月 8 日任
    副书记：黄志斌　　　　　　　　　　　2022 年 9 月 30 日免
    　　　　陶培之　　　　　　　　　　　　2022 年 9 月 30 日任

3. 党委办公室、保密委员会办公室（合署）

    党委办公室
    主　任：刘春雷
    副主任：查晓东　　　　　　　　　　　2022 年 1 月 6 日免

　　　　卜谦祥
　　　　杨志卿　　　　　　　　　　　　　2022 年 2 月 17 日任
　　　　　　　　　　　　　　　　　　　　2022 年 12 月 29 日免
　　　　朱　旻　　　　　　　　　　　　　2022 年 12 月 29 日任

　　保密委员会办公室
　　主　任：刘春雷
　　副主任：杨志卿　　　　　　　　　　　2022 年 2 月 17 日任
　　　　　　　　　　　　　　　　　　　　2022 年 12 月 29 日免
　　　　丁正锋　　　　　　　　　　　　　2022 年 10 月 6 日任
　　　　朱　旻　　　　　　　　　　　　　2022 年 12 月 29 日任

4. 校长办公室、法律事务办公室（挂靠）、督查办公室（挂靠）

　　校长办公室
　　主　任：洪　晔　　　　　　　　　　　2022 年 9 月 1 日免
　　　　于毓蓝　　　　　　　　　　　　　2022 年 9 月 1 日任
　　副主任：袁　红
　　　　杨　炯

　　法律事务办公室
　　主　任：杨　炯（兼）

　　督查办公室
　　主　任：袁　红（兼）

5. 校纪委、监察专员办公室（合署）

　　纪委办公室
　　主　任：陶培之　　　　　　　　　　　2022 年 12 月 29 日免
　　　　杨志卿　　　　　　　　　　　　　2022 年 12 月 29 日任
　　副主任：杨志卿　　　　　　　　　　　2022 年 2 月 17 日免
　　　　戴璇颖（兼）　　　　　　　　　　2022 年 12 月 29 日任
　　纪委副处级纪检员：俞伟清
　　纪委纪检员：袁　洁（副处职）

　　监督检查处
　　处　长：江建龙

审查调查处
处　　长：卢永嘉

案件审理处
处　　长：戴璇颖

巡察工作领导小组办公室
主　　任：宫向阳（兼）
副主任：陶培之（兼）　　　　　　　　　　2022年12月29日免
　　　　　杨志卿（兼）　　　　　　　　　　2022年12月29日任

6. 党委组织部、党校（合署）

党委组织部
部　　长：查佐明　　　　　　　　　　　　2022年6月14日任
　　　　　　　　　　　　　　　　　　　　　2022年10月6日免
　　　　　王云杰　　　　　　　　　　　　2022年10月6日任
副部长：查佐明（正处职、主持工作）　　2022年6月14日免
　　　　　张振宇
　　　　　程晓军
　　　　　刘　慧（正处职）　　　　　　　2022年3月31日任
　　　　　　　　　　　　　　　　　　　　　2022年5月3日免
　　　　　薛　曦　　　　　　　　　　　　2022年5月3日任
党委副处级组织员：李全义

年度综合考核领导小组办公室
主　　任：查佐明（兼）　　　　　　　　　2022年3月24日任
　　　　　　　　　　　　　　　　　　　　　2022年10月6日免
　　　　　王云杰（兼）　　　　　　　　　2022年10月6日任
副主任：张振宇（兼）　　　　　　　　　　2022年3月24日任

党校
校　　长：江　涌（兼）
常务副校长：张振宇
调研员：薛　凡
　　　　　王剑敏　　　　　　　　　　　　2022年12月26日去世

7. 党委宣传部、新闻与网络信息办公室（合署）

党委宣传部
部　　长：陈晓强	2022 年 2 月 17 日免
吴　江	2022 年 10 月 6 日任
副部长：吴　江（正处职、主持工作）	2022 年 10 月 6 日免
尹婷婷	
夏凤军	2022 年 1 月 4 日任

新闻与网络信息办公室
主　　任：丁　姗	2022 年 1 月 6 日任

8. 党委统战部

部　　长：薛　辉	2022 年 2 月 17 日免
黄志斌	2022 年 10 月 6 日任
副部长：李孝峰（正处职、主持工作）	2022 年 10 月 6 日免
叶明昌	
副处级统战员：刘海平	

9. 党委离退休工作部（离退休工作处）、离退休党工委

党委离退休工作部（离退休工作处）
部（处）长：陈彦艳	
副部（处）长：陆伟中	2022 年 1 月 4 日免
周佳晔	
赵一强	2022 年 1 月 4 日任

离退休党工委
书　记：陈彦艳	
副书记：周佳晔（兼）	2022 年 1 月 6 日任
吴俊生（兼）	2022 年 3 月 24 日任

10. 机关与直属单位党工委

党工委书记：唐文跃	
党工委副书记：常青伟	2022 年 1 月 4 日任
纪工委书记：王美珠	2022 年 1 月 4 日任

调研员：谭玉坤

11. 学科建设与发展规划处

处　　长：潘志娟
副处长：杨凝晖
　　　　曹光龙　　　　　　　　　　　2022 年 10 月 6 日免
　　　　刘　京　　　　　　　　　　　2022 年 10 月 6 日任

12. 人力资源处、党委教师工作部（合署）

人力资源处
处　　长：王云杰　　　　　　　　　　2022 年 12 月 1 日免
　　　　　何　峰　　　　　　　　　　2022 年 12 月 1 日任
副处长：林　萍
　　　　何德超
　　　　章　宪

人才工作办公室（2022 年 12 月 8 日成立，正处级建制，与人力资源处合署办公，苏大委〔2022〕197 号）
主　任：何　峰（兼）　　　　　　　　2022 年 12 月 22 日任

党委教师工作部
部　　长：何　峰　　　　　　　　　　2022 年 1 月 14 日免
　　　　　林　萍　　　　　　　　　　2022 年 1 月 14 日任

13. 财务处

处　　长：陈永清
副处长：朱　彦　　　　　　　　　　　2022 年 1 月 6 日免
　　　　姚红美　　　　　　　　　　　2022 年 1 月 4 日免
　　　　沈　军　　　　　　　　　　　2022 年 1 月 4 日任
　　　　施小平

14. 审计处

处　　长：徐昳荃
副处长：李　华

15. 教务处、教师教学发展中心（挂靠）、学生创新创业教育中心（挂靠）

教务处

处　　长：方　亮
副处长：钱春芸　　　　　　　　　　　　2022 年 1 月 17 日任
　　　　　　　　　　　　　　　　　　　　2022 年 11 月 17 日免
　　　　李　振　　　　　　　　　　　　2022 年 1 月 17 日任
　　　　李　慧　　　　　　　　　　　　2022 年 1 月 17 日任
　　　　陈忻华　　　　　　　　　　　　2022 年 1 月 17 日任
　　　　陈江璋　　　　　　　　　　　　2022 年 1 月 17 日任
副调研员：于竞红
　　　　　蒲曼莉

教师教学发展中心

主　　任：方　亮（兼）
副主任：陈江璋（兼）　　　　　　　　　2022 年 3 月 24 日任

创新创业学院（2022 年 6 月 30 日成立，正处级建制，苏大委〔2022〕96 号）

院　　长：方　亮（兼）　　　　　　　　2022 年 11 月 17 日任
副院长：钱春芸　　　　　　　　　　　　2022 年 11 月 17 日任
　　　　张　芸（兼）　　　　　　　　　2022 年 11 月 17 日任
　　　　潘爱华（兼）　　　　　　　　　2022 年 11 月 17 日任
　　　　徐维英（兼）　　　　　　　　　2022 年 11 月 17 日任
　　　　田　天（兼）　　　　　　　　　2022 年 11 月 17 日任
　　　　陈　一（兼）　　　　　　　　　2022 年 11 月 17 日任
　　　　严韵致（兼）　　　　　　　　　2022 年 11 月 17 日任

学生创新创业教育中心（2022 年 6 月 30 日撤销，苏大委〔2022〕96 号）

主　　任：方　亮（兼）
副主任：钱春芸
　　　　张　芸（兼）
　　　　赵一强（兼）
　　　　田　天（兼）　　　　　　　　　2022 年 1 月 4 日免
　　　　　　　　　　　　　　　　　　　　2022 年 3 月 24 日任
　　　　陈　一（兼）
　　　　李　慧（兼）
　　　　严韵致（兼）
　　　　徐维英（兼）　　　　　　　　　2022 年 3 月 24 日任

　　　　潘爱华（兼）　　　　　　　　　　　　　2022 年 3 月 24 日任

16. 招生就业处

处　　长：靳　葛
副处长：张　芸
　　　　李　季　　　　　　　　　　　　　　　2022 年 1 月 4 日任

17. 党委学生工作部（学生工作处）、人民武装部（合署）、大学生心理健康教育研究中心（挂靠）

党委学生工作部（学生工作处）
部（处）长：董召勤
副部（处）长：陈　平　　　　　　　　　　　　2022 年 1 月 4 日免
　　　　　　　段永锋　　　　　　　　　　　　2022 年 1 月 4 日免
　　　　　　　潘爱华
　　　　　　　黎春虹　　　　　　　　　　　　2022 年 1 月 4 日任
　　　　　　　宋海英　　　　　　　　　　　　2022 年 1 月 4 日任
　　　　　　　钱春芸（兼）　　　　　　　　　2022 年 1 月 17 日免
调研员：陈　平

人民武装部
部　　长：董召勤　　　　　　　　　　　　　　2022 年 1 月 6 日任
副部长：张镇华　　　　　　　　　　　　　　　2022 年 1 月 6 日免
　　　　宋海英　　　　　　　　　　　　　　　2022 年 1 月 6 日任

大学生心理健康教育研究中心
主　　任：王　清　　　　　　　　　　　　　　2022 年 1 月 6 日免
　　　　　黎春虹　　　　　　　　　　　　　　2022 年 1 月 6 日任
调研员：王　静　　　　　　　　　　　　　　　2022 年 3 月 24 日免

18. 研究生院、党委研究生工作部（合署）、导师学院（挂靠）

研究生院
院　　长：张进平
副院长：刘　京　　　　　　　　　　　　　　　2022 年 10 月 6 日免
　　　　徐维英　　　　　　　　　　　　　　　2022 年 2 月 17 日任
　　　　曹光龙　　　　　　　　　　　　　　　2022 年 10 月 6 日任
　　　　李耀文　　　　　　　　　　　　　　　2022 年 11 月 17 日任

综合办公室
主　任：王　静

招生办公室
主　任：卢　玮　　　　　　　　　　　　　　　2022年10月6日免

培养办公室
主　任：

学位管理办公室
主　任：刘　京（兼）　　　　　　　　　　　　2022年10月6日免

研究生管理办公室
主　任：赵一强　　　　　　　　　　　　　　　2022年1月4日免

党委研究生工作部
部　长：茅海燕
　　　　徐维英（兼）　　　　　　　　　　　　2022年12月8日任

导师学院
院　长：沈明荣（兼）　　　　　　　　　　　　2022年9月8日免
　　　　姚建林（兼）　　　　　　　　　　　　2022年9月8日任
副院长：张进平（兼）

19. 科技党委

科技党委
书　记：蒋敬东

科学技术研究院
院　长：徐小乐
常务副院长：钱福良（兼）　　　　　　　　　　2022年12月13日免

综合办公室
主　任：蒋　宇　　　　　　　　　　　　　　　2022年1月17日任
副主任：董晓惠（副处职）　　　　　　　　　　2022年1月4日任

基础科研处
处　长：刘开强　　　　　　　　　　　　　　　2022年1月4日任

军工科研处（2022 年 12 月 8 日撤销，苏大委〔2022〕183 号）
  处 长：陈德斌   2022 年 1 月 4 日任
                       2022 年 10 月 6 日免
      丁正锋   2022 年 10 月 6 日任
                       2022 年 12 月 22 日免

产学研合作处
  处 长：糜志雄   2022 年 1 月 4 日任
  副处长：田 天（副处职）   2022 年 1 月 4 日任

先进技术处（2022 年 12 月 8 日成立，正处级建制，苏大委〔2022〕183 号）
  处 长：王殳凹   2022 年 12 月 8 日任
  副处长：丁正锋   2022 年 12 月 22 日任

20. 人文社会科学处

  处 长：于毓蓝   2022 年 12 月 1 日免
      陈 一   2022 年 12 月 1 日任
  副处长：徐维英   2022 年 2 月 17 日免
      尚 书
      陈 一   2022 年 12 月 1 日免

中国特色城镇化研究中心
  副主任：钟 静

21. 国内合作发展处、校友工作办公室（合署）

国内合作发展处
  处 长：陆 岸
  副处长：徐 冉   2022 年 1 月 4 日任
      刘子静   2022 年 10 月 6 日任

校友工作办公室
  主 任：陆 岸（兼）
  副主任：徐 冉（兼）   2022 年 1 月 4 日任
  副调研员：刘炳喜

22. 国有资产管理处、采购与招投标管理中心（挂靠）

国有资产管理处
处　　长：陈中华
副处长：沈　军　　　　　　　　　　　　2022 年 1 月 4 日免
　　　　　姚红美　　　　　　　　　　　　2022 年 1 月 4 日任
　　　　　刘丽琴　　　　　　　　　　　　2022 年 1 月 6 日任
副调研员：夏永林

采购与招投标管理中心
主　　任：刘丽琴

23. 国际合作交流处、港澳台办公室（合署）

国际合作交流处
处　　长：王殳凹　　　　　　　　　　　　2022 年 12 月 29 日免
　　　　　何　乐　　　　　　　　　　　　2022 年 12 月 29 日任
副处长：朱履骅
　　　　　资　虹

港澳台办公室
主　　任：王殳凹（兼）　　　　　　　　　2022 年 12 月 29 日免
　　　　　何　乐（兼）　　　　　　　　　2022 年 12 月 29 日任
副主任：高玮玮
副调研员：吴小春

24. 党委保卫部（保卫处）

部（处）长：严　明
副部（处）长：刘　风　　　　　　　　　　2022 年 1 月 6 日免
　　　　　　　段永锋　　　　　　　　　　2022 年 1 月 4 日任
　　　　　　　周法超
　　　　　　　王瑞成
副调研员：周伟虎

25. 后勤基建党委、后勤管理处、校医院（挂靠）

后勤基建党委
书　记：王季魁
副书记（纪委书记）：陈晓刚　　　　　　2022 年 1 月 6 日任
纪委书记：蒋　峰　　　　　　　　　　　2022 年 1 月 6 日免
调研员：蒋　峰

后勤管理处、校医院（挂靠）
处　长：仇玉山
副处长：朱剑峰
　　　　唐中斌
　　　　陈　刚
　　　　殷为民
　　　　张鑫华
副调研员：庄建英
　　　　　蒋安平

校医院
院　长：朱　旻　　　　　　　　　　　　2022 年 12 月 29 日免
　　　　田一星　　　　　　　　　　　　2022 年 12 月 29 日任
副调研员：杨秀丽

26. 基本建设处

处　长：顾建忠
副处长：王维柱

27. 实验室与设备管理处

处　长：魏永前
副处长：陈　美

28. 数据资源与信息化建设管理处

处　长：张　庆　　　　　　　　　　　　2022 年 3 月 31 日任
副处长：张志平　　　　　　　　　　　　2022 年 3 月 31 日任
　　　　黄　平　　　　　　　　　　　　2022 年 3 月 31 日任

　　　　陆剑江　　　　　　　　　　　2022年3月31日免
　　调研员：杨季文
　　副调研员：汤晶缨

29. 未来校区管理委员会

　　主　任：沈明荣（兼）
　　副主任：资　虹（兼）
　　　　　　刘　超
　　　　　　王　宇

30. 校工会

　　主　席：王永山
　　副主席：陈　洁
　　　　　　顾志勇

31. 校团委

　　书　记：于潜驰
　　副书记：严韵致
　　　　　　谢　凯
　　　　　　徐　娜
　　　　　　杨　浩（兼职）
　　　　　　金泽琪（兼职）　　　　　2022年11月3日免
　　　　　　尹士林（兼职）　　　　　2022年11月3日免
　　　　　　田一星（兼职）
　　　　　　王祎鹏（兼职）　　　　　2022年11月3日任
　　　　　　冯春惠（兼职）　　　　　2022年11月3日任
　　　　　　陈晓冉（兼职）　　　　　2022年11月3日任

32. 图书馆

　　馆长、党委书记：钱万里
　　副馆长：徐　燕　　　　　　　　　2022年3月24日免
　　　　　　丁　瑶
　　　　　　汪卫东　　　　　　　　　2022年3月24日免
　　调研员：郑　红

33. 档案馆

馆　　长：石明芳　　　　　　　　　　　　2022 年 1 月 17 日免
　　　　　徐云鹏　　　　　　　　　　　　2022 年 1 月 17 日任

34. 博物馆

名誉馆长：张朋川
馆　　长：李超德
常务副馆长：冯　一
调研员：黄维娟　　　　　　　　　　　　　2022 年 10 月 27 日免

35. 分析测试中心

主　　任：姚志刚

36. 工程训练中心

主　　任：邵剑平

37. 艺术教育中心

主　　任：吴　磊
副主任：褚　玮

38. 期刊中心

主　　任：江　波

39. 江苏苏大投资有限公司、企业党委

江苏苏大投资有限公司（不设行政建制）
董事长：仇国阳
总经理：陈彦艳　　　　　　　　　　　　　2022 年 1 月 6 日免
　　　　朱　彦　　　　　　　　　　　　　2022 年 1 月 6 日任

企业党委（不设行政建制）
书　记：仇国阳　　　　　　　　　　　　　2022 年 1 月 26 日任

出版社有限公司
社　　长：盛惠良
总编辑：陈兴昌
副调研员：王建珍

东吴饭店
调研员：张荣华　　　　　　　　　　　　　2022年8月20日免

老挝苏州大学
校　　长：熊思东（兼）　　　　　　　　　2022年9月8日免
　　　　　张晓宏（兼）　　　　　　　　　2022年9月8日任
校长助理：黄文军（主持工作）
　　　　　黄郁健

40. 继续教育学院

院　　长：缪世林
副院长：王建凯　　　　　　　　　　　　　2022年1月4日任
　　　　董　娜　　　　　　　　　　　　　2022年1月4日任
　　　　常　静　　　　　　　　　　　　　2022年1月4日免
　　　　胡龙华　　　　　　　　　　　　　2022年1月6日免
副调研员：沈文英
　　　　　王　健
　　　　　陆惠星
　　　　　张　卫

41. 海外教育学院

院　　长：夏　骏
副院长：袁　晶

42. 学术委员会秘书处

秘书长：闫礼芝
副秘书长：金薇吟

43. 学位评定委员会秘书处（学位办）

秘书长（主任）：郎建平

44. 文学院

党委书记：宋清华
党委副书记：阴　浩（兼副院长）
院　　长：曹　炜
副院长：束霞平　　　　　　　　　　　　　2022 年 1 月 17 日免
　　　　周生杰
　　　　赵　曜　　　　　　　　　　　　　2022 年 1 月 17 日任

唐文治书院

院　　长：曹　炜
副院长：高　峰
　　　　季　进

45. 传媒学院

党委书记：宁正法
党委副书记：宋海英（兼副院长）
专职组织员：丁新红
院　　长：陆玉芳
执行院长：陈　龙
副院长：谷　鹏
　　　　徐　冉　　　　　　　　　　　　　2022 年 1 月 4 日免
　　　　黄艳凤　　　　　　　　　　　　　2022 年 12 月 13 日任

46. 社会学院

党委书记：邓国林
党委副书记：郝　珺（兼副院长）　　　　　2022 年 1 月 4 日免
　　　　　　朱　今（兼副院长）　　　　　2022 年 1 月 4 日任
院　　长：高　峰
副院长：黄鸿山
　　　　宋言奇
　　　　裔洪根

47. 政治与公共管理学院

党委书记：孙　磊

党委副书记：徐美华（兼副院长）　　　　　　2022年1月4日免
　　　　　　郝　珺（兼副院长）　　　　　　2022年1月4日任
院　　长：谢　岳　　　　　　　　　　　　　2022年9月1日免
　　　　　陈　忠　　　　　　　　　　　　　2022年12月29日任
副 院 长：庄友刚
　　　　　周义程

48. 马克思主义学院

党委书记：陈建军
党委副书记：田芝健
　　　　　　蒋　慧（兼副院长）　　　　　　2022年10月27日任
院　　长：田芝健
副 院 长：朱蓉蓉
　　　　　茆汉成

49. 教育学院

党委书记：赵　阳
党委副书记：朱晨花（兼副院长）
专职组织员：常　静　　　　　　　　　　　　2022年1月4日任
院　　长：冯成志
副 院 长：吴铁钧
　　　　　曹永国
　　　　　冯文锋
副调研员：王　青

50. 商学院［2022年6月2日，东吴商学院（财经学院）更名为商学院，苏大委〔2022〕83号］

党委书记：刘志明
党委副书记：董　娜（兼副院长）　　　　　　2022年1月4日免
　　　　　　黄晓辉（兼副院长）　　　　　　2022年1月4日任
专职纪检委员：马龙剑
院　　长：冯　博
副 院 长：王要玉
　　　　　徐　涛
　　　　　周中胜
　　　　　任少华（兼）

51. 王健法学院

党委书记：孙宁华
党委副书记：朱春霞（兼副院长）
院　　长：方新军
副院长：程雪阳
　　　　庞　凌
　　　　沈　晔
　　　　上官丕亮

知识产权研究院

院　　长：方新军
副院长：肖丽娟

52. 外国语学院

党委书记：严冬生
党委副书记：朱苏静（兼副院长）
院　　长：朱新福
副院长：王　军
　　　　孟祥春
　　　　陆　洵
　　　　李　季　　　　　　　　2022年1月4日免
　　　　陆　丽　　　　　　　　2022年1月4日任
副调研员：赵　红

53. 金螳螂建筑学院

党委书记：陈国凤
党委副书记：薛　曦（兼副院长）　2022年12月15日免
　　　　　　成　龙（兼副院长）　2022年12月15日任
院　　长：吴永发
副院长：吴　尧
　　　　申绍杰
　　　　陈　星　　　　　　　　2022年1月17日任
　　　　朱盘英（兼）

54. 数学科学学院

　　党委书记：逄成华
　　党委副书记：蒋青芳（兼副院长）
　　院　　长：曹永罗
　　副 院 长：顾振华
　　　　　　　翟惠生
　　　　　　　王志国　　　　　　　　　　　　　　　2022 年 1 月 17 日任

55. 物理科学与技术学院

　　党委书记：杨礼富
　　党委副书记：谢燕兰（兼副院长）
　　院　　长：吴雪梅
　　副 院 长：赵承良
　　　　　　　杭志宏
　　　　　　　周丽萍

56. 光电科学与工程学院（现代光学智造产业学院于 2022 年 6 月 30 日成立，与光电科学与工程学院一体运行，苏大委〔2022〕98 号）

　　党委书记：龚呈卉
　　党委副书记：黄冠平（兼副院长）
　　院　　长：李孝峰
　　副 院 长：许宜申
　　　　　　　曲　宏
　　　　　　　陈　煜

57. 能源学院

　　党委书记：沙丹丹
　　名誉院长：刘忠范　　　　　　　　　　　　　　　2022 年 11 月 3 日辞
　　院　　长：晏成林
　　副 院 长：杨瑞枝
　　　　　　　彭　扬
　　　　　　　王海波
　　　　　　　包　军
　　副调研员：汝坤林

张家港工业技术研究院
　　院　长：晏成林（兼）

化学电源研究所
　　所　长：王海波

58. 材料与化学化工学部

　　党委书记：李　翔
　　党委副书记：王美珠（兼副主任）　　　　　　2022年1月4日免
　　　　　　　　徐美华（兼副主任）　　　　　　2022年1月4日任
　　纪委书记：李　乐
　　名誉主任：于吉红
　　主　任：张正彪
　　副主任：姚英明
　　　　　　吴　铎　　　　　　　　　　　　　2022年2月24日免
　　　　　　朱　健
　　　　　　沈　勤
　　　　　　徐小平
　　　　　　李　华
　　　　　　封心建　　　　　　　　　　　　　2022年11月17日任

化学科学国际合作创新中心（不设行政建制，挂靠材料与化学化工学部）
　　主　任：于吉红
　　副主任：徐小平

59. 纳米科学技术学院

　　党委书记：吴　鹏
　　院　长：李述汤
　　执行院长：刘　庄
　　副院长：孙宝全
　　　　　　王穗东
　　　　　　李彦光
　　　　　　彭　睿
　　　　　　揭建胜
　　　　　　何　乐

60. 计算机科学与技术学院

党委书记：胡新华
党委副书记：沈云彩（兼副院长）　　　　　　2022 年 1 月 14 日免
　　　　　　李恩秀（兼副院长）　　　　　　2022 年 1 月 14 日任
专职组织员：王　栋
院　　　长：张　民
副 院 长：赵　雷
　　　　　　居　民
　　　　　　刘纯平
　　　　　　黄　河　　　　　　　　　　　　2022 年 1 月 26 日任

软件学院（2022 年 6 月 30 日成立，正处级建制，与计算机科学与技术学院一体化运行，苏大委〔2022〕97 号）
常务副院长：赵　雷　　　　　　　　　　　　2022 年 12 月 13 日任
副 院 长：俞莉莹　　　　　　　　　　　　2022 年 12 月 13 日任

61. 电子信息学院

党委书记：袁冬梅
党委副书记：黄远丰（兼副院长）
名誉院长：潘君骅
院　　　长：沈纲祥
副 院 长：陈小平
　　　　　　朱颖康
　　　　　　倪锦根
副调研员：刁爱清

62. 机电工程学院

党委书记：刘鲁庆
党委副书记：解　笑（兼副院长）
专职纪检委员：姚建萍
院　　　长：孙立宁
副 院 长：陈再良
　　　　　　孙海鹰
　　　　　　陈　涛
　　　　　　王传洋

63. 沙钢钢铁学院

党委书记：沈云彩
党委副书记：徐海洋（兼副院长）
党委专职组织员：顾闻钟　　　　　　　　　　2022 年 10 月 6 日任
院　　长：董元篪
副院长：王德永
　　　　丁汉林

64. 纺织与服装工程学院

党委书记：肖甫青
党委副书记：严　明（兼副院长）　　　　　　2022 年 1 月 14 日免
　　　　　　虞　岚（兼副院长）　　　　　　2022 年 1 月 14 日任
院　　长：张克勤
副院长：关晋平
　　　　严　俊
　　　　陈　廷
副调研员：司　伟

现代丝绸国家工程实验室
执行主任：陈国强
副主任：刘欣亮

65. 轨道交通学院

党委书记：戴佩良
党委副书记：黄晓辉（兼副院长）　　　　　　2022 年 1 月 14 日免
　　　　　　胡　洋（兼副院长）　　　　　　2022 年 1 月 14 日任
专职组织员：田　雷
名誉院长：王　炜
院　　长：史培新
副院长：肖为周
　　　　金菊华
　　　　黄伟国
副调研员：蒋志良　　　　　　　　　　　　　2022 年 8 月 20 日免

66. 体育学院

　　党委书记：朱建刚
　　党委副书记：丁海峰（兼副院长）
　　院　　长：陶玉流
　　副 院 长：张宗豪
　　　　　　　张大志

67. 艺术学院

　　党委书记：顾德学
　　党委副书记：张　洁（兼副院长）
　　名誉院长：张道一
　　院　　长：姜竹松　　　　　　　　　　　2022年9月1日免
　　副 院 长：卢　朗
　　　　　　　王　鹭
　　　　　　　沈　黔

68. 音乐学院

　　党委书记：胡晓玲
　　党委副书记：杨　燕（兼副院长）
　　名誉院长：陈光宪
　　院　　长：许　忠
　　执行院长：吴　磊
　　副 院 长：顾明高
　　　　　　　魏正启

69. 苏州医学院

　　党工委书记：钱福良
　　党工委副书记：黎春虹　　　　　　　　　2022年1月4日免
　　　　　　　　　吴德建
　　　　　　　　　孟玲玲（兼副院长）　　　2022年1月4日任
　　纪委书记：李伟文
　　名誉院长：阮长耿
　　　　　　　杜子威
　　院　　长：詹启敏

执行院长：徐广银　　　　　　　　　　　　2022 年 3 月 31 日任
常务副院长：徐广银　　　　　　　　　　　2022 年 3 月 31 日免
副院长：龚　政　　　　　　　　　　　　　2022 年 3 月 31 日免
　　　　徐小乐（兼）　　　　　　　　　　2022 年 3 月 31 日免
　　　　龙亚秋
　　　　钟　慧　　　　　　　　　　　　　2022 年 3 月 31 日任
　　　　宋　军　　　　　　　　　　　　　2022 年 3 月 31 日任
　　　　龚　政（兼）　　　　　　　　　　2022 年 3 月 31 日任
　　　　刘济生（兼）　　　　　　　　　　2022 年 3 月 31 日任
　　　　吴嘉炜（兼）　　　　　　　　　　2022 年 3 月 31 日任
　　　　　　　　　　　　　　　　　　　　2022 年 12 月 15 日免

副调研员：施建亚
党政办公室主任：彭晓蓓
组织人事办公室主任：
学生工作办公室主任：温洪波
教育教学办公室主任：
科研办公室主任：龙亚秋　　　　　　　　2022 年 3 月 31 日免
学科与学术事务办公室主任：
实验室管理办公室主任：陈乳胤　　　　　2022 年 3 月 31 日任
合作交流办公室主任：
医院管理办公室主任：
实验动物中心主任：周正宇

以下内设机构于 2022 年 3 月 24 日撤销（苏大委〔2022〕40 号）
教学办公室主任：钟　慧　　　　　　　　2022 年 3 月 31 日免
研究生办公室主任：徐小乐（兼）　　　　2022 年 3 月 31 日免
国际交流与发展办公室主任：宋　军　　　2022 年 3 月 31 日免
实验中心主任：陈乳胤　　　　　　　　　2022 年 3 月 31 日免

苏州医学院基础医学与生物科学学院
党委书记：何　峰
院　长：吴嘉炜　　　　　　　　　　　　2022 年 12 月 15 日免
　　　　李　斌　　　　　　　　　　　　2022 年 12 月 15 日任
副院长：杨雪珍
　　　　张洪涛
　　　　陶　金

苏州医学院放射医学与防护学院
党委书记：王成奎

专职组织员：王加华
院　　长：柴之芳
执行院长：高明远
常务副院长：曹建平
副院长：王殳凹
　　　　周光明

苏州医学院公共卫生学院
党委书记：陈　赞
院　　长：张增利
副院长：秦立强
　　　　张　洁
副调研员：钟宏良　　　　　　　　　　　　2022年8月20日免

苏州医学院药学院
党委书记：王　欣
副理事长：顾振纶
院　　长：钟志远
副院长：江维鹏
　　　　黄小波
　　　　许国强
　　　　陈华兵

苏州医学院护理学院
党委书记：龚　政
专职组织员：陈向民
院　　长：李惠玲
副院长：田　利
　　　　姚文英（兼）
　　　　谭丽萍（兼）
　　　　徐　岚（兼）

神经科学研究所
所　　长：刘春风
副所长：杭雪花

骨科研究所
所　　长：杨惠林
副所长：曹金元

心血管病研究所
所　长：沈振亚
副所长：顾闻钟　　　　　　　　　　　2022年10月6日免
　　　　卢　玮　　　　　　　　　　　2022年10月6日任

呼吸疾病研究所
所　长：黄建安

造血干细胞移植研究所
所　长：吴德沛
副所长：徐　杨

转化医学研究院
院　长：时玉舫
行政副院长：陈永井

生物医学研究院
院　长：熊思东
副院长：陈　军

唐仲英医学研究院
党委书记：芮秀文
院　长：
副院长：戴克胜（主持工作）

巴斯德学院（挂靠苏州医学院）
院　长：唐　宏　　　　　　　　　　　2022年9月8日免
副院长：陈志欣

70. 未来科学与工程学院

党委书记：吉　伟
党委副书记：陈贝贝（兼副院长）　　　2022年3月31日任
副院长：陈　涛（主持工作）　　　　　2022年3月31日任
　　　　王　进　　　　　　　　　　　2022年10月27日任

71. 东吴学院

党委书记：许继芳

院　长：张　健
纪委书记：姚永明
副院长：喻翔玮
　　　　江美福

72. 红十字国际学院

名誉院长：Francesco Rocca（弗朗西斯科·罗卡）
　　　　　陈　竺
院　长：王汝鹏（兼）
执行院长：沈明荣（兼）
常务副院长：郑　庚
副院长：刘选国（兼）

73. 师范学院、基础教育管理办公室（挂靠）

师范学院
副院长：张佳伟
　　　　陆　丽（兼）　　　　　　　　　　2022年1月4日免

基础教育管理办公室
主　任：吉　伟（兼）
副主任：周国华（兼）
　　　　沈志清（兼）
　　　　胡海峰（兼）
　　　　王杰祥（兼）

苏州大学实验学校
书　记（校长）：周国华
副书记（副校长）：王振华

苏州大学第二实验学校
书记：沈志清

苏州大学附属吴江学校
校　长：陈炳亮

苏州大学高邮实验学校
书　记：王杰祥

74. 敬文书院

党委书记：
党委副书记：孟玲玲　　　　　　　　　　　　2022 年 1 月 14 日免
　　　　　　胡　萱　　　　　　　　　　　　2022 年 1 月 14 日任
名誉院长：朱恩馀
院　　长：钱振明
副院长：孟玲玲　　　　　　　　　　　　　　2022 年 1 月 14 日免
　　　　胡　萱　　　　　　　　　　　　　　2022 年 1 月 14 日任

75. 应用技术学院

党委书记：孙庆民
党委副书记：钮秀山（兼副院长）
纪委书记：陈　敏
院　　长：傅菊芬
副院长：席拥军
副调研员：茹　翔

76. 苏州大学附属第一医院

党委书记：陈卫昌（兼）　　　　　　　　　　2022 年 9 月 8 日免
　　　　　刘济生　　　　　　　　　　　　　2022 年 9 月 8 日任
党委副书记：刘济生（兼）　　　　　　　　　2022 年 9 月 8 日免
　　　　　　王海芳
纪委书记：邱　鸣
院　　长：刘济生
常务副院长：缪丽燕　　　　　　　　　　　　2022 年 12 月 13 日任
副院长：丁春忠
　　　　陈　亮
　　　　缪丽燕　　　　　　　　　　　　　　2022 年 12 月 13 日免
　　　　时玉舫
　　　　方　琪　　　　　　　　　　　　　　2022 年 12 月 15 日免
　　　　陈　罡
　　　　蒋　彬　　　　　　　　　　　　　　2022 年 12 月 13 日任
　　　　徐　杨　　　　　　　　　　　　　　2022 年 12 月 13 日任
总会计师：贲能富
调研员：黄恺文

副调研员：洪建娣

血液研究所

苏州医学院第一临床医学院
院　　长：刘济生（兼）
副院长：胡春洪

临床医学研究院
院　　长：方　琪　　　　　　　　　　　2022 年 12 月 15 日免
　　　　　陈　罡　　　　　　　　　　　2022 年 12 月 15 日任
副院长：朱雪松
　　　　　李　锐
　　　　　范　嵘　　　　　　　　　　　2022 年 12 月 13 日任

77. 苏州大学附属第二医院（核工业总医院）

党委书记：徐　博
党委副书记：王少雄（兼）
　　　　　　田雅君　　　　　　　　　　2022 年 5 月 15 日任
院　　长：王少雄
总会计师：魏钦海
副院长：孙亦晖
　　　　　钱志远
　　　　　杨　顺
　　　　　赵经洲
　　　　　施晓松
纪委书记：田雅君
纪委副书记：刘　慧　　　　　　　　　　2022 年 5 月 1 日任

苏州医学院第二临床医学院
院　　长：徐　博（兼）
副院长：徐又佳（兼）　　　　　　　　　2022 年 3 月 24 日免

78. 苏州大学附属儿童医院

党委书记：汪　健
党委副书记：王晓东（兼）
院　　长：王晓东

纪委书记：姚　炜
副院长：田健美
　　　　吕海涛
　　　　严向明
总会计师：陆正洪　　　　　　　　　　　2022年12月13日任
副调研员：唐叶枫　　　　　　　　　　　2022年8月20日免
　　　　阐玉英

苏州医学院儿科临床医学院
　院　长：王晓东

79. 苏州大学附属独墅湖医院

　党委书记：侯建全
　院　长：方　琪（兼副书记）　　　　　2022年12月19日任

80. 苏州医学院第三临床医学院

　院　长：华　飞（兼）
　副院长：蒋敬庭（兼）

81. 苏州苏大教育服务投资发展（集团）有限公司

　调研员：吴小霞

注：根据苏大委〔2004〕28号文件的精神，学校事业编制人员在被公司借用期间，学校保留其原身份和职级。

苏州大学第十四届工会委员会委员名单及各分工会主席名单

一、苏州大学第十四届工会委员会委员名单

主　席：王永山

副主席：陈　洁　顾志勇

委　员：王丽晓　王言升　王朝晖　田　飞　付亦宁　包　军
　　　　朱利平　任志刚　庄建英　刘文杰　刘炳喜　祁汝峰
　　　　孙迎辉　李丽红　李建祥　何　为　宋滨娜　张友九
　　　　陈　星　陈宇恒　金菊华　胡明宇　夏永林　奚启超
　　　　唐强奎

二、苏州大学各分工会主席名单

机关与直属单位分工会：夏永林（2022年9月分工会更名）

群团与直属单位分工会：刘炳喜（2022年9月并入机关与直属单位分工会）

后勤基建分工会：庄建英（2022年9月分工会更名）

图书馆分工会：祁汝峰、王　飞（2022年1月换届）

文学院分工会：王建军

传媒学院分工会：胡明宇

社会学院分工会：裔洪根

政治与公共管理学院分工会：李丽红

马克思主义学院分工会：唐强奎

教育学院分工会：付亦宁（2022年6月换届）

商学院分工会：俞雪华（2022年6月分工会更名）

王健法学院分工会：张　鹏

外国语学院分工会：杨志红

金螳螂建筑学院分工会：陈　星

数学科学学院分工会：陈富军

物理科学与技术学院分工会：朱利平、王迎春（2022年12月换届）

光电科学与工程学院分工会：陈宇恒

能源学院分工会：孙迎辉
材料与化学化工学部分工会：任志刚（2022年1月换届）
纳米科学技术学院分工会：邵名望
计算机科学与技术学院分工会：朱晓旭
电子信息学院分工会：曹洪龙
机电工程学院分工会：刘文杰
沙钢钢铁学院分工会：宋滨娜
纺织与服装工程学院分工会：戴宏钦
轨道交通学院分工会：金菊华
体育学院分工会：王荷英
艺术学院分工会：王言升
音乐学院分工会：田　飞
医学部分工会：戴建英（2022年6月撤销）
苏州医学院分工会：吴德建（2022年6月成立，10月选举）
苏州医学院基础医学与生物科学学院分工会：王国卿（2022年6月分工会更名）
苏州医学院放射医学与防护学院分工会：张友九（2022年6月分工会更名）
苏州医学院公共卫生学院分工会：孙宏鹏（2022年6月分工会更名）
苏州医学院药学院分工会：崔京浩、高　博（2022年6月分工会更名，9月换届）
东吴学院分工会：　　　（2020年9月成立，主席暂无）
应用技术学院分工会：何　为
文正学院分工会：杜　明（2022年1月撤销）

2022年苏州大学共青团组织干部名单

校团委

  书　记：于潜驰
  副书记：严韵致
  　　　　谢　凯
  　　　　徐　娜
  　　　　王祎鹏（兼职）　　　　2022年11月任
  　　　　冯春惠（兼职）　　　　2022年11月任
  　　　　陈晓冉（兼职）　　　　2022年11月任

研究生团工委

  书　记：胡　玮（兼）

机关团支部

  书　记：葛　露（兼）

后勤团支部

  书　记：鲁　光（兼）

文学院团委

  书　记：季鹏飞

传媒学院团委

  书　记：王雁冰

社会学院团委

　　副书记：朱星洁　　　　　　　　　　　　　　2022 年 12 月任

政治与公共管理学院团委

　　书　记：董筱文　　　　　　　　　　　　　　2022 年 12 月任

马克思主义学院团委

　　书　记：金　鑫

外国语学院团委

　　副书记：陈晓宇

商学院团委

　　书　记：柯　征
　　副书记：吴　杰

王健法学院团委

　　副书记：付晨曦　　　　　　　　　　　　　　2022 年 12 月任

教育学院团委

　　书　记：张旻蕊

艺术学院团委

　　书　记：沈院生
　　副书记：贾扬娣

音乐学院团委

　　书　记：于存洋

体育学院团委

　　副书记：商　仪

金螳螂建筑学院团委

　　副书记：甘　露

数学科学学院团委

　　书　记：亓海啸

物理科学与技术学院团委

　　副书记：单杨杰

光电科学与工程学院团委

　　副书记：姚亦洁

能源学院团委

　　书　记：张振华
　　副书记：严若今
　　　　　　胡碧洋

材料与化学化工学部团委

　　副书记：刘娴琳

纳米科学技术学院团委

　　书　记：蔡梦婷

计算机科学与技术学院团委

　　书　记：邝泉声
　　副书记：徐　超

电子信息学院团委

  副书记：郁连国（主持工作）   2022 年 12 月任
      陆鸿飞

机电工程学院团委

  书　记：李丽红

沙钢钢铁学院团委

  书　记：成　苗

纺织与服装工程学院团委

  书　记：孙晓旭   2022 年 12 月任

轨道交通学院团委

  书　记：刘仕晨

苏州医学院团委

  书　记：王昌伟
  副书记：李法君
      刘　璐
      黄　静

敬文书院团委

  书　记：孙正嘉
  副书记：孙　放

未来科学与工程学院团委

  副书记：陈　恺

应用技术学院团委

书　记：严永伟
副书记：袁　卓

苏州大学附属第一医院团委

书　记：田一星（兼）

苏州大学附属第二医院团委

书　记：李金路（兼）　　　　　　　　2022年5月任

苏州大学附属儿童医院团委

书　记：凌　靓

苏州大学有关人士在各级人大、政协、民主党派及统战团体任职名单
（2022 年 12 月）

全国、省、市、区人大代表和人大常委

第十三届全国人大代表	熊思东
第十三届江苏省人大常委	王卓君
第十三届江苏省人大代表	陈林森　沈振亚　兰　青
第十七届苏州市人大常委	陈苏宁　吴　磊　傅菊芬
第十七届苏州市人大代表	沈明荣　陈　一　靳　健
姑苏区第三届人大常委	朱　琳　上官丕亮
姑苏区第三届人大代表	薛华勇　傅菊芬　郭凌川　吴嘉炜　王　芹 朱晓旭　潘志娟　陈　涛

全国、省、市、区政协委员

第十三届全国政协委员	吴德沛
第十二届江苏省政协常委	钱振明　侯建全
第十二届江苏省政协委员	倪才方　陈新建　苏　雄
第十四届苏州市政协副主席	陈林森
第十五届苏州市政协常委	陶　金　杨　哲　钱振明　蒋廷波　吴永发 孙　凌　吴嘉炜　程　江
第十五届苏州市政协委员	李　艺　郭凌川　刘耀波　张乐帅　田　利 李彦光　李　纲　唐　文　王振欣　冒小瑛 王德山　张进平　徐中华　方宗豹　冯文锋 张克勤　薛胜利　宫向阳　李孝峰　张力元 陈　欣
姑苏区第三届政协常委	刘　海　张腊娥
姑苏区第三届政协委员	周海斌　居颂光　孙　毅　陈　凯　叶建新 陈光强　孔　岩　张力元　陈爱萍

全国、省、市各民主党派组织任职

民革第十二届苏州市委副主委	庞　凌
民革第十二届苏州市委常委	李　艺
民革第十二届苏州市委委员	刘　海
民盟十三届江苏省委副主委	熊思东
民盟十四届苏州市委副主委	傅菊芬　陶　金
民盟十四届苏州市委常委	郭凌川
民盟十四届苏州市委委员	周海斌　居颂光　孙　毅
民建九届江苏省委委员	叶元土
民建十五届苏州市委常委	杨　哲
民建十五届苏州市委委员	张乐帅
民进十一届江苏省委副主委	钱振明
民进十二届苏州市委主委	钱振明
民进十二届苏州市委常委	田　利　蒋廷波
民进十二届苏州市委委员	孙茂民　吴玲芳
农工党十三届江苏省委委员	陈苏宁
农工党十四届苏州市委副主委	陈苏宁
农工党十四届苏州市委委员	李建国　李彦光
致公党六届江苏省委委员	吴　磊
致公党七届苏州市委副主委	吴　磊
致公党七届苏州市委委员	王振欣
九三学社十四届中央副主席	刘忠范
九三学社十四届中央委员	陈林森
九三学社九届江苏省委委员	苏　雄
九三学社十一届苏州市委副主委	吴嘉炜
九三学社十一届苏州市委常委	苏　雄
九三学社十一届苏州市委委员	方宗豹　杨瑞枝　张进平　徐中华

省、市台联、侨联、无党派知识分子联谊会和欧美同学会（留学人员联谊会）任职

江苏省台属联谊会第七届理事	张　凝　肖接承　华　昊
苏州市台属联谊会副会长	张　凝
江苏省侨联第六届委员	沈振亚
苏州市侨联第八届常委	沈振亚
苏州市侨联第八届委员	张志琳　王振欣　张永泉
苏州市侨联青年委员会副会长	王振欣

苏州市无党派知识分子联谊会副会长	高晓明
江苏省欧美同学会（江苏省留学人员联谊会）副会长	熊思东
江苏省欧美同学会（江苏省留学人员联谊会）理事	苏 雄　申绍杰
苏州市欧美同学会（苏州市留学人员联谊会）会长	李述汤
苏州市欧美同学会（苏州市留学人员联谊会）名誉会长	陈林森
苏州市欧美同学会（苏州市留学人员联谊会）副会长	镇学初　苏 雄　沈振亚　董启榕

校各民主党派基层组织任职

民革苏州大学基层委员会

主　委	李 艺
副主委	姚传德　刘 海　薛华勇
委　员	王海燕　石 沙　江 牧　李新明　陈卫东　施华珍　戚海娟　谢思明　薛玉坤
秘书长	吴雨平

民盟苏州大学委员会

主　委	陶 金
副主委	郭凌川　甄允方　周海斌　刘耀波　居颂光　朱 谦　宋煜萍　唐人成
秘书长	郭凌川
副秘书长	李菲菲　邵 忠

民建苏州大学委员会

主　委	杨 哲
副主委	张乐帅　郑晓玲
委　员	叶元土　陈志强　陈晓红　程雅君

民进苏州大学委员会

主　委	刘 庄
副主委	田 利　孙茂民　吴玲芳　蒋廷波
委　员	朱一蓓　汤继宏　吴 钰　沈 蕾　张 阳　周毅彬　赵石言　郭明友
秘书长	赵石言

农工党苏州大学委员会

主　委　　　　　陈苏宁
副主委　　　　　李建国　李彦光
委　员　　　　　王春雷　叶建新　李纲　陈光强　孙凌
秘书长　　　　　李彦光
秘　书　　　　　张敏　徐溢涛　贾俊诚

致公党苏州大学委员会

主　委　　　　　吴磊
副主委　　　　　张永泉　薛群
委　员　　　　　王加俊　陈志伟　徐苏丹　詹月红

九三学社苏州大学委员会

主　委　　　　　苏雄
副主委　　　　　张进平　杨瑞枝　浦金贤　王德山
委　员　　　　　付双双　王芹　杨旭红　黄坚　徐中华
　　　　　　　　程江
秘书长　　　　　王艳
副秘书长　　　　金国庆　方宗豹　苏敏

校归国华侨联合会、侨联青年委员会、台胞台属联谊会、欧美同学会（留学人员联谊会）、党外知识分子联谊会、东吴大学苏州校友会任职

苏州大学归国华侨联合会

名誉主席　　　　陆匡宙　顾振纶
顾　问　　　　　詹月红　张昌陆
主　席　　　　　沈振亚
副主席　　　　　倪沛红　王鼎　王钦华　王振欣　张志琳
　　　　　　　　资虹
秘书长　　　　　资虹（兼）
委　员　　　　　陈仪　李斌　倪沛红　沈振亚　王鼎
　　　　　　　　王钦华　王振欣　徐博翎　徐苏丹　徐艳辉
　　　　　　　　杨颖　张志琳　周婷　周翙峰　资虹

苏州大学侨联青年委员会

会　长	王振欣
副会长	陈　仪　李　刚　冒小瑛　孙靖宇　王　鼎
	徐博翎　周　婷　周翊峰
秘书长	周　婷
委　员	陈　仪　冯文峰　胡士军　李　斌　李　刚
	王振欣　王　鼎　冒小瑛　宋歆予　孙靖宇
	周　婷　周翊峰　徐博翎　杨　颖　张　阳
	赵智峰

苏州大学台胞台属联谊会

会　长	张　凝
副会长	陈羿君　肖接承
秘书长	华　昊
理　事	陈羿君　何宝申　华　昊　林洛安　钱昱颖
	邱馨贤　宋宏晖　吴翊丞　肖接承　徐博翎
	张　凝　邹翼波

苏州大学欧美同学会（留学人员联谊会）

顾　问	白　伦　蒋星红　王卓君　张学光
名誉会长	熊思东
荣誉会员	陈林森　迟力峰
会　长	郎建平
常务副会长	苏　雄
副会长	沈振亚　王卫平　汪一鸣　高玮玮　陈　一
秘书长	陈　一（兼）
副秘书长	张　庆　陈伊欢　陈玉华　杨黎黎
理　事	郎建平　李孝峰　苏　雄　沈振亚　王卫平
	汪一鸣　高玮玮　陈　一　张　庆　陈伊欢
	陈玉华　杨黎黎　秦炜炜　陈宇岳　贡成良
	秦正红　冯志华　王　鼎　王钦华　田海林
	吕　强　刘　庄　任志刚　吴荣先　杨红英
	曹建平　黄毅生
秘　书	李　洁　辛　颜

苏州大学党外知识分子联谊会

会　长	高明远
副会长	张克勤　薛胜利　冯文锋
秘书长	张乐帅
理　事	高明远　张克勤　薛胜利　冯文锋　张乐帅 胡绍燕　杨　凌　朱晓旭　刘　宁　延　英 刘　阳　张雷洪　张艳岭　胡清文　王凤云 周永博　宋滨娜　应　征　张　垒　谭力扬 王立川　季　清　段广新

东吴大学苏州校友会

会　长	沈雷洪
副会长	徐永春　曹　阳
秘书长	徐永春
副秘书长	刘涤民
常务理事	汪为郁　陆忠娥　洪子元　顾镕芬　沈雷洪 徐永春　蔡希杰　刘涤民
理　事	刘元侠　刘涤民　仲嘉淦　张文鋆　汪为郁 沈雷洪　陆忠娥　杜　焱　洪子元　顾镕芬 徐永春　陶　铖　曹　阳　谢坚城　程湛田 蔡希杰　程　坚

苏州大学有关人员在校外机构任职名单(表3)

表3 苏州大学有关人员在全国、省部级学术机构、团体及国际学术组织任职名单一览表

[据2022年不完全统计，按院（部）排列，按姓氏笔画排序]

姓名	机构名称及职务
1. 文学院	
马卫中	中国近代文学学会副会长
马亚中	中国韵文学会副会长
王 宁	中国俗文学学会理事
	中国戏曲学会理事
	中国傩戏学研究会理事
王 尧	中国文学批评研究会副会长
	中国当代文学研究会理事
	江苏省文艺评论家协会副主席
	江苏省作家协会副主席
	江苏省当代文学研究会副会长
王建军	江苏省语言学会副会长
	江苏省中华成语研究会会长
王福利	中国乐府学会理事
刘锋杰	中国文艺理论学会常务理事
	中国中外文艺理论学会理事
汤哲声	中国俗文学学会常务理事
	中国武侠文学学会副会长
	江苏省中国现代文学学会副会长
	江苏省现代文学学会常务理事兼副秘书长

续表

姓名	机构名称及职务
李勇	中国文艺理论学会理事
	江苏省美学学会副会长
杨旭辉	中国骈文学会常务理事
汪卫东	中国鲁迅研究会常务理事
	江苏省鲁迅研究会副会长
邵雯艳	中国高等教育学会影视教育专业委员会理事
罗时进	中国唐代文学学会副会长
季进	中国比较文学学会青年委员会主任
	江苏省当代文学研究会副会长
钱锡生	中国词学研究会常务理事
曹炜	中国修辞学会副会长
曾维刚	中国宋代文学学会理事

2. 传媒学院

姓名	机构名称及职务
王静	中国广告协会学术与教育工作委员会常务委员
	中国新闻史学会广告与传媒发展史研究委员会常务委员
王国燕	国际科技传播学会学术委员
	中国科技新闻学会理事
	中国科技新闻学会科技传播理论研究专业委员会副会长兼秘书长
	中国自然辩证法学会科学传播与科学教育专业委员会副主任
	中国科学学与科技政策研究会科技传播与产业融合专业委员会理事
华昊	中国高校影视学会媒介文化专业委员会理事
杜志红	中国高校影视学会微电影专业委员会理事
	中国高校影视学会媒介文化专业委员会理事
	中国高校影视学会网络视听专业委员会理事
	中国新闻史学会视听传播专业委员会理事
谷鹏	中国新闻史学会舆论学研究委员会理事
	中国新闻史学会媒介法规与伦理研究委员会常务理事

续表

姓名	机构名称及职务
张　健	美国中国传媒研究会常务理事
	中国新闻史学会理事
	中国新闻史学会新闻传播教育史研究委员会常务理事
	中国高等教育学会新闻学与传播学专业委员会理事
张梦晗	国际华莱坞学会常务理事
	中国高校影视学会媒介文化专业委员会副秘书长、理事
陈　龙	中国新闻史学会传播学研究委员会副会长
	中国高校影视学会媒介文化专业委员会主任
	江苏省传媒艺术研究会副会长
	江苏省新闻传播学会副会长
陈　霖	中国高校影视学会媒介文化专业委员会理事
祝　捷	中国语文现代化学会理事
贾鹤鹏	中国科技新闻学会科技传播理论研究专业委员会副理事长
倪　建	中国高校影视学会实验教学专业委员会第三届理事会理事
徐　蒙	中国性学会健康大数据分会副主任委员
董　博	世界经济论坛全球杰出青年基金会董事

3. 社会学院

姓名	机构名称及职务
王　晗	中国史学会历史地理研究会理事
王卫平	教育部高等学校历史学科教学指导委员会委员
	中国地方志协会学术委员会委员
	中国社会史学会常务理事
	中国经济史学会理事
	江苏省历史学会常务理事
	江苏省农史学会副会长
	江苏省经济史学会副会长
	江苏省地域文化研究会副会长

续表

姓名	机构名称及职务
王宇博	中国英国史研究会理事
	中国亚太学会大洋洲分会理事
	江苏省世界史学会常务理事
毕建新	中国档案学会第九届档案保护技术委员会委员
	中国图书馆学会图书馆学教育委员会委员
朱从兵	江苏省太平天国史研究会副会长
李卓卓	中国图书馆学会信息素养专业委员会委员
	中国图书馆学会儿童与青少年阅读推广专业委员会委员
吴建华	中国社会史学会常务理事
余同元	世界大健康运动联盟常务理事
	朱元璋研究会副会长
	中国范仲淹研究会理事
	中国近现代史史料学会理事
	中国明史学会理事
	江苏省郑和研究会常务理事
张照余	教育部高等学校档案学专业教学指导委员会委员
	中国档案学会常务理事
	江苏省档案专业高级职称评审委员会主任委员
武向平	中国抗日战争史学会常务理事
	中国日本史学会常务理事
	江苏省世界史学会副会长
姚传德	中国日本史学会理事
高峰	教育部高等学校社会学类专业教学指导委员会委员
	中国社会工作教育协会常务理事
	中国社会学会理事
	江苏省邓小平理论研究会常务理事
	江苏省社会学会常务理事
	江苏省城镇化研究会副会长

续表

姓名	机构名称及职务
黄 泰	全国普通高校毕业生就业创业指导委员会委员
	江苏省旅游学会青年分会副会长
	江苏省旅游学会研学分会副会长
	江苏省旅游学会旅游产业经济研究分会常务理事
臧知非	中国农民战争史研究会常务副会长
	中国秦汉史研究会副会长
	江苏省项羽文化研究会会长
	江苏省汉文化研究会副会长
魏向东	江苏省旅游学会副会长

4. 政治与公共管理学院

姓名	机构名称及职务
车玉玲	全国当代国外马克思主义研究会副会长
	中国俄罗斯哲学学会常务理事
	中国马克思主义哲学史学会理事
叶继红	中国科学学与科技政策研究会理事
	中国社会学会移民社会学专业委员会常务理事
	江苏省政治学会常务理事
朱光磊	江苏省儒学学会常务理事
任 平	中国马克思主义哲学史学会常务理事、马克思恩格斯哲学思想研究分会会长
	中国马克思主义哲学史学会哲学研究分会副会长
	中国人文社会科学期刊评价委员会马克思主义理论学科专家委员会主任委员
	中国辩证唯物主义研究会副会长
庄友刚	中国马克思主义哲学史学会马克思恩格斯哲学思想研究分会副会长
	中国辩证唯物主义研究会城市哲学研究分会会长
	中国辩证唯物主义研究会常务理事
	江苏省哲学学会副会长
	江苏省哲学学科联盟副理事长
李继堂	中国自然辩证法研究会物理学哲学专业委员会委员

续表

姓名	机构名称及职务
杨思基	中国马克思主义哲学史学会理事
吴忠伟	江苏省儒学学会常务理事
沈承诚	中国政治学会理事
陈进华	教育部高等学校政治学类专业教学指导委员会委员
陈进华	中国政治学会常务理事
陈进华	中国伦理学会常务理事
陈进华	江苏省伦理学会副会长
陈　忠	中国马克思主义哲学史学会马克思恩格斯哲学思想研究分会副会长
周义程	江苏省中共党史学会常务理事
周义程	江苏省政治学会副会长
周义程	江苏省国旗文化研究会副会长
周可真	中国哲学史学会理事
周可真	中国企业管理研究会常务理事
周可真	中国实学研究会理事
周可真	中华孔子学会理事
钮菊生	中国高等教育学会国际政治研究专业委员会常务理事
钮菊生	中国国际关系学会理事
钮菊生	中国高等教育学会"一带一路"研究分会理事
钮菊生	"一带一路"智库合作联盟理事会理事
钮菊生	江苏省东南亚研究会副会长
施从美	中国社会保障学会慈善分会理事
施从美	江苏省行政体制改革与机构编制管理研究会副秘书长
桑明旭	中国马克思主义哲学史学会马克思恩格斯哲学思想研究分会副会长兼秘书长
桑明旭	中国辩证唯物主义研究会理事
桑明旭	全国当代国外马克思主义研究会理事
桑明旭	江苏省哲学学会常务理事兼副秘书长
黄建洪	中国政治学会理事

续表

姓名	机构名称及职务
程雅君	世界中医药学会联合会中医药文化专业委员会常务理事
	中国哲学史学会中医哲学专业委员会理事
谢 岳	中国政治学会理事
	江苏省政治学会常务理事
	上海市政治学会副会长
5. 马克思主义学院	
方世南	中国人学学会常务理事
田芝健	中国高等教育学会马克思主义研究分会常务理事
	江苏省领导学研究会第四届理事会常务理事
李 燕	中国家庭教育学会委员
杨渝玲	中国自然辩证法研究会理事
	中国自然辩证法研究会科学文化哲学专业委员会常务理事
	中国自然辩证法研究会问题哲学专业委员会副主任委员
	中国自然辩证法研究会思维科学与认知哲学专业委员会副主任委员
	中国逻辑学会理事
	江苏省逻辑学会常务理事
张 晓	中国马克思主义哲学史学会马克思恩格斯哲学思想研究分会理事
张才国	安徽省科学社会主义学会常务理事
陆树程	世界政治经济学学会理事
	中国辩证唯物主义研究会理事
	中国辩证唯物主义研究会生命哲学专业委员会会长
臧 政	中国社会学会共生社会学专业委员会理事
6. 教育学院	
丁 芳	中国心理学会发展心理专业委员会委员
	中国心理学会人格心理学专业委员会委员
王一涛	中国教育发展战略学会民办教育专业委员会理事
	中国民办教育协会民办教育研究分会副理事长

续表

姓名	机构名称及职务
王爱君	中国心理学会神经心理学专业委员会委员
	中国认知科学学会社会认知科学分会理事
付亦宁	中国高等教育学会院校研究分会常务理事
冯文锋	中国心理学会脑电相关技术专业委员会委员
	国际社会神经科学学会中国分会理事
刘电芝	中国心理学会理事
	中国心理学会教育心理专业委员会理事
	中国心理学会心理学质性研究专业委员会会长
	中国教育学会课程专业委员会常务理事
李西顺	全国德育学术委员会理事
肖卫兵	中国高等教育学会高等教育学专业委员会理事
吴继霞	中国心理学会人格心理学专业委员会委员
	中国心理学会社区心理学专业委员会委员
	中国心理学会心理学质性研究专业委员会副主任
	江苏省心理学会质性研究专业委员会副主任
	江苏省心理学会社区心理学专业委员会主任
余庆	中国教育学会中青年教育理论工作者分会理事
张功亮	江苏省心理学会认知神经科学专业委员会副主任委员
张阳	中国认知科学学会情绪与认知专业委员会理事
	中国社区发展协会专家委员会委员
	中国心理学会脑电相关技术专业委员会委员
	江苏省心理学会认知神经科学专业委员会副主任
张明	中国心理学会常务理事
	中国心理学会普通心理和实验心理专业委员会理事
	中国心理学会心理学教学工作委员会主任
	江苏省心理学会常务理事
张佳伟	中国教育发展战略学会儿童教育与发展专业委员会理事

续表

姓名	机构名称及职务
范庭卫	中国心理学会理论心理学与心理学史专业委员会理事
金国	中国教育学会比较教育分会理事
周川	中国高等教育学会高等教育学专业委员会常务理事
	中国高等教育学会院校研究会副理事长
黄启兵	中国高等教育学会高等教育学专业委员会常务理事
曹永国	中国教育学会教育哲学研究分会理事
	全国教育基本理论学术委员会学术委员
崔玉平	中国教育学会教育经济学分会副理事长
	江苏省高等教育学会教育经济学分会副理事长
	江苏省教育学会教育管理学分会常务理事
彭彦琴	中国心理学会理论心理学与心理学史专业委员会理事
彭彩霞	中华炎黄文化研究会童蒙文化专业委员会理事
童辉杰	国际中华应用心理学会常务理事
廖渝	中国心理学会社区心理学专业委员会委员
7. 商学院	
王要玉	中国优选法统筹法与经济数学研究会服务科学与运作管理分会常务理事
	中国运筹学会随机服务与运作管理分会常务理事
	江苏自动化学会经济管理委员会副主任委员
	江苏省价格协会副会长
冯博	管理科学与工程学会服务科学与工程研究会副理事长、副主任委员
权小锋	中国企业管理研究会常务理事
周俊	江苏省财经商贸职业教育行业指导委员会副秘书长
周中胜	中国软科学研究会理事
	江苏省会计学会常务理事兼副秘书长
赵增耀	中国企业管理研究会常务理事
8. 王健法学院	
丁建安	中国社会法学研究会理事

续表

姓名	机构名称及职务
卜 璐	中国国际私法学会理事
上官丕亮	中国法学会比较法学研究会常务理事
	中国法学会宪法学研究会常务理事
	中国法学会法学期刊研究会理事
	江苏省法学会比较法学研究会副会长
	江苏省法学会审计法学研究会副会长
	江苏省法学会廉政法制研究会副会长
	江苏省法学会立法学研究会副会长
	江苏省法学会港澳台法律研究会副会长
王克稳	中国水利学会水法研究专业委员会副主任委员
	中国法学会行政法学研究会常务理事
方新军	中国法学会民法学研究会常务理事
	中国法学会理事
	江苏省法学会法学教育研究会副会长
	江苏省法学会民法学研究会副会长
	江苏省法学会副会长
	江苏省法学会破产法学研究会常务副会长
艾永明	中国法律史学会常务理事
	江苏省法学会法律史学研究会会长
卢 然	全国外国法制史研究会理事
	中国法学会比较法学研究会理事
史浩明	中国法学会民法学研究会理事
	江苏省法学会海商法学研究会常务理事
	江苏省法学会海法学会民法学研究会副会长
朱 谦	中国环境科学学会环境法学分会副会长
	中国法学会环境资源法学研究会常务理事
	中华环保联合会法律专家委员会委员
	江苏省法学会生态法学研究会副会长
	江苏省法学会环境资源法学研究会副会长

续表

姓名	机构名称及职务
庄绪龙	江苏省法学会案例法学研究会常务理事
刘思萱	江苏省法学会海商法学研究会常务理事
孙国平	中国法学会社会法研究会理事
	江苏省法学会社会法学研究会常务理事
李 杨	中国法学会知识产权法学研究会理事
	江苏省法学会知识产权法学研究会常务理事
李中原	江苏省法学会民法学研究会常务理事
	江苏省法学会破产法学研究会常务理事
李晓明	国际刑法学协会中国分会理事
	中国犯罪学学会未成年人法制教育专业委员会副主任
	中国青少年犯罪研究会犯罪学基础理论专业委员会常务理事
	中国犯罪学学会常务理事
	中国刑法学研究会预防犯罪专业委员会副主任
	中国犯罪学学会预防犯罪专业委员会副主任
	中国检察学研究会金融检察专业委员会理事
	中国刑法学研究会理事
	江苏省刑法学研究会副会长
	江苏省法学会廉政法制研究会副会长
吴 俊	江苏省法学会大数据与人工智能法学研究会常务理事
沈同仙	中国社会法学研究会劳动法学分会副会长
	中国法学会社会法学研究会常务理事
	江苏省法学会社会法学研究会副会长
	江苏省法学会经济法学研究会副会长
张 鹏	中国法学会民法学研究会理事
	江苏省法学会农业与农村法治研究会常务理事
	江苏省法学会民法学研究会副秘书长
	江苏省法学会案例法研究会副会长

续表

姓名	机构名称及职务
张永泉	中国法学会民事诉讼法学研究会常务理事
	江苏省法学会民事诉讼法学研究会副会长
	江苏省法学会执行法学研究会副会长
张利民	中国法学会国际私法学研究会常务理事
	江苏省法学会国际法学研究会副会长
张学军	中国法学会婚姻家庭法学研究会副会长
陆永胜	江苏省法学会法理学与宪法研究会常务理事
陈珊珊	中国犯罪学学会理事
	江苏省法学会刑法学研究会常务理事
庞凌	中国法学会立法学研究会理事
	中国法学会法理学研究会第八届理事会理事
	江苏省法学会法理学与宪法学研究会副秘书长
	江苏省法学会互联网与信息法学研究会副会长
	江苏省法学会法律史研究会副会长
赵毅	中国法学会体育法学研究会第二届理事会理事
	江苏省法学会互联网与信息法学研究会常务理事
	江苏省法学会大数据与人工智能法学研究会副会长
赵艳敏	中国法学会世界贸易组织法研究会理事
柯伟才	全国外国法制史研究会理事
	江苏省法学会法律史研究会常务理事
施立栋	中国法学会比较法学研究会理事
	江苏省法学会案例法学研究会常务理事
郭树理	中国国际私法研究会常务理事
	中国仲裁法学研究会理事
	中国国际法学会理事
	中国法学会体育法学研究会常务理事

续表

姓名	机构名称及职务
黄学贤	中国法学会宪法学研究会理事
	中国法学会行政法学研究会常务理事
	江苏省法学会行政法学研究会副会长
董学立	中国法学会民法学研究会理事
	江苏省法学会房地产法学研究会副会长
	江苏省法学会担保物权法研究中心主任
	江苏省法学会破产法学研究会副会长
董炳和	中国法学会知识产权法学研究会常务理事
	江苏省法学会知识产权法学研究会副会长
程雪阳	中国法学会海峡两岸法学交流促进会理事
	中国法学会香港基本法澳门基本法研究会理事
	中国法学会宪法学研究会理事
	中国法学会行政法学研究会理事
	江苏省法学会农业与农村法治研究会常务理事
	江苏省法学会行政法学研究会副秘书长
蔡晓荣	中国法律史学会理事
	江苏省法学会法律史研究会副会长
熊赖虎	江苏省法学会法理学与宪法研究会常务理事
瞿郑龙	江苏省法学会法理学与宪法研究会副秘书长
9. 外国语学院	
王 宇	中国英汉语比较研究会二语习得研究专业委员会理事
王 军	中国逻辑学会符号学专业委员会秘书长
	江苏省外国语言学会副会长
王 宏	中国英汉语比较研究会典籍翻译专业委员会副会长
	中国比较文学学会翻译研究会常务理事
	中国翻译协会翻译理论与教学委员会委员
	中国英汉语比较研究会理事
	江苏省翻译协会中华典籍外译专业委员会主任

续表

姓名	机构名称及职务
朴桂玉	中国外国文学学会朝鲜韩国文学研究分会常务理事
朱建刚	中国外国文学学会俄罗斯文学研究分会理事
	中国外国文学学会外国文论与比较诗学研究分会理事
朱新福	全国美国文学研究会常务理事
	江苏省高校外语教学研究会副会长
	江苏省外国文学研究会副会长
	江苏省翻译协会副会长
刘　娟	中国外国文学学会法国文学研究分会理事
刘宏刚	中国英汉语比较研究会外语教师教育与发展专业委员会常务理事
孙继强	中国日本史学会常务理事
李冬梅	中国中外文艺理论学会巴赫金研究分会理事
李晓科	中国外国文学学会西葡拉美文学研究分会理事
	中国拉丁美洲学会理事
杨彩梅	中国英汉语比较研究会形式语言学专业委员会理事
宋艳芳	中国外国文学学会英语文学研究分会常务理事
张　玲	中国英汉语比较研究会典籍英译专业委员会理事
张　萍	中国英汉语比较研究会心理语言学专业委员会理事
	中国认知语言学研究会常务理事
	江苏省外国语言学会常务理事
陆　洵	中法语言文化比较研究会理事
	中国外国文学学会法国文学研究会理事
	中国法语教学研究会理事
陈大亮	中国英汉语比较研究会典籍英译专业委员会常务理事
	中国文化对外翻译与传播研究基地主任
孟祥春	中国外国文学学会比较文学与跨文化研究会副秘书长
	江苏省翻译协会青年工作委员会主任
赵爱国	中国俄语教学研究会常务理事

续表

姓名	机构名称及职务
段慧敏	中国外国文学学会法国文学研究会常务理事
	中国语言与符号学研究会理事
	中法语言文化比较研究会理事
施 晖	汉日对比语言学研究会常务理事
顾佩娅	中国英汉语比较研究会语言智能教学专业委员会副会长
	中国英汉语比较研究会外语教师教育与发展专业委员会常务理事
	江苏省外国语言学会常务理事
徐 卫	中国汉日对比语言学研究（协作）会理事
	日语偏误与日语教学学会常务理事、副会长
董成如	中西语言哲学研究会理事

10. 金螳螂建筑学院

姓名	机构名称及职务
王 雷	中国农村发展学会常务理事
毛媛媛	中国建筑学会环境行为学术委员会常务委员
叶 露	中国建筑学会乡土建筑分会理事
刘滨谊	全国风景园林专业学位研究生教育指导委员会委员
	中国风景园林学会常务理事
汤恒亮	全国高等学校建筑学学科专业指导委员会建筑美术分委员会委员
	中国建筑装饰协会设计委员会副主任委员
孙磊磊	中国建筑学会居住建筑专业委员会理事
肖湘东	中国风景园林学会教育工作委员会常务委员
吴永发	中国建筑学会建筑师分会理事
	全国高等学校建筑学学科专业指导委员会委员
汪德根	中国行政区划与区域发展促进会理事、专家委员会委员
	中国行政区划与空间治理专业委员会副主任
	中国自然资源学会旅游资源研究专业委员会委员
沈景华	中国建筑学会绿色建筑专业委员会理事
周国艳	世界华人建筑师协会理事
	中国城市规划学会国外城市规划学术委员会委员

续表

姓名	机构名称及职务
郑丽	亚洲园艺疗法联盟首任秘书
	中国建筑文化研究会生态人居及康养专业委员会委员
	中国花卉协会花文化专业委员会常务理事
	中国社工协会心理健康工作委员会园艺治疗学部副主任委员
夏杰	中国城市科学研究会新型城镇化与城乡规划专业委员会委员
	中国城市科学研究会生态城市专业委员会委员
	江苏省旅游学会常务理事
夏正伟	中国建筑学会环境行为学术委员会委员
11. 数学科学学院	
马欢飞	中国工业与应用数学学会数学生命科学专业委员会理事
	中国运筹学会计算系统生物学分会理事
张影	中国数学会常务理事
	江苏省数学学会副理事长
	江苏省高等学校数学教学研究会副理事长
季利均	国际组合数学及其应用协会理事
	江苏省工业与应用数学学会副理事长
周超	中国数学会数学教育分会首届理事
程东亚	全国工业统计学教学研究会青年统计学家协会第一届理事会理事
	江苏省概率统计学会第八届理事会常务理事
12. 物理科学与技术学院	
李亮	瑞典先进材料联合学会会士
	中国材料研究会理事
吴雪梅	江苏省物理学会副理事长
杭志宏	全国高等学校电磁学教学研究会常务理事
施夏清	全国统计物理与复杂系统学术委员会委员
陶洪	中国教育学会物理教学专业委员会副理事长
桑芝芳	中国教育学会物理教学专业委员会理事

续表

姓名	机构名称及职务
13. 光电科学与工程学院	
王钦华	中国光学学会全息与光信息处理专业委员会副主任委员
	江苏省光学学会副理事长
石拓	中国机械工程学会特种加工分会理事
	中国机械工程学会增材制造技术分会委员
乔文	中国机械工程学会极端制造分会第一届委员会委员
	中国图象图形学学会视觉传感专业委员会委员
	中国图象图形学学会三维成像与显示专业委员会委员
	中国光学学会全息与光信息处理专业委员会委员
许宜申	中国仪器仪表学会青年工作委员会委员
	教育部高等学校光电信息科学与工程专业教学指导分委员会协作委员
许峰	中国图象图形学学会视觉传感专业委员会委员
李孝峰	中国光学工程学会常务理事
	中国光学学会第九届理事会理事
	中国光学学会光电技术专业委员会委员、光机电分会理事
	中国光学工程学会团体标准化技术委员会委员
	江苏省高等学校科研管理研究会副理事长
李念强	中国密码学会混沌保密通信专业委员会委员
	中国电子学会电路与系统分会混沌与非线性专业委员会委员
杨晓飞	中国光学学会光学测试专业委员会委员
	中国空间科学学会空间机电与空间光学专业委员会委员
	中国光学工程学会团体标准化技术委员会委员
	全国专业标准化技术委员会委员
沈为民	中国宇航学会空间遥感专业委员会副主任委员
	中国光学工程学会第二届理事会常务理事
陈林森	全国纳米技术标准化技术委员会委员
	国家微纳加工与制造产业技术创新战略联盟副理事长

续表

姓名	机构名称及职务
季轶群	中国仪器仪表学会光机电技术与系统集成分会理事会理事
	中国光学学会光电技术专业委员会委员
胡建军	中国光学学会光学测试专业委员会委员
袁 孝	中国光学学会激光专业委员会委员
	中国光学学会光学材料专业委员会委员
顾济华	中国光学学会光学教育专业委员会常务委员
钱 煜	中国光学学会光学测试专业委员会委员
	中国宇航学会空间遥感专业委员会委员
郭培基	中国光学学会光学制造专业委员会常务委员
	中国计量测试学会计量仪器专业委员会委员
陶 智	全国声学标准化技术委员会声学基础分技术委员会委员
14. 能源学院	
马扣祥	全国原电池标准化技术委员会常务副秘书长
	中国电池工业协会技术服务委员会秘书长
王海波	全国原电池标准化技术委员会副主任委员兼秘书长
	中国电池工业协会副理事长
汝坤林	全国原电池标准化技术委员会委员
15. 材料与化学化工学部	
于吉红	中国化学会女化学工作者委员会委员
	中国化学会第三十一届理事会副理事长
	中国化学会分子筛专业委员会主任
	中国高等教育学会理科教育专业委员会副理事长
	中国科协十届常务委员会人才工作专门委员会委员
	中国女科技工作者协会第四届理事会常务理事
	教育部科学技术委员会国际合作学部常务副主任
	吉林省科学技术协会主席

续表

姓名	机构名称及职务
邓安平	中国化学会有机分析化学专业委员会委员
	中国仪器仪表学会化学传感器专业委员会委员
	中国仪器仪表学会食品质量安全检测仪器与技术应用分会第一届理事会理事
李耀文	中国材料研究学会太阳能材料及应用分会专家委员
	江苏省材料学会第一届理事会秘书处副秘书长
张正彪	江苏省材料学会副理事长
	中国化学会高分子学科委员会委员
陈 红	中国生物材料学会生物材料生物学评价分会第二届委员会委员
	中国生物材料学会第三届标准工作委员会委员
	中国生物材料学会生物医用高分子材料分会第二届委员会常务委员
	中国生物材料学会生物材料表界面工程分会第一届委员会主任委员
	江苏省化学化工学会高分子化学与物理专业委员会第十二届理事会主任委员
郎建平	英国皇家化学学会会士
	中国化学会无机化学学科委员会委员
	中国化学会分子筛专业委员会委员
	中国化学会晶体化学专业委员会副主任委员
16. 纳米科学技术学院	
王照奎	中国材料研究学会太阳能材料及应用分会专业委员会委员
	江苏省能源研究会光伏专业委员会副主任
王穗东	IEEE Electron Devices Society 纳米科技委员会委员
刘 庄	美国医学与生物工程院会士
	英国皇家化学学会会士
	中国生物材料学会纳米生物材料分会主任委员
	中国医药生物技术协会纳米生物技术分会副主任委员
	中国生物材料学会青年委员会副主任委员
	中国生物材料学会第三届理事会理事
	中国抗癌协会合成生物医药专业委员会副主任委员

续表

姓名	机构名称及职务
孙旭辉	中国物理学会同步辐射专业委员会委员
	国家同步辐射实验室用户委员会副主任
李有勇	中国化学会计算（机）化学专业委员会委员
	中国材料研究学会材料基因组分会委员
汪　超	中国生物物理学会纳米生物学分会青年委员
迟力峰	中国化学会第三十一届常务理事会常务理事
	中国化学会女化学工作者委员会副主任
唐建新	国家新型显示技术创新中心专家委员会委员
康振辉	英国皇家化学学会会士
	中国化工学会化工新材料专业委员会委员
	中国青年科技工作者协会第五届理事会理事
	中国材料研究学会纳米材料与器件分会首届理事会理事
彭　睿	中国抗癌协会合成生物医药专业委员会第一届常务委员
程　亮	中国抗癌协会合成生物医药专业委员会第一届常务委员
廖良生	美国信息显示学会有机发光二极管分会委员
	中国有色金属学会宽禁带半导体专业委员会委员
	中国化学会有机固体专业委员会委员

17. 计算机科学与技术学院

姓名	机构名称及职务
马小虎	江苏省计算机学会图形图像专业委员会副主任
王　进	中国计算机学会互联网专业委员会委员
	中国计算机学会普适计算专业委员会委员
	中国计算机学会网络与数据通信专业委员会委员
	江苏省计算机学会嵌入式系统与物联网专业委员会常务委员
王宜怀	中国软件行业协会嵌入式系统分会理事
	江苏省计算机学会嵌入式系统与物联网专业委员会主任

续表

姓名	机构名称及职务
付国宏	中国中文信息学会理事
	中国中文信息学会计算语言学专业委员会委员
	中国中文信息学会社会媒体处理专业委员会委员
	中国中文信息学会医疗健康与生物信息专业委员会委员
朱巧明	中国中文信息学会常务理事
	中国计算机学会系统软件专业委员会委员
	中国计算机学会信息系统专业委员会委员
刘 全	中国计算机学会委员
	全国石油和化学工业信息技术委员会委员
	中国人工智能学会模式识别专业委员会委员
李凡长	国际计算机学会中国理事会理事
	中国计算机学会理论计算机科学专业委员会委员
	中国计算机学会人工智能与模式识别专业委员会常务委员
	中国人工智能学会理事
	中国人工智能学会粗糙集与软计算专业委员会常务委员
	中国人工智能学会知识工程专业委员会委员
	中国人工智能学会智能系统工程专业委员会委员
	中国人工智能学会机器学习专业委员会常务委员
	中国人工智能学会机器感知与虚拟现实专业委员会委员
	江苏省人工智能学会人工智能基础与应用专业委员会主任
李寿山	中国计算机学会委员
	中国中文信息学会青年工作委员会委员
	中国中文信息学会社会媒体处理专业委员会委员
张 民	国际计算语言学学会中文处理专业委员会主席
	亚洲自然语言处理联盟常务理事、执行委员会委员
	新加坡中文与东方语言信息处理学会副理事长
	中国中文信息学会常务理事
	中国人工智能学会理事
	新一代人工智能产业技术创新战略联盟专家委员会委员

续表

姓名	机构名称及职务
张 莉	中国人工智能学会机器学习专业委员会委员
	中国人工智能学会粗糙集与软计算专业委员会委员
	江苏省计算机学会青年工作委员会副主任
	江苏省人工智能学会学术工作委员会副主任委员
张广泉	中国计算机学会软件工程专业委员会委员
	中国计算机学会系统软件专业委员会委员
	中国计算机学会理论计算机科学专业委员会委员
	全国高等学校计算机教育研究会理事
	中国计算机学会形式化方法专业委员会委员
	中国计算机学会教育专业委员会委员
陈文亮	中国中文信息学会青年工作委员会委员
季 怡	中国图象图形学学会虚拟现实专业委员会委员
周国栋	中国计算机学会中文信息技术专业委员会副主任委员
周经亚	中国计算机学会网络与数据通信专业委员会执行委员
赵 雷	中国人工智能学会智能服务专业委员会委员
	江苏省计算机学会计算机教育专业委员会副主任委员
赵朋朋	中国计算机学会大数据专业委员会通信委员
	中国计算机学会人工智能与模式识别专业委员会委员
钟宝江	中国人工智能学会机器学习专业委员会委员
洪 宇	中国中文信息学会青年工作委员会委员
黄 河	中国计算机学会物联网专业委员会委员
樊建席	中国计算机学会理论计算机科学专业委员会委员
18. 电子信息学院	
刘学观	中国通信学会电磁兼容委员会委员
	全国高等学校电磁场教学与教材研究会常务理事
沈纲祥	美国光学学会会士
	中国电子学会通信分会光通信与光网络专业技术委员会委员
	江苏省通信学会光通信与线路专业委员会副主任委员
	江苏省通信学会虚拟现实专业委员会副主任委员

续表

姓名	机构名称及职务
陈新建	中国图象图形学学会理事
	中国生物医学工程学会青年工作委员会副主任委员
	中国图学学会医学图像与设备专业委员会委员
	江苏省人才创新创业促进会双创人才分会常务理事
赵鹤鸣	全国信息与电子学科研究生教育委员会委员
	全国信号处理学会委员
	中国人工智能学会神经网络与计算智能专业委员会委员
	江苏省电子学会常务理事
侯 嘉	中国电子学会网络与数据通信系统专业委员会委员
	中国通信学会青年工作委员会委员
徐大诚	中国仪器仪表学会微纳器件与系统技术分会理事

19. 机电工程学院

姓名	机构名称及职务
王明娣	中国光学学会激光加工专业委员会委员
	中国光学学会委员
邢占文	中国机械工程学会增材制造技术分会第二届委员会委员
朱刚贤	中国机械工程学会增材制造（3D打印）技术分会委员
	中国机械工程表面工程分会青年工作委员会委员
	中国光学学会激光加工专业委员会委员
刘会聪	中国仪器仪表学会微纳器件与系统技术分会理事兼副秘书长
	中国微米纳米技术学会微纳执行器与微系统分会理事
	中国微米纳米技术学会微纳机器人分会理事
孙 茜	中国机电一体化技术应用协会智能工厂分会副秘书长
孙立宁	中国微米纳米技术学会常务理事
	中国机械工程学会微纳米制造技术分会副主任委员
	中国自动化学会机器人委员会副主任
	中国仪器仪表学会微纳器件与系统技术分会副理事长
	全国微机电技术标准化技术委员会主任
	全国自动化系统与集成标准化技术委员会主任
	全国机器人标准化技术委员会工作组组长
	江苏省自动化学会常务理事

续表

姓名	机构名称及职务
李晓旭	中国仪器仪表学会青年工作委员会委员
	中国仪器仪表学会分析仪器分会质谱专业委员会委员
杨浩	中国微米纳米技术学会微纳机器人分会理事
杨湛	中国微米纳米技术学会微纳机器人分会秘书长、常务理事
	中国机械工程学会机器人分会委员
何志勇	中国自动化学会智能制造系统专业委员会委员
余雷	中国自动化学会青年工作委员会委员
	中国人工智能学会智能空天系统专业委员会委员
陈涛	中国微米纳米技术学会微纳机器人分会副秘书长
	中国机械工程学会生产工程分会精密装配技术专业委员会秘书兼委员
	中国微米纳米技术学会微纳执行器与微系统分会理事
陈琛	中国机械工程学会流体工程分会理事
陈瑶	全国材料新技术发展研究会常务理事
陈长军	中国表面工程协会委员
	中国表面改性技术委员会委员
	中国光学学会激光加工专业委员会委员
	中国宇航学会光电技术专业委员会委员
	中国腐蚀与防护学会涂料涂装及表面保护专业委员会委员
	中国硅酸盐学会测试技术分会理事
陈立国	中国微米纳米技术学会国际合作与交流工作委员会委员
	中国仪器仪表学会微纳器件与系统技术分会理事
金子祺	中国技术经济学会理事
金国庆	中国机械工程学会工业大数据与智能系统分会委员
	中国机械工程学会生产工程分会生产系统专业委员会委员
俞泽新	中国机械工程学会表面工程分会青年学组委员
高强	全国环境力学学会专业委员会委员
郭旭红	江苏省工程图学学会常务理事

续表

姓名	机构名称及职务
傅戈雁	江苏省机械工程学会特种加工分会常务理事
20. 纺织与服装工程学院	
王国和	教育部高等学校纺织类专业教学指导委员会委员
王国和	中国丝绸协会理事
王国和	中国长丝织造协会专家委员会委员
王国和	中国纺织工程学会家用纺织品专业委员会副主任、棉纺织专业委员会委员
王祥荣	中国染料工业协会纺织印染助剂专业委员会副主任
王祥荣	中国产业用纺织品行业专家委员会委员
王祥荣	中国保健协会专家委员会委员
王祥荣	全国专业标准化技术委员会委员
白伦	中国茧丝绸产业公共服务体系丝绸工业科技转化平台专家委员会主任
左保齐	全国丝绸标准化技术委员会委员
左保齐	中国长丝织造协会技术委员会委员
孙玉钗	中国工程教育专业认证协会纺织类专业认证分委员会委员
孙玉钗	中国纺织服装教育学会服装设计与工程教学指导委员会副主任
张克勤	中国功能材料学会理事
陈国强	中国印染行业协会环境保护技术专业委员会秘书
尚笑梅	全国计算机辅助技术认证项目专家委员会委员
尚笑梅	全国专业标准化技术委员会委员
尚笑梅	中国服装协会专家委员会委员
唐人成	中国化工学会第八届染料专业委员会副主任
唐人成	中国纺织工程学会针织专业委员会染整分会委员
唐人成	中国纺织工程学会染整专业委员会委员
眭建华	江苏省纺织工程学会丝绸专业委员会秘书长
潘志娟	第七届国务院学位委员会学科评议组委员
潘志娟	教育部高等学校纺织类专业教学指导委员会纤维材料分委员会副主任
潘志娟	江苏省丝绸协会副会长

续表

姓名	机构名称及职务
21. 轨道交通学院	
王 俊	中国振动工程学会故障诊断专业委员会理事
	中国振动工程学会转子动力学专业委员会理事
	中国振动工程学会动态信号分析专业委员会理事
王 翔	世界交通运输大会交通网络管理与控制技术委员会委员
	中国公路学会自动驾驶工作委员会委员
石娟娟	中国振动工程学会故障诊断专业委员会理事
史培新	江苏省地下空间学会副理事长
	江苏省综合交通运输学会铁路（轨道）分会常务理事
朱忠奎	中国振动工程学会故障诊断专业委员会常务理事
	中国机械工程学会设备与维修分会常务委员
	江苏省仪器仪表学会状态监测与故障诊断仪器专业委员会主任委员
	江苏省综合交通运输学会常务理事
江星星	中国振动工程学会故障诊断专业委员会理事
	中国振动工程学会转子动力学专业委员会理事
李 成	中国振动工程学会转子动力学专业委员会理事
	中国振动工程学会非线性振动专业委员会委员
杨 勇	中国电工技术学会委员
	中国电源学会青年工作委员会委员
	中国电机工程学会委员
	中国电源学会交通电气化专业委员会委员
杨剑宇	中国计算机学会计算机视觉专业委员会委员
	中国图象图形学学会机器视觉专业委员会委员
	中国人工智能学会模式识别与机器智能专业委员会委员
	中国自动化学会模式识别专业委员会委员
	中国图象图形学学会多媒体专业委员会委员

续表

姓名	机构名称及职务
沈长青	中国振动工程学会故障诊断专业委员会理事、青年工作委员会副主任
	中国振动工程学会转子动力学专业委员会理事
	中国自动化学会机器人竞赛工作委员会委员
俄文娟	世界交通运输大会技术委员会运输规划学部委员
贾鹏蛟	中国土木工程学会土力学及岩土工程分会青年委员会委员
唐强	中国水利学会疏浚与泥处理利用专业委员会委员
	中国土木工程学会交通岩土工程专业委员会委员
	中国土木工程学会环境岩土工程专业委员会委员
	江苏省岩土力学与工程学会环境岩土工程专业委员会常务委员
陶砚蕴	中国人工智能学会青年工作委员会委员
	中国人工智能学会自然计算及数字智能城市专业委员会委员
黄伟国	中国振动工程学会故障诊断专业委员会理事
	中国振动工程学会转子动力学专业委员会常务理事
	中国交通运输协会青年科技工作者工作委员会委员
	江苏省仪器仪表学会状态监测与故障诊断仪器专业委员会秘书长
樊明迪	世界交通运输大会轨道交通学部牵引传动技术委员会委员
	中国电源学会青年工作委员会委员
	中国电源学会交通电气化专业委员会委员
	中国人工智能学会智能交通专业委员会委员
22. 体育学院	
王妍	国家体育总局体育文化研究基地秘书
	国际奥委会奥林匹克研究合作伙伴秘书
	中国体育科学学会体育史分会委员
	江苏省体育科学学会体育管理专业委员会秘书长
王国志	中国大学生体育协会武术与民族传统体育分会科研部副主任
	江苏省跆拳道协会副监事长

续表

姓名	机构名称及职务
王国祥	中国康复医学会体育保健康复专业委员会副主任委员
	中国残疾人康复协会康复教育专业委员会副主任委员
	江苏省体育科学学会运动医学专业委员会副主任委员
王家宏	全国高等学校体育教学指导委员会委员
	中国高等教育学会体育专业委员会副理事长
	中国教育学会体育与卫生分会委员
	全国体育专业学位研究生教育指导委员会委员
	全国博士后管理委员会专家组评审专家委员
	国家社会科学基金学科评审组专家委员
	国家教材委员会体育艺术学科专家委员会委员
	中国篮球协会科研委员会副主席
	中国大学生体育协会篮球分会副主席
	中国大学生体育协会网球分会副主席
	中国体育科学学会社会科学分会副主任
	中国老年学和老年医学学会运动健康科学分会副主任委员
	江苏省教育学会体育专业委员会理事长
	江苏省高校体育教学指导委员会副主任委员
	江苏省跆拳道协会副主席
	江苏省篮球协会副主席
	江苏省体育科学学会体育法学专业委员会主任委员
	江苏省运动健康促进会会长
李 龙	国家武术研究院青年学者工作委员会委员
吴明方	江苏省体育科学学会运动医学与康复专业委员会副主任委员
张 庆	中华运动康复教育学院委员
张 林	中国体育科学学会运动生理与生物化学分会委员
	中国体育科学学会运动医学分会委员
	全国高校运动人体科学专业委员会常务委员
	北美医学教育基金会常务理事
	江苏省生物医学工程学会常务理事
	江苏省体育科学学会运动生理生化专业委员会副主任委员

续表

姓名	机构名称及职务
陆阿明	中国体育科学学会运动生物力学分会委员
	中国体育科学学会体质与健康分会委员
	中国老年学和老年医学学会运动健康科学分会常务委员
	江苏省体育科学学会常务理事
	江苏省体育科学学会运动生物力学专业委员会主任委员
	江苏省教育学会体育专业委员会副理事长
	江苏省医学会运动医疗分会常务委员
邰崇禧	全国高等院校体育教学训练研究会副理事长
	全国田径理论研究会委员
	江苏省田径运动协会副主席
罗时铭	东北亚体育运动史学会理事
	中国体育科学学会体育史分会常务委员
	江苏省体育科学学会体育管理专业委员会主任委员
胡 原	江苏省体育教育专业校园足球联盟副主席
陶玉流	中国大学生体育协会篮球分会科研委员会副主任
	中国高等教育学会体育专业委员会理事
	江苏省体育科学学会体育法学专业委员会副主任委员
	江苏省龙狮运动协会副秘书长
雍 明	江苏省体育科学学会体育产业分会副主任委员
熊 焰	中国体育科学学会运动训练学分会委员
樊炳有	江苏省体育科学学会第六届体育人文专业委员会副主任委员
戴俭慧	全球健康社区基金会科学咨询委员会委员
	亚洲体育及运动科学学会执行委员
	中国体育科学学会体育社会科学分会委员
	金砖国家体育运动科学学会执行委员
23. 艺术学院	
王 拓	中国民间文艺家协会理论评论专业委员会委员
	中国工艺美术学会青年委员会委员
	中国木版年画专家委员会委员

续表

姓名	机构名称及职务
毛秋瑾	中国敦煌吐鲁番学会理事
白 磊	中国美术家协会工艺美术艺术委员会委员
	江苏省陶瓷行业协会陶瓷艺术委员会副主任
刘 佳	中国文化部青联美术工作委员会副秘书长
	中华全国青年联合会委员
江 牧	中国机械工程学会工业设计分会理事
	中国工业设计协会设计教育分会常务理事
	江苏省工业设计学会常务理事
许 星	中国服装设计师协会理事、学术委员会主任委员
李 正	全国艺术专业学位研究生教育指导委员会美术设计分委员会委员
	中国服装设计师协会常务理事、学术委员会主任委员
	中国纺织服装教育学会理事
李超德	亚洲时尚联合会中国委员会理事
	全国艺术专业学位研究生教育指导委员会委员
	教育部高等学校纺织服装教学指导委员会、服装教学指导委员会委员、副主任
	教育部设计学专业教学指导委员会委员
	教育部高等学校美术学类专业教学指导委员会委员
	教育部高等学校纺织类专业教学指导委员会服装表演专业分委员会主任
	中国服装设计师协会副主席
	中国流行色协会色彩教育专业委员会副主任
	教育部高等学校美术学类专业教学指导委员会委员
	中国美术家协会服装设计艺术委员会副主任
	中国文艺评论家协会理事
沈建国	中国工艺美术学会雕塑专业委员会委员
	江苏省雕塑家协会常务理事
张 欣	中国发明协会创新方法分会理事

续表

姓名	机构名称及职务
张大鲁	中国包装联合会设计委员会委员
	中国出版协会书籍设计艺术工作委员会委员
	全国高校艺术教育专家联盟主任委员
张朋川	中国工艺美术学会理论研究会常务理事
张晓霞	中国流行色协会色彩教育专业委员会委员
张蓓蓓	中国服装设计师协会学术工作委员会委员
周晨	中国出版协会书籍设计艺术委员会常务委员
	中国美术家协会插图装帧艺术委员会委员
郑丽虹	中国工艺美术学会理论研究会委员
姜竹松	全国艺术专业学位研究生教育指导委员会委员
	全国教育书画协会高等美术教育分会常务理事
	中国流行色协会教育委员会委员
徐宾	中国城市雕塑家协会装置艺术委员会委员
高超一	中国建筑学会室内设计师分会理事
黄健	中国建筑装饰协会副主任委员
	中国饭店协会设计装饰专业委员会委员
雍自鸿	中国流行色协会教育委员会委员
戴岗	教育部高等学校纺织类专业教学指导委员会服装表演专业分委员会副主任委员
	全国高等院校服装表演专业委员会副主任委员
	全国中小学美育教学指导专业委员会委员
24. 音乐学院	
王晓平	海南省音乐家协会音乐理论与评论专业委员会主任
闫璟玉	江苏省声乐学会苏州分会常务理事
吴磊	中国音乐家协会理事
	全国高校美育教学指导委员会委员
胡清文	中国音乐家协会管乐学会低音铜管专业委员会委员

续表

姓名	机构名称及职务
冒小瑛	江苏省音乐家协会钢琴学会副秘书长

25. 红十字国际学院

姓名	机构名称及职务
张娣	中华护理学会灾害护理专业委员会青年委员会副组长
	中华医学会灾难医学分会灾难护理学组全国委员
	中国生命关怀协会智慧照护与健康养生专业委员会常务委员
	中国研究型医院学会护理教育专业委员会青年委员
葛道顺	中国社会学会理事
	中华志愿者协会理事
	中国红十字会总会联络部副部长

26. 苏州医学院基础医学与生物科学学院

姓名	机构名称及职务
王涛	中国微循环学会神经保护与康复专业委员会委员
	海峡两岸医药卫生交流协会法医学分会委员
王国卿	中国中西医结合学会时间生物医学专业委员会常务委员、秘书长
叶元土	中国水产学会水产动物营养与饲料专业委员会副主任委员
	中国饲料工业协会常务理事
朱一蓓	中国研究型医院学会生物治疗学专业委员会常务委员
	江苏省免疫学会副理事长兼秘书长
	江苏省免疫学会常务理事
朱少华	江苏省司法鉴定协会常务理事
贡成良	中国蚕学会常务理事
	江苏省蚕学会副理事长
李立娟	海峡两岸医药卫生交流协会法医学分会委员
吴淑燕	江苏省医学会微生物学与免疫学分会常务理事
	江苏省医学会感染病学分会感染病与免疫学组副组长
	江苏省微生物学会常务理事

续表

姓名	机构名称及职务
吴嘉炜	中国生物化学与分子生物学学会常务理事
	中国生物化学与分子生物学学会酶学专业委员会副主任委员
	中国生物物理学会分子生物物理分会理事
	中国生物物理学会脂类代谢与生物能学分会理事
	中国生物物理学会女科学家分会理事
	中国计量测试学会生物计量专业委员会委员
	中国病理生理学会内分泌与代谢专业委员会委员
沈颂东	中国藻类学会常务理事兼副秘书长
张志湘	江苏省医学会医事法学分会副主任委员
张国兴	中国生理学会循环专业委员会理事
	江苏省生理学会常务理事
张明阳	中国微循环学会神经保护与康复专业委员会委员
	海峡两岸医药卫生交流协会法医学分会委员
张洪涛	中国细胞生物学学会理事
	中国医学细胞生物学学会常务委员
	中国转化医学联盟第一届理事会常务理事
	中国抗癌协会肺癌专业委员会委员
张焕相	中国细胞生物学学会理事
	江苏省细胞与发育生物学学会副理事长
	江苏省生物技术协会副理事长
罗承良	中国生物物理学会微量元素分会委员
	海峡两岸医药卫生交流协会法医学分会委员
周翔峰	中国抗癌协会肿瘤病因学专业委员会常务委员
	江苏省抗癌协会肿瘤病理专业委员会常务委员
居颂光	江苏省免疫学会常务理事
姜 岩	中国动物学会显微与亚显微形态科学会副秘书长
姜 智	江苏省医学会医学信息学分会秘书长

续表

姓名	机构名称及职务
夏超明	江苏省预防医学会寄生虫病专业委员会副主任委员
徐世清	中国中西医结合学会时间生物医学专业委员会常务理事
	江苏省昆虫学会常务理事
	江苏省蚕桑学会常务理事
凌去非	江苏省水产学会常务理事
陶 金	中国生理学会消化与营养专业委员会委员
	中国生理学会疼痛转化医学委员会委员
	中国神经科学学会神经内稳态与内分泌分会委员
	江苏省生理学会常务理事
陶陆阳	中国法医学会法医损伤学专业委员会副主任委员
	海峡两岸医药卫生交流协会法医学分会副主任委员
	江苏省刑事侦查研究会常务理事
黄 瑞	中国微生物学会理事
	江苏省医学会微生物与免疫学分会副主任委员
	江苏省微生物学会医学微生物学专业委员会主任委员
27. 苏州医学院放射医学与防护学院	
王殳凹	中国辐射防护学会超铀核素辐射防护分会副理事长
	中国核学会锕系物理与化学分会常务理事
	中国核学会核化工分会理事
	中国核学会核化学与放射化学分会常务理事
	中国化学会分子筛专业委员会委员
	中国化学会奖励推荐委员会委员
	中国化学会晶体化学专业委员会委员
	中国环境科学学会环境化学分会委员
	中国环境科学学会青年科学家分会委员
	中国生物物理学会辐射与环境专业委员会青年委员
王亚星	中国核学会锕系物理与化学分会理事

续表

姓名	机构名称及职务
文万信	中国计量测试学会电离辐射专业委员会委员
	中国辐射防护学会理事
	中国辐射防护学会电离辐射计量分会理事
	中国核学会辐射物理分会理事
	中国核仪器行业协会理事
	江苏省计量测试学会电离辐射专业委员会副主任委员
史海斌	中国生物医学工程学会医学影像工程与技术分会委员
	中国抗癌协会纳米肿瘤学专业委员会委员
华道本	教育部高等学校核工程类专业教学指导委员会委员
	中国核学会辐射研究与应用分会理事
	中国核学会核化学与放射化学分会环境放射化学专业委员会委员
	中国生物物理学会辐射与环境专业委员会委员
刘宁昂	中国中西医结合学会时间生物医学专业委员会委员
刘芬菊	中华核医学会辐射研究与辐射工艺学会理事
闫聪冲	中国辐射防护学会放射生态学青年委员会委员
	中国辐射防护学会辐射环境监测与评价分会理事
	中国辐射防护学会天然辐射防护分会理事
	中国核学会射线束技术分会理事
许玉杰	中国核工业教育学会副理事长
	中国核学会同位素分会委员
孙亮	中国核学会教育与科普分会理事、副秘书长
	中国核学会计算物理分会蒙特卡罗方法及其应用专业委员会委员
	中华预防医学会放射卫生专业委员会青年委员会常务委员
	江苏省生物医学工程学会医学物理专业委员会常务委员
李明	中国老年医学学会基础与转化医学分会委员
	中国抗癌协会放射医学专业委员会委员

续表

姓名	机构名称及职务
李瑞宾	中国毒理学会纳米毒理学专业委员会委员
	中国生物物理学会纳米酶专业委员会委员
张友九	中国核学会核化学与放射化学分会委员
	中国辐射防护学会辐射环境监测与评价分会理事
	中国核学会同位素分会理事
张乐帅	全国纳米技术标准化技术委员会委员
	中国毒理学会纳米毒理学专业委员会委员
	中国毒理学会中药与天然药物毒理专业委员会青年委员
	中国医疗器械行业协会整形美容外科器材专业委员会委员
张保国	中国核物理学会理事
畅 磊	中国抗癌协会肿瘤转移专业委员会委员
	中国生物物理学会环境与辐射生物物理分会青年委员
	中国生物物理学会代谢生物学分会青年委员
周光明	国际空间研究委员会F2组副主席
	国际宇航科学院生命学部院士
	中国中西医结合学会时间生物医学专业委员会主任委员
	中国生物物理学会环境与辐射生物物理分会副会长
	中国核学会核应急医学分会副理事长
	中国环境诱变剂学会辐射与健康专业委员会副主任委员
	中国抗癌协会放射医学专业委员会副主任委员
	江苏省毒理学会常务理事
	江苏省毒理学会放射毒理专业委员会主任委员
胡文涛	中国核学会核应急医学分会理事
俞家华	中国生物物理学会环境与辐射生物物理分会青年委员
柴之芳	英国皇家化学学会会士
	中国核学会常务理事

续表

姓名	机构名称及职务
高明远	中国同位素与辐射行业协会副理事长
	中美纳米医学与纳米生物技术学会委员
	中国研究型医院学会肿瘤影像诊断学专业委员会常务委员
	中国医学科学院医学影像研究中心学术委员会委员
涂 彧	国家卫生健康委员会放射卫生防护标准委员会委员
	中国医学装备协会医用辐射装备防护与检测专业委员会副主任委员
	中国辐射防护学会辐射环境监测与评价分会常务理事
	中国辐射防护学会天然辐射防护分会理事
	中国计量协会医学计量专业委员会常务委员
	中国生物物理学会辐射与环境专业委员会委员
	中华预防医学会放射卫生专业委员会常务委员
	江苏省预防医学会放射医学与防护专业委员会副主任委员
曹建平	中国毒理学会常务委员
	中国毒理学会放射毒理专业委员会副主任委员
	中国辐射防护学会放射卫生分会副主任委员
	中国核学会理事会理事
	中国生物物理学会辐射与环境专业委员会副主任委员
	中国卫生监督协会放射卫生专业委员会常务委员
	中华医学会放射医学与防护学分会常务委员
	中华预防医学会放射卫生专业委员会常务委员
	江苏省核学会常务理事
	江苏省预防医学会放射医学与防护专业委员会副主任委员
崔凤梅	中国毒理学会放射毒理专业委员会委员
	中华预防医学会放射卫生专业委员会青年委员会副主任委员
	江苏省毒理学会副秘书长
第五娟	中国核学会核化学与放射化学分会环境放射化学专业委员会委员

续表

姓名	机构名称及职务
焦旸	中国毒理学会放射毒理专业委员会青年委员
	中华医学会放射医学与防护学分会常务委员
	中国抗癌协会肿瘤与微生态专业委员会青年委员

28. 苏州医学院公共卫生学院

姓名	机构名称及职务
万忠晓	中国营养学会运动营养分会常务委员、神经营养分会委员
马亚娜	中国母婴健康专家委员会委员
	中华医学会健康管理学分会第四届委员会社区健康管理学组委员
	中华预防医学会行为健康分会委员
	中华预防医学会卫生事业管理分会委员
	江苏省高等学校医药教育研究会医学人文素质教育专业委员会常务理事
左辉	中国学生营养与健康促进会营养监测与评价分会理事
田海林	中国环境科学学会环境医学与健康分会委员
	江苏省预防医学会环境卫生专业委员会常务委员
仲晓燕	中国生物物理学会自由基生物学与自由基医学分会青年委员
仲崇科	中国卒中学会青年理事
汤在祥	中国统计教育学会委员
	中国卫生信息学会卫生统计理论与方法专业委员会委员
	中国医药教育协会医药统计专业委员会委员
	江苏省健康管理学会常务委员
安艳	亚洲砷与健康研究联盟理事
	中国环境诱变剂学会环境与神经退行性疾病专业委员会委员
	中国环境诱变剂学会活性氧生物学效应专业委员会委员
	中国生物物理学会自由基生物学与自由基医学分会理事
	中国中西医结合学会时间生物医学专业委员会委员
	中华预防医学会卫生毒理分会委员
	江苏省毒理学会基础毒理专业委员会副主任委员
	江苏省预防医学会职业健康专业委员会常务委员

续表

姓名	机构名称及职务
许锬	中国医药质量管理协会临床研究质量与评价专业委员会常务委员
	江苏省卒中学会卒中预防与控制专业委员会常务委员
孙宏鹏	国际生物统计学会中国分会青年委员会理事
	中华医学会预防医学卫生事业分会青年委员会委员
	中华预防医学会健康保险专业委员会委员
李红美	中国卫生信息学会卫生统计学教育专业委员会委员
李建祥	中国环境诱变剂学会致癌专业委员会常务理事
	江苏省预防医学会卫生毒理与风险评估专业委员会副主任委员
	江苏省毒理学会常务理事
李新莉	中国营养学会营养与保健食品分会委员
沈月平	中国卫生信息学会卫生统计学教育专业委员会委员
	中国医药教育协会医药统计专业委员会委员
张洁	中国毒理学会分子与生化专业委员会委员
	中国中西医结合学会时间生物医学专业委员会秘书长
	江苏省毒理学会青年委员会副主任委员
	江苏省预防医学会卫生毒理与风险评估专业委员会常务委员
张天阳	国际情感障碍学会会士
	中国心理学会神经心理学专业委员会（筹）委员
	中国优生优育协会儿童心理教育专业委员会委员
	江苏省健康教育协会社区健康教育与促进专业委员会常务委员
张永红	中国卒中学会脑血管病高危人群管理分会委员
	中华预防医学会心脏病预防控制专业委员会常务委员
	江苏省卒中学会常务理事
	江苏省预防医学会常务理事
	江苏省卒中学会卒中预防与控制专业委员会主任委员
	江苏省预防医学会流行病学专业委员会副主任委员

续表

姓名	机构名称及职务
张增利	中国营养学会营养流行病学分会委员
	中华预防医学会卫生毒理分会委员
	中国医促会公共卫生与预防医学分会常务委员
	中国毒理学会放射毒理专业委员会委员
	中国毒理学会免疫毒理专业委员会副主任委员
	中国骨质疏松学会常务委员
	中国营养学会营养流行病分会委员
	中华预防医学会公共卫生教育分会委员
	江苏省毒理学会副主任委员
	江苏省毒理学会工业毒理专业委员会主任委员
	江苏省预防医学会职业健康专业委员会副主任委员
陈涛	中国动物学会细胞与分子显微技术学分会委员
	中国毒理学会工业委员会委员
	中国环境科学学会环境医学与健康分会委员
	中国环境诱变剂学会致癌专业委员会常务委员
陈婧司	江苏省诱变剂学会青年委员会副主任委员
武婧	中国生物物理学会自由基生物学与自由基医学分会青年委员
	中国中西医结合学会时间生物医学专业委员会青年委员
	江苏省第五届预防医学会卫生毒理与风险评估专业委员会常务委员
信丽丽	中国环境诱变剂学会青年委员会委员
	中国环境诱变剂学会生物标志物专业委员会青年委员
秦立强	中国营养学会理事
	中国营养学会营养转化医学分会常务委员
	中国抗癌协会肿瘤营养专业委员会常务委员
	中国医药教育协会临床抗感染药物评价与管理分会常务委员
	江苏省营养学会副理事长
	江苏省环境诱变剂学会副理事长

续表

姓名	机构名称及职务
聂继华	中国毒理学会毒性病理学专业委员会青年委员
	中国环境诱变剂学会委员
	中国中西医结合学会时间生物医学专业委员会青年委员
徐 勇	阿尔茨海默病防治协会理事
	教育部首届全国中小学和高校健康教育教学指导委员会委员
	江苏省预防医学会学校卫生学分会副主任委员
曹 毅	中国生物医学工程学会生物电磁学专业委员会委员
	中国中西医结合学会时间生物医学专业委员会委员
	中国毒理学会毒理学教育专业委员会常务委员
	中国环境诱变剂学会理事
	中国毒理学会遗传毒理学专业委员会委员
	中国毒理学会神经毒理学专业委员会委员
	中华医学会医史学分会委员
	江苏省毒理学会放射毒理专业委员会副主任委员
彭 浩	江苏省卒中学会青年委员会副主任委员
董 晨	中国医师协会公共卫生医师分会委员
	中华预防医学会生物资源管理与利用研究分会委员
	江苏省预防医学会第六届流行病学专业委员会常务委员
	江苏省预防医学会第三届慢性非传染性疾病预防与控制专业委员会常务委员
蒋 菲	中国医促会公共卫生与预防医学分会委员
舒啸尘	国家药品监督管理局医疗器械技术审评专家咨询委员会委员
	中国抗癌协会肿瘤流行病学专业委员会委员
潘臣炜	中国医师协会循证医学专业委员会常务理事
	中华预防医学会儿少卫生分会常务理事
	中华预防医学会公共卫生眼科学分会常务理事
	江苏省预防医学会儿少卫生分会常务理事

续表

姓名	机构名称及职务
29. 苏州医学院药学院	
王光辉	中国神经科学学会理事
	中国神经科学学会胶质细胞分会主任委员
	中国细胞生物学学会神经细胞生物学分会副主任委员
	中国病理生理学会蛋白质修饰与疾病专业委员会副主任委员
刘 密	中国药理学会抗炎与免疫药理专业委员会委员
	中国药理学会抗炎与免疫药理青年委员会常务委员
刘江云	世界中医药学会联合会中药新药创制专业委员会理事
许国强	中国神经科学学会儿童认知与脑功能障碍分会理事
	中国病理生理学会蛋白质修饰与疾病专业委员会委员
	江苏省细胞与发育生物学学会常务理事
杨 红	世界中医药学会联合会中药新药创制专业委员会理事
	中国颗粒学会生物颗粒专业委员会委员
	全国中医药院校中药标本馆专业委员会常务理事
汪维鹏	中国高等教育学会医学教育专业委员会药学教育研究会理事
	中国药理学会药物代谢专业委员会常务委员
	江苏省执业药师协会副会长
张 熠	中国药理学会肾脏药理学专业委员会委员
张学农	世界中医药学会联合会中药新药创制专业委员会常务理事
	中国药学会药剂专业委员会委员
	江苏省药学会药剂学分会副主任委员
张洪建	中国药理学会药物代谢专业委员会理事
张真庆	中国药学会药物分析专业委员会委员
	中国医药生物技术协会药物分析技术分会常务委员
张慧灵	中国教育国际交流协会国际医学教育分会专家委员会委员
	全国卫生产业企业管理协会细胞治疗产业与临床研究分会副会长
	中国药理学会来华留学生（医学）教学专业委员会常务委员
	中国药理学会抗炎免疫药理专业委员会委员

续表

姓名	机构名称及职务
陈华兵	中国抗癌协会纳米肿瘤学专业委员会青年主委
秦正红	中国老年学和老年医学学会抗衰老分会副主任
	中国药理学会生化与分子药理学专业委员会常务委员
	中国神经科学学会神经精神药理分会委员
盛瑞	中国药理学会青年委员会委员
	江苏省药理学会青年工作委员会副主任
崔京浩	世界中医药学会联合会中药新药创制专业委员会常务理事
缪丽燕	中国药理学会治疗药物监测研究专业委员会主任委员
	中国药学会医院药学专业委员会副主任委员
	中国医院协会药事专业委员会副主任委员
	江苏省医院协会药事专业委员会主任委员
	江苏省医学会临床药学专业委员会主任委员
镇学初	中国神经科学学会理事
	江苏省药理学会副理事长
30. 苏州医学院护理学院	
王丽	江苏省护理学会基层护理专业委员会副主任委员
王方星	中国生命关怀协会人文护理专业委员会常务委员
田利	中华护理学会护理管理专业委员会青年委员
	中华医学会临床流行病学和循证医学分会委员
	中国研究型医院学会护理教育专业委员会常务委员
	中国整合医学心身整体护理专业委员会委员
	中国生理学会人体微生态专业委员会委员
	中国老年学和老年医学学会护理和照护分会委员
李惠玲	教育部高等学校护理学类专业教学指导委员会委员
	中华护理学会护理教育专业委员会委员
	中国生命关怀协会常务理事、人文护理专业委员会候任主任委员及理论学组组长
	中国老年学和老年医学学会护理与照护分会副主任委员
	中国医院协会护理管理专业委员会委员
	江苏省医院协会护理管理专业委员会主任委员
	江苏省护理学会第九届理事会专家咨询委员会副主任
	江苏省护理学会护理教育专业委员会副主任委员

续表

姓名	机构名称及职务
张雪琨	中国优生优育协会护理学专业委员会委员
孟红燕	中国生命关怀协会人文护理专业委员会常务委员
	江苏省健康管理学会人才培养与职业发展分会副主任委员
林璐	中国生命关怀协会人文护理专业委员会委员
	中国抗癌协会医学伦理学专业委员会委员
赵鑫	中国研究型医院学会护理分会健康管理与延续护理学组青年委员
姚文英	江苏省护理学会儿科专业委员会副主任委员
	江苏省中西医结合学会护理专业委员会副主任委员
徐岚	江苏省护理学会神经内科专业委员会副主任委员
	江苏省卒中学会护理专业委员会副主任委员

31. 苏州大学附属第一医院

姓名	机构名称及职务
于亚峰	江苏省医学会耳鼻咽喉-头颈外科学分会第十届委员会常务委员
马海涛	江苏省医学会胸外科学分会第三届委员会常务委员
王中	江苏省医学会数字医学分会第三届委员会副主任委员
	江苏省医学会神经外科学分会第十委员会候任主任委员
方琪	江苏省医学会神经病学分会第十一届委员会副主任委员
	江苏省医学会罕见病学分会第一届委员会副主任委员
朱东明	江苏省医学会胰腺病学分会第三届委员会常务委员
朱晓黎	江苏省医学会介入医学分会第三届委员会常务委员
刘济生	江苏省医学会耳鼻咽喉-头颈外科学分会第十届委员会现任主任委员
许津	江苏省医学会健康管理分会第二届委员会副主任委员
许春芳	江苏省医学会消化内镜学分会第七届委员会副主任委员
李锐	江苏省医学会消化内镜学分会第七届委员会常务委员
	江苏省医学会消化病学分会第十届委员会副主任委员
吴爱勤	中华医学会心身医学分会第六届委员会主任委员
吴德沛	中华医学会血液学分会第十一届委员会主任委员
	中华医学会内科学分会第十四届委员会常务委员

续表

姓名	机构名称及职务
何军	江苏省医学会检验学分会第十一届委员会常务委员
余云生	江苏省医学会心血管外科学分会第三届委员会常务委员
闵玮	江苏省医学会变态反应学分会第三届委员会常务委员
沈蕾	江苏省医学会肾脏病学分会第十届委员会常务委员
沈振亚	中华医学会组织修复与再生分会第二届委员会候任主任委员
沈振亚	中华医学会胸心血管外科学分会第十届委员会常务委员
陆士奇	江苏省医学会灾难医学分会第三届委员会副主任委员
陆培荣	江苏省医学会眼科学分会第十一届委员会候任主任委员
陈凯	江苏省医学会肿瘤学分会第九届委员会常务委员
陈亮	江苏省医学会骨科学分会第十届委员会副主任委员
陈卫昌	中华医学会消化病学分会第十一届委员会常务委员
陈卫昌	江苏省医学会内科学分会第八届委员会副主任委员
陈友国	江苏省医学会妇产科学分会第十一届委员会副主任委员
陈苏宁	中华医学会血液学分会第十一届委员会委员
陈苏宁	江苏省医学会血液学分会第九届委员会候任主任委员
林伟	江苏省医学会整形烧伤外科学分会第八届委员会副主任委员
武剑	江苏省医学会风湿病学分会第十一届委员会常务委员
金钧	江苏省医学会重症医学分会第五届委员会副主任委员
金晓红	江苏省医学会疼痛学分会第四届委员会副主任委员
茅彩萍	江苏省医学会医学遗传分会第八届委员会副主任委员
周亚峰	江苏省医学会心血管病学分会第十届委员会常务委员
周菊英	江苏省医学会放射肿瘤治疗学分会第九届委员会现任主任委员
孟斌	江苏省医学会骨科学分会第十届委员会常务委员
赵军	江苏省医学会胸外科学分会第三届委员会常务委员
赵卫峰	江苏省医学会感染病学分会第十届委员会副主任委员
赵卫峰	江苏省医学会肝病学分会第一届委员会候任主任委员

续表

姓名	机构名称及职务
胡春洪	江苏省医学会医学教育分会第一届委员会副主任委员
	江苏省医学会放射学分会第十一届委员会现任主任委员
秦 磊	江苏省医学会外科学分会第九届委员会副主任委员
钱齐宏	中华医学会激光医学分会第九届委员会委员
	江苏省医学会激光医学分会第三届委员会常务委员
倪才方	江苏省医学会介入医学分会第三届委员会候任主任委员
徐 峰	江苏省医学会创伤医学分会第三届委员会现任主任委员
郭凌川	中华医学会病理学分会第四届委员会委员
	江苏省医学会病理学分会第十一届委员会现任主任委员
浦金贤	江苏省医学会男科学分会第七届委员会常务委员
	江苏省医学会泌尿外科学分会第十一届委员会副主任委员
陶 敏	江苏省医学会肿瘤化疗与生物治疗分会第四届委员会常务委员
桑士标	江苏省医学会核医学分会第十届委员会候任主任委员
黄建安	江苏省医学会呼吸医学分会第十届委员会现任主任委员
黄浩岳	江苏省医学会心血管外科学分会第三届委员会常务委员
章 斌	江苏省医学会核医学分会第十届委员会副主任委员
葛自力	江苏省医学会医学美学与美容学分会第六届委员会委员
董凤林	江苏省医学会超声医学分会第十届委员会副主任委员
蒋 敏	江苏省医学会输血分会第九届委员会副主任委员
蒋廷波	江苏省医学会心电生理与起搏分会第二届委员会常务委员
	江苏省医学会心血管病学分会第十届委员会副主任委员
蒋建华	江苏省医学会微循环分会第八届委员会常务委员
韩 悦	中华医学会血液学分会第十一届委员会委员
嵇富海	江苏省医学会麻醉学分会第十一届委员会候任主任委员
鲁 燕	江苏省医学会糖尿病学分会第五届委员会常务委员
谢道海	江苏省医学会数字医学分会第三届委员会副主任委员
虞正权	江苏省医学会神经外科学分会第十届委员会常务委员

续表

姓名	机构名称及职务
缪丽燕	江苏省医学会医学伦理分会第二届委员会副主任委员
	江苏省医学会临床药学分会第三届委员会现任主任委员 |」

32. 苏州大学附属第二医院

姓名	机构名称及职务
丁瑜洁	中国老年保健医学研究会皮肤科分会第二届委员会委员
王赟	中国老年学和老年医学学会护理和照护分会委员
	江苏省护理学会肾内科护理专业委员会第九届理事会副主任委员
王中勇	中国抗癌协会神经肿瘤专业委员会第一届委员会垂体瘤学组委员
	中国医师协会脑胶质瘤专业委员会第二届委员会小儿脑胶质瘤学组委员
王红霞	中国性学会生殖检验分会第一届委员会委员
	江苏省医院协会医院图书情报管理专业委员会第五届委员会常务委员
	江苏省图书馆学会医院图书馆专业委员会常务委员
王灌忠	中华医学会影像技术分会乳腺摄影专业委员会第八届委员会委员
尤寿江	中国卒中学会第二届青年理事会理事
	中国研究型医院学会神经科学专业委员会委员
	江苏省预防医学会脑血管病防治专业委员会常务委员
贝乾	中国医学装备协会医院物联网分会第一届委员会常务委员
毛卫东	中国医师协会放射肿瘤治疗医师分会第二届委员会头颈部肿瘤放疗学组委员
毛成洁	中国医师协会神经内科医师分会第五届委员会睡眠学组委员
	中华医学会神经病学分会第八届委员会青年学组委员
	江苏省医学会神经病学分会青年委员会副主任委员
	江苏省研究型医院学会帕金森病及运动障碍疾病专业委员会副主任委员
邓冰彬	中国核学会核应急医学分会第一届理事会理事
邓晔坤	中国康复医学会修复重建外科专业委员会基础与材料学组委员
石际俊	中国人体健康科技促进会重症脑损伤专业委员会常务委员
石怡珍	中华医学会核医学分会第十一届委员会体外分析学组委员
付凯	中国性学会中西医结合生殖医学分会第一届委员会委员
	中国性学会男性生殖医学分会第三届委员会委员

续表

姓名	机构名称及职务
白旭明	中国白求恩精神研究会介入医学分会第一届理事会理事
	中国医药教育协会介入微创治疗专业委员会第二届委员会常务委员
冯雨	中国健康管理协会糖尿病防治与管理专业委员会第一届委员
	中国神经科学学会神经内稳态和内分泌分会委员
	中国神经科学学会感觉和运动分会委员
冯萍	中国医药质量管理协会医学检验质量管理专业委员会第一届委员
兰青	国家卫生健康委能力建设和继续教育神经外科专家委员会委员
	国家卫生健康委医院管理研究所脑出血外科诊疗能力提升项目专家委员会副主任委员
	中国医药生物技术协会计算机辅助外科技术分会委员
	中国医师协会神经外科医师分会第六届委员会委员
	中华医学会神经外科学分会第八届委员会神经肿瘤学组副组长
	中华医学会神经外科学分会第八届委员会常务委员
	江苏省医师协会第三届理事会常务理事
	江苏省神经科学学会神经肿瘤与神经损伤专业委员会第一届副主任委员
	江苏省医学会神经外科学分会第十届委员会常务委员
	江苏省卒中学会第二届理事会副理事长
	江苏省抗癌协会神经肿瘤专业委员会第二届主任委员
邢春根	中国医师协会外科医师分会第三届委员会委员
	中华医学会肠外肠内营养学分会第六届委员会委员
	江苏省研究型医院学会创损伤控制与加速康复专业委员会顾问
	江苏省医学会外科学分会第九届委员会营养外科学组副组长
	江苏省中西医结合学会普通外科专业委员会副主任委员
吕芳	中国康复医学会生殖健康专业委员会第一届委员会委员
朱旬	江苏省医学会外科学分会甲状腺外科学组副组长
朱卿	国家卫生健康委医院管理研究所脑出血外科诊疗能力提升项目专家委员会青年委员
	海峡两岸医药卫生交流协会神经外科专业委员会脑血管病学组委员
	江苏省研究型医院学会烟雾病专业委员会常务委员

续表

姓名	机构名称及职务
朱建军	中国医师协会急诊医师分会第四届委员会青年委员会委员
朱维培	世界内镜医师协会妇科协会江苏省专家委员会会长
	中华预防医学会生殖健康分会第二届委员会委员
	中国医药教育协会毕业后与继续医学教育指导委员会常务委员
	中国中医药研究促进会中西医结合妇产与妇幼保健分会委员
	中国研究型医院学会妇科肿瘤专业委员会委员
	中华医学会计划生育学分会第九届委员会女性生育调控学组委员
	海峡两岸医药卫生交流协会妇科专业委员会常务委员
	妇幼健康研究会生育调控学专业委员会第二届常务委员
	江苏省整形美容协会女性生殖整复分会第一届、第二届主任委员
	江苏省预防医学会妇女保健专业委员会第七届副主任委员
	江苏省医学会妇产科学分会第十届委员会常务委员
	江苏省妇幼保健协会妇产科质量控制分会第二届委员会常务委员
	江苏省妇幼保健协会妇科内分泌与绝经分会第一届委员会副主任委员
	江苏省妇幼保健协会科学生育分会第一届委员会副主任委员
	江苏省中西医结合学会妇产科专业委员会第七届常务委员
朱雅群	中国临床肿瘤学会肿瘤放射治疗专家委员会委员
	江苏省肿瘤防治联盟大肠癌专家委员会第一届常务委员
伍燕琳	中国医师协会介入医师分会超声介入专业委员会乳腺介入学组委员
庄志祥	中国医药教育协会肿瘤免疫治疗专业委员会委员
	中国抗癌协会肿瘤人工智能专业委员会第一届委员
	中国抗癌协会肿瘤靶向治疗专业委员会第二届委员
	江苏省肿瘤防治联盟大肠癌专家委员会第一届副主任委员
	江苏省生物技术协会肿瘤精准医学诊疗专业委员会副主任
	江苏省抗癌协会肿瘤复发与转移专业委员会第二届常务委员
	江苏省康复医学会肿瘤康复专业委员会第二届常务委员

续表

姓名	机构名称及职务
刘玉龙	国家核事故应急协调委员会专家委员会委员
	第八届国家卫生健康标准委员会放射卫生标准专业委员会（放射性疾病诊断组）委员
	中国核学会核应急医学分会第一届理事会副理事长、秘书长
	全国核能标准化技术委员会辐射防护分技术委员会第六届委员会委员
	中华预防医学会放射卫生专业委员会第五届委员会委员
	中华医学会组织修复与再生分会肢体保全学组委员
	中华医学会放射医学与防护学分会第十一届委员会委员
	江苏省预防医学会放射医学与防护专业委员会副主任委员
	江苏省核学会放射医学与防护专业委员会副主任
	江苏省毒理学会放射毒理专业委员会第二届副主任委员
刘志纯	海峡两岸医药卫生交流协会风湿免疫病学专业委员会委员
	海峡两岸医药卫生交流协会风湿免疫病学专业委员会眼免疫学组常务委员
	江苏省中西医结合学会新世纪第七届风湿病专业委员会常务委员
	江苏省医学会风湿病学分会第十一届委员会常务委员
刘励军	江苏省医学会重症医学分会第四届委员会常务委员
刘利芬	中国妇幼保健协会盆底康复委员会委员
刘春风	中国神经科学学会神经病学基础与临床分会第四届委员会常务委员
	中国医师协会神经内科医师分会第五届委员会委员
	江苏省医学会神经病学分会第十届委员会主任委员
	江苏省医学会神经病学分会第十届委员会帕金森病及运动障碍疾病学组组长
	江苏省老年医学会神经病学分会主任委员
	江苏省研究型医院学会帕金森病及运动障碍疾病专业委员会主任委员
	江苏省医师协会神经内科医师分会第三届委员会副会长
	江苏省医师协会睡眠医学专业委员会现任主任委员
刘春玲	中国性学会生殖检验分会第一届委员会委员
刘晓龙	中国初级卫生保健基金会泌尿外科专业委员会委员

续表

姓名	机构名称及职务
刘慧慧	中国卒中学会脑健康分会第一届委员会委员
	中国卒中学会第二届青年理事会常务理事
	江苏省卒中学会第一届青年委员会常务委员
刘增礼	中华医学会核医学分会第十一届委员会功能显像学组委员
江波	中华医学会显微外科学分会第十届委员会青年委员会委员
	中国糖尿病足联盟委员
祁琳	中国医疗保健国际交流促进会生殖感染与微生态分会委员
孙亦晖	江苏省医院协会医院急诊管理专业委员会第一届委员会常务委员
孙超	中国医药教育协会神经肿瘤专业委员会委员
	中国老年保健协会神经外科学创新与转化分会委员
阳东荣	江苏省医师协会男科医师分会第三届委员会常务委员
	江苏省研究型医院学会男科专业委员会副主任委员
杜鸿	中国核学会标记与检验医学分会第一届理事会副理事长
	中国中西医结合学会检验医学专业委员会感染疾病实验诊断专家委员会委员
	中国医药生物技术协会生物诊断技术分会第三届委员会委员
	中国微生物学会分析微生物学专业委员会委员
	中华医学会检验分会第十届委员会临床微生物学组委员
	白求恩精神研究会检验医学分会第一届理事会理事
	白求恩精神研究会检验医学分会肿瘤标志专业委员会第一届副主任委员
	第一届长三角疑难病原微生物鉴定专家委员会常务委员
	第一届全国卫生产业企业管理协会实验医学质谱分析专家委员会委员
	江苏省免疫学会转化医学专业委员会第三届副主任委员、常务委员
	江苏省医学会检验学分会第十一届委员会常务委员
	江苏省医学会检验学分会第十一届委员会临床微生物学组组长
李晖	中国医师协会心律学专业委员会第一届中青年电生理工作委员会委员
	中华医学会心电生理和起搏分会第一届中青年电生理工作委员会委员
李润	中国医药教育协会智能医学专业委员会委员

续表

姓名	机构名称及职务
李如军	中国抗癌协会神经肿瘤专业委员会第一届脊髓脊柱肿瘤学组委员
	中国医师协会神经修复学专业委员会神经发育畸形修复学组委员
李炳宗	中国医药教育委员会腹部肿瘤专业委员会委员
	中国抗癌协会血液肿瘤分会骨髓瘤与浆细胞疾病学组委员
	江苏省研究型医院学会浆细胞病专业委员会常务委员
	江苏省肿瘤防治联盟淋巴瘤专业委员会常务委员
	江苏省医师协会血液学分会常务委员
	江苏省研究型医院学会细胞治疗（CAR-T）专业委员会常务委员
李晏琴	中国医学装备协会创面修复分会委员
杨　欢	中国中西医结合学会检验医学专业委员会肿瘤分子诊断专家委员会委员
杨咏强	中国抗癌协会整合肿瘤学分会第一届青年委员会委员
	中国临床肿瘤学会肝癌专家委员会委员
杨建新	江苏省口腔医学会口腔颌面外科学专业委员会第五届常务委员
	江苏省康复医学会口腔康复专业委员会第四届常务委员
杨晓东	中国抗癌协会肿瘤放射防护专业委员会第一届委员
	江苏省研究型医院学会胃肠肿瘤MDT专业委员会青年学组副组长
连一新	中华医学会呼吸病学分会第十一届委员会睡眠呼吸障碍学组委员
肖　盐	中国医师协会急诊医师分会第四届委员会心肺复苏学组委员
肖文金	江苏省医师协会骨质疏松与骨矿盐病症医师分会第三届委员会骨质疏松防治内科学组组长
肖国栋	中国研究型医院学会介入神经病学专业委员会委员
吴　勇	中国医师协会肛肠医师分会第四届委员会加速康复外科学组委员
吴永友	中华医学会肿瘤学分会第十一届委员会癌症学组委员
	世界华人医师协会常务委员
	中国老年保健医学研究会常务委员
吴明霞	江苏省医学会病理学分会第十届委员会病理技术学组副组长

续表

姓名	机构名称及职务
吴曙华	中国医药教育协会毕业后与继续教育指导委员会委员
	中国人体健康科技促进会数字医疗专业委员会常务委员
	中国老年保健医学研究会肿瘤防治分会第一届委员会第二学术部（大肠癌专业）委员
	中华医学会老年医学分会第十届委员会老年营养不良与肌少症学组委员
	江苏省老年医学学会缓和医疗和安宁疗护分会常务委员
	江苏省预防医学会老年病防治专业委员会常务委员
余勇	中国老年学和老年医学学会老年肿瘤分会转化医学专家委员会委员
谷春伟	中国人体健康科技促进会疝与腹壁外科专业委员会常务委员
	全国卫生产业企业管理协会疝和腹壁外科产业及临床研究分会理事、副主任委员
	江苏省医师协会外科医师分会第三届委员会疝与腹壁外科学组副组长
	江苏省疝病专科联盟副理事长
汪东兴	中国微循环学会转化医学专业委员会青年工作委员会委员
	中国抗癫痫协会青年委员会第二届委员
沈赟	中国睡眠研究会第三届青年工作委员会常务委员
沈久成	中国睡眠研究会第三届青年工作委员会常务委员
沈云天	中国医师协会放射肿瘤治疗医师分会肿瘤离子放疗学组委员
沈忆新	江苏省康复医学会脊柱骨髓专业委员会第二届颈椎专业组组长
	江苏省康复医学会脊柱骨髓专业委员会第四届常务委员
沈光思	中华医学会运动医疗分会上肢学组第二届青年委员会委员
	中国医药教育协会肩肘运动医学专业委员会委员
沈华英	江苏省康复医学会肾脏病康复专业委员会第一届常务委员
沈明敬	中国康复医学会修复重建外科专业委员会第一届康复学组委员
	中国抗癌协会肿瘤人工智能专业委员会第一届委员
沈金龙	中国医药教育协会临床合理用药专业委员会委员

续表

姓名	机构名称及职务
沈钧康	中国医学装备协会磁共振应用专业委员会第二届委员
	中国医学装备协会磁共振应用专业委员会第一届委员会腹部学组副组长
	中国医学影像技术研究会第八届理事会理事
	中华医学会放射学分会第十五届委员会磁共振学组委员
	江苏省医学会放射学分会第十一届委员会常务委员
	江苏省卒中学会医学影像专业委员会第二届常务委员
沈晓飞	中国微循环学会周围血管疾病专业委员会护理专家委员会委员
宋锴	江苏省医院协会血液净化中心分会腹膜透析管理专业组副组长
张东	中华医学会骨质疏松和骨矿盐疾病分会科普与继续教育学组委员
	江苏省医学会骨质疏松与骨矿盐疾病分会第五届委员会继发骨质疏松学组副组长
张弘	中国医药教育协会生殖内分泌专业委员会第二届委员
	中国免疫学会生殖免疫分会第五届委员会委员
	中国妇幼保健协会辅助生殖技术监测与评估专业委员会委员
	中国医疗保健国际交流促进会生殖感染与微生态分会常务委员
	中国生理学会消化与营养专业委员会委员
	江苏省免疫学会生殖免疫专业委员会主任委员
张宏	中国中西医结合学会检验医学专业委员会第一届形态学分析诊断专家委员会常务委员
	中国老年保健医学研究会肿瘤防治分会第一届委员会第一学术部（血液肿瘤实验诊断专业）委员
张荣	中国优生科学协会青年工作委员会委员
张娜	中国研究型医院学会脊髓脊柱专业委员会护理学组委员
张勇	中国糖尿病足联盟青年委员
张积	中华医学会眼科学分会眼整形眼眶病学组委员
	中国抗癌协会眼肿瘤专业委员会第一届委员
	中华医学会眼科学分会第十二届委员会眼整形眼眶病学组委员
	海峡两岸医药卫生交流协会眼科学专业委员会甲状腺相关性眼病学组委员

续表

姓名	机构名称及职务
张 博	中国老年学和老年医学学会基础与转化医学分会第二届委员会委员
张 鹏	中华医学会骨质疏松和骨矿盐疾病分会继发性骨质疏松症学组委员
张 霞	中国卒中学会脑小血管病分会第一届委员会委员
	江苏省卒中学会卒中血管超声专业委员会常务委员
	中国研究型医院学会神经科学专业委员会委员
张力元	中国抗癌协会胃癌专业委员会第六届委员
	中国抗癌协会肿瘤放射治疗专业委员会第三届青年委员会委员
	中国肿瘤放射治疗联盟放射免疫工作委员会第二届副主任委员
	中国医师协会放射肿瘤治疗医师分会第二届委员会放射生物免疫学组委员
	中国医师协会放射肿瘤治疗医师分会第二届委员会青年委员会委员
	中国医药教育协会头颈肿瘤专业委员会委员
	中国抗癌协会肿瘤放射治疗专业委员会第四届委员会胃癌学组委员
	江苏省中西医结合学会肿瘤放疗专业委员会副主任委员
	江苏省免疫学会放射与免疫专业委员会主任委员、常务委员
张文雅	江苏省健康管理学会人才培养与职业发展分会常务委员
张书筠	中国优生科学协会妇儿免疫学分会第一届委员会委员
张玉松	中国医药教育协会肿瘤转移专业委员会委员
	中国核学会核应急医学分会第一届理事会常务理事
	中国抗癌协会肿瘤支持治疗骨髓保护专业委员会副主任委员
	中国抗癌协会肿瘤靶向治疗专业委员会第二届委员
	中国医疗保健国际交流促进会神经内分泌肿瘤分会第二届委员
	江苏省预防医学会放射医学与防护专业委员会常务委员
张永胜	江苏省医学会病理学分会第十届委员会泌尿生殖病理学组副组长
张全英	中国药理学会药物临床试验专业委员会第二届委员会委员
张迎春	中国超声医学工程学会腹部超声专业委员会第七届委员
	江苏省医师协会超声医师分会第三届委员会甲乳超声学组副组长
	江苏省医学会超声医学分会第九届委员会超声分子影像学组副组长

续表

姓名	机构名称及职务
张应子	中华医学会骨科学分会第十一届委员会微创外科学组青年委员
张艳林	江苏省卒中学会神经免疫专业委员会常务委员
	江苏省医学会神经病学分会第十届委员会神经感染与免疫疾病学组副组长
张晔青	中国老年医学学会周围血管疾病管理分会第一届委员会委员
张彩元	中华医学会影像技术分会医学3D打印专业委员会委员
张增利	中国抗癌协会肿瘤光动力治疗专业委员会第一届青年委员会委员
	世界内镜医师协会呼吸内镜协会理事
陆朝晖	江苏省医师协会高压氧医师分会第三届委员会现任会长
陈 昕	中国整形美容协会科技创新与器官整复分会外阴阴道疾病治疗与整复专业委员会委员
陈 锐	江苏省医学会呼吸病学分会第九届委员会睡眠呼吸障碍学组组长
陈 静	江苏省研究型医院学会帕金森病及运动障碍疾病专业委员会秘书长
	江苏省医学会神经病学分会第十届委员会神经遗传及相关疾病学组副组长
陈列松	中国医师协会医学技师专业委员会第一届委员
陈光强	中国老年学和老年医学学会肿瘤康复分会委员
	中国老年学和老年医学学会肿瘤康复分会肿瘤影像与康复治疗专家委员会常务委员
陈延明	中国卒中学会复合介入神经外科分会第二届委员会委员
陈志刚	中国医药质量管理协会细胞治疗质量控制与研究专业委员会委员
	中国生物医学工程学会肿瘤靶向治疗技术分会委员
陈学英	中国老年学和老年医学学会营养与食品安全分会第二届委员会委员
	江苏省医院协会医院临床营养管理专业委员会第三届委员会常务委员
	江苏省医院协会医院临床营养管理专业委员会第三届委员会代谢综合征管理专业组副组长
陈筱鄢	中国医药教育协会炎症性肠病专业委员会委员
范志海	中国研究型医院学会神经再生与修复专业委员会委员

续表

姓名	机构名称及职务
范国华	江苏省中西医结合学会影像诊断专业委员会胸部学组组长
	江苏省医学会放射学分会第十一届委员会腹部影像学组副组长
	江苏省中西医结合学会影像诊断专业委员会常务委员
	江苏省研究型医院学会感染与炎症放射学专业委员会副主任委员
	江苏省社会办医疗机构协会放射学分会第一届常务委员
范秋虹	中国医师协会放射肿瘤治疗医师分会第二届委员会淋巴瘤放疗学组委员
罗颜	江苏省医学会耳鼻咽喉科学分会青年委员会委员
季江	中国麻风防治协会麻风皮肤病防治分会首届委员
周钢	中国医学装备协会放射治疗装备技术分会委员
	中国生物医学工程学会医学物理分会放射物理专业委员会第三届委员
周子钰	中国微循环学会周围血管疾病专业委员会护理专家委员会委员
周晓中	中国研究型医院学会加速康复外科专业委员会骨外科学组委员
	中国医药生物技术协会计算机辅助外科技术分会第三届委员会委员
	中国康复医学会骨质疏松预防与康复专业委员会副秘书长
	江苏省康复医学会修复重建专业委员会第四届副主任委员
周演玲	中国医疗保健国际交流促进会护理学分会常务委员
周毅彬	中国性学会泌尿外科学分会第一届委员会委员
	中国抗癌协会男性生殖系统肿瘤专业委员会第二届青年委员会委员
赵良平	中国医师协会心血管内科医师分会第五届委员会代谢性心血管病学组委员
赵家举	中国残疾人康复协会肢体残疾康复专业委员会第五届青年委员
	中国糖尿病足联盟青年委员
	中华医学会手外科学分会第十一届华东地区学术委员会青年委员
赵敏艳	中华护理学会静脉输液治疗专业委员会青年委员
胡吉	中国微循环学会糖尿病与微循环专业委员会委员
	中华医学会糖尿病学分会第九届委员会胰岛素抵抗学组委员
	中华医学会糖尿病学分会第九届委员会糖尿病胰岛调控与再生医学学组委员
	白求恩精神研究会内分泌和糖尿病学分会肾上腺专业委员会副主任委员
	江苏省老年医学学会老年内分泌专业委员会副主任委员

续表

姓名	机构名称及职务
胡 华	中华医学会行为医学分会第七届委员会青年委员会委员
胡应伦	中国医药教育协会临床合理用药专业委员会委员
柏 林	中华医学会骨质疏松与骨矿盐疾病分会第六届委员会青年委员会委员
俞蕴莉	中国药理学会药物代谢专业委员会第二届青年委员会委员
施 辛	中国中西医结合学会皮肤性病专业委员会环境与职业性皮肤病学组副组长
	中国中西医结合学会皮肤性病专业委员会常务委员
施敏骅	世界内镜医师协会呼吸内镜协会理事
	中国呼吸肿瘤协作组委员
	中华医学会呼吸病学分会第十一届委员会肺癌学组委员
	江苏省研究型医院学会肺结节和肺癌MDT专业委员会副主任委员
	江苏省医学会呼吸病学分会肺癌学组副组长
	江苏省中西医结合学会呼吸系统专业委员会常务委员
	江苏省医学会呼吸病学分会第十届常务委员
	江苏省医师协会呼吸医师分会副会长
	江苏省中西医结合学会呼吸病学分会常务委员
	江苏省康复医学会呼吸康复专业委员会第二届常务委员
	江苏省医师协会呼吸医师分会第三届委员会肺癌学组组长
姜小梅	中华护理学会血液净化护理专业委员会青年委员
费蓓蓓	中国优生科学协会青年工作委员会第二届委员会委员
袁利群	中国研究型医院学会神经外科专业委员会神经重症学组委员
	江苏省医学会神经外科学分会第十届委员会神经重症学组副组长
栗先增	中国康复医学会疼痛康复专业委员会科普学组委员
	中国针灸学会微创针刀专业委员会第三届委员会委员
钱 玮	中国抗癌协会男性生殖系统肿瘤专业委员会护理学组委员
钱志远	中国核学会知识产权分会第一届理事会理事
	江苏省医学会显微外科学分会第二届委员会副主任委员

续表

姓名	机构名称及职务
钱建军	中华医学会放射肿瘤治疗学分会第九届委员会数据智能学组委员
	中国医师协会放射肿瘤治疗医师分会第二届委员会肿瘤放疗人工智能与大数据学组委员
钱爱民	中国医师协会血管外科医师分会第一届委员会开放手术学组委员
钱蕴珠	江苏省口腔医学会口腔材料专业委员会第一届常务委员
倪 勇	中国研究型医院学会肌骨及浅表超声专业委员会委员
	中国医药教育协会疼痛医学专业委员会委员
	中华中医药学会脊柱微创专家委员会委员
倪 婕	海峡两岸医药卫生交流协会妇科专业委员会第一届委员
徐 炜	中国医师协会骨科医师分会青年委员会髋关节学组委员
	中国残疾人康复协会肢体残疾康复专业委员会第五届委员
	中华医学会骨科学分会青年委员会关节学组委员
	江苏省老年医学学会老年骨科学分会常务委员
	江苏省医师协会骨科医师分会第三届委员会关节镜外科学组副组长
徐 亮	江苏省医学会放射学分会第十一届委员会头颈学组副组长
徐又佳	中国医师协会骨科医师分会继续教育学组委员
	中国医师协会骨科医师分会骨质疏松学组委员
	中国研究型医院学会关节外科学专业委员会髋关节微创研究学组委员
	中国研究型医院学会关节外科学专业委员会社区关节疾病学组委员
	中华医学会骨质疏松和骨矿盐疾病分会第六届委员会副主任委员
	江苏省医师协会骨质疏松与骨矿盐病症医师分会第三届委员会现任会长
	江苏省医学会骨科学分会第十届委员会常务委员
	江苏省预防医学会骨质疏松症和骨关节病专业委员会副主任委员
徐龙江	中国医学装备人工智能联盟病理委员会第一届委员
	海峡两岸医药卫生交流协会眼科学专业委员会甲状腺相关性眼病学组委员
徐国旭	中国老年保健协会眼保健专业委员会委员
	江苏省中西医结合学会眼科专业委员会白内障青光眼病学组组长

续表

姓名	机构名称及职务
凌 莉	中国妇幼保健协会母胎医学分会委员
	江苏省妇幼健康研究会母胎健康与出生缺陷干预专业委员会第一届副主任委员
高德康	中国非公立医疗机构协会胆石病专业委员会第二届委员会委员
唐红梅	江苏省整形美容协会女性生殖整复分会第二届常务委员
唐雪艳	江苏省医院协会医院人力资源管理专业委员会第三届常务委员
涂 健	中国医学装备人工智能联盟病理委员会委员
陶 宏	中国药理学会药源性疾病学专业委员会药品风险信息管理分委员会委员
陶晓敏	中国医药教育协会毕业后与继续医学教育指导委员会委员
	中国妇幼保健协会妇幼微创专业委员会妇科阴式手术学组青年委员
桑宏飞	中国微循环学会周围血管疾病专业委员会颈动脉学组常务委员
	中国人体健康科技促进会血管外科学专业委员会委员
	江苏省医学会血管外科学分会第一届委员会静脉疾病学组副组长
黄庆红	国际血管联盟中国分部护理专业委员会委员
黄隽英	第一届海峡两岸医药卫生交流协会睡眠医学专业委员会委员
	江苏省研究型医院学会帕金森病及运动障碍疾病专业委员会常务委员
曹忠胜	中国医疗保健国际交流促进会耳鼻咽喉头颈外科学分会第三届委员
	中国中西医结合耳鼻咽喉科专业委员会耳内镜专家委员会常务委员
	江苏省中西医结合学会耳鼻咽喉科专业委员会第七届常务委员
曹勇军	中华医学会神经病学分会第八届委员会神经影像协作组委员
	中国医师协会神经内科医师分会第五届委员会脑血管病学组委员
	中国卒中学会脑血流与代谢分会第二届委员会委员
	中国卒中学会脑小血管病分会第一届委员会常务委员
	江苏省医学会神经病学分会第十届委员会脑血管病学组副组长
	江苏省卒中学会心源性卒中防治专业委员会副主任委员
龚静亚	中国妇幼保健协会助产士分会助产康复学组常务委员
盛余敬	中国医师协会介入医师分会超声介入专业委员会妇科介入学组委员

续表

姓名	机构名称及职务
崔红霞	中国医药教育协会炎症性肠病专业委员会委员
董军	中国医师协会脑胶质瘤专业委员会第二届委员会委员
	中国医师协会脑胶质瘤专业委员会分子诊疗学组副组长
	中国临床肿瘤学会神经系统肿瘤专家委员会常务委员
	中国医药教育协会神经内径与微创医学专业委员会委员
	江苏省医学会神经外科学分会第十届委员会神经肿瘤学组副组长
董启榕	江苏省医学会运动医疗分会副主任委员
蒋震	江苏省研究型医院学会医学影像与人工智能专业委员会常务委员
蒋国勤	中国医学装备协会数字医疗技术分会乳腺疾病数字化诊疗专业委员会第一届委员会委员
	江苏省妇幼保健协会乳腺疾病分会第一届委员会副主任委员
蒋银芬	中华护理学会外科护理专业委员会副主任委员
谢莹	江苏省医学会糖尿病学分会第五届委员会糖尿病足学组副组长
靳勇	中国抗癌协会肿瘤消融治疗专业委员会第一届常务委员
	中国抗癌协会肿瘤微创治疗专业委员会第四届委员
	中国介入医学产业技术创新联盟理事
	中国抗癌协会肿瘤微创治疗专业委员会粒子治疗分会第五届委员会委员
	中国抗癌协会肿瘤微创治疗专业委员会肺癌微创综合治疗分会第三届副主任委员
	中国研究型医院学会出血专业委员会委员
	国家肿瘤微创治疗产业技术创新战略联盟青年专家委员会副主任委员
	中国医师协会介入医师分会第三届委员会委员
	中国医师协会健康传播工作委员会第一届委员会委员
	中华医学会放射学分会第十五届委员会介入学组青年工作组委员
	江苏省研究型医院学会肿瘤消融治疗专业委员会副主任委员
蒲汪旸	中国核学会核应急医学分会第一届理事会理事
雷锋锐	中国医学装备协会创面修复分会委员

续表

姓名	机构名称及职务
解来青	海峡两岸医药卫生交流协会眼科专业委员会甲状腺相关性眼病学组委员
褚安红	中华医学会影像技术分会医学影像护理专业委员会CT护理学组委员
蔡尚	中国毒理学会特种医学毒理专业委员会第一届委员会青年委员
	中国抗癌协会肿瘤放射防护专业委员会第二届委员
谭丽萍	江苏省卒中学会护理专业委员会第一届常务委员
熊康平	中国老年学和老年医学学会睡眠科学分会第一届委员会委员
潘杰	中国医学装备协会药学装备分会第三届委员
	中国医药教育协会临床合理用药专业委员会委员
	中国医学装备协会医院物联网峰会智慧药学专业委员会副秘书长
	江苏省老年医学学会临床药学分会常务委员
	江苏省药师协会研究型药师分会第一届副主任委员
	江苏省免疫学会放射与免疫专业委员会副主任委员
薛波新	中国中西医结合学会泌尿外科专业委员会第六届委员
	中国抗癌协会男性生殖系统肿瘤专业委员会微创学组委员
	中国性学会前列腺疾病分会第一届委员会副主任委员
	中华预防医学会生育力保护分会第一届委员会委员
	江苏省研究型医院学会泌尿外科学专业委员会常务委员
	江苏省抗癌协会泌尿男生殖肿瘤专业委员会常务委员
	江苏省抗癌协会泌尿男生殖肿瘤专业委员会前列腺癌研究协作组副组长
	江苏省医师协会泌尿外科医师分会第三届委员会常务委员
33. 苏州大学附属儿童医院	
丁欣	中国研究型医院学会儿科学专业委员会青年委员
	中华医学会儿科学分会第十八届委员会新生儿青年学组委员
	中华医学会儿科学分会第十八届委员会青年委员会委员、新生儿青年学组副组长
	江苏省医学会儿科学分会第十届青年委员会副主任委员
马周瑞	中华医学会烧伤外科学分会第十一届委员会小儿烧伤学组委员
	中国研究型医院学会美容医学专业委员会常务委员

续表

姓名	机构名称及职务
王 莹	中国医药教育协会早产儿管理分会委员
王 莹	江苏省医师协会新生儿科医师分会第一届委员会新生儿营养消化学组副组长
王 梅	中国优生科学协会医学遗传学专业委员会首届小儿药物基因组学学组委员
王 琪	中国研究型医院学会感染与炎症放射专业委员会儿童感染放射诊断学组委员
王 静	中国妇幼保健协会妇幼微创专业委员会微创护理学组全国委员
王宇清	中国研究型医院学会儿科学专业委员会青年委员
王宇清	中国研究型医院学会过敏医学专业委员会儿童过敏学组副组长
王宇清	中华医学会变态反应学分会呼吸过敏学组委员
王宇清	中华医学会儿科学分会呼吸学组青年委员、专科培训协作组副组长
王宇清	中华医学会变态反应学分会第六届委员会青年委员会副主任委员
王红英	中国妇幼保健协会精准医学专业委员会委员
王晓东	中华医学会小儿外科学分会骨科学组委员、青年委员会副主任委员
王晓东	江苏省医学会小儿外科学分会第十届委员会副主任委员
王晓东	江苏省医师协会小儿外科医师分会第三届委员会副会长
王晓东	江苏省医学会骨科学分会第十届委员会常务委员
王晓东	江苏省中西医结合学会骨伤科专业委员会副主任委员
古桂雄	江苏省医学会儿科学分会儿童保健学组副组长
卢 俊	中国抗癌协会小儿肿瘤专业委员会青年委员会委员
卢 敏	中国妇幼保健协会妇幼微创专业委员会微创护理学组委员
田健美	中华医学会儿科学分会感染学组委员
田健美	江苏省医学会儿科学分会感染学组组长
冯 星	中华医学会儿科学分会第十七届委员会围产医学专业委员会主任委员
冯 星	中华医学会儿科学分会第十八届委员会常务委员
冯 星	中华医学会儿科学分会新生儿学组副组长
冯 星	江苏省医师协会新生儿科医师分会会长
冯 星	江苏省医院协会儿童医院分会副主任委员
冯 星	江苏省医学会第九届理事会常务理事

续表

姓名	机构名称及职务
成芳芳	中华医学会儿科学分会第十八届委员会感染青年学组委员
毕允力	中华医学会小儿外科学分会第九届委员会小儿内镜外科学组副组长
毕允力	中华医学会小儿外科学分会第十届委员会小儿尿动力和盆底学组副组长
师晓燕	中华医学会儿科学分会第十八届委员会罕见病青年学组委员
吕海涛	国家心血管病专家委员会先天性心脏病专业委员会委员
吕海涛	中国医师协会儿科医师分会常务委员
吕海涛	中国医师协会儿科医师分会心血管学组、川崎病协作组组长
吕海涛	中国妇幼保健协会精准医学专业委员会常务委员
吕海涛	中华医学会儿科学分会第十七届、第十八届委员会心血管学组委员
吕海涛	中华医学会儿科学分会川崎病协作组委员
吕海涛	中华医学会儿科学分会新生儿心脏病协作组组长
吕海涛	中华医学会儿科学分会第十七届委员会医院管理委员会委员
吕海涛	江苏省医学会医学信息与智能健康分会副主任委员
吕海涛	江苏省医学会罕见病学分会副主任委员
吕海涛	江苏省医学会儿科学分会副主任委员、心血管学组组长
吕海涛	江苏省研究型医院学会罕见病专业委员会主任委员
吕海涛	江苏省医师协会儿科医师分会副会长
朱 宏	中华医学会儿科学分会第十七届委员会临床检验学组委员
朱 杰	中华医学会小儿外科学分会第九届委员会肝胆外科学组委员
朱 杰	中国妇幼保健协会妇幼微创专业委员会小儿普外微创学组委员
朱 晨	中国医院协会信息专业委员会第三届委员会常务委员
朱雪明	中国抗癌协会小儿肿瘤专业委员会病理学组委员
朱雪明	中华医学会病理学分会第十二届委员会儿科学组委员
朱雪萍	中国医师协会儿童重症医师分会重症营养专业委员会第二届委员
朱雪萍	中国医师协会新生儿科医师分会呼吸专业委员会第三届委员
朱雪萍	中国医药教育协会新生儿感染与感染控制分会副主任委员
朱雪萍	中国优生科学协会教育工作委员会副主任委员
朱雪萍	全国卫生产业企业管理协会细胞治疗产业与临床研究分会理事
朱雪萍	中华医学会儿科学分会儿童保健学组委员
朱雪萍	江苏省医学会围产医学分会第七届委员会副主任委员

续表

姓名	机构名称及职务
朱慧娥	中华中医药协会耳鼻咽喉药物研究专业委员会委员
华军	中华医学会急诊医学分会儿科学组委员
	江苏省医学会儿科学分会急救学组副组长
刘玉奇	中国抗癌协会小儿肿瘤专业委员会影像学组委员
刘殿玉	中国中医药信息研究会儿科分会第一届常务理事
	中国医药卫生文化协会中医儿科文化分会常务委员
	中国中药协会儿童健康与药物研究专业委员会委员
江文婷	中华医学会心胸外科协作组委员
汤继宏	中华医学会儿科学分会第十七届、第十八届委员会罕见病学组委员
	江苏省抗癫痫协会第一届理事会常务理事
孙凌	中国医学救援协会儿科分会救援组织专业委员会委员
	中国水利电力医学科学技术学会心电学分会小儿心电图专业委员会常务委员
	中华医学会儿科学分会心血管学组青年委员会委员
	江苏省医学会医学信息学分会转化医学学组副组长
孙庆林	中华医学会小儿外科学分会第七届委员会肝胆外科专业学组委员
	中华医学会小儿外科学分会第七届委员会内镜外科专业学组委员
	江苏省医学会小儿外科学分会副主任委员
严文华	江苏省医学会儿科学分会心血管学组副组长
严永东	中国医师协会儿科医师分会儿童呼吸专业委员会委员
	中国妇幼保健协会妇幼微创专业委员会儿科呼吸介入学组委员
	中国微生物学会人兽共患病病原学专业委员会委员
	中华医学会儿科学分会呼吸学组呼吸道微生态协作组委员
	中华医学会儿科学分会呼吸学组儿童呼吸疑难少见病协作组委员
严向明	中华医学会小儿外科学分会小儿泌尿外科学组委员
李岩	中国抗癫痫协会第一届理事会理事
	中华医学会儿科学分会第十五届、第十六届、第十七届委员会神经学组委员
	江苏省医学会儿科学分会小儿神经学组组长
	江苏省抗癫痫协会第一届理事会副会长
	江苏省康复医学会儿童康复专业委员会副主任委员

续表

姓名	机构名称及职务
李 炘	中华医学会小儿外科学分会小儿心胸外科学组委员
	江苏省医学会心血管外科学分会第三届先心病学组副组长
李 莺	中国医师协会儿童重症医师分会第二届委员会委员
	中国医师协会儿童重症医师分会重症营养专业委员会委员
	中华医学会儿科学分会急救学组重症消化和体外营养协作组委员
李 捷	中国妇幼保健协会儿童疾病和保健分会儿童血液疾病与保健学组委员
	中国研究型医院学会儿童肿瘤专业委员会委员
李 静	中国妇幼保健协会妇幼微创专业委员会微创护理学组委员
李 巍	中国中西医结合学会医学美容专业委员会激光与皮肤美容专家委员会第一届委员
	中国老年医学学会数字诊疗分会第一届委员会委员
	中国儿童血管瘤血管畸形联盟常务委员
李艳红	中华医学会儿科学分会肾脏专业学组委员
李晓忠	中国医师协会儿科医师分会儿童风湿免疫专业委员会常务委员
	中华医学会儿科学分会免疫学组委员
	江苏省医学会儿科学分会肾脏学组副组长
杨晓蕴	中国中西医结合学会变态反应专业委员会儿科专业组委员
吴 缤	中华医学会小儿外科学分会小儿内镜外科学组委员
吴志新	中国医药教育协会新生儿影像学分会委员
吴继志	中国医学装备协会磁共振应用专业委员会影像技术学组委员
吴嘉伟	江苏省医学会麻醉学分会小儿麻醉学组副组长
何海龙	中国抗癌协会小儿肿瘤专业委员会委员
闵 月	中华医学会儿科学分会免疫学组青年学组委员

续表

姓名	机构名称及职务
汪　健	中国医师协会小儿外科医师分会常务委员
	中国医师协会儿童健康专业委员会常务委员
	中国抗癌协会小儿肿瘤专业委员会委员
	中华医学会小儿外科学分会第九届委员会常务委员
	中华医学会小儿外科学分会第十届委员会新生儿外科学组组长
	中华医学会儿科学分会营养学组副组长
	中华医学会儿科学分会临床营养学组副组长
	中华医学会肠外肠内营养学分会儿科学组委员
	中华医学会小儿外科学分会新生儿外科学组组长
	江苏省医师协会小儿外科医师分会第三届委员会候任会长
	江苏省抗癌协会小儿肿瘤专业委员会主任委员
	江苏省中西医结合学会普通外科专业委员会常务委员
沈　闳	中国抗癌协会小儿肿瘤护理学组副组长
宋晓翔	中华医学会儿科学分会第十八届委员会风湿病青年学组委员
张　芳	中国生命关怀协会人文护理专业委员会委员
	中华医学会小儿外科学分会护理专业协作组委员
张利亚	中华医学会儿科学分会第十八届委员会神经学组委员
张兵兵	中华医学会儿科学分会第十八届委员会神经青年学组委员
张春旭	中国医师协会儿童重症医师分会医护协作组织委员
陆双泉	中国医师协会新生儿科医师分会第二届超声专业委员会委员
	中国医药教育协会超声医学专业委员会儿童超声学组常务委员
	中国超声医学工程学会儿科超声专业委员会第一届委员
陆正洪	江苏省卫生经济学会资产与价格专业委员会第一届副主任委员
陈　艳	中华预防医学会儿童保健分会第六届委员会委员
陈　婷	中华医学会儿科学分会第十八届委员会内分泌遗传代谢青年学组委员
陈文娟	中国妇幼保健协会母胎影像医学专业委员会委员
陈正荣	中国医师协会变态反应医师分会青年委员会副主任委员

续表

姓名	机构名称及职务
陈旭勤	中国妇幼保健协会儿童疾病和保健分会儿童神经疾病与保健学组委员
	中华医学会儿科学分会第十七届委员会青年学组委员
	江苏省医学会儿科学分会小儿神经学组副组长
	江苏省抗癫痫协会青年委员会副主任委员
陈建雷	中国妇幼保健协会妇幼微创专业委员会小儿普外微创学组青年委员
陈临琪	中国医师协会青春期医学专业委员会第二届委员会委员
	中国医师协会儿科医师分会儿童内分泌遗传代谢专业委员会委员
	中国出生缺陷干预救助基金会儿童内分泌代谢病防治专家委员会委员
	中国儿童青少年肥胖糖尿病联盟专家委员会委员
	中华医学会儿科学分会遗传代谢内分泌学组委员
	中华医学会儿科学分会青春期医学委员会委员
	江苏省医学会儿科学分会内分泌学组组长
	江苏省医师协会青春期医学专业委员会第一届、第二届委员会副主任委员
陈海燕	中国医师协会儿科医师分会心血管专业委员会护理学组委员
季 伟	江苏省医学会儿科学分会呼吸学组副组长
金忠芹	中国妇幼保健协会妇幼微创专业委员会小儿消化微创学组委员
	中国医师协会儿科医师分会儿童消化内镜学组委员
	中国中药协会儿童健康与药物研究专业委员会委员
	中华医学会儿科学分会消化学组委员
	江苏省医学会儿科学分会消化学组组长
金慧臻	中国优生科学协会医学遗传学专业委员会首届小儿药物基因组学学组委员
周 云	中国医师协会小儿外科医师分会委员
	中华医学会小儿外科学分会小儿泌尿外科专业学组委员
	中华医学会泌尿外科学分会第十二届委员会小儿泌尿外科学组委员
	江苏省中西医结合学会外科分会常务委员
封其华	中华医学会儿科学分会全科医学学组委员
	中华医学会儿科学分会风湿病学组委员
	江苏省医学会儿科学分会风湿病学组组长

续表

姓名	机构名称及职务
郝创利	中国哮喘联盟委员
	中国儿童基层呼吸疾病防治联盟副主席
	中国医师协会变态反应医师分会常务委员
	中国医师协会整合医学分会儿科专业委员会常务委员
	中国妇幼保健协会儿童疾病和保健分会儿童呼吸疾病与保健学组副组长
	中华医学会变态反应学分会第六届委员会委员
	中华医学会变态反应学分会儿童过敏和哮喘学组副组长
	中华医学会儿科学分会第十六届、第十八届委员会呼吸学组委员
	中华医学会儿科学分会呼吸学组慢咳协作组副组长
	中华医学会儿科学分会呼吸学组毛支协作组副组长
	江苏省医学会变态反应学分会候任主任委员
	江苏省医学会儿科学分会呼吸学组组长
胡水根	中国医师协会人文医学专业委员会第二届委员会智慧医疗与医学人文工作委员会委员
胡绍燕	国家卫生健康委儿童血液病专家委员会委员
	中国研究型医院学会儿童肿瘤专业委员会常务委员
	中华医学会儿科学分会血液学组副组长
	江苏省医学会儿科学分会第十届委员会常务委员、小儿全科医学学组副组长
	江苏省医学会儿科学分会小儿血液学组组长
柏振江	中华医学会儿科学分会第十八届委员会感染专业青年学组委员
	中华医学会儿科学分会急救青年学组委员
闻芳	中国研究型医院学会儿童肿瘤专业委员会委员
姚文英	中华医学会儿科学分会第十八届委员会护理筹备学组委员
贾慧惠	中国抗癌协会肿瘤影像专业委员会儿科肿瘤学组委员
	中华医学会儿科学分会第十七届委员会放射青年学组委员
	中华医学会儿科学分会第十八届呼吸学组影像协作组委员

续表

姓名	机构名称及职务
顾 琴	中国妇幼保健协会儿童疾病与保健分会儿童发育障碍与干预学组副主任委员
	中国康复医学会重症康复专业委员会第一届委员会儿童重症康复学组委员
	中华医学会儿科学分会第十七届委员会康复医学学组委员
	中华医学会物理医学与康复学分会第十一届委员会疗养康复学组委员
	江苏省康复医学会儿童康复专业委员会常务委员
顾志成	中华医学会小儿外科学分会小儿肿瘤外科学组委员
顾秀萍	中国妇幼保健协会妇幼微创专业委员会委员
钱 华	中华医学会儿科学分会皮肤学组委员
	中华医学会儿科学分会第十八届委员会皮肤与性病筹备学组委员
倪 宏	中国微循环学会神经保护与康复专业委员会第一届常务委员
	中国研究型医院学会神经再生与修复专业委员会常务委员
	中国妇幼保健协会儿童变态反应专业委员会皮肤学组副组长
	中华医学会行为医学分会青年委员会秘书长
	中华医学会儿科学分会第十七届脑科学委员会委员
	江苏省康复医学会儿童康复专业委员会常务委员
徐永根	江苏省医学会胸外科学分会第七届委员会先心外科学组副组长
凌 婧	中华医学会儿科学分会第十八届委员会血液青年学组副组长
郭万亮	中国抗癌协会肿瘤介入学专业委员会儿童肿瘤专家委员会委员
	中华医学会放射学分会介入专业委员会妇儿介入组委员
唐叶枫	中国医师协会儿童健康专业委员会儿童单纯性肥胖症防治学组委员
诸 俊	中国心胸血管麻醉学会医疗信息技术专业委员会青年委员会委员
陶燕芳	中国中医药研究促进会肝胆病分会委员
黄 洁	中国妇幼保健协会儿童疾病和保健分会青年学组委员
	中华医学会儿科学分会医学教育委员会第十七届委员会委员
	中华医学会儿科学分会第十八届委员会心血管青年学组副组长
	中华医学会儿科学分会心血管学组先心病围产期诊治协作组委员
	中华医学会儿科学分会心血管学组先心病影像学及介入协作组委员

续表

姓名	机构名称及职务
黄志见	中国医师协会美容与整形医师分会小儿整形外科专业委员会第一届委员会委员
	中国整形美容协会血管瘤与脉管畸形整形分会委员
	中华医学会小儿外科分会烧伤整形外科学组委员
	江苏省整形美容协会颅面与儿童整形专业分会副主任委员
黄顺根	中华医学会小儿外科学分会第十届委员会小儿肛肠外科学组委员
黄莉莉	中国分析测试协会标记免疫分析专业委员会第二届委员会委员
黄雅青	中国中药协会儿童健康与药物研究专业委员会青年委员
盛 茂	中国医师协会青春期医学专业委员会第一届青春医学临床影像学组委员
	中国医师协会儿科医师分会儿科影像专业委员会第四届委员会委员
	中国医师协会儿科医师分会儿童影像专业委员会华东协作组组长
	中国医学装备协会磁共振成像装备与技术专业委员会第二届常务委员
	中国妇幼保健协会母胎影像医学专业委员会委员
	中华医学会放射学分会第十五届、十六届委员会儿科学组委员
	中华医学会儿科学分会第十七届委员会放射学组委员
	中华医学会儿科学分会第十八届委员会放射医学筹备学组委员
	江苏省医学会放射学分会第十届委员会儿科学组副组长
	江苏省医师协会放射医师分会第三届委员会儿科学组组长
	江苏省中西医结合学会影像诊断专业委员会儿科学组副组长
阐玉英	中国生命关怀协会人文护理专业委员会委员
	中华医学会儿科学分会第十七届委员会护理学组委员
	江苏省中西医结合学会护理专业委员会副主任委员
梁冠军	中国康复医学会创伤康复专业委员会创伤重症学组候选委员
梁培荣	中华护理学会儿科护理专业委员会第二十七届理事会青年委员
储 蕊	中国中药协会儿童健康与药物研究专业委员会青年委员
鲁 慧	中国中药协会儿童健康与药物研究专业委员会青年委员

续表

姓名	机构名称及职务
甄允方	中国中西医结合学会骨伤科分会第八届委员会肢体矫形功能重建与康复专家委员会委员
窦训武	中华医学会儿科学分会小儿耳鼻咽喉头颈外科学组委员
廖健毅	中国妇幼保健协会妇幼微创专业委员会小儿胸外微创学组委员
	中华医学会小儿外科学分会第十届委员会青年委员
	中华医学会小儿外科学分会小儿心胸外科学组青年委员
缪美华	中华医学会儿科学分会第十八届委员会免疫学组青年委员
樊明月	中国妇幼保健协会妇幼微创专业委员会儿童耳鼻咽喉头颈外科微创学组青年委员
潘江	中国妇幼保健协会妇幼微创专业委员会小儿普外微创学组青年委员
潘健	江苏省免疫学会第二届青年工作委员会常务委员
霍洪亮	中华医学会儿科学分会第十七届委员会康复学组青年委员
魏来	中国康复医学会物理治疗专业委员会第一届儿童物理治疗学组常务委员
	中国康复医学会手功能康复专业委员会第一届儿童手功能康复学组委员
34. 机关与其他部门	
池子华	中国社会史学会慈善史专业委员会副会长
	中国太平天国史研究会常务理事
	中国红十字会第十一届理事会理事
	江苏省孙中山研究会副会长
	江苏省红十字会第十届理事会常务理事
李强伟	江苏省高校工程训练教学研究会第十届理事会副秘书长
张庆	中国高等教育学会教育信息化分会理事会理事
	江苏省高等学校网络技术专业委员会副理事长
	江苏省高等学校教育信息化研究会理事会副秘书长
张志强	全国高等院校计算机基础教育研究会理工专业委员会委员
邵剑平	江苏省高校工程训练教学研究会第十届理事会副理事长
查伟大	江苏省群众文化学会苏派旗袍艺术专业委员会副秘书长

续表

姓名	机构名称及职务
姚志刚	中国分析测试协会高校分析测试分会常务理事
	中国分析测试协会理事
	江苏省分析测试协会副理事长
顾 清	江苏省出版物发行业协会常务理事
	江苏省印刷行业协会常务理事
钱振明	江苏省统一战线理论研究会副会长
徐云龙	江苏省应用型本科高校计算机学科联盟秘书长
徐云鹏	江苏省高校档案研究会常务理事
盛惠良	中国大学出版社协会理事
	江苏省出版协会副会长
傅菊芬	教育部高等学校纺织类专业教学指导委员会服装分委员会委员
	江苏省服装协会常务理事
谢志余	华东高校工程训练/金工教学研究会副理事长、秘书长
缪世林	江苏省高教学会高校成人教育研究会副理事长
	江苏省成人教育协会副会长

2022年党政常设非编机构

苏州大学"双一流"建设领导小组

（苏大委〔2022〕29号）2022年3月11日

组　长：校党委书记、校长
副组长：校领导班子其他成员
成　员：党委办公室、校长办公室、纪委办公室、党委宣传部、学科建设与发展规划处、人力资源处、财务处、教务处、党委学生工作部（学生工作处）、研究生院、科学技术研究院、人文社会科学处、国内合作发展处、国际合作交流处等单位主要负责人。

领导小组办公室设在学科建设与发展规划处，学科建设与发展规划处处长兼任领导小组办公室主任。

苏州大学年度综合考核工作领导小组

（苏大委〔2022〕29号）2022年3月11日

组　长：江　涌　熊思东
副组长：邓　敏　姜建明　宫向阳
成　员：党委办公室、校长办公室、纪委办公室、党委组织部、党委宣传部、机关与直属单位党工委、人力资源处等单位主要负责人。

苏州大学"全国党建工作示范高校"创建工作领导小组

（苏大委〔2022〕44号）2022年4月14日

组　长：江　涌
副组长：邓　敏　王鲁沛　宫向阳
成　员：党委办公室、校长办公室、纪委办公室、党委组织部、党校、党委宣传部、新闻与网络信息办公室、党委统战部、学科建设与发展规划处、人力资源处、党委教师工作部、财务处、党委学生工作部（学生工作处）、党委研究生工作部、党委保卫部（保卫处）、工会、团委等部门主要负责人。

领导小组下设办公室、宣传组、督查组和六个工作专班。
办公室设在党委组织部，负责日常工作和组织协调。

宣传组设在党委宣传部、新闻与网络信息办公室，负责校内外宣传工作。

督查组设在纪委办公室、督查办公室，负责工作落实督查。

政治能力提升工程工作专班由党委办公室牵头负责。

思政铸魂逐梦工程工作专班由党委学生工作部（学生工作处）牵头负责。

人才队伍集聚工程工作专班由人力资源处、党委教师工作部牵头负责。

组织建设强基工程工作专班由党委组织部牵头负责。

宣传文化浸润工程工作专班由党委宣传部牵头负责。

高质量发展攻坚工程工作专班由学科建设与发展规划处牵头负责。

苏州大学体育运动委员会

（苏大〔2022〕18号）2022年9月8日

主　任：王鲁沛

副主任：张　健　陶玉流　王永山　方　亮　董召勤　仇玉山

委　员：党委办公室、校长办公室、党委宣传部、财务处、招生就业处、党委研究生工作部、保卫处、团委、海外教育学院等部门主要负责人，各学院（部）分管学生工作的党委副书记。

苏州大学体育运动委员会办公室挂靠东吴学院。

苏州大学实验室安全工作委员会

（苏大〔2022〕18号）2022年9月8日

主　任：江　涌　张晓宏

副主任：李孝峰　王鲁沛　查佐明

委　员：党委办公室、校长办公室、人力资源处、财务处、教务处、学生工作部（处）、研究生院、科学技术研究院、人文社会科学处、保卫部（处）、后勤管理处、实验室与设备管理处、数据资源与信息化建设管理处等部门主要负责人。

委员会下设办公室于实验室与设备管理处，由处长兼任办公室主任。

各有关学院（部）成立实验室安全工作分委员会，由学院（部）党政主要负责人任主任，成员包括分管负责人、专家和学生代表，名单报送苏州大学实验室安全工作委员会办公室。

苏州大学党的建设与全面从严治党工作领导小组

（苏大委〔2022〕164号）2022年11月9日

组　长：江　涌

副组长：张晓宏　邓　敏　王鲁沛　宫向阳

成　员：党委办公室、党委组织部、党委宣传部、党委统战部、纪委办公室、党校、党委离退休工作部、党委学生工作部、党委研究生工作部、党委教师工作部、党委保卫部等部门主要负责人。

领导小组办公室设在党委办公室，办公室主任由党委办公室主任兼任。

苏州大学保密委员会（密码工作领导小组）

（苏大委〔2022〕164号）2022年11月9日

主　　任：江　涌

副主任：邓　敏　李孝峰

委　　员：党委办公室、校长办公室、纪委办公室、党委组织部、党委宣传部、党委统战部、学科建设与发展规划处、人力资源处、财务处、审计处、教务处、招生就业处、研究生院、科学技术研究院、人文社会科学处、继续教育学院、国际合作交流处、港澳台办公室、保卫部（处）、后勤管理处、档案馆、数据资源与信息化建设管理处等单位主要负责人，以及承担军工科研项目学院的主要负责人。

学校保密委员会负责领导全校保密工作，包括电子政务内网安全保密工作、密码工作等，日常具体保密管理工作由保密委员会办公室负责。

苏州大学年度综合考核工作领导小组

（苏大委〔2022〕165号）2022年11月9日

组　　长：江　涌　张晓宏

副组长：邓　敏　官向阳

成　　员：党委办公室、校长办公室、纪委办公室、党委组织部、党委宣传部、机关与直属单位党工委、人力资源处等单位主要负责人。

苏州大学师德建设委员会

（苏大委〔2022〕165号）2022年11月9日

主　　任：江　涌　张晓宏

副主任：邓　敏

委　　员：党委办公室、校长办公室、党委组织部、党委宣传部、党委教师工作部、人力资源处、教务处、学生工作部（处）、研究生院、党委研究生工作部、科学技术研究院、人文社会科学处、保卫部（处）、工会、团委、校学术委员会秘书处等部门单位主要负责人。

师德建设委员会办公室设在党委教师工作部，办公室主任由党委教师工作部部长兼任。

苏州大学安全工作委员会

(苏大委〔2022〕165号) 2022年11月9日

主　　任：江　涌　张晓宏
副 主 任：王鲁沛　邓　敏　李孝峰　查佐明
委　　员：党委办公室、校长办公室、党委宣传部、党委统战部、党委离退休工作部（处）、工会、团委、人力资源处、党委教师工作部、财务处、教务处、学生工作部（处）、研究生院、党委研究生工作部、科学技术研究院、人文社会科学处、实验室与设备管理处、继续教育学院、国际交流合作处、港澳台办公室、海外教育学院、保卫部（处）、后勤管理处、基本建设处、图书馆、档案馆、数据资源与信息化建设管理处等部门单位主要负责人。

安全工作委员会负责全校范围的校园治安综合治理、校园反恐、安全稳定、安全生产大检查和校园安全专项整治等安全工作。

安全工作委员会办公室设在保卫部（处），办公室主任由保卫部（处）部（处）长兼任。

苏州大学网络安全与信息化工作领导小组

(苏大委〔2022〕165号) 2022年11月9日

组　　长：江　涌　张晓宏
副 组 长：邓　敏　王鲁沛　洪　晔
成　　员：党委办公室、校长办公室、党委宣传部、人力资源处、财务处、教务处、招生就业处、学生工作部（处）、研究生院、科学技术研究院、人文社会科学处、国有资产管理处、继续教育学院、国际合作交流处、保卫部（处）、后勤管理处、图书馆、档案馆、数据资源与信息化建设管理处等部门单位主要负责人。

领导小组设办公室于数据资源与信息化建设管理处，办公室主任由数据资源与信息化建设管理处处长兼任。

2022年苏州大学及各校友分会主要负责人情况

一、苏州大学第五届理事会成员

  会 长：张晓宏
  副 会 长：沈明荣
  常务理事：(按姓名笔画排列)
    于毓蓝 于潜驰 王云杰 王殳凹 刘子静 刘春雷 吴 江
    沈明荣 张晓宏 陆 岸 茅海燕 徐 冉 董召勤 熊思东
    缪世林
  理 事：(按姓名笔画排列)
    于毓蓝 于潜驰 王云杰 王殳凹 刘子静 刘春雷 吴 江
    沈明荣 张晓宏 陆 岸 茅海燕 徐 冉 董召勤 熊思东
    缪世林及校内外各校友分会会长
  监 事：(按姓名笔画排列)
    徐昳荃 陶培之 黄志斌
  秘 书 长：陆 岸
  副秘书长：徐 冉 刘子静

二、苏州大学各校友分会主要负责人情况（按成立时间排序）

北美校友会	会　长	陶福明	美国加利福尼亚州立大学化学与生物化学系教授
	秘书长	李　凯	无锡药明生物技术股份有限公司高级主任
新疆校友会	会　长	张自力	乌鲁木齐市科学技术协会主席
陕西校友会	会　长	刘曼丽	陕西省纺织行业协会副秘书长
	秘书长	张志安	陕西德鑫隆物资贸易有限公司高级工程师
广东校友会	会　长	柯惠琪	广东省丝绸纺织集团有限公司原董事长
	秘书长	张秀萍	广州医科大学附属肿瘤医院放疗科主任
苏州校友会	会　长	庄　志	苏州市英格玛人力资源有限公司董事长兼总裁

	秘书长	马　菁	苏州校友会专职秘书长
日本校友会	会　长	郭试瑜	日本昭和大学医学部教授、原中国留日同学总会会长
四川校友会	会　长	胡元遂	四川民康印染有限公司总经理
	秘书长	卜献鸿	四川省丝绸科学研究院有限公司高级工程师
山东校友会	会　长	高亚军	山东省丝绸集团有限公司总工程师
	秘书长	何　斌	山东广润丝绸有限公司董事长
北京校友会	会　长	何加正	邻里中国网总裁、原人民网总裁
	秘书长	阚敬侠	中华全国新闻工作者协会调研员
上海校友会	会　长	钱天东	上海交通大学产业投资管理（集团）有限公司党委书记兼董事长
	秘书长	周桂荣	上海万序计算机科技有限公司副总经理
辽宁校友会	会　长	于有生	辽宁省丹东丝绸有限责任公司总经理
	秘书长	张　夏	辽东学院高职处原处长
南京校友会	会　长	葛韶华	江苏省委宣传部原副部长、省老龄协会常务副会长
	秘书长	陈建刚	江苏省人大常委会秘书长、党组成员、机关党组书记
盐城校友会	会　长	谷汉先	盐城卫生学校原校长
	秘书长	盛同新	盐城市政府接待办原副主任
淮安校友会	会　长	荀德麟	淮安市政协原副主席
	秘书长	秦宁生	淮安市委党校原副校长
镇江校友会	会　长	尹卫东	江苏省纪律检查委员会副书记、省监察委员会副主任
	秘书长	徐　萍	镇江市人大常委会副秘书长、办公室主任
广西校友会	会　长	邓新荣	广西产品质量检验研究院高级工程师
扬州校友会	会　长	颜志林	扬州市文广新局原党委书记、副局长
	秘书长	周　彪	扬州市老干部活动中心原主任
江西校友会	会　长	刘琴远	南昌解放军第94医院肛肠外科主任
	秘书长	郭　斌	南昌大学第二附属医院骨科主任
常熟校友会	会　长	殷东明	常熟市教育局原局长
	秘书长	顾伟光	江苏省常熟中学原党委书记
徐州校友会	会　长	宋农村	徐州工程学院原副院长
	秘书长	李昌昊	徐州市委改革办副主任
南通校友会	会　长	娄炳南	南通市人大常委会原副秘书长
	秘书长	景　迅	南通市人大研究室主任
吴江校友会	会　长	王海鹰	苏州市吴江区政协原秘书长
	秘书长	朱金兆	苏州市吴江区政协经济科技委员会主任
无锡校友会	会　长	周解清	无锡市人大常委会原主任

	秘书长	任明兴	无锡市滨湖区城市管理局原局长
常州校友会	会　长	冯国平	常州纺织服装职业技术学院原院长
	秘书长	李沛然	常州市人民政府副秘书长、市级机关事务管理局局长
连云港校友会	会　长	李宏伟	连云港市教育局副局长
	秘书长	龚建华	连云港市台办主任
泰州校友会	会　长	周书国	泰州市政协原副主席、市委统战部原部长
	秘书长	封桂林	泰州市福融投资管理有限公司名誉董事长
太仓校友会	会　长	邱震德	太仓市政协主席
	秘书长	陈　伟	太仓市委党校原常务副校长
内蒙古校友会	会　长	红　胜	锡林郭勒职业学院原副院长
	秘书长	吴和平	锡林郭勒盟医院原院长
浙江校友会	会　长	李建华	杭州万事利丝绸文化股份有限公司董事长
	秘书长	周　颖	浙江丝绸科技有限公司高级工程师
安徽校友会	会　长	陶文瑞	安徽省天彩丝绸有限公司原总经理
	秘书长	张　颖	安徽省天彩丝绸有限公司副总经理
张家港校友会	会　长	钱学仁	张家港市政协原主席
	秘书长	张明国	张家港市发展和改革委员会副主任
湖北校友会	会　长	朱细秋	湖北省武汉女子监狱副监狱长
	秘书长	王克作	湖北省纤维制品检测中心专职主任、高级工程师
湖南校友会	会　长	李　平	湖南中医药大学第一附属医院放射科主任
	秘书长	刘卫平	中铁建电气化局集团第四工程有限公司经理
甘肃校友会	会　长	张义江	兰州石化总医院原院长
	秘书长	米泰宇	兰州市第二人民医院普外科主任
天津校友会	会　长	崔笑飞	天津市滨海新区纪委常委、监委委员
	秘书长	孟令慧	中国电信天津市分公司四分公司副总经理
山西校友会	会　长	常学奇	中国辐射防护研究院院长
	秘书长	赵向南	《山西日报》政法部记者
重庆校友会	会　长	黄义奎	重庆威琅人力资源服务有限公司董事长兼总裁
	秘书长	张　玲	重庆市纤维织品检验所科长
福建校友会	会　长	苏庆灿	华夏眼科医院集团股份有限公司董事长
	秘书长	叶　玲	中国农业银行厦门市分行个人业务处经理
河北校友会	会　长	刘立文	中国联通河北省分公司经理
	秘书长	石　嵘	石家庄市医疗保险管理中心运管五处处长
宿迁校友会	会　长	贡光治	宿迁市政协原副主席、市教育督导室主任
	秘书长	刘立新	宿迁市政府副秘书长

爱尔兰校友会	会　长	汪江淮	爱尔兰国立科克大学医学院外科学教研室主任
	秘书长	陈　刚	都柏林大学附属医院临床外科研究室博士、教授
英国校友会	会　长	叶　兰	英国威尔士大学职员
	秘书长	卜庆修	英国贝尔法斯特女王大学法学院博士
法国校友会	会　长	陆肇阳	蒙彼利埃大学医学院血液研究所副主任、教授、博士
黑龙江校友会	会　长	冯　军	哈尔滨医科大学附属肿瘤医院原党委书记
	秘书长	邵玉彬	哈尔滨麻绢纺厂职工
河南校友会	会　长	李晓春	河南工程学院副院长
	秘书长	陶建民	河南农业大学教务处副处长
新西兰校友会	会　长	王小选	奥克兰 Brand Works 公司总经理
	秘书长	范士林	新西兰华文文化沙龙理事、总编辑
云南校友会	会　长	余化霖	昆明医科大学第一附属医院微创神经外科主任、博士生导师
澳大利亚校友会	会　长	陈宝南	阿德莱德大学医学院教授
	秘书长	殷建林	悉尼大学医学院教授
贵州校友会	会　长	赵继勇	贵州省遵义市红花岗区科技局原局长
	秘书长	李　钦	贵州省遵义市红花岗区财政局政府采购科主任
海南校友会	会　长	孙　武	海南省海口市科学技术和工业信息化局信息化处副处长
	秘书长	魏承敬	海南千家乐贸易有限公司副总经理
德国校友会	会　长	施晶丹	中德医养结合咨询培训有限公司总经理
印度校友会	会　长	KARTIKEYA CHATURVEDI	Chaturvedi Hospital Nagpur 医生
	秘书长	MOHIT PAREKH	Medanta Hospital Delhi 医生
青岛校友会	会　长	张声远	青岛科技大学艺术学院艺术设计系主任
	秘书长	栾强军	青岛汇邦家纺有限公司经理
宁波校友会	会　长	覃进钊	宁波朗易金属制品有限公司总经理
	秘书长	董肖宇	浙江纺织服装职业技术学院艺术与设计学院教师
MBA 校友会	会　长	田柏忠	苏州渠道通网络科技有限公司董事长
	秘书长	姚　远	苏州半杯水投资管理有限公司总经理
尼日利亚校友会	会　长	金　凯	暂无
	秘书长	欧莎莉	暂无
青创校友联盟	会　长	吴志祥	同程控股集团股份有限公司创始人兼董事长
	秘书长	姚　远	苏州半杯水投资管理有限公司总经理

湖州校友会	会　长	张伟华	浙江水乡人律师事务所合伙人
	秘书长	俞根华	湖州市中心医院医生
建筑与房地产校友会	会　长	吴永发	苏州大学金螳螂建筑学院院长
	秘书长	付正乔	《苏州楼市》主编
台湾校友会	会　长	柴御清	台湾中州科技大学董事长
	秘书长	谢清隆	台湾中州科技大学副校长
上海青创校友联盟	会　长	钱天东	上海交通大学产业投资管理（集团）有限公司党委书记兼董事长
	秘书长	陈建江	上海梓兴实业有限公司总经理
轨道交通校友会	会　长	王妤岌	南通市规划编制研究中心科员
	秘书长	陈俊玮	常州市新北区委组织部人才工作处
光伏校友会	会　长	吴小平	苏州赛伍应用技术股份有限公司董事长
	秘书长	刘俊杰	上海朔日太低碳科技有限公司市场总监
生物校友会	会　长	陆　挺	苏州大学药学院教授
	秘书长	韩金星	南京百思勤科学仪器有限公司总经理
文艺校友会	会　长	龚　园	男高音歌唱家
	秘书长	王小林	苏州市文化市场综合执法支队支队长
韩国校友会	会　长	崔桐熏	应用材料（中国）有限公司认证工程师
物理校友会	会　长	王振明	江苏捷美投资发展集团有限公司董事长
医学校友会	会　长	郁霞秋	长江润发集团有限公司董事局副主席兼总裁
	秘书长	陈伟华	上海百谷源网络科技有限公司总经理
加拿大校友会	会　长	余　梅	多伦多大学分子医学研究院原研究员
	秘书长	李渊顺	加拿大瑞尔森大学金融系副教授
高管教育校友联盟	会　长	窦保华	江苏艾锐博精密金属科技有限公司董事长
	秘书长	应辉杰	苏州赛格电子市场管理有限公司董事长

院（部）简介

文 学 院

一、学院概况

在文学院 100 多年的办学历史上,曾有一批学术大师在此执教,其中包括黄人、章炳麟、吴梅、金叔远、唐文治、陈衍、王蘧常、曹元弼、钱基博、钱仲联、吕思勉、周予同、蔡尚思、周谷城、胡曲园、朱东润、许国璋、沈祖棻、苏雪林等人。

文学院坐落于苏州工业园区风景如画的独墅湖畔。学院现有中文系、汉语国际教育系、秘书学系 3 个系,汉语言文学(基地)、汉语言文学(师范)、汉语国际教育、秘书学 4 个本科专业(方向),1 个海外教育中心,1 个省级重点研究基地(江苏当代作家研究基地),设有 10 多个校级、院级研究中心。1981 年,恢复学位制度,中国古代文学专业被国务院批准为首批博士点,为苏州大学的发展奠定了基础。学院现有 1 个一级学科博士点(中国语言文学),设有 1 个博士后科研流动站,9 个博士点(含方向);1 个一级学科硕士学位授权点(中国语言文学),8 个学术型学位硕士点,2 个专业学位硕士点。

学院拥有 1 个国家文科基础学科人才培养和科学研究基地,1 个国家特色专业(汉语言文学)。学院师资力量雄厚,形成了一支高学历、高职称、教学经验丰富、学术造诣深厚、梯队结构合理的教学研究队伍。

中国语言文学一级学科连续承担了三期"211 工程"重点学科建设项目。在原有的中国古代文学、中国现当代文学、文艺学 3 个省级重点学科的基础上,中国语言文学一级学科 2008 年被批准为省级重点学科,2009 年被遴选为江苏省国家一级重点学科培育建设点,2014 年获批江苏省优势学科重点序列学科,2018 年被列入江苏高校优势学科建设工程三期项目。

多年来,学院教学与科研协调发展,为国家培养了国家级和省级教学名师、"鲁迅文学奖"获得者、"紫金文化奖章"获得者在内的万余名学子,办学声誉日隆。

二、教学工作

1. 本科生教学工作

牢固树立发展为要的理念,努力开拓学科资源。为进一步提升学院专业建设水平,邀请南京大学、复旦大学、华东师范大学、安徽大学、上海师范大学等高校和科研院所的多位著名学者来学院开展讲座,介绍学科专业建设经验。

以生为本,切实加强学风建设。第一,继续完善院领导联系专业制度。曹炜院长联系汉语言文学(基地)专业,孙宁华书记联系汉语国际教育专业,阴浩副书记联系秘书学专业，束霞平和周生杰两位副院长联系汉语言文学（师范）专业。第二，继续提升国家文科基地专业建设。为了加强文科汉语言文学（基地）专业建设，探索综合素养高的人才培养模式，学院提出更加明确和更高要求的人才建设目标。第三，深化本科生导师制。学院以汉语言文学（基地）专业为试点，每5名学生聘请1名导师，学院和导师签订合同，并为其颁发聘书。下一步要将这一制度向各个专业推广。第四，规范管理本科生必读书。完善本科生必读书管理制度，组织教师为70种必读书撰写导读，并予以出版。第五，继续举办高端学术讲坛。为打造最高水平的学术交流名片，促进学生对学术界的认识和与学术界的交流，学院创办仲联学术讲坛和东吴语文教学讲坛，着力打造比肩国内知名大学的学术高地，让学生在校园内就可以聆听到国内外学术大师的讲座，开阔学术眼界，培养科研兴趣和能力，提升综合素质。2022年，学院共举办仲联学术讲坛6场次，东吴语文教学论坛3场次，普通学术讲座26次。

2. 研究生教学工作

学院党政领导高度重视研究生培养管理工作，导师与行政教辅人员全力保障，落实立德树人根本任务，开展研究生思想政治教育工作。面向研究生开展培育和践行社会主义核心价值观教育，全面推进研究生"三全育人"工作。

2022年，学院获苏州大学研究生课程思政示范课程立项1项；获江苏省高校研究生科研与实践创新计划项目6项；获第七届江浙沪汉语国际教育专业硕士汉语教学技能大赛一等奖1项、二等奖1项、三等奖1项；获2022年江苏省研究生汉语国际教学技能暨中华才艺大赛一等奖1项、二等奖2项、三等奖1项；获2022年全国"田家炳杯"全日制教育硕士专业学位研究生学科教学（语文）专业教学技能大赛决赛三等奖1项、优秀教学设计奖1项。

三、科研工作与学术交流

1. 科研项目及成果

科研工作再上新台阶。2022年，学院获得江苏省第十七届哲学社会科学优秀成果奖一等奖1项（汤哲声）、二等奖2项（季进、张蕾）、三等奖1项（朱玲），苏州市第十六届哲学社会科学优秀成果奖4项；获批国家社科基金艺术学重点项目1项（高永奇冷门绝学专项《莽汉词典的编纂与莽语的跟踪调查研究》），一般项目和青年项目各1项；省部级项目3项，市厅级项目2项。学院师生发表核心期刊论文118余篇（其中，《中国社会科学文摘》1篇，《文学评论》2篇，《中国语文》1篇），出版专著（教材）35部。

2. 国内外学术交流情况

全面深化积极推动国际化办学。2022年，学院的3个中外合作联合培养项目继续顺利开展，它们分别是尼日利亚拉各斯大学、韩国大真大学、老挝苏州大学项目，通过"1+2+1""2+2"等丰富多样的联合培养模式，继续扎实推动国际化人才培养。疫情常态化下，为了更好地服务学院的国际学生，学院采用线上、线下相结合的授课方式，利用腾讯会议、Zoom、微信群及邮件，打造线上学习交流平台，把留学生线上教学、管理和校园生活充分融合。2022年，学院汉语国际教育专业邵传永老师继续常驻老挝苏州大学开展汉语教学工作。为搭建与中国老师、同学沟通交流的平台，学院举办苏州大学-拉各斯大学中国学专业建设提升项目之"学在中国"线上分享会、举行苏州大学"云山隔万重，寸心连千里"国际学生赋能提升培训项目线上开班仪式并搭建中韩语音实验室，不断提升国际学生的汉语能力和专业素养。2022年年底，在学院挂牌成立苏州大学中巴犍陀罗文化艺术中心、苏州大学文学院·NUST CSC 国际学生实训基地，与巴基斯坦在人才培养、人文合作、科学研究方面开展合作。

四、学院重大事项

（1）学院与唐文治书院联合策划"夏季学术周"系列活动，邀请6位著名学者以腾讯会议的形式，发表视频讲座。

（2）学院汉语国际教育专业成功入选国家级一流本科专业建设点。

（3）学院汉语言文学（师范）专业顺利通过教育部第二级专业认证。

（4）"中国现当代通俗小说与网络小说"学术研讨会暨同名新书发布会在苏州召开，会议由学院和苏州大学社科处、教务处主办，由高等教育出版社协办。

（5）由陕西省作家协会与苏州大学主办，陕西文学院、苏州大学文学院、《小说评论》编辑部、苏州大学江苏当代作家研究基地共同承办的《小说评论》2022年度高峰论坛暨第二届年度优秀论文奖颁奖仪式在苏州举行。

（6）江苏文脉与中国古代文学研究暨江苏省古代文学学会第五届年会在苏州召开。本次会议由江苏省古代文学学会主办，苏州大学文学院、苏州城市学院城市文化与传播学院承办。

（7）在巴基斯坦中国研究中心的支持下，苏州大学文学院与巴基斯坦国立科技大学合作成立了中巴犍陀罗文化艺术中心和国际学生实训基地。苏州大学中巴犍陀罗文化艺术中心揭牌仪式顺利举行。

传媒学院

一、学院概况

2019年7月，江苏省委宣传部、苏州市委宣传部与苏州大学三方共建传媒学院，并每年拨付一定的经费，支持传媒学院的建设发展。

学院坚持"人才强院"战略，现有教职工75人，其中，专任教师53人，包括教授13人、副教授19人；拥有江苏省"333工程"青年科技带头人1人，江苏省"青蓝工程"优秀青年骨干教师2人，东吴中青年学者1人，姑苏宣传文化领军人才1人，教育部、中宣部新闻媒体机构与高校互聘"千人计划"2人。学院还聘请了5位讲座教授、3位客座教授、30余位海内外知名的新闻传播学者和业界人士担任学院的兼职教授或兼职导师。

学院现有二级学科博士点1个：媒介与文化产业；一级学科硕士点1个：新闻传播学；专业学位硕士点1个：新闻与传播；本科专业4个：新闻学、广告学、网络与新媒体、播音与主持艺术。新闻学、广告学为国家一流本科专业建设点。

学院现有在校全日制学生1000余人，其中，本科生近800人，硕士生、博士生360余人；其他继续教育学生1000余人。

学院下设新闻系、广播电视系、广告系和数字传播系；设有新媒介与青年文化研究中心、电影电视艺术研究所、融媒体发展研究院、江苏对外传播研究院、建设性新闻研究中心、苏州直播电商研究院等校级研究机构；拥有"传播与社会治理研究"创新团队、高校社科传播与应用基地、江苏哲学社会科学协同创新研究基地3个省级科研平台；建有"传播与社会治理"团队、"传播与文化认同"团队、"科技传播"团队，其中，"传播与社会治理"团队为江苏高校哲学社会科学优秀创新团队。

学院建有江苏省省级实验教学示范中心——传媒与文学实验教学中心，拥有演播厅、摄影棚、录音棚、新媒体实验室、播音主持语言实验室、电视摄像实验室、计算机图文设计实验室、电视鉴赏实验室、非线性编辑实验室、达·芬奇影视后期调色实验室、动漫游戏制作实验室、电视节目制作室、数码艺术工作室、影视艺术工作室、网络与新媒体工作室、数字人文交叉学科实验室。

学院在新华报业传媒集团、苏州广播电视总台、苏州报业传媒集团等多个媒体单位建立了实践实习基地，并主动对接相关高层次媒体和企业平台，为学生实习、就业提供了更多的高层次平台和机会。学院每年举办国际大学生新媒体节，激发学生的创新精神和创意思维；定期聘请学界知名学者和业界资深人士来校举办马克思主义新闻观专题讲座。

二、教学工作

1. 本科生教学工作

2022年，学院本科生教学工作先后完成了专业分流、转专业、本科毕业论文答辩、新生入学指导等阶段性工作，并取得了优异成绩：1门课程获第二批国家级和首批省级一流本科线上线下混合式课程，1门课程获第二届江苏省高校教师教学创新大赛选拔赛特等奖、第二届全国高校教师教学创新大赛二等奖；江苏省高校美育精品课程1门，江苏省高等学校劳动教育优秀实践项目1项，苏州大学精品在线开放课程1门，获苏州大学教学成果奖1项，苏州大学虚拟教研室项目1项；江苏省优秀本科毕业论文1篇，获批"箸政基金"项目1项，省级重点创业训练项目4项，省级一般创新项目2项；大学生创新创业训练计划项目结题1项，成绩优秀；与云南民族大学联合召开专业建设研讨会，播音与主持艺术教学团队通过学校结项验收。

2022年，学院本科生参加竞赛共获奖220项，其中，国家级奖项22项，省级奖项132项，市级奖项5项，校级奖项61项；科研项目立项64项，其中，"箸政基金"项目1项，大学生创新创业训练计划省级创新训练项目6项；发表论文36篇。本科生就业率为94.84%。

2. 研究生教学工作

2022年，学院获苏州大学研究生课程思政示范项目1项，江苏省研究生优秀教学案例1个，江苏省研究生工作站2个，江苏省研究生科研与实践创新计划项目结题2项，研究生课程思政示范课程结项1项，江苏省广告人才培养实践基地建设点1个，周氏教育科研奖1项，江苏省研究生科研与实践创新计划2项。举办第十一届新闻学与传播学博士生国际学术研讨会。研究生就业率为100%。

三、科研工作与学术交流

1. 学科建设

积极推进"双一流"学科建设，学院获批"新文科"建设试点单位，获"登峰计划"资助40万元，获批学科发展基金160万元。在学校"登峰计划"和学科发展基金的支持下，建成了大数据交叉学科实验室。广告学专业获批国家一流本科专业建设点。

2. 科研工作

2022年，学院有4人获得国家社科基金项目，1人获得国家自然科学基金项目，国家社科基金后期资助项目数也有突破。获批省部级社科基金项目3项；横向项目20余项，到账经费280多万元。成果奖包括省级社科奖4项（其中，一等奖1项，二等奖2项）、市厅级社科奖3项。

3. 国内外学术交流情况

2022年，学院主办了第六届国际大学生新媒体节、第十五届中国传播学大会暨中国传播学40周年纪念大会、第十一届新闻学与传播学博士生国际学术研讨会、数字文化传播研讨会、以"平台、技术、文化"为主题的第三届"数字平台研究"工作坊，承办了江苏省哲学社会科学界第十六届学术大会新文科建设专场。

四、学院重大事项

（1）5月3日，学院荣获2021年度苏州大学综合考核第一等次，被授予"立德树人先进单位"称号。

（2）7月2日，学院举办第十五届中国传播学大会暨中国传播学40周年纪念大会。

（3）7月30日，学院冯洋老师主讲的"诵读指导实践"课程荣获第二届全国高校教师教学创新大赛总决赛二等奖。

（4）9月21日，学院"高校社科传播与应用基地"获批江苏省高校社科普及基地。

（5）11月13日，学院本科生团队"缪斯之音——基于人工智能的个性化音乐定制"项目获第八届中国国际"互联网+"大学生创新创业大赛全国总决赛银奖。

（6）11月16日，苏州大学获批江苏省广告人才培养实践基地建设试点单位。

（7）11月20日，学院举办第六届国际大学生新媒体节暨新媒体原创作品大赛。

（8）11月26日，学院主办第十一届新闻学与传播学博士生国际学术研讨会。

（9）12月14日，学院承办江苏省哲学社会科学界第十六届学术大会新文科建设专场。

社 会 学 院

一、学院概况

苏州大学社会学院是苏州大学下属的二级学院之一，其前身可以追溯到东吴大学时期。1953年，江苏师范学院设立历史专修科；1955年，著名的历史学家柴德赓教授受命创建历史学系；1995年，历史学系更名为社会学院。

学院现设历史学系[含历史学、历史学（师范）专业]、档案与电子政务系（含档案学、信息资源管理专业）、社会学与社会工作系（含社会学、社会工作专业）、旅游管理系、劳动与社会保障系，共5个系、7个本科专业。学院现有中国史一级学科博士点，旅游管理二级学科博士点，中国史博士后科研流动站；4个一级学科硕士点，13个二级学科硕士点，4个专业学位硕士点。中国史是江苏省"十四五"重点学科，历史学（师范）专业为国家级一流本科专业建设点和江苏省品牌专业建设点，档案学专业为国家级一流本科专业建设点、江苏省品牌专业建设点和国家级特色专业，社会学专业为国家级一流本科专业建设点和江苏省品牌专业建设点，信息资源管理专业为江苏省一流本科专业建设点。江苏省哲学社会科学重点研究基地"吴文化研究基地"、江苏省大运河文化带建设研究院苏州分院暨苏州大运河文化带建设研究院、江苏红十字运动研究基地、江苏省铸牢中华民族共同体意识研究基地，以及苏州大学苏南发展研究院、苏州大学吴文化国际研究中心、社会与发展研究所、苏州大学（苏州市）人口研究所等省、校级科研机构附设于本院。

学院现有教职工114人，其中，专任教师93人。学院专任教师中具有副高及以上技术职务者65人（教授27人，副教授38人），正、副教授占专任教师的69.89%；有博士生导师18人，硕士生导师64人。学院还聘任多位国内外著名的专家学者为兼职教授。

二、教学工作

1. 本科生教学工作

社会学专业在入选省级一流本科专业建设点的基础上，2022年成功入选国家级一流本科专业建设点。王芹教授主编的"十三五"江苏省高等学校重点教材《电子政务概论十讲》出版；吴文化史教学团队在荣获苏州大学一流本科教学团队的基础上，又入选苏州市本科院校优秀教学团队立项建设。历史学拔尖人才培养基地入选校级基础学科拔尖学生培养计划2.0基地建设，吴文化课程群虚拟教研室入选苏州大学虚拟教研室建设项目A类。谢诗艺老师获江苏省微课教学比赛一等奖，张程娟老师获"领航杯"江苏省教师信息素养提升实践活动三等奖。

2. 研究生教学工作

博士生郑丽娜的"苏州旅游'本地生活化'的成因机制及对策实证研究"及硕士生周悦的"清宫苏宴的食方之道研究"获得江苏省研究生科研与实践创新计划立项；学科教学（历史）硕士生王姿倩在"武进人才杯"江苏省第十七届大学生职业规划大赛中荣获研究生赛道一等奖；学科教学（历史）硕士生徐寅洁、朱靖文在"田家炳杯"教学技能竞赛中分获一等奖、三等奖，侯德仁老师获"优秀指导教师"称号。

三、科研工作与学术交流

1. 科研项目与成果

2022年，学院科研工作持续发力。学院成功申报国家级项目6项、省部级项目7项、市厅级项目多项。纵向项目到账经费143.33万元，横向项目到账经费358.07万元；全院教师出版学术著作13部，在SSCI期刊、TOP期刊、一类核心期刊上发表论文9篇，在二类刊物上发表论文33篇；获省部级领导批示13项；主办和承办高层次学术研讨会各1场。

2. 国内外学术交流

2022年，学院邀请国内外知名专家来学院进行学术交流并做学术报告，有上海交通大学国际与公共事务学院徐家良教授、四川大学历史文化学院周月峰教授、华东师范大学历史学系李磊教授、复旦大学中国历史地理研究所杨伟兵教授、首都师范大学历史学院陈晓华教授、中国人民大学国学院孙闻博副教授、上海师范大学人文学院黄艳红研究员、首都师范大学历史学院乔瑜副教授、浙江省文物考古研究所郑嘉励副所长、常州市历史教研员黄天庆老师、江苏省历史特级教师张华中老师、重庆市江津中学黄童超老师等20余人次。

四、党建与学生工作

2022年，学院党委把全院党员和师生员工的思想与行动统一到党中央、江苏省委、苏州市委和学校党委的决策部署上来，围绕"十四五"学院规划目标，聚焦高质量发展，扛起办学治院的主体责任，凝心聚力开创学院党建工作发展新局面。

1. 党委工作

①持续深化习近平新时代中国特色社会主义思想学习教育。②及时开展党的二十大精神宣传学习。围绕学习宣传贯彻党的二十大精神，为全院党员购买党的二十大精神学习用书，制作系列推送，开展系列活动。③巩固党史学习教育，开展红色经典诵读等活动。④加强学院干部队伍建设，进一步提高学院党校党员教育和入党积极分子培养的质量与水平。⑤履行党委意识形态工作责任制，强化意识形态工作阵地管理。⑥落实全面从严治党主体责任，发挥思政人引领作用。⑦加强党的组织建设，争创样板支部，开展形式多样的党课及党日活动。⑧加强党风廉政建设，利用党委会、党支部书记会、全院教师大会经常性开展党性党风党纪、廉政勤政教育，加强作风效能建设，组织纪检委员专题培训。⑨做好群团、关工委和统战工作。坚持党对群团组织的领导和指导，搭建离退休

老同志与大学生沟通的桥梁,密切联系学院党外知识分子老师。⑩统筹做好疫情防控,维护校园稳定,加强师生保密教育。

2. 关工委工作

学院落实关工委领导班子"双职制",按照建设"学习型、服务型、调研型、创新型"关工委的要求,不断加强自身建设。开展的主要活动有:①"薪火计划"持续开展:"建团百年,薪火相传"之"三行情书献给团"系列活动。②"红色党建"活动深入开展:"红色经典诵读"系列活动。③退休党员讲党课:退休教师给本科生新生、研究生新生开展入学教育专题讲座。扎实有序推进关工委优质化建设均衡发展,强化关工委常态化建设持续巩固提高。

3. 学生工作

学院开展的学生工作坚守"立根铸魂、陪伴成长"的理念,通过"明德""笃学""力行""修身"4个计划,将"铸魂逐梦"工程融入学生思想道德教育、文化知识教育、社会实践教育等各个环节中,构建和完善德智体美劳全面育人体系。

结合中国共产党第二十次全国代表大会的召开,组织开展"听党话、跟党走"系列活动,组织团日活动125场,开展专题信仰公开课154场,组织"团干部培优增能工程"系列活动11场。在做好基层组织建设的同时,专注打造"随思想引领""我们的节日"等品牌活动。针对不同年级、不同阶段的学生,组织开展社会学院"铸魂逐梦、精准陪伴"系列活动。分层分类,开展思想、生活、学业引领等精准陪伴活动。在考研率逐步提高的同时,做好出国留学生的服务工作。2022届本科毕业生中有16人成功申请国外学校,1名学生赴澳门城市大学交换学习(全校仅2人)。在就业方面,组建学院2022届就业帮扶工作组,精准帮扶就业困难学生,实时掌握学生就业情况,开展社会学院"就·行"系列活动,全方位整合资源、共同推进就业工作稳步开展。狠抓学风建设,结合优良学风班评选活动,营造良好氛围,激发学生学习的内生动力。

五、学院重大事项

(1) 社会学专业入选国家级一流本科专业建设点和江苏省品牌专业建设点,信息资源管理专业入选江苏省一流本科专业建设点。

(2) 周毅教授"公共信息服务社会共治理论与实践研究"成果入选《国家哲学社会科学成果文库》。

(3) 黄鸿山教授入选江苏省第六期"333工程"第二层次培养对象。

(4) 国家级科研项目立项6项,其中,国家社科基金一般项目3项,国家社科基金后期资助项目2项,国家哲学社会科学成果文库1项;省部级项目7项。

(5) 主办高层次学术研讨会1场:中国社会科学院近代史研究所第24届青年学术论坛;承办1场:第三届"苏州最江南"学术论坛。

政治与公共管理学院

一、学院概况

学院最早可追溯到 20 世纪 20 年代东吴大学创办的政治学科（东吴政治学），1995 年，学院由学校政治系与马列部合并组建而成。其后，苏州蚕桑专科学校、苏州丝绸工学院、苏州医学院相关系科专业先后并入，形成了全新意义上的政治与公共管理学院。学院现有 2 个一级学科博士点，2 个一级学科博士后科研流动站，4 个一级学科硕士点和公共管理硕士（MPA）一级专业学位硕士点，以及 16 个二级硕士点；地方政府与社会管理为江苏省首期优势学科，政治学为江苏省二期优势学科，哲学为江苏省一级重点学科。学院拥有老挝-大湄公河次区域国家研究中心等省部级研究基地和东吴哲学研究所等 10 多个校级研究院、所、中心。目前，学院在读全日制本科生近 1 300 人、研究生（全日制博士生、硕士生和专业学位研究生）1 300 多人，基本形成了研究型学院的发展态势。

学院下设哲学、公共管理、管理科学、政治科学 4 个系科，共有 6 个本科专业及 1 个中外合作办学本科教育项目。教职工 155 人，其中，专任教师 114 人（教授 36 人、副教授 40 人），博士后 8 人。

二、教学工作

1. 本科生教学工作

强化内涵建设，扎实推进本科专业建设。通过举办贯彻党的二十大精神"国家治理现代化新征程暨行政管理国家一流本科专业建设"高端微论坛、面向创新人才培养的行政管理专业课程建设和课程教学跨校集体备课会与讲座等有序推进专业建设，相关工作先后被光明日报客户端、人民日报客户端、中国社会科学网、紫牛新闻等多家媒体报道。行政管理专业入选第三批国家级一流本科专业建设点，哲学专业入选苏州大学拔尖人才培养基地，美学专业获苏州大学在线开放课程（微专业项目）立项。

推进教育教学改革研究，提升教学质量。专题召开本科核心课程建设推进会，制定本科核心课程建设办法，遴选 14 门课程作为首批核心课程建设培育课程。苏州大学 PPE 新文科项目实验班获学校批准，2022 级 PPE 新文科项目实验班录取 31 名学生。2 个项目获批教育部产学研合作协同育人项目，4 个项目入选苏州大学拔尖创新人才培养改革项目，获教育信息化校级教改研究招标课 1 门，发表教学研究论文 7 篇。深化院地合作，积极搭建专业实践基地，推进与昆山市城市管理局的校地合作。

积极提高教师教育水平，3 名教师荣获苏州大学"优秀实习指导教师"称号，3 名教师荣获学校建设银行奖教金，2名教师分获苏州大学第二届教师教学创新大赛特等奖和二等奖，1名教师荣获苏州大学2022年度教学成果二等奖，2名教师获评苏州大学2022年优秀思想政治理论课教师，2名教师获评本科毕业论文优秀指导教师等荣誉。

树牢"三全育人"理念，提升人才培养质量。选聘82名品学兼优的大三学生担任2022级新生的"小管家"，打造德政导师队伍，建立本科生陪伴导师制度，注重发挥校友、院友、学生家长、关工委老师等群体在育人中的作用。积极营造学术氛围，推进本科生课题研究，规范院内评审机制。在苏州大学第二十二届"苏大天宫杯""挑战杯"大学生课外学术科技作品大赛中，学院荣获团体总分第一名。学院获国家级大学生创新创业训练计划优秀项目1个、合格项目3个；获第十二届全国大学生电子商务"创新、创意及创业"挑战赛三等奖1项，"正大杯"全国大学生市场调查与分析大赛一等奖3项、二等奖1项；1支团队获"2022调研中国——青年领导力公益计划"全国百强；获第八届中国国际"互联网+"大学生创新创业大赛二等奖1项、三等奖1项。重视就业工作，落实访企拓岗就业专项行动方案，召开毕业生就业促进会和毕业生专场座谈会，"一人一档、一人一策"做好帮扶工作。2022届本科生就业率超全校平均值，本科升学率达40.8%，相关工作被《中国青年报》、学校共青团等媒体报道。

2. 研究生教学工作

有序组织教师制订课程教学计划并加以实施，上好"新生选课指导第一课"，确保教学秩序有序进行。完成导师上岗申请材料审核、上报和公示工作，顺利完成硕士生考试命题工作，高质量完成2022年研究生招生工作和2023年研究生推免工作。

强化研究生培养过程管理，提升培养质量。组织4个一级学科修订培养计划，全方位把控每一个培养环节的质量，研究生论文质量显著提高。学术学位研究生在教育部、江苏省硕士学位论文抽检中合格率为100%。MPA学生论文2022年盲审不合格率较2021年降低近50%。2篇学术学位博士论文、4篇学术学位硕士论文被评为校优秀毕业论文。

以专业学术活动为抓手，夯实研究生专业理论基础，学术学位研究生在SSCI、SCI等高水平期刊发表论文11篇，其中，学生一作7篇；主持或参与省部级及以上课题10项，其中，江苏省硕博士研究生创新项目获立项资助4项。"江苏MPA论坛"持续获佳绩，荣获一等奖1项、二等奖2项、三等奖1项；参加江苏省研究生公共管理案例分析大赛首获一等奖。

三、科研工作与学术交流

1. 科研项目及成果

积极推进国家社科基金项目、国家自然科学基金项目及省部级项目的申报动员、辅导和培育工作。科研项目方面，2022年，学院新增省部级及以上项目22项，包括国家社科基金项目6项（其中，重大项目1项、重大项目子课题1项、一般项目1项、后期资助项目3项）；国家自然科学基金项目2项（其中，面上项目1项、青年项目1项）；省部级项目14项（其中，教育部规划基金项目1项、教育部青年基金项目4项、省社科基金重点项目1项、省社科基金一般项目2项、省社科基金青年项目3项、后期资助项目2项、中国科学技术协会重点项目1项）。其他市厅级项目14项，校级项目13项。截至2022年年底，年度所有科研项目到账经费962.918万元，其中，省部级及以上纵向项目到账经费197.03万元，比2021年增加了13.7%。科研成果方面，2022年，学院师生发表期刊论文229篇（其中，一类权威5篇、一类核心9篇、二类核心46篇、三类核心56篇、SSCI论文16篇、SCI论文1篇、A&HCI论文2篇）；决策咨询报告26篇；出版专著7部，编著6部；获江苏省第十七届哲学社会科学优秀成果奖5项（其中，一等奖1项、三等奖4项）；获苏州市第十六届哲学社会科学优秀成果奖12项（其中，一等奖3项、二等奖2项、三等奖7项）。另外，获江苏省统战理论政策研究创新成果奖三等奖1项、江苏省委统战部征文一等奖1项。2022年，省部级项目立项数和一类核心期刊论文发表数均创学院历史新高，获苏州大学人文社科科研工作"科研贡献奖""服务地方奖"等（学院是唯一获得这两个奖项的文科学院）。

2. 国内外学术交流情况

推进与姑苏区人大常委会等战略合作，成立苏州大学公共健康政策研究院，中国辩证唯物主义研究会城市哲学研究分会落户学院。主办或承办苏州大学第一届老挝-大湄公河次区域（GMS）国家研究青年论坛、中国辩证唯物主义研究会会长会议暨"城市化与生命政治：中国式现代化道路的哲学意义"高端学术论坛、中国辩证唯物主义研究会城市哲学研究分会成立暨"唯物史观与中国式城市化道路"学术研讨会、中国哲学社会科学话语体系建设·浦东论坛（苏州会场）、国家建设与基层治理：第二届田野政治学年会（苏州）等高端学术会议。举办东吴哲学系列讲座6场、东吴哲学"现象学"系列讲座6场、东吴政治学系列论坛7场、东吴公共管理系列论坛19场。

四、学院重大事项

（1）1月11日，学院召开干部大会，校党委副书记邓敏、党委组织部副部长程晓军来院宣布学院党委书记、党委副书记、副院长的任免决定，任命孙磊为学院党委书记，任命郝珺为学院党委副书记、副院长。

（2）5月9日，学院召开PPE新文科项目实验班实施方案论证会。

（3）6月30日，学院与苏州市姑苏区人大常委会"全过程人民民主理论与实践创新"战略合作协议签约仪式在姑苏区云谷产业园成功举行。

（4）9月17日，学院与昆山市城市管理局签订战略合作协议。

马克思主义学院

一、学院概况

马克思主义学院成立于 2011 年 3 月。2016 年 5 月,中国社会科学院马克思主义研究院与苏州大学签署合作协议共建马克思主义学院。2020 年 6 月,江苏省委宣传部、苏州市委宣传部和苏州大学签署合作协议共建马克思主义学院。学院于 2016 年、2018 年、2020 年、2022 年连续四次获评"江苏省高校示范马克思主义学院",拥有教育部全国高校思想政治理论课教师研修基地、江苏省中国特色社会主义理论体系研究中心苏州大学基地、江苏省高校人文社会科学校外研究基地(苏州基层党建研究所)及苏州大学马克思主义研究院、社会主义现代化与江苏发展研究院等。

马克思主义理论学科入选江苏省"十三五"重点学科、江苏省优势学科第三期建设项目,2018 年获批一级学科博士点。学院设有马克思主义理论学科博士后科研流动站。2018 年,学院入选教育部高等学校思想政治理论课教师后备人才专项计划培养单位。学院现有马克思主义理论学科各类本科生、硕士生、博士生 280 人。学院努力构建"大师+团队+梯队"的师资队伍,现有专任思想政治理论课教师 130 名,拥有高级职称者 91 人。

二、教学工作

1. 教育教学改革创新

2022 年,学院"思想政治理论课实践课程虚拟教研室"入选苏州大学虚拟教研室建设项目立项名单,充分运用信息技术,探索高效便捷、形式多样、线上与线下相结合的教师教研模式。获省教学成果二等奖 1 项;获校研究生课程思政示范课程 1 门;4 名教师当选新一届江苏省高校思想政治理论课教学指导委员会委员;获第四届江苏省高校青年教师教学竞赛三等奖 1 项;1 名青年教师在江苏高校百校万名团干部思政技能大比武中荣获一等奖;2 名教师获评苏州大学暑期社会实践优秀指导老师。

2. 思政课教学工作与本硕博一体化培养

2022 年,思想政治教育本科专业正式划归学院。学院加强思想政治教育专业建设,专门设置思想政治教育系,修订、完善 2022 级思想政治教育专业本科生人才培养方案;投入大量人力、物力进行前期准备,选配有经验的教授引领团队建设,选配骨干青年教师参与到系科建设、人才培养方案起草、学生管理和课程建设中;配全、配强思想政治教育系的师资队伍,为实现本硕博一体化培养目标打下良好的基础。通过院内师资调整,系科现已充实到 11 位专任教师,第一届共招收 37 名本科生。

2022年，学院招收硕士生82人、博士生8人。毕业硕士生44人、博士生9人。2022年，毕业生就业率为硕士生98%、博士生100%，总就业率达98%。2名学生进入"田家炳杯"教学技能大赛决赛，获优秀教学设计奖。学院资助40余人参加国内外学术研讨会。

人才培养硕果累累。成立6支暑期社会实践校级重点团队并获得2个省级奖项；联合学校27家研究生基层培养单位举办主题联学系列活动；成立学习贯彻党的二十大精神硕博士生宣讲团，充分发挥优秀青年群体的示范引领作用，宣讲50多场，受众人数达3 600余名，获得校内外一致好评。

三、科研工作与学术交流

1. 科研项目及成果

截至2022年年底，学院教师获得各级各类项目累计超过20项（其中，国家社科基金重大项目1项，国家社科基金后期资助项目1项，教育部项目2项，江苏省社科基金项目3项），在《学术探索》《思想理论教育导刊》《中国青年研究》《社会主义研究》等核心期刊发表高质量论文30余篇，出版学术专著多部，撰写报送研究报告7篇。

2. 国内外学术交流情况

2022年，学院积极克服疫情带来的困难，以线上、线下相结合的方式开展学术交流与合作。在校内，以学院组织或教研室牵头的方式，组织开放式主题党日活动和集体备课活动；邀请来自中国社会科学院、北京大学、清华大学、中国人民大学等国内著名科研院所和高校的专家开展党的二十大精神专题辅导。此外，学院主办第二届中国青年马克思主义大会、坚持理论创新迎接"二十大"研讨会暨21世纪马克思主义研究院筹备会；与苏州大学政治与公共管理学院共同主办苏州大学第一届老挝-大湄公河次区域国家研究青年论坛，共同承办中国辩证唯物主义研究会生命哲学研究分会成立大会暨"马克思生命哲学思想研究"学术研讨会、中国辩证唯物主义研究会会长会议暨"城市化与生命政治：中国式现代化道路的哲学意义"高端学术论坛等重大学术活动，社会效益显著。

3. 社会服务

围绕党中央对干部培训提出的新时代要求，围绕服务社会的全局发展目标，学院克服疫情的影响，积极发挥理论高地的辐射作用，开展咨政服务，有效发挥智库功能，产生明显社会效益；积极开展宣讲活动，组织成立党的二十大精神宣讲团，开展社会广泛宣讲，产生积极影响；与各级地方行政企事业单位深度共建；通过学习贯彻落实关于加强干部教育培训工作的有关要求，学院组织开展了32批次培训班，顺利完成省级培训1项，教育部培训项目圆满完成。截至2022年年底，参加培训人数已达1 400多人。

四、学院重大事项

（1）1月15日，学院承办的江苏省高校思政课现场教学展示活动在天赐庄校区举行。

（2）1月18日，学院林慧平、宋德孝老师分获江苏省首届高校思政课教学展示活动特等奖、一等奖。

（3）4月16日，由学院、全国高校思政课名师工作室（苏州大学"思政田园"）、苏州大学江苏省中国特色社会主义理论体系研究基地承办的第二届中国青年马克思主义大会，以线上、线下相结合的方式召开。

（4）5月6日，学院与苏州大学社科联联合召开坚持理论创新迎接"二十大"研讨会暨21世纪马克思主义研究院筹备会。

（5）5月10日，学院组织团员青年共同观看庆祝中国共产主义青年团成立100周年大会。

（6）5月20日，学院党委与苏州市公安局机关党委举行忠诚教育党建共建活动。

（7）6月，苏州大学北校区和阳澄湖校区思政名师工作室建成并投入使用。

（8）7月15日—17日，由学院与政治与公共管理学院共同主办的苏州大学第一届老挝-大湄公河次区域国家研究青年论坛成功举办。

（9）7月21日，由学院与苏州大学政治与公共管理学院共同承办的中国辩证唯物主义研究会生命哲学研究分会成立大会暨"马克思生命哲学思想研究"学术研讨会、中国辩证唯物主义研究会会长会议暨"城市化与生命政治：中国式现代化道路的哲学意义"高端学术论坛在苏州顺利举办。

（10）8月21日，学院与宿迁学院马克思主义学院举行合作共建推进座谈会。

（11）8月28日—31日，青年教师张建晓在江苏高校百校万名团干部思政技能大比武中荣获一等奖。

（12）9月9日，学院与江苏省昆山市第一中学举行"大中小学思政课一体化"教学·研究·实践基地、苏州大学马克思主义学院"研究生工作站"、全国高校思政课名师工作室（苏州大学）昆山一中工作坊挂牌仪式。

（13）9月13日，学院与苏州高新区（虎丘区）浒墅关商会共建教学·研究·实践基地。

（14）9月14日—19日、22日—26日，10月17日—21日，由教育部社会科学司主办、苏州大学马克思主义学院举办、全国高校思想政治理论课教师研修基地（苏州大学）承办的第22027、22046、22067期教育部全国高校思想政治理论课教师研修班成功举行。

（15）9月16日，学院与苏州托普信息职业技术学院共建马克思主义学院签约暨揭牌仪式在苏州托普信息职业技术学院学术报告厅隆重举行。

（16）9月22日，学院拍摄的建设发展情况专题片《启智润心　铸魂育人》在教育部"青梨派"大学生自主学习思政课平台播出。

（17）10月16日，全院师生收听收看中国共产党第二十次全国代表大会开幕会。

（18）11月7日，学校党委副书记邓敏、校党委组织部副部长程晓军前来学院宣布校党委的决定，由蒋慧同志任马克思主义学院党委副书记、副院长（兼）。

（19）11月7日，学院与红十字国际学院进行合作共建座谈会。

（20）11月14日，学院与苏州大学图书馆举行共建马克思主义理论学科专区签约暨揭牌仪式。

（21）12月，范俊玉老师获2022年江苏省高校微课教学比赛一等奖。

教育学院

一、学院概况

教育学院成立于1999年。2022年，学院共有教职工88人（含6名师资博士后），专任教师71名，其中，教授25名、副教授30名、讲师16名（含6名师资博士后）。2022年，学院引进1名讲师、1名师资博士后、1名辅导员；3名教师晋升副高职称，1名教师晋升正高职称。学院始终坚持"立德树人、育人为本"的办学宗旨，现有教育学（师范）、应用心理学和教育技术学（师范）3个本科专业，教育学和心理学2个一级学科硕士点，教育硕士、应用心理硕士和职业技术教育硕士3个专业学位硕士点，教育学一级学科博士点，以及教育学一级学科博士后科研流动站，形成了从本科到博士的完整人才培养体系，并长期承担全国骨干教师培训、江苏省骨干教师培训等方面的继续教育，为国家和社会培养了大批教育类和心理学类优秀人才。

学院现有实验室面积2 396平方米，仪器设备总价值达1 462万元，拥有37万册中外文藏书、125种国内期刊、28种外文期刊和70余个中外文数据库，拥有教育与心理综合实验室（中央与地方高校共建）、苏州大学心理与教师教育实验教学中心（江苏省高校实验教学示范中心）、智慧教育研究院（校级研究机构）、新教育研究院（校级研究机构）、苏州大学民办教育研究中心（校级研究机构）、孤独症研究中心（校级研究机构）、叶圣陶基础教育发展研究院（院级研究机构）及认知与行为科学研究中心（院级研究机构）等教学科研平台。

二、教学工作

1. 本科生教学工作

加强本科生思想教育工作。2022年，学院组织开学典礼、院长书记新生第一课、心理团辅、生涯规划讲座、心理健康教育讲座、安全教育讲座、参观学校博物馆等活动，对新生开展适应性教育；全面实施成长陪伴计划，本科生导师围绕人才培养目标，顺应学生成长成才意愿，尊重学生个性化发展需求，以生涯规划指导为主线，从思想引导、学业辅导、生活指导等方面陪伴学生成长，帮助新生确定生涯规划和奋斗目标；开展毕业合影、毕业联欢会、师生座谈会、优秀毕业生经验分享、毕业典礼等毕业生主题教育活动，增强毕业生的爱校荣校情怀。

依托"启明星计划"、学术大课堂、本科生导师制、经典名著读书会等，营造优良学风。在中国大学生计算机设计大赛、全国大学生英语竞赛、"领航杯"江苏省大学生信息技术应用能力比赛暨首届人工智能大赛等赛事中，共有25人次获国家级、省级奖项。

完成江苏省教学成果奖的相关申报工作，《综合性项目化科学教育方案实践探索二十年》获得江苏省教学成果奖特等奖，《深耕内涵　促进交叉　创新治理——地方综合性大学课程重构与改革的苏大实践》获得江苏省教学成果奖特等奖，《优化素养　强化实践　深化研学：综合性大学卓越教师培养模式探索与实践》获得江苏省教学成果奖一等奖。

以能力提升为目标，加强大学生创新创业活动和实习工作。积极拓展对外合作，进行一系列的访企拓岗活动。克服疫情困难，组织学生到无锡城市职业技术学院、苏州市平江中学校等学校实习，在苏州市平江中学校开展实习公开课。引导学生对教学实习进行持续反思，创新性地组织学生在学院官网或学院微信公众号撰写与实习相关的文章，宣传学院实习工作的亮点，在学院微信公众号发表"实习二三事"5篇；组织学生在疫情防控期间撰写以"学思不辍　知行合一"等为主题的文章。新建苏州市景范中学校实践基地、苏州市平江中学校实践基地，完善苏州工业园区第一中学、苏州市相城实验中学、苏州市草桥实验中学等学生实践基地。

完成师范生课程体系模块化建设方案和习近平总书记教育重要论述讲义的课程安排。完成教育学专业发展3次研讨论坛。获批苏州大学教学重点委托项目2项。出版师范类专业教材《德育与班级管理》。组织"乐享杯"本科生读书会1次。

2. 研究生教学工作

2022年，学院提高研究生培养质量，严抓研究生论文开题、中期检查。组织硕士生、博士生毕业答辩超过20场。68名硕士生、4名博士生（含1名留学生）顺利毕业。获批江苏省研究生科研与实践创新计划项目7项，1人入围上海市应用心理专业学位研究生实践技能大赛决赛。连续两年举办全国优秀大学生夏令营，每年吸引来自全国100多所高校的优秀大学生参加，研究生生源质量逐年提高。

三、科研工作

学院组织多样化项目辅导活动，进行层次化、精准化的项目辅导。共成功申报6项国家级项目，其中，李西顺教授申报的"高等教育普及化阶段毕业生就业政策研究"与王一涛教授申报的"民办教育分类管理视域下的举办者行为规制研究"均获批全国教育科学规划国家重点课题。此外，还有2项课题获批全国教育科学规划国家一般项目，2项课题获批国家自然科学基金项目，在国家级项目数量和质量方面均创下学院历史最佳。另外，获得教育部人文社科基金项目2项，江苏省社科基金项目1项，全国博士后面上项目2项，2名博士后获得江苏省"卓越博士后"计划资助。

2022年，学院教师共发表SSCI、SCI论文52篇，中文权威期刊论文3篇。朱永新教授的论文《教育改革与发展亟须关注的三个重要问题》和李西顺教授的论文《教师专业道德建构——以王阳明"致良知"学说为分析工具》发表于教育学权威期刊《教育研究》，张明教授等学者的论文《面孔表情和声音情绪信息整合对返回抑制的影响》发表于心理学权威期刊《心理学报》。

优秀成果不断涌现，5项成果获得省部级奖励。其中，刘电芝教授的《中小学生学科学习策略的诊断与培育》获得江苏省第十七届哲学社会科学优秀成果奖一等奖，吴继霞教授的《日常生活中诚信价值观的培育与践行研究》、冉云芳副教授的《企业参与职业院校实习是否获利？——基于109家企业的实证分析》、疏德明副教授的《大学生创业人才测评与培养》、黄启兵教授的《"新文科"的来源、特性及建设路径》、朱乐平博士的《高等职业教育政策变迁逻辑：历史制度主义视角》获得江苏省第十七届哲学社会科学优秀成果奖二等奖。

多项成果获得党和国家领导人、省部级领导的肯定性批示或被有关决策部门采纳。王一涛教授参与撰写的《当前国际学校、中外合作办学现状、问题及对策建议》被中央有关部门综合采用，获中央领导批示；冉云芳副教授等撰写的《"双减"政策推进落实需警惕衍生问题和隐蔽风险》获江苏省领导批示。

四、学院重大事件

（1）坚持价值引领，加强思想政治教育。邀请专家作全国两会精神学习、党的二十大精神学习辅导报告，举办"青春向党，砥砺前行""喜迎二十大，永远跟党走""致敬革命先烈，弘扬爱国精神"等系列主题教育活动和信仰公开课。开展诚信教育主题活动和民族团结进步宣传月活动。组织学生参加学校保密主题征文比赛，荣获优秀组织奖。以党建带团建，不断增强学生骨干的政治素养和工作能力。学院团委被授予校"五四红旗团委"称号，1名学生获五四青年奖，3个团支部被授予"五四红旗团支部"称号。

（2）加强师德师风建设，广泛听取学生对教师的反馈意见。制作师德师风建设之教师风采视频，获学校一等奖和三等奖。彭彩霞老师获评苏州大学学生"我最喜爱的老师"，甘忠伟老师获评校优秀共产党员，余庆老师获评校级优秀党务工作者，另有2名教师荣获校招生宣传先进个人等荣誉。

（3）积极开拓新的培训项目，持续推进培训课程开发，建设精品培训资源，提高社会服务能力。2022年，学院申报培训项目96项，其中，国培项目76项，省培项目20项；有15个项目获得批准。有21项委托协议项目达成合作意向并签约。申报并获批成为河南省首批基础教育教师培训基地。完成41个培训班培训，参训学员2 349人，其中，举办线下培训班27个、在线培训班14个。

（4）深化与姑苏区的战略合作，推动学院教学科研的发展。学院与姑苏区教体文旅委签订战略合作协议，在思政课程建设、师范生实习实践、百年老校的传承和发展，以及项目化课程建设、心理健康课程建设等方面进行合作。

（5）朱永新教授凭借"新教育实验"的探索与实践荣获2022年全球最大教育单项奖"一丹奖"。

商 学 院

  苏州大学商学院坐落于风景优美的天赐庄校区，本着教育为经济建设服务的办学宗旨和为地方经济建设与发展培育人才的目标，实行多层次、多渠道办学，为国家培养了一大批经济管理人才，赢得了良好的社会声誉。学院曾先后被授予"江苏省文明单位""苏州市文明单位"等荣誉称号。在21世纪的新征途上，商学院将切实贯彻国家"科教兴国"的战略，充分利用古城苏州得天独厚的人文地理优势和自身办学条件优势，培养更多高素质的经济管理和科研人才。

  历史底蕴深厚。苏州大学商科办学历史起源于东吴大学时期，1915年开设"理财学"课程，1927年设经济系，1938年设会计系，1943年与西迁重庆的沪江大学联合成立东吴沪江联合法商学院。1982年，苏州市财经学校并入苏州大学后成立财政系，开启改革开放新时期苏州大学商科建设发展的新征程。1985年6月，经江苏省人民政府批准，江苏省财政厅参与投资建设苏州大学财经学院，成为学校最早设立的二级学院。2002年，学院更名为苏州大学商学院（财经学院）。2010年，苏州大学与东吴证券股份有限公司进行战略合作，学院更名为苏州大学东吴商学院（财经学院）。2022年2月，江苏省财政厅、江苏省教育厅与苏州大学签署三方协议合作共建高水平特色商学院，学院发展迎来新的历史机遇期。

  学科专业一流。商学院经过多年发展，已形成从本科、硕士到博士的完整的高层次人才培养体系。2022年，学院在读全日制本科生近2 500人，在籍硕士生、博士生1 000多人。商学院下设经济系、财政系、金融系、经贸系、工商管理系、会计系、电子商务系7个系科；还拥有智能供应链研究中心、江苏现代金融研究基地、苏州大学自贸区综合研究院等省级研究机构。学院现有专业硕士学位点5个（工商管理硕士、会计硕士、金融硕士、税务硕士、国际商务硕士），一级学科博士点2个（应用经济学、工商管理），博士后科研流动站2个（应用经济学、工商管理）。应用经济学一级学科是江苏省"十三五"和"十四五"重点学科，工商管理一级学科是江苏省第三期优势学科。在第四轮学科评估中，工商管理一级学科位列B等级。在2020—2021年"软科中国最好学科排名"中，工商管理一级学科位列全国5%—10%。学院拥有财政学、会计学、经济学、工商管理、财务管理、电子商务、国际经济与贸易、金融学/金融学（中外合作）8个本科专业。工商管理专业为国家级一流本科专业建设点，金融学专业为江苏省品牌专业，会计学专业为江苏省特色专业。

  师资力量雄厚。学院师资力量雄厚，梯队合理，潜力巨大。学院现有教职工178人，其中，专任教师143人（含教授30人、副教授63人）。学院现有发达国家院士1人（兼职），国家自然科学基金优秀青年基金获得者1人，入选教育部新世纪优秀人才计划2人，财政部会计学术高端人才 2 人，江苏省特聘教授 1 人，江苏省社科英才 2 人，江苏省社科优青 2 人，江苏省"333 工程"培养对象 9 人，江苏省"青蓝工程"培养对象 7 人，江苏省双创人才 1 人，江苏省双创博士 11 人。

科研平台众多。学院现有与中国人民银行共建的长三角数字货币研究院、与中国经济体制改革研究会共建的竞争政策与反垄断研究中心、与国家税务总局江苏省税务局共建的国际税收战略研究与咨询中心、与江苏省工商业联合会共建的江苏省新时代民营经济研究院、与江苏省财政厅共同筹建的江苏现代财税治理协同创新中心（苏州），并建有教育部人文社科重点研究基地——中国特色城镇化研究中心、省级培育智库——东吴智库高端研究平台、江苏省社科联决策咨询基地——现代金融研究基地。学院目前建有新文科"智能经济与管理"实验中心（智能推荐、量化金融、智能审计、智能税务稽查）、未来金融实验室、企业沙盘模拟中心、电子商务模拟实验室、外贸单证模拟实验室和会计模拟实验室。近五年，学院先后举办 30 次国际性与全国性学术会议，不断提升国际影响力。共承担国家、省、市各级科研课题 500 余项，其中，国家社科基金重大项目 2 项、重点项目 2 项，教育部基地重大攻关项目 2 项，国家自然科学基金、国家社科基金一般项目和青年项目 47 项；在国际顶级期刊（UTD24）发表学术论文 14 篇，发表 SCI、SSCI 期刊论文 168 篇，出版专著 39 部，获教育部高等学校科学研究优秀成果奖（人文社会科学）一等奖 2 项、三等奖 2 项，获江苏省哲学社会科学优秀成果奖一等奖 1 项，获其他省部级政府科研奖励 15 项。

国际视野开阔。学院十分注重学术研究及对外交流与发展。学院与加利福尼亚大学伯克利分校、哥伦比亚大学、辛辛那提大学、新墨西哥大学、维多利亚大学、杜伦大学、富特旺根应用科学大学、莱比锡商学院、SKEMA 商学院、麦考瑞大学、堪培拉大学、蒙纳士大学等高校合作培养人才。2018 年，学院通过澳洲会计师公会的 CPA（Certified Public Accountant，注册会计师）国际认证，工商管理类专业成为省级重点专业（类）。2019 年，学院启动 AACSB（The Association to Advance Collegiate Schools of Business，国际商学院协会）认证，并顺利通过会员认证。2023 年，学院通过 BGA（Business Graduates Association，英国商学院毕业生协会）金牌国际认证。

王健法学院

一、学院概况

苏州大学王健法学院坐落在素有"人间天堂"美誉的古城苏州，其前身为蜚声海内外的东吴大学法科。1915年9月，在东吴大学任教政治学并兼任东吴大学附属中学校长的美籍律师查尔斯·兰金，为能在中国培养法律人才，以苏州东吴大学为本，于上海创设东吴大学法学院，以讲授"比较法"为主，因而东吴大学法学院又称"中华比较法律学院"。学院教学突出"英美法"内容，兼顾大陆法系教学，其明确的专业意识与科学的培养目标，使东吴大学的法学教育在当时饮誉海内外，有"南东吴，北朝阳"之称，又被誉为"华南第一流的而且是最著名的法学院"。在国内现代法学大师中，王宠惠、董康、吴经熊、盛振为、丘汉平、孙晓楼、王伯琦、杨兆龙、李浩培、倪征噢、潘汉典等诸位先生，或执教东吴以哺育莘莘学子，或出身东吴而终成法学名宿。"人人握灵蛇之珠，家家抱荆山之玉"，法界才俊汇集于斯，可谓极一时之盛。1952年院系调整时，东吴大学易名为江苏师范学院，法学院随之并入华东政法学院；1982年，经国务院批准改名为苏州大学，同时恢复法学教育，设法律系；1986年，扩建为法学院。2000年，原东吴大学法学院校友王健先生捐资支持法学院建设，苏州大学法学院更名为苏州大学王健法学院。

2022年，学院共有教职工91人，其中，专任教师69人（含教授24人、副教授30人、讲师15人）；博士生导师24人，硕士生导师54人。

学院教师近三年荣获江苏省哲学社会科学优秀成果奖二等奖2项、三等奖3项；"董必武青年法学成果奖"三等奖1项。获得国家社科基金项目18项（包括重大项目3项）；省部级科研项目25项。在CLSCI刊物上发表论文34篇，在中国法学权威类刊物《法学研究》《中国法学》发表论文3篇，出版专著、教材25部，在国内法学院中科研能力靠前。

王健法学楼建筑面积为16 000平方米，教室设备一流，并设有中式模拟法庭、西式模拟法庭、国际学术会议厅等，同时为全体教师配备独立的研究室。学院图书馆面积为3 600平方米，现有藏书8万余册，中外文期刊600多种，可检索的电子图书30多万种，并收藏、保留了港台地区的法学期刊和图书等。

自1982年以来，法学院已为全国培养博士生、硕士生、本科生、专科生等各类层次的专门人才20 000余人，成为重要的法学人才培养基地，许多校友已成为国家政法部门和法学教育的中坚力量。

二、教学工作

1. 本科生教学工作

完成2022级法学专业和知识产权专业本科人才培养方案的修订。从严做好2022年转专业工作，择优录取转入学生7人。公平、公正、公开地做好推免工作，23名本科生获得保研资格。制定《王健法学院本科生课程思政建设项目实施办法》并开始实施。修订《王健法学院本科教学督导工作实施办法》，改由教研室主任兼任本科教学督导。参加首届苏州大学教师教学创新大赛，获正高组二等奖、副高组二等奖、中级组三等奖各1项。制定《王健法学院教师教学创新大赛实施条例》，成功举行王健法学院首届教师教学创新大赛。组织申报校级"知识产权复合型拔尖人才培养研究与实践"综合类项目及3个支撑子课题获得立项。《德法兼修、明法笃行：面向法律实务的卓越法治人才培养体系探索与实践》荣获2022年苏州市教育教学成果奖一等奖。组队参加第七届江苏省学生"学宪法 讲宪法"活动省级决赛，演讲比赛与法治知识竞赛均获全省第一，荣获特等奖，进入全国总决赛。

2. 研究生教学工作

积极参与研究生招生改革，完成硕士生、博士生招生复试工作。微调王健法学院研究生培养方案，进一步优化研究生课程体系。完成法学一级学科、法律硕士2个学位点的年度评估报告和学位授权点基本状态信息填报。多措并举提升研究生毕业论文质量，2022年获校级优秀硕士学位论文6篇，硕士生、博士生毕业论文江苏省抽检不合格率为0。学院研究生2022年在C刊及以上核心刊物发表论文7篇（其中，一类核心论文1篇、二类核心论文3篇、三类核心论文3篇），在C扩及其他刊物上发表论文46篇，博士生科研成果获省部级领导肯定性批示。与苏州破产法庭合作，将司法实践中的前沿问题与相关学科的毕业论文选题对接，提升毕业论文质量。积极探索研究生课程思政建设，侵权责任法、宪法学研究生课程思政顺利结项，刑法学研究生课程思政获立项。《德法兼修高素质应用型法律人才培养中实践性教学改革的探索》获2022年苏州大学研究生教育改革成果奖培育项目立项。

三、科研工作与平台建设

1. 科研项目及成果

2022年，学院获国家社科基金重大项目子课题立项1项，获省部级项目立项9项。学院专业教师在学校规定的一类权威期刊上发表论文2篇，在一类核心期刊上发表论文2篇，在二类核心期刊上发表论文23篇，在三类核心期刊上发表论文4篇；以苏州大学王健法学院名义出版专著6部。决策咨询成果获中央领导同志批示1项、省部级领导同志批示2项，2项立法或备案审查建议被全国人大常委会法工委、国家体育总局采纳。获江苏省法学成果奖二、三等奖各1项。成功举办第五届中国宪法学青年论坛、第十八届中国宪法学基本范畴和方法学术研讨会2个全国性学术会议，以及江苏省法学会法律史学研究会2022年年会。

2. 学科及平台建设

2022年，学院配合学校完成了江苏省优势学科三期结项工作。加强《苏州大学学报（法学版）》刊物机制建设，2022年学报在C刊中的影响因子为1.14；《苏州大学学报（法学版）》微信公众号粉丝数上涨至6 520人。学报编辑部举办两次读者·作者·编者恳谈会，与《交大法学》编辑部、《高等学校文科学术文摘》编辑部举办2次业务交流会。经江苏省人大常委会研究决定，苏州大学获批江苏省地方立法研究基地。与江苏省人大常委会合作举行《江苏省哲学社会科学促进条例（草案）》贯彻实施座谈会。与苏州大学实验学校、苏州大学高邮实验学校合作建设法治实践基地。与南通市通州湾江海联动开发示范区人民检察院、苏州市虎丘区人民检察院、昆山市人民法院、江苏博事达律师事务所、上海方本律师事务所签订合作协议。

四、学院重大事项

（1）4月，学院党委线上召开了第六轮巡察情况反馈会议。

（2）5月，国家知识产权局发布了2022年首批全国知识产权信息服务优秀案例，学院报送的"聚焦商业秘密，提供学习平台"案例成为江苏省入选的两个优秀案例之一。

（3）6月，江苏省地方立法研究基地（苏州大学）揭牌仪式在学院举行。

（4）7月，学院第四届教职工代表大会第三次会议在学院大会议室胜利召开。

（5）9月，学院党委在学院东吴大讲堂召开党员大会，选举苏州大学第十三次党代会代表。大会选举产生王健法学院党委参加苏州大学第十三次党代会代表6名。

（6）11月，苏州大学恢复法学教育40周年庆典于天赐庄校区存菊堂隆重举行，并于线上同步直播。学院校友代表、嘉宾及师生相聚云端，共话未来。

（7）方新军教授获评2016—2020全国"七五"普法先进个人；张鹏教授获评民事行政检察专家咨询网第二期民事咨询优秀专家；庄绪龙副教授获评苏州大学仲英青年学者；黄学贤教授获评2022年苏州大学高尚师德奖；程雪阳教授获评2022年苏州大学五四青年奖"向上向善好青年"；卜璐副教授获评2022年苏州大学优秀共产党员。

（8）引进讲师尹德贵、方翔，师资博士后唐波涛，新入职辅导员田毓、刘桂宏。

（9）任命孙宁华为王健法学院党委书记。调入学工办主任单杰、专职组织员钱金华。聘任范茜为学院综合办公室主任，郭凤云为学院教学与科研办公室主任，武晓莉为学院对外合作办公室主任，付晨熙为学院团委副书记。

外国语学院

一、学院概况

学院现有教职工126名,其中,教授25名、副教授27名;学院现设英语、日语、俄语、法语、韩语、德语、西班牙语等7个语种8个专业。2021年3月,英语专业被评为国家级一流本科专业建设点。2021年7月,英语专业被认定为江苏省品牌专业。2022年8月,日语专业获批2021年度国家级一流本科专业建设点(江苏省品牌专业)。学院现有全日制本科生1100多名,各类在读硕士生、博士生近330名。

二、教学工作

1. 本科生教学工作

2022年8月,日语专业获批2021年度国家级一流本科专业建设点(江苏省品牌专业),这是学院继英语专业获批国家级一流本科专业建设点(江苏省品牌专业)以来的第二个国家级一流本科专业建设点(江苏省品牌专业)。

2022年,学院完成"高等教育质量监测国家数据平台"监测数据填报上报工作、江苏省师范生培养信息系统填报工作和2022届毕业论文上报系统工作。

2022年,学院继续推动课程建设,积极组织申报各项教学教改项目,积极参加各类竞赛,多名教师指导的本科毕业论文获江苏省普通高等学校优秀本科毕业论文三等奖;学院教师编著的教材获江苏省"十四五"首批职业教育规划教材;获苏州大学拔尖创新人才培养改革项目立项、苏州大学2022年"箸政基金"项目立项;多名教师获评校级本科毕业论文优秀指导教师等。

学院构建人才培养、教学资源、社会实践、国际交流四位一体的相互支撑、合力共促的创新人才培养模式。2022年,学院7个语种的本科生共181人次获得省级三等奖及以上各类学科竞赛奖项,其中,获国家级比赛奖项66人次,获教育部认定的省级及以上竞赛奖项46人次。选派学生参加新加坡国立大学、英国伦敦大学学院、日本奈良女子大学、澳门圣若瑟大学等国(境)外高校的线上、线下学生短期交流项目。

2022年,学院有3项省级和1项校级大学生创新创业计划项目顺利结项;新获得6项大学生创新创业计划项目立项,其中,省级重点项目2项、省级一般项目4项。学院有4项校级重点项目和15项校级一般项目获苏州大学第二十四批大学生课外学术科研基金立项。1个项目获"箸政基金"立项。7个项目成果在苏州大学第二十二届"苏大天宫杯""挑战杯"大学生课外学术科技作品竞赛中获得校级奖项。此外,2022年,学院本科生共发表省级一般期刊12篇，国际会议论文2篇。

2. 研究生教学工作

2022年，学院组织教师参与全国硕士研究生自命题阅卷工作，并参加2022级硕士生复试工作，最终共录取硕士生86名，录取推免生40名，共计126名。另有16名博士生顺利参加复试，通过硕博连读录取2人，通过申请—考核制方式录取5人，最终共录取博士生7名。

2022年，学院共有129名硕士生、博士生申请毕业，并顺利通过毕业论文答辩，完成毕业流程。2022年，在研究生论文评优方面，学院共有7名研究生的论文获评校优秀论文。

在创新计划方面，学院共有2名博士生获得2022年度江苏省研究生科研与实践创新计划立项。

在研究生出国（境）交流方面，英语语言文学专业的博士生银家钰通过国家留学基金委联合培养博士项目前往苏格兰留学。

2022年，在"田家炳杯"全日制教育硕士专业学位研究生学科教学（英语）领域教学技能大赛中，学院获一等奖1项、二等奖1项、三等奖2项、优秀设计奖1项。

三、科研工作与学术交流

1. 科研项目及成果

2022年，学院再次获得学校社科处颁发的"最佳科研组织奖"。赵爱国、王军、王宏、朱玲4名老师获得江苏省哲学社会科学优秀成果奖一、二、三等奖；张萍、陈大亮、石晓菲3名老师获得苏州市第十六届哲学社会科学优秀成果奖一、二、三等奖。古海波副教授申报的2022年国家社科基金（一般项目）（语言学类）获得立项。张萍教授申报的2022年江苏高校哲学社会科学研究重大项目获得立项。刘娟、毕鹏、宗聪3名老师申报的江苏省高校哲学社会科学项目（一般项目）获得立项。彭玉洁、赵韧2名老师各自申报的2022年度江苏高校哲学社会科学研究一般项目均获得立项。袁影教授申报的苏州大学校级人文社科研究团队资助获得立项。古海波副教授申报的苏州大学2022年研究生精品课程获得立项。陆洵教授申报的苏州大学2022年研究生课程思政示范课程获得立项。张乃禹教授的2022年苏州大学人文社会科学青年交叉研究团队申报成功。荆兴梅教授申报的2022年度苏州大学人文社会科学重大项目培育研究团队资助获得立项。王金华老师申报的"全媒体时代吴文化题材纪录片的对外译制和传播研究"获2022年度苏州市社会科学基金项目（应用对策类）立项。

张乃禹教授获得苏州市社科应用研究精品工程优秀成果奖二等奖。

多名教师的社科项目顺利结题。古海波、王海贞2名老师申报的苏州大学2021年研究生课程思政示范课程结项。

2022年，学院共发表一类核心（含境外）及SSCI、A&HCI 17篇，二类核心21篇，三类核心15篇，咨询决策报告1篇，出版专著3部、译著7部、教材2部。

《语言与符号学研究》期刊与国际符号学界的沟通更加频繁，办刊质量稳步提高。

2. 学科与学位点建设

学院稳步落实江苏高校优势学科建设工程项目执行工作，根据实际情况科学合理地使用优势学科经费，积极推动外国语言文学学科在优质资源、创新团队、人才培养、科研创新、国际交流与合作等方面的建设工作，取得新的成效。

第一，学院顺利完成2020—2025年一级学科学位授权点、MTI（Master of Translation and Interpreting，翻译硕士专业学位）授权点的年度评估。3月，根据研究生院的反馈意见，完善学院《学位授权点建设年度报告》。4月，完成研究生院统一组织的学位授权点基本状态信息填报工作，包括学院外国语言文学博士学术学位和翻译硕士专业学位点信息的填报。5月，完成学校学科办统一组织的江苏高校优势学科建设工程三期项目期满验收工作。10月，完成教育部博士生导师信息采集工作。12月至2023年3月，预计完成一级学科学位授权点、翻译硕士专业学位、教育硕士（学科教学英语）专业学位的年度评估报告。另外，法语语言文学顺利增设为学院的二级学科博士点。

第二，2022年，学院共有13位教授顺利通过2023年上岗博士生导师资格审核，其中，有4位教授是新增博士生导师，均已完成苏州大学导师学院的培训，大大增强了学院博士生导师队伍的力量。

2. 学术交流和对外合作

2021年，学院继续拓展对外学术交流，支持教师外出参加各类各级学术活动，古海波副教授参加2022全国基础外语教育改革与发展高端论坛等，并邀请一大批中外著名学者如郑州大学葛继勇教授来学院讲学。

四、学院大事记

（1）1月6日，中国文化翻译与传播研究基地首期学术沙龙在崇远楼210会议室举行，大大提升了学院的学术实力和影响力。

（2）4月28日，由赵爱国教授担任首席专家的国家社科基金重大项目"多维视域下的俄罗斯文化符号学研究"召开题报告会。

（3）5月20日，由学院主办的第五届汪榕培典籍英译学术研讨会通过腾讯会议与B站直播平台成功举办。

（4）7月11日，学院成功举办"《习近平谈治国理政》翻译与国际传播高端论坛"，《光明日报》《中国社会科学报》等国内重要媒体对此次论坛做了详细报道。

（5）8月23日，日语专业获批2021年度国家级一流本科专业建设点（江苏省品牌专业）。

（6）10月12日，学院举行了全院教师参加的科研工作推进会。

（7）11月5日—6日，由学院承办的第六届《当代外语研究》第二语言加工研讨会在苏州大学成功召开。

金螳螂建筑学院

一、学院概况

苏州大学金螳螂建筑学院秉承"江南古典园林意蕴、苏州香山匠人精神",肩负延续中国现代建筑教育发端的历史使命,是苏州大学依托长三角经济发达的地域优势,为主动适应21世纪中国城市发展需求,与社会共创、共建、共享而探索出来的具有新型办学模式的学院,成为我国现代高等教育校企合作的典范。

学院设有建筑学、城乡规划、风景园林、历史建筑保护工程4个本科专业,设有1个二级学科博士点(建筑与城市环境设计及其理论)、2个一级学科硕士点(建筑学、风景园林学)、1个专业学位硕士点(风景园林),具备了本科、硕士、博士完整的培养链。建筑学、城乡规划2个本科专业通过国家教育评估,建筑学、风景园林本科专业获批国家级一流本科专业建设点。

学院现有在校全日制本科生708名,研究生283名。有教职工108名(不含外聘),84名专任教师中有69名博士(约占82.14%),有国外工作、学习经历的教师53名(约占63.10%),有高级职称的教师51名(约占60.72%)。

二、教学工作

1. 本科生教学工作

风景园林专业获批2021年度国家级一流本科专业建设点,建筑学专业在全国教育评估中期督察中获"优秀"评级。获江苏省高校美育大讲堂优课1门、"领航杯"江苏省教师信息素养提升实践活动二等奖1项,苏州大学教学成果奖一等奖1项,"苏大课程2022-3I工程"立项课程1门,苏州大学拔尖创新人才培养改革项目立项3项。获2021年度江苏省优秀本科毕业论文(设计)三等奖1篇。5篇毕业设计(论文)被评为校级优秀毕业设计(论文),其中1篇被推荐参加2022年度江苏省优秀论文遴选,1个毕业设计团队被评为校级优秀毕业设计团队并被推荐参加2022年度江苏省优秀毕业设计团队遴选。

2022年,学院获批国家级(省级重点)立项1项、省级立项1项;1人获"箐政基金"项目。

2. 研究生教学工作

2022年,学院共招收研究生93名,其中,学术型硕士生43名、风景园林专业型硕士生46名,学术型博士生4名。

学院成功举办了春季和秋季学术沙龙。1名博士生参加苏州大学与新加坡国立大学联合培养项目。3 名硕士生参与境外交流学习活动。

学院再次获得"紫金奖"设计竞赛奖项，建筑学专业研究生设计作品荣获铜奖。2 名研究生获批江苏省研究生科研与实践创新计划项目；19 名研究生参与的 17 项国家发明专利、实用新型专利获得授权。

三、科研工作与学术交流

1. 科研项目及成果

2022 年，学院获批民口纵向科研项目 24 项（其中，国家自然科学基金项目 3 项、国家社科基金项目 2 项、教育部人文社科基金项目 2 项、市厅级项目 17 项），纵向项目到账经费 405.12 万元。新增和在研民口横向课题 33 项，横向课题到账经费 438 万元。SSCI 收录论文 10 篇；三大检索（SCI、EI、ISTP）收录论文 6 篇（其中，SCIE 二区收录论文 2 篇、三区收录论文 3 篇，IE 收录论文 1 篇）；教师发表三大检索期刊论文 10 篇；发表北图核心期刊论文、普通期刊论文 119 篇。教师出版著作 4 部，参编著作 2 部，参编教材 3 部。4 项作品入选江苏省文学艺术界联合会、江苏省美术家协会组织的作品展；4 份报告获得苏州市委领导的批示。授权美国发明专利 1 件、国家发明专利 4 件、实用新型专利 33 件、外观设计专利 6 件、计算机软件著作权 3 件。

2. 国内外学术交流情况

2022 年，学院举办 24 场悉地学术讲堂；举办 2022 全国高等学校建筑学专业毕业设计教学研讨会；举办"建筑遗产保护与可持续发展"研究生国际学术创新论坛，遗产保护与可持续发展国际会议暨国际建成遗产保护联合体成立大会。学院联合香港大学、南京大学、东南大学等多所苏港澳高校共同发起创立"苏港澳高校未来人居科学与设计专业联盟"，致力于推进三地高校在未来人居科学与设计相关领域的交流协作、资源共建共享。

学院与意大利罗马大学正式建立友好合作关系，双方将围绕城市更新与保护、文化遗产保护等方面开展深度合作。联合英国普利茅斯大学建筑学院成功举办 Ludic-Architectures 线上夏令营，后疫情时代下首创线上国际联合教学，加速学院培养专业化、国际化设计人才进程。首次获批国家级创新型人才国际合作培养项目，未来三年学院可公派包括硕士生、博士生和专业教师在内的 9 名师生赴国外合作院校开展学习和研究工作，助力学院国际化高质量发展。

四、党建及学生工作

1. 党建工作

以习近平新时代中国特色社会主义思想为指导，把学习宣传贯彻党的二十大精神作为首要政治任务，邀请学校党委宣讲团成员、学校党委常委、纪委书记、派驻监察专员宫向阳和学校党委委员、应用技术学院党委书记孙庆民为全院师生做宣讲报告，组织党支部开展"踔厉奋发新征程，勇毅前行建新功"主题党日活动，推动党的二十大精神入脑入心。

基层组织提质增效。优化调整"一带一路"联合实验室党支部，完成各支部换届选举；开展新上岗支部书记、委员业务培训和支部书记抓党建工作述职，支持本科生第二党支部完成校级党建工作样板支部创建培育结项；1项学校党建研究课题获批，2项党建研究课题结项。学院党委获评先进基层党组织，陈星获评校优秀共产党员，成龙获评校优秀党务工作者。全年发展党员43名，其中，研究生13名、本科生30名。

2. 学生工作

持续深入实施"铸魂逐梦"工程，深入实施"成长陪伴计划"，促进"行政+专业"导师、"研究生+党员"导生四位一体。学院多名辅导员获评校大学生职业规划大赛优秀指导教师、暑期社会实践优秀指导教师、学生社团优秀指导教师。开展"强国有我·青年说"微团课，团支部书记在江苏高校百校万名团干部思政技能大比武中获评江苏省三等奖、校特等奖；开展"筑剑计划""青马工程"等系列活动，院团委、学生社团联合会、勤助中心获评校级优秀；举办"风华正茂 青春颂党"青春诗会，获评校十佳主题团日活动；院团委荣获校级"五四红旗团委"称号及主题团日活动优秀组织奖；2020级历建班团支部获评全国活力团支部、省级活力团支部、省级五四红旗团支部、校十佳五四红旗团支部。

五、学院重大事项

（1）1月1日，中国-葡萄牙文化遗产保护科学"一带一路"联合实验室内刊《遗产研究国际动态》第一期发布。

（2）1月20日，苏州金螳螂建筑装饰股份有限公司再捐1 000万元支持学院教育事业发展。

（3）4月23日，国家"一带一路"联合实验室福州研究基地揭牌仪式暨第一次学术会议顺利举行。

（4）4月，建筑与城乡规划党支部更名为"一带一路"联合实验室党支部，室内设计党支部更名为城乡规划与室内设计党支部。

（5）5月18日，学院与扬州市住房和城乡建设局举行深度合作签约仪式。

（6）5月29日，国家"一带一路"联合实验室西安研究基地揭牌仪式暨丝路沿线历史城市保护研究学术研讨会顺利举行。

（7）5月30日，学院与意大利罗马大学签署校际友好合作协议。

（8）6月7日，风景园林本科专业获批2021年度国家级一流本科专业建设点。

（9）6月7日，国家"一带一路"联合实验室少数民族文化遗产研究基地揭牌仪式暨科技赋能文化遗产保护学术论坛圆满举行。

（10）7月11日—15日，学院与英国普利茅斯大学首次联合举办暑期线上夏令营。

（11）7月24日，学院举办2022年全国高等学校建筑学专业毕业设计教学研讨会。

（12）8月17日，澳门城市大学刘骏校长来访学院。

（13）8月，学院与丹麦技术大学合作设计建造"House the Aurora 极光之家"，并获国际太阳能十项全能竞赛多个大奖。

（14）9月5日，姑苏区委统战部常务副部长黄河一行来访调研国家"一带一路"联合实验室。

（15）11月9日，建筑学专业在教育评估中期督察中获"优秀"评级。

（16）11月21日，中国驻葡萄牙大使赵本堂肯定国家"一带一路"联合实验室建设成效。

（17）12月3日，遗产保护与可持续发展国际会议暨国际建成遗产保护联合体成立大会胜利召开。

数学科学学院

一、学院概况

苏州大学数学科学学院拥有辉煌而悠久的历史，前身是1928年东吴大学文理学院设立的数学系。几十年来，学院一贯坚持严谨治学、精心育人的优良传统，为江苏省和国家培养了一大批中学数学特级教师和教授级高级教师、中小学名校校长、优秀企业家和金融精英。学院院友中走出了一批卓有成就的数学家、科学家和知名学者，包括中国科学院院士1名，日本工程院院士1名，欧洲科学院院士1名，国家级人才计划入选者8名，国家级青年人才计划入选者4名，国家优秀青年科学基金获得者3名。"华罗庚数学奖"获得者姜礼尚教授，华人第一位国际组合数学终身成就奖——"欧拉奖"获得者朱烈教授，全国首批18位博士之一、"全国优秀教师"称号获得者谢惠民教授，国内一般拓扑学研究先驱之一高国士教授等知名教授等在学院长期执教，是学院的荣耀。

学院拥有数学和统计学2个一级学科博士点和博士后科研流动站，数学一级学科设有基础数学、应用数学、计算数学、概率论与数理统计、运筹学与控制论、数学教育等6个二级学科博士、硕士点，统计学一级学科设有数理统计、应用概率、金融风险管理、生物统计、经济统计等5个二级学科博士、硕士点；此外还有应用统计、金融工程、学科教育（数学）3个专业硕士点；设有全国省属高校中唯一的国家理科基础科学研究和教学人才培养基地（数学）；数学与应用数学为国家"211工程"重点建设学科；数学、统计学均为江苏省一级重点学科，其中，数学获得江苏高校优势学科建设工程三期项目资助。

学院设有数学与应用数学系、计算科学系、统计系和大学数学部，同时还设有数学研究所、应用数学研究所、高等统计与计量经济中心、金融工程研究中心、设计与编码研究中心、系统生物学研究中心、数学与交叉科学研究中心等8个研究机构。

学院现有教职工112人，其中，专任教师85人（含教授40人、副教授35人），专任教师中79人具有博士学位。学院现有国家杰出青年科学基金获得者2人、国家优秀青年科学基金获得者3人、国家级青年人才2人、国际组合数学霍尔奖获得者1人、享受国务院政府特殊津贴者2人、教育部跨世纪优秀人才2人、全国优秀教师2人、江苏省高等学校教学名师1人、江苏省数学杰出成就奖获得者1人、江苏省数学成就奖获得者4人、江苏省"333工程"培养对象5人、江苏省"青蓝工程"中青年学术带头人3人、江苏省"青蓝工程"优秀青年骨干教师9人。

学院建有国家理科基础科学研究和教学人才培养基地（全国19个数学与应用数学基地之一），设有数学与应用数学（基地）、数学与应用数学（师范）、信息与计算科学、金融数学4个本科专业方向。依托国家级教学团队（数学基础课程群教学团队）、江苏省品牌专业（数学与应用数学专业A类）建设起合理扎实的第一课堂教学，通过开设基地读书班、研讨班、师范基本功强化班、信息专业大数据分析兴趣班、金融数学实操课，以及各类专业竞赛辅导等巩固、提升专业知识和专业技能。学院通过优化专业师资配备，强化基地班课程体系改革，开阔学生学术视野，加强基地班拔尖人才培养。对数学与应用数学（基地）、数学与应用数学（师范）专业的优秀本科生实行导师制，基地专业50%的学生可获推免保研资格。自2009年参加第一届全国大学生数学竞赛起，学院学生累计获得全国决赛数学专业类一等奖4人次、二等奖12人次、三等奖2人次。2012级基地班邱家豪同学获得第七届全国大学生数学竞赛决赛数学专业类高年级组第一名的优异成绩。在全国大学生数学建模、美国大学生数学建模、国家级大学生创新创业训练计划等中，学院参赛学生表现突出，深受好评。学院设置本科生数学专业竞赛奖励金和学生境外交流资助，从品牌专业建设经费中专设经费奖励获奖同学和参加境外研学学生。2019年，学院被列为学校"本科生成长陪伴计划"试点学院。

学院在组合设计、常微与动力系统、代数、微分几何、函数论、拓扑学等方面的科学研究处于国际知名、国内一流水平。

二、教学工作

1. 本科生教学工作

2022年上半年，学院在线开展课程教学，开设专业课53门、公选课1门；下半年开设专业课55门、公选课3门。荣获2022年苏州大学拔尖创新人才培养综合类改革项目（重点项目）1项。完成数学与应用数学（师范）专业认证进校考察工作；完成金融数学专业自评工作。组织修订各专业人才培养方案；组织完成江苏高校品牌专业建设工程二期（数学与应用数学）年度报告；获评2022年苏州大学基础学科拔尖人才培养基地项目1项。

学院成立2021级强基班。学院学生参加大学生创新创业训练计划项目，共获批国家级项目3项、省级项目3项、校级项目2项，"箸政基金"项目1项。2022年，学院学生参加学科竞赛获奖情况包括建模国赛：省一等奖3队，省二等奖4队，省三等奖5队；美赛：F奖2队，M奖9队，H奖22队；数学A竞赛：省一等奖20人，省二等奖25人，省三等奖28人。特别是2020级基地班陈建锋同学获得江苏赛区数学A类预赛第一名。

2. 研究生教学工作

2022年，学院成功举办优秀高年级本科生夏令营，吸引优秀生源。与苏州科技大学联合承办江苏省研究生"数学基础课程选讲"暑期学校。超额完成2023年硕士生推免工作，国内高水平大学考生占比超50%，生源质量稳中有升。成功举办苏州大学研究生国际学术创新论坛——动力系统及相关研究，增强学院师生的国际交流能力，提高学院的国际化办学水平。获批1门研究生课程思政课程建设。3名研究生获江苏省研究生科研与实践创新计划立项。2名研究生入选2021年国家公派研究生项目。

三、科研工作与学术交流

2022年，学院获批江苏省应用数学（苏州大学）中心。这是学院建院史上第一个省部级科研平台。获国家自然科学基金项目11项，其中，面上项目9项、青年项目2项；获江苏省自然科学基金项目1项。此外，学院教师陆珺获教育部人文社会科学研究项目青年基金项目1项，这是学校2022年获批的22个教育部项目中唯一一个来自理工科学院的项目，也是学院（系）有史以来主持的第一个省部级人文社科项目。钱定边教授获2022年度广西科学技术奖自然科技奖二等奖，排名第二。2022年，学院举办学术会议8场，举办讲座报告98次。

四、学院大事记

（1）5月4日，学院辅导员亓海啸获得江苏省高校辅导员素质能力大赛二等奖。

（2）5月20日，美国大学生数学建模竞赛（MCM/ICM）评审结果公布。学院有3人获特等奖提名奖（Finalist），17人获一等奖（Meritorious Winner），40人获二等奖（Honorable Mention），获奖数量和获奖等级再创新高。

（3）5月26日，学院主持申请的"江苏省应用数学（苏州大学）中心"获江苏省科学技术厅批准。

（4）7月16日—18日，学院举办2022年优秀大学生夏令营活动。

（5）7月26日，数学科学学院团委"青盾计划"项目获批苏州市立项，同年年底获评苏州市优秀项目。

（6）8月1日—21日，学院承办江苏省研究生"数学基础课程选讲"暑期学校。

（7）8月22日—30日，学院举办苏州大学研究生国际学术创新论坛——动力系统及相关研究。

（8）8月22日—26日，学院举办第31届国际流体动力学离散模拟会议暨第10届全国格子玻尔兹曼方法及其应用学术论坛。

（9）9月9日，学院首届强基班选拔成立。

（10）11月23日，学院举办教职工荣休仪式，欢送钱定边、成凤旸、严亚强、黎先华、余红兵和薛莹雯6名教师光荣退休。

（11）12月16日，在江苏省数学学会2022年学术年会暨第八届"江苏省数学奖"颁奖大会上，学院廖刚教授荣获"江苏省数学成就奖"。

物理科学与技术学院

一、学院概况

苏州大学物理科学与技术学院前身为东吴大学1914年创办的物理系。经过100多年的发展，学院在学科建设、科学研究、师资队伍、人才培养和社会服务等方面取得了良好的办学声誉。学院下设理论与应用物理研究所、凝聚态物理与新材料研究所、光学与光子学研究所、等离子体物理与技术研究所、物理教育研究所和物理国家级实验教学示范中心，苏州大学软凝聚态物理及交叉研究中心和苏州大学高等研究院挂靠学院运行。

学院现有物理学博士后科研流动站；物理学一级学科博（硕）士点；材料物理与化学、课程与教学论（物理）二级学科硕士点，学科教学（物理）专业学位硕士点；物理学及物理学（师范）2个本科专业及方向；等等。

学院师资力量雄厚，拥有一支包括诺贝尔物理学奖获得者、国家级人才、国家级青年人才等在内的高水平师资队伍。现有教职工120人，其中，专任教师70人。专任教师中博士学位率达100%，教授及研究员45人，30余人次获批国家级、省部级人才项目。学院有博士生导师25人、硕士生导师38人。现有2名外籍院士担任学院讲席与讲座教授。

学院现设有物理学及物理学（师范）2个本科专业，物理学专业是首批国家级一流本科专业建设点、江苏省品牌专业建设项目、江苏省"十四五"高校国际化人才培养品牌专业建设项目。该专业被中国校友会网评为5星级专业，国内高校专业排名第14位。物理学（师范）专业通过教育部师范专业二级认证。

学院拥有国家级实验教学示范中心、基础物理（实验）国家优秀教学团队、物理实验及创新竞赛省级优秀基层教学组织。取得一系列教学成果奖项："普通物理学"获批国家级精品资源共享课、国家级精品课程，"电磁学"获批国家级双语教学示范课程，"量子力学"获批国家级线下一流本科课程，"强激光下材料超快动力学虚拟仿真实验"获国家级虚拟仿真实验教学一流本科课程。"热学"和"普通物理学"获江苏高校外国留学生英文授课省级精品课程。出版江苏省重点教材多部，如《近现代物理实验》《低温等离子体诊断原理与技术》和 Essential University Physics Experiment。

学院积极主动服务地方区域经济发展，与苏州阿特斯阳光电力集团股份有限公司合作建立苏州大学光伏研究院和企业研究生工作站，推动产学研合作。与江苏省苏州中学校、苏州工业园区星湾学校等中学在物理学科拔尖人才培养、教师培训等方面开展合作。学院编辑出版全国中文核心期刊《物理教师》。

二、教学工作

1. 本科生教学工作

推动专业建设水平提升。学院积极推进物理学人才培养改革，建立虚拟教研室。物理学国际班入选苏州大学拔尖创新人才培养改革实践案例。物理学专业获批江苏省"十四五"国际化人才培养品牌专业建设重点项目。"物理学（强基班）本硕博一体化人才培养改革实践"获苏州大学拔尖创新人才培养改革重点项目立项。

积极探索线上教学新形态。学院顺利完成毕业实习、毕业设计（论文）等实践类课程教学任务。师范专业实践课程"教育见习"作为"在线教学案例分享"被教务处推送，"普通物理实验"借助虚拟仿真平台开展实验的事迹被"学习强国"报道。

加强学院基层教学组织建设。"现代物理学课程群"获苏州大学虚拟教研室建设项目立项，"物理实验和创新竞赛团队"获江苏省高校优秀基层教学组织。青年教师获全国高等学校物理基础课程（实验课程）青年教师讲课比赛（华东赛区）三等奖和第四届江苏省高校青年教师教学竞赛二等奖。

学生创新能力快速提升。学院学生参加第五届中国大学生物理学术竞赛（CUPT）获得三等奖；在第十三届"格致杯"物理师范生教学技能交流展示活动中，学院学生共获一等奖 4 项、二等奖 2 项、三等奖 2 项；学院学生参加大学生创新创业训练计划项目，获省级一般项目 2 项、省级重点项目 2 项；获"箅政基金"项目 1 项。本科生在顶级期刊 *Laser & Photonics Reviews* 和 *Optics Express* 上发表高水平论文。

2. 研究生教学工作

持续推进研究生生源高质量发展。2022 年，学院共招收全日制博士生 22 人，全日制硕士生 120 人（含学术型硕士生 84 人、专业型硕士生 36 人），硕士生来源于"双一流"高校优质生源占比达到 39.2%。举办优秀本科生暑期夏令营，拟接收推荐免试 2023 级研究生 13 名，增长 160%。

创新培养模式，抓牢培养环节。2022 年，学院在各级各类国家级竞赛中获得一等奖 9 项、二等奖 7 项。获批江苏省优秀博士论文 1 篇、江苏省优秀硕士论文 1 篇。获批江苏省研究生科研与实践创新计划立项 2 项。全年，共 107 名硕士生和 18 名博士生被授予学位。年终就业率达到 95% 以上。

三、科研工作与学术交流

物理学科为江苏省"十三五"重点学科、江苏省优势学科和国家一流学科"物质科学与工程"的 5 个主要支撑学科之一。第五轮学科评估比上一轮有所突破。物理学居 ESI 全球排名前 1% 的百分比位次进一步靠前，全球排名第 401 位（国内高校第 19 位），百分位提升至 48.14%；Nature Index 物理学科全球排名第 17 位（国内高校第 9 位）。二级学科凝聚态物理、物理化学进入"U. S. News 世界大学学科排名"前 10 位。完成江苏高校优势学科建设工程三期项目立项学科验收工作，并顺利通过验收。

1. 科研项目及成果

2022 年，学院共申报国家自然科学基金项目 53 项，获批 17 项（其中，国家优秀青年科学基金项目1项、青年基金项目6项和面上项目10项）。江华教授和陈垂针教授作为项目团队成员参加的科技部重大研究计划成功获批。蒋建华教授领衔获批科技部重点研发计划项目1项（项目经费2 800万元），实现了学院大项目上的历史性突破。

学院教师高质量论文发表数量明显提升，以第一单位身份在三大检索上发表140余篇论文。以第一单位或通讯作者身份在 Nature Science、Physical Review Letters/X、Advanced Materials 等上发表高水平论文10余篇。

2022年，学院在学会奖项等级与数量上取得新突破。学院教师囊括了第三届江苏省物理学会的全部奖项类别，其中，赵承良教授获教育贡献奖、江华教授获杰出青年奖、高雷教授获科学技术奖一等奖。

2022年，学院新增省部级科普新平台。学院先后获批苏州市首批科学家精神教育基地（"两弹一艇"科学家精神教育基地）、江苏省科普教育基地和中国电工技术学会科普教育基地。

2. 国内外学术交流情况

依托科斯特利茨教授继续推进苏州市外籍院士工作站开展工作，柔性引进西班牙皇家科学院 Luis M. Liz-Marzán 院士为讲座教授，开展纳米生物显微成像及光谱的合作研究。

举办苏州大学引力和超对称场论研究生国际学术创新论坛及功能材料学会2022年年会。录取1名中国台湾籍和1名俄罗斯籍博士生，打开国（境）外合作新通道。

四、学院重大事项

（1）物理学科在教育部第五轮学科评估中成绩优异。

（2）"量子力学"获批国家级线下一流本科课程；"强激光下材料超快动力学虚拟仿真实验"获国家级虚拟仿真实验教学一流本科课程。

（3）物理学专业获批江苏省"十四五"高校国际化人才培养品牌专业建设重点项目。物理学国际班入选学校"拔尖创新人才培养改革实践案例"。"物理学（强基班）本硕博一体化人才培养改革实践"获苏州大学拔尖创新人才培养改革重点项目立项。

（4）丁泓铭教授获批国家优秀青年科学基金项目。

（5）学院与新加坡国立大学重庆研究院、新加坡国立大学苏州研究院联合承办功能材料学会2022年年会。

（6）学院成功举办了主题为"引力和超对称场论"的研究生国际学术创新论坛。

（7）学院获评2022年度苏州大学综合考核第一等次，2022年度研究生工作综合考评优秀奖，2022年度本科教学课程建设推进奖，2022年度科技项目最佳进步奖。

光电科学与工程学院

一、学院概况

光电科学与工程学院的前身为创办于 1979 年的江苏师范学院激光研究室。2014 年 1 月，在原现代光学技术研究所、原信息光学工程研究所和原物理科学与技术学院光电技术系的基础上，合并组建了物理与光电·能源学部光电信息科学与工程学院。2018 年 5 月，学院独立设置，并更名为光电科学与工程学院。

学院现有 2 个本科专业、4 个硕士学位点、1 个一级学科博士点、1 个博士后科研流动站。在校本科生 600 余名，研究生 300 余名。现有教职工 120 余名，其中，专任教师 80 余名，高级职称教师 70 余名。学院拥有一大批高层次人才，包括院士 1 名（获国际永久性小行星命名专家）、国家级人才 5 名、国家科技进步奖获得者 2 名、全国模范教师 1 名、全国先进工作者 1 名，以及省部级高层次人才计划入选者近 30 名。学院拥有国家重点实验室培育建设点 1 个、省部级重点实验室 3 个、省部级工程研究中心 2 个，以及国家首批 2011 协同创新中心分中心。

二、教学工作

1. 本科生教学工作

（1）人才培养再创佳绩。

2022 年，学院积极推行"学做研结合，科教产融合"的人才培养模式。荣获 2022 年校本科教学工作综合考评优秀奖；获批 2022 年校级教学成果奖一等奖 1 项。获 2021 年度江苏省普通高校本专科优秀毕业论文（设计）三等奖 1 项；获 2022 年大学生创新创业训练计划项目省级重点项目 3 项、省级一般项目 3 项；获学科竞赛国家级一等奖等 19 项、省级一等奖等 107 项；荣获第八届中国国际"互联网+"大学生创新创业大赛（产业命题赛道）国赛金奖，实现学院在"互联网+"比赛及学校在该赛道项目上的历史性突破。

（2）教学改革稳质提优。

2022 年，学院获批校首个产业学院，深化政产学研协同联动；"光电专业导论"和"模拟电路"2 门课程获全国高校光电信息科学与工程专业优秀课程思政教学案例一等奖；获批 2022 年苏州大学拔尖创新人才培养改革重点项目 1 项、专项改革课题 2 项、校虚拟教研室 1 个；"情感、知识、创新"三元融合的劳动教育探索与实践，被推荐申报 2022 年江苏省高等学校劳动教育优秀实践项目。

2. 研究生教学工作

（1）培养过程管理强化。

2022年，学院招收2022级博士生9名，录取2023级推免硕士生9名；招收2022级硕士生107人，其中，学术型硕士生37人（含推免11人）、专业型硕士生70人（含推免2人）。全年授予博士学位者5名，授予硕士学位者69名。荣获2022年校研究生工作综合考评优秀奖。

（2）科研创新能力提升。

2022年，学院获批江苏省研究生科研与实践创新计划项目1项，江苏省研究生教育教学改革重点课题1项，校研究生课程思政示范课程1门，江苏省优秀博士学位论文1篇，校优秀博士学位论文1篇、优秀硕士学位论文4篇。学院研究生首次获第十八届王大珩光学奖学生奖1项。获批校硕士专业学位研究生实践基地3个，校研究生工作站3个。获国家级竞赛金奖1项，省级竞赛一等奖1项、二等奖1项、三等奖2项。

（3）研究生国际视野拓宽。

2022年，学院首次招收俄罗斯圣光机大学交换硕士生1名；鼓励研究生积极对外开展学术交流，学院研究生有39人次在国内参加国内外学术会议，其中，参与国际学术会议的有23人次。

三、科研工作与学术交流

1. 科研项目及成果

（1）项目立项再创佳绩。

2022年，学院获批国家重点研发计划项目1项（项目经费1 000万元），国家重点研发计划青年科学家项目1项，国家重点研发计划课题1项，国家重点研发计划子课题1项。获批国家自然科学基金项目6项，其中，面上项目4项、青年基金项目2项；江苏省自然科学基金面上项目1项；江苏省高校重大项目2项，面上项目1项；苏州市产业前瞻与关键核心技术项目1项，科技发展计划（人才专项）1项，苏州市科协软科学研究课题1项。2022年，学院科研项目到账经费6 172.24万元，其中，军口纵向项目到账经费809.5万元，军口横向项目到账经费3 271.29万元；民口纵向项目到账经费1 672.64万元，民口横向项目到账经费418.81万元。学院获评2022年校科技工作先进单位（最佳组织奖）。

（2）科学研究再获突破。

2022年，学院发表SCIE、EI、CPCI-S论文115篇，其中，在 *Nature Energy*、*Optica* 等学科顶级期刊发表一区论文27篇，影响因子大于10的论文21篇，实现基础研究新的突破。获中国产学研合作促进会产学研合作创新成果奖1项，江苏省科学技术奖一等奖和三等奖各1项（参与）。由陈林森研究员带领团队完成的"基于数字化三维光刻的微纳智能制造与应用"成果入选2022中国智能制造十大科技进展，并在江苏卫视展播。

申请国内专利113项，国际专利21项；授权专利149项，其中，授权发明专利44项（美国、日本及欧洲发明专利3项）。全年共转让专利6项。

2. 学科建设及学术交流

（1）加强师资队伍建设。

积极筹划高水平人才引进,组织面试高层次人才 14 人次。柔性引进讲席教授 1 人。入职副教授 2 人(均为校优青)、讲师 2 人(校优青 1 人),引进师资博士后 1 人。3 人晋升正高,1 人晋升副高。新增江苏省双创博士 3 人、姑苏创新创业领军人才 1 人。

(2)推进重大平台建设。

设立江苏省先进光学制造技术重点实验室自主研究课题 7 项并组织在研课题进展情况编报。全面梳理重大平台标志性成果和贡献,完成教育部现代光学技术重点实验室五年评估总结报告和答辩,完成 3 个省部级重点实验室、2 个省部级工程研究中心和省级协同创新分中心年度运行报告。新建 2 个省部级工程研究中心网站。召开教育部工程研究中心技术委员会年会。组织申报教育部 GF 重点实验室。

(3)加强学科内涵建设。

光学工程优势学科三期项目顺利验收,验收结果为"优秀"。积极参与下一轮一流学科建设,完成新工科建设项目任务规划,认真做好 2022 年度优势学科、一流学科与新工科建设专项经费使用及绩效考核指标。李孝峰当选中国光学学会第九届理事会理事。联合承办第七届空间光学仪器与应用国际研讨会等学术会议,邀请国际国内行业专家开展学术报告 20 余场次。开展"产业前沿与职业发展"系列讲座。

四、学院重大事项

(1)3 月 22 日,数码激光成像与显示教育部工程研究中心 2022 年技术委员会暨工程中心发展研讨会胜利召开。

(2)3 月,苏州市首批科学家精神教育基地名单公布,学校科学家精神教育基地集群(光电科学与工程学院追光铸魂科普教育中心)成功入选,成为全市 10 家建设单位之一。

(3)5 月 22 日,"走进科技,你我同行"——2022 年苏州大学光学工程重点实验室线上开放日成功举办,500 余名师生通过腾讯会议平台参与此次活动。

(4)5 月,光电信息党支部入选首批江苏省"样板支部培育创建单位"。

(5)5 月,李念强教授指导的博士生黄于获第十八届王大珩光学奖学生奖,这是学院学生首次获该项殊荣。

(6)7 月,李孝峰教授团队与合作者在全钙钛矿叠层太阳能电池方面取得新进展,相关研究成果在国际顶尖学术期刊 *Nature Energy* 上在线发表。

(7)8 月,学院组织志愿者奔赴贵州等地开展支教、调研等活动,活动得到了《新华日报》、科学网等多家媒体报道。学院也首次荣获苏州大学暑期社会实践优秀组织奖。

(8)11 月,"硬核强'芯'——高效精稳 Micro-LED 驱动领跑者"项目荣获第八届中国国际"互联网+"大学生创新创业大赛(产业命题赛道)国赛金奖,实现学院在该项比赛及学校在该赛道项目上的历史性突破。

(9)12 月,李孝峰教授指导的安怡澹博士的学位论文《微纳光伏器件载流子光电热动力学特性研究》获评江苏省优秀博士学位论文。

(10)2022 年,学院获评校综合考核党的建设先进单位和立德树人先进单位、本科教学工作综合考评优秀奖、研究生工作综合考评优秀奖,以及科技工作先进单位(最佳组织奖)。

能源学院

一、学院概况

苏州大学能源学院成立于2009年，前身是1983年成立的物理系能源利用教研室，是全国最早创建和发展的能源学院之一。

学院现由中国科学院院士刘忠范领衔建设，是苏州大学重点建设的新型国际化公办学院。学院汇集国际顶尖人才与团队，匹配一流平台设施，聚焦有重要发展前景、重大创新机遇的能源与材料基础研究和应用研发，培养具有国际化视野和国际竞争力的优秀人才。

学院以刘忠范院士为核心，汇聚了一支学术声望高、专业理论水平扎实、实践教学经验丰富的精英师资队伍。学院现有教职工90余名，其中，中国科学院院士1名，国家"万人计划"领军人才入选者1名、科技部中青年领军人才计划入选者1名、国家"四青"人才8名，江苏省双创人才8名、江苏省双创团队2个、江苏省杰出青年基金获得者2人，江苏省特聘教授5名，江苏省"333工程"培养对象4名，"六大人才高峰"高层次人才5名，"六大人才高峰"创新人才团队1个，以及校级特聘教授20名。能源学院贯彻以学者为中心的管理机制和体制，形成崇尚真理、自由民主的学术氛围，是青年才俊成长的沃土、培养优秀人才的摇篮。

学院设有2个博士点：新能源科学与工程、能源与环境系统工程；4个硕士点：新能源科学与工程、能源与环境系统工程、材料与化工（专业学位）、能源与动力（专业学位）；3个本科专业：新能源材料与器件、新能源材料与器件（中外合作）、能源与动力工程，其中，新能源材料与器件（中外合作）是苏州大学-加拿大维多利亚大学"3+2"联合办学本科专业；1个省级教学示范中心：江苏省新能源材料与器件教学示范中心。学院现有学生800余名，其中，本科生620余名，硕士生、博士生200余名。学院重视学生创新能力的培养，实行本科生导师制项目，遴选优秀本科生自第三学期开始进入课题组学习、参与科学研究；定期组织优秀本科生夏令营，促进全国各地本科生学习交流；注重营造国际化人才培养氛围，大力招收留学生，现有20余名留学生在学院攻读硕士、博士学位。

学院以苏州大学能源与材料创新研究院为基础研究创新平台，以先进碳材料与可穿戴技术、太阳能利用与转化、高效动力储能电池、氢能源与燃料电池、理论计算、能源与环境系统工程、低碳节能技术为重点研究方向，集中力量攻克重要、重大科学问题。学院现有省级重点实验室1个（江苏省先进碳材料与可穿戴能源技术重点实验室），内设大型分析测试中心1个，拥有大型分析测试仪器和设备20余套，总价值超过5 000万元，包括球差透射电镜、SEM、XRD、XPS、Raman、AFM、ICP-OES元素分析仪等一批先进新能源材料与器件分析和测试的仪器设备。近五年来，学院获得各类科研项目150多项（其中，国家重点研发计划子课题5项，国家自然科学基金项目50余项），总经费达6 200余万元。在 Nature Catalysis、Nature. Comm、Adv. Mater、J. Am. Chem. Soc 等顶级期刊上发表学术论文560余篇，授权专利80余件。

学院以苏州大学-北京石墨烯研究院产学研协同创新中心、轻工业化学电源研究所与张家港工业技术研究院为产学研协同发展基地，以新能源、新材料等领域为切入点，致力协同地方、高校与企业紧密合作，开创刘忠范院士提出的"研发代工"产学研协同创新新模式，实现从基础研究到产业化落地的无缝衔接。现有国家化学电源产品质量监督检验中心等11个省部级及以上重要技术平台。

学院重视文化建设，各类学术活动和师生课余活动丰富多彩。学院每月举办东吴新能源论坛，邀请来自全球各地的学术大师到研究院做学术讲座；每月举办学术午餐交流会，加强导师之间交流与合作；每年举办研究生学术嘉年华，给学生搭建展示自我的舞台，并颁发各类捐赠奖学金近50项。能源学院贯彻以学者为中心的管理机制和体制，形成崇尚真理、自由民主的学术氛围，是青年才俊成长的沃土、培养优秀人才的摇篮。

二、教学工作

1. 本科生教学工作

2022年，在全院师生的共同努力下，学院新能源材料与器件专业获批省级一流本科专业建设点。学院与材料与化学化工学部联合申请的"新能源材料与器件+化学"双学士学位复合型人才培养项目获立项。"新能源材料与器件专业虚拟教研室"获批苏州大学虚拟教研室建设点。新增3项教材建设类奖项（陶永明《锅壳式燃油燃气锅炉原理与设计》；晏成林《原位电化学表征原理、方法及应用》；孙迎辉、赵亮《新能源材料与器件专业实验综合指导书》）。

在本科生论文方面，毕业论文优秀比例提高，更获省级优秀论文1篇。2名教职工分获苏州大学第三届课程思政课堂教学竞赛二等奖和第二届苏州大学教师教学创新大赛二等奖。1名教师代表学院参加江苏省高校微课教学比赛。

鼓励学生参与各项学科竞赛，提升个人能力。2022年上半年，学院共获得江苏省节能减排大赛一等奖2项、二等奖1项、三等奖3项，全国大学生节能减排社会实践与科技竞赛三等奖4项，全国大学生英语竞赛三等奖3项。组织全国大学生节能减排社会实践与科技竞赛的参赛工作。2022年，学院申报大学生创新创业训练计划项目4项、"箸政基金"项目4项，获省级重点项目2项。

2. 研究生教学工作

2022年，学院招收硕士生61人，博士生13人，免试攻读研究生2人，海外留学生博士2人；顺利完成11名博士生和42名硕士生的毕业答辩工作，硕士生年终就业率达95.2%。在2022年江苏省研究生科研创新计划项目申报中，2020级博士生王梦蕾的"锂硫电池用碳基异质结构电催化剂的精准合成"项目申请并获批。"新能源系统导论"课程获校研究生课程思政示范课程立项；获批江苏省研究生科研与实践创新计划类项目1项；分获2022年校博士生、硕士生优秀学位论文2篇和1篇。

三、科研工作与学术交流

1. 科研项目及成果

2022年,学院共获批省部级及以上纵向项目16项(国家自然科学基金项目5项,其中,海外优青项目1项),总经费达1 239万元。军工项目到账经费1 210万元。横向项目14项(到账经费336万元)。申请专利20项,专利转化21项,转化金额达140万元。

2022年,学院发表高水平论文150余篇,其中,*Nature Reviews Materials* 1篇、*Nature Communications* 3篇;申报江苏省科学技术奖3项,并获江苏省可再生能源学会科学技术奖一等奖、三等奖。

2022年,学院获批省部级平台2个,即全国石油和化工锂电池重点实验室、江苏省JMRH融合创新平台。同时,学院与苏州科尔珀恩机械科技有限公司共建苏州大学-苏州科尔珀恩机械科技有限公司电池自动化拆解回收研发中心。

轻工业化学电源研究所完成实验室CMA(China Metrology Accreditation,中国计量认证)和CNAS(China National Accreditation Sewice for Conformity Assessment,中国合格评定国家认可委员会)换证复评审、变更、扩项任务;开展实验比对9项,完成季度质量监督10次;组织开展内外部培训共450余人次;共完成电池检测项目550余项,出具中英文检测报告780余份。获批省、市、区各级科技、平台和补助项目7项。获"轻工行业中小企业公共服务示范平台"认定,连续三年获"张家港市标准化先进单位"。全年总收入预计超过850万元。参加国际、国家等标准修订14项,完成标准的审查与报批2项。完成《电池工业》全年6期的出版工作。

苏州大学-张家港工业技术研究院10月底新引入科创企业4家;签订及对接促成产学研协议共计8项;通过科技查新、专利申报、项目申报等服务企业300余家;新申请专利12项(其中,发明专利10项),新增授权专利4项(其中,发明专利4项);累计收入115.38万元,孵化企业收入880余万元。

2. 国内外学术交流情况

2022年,学院与波兰科学院签署联合培养协议,与澳大利亚蒙纳士大学联合培养研究生工作正式招生。

四、学院重大事项

(1)6月,与波兰科学院高分子与碳材料中心签订联合培养化学科学博士生协议。

(2)10月,获批江苏省JMRH融合创新平台。

(3)12月7日—11日,线上召开先进负碳催化技术国际研讨会。

材料与化学化工学部

一、学部概况

材料与化学化工学部由苏州大学原化学化工学院和原材料工程学院的材料学科合并组建而成。原化学化工学院历史悠久，源远流长，其前身是创建于1914年的东吴大学化学系，创始人是东吴大学第一位理科教师、美国生物学家祁天锡教授（美国范德比尔特大学硕士毕业）和东吴大学第一位化学教师、美国化学家龚士博士（1913年来自美国范德比尔特大学）。1917年，龚士博士指导的两名研究生获得化学硕士学位，他们既是东吴大学授予的第一批硕士学位研究生，也是迄今为止能够确定的中国第一批化学硕士生。材料学科是在1975年原苏州丝绸工学院的化学纤维专业基础上发展起来的，目前已成为国内重要的材料科学研究和人才培养基地之一。

2022年，学部入选首批全国党建工作标杆院系，先后获评江苏省先进集体、江苏省先进基层党组织、苏州市先进基层党组织，物理及分析化学教工支部入选第二批"全国党建工作样板支部"。

学部拥有化学、材料科学与工程、化学工程与技术3个一级学科博士点和博士后科研流动站。材料科学与工程为一流学科，化学、化学工程与技术为江苏高校优势学科建设项目。据2022年ESI全球排名最新数据，化学、材料学科列全球前1‰；在最新Nature Index中，化学学科排名居全国高校第12位；在"2022软科中国最好学科排名"中，化学学科排名第16位。

学部专业覆盖面广，设有化学、应用化学、化学（师范）、高分子材料与工程、材料科学与工程、功能材料、化学工程与工艺、环境工程等本科专业。2022年新增"化学+新能源材料与器件"双学位专业。化学、高分子材料与工程、化学工程与工艺专业为国家一流本科专业建设点；化学专业为江苏省"十二五"高等学校重点建设专业和江苏省品牌专业；高分子材料与工程专业入选教育部"卓越工程师教育培养计划"并通过工程教育认证；化学实验教学中心为江苏省实验示范中心。

学部现有教职工290余人，其中，中国科学院院士2人，发达国家院士3人，国家杰出青年科学基金获得者7人，"百千万人才工程"国家级培养对象3人，"万人计划"科技创新领军人才3人及其他国家级人才20余人，另有省部级人才20余人。同时，还聘请了包括诺贝尔奖获得者在内的近30位外籍名誉教授、讲座教授、客座教授。

学部拥有新型功能高分子材料国家地方联合工程实验室、环保功能吸附材料制备技术国家地方联合工程实验室、智能纳米环保新材料及检测技术国际联合研究中心、江苏省有机合成重点实验室、江苏省先进功能高分子材料设计及应用重点实验室等国家级和省市级重点实验室。

二、教学工作

1. 本科生教学工作

材料与化学化工学部紧扣一流本科专业建设的工作部署，突出教学中心地位。以3个一流本科专业建设为核心，进一步推进本科教育综合改革。《化学化工类本科"五融合"实验教学体系的构建与探索》获得江苏省教学成果奖一等奖。高分子材料与工程专业获批江苏省产教融合品牌专业建设点。"化学+新能源材料与器件"双学位专业入选2022年江苏省普通高校双学士学位复合型人才培养项目，并顺利招收第一届25名学生进入该专业学习。

全面对标本科教学国家质量标准，以及工程教育专业认证的各项要求，完成本科生人才培养方案修订。获批苏州大学拔尖创新人才培养改革项目综合类改革项目重点项目1项、专项改革课题1项，获批苏州大学虚拟教研室立项建设项目1项。在首届苏州大学教师教学创新大赛中，学部获正高组二等奖1项、副高组一等奖1项、中级组三等奖1项。

学部积极组织学生参加学科竞赛和创新创业项目，获第八届中国国际"互联网+"大学生创新创业大赛省级二等奖1项、三等奖2项，获2021年"天正设计杯"第十五届全国大学生化工设计竞赛国家级二等奖、三等奖各1项，获全国大学生化学实验创新设计大赛国家级二等奖1项、华东赛区一等奖1项，获全国"互联网+化学反应工程"课模设计大赛大学生创新创业大赛三等奖1项，获第十一届江苏省大学生化工设计竞赛特等奖2项。学部1名本科生被遴选为2022年"箸政学者"。

2. 研究生教学工作

2022年，学部研究生团队获得第十七届"挑战杯"全国大学生课外学术科技作品竞赛国赛特等奖。博士生陈海阳获邀参加第71届德国林岛诺贝尔奖获得者大会。7名博士生获得"江苏省研究生培养创新工程"立项并获得资助。3名学术型硕士生的论文获评2022年度江苏省优秀博（硕）士学位论文，4名博士生、8名硕士生的论文获评苏州大学2022年度优秀博（硕）士学位论文。

2022年，学部获批1家江苏省研究生工作站，1家企业研究生工作站被评为"2022年度江苏省优秀企业研究生工作站"，1名产业教授期满考核被评为"优秀"并续聘，为研究生的学术训练提供了有力保障。

研究生培养国际化水平进一步提高。2022年，学部共招收国（境）外博士生3人，2名博士生、3名硕士生获国家建设高水平大学公派研究生项目资助。

三、科研工作与学术交流

学部大力推进师资建设，进一步加强对青年人才的培养，完善培育体系。2022年，学部1人入选江苏省第六期"333工程"第一层次培养对象，1人入选江苏高校"青蓝工程"培养对象，1人获评苏州大学优秀青年学者，1人获中国化工学会侯德榜化工科学技术奖青年奖。引进苏州大学精英人才、优秀青年学者等青年人才8人，专职科研人员3人；进站统招博士后8人，其中，1人获得博士后创新人才支持计划资助，进站外籍博士后1人、企业博士后10人。

1. 科研项目及成果

学部充分发挥主观能动性，激励高水平科研创新。2022 年，学部成功获批国家自然科学基金项目 25 项，其中，重点项目 2 项、专项 1 项；国家重点研发计划项目 1 项、课题 2 项；江苏省基础研究计划项目 10 项，其中，江苏省重点研发计划项目 1 项；江苏省高校项目及市级项目共 14 项。全年累计获批纵向经费超 5 800 万元，较 2021 年度增长 66%。

2022 年，获批中国化工学会科学技术奖基础研究成果奖 1 项。发表 Nature Index 论文 47 篇（含 TOP 期刊 20 篇），其中，谭庚文教授在 *Nature Chemistry* 上报道了首例稳定的单取代锗卡拜。

2022 年，学部申请专利 186 件，其中，国际专利 69 件 ［PCT（Patent Cooperation Treaty,《专利合作条约》）专利 50 件］；授权专利 188 件，其中，国外授权专利 15 件。加强与地方企业的联系与沟通，推进开展产学研工作，本年度横向项目到账经费 3 227 余万元，其中，100 万元及以上项目 4 项，1 项专利转让金额达 1 800 万元，成为学校历史上最高的单项专利转让金额，凸显了学部为地方经济服务的能力和成效。

2. 国内外学术交流情况

学部积极推进与新加坡南洋理工大学、英国利兹大学的联合培养合作洽谈。获批苏州大学海内外学术交流种子基金项目 1 项，申报的江苏高校国际化人才培养品牌专业建设项目已被学校推荐至江苏省参评。续聘 2 位外籍专家为苏州大学讲座教授。

四、学院重大事项

（1）3 月，高分子教工党支部入选苏州大学第二批教职工党支部书记示范工作室。

（2）6 月，物理及分析化学教工党支部通过第二批"全国党建工作样板支部"验收。

（3）9 月，化学、化学工程与技术通过江苏省优势学科三期建设项目验收，其中，化学学科获得优秀。

（4）9 月，专利"负载铂和钌双金属的氧化锆纳米管复合材料及其制备方法与在低温热催化处理甲苯中的应用"转让金额达 1 800 万元，成为学校历史上最高的单项专利转让金额。

纳米科学技术学院

一、学院概况

苏州大学纳米科学技术学院成立于2010年12月，2011年10月成功获批为教育部首批设立的17所国家"试点学院"之一。学院与功能纳米与软物质研究院融合发展，先后获批首批国家级"2011计划"协同创新中心、高等学校学科创新引智基地和科技部创新人才培养示范基地，牵头负责苏州大学"双一流"学科——材料科学与工程学科建设重任。

学院目前拥有唯一的本科专业——纳米材料与技术，是与国家战略性新兴产业相关的新专业，先后入选江苏省高校品牌专业、国家级一流本科专业建设点、江苏省高校国际化人才培养品牌专业。学院形成纳米科技创新人才的"三融合"（教科融合、学科融合、国际融合）培养模式，并荣获2018年国家级教学成果奖二等奖。学院现有各类在籍学生1 092名，其中，本科生414名，硕士生534名，博士生144名。

学院现有教职工130余人，其中，中国科学院院士2人、欧洲科学院外籍院士1人、国家级重点人才计划入选者18人次、国家级重点青年人才计划入选者38人次。学院组建了阵容强大的学术支撑团队，学术委员会专家由20人组成，其中，17人为院士。

二、人才培养

1. 常规培养

学院将社会主义核心价值观融入教育教学全过程，充分发挥社会、学校、学院资源互补优势，邀请学院科学家、社会企业家作专题讲座，以身边人身边事激发学生爱国心、报国情、强国志。学工团队通过云班会、云主题团日活动等形式，融合学子倡议书、校友家书、五四精神、榜样引领等元素，累计发布23篇推文，阅读量达25 176人次，切实提升思政育人实效。

学院立足教科融合、学科融合、国际融合的纳米科技创新人才"三融合"培养模式，以"前三早"（早进课题、早进团队、早进实验室）实现"后三早"（早发现、早培养、早成才），并率先推进本科生人才培养方案的模块化试点改革，梳理重构课程体系。出版江苏省重点教材《光物理基础》，扩充纳米专业人才培养的教材资源库。

2. 特色培养

作为校内首家正式实施本硕博一体化项目的学院，目前已选拔两批次共12名学生正式进入该培养计划，培养成效初显。第三批次23名学生已进入培育阶段。获批相关校级拔尖创新人才培养改革项目6项，纳米领域拔尖人才培养质量提升。

3. 博士后培养

2022年，学院招收统招博士后24人，出站14人，其中，9人出站后在国内知名高校任教。学院积极鼓励在站博士后申报各类基金和项目，并通过形式多样的辅导方式，帮助博士后提高基金获批率。2022年，学院在站统招博士后共获批国家自然科学基金青年基金项目9项、博士后创新人才支持计划1项、江苏省卓越博士后计划15项等。

学院以科技前沿为驱动，立足多学科交叉的国家级平台，建立由战略科学家领衔、学术领军人物和优秀青年人才随航的"旗舰式"导师队伍，探索面向世界科技前沿、面向国家重大需求的拔尖人才培养新路径，构筑形成纳米前沿交叉学科"本科—硕士—博士—博士后"多层次人才培养新体系。

三、科研工作与学术交流

1. 学科建设

2022年，由学院主导建设的材料科学与工程学科继首轮入选后获批第二轮国家"双一流"建设学科。在7月发布的"2022软科世界一流学科排名"中，由学院主导建设的纳米科学与技术、材料科学与工程在中国高校排名中均居第4位（前3位依次为清华大学、中国科学技术大学、北京大学），在世界高校排名中分居第5位和第16位。在10月发布的2022年"U.S. News世界大学排名"中，纳米科学与技术在中国高校排名中居第3位，在世界高校排名中居第4位（前3位依次为南洋理工大学、中国科学院大学、清华大学）；材料科学学科全球排名第13位，中国高校排名第6位。

2. 科研项目及成果

2022年，学院以苏州大学为第一单位共发表学术论文350篇，其中，高水平论文174篇，包括在国际顶级期刊 *Nature Photonics*、*Nature Electronics* 上各发表1篇，在 *Nature Communications* 上发表12篇，在 *Science Advances* 上发表2篇，等等。出版英文专著2部（章节）。申请中国专利61项、国际专利28项；授权国家发明专利84项、实用新型专利4项，3项中国专利成功实现成果转化。获批各类纵向科研项目109项，总科研经费逾6 800万元；获批横向科研项目18项，到账经费361.4万元。获2022年度高等学校科学研究优秀成果奖（科学技术）二等奖1项、2022年度中国科技产业化促进会科学技术奖1项。此外，1人获批国家杰出青年科学基金项目，1人获批国家优秀青年科学基金项目，1人获中国青年科技奖，1人获第十八届江苏省青年科技奖"江苏省十大青年科技之星"，1人获评"全国青年岗位能手"，1人获批江苏省杰出青年基金项目，1人获批江苏省优秀青年基金项目。13人（15人次）入选2022"全球高被引科学家"名单，11人入选2021年"中国高被引学者"榜单。本年度新获批建设苏州市表界面智能材料重点实验室；参与组建江苏省先进负碳技术重点实验室，并开展重组建设试点。

3. 国内外学术交流情况

学院分别与滑铁卢大学、西安大略大学、魁北克联合研究院、图宾根大学建立了"2+2"博士生联合培养项目，目前共联合培养博士生22名。学院与慕尼黑工业大学合作申请的"纳米科学与技术专业国际化研究领军人才培养项目"，成功入选国家留学基金管理委员会创新型人才国际合作培养项目并获得滚动资助。目前，项目已累计录取16人，2022年度学院派出10人。此外，学院积极响应"一带一路"政策号召，在亚洲、非洲国家进行研究生招生宣传，2022年招收2名来自巴基斯坦和1名来自孟加拉国的学生来实验室攻读硕士或博士学位。至此，学院共有外籍留学生11人。

2022年，学院获批省级及以上国际合作项目4项，总经费达1 036.98万元。作为金砖国家材料科学与纳米技术工作组中方牵头单位（两家之一），学院代表参加了工作组2022年度会议，参与了相关规章制度和研究规划的制定讨论，并代表中方发言和提交了2023年度工作组会议主办权的申请。此外，学院成功召开了苏州大学-西安大略大学同步辐射联合研究中心2022年国际研讨会，这是自新冠疫情暴发以来该中心召开的首场研讨会，会议以线上、线下相结合的形式开展，吸引了超过1万人次观看直播。2022年，学院积极组织并开设"FUNSOM国际学术讲坛"，邀请到5位发达国家院士进行6次学术分享，吸引超过1 000人次参与。

四、学院重大事项

(1) 1月，纳米材料科学教师团队入选教育部第二批"全国高校黄大年式教师团队"。

(2) 3月，学院本科生团队荣获第十七届"挑战杯"全国大学生课外学术科技作品竞赛一等奖。

(3) 4月，学院参与建设的江苏省先进负碳技术重点实验室通过江苏省科技厅批准，开启重组建设试点。

(4) 4月，"苏州材料科学和生物医药离岸创新中心"入选苏州市海外离岸创新中心新建项目。

(5) 8月，Nature杂志 Nature Index Nanoscience & Nanotechnology 专刊以"苏州大学开创性纳米研究为全球性挑战提供解决方案"为题，报道了学院在纳米科技领域取得的重大标志性科研成果。

(6) 9月，苏州大学-西安大略大学同步辐射联合研究中心核心成员Kim Baines教授当选为加拿大皇家科学院院士。

(7) 2022年，学院教师15人次入选2022"全球高被引科学家"名单。学院毕业生8人次入选2022"全球高被引科学家"名单，入选国家级重点青年人才计划1人，入选博士后创新人才支持计划1人，荣获江苏省优秀博士学位论文2篇、优秀硕士学位论文1篇。

计算机科学与技术学院

一、学院概况

苏州大学计算机相关专业开设至今已39年，苏州大学是江苏省较早开设计算机专业的高校之一。1987年，应苏州市社会发展需要组建工学院；2002年，正式成立苏州大学计算机科学与技术学院；2003年，成立苏州大学中创软件工程学院（现更名为苏州大学软件学院）。2021年，学院入选国家首批特色化示范性软件学院名单。

学院秉承"养天地正气，法古今完人"的校训和"厚德博学，敬业求真"的院训，形成了从本科、硕士（计算机科学与技术、软件工程2个一级学科硕士点和电子信息专业学位硕士点）、博士（计算机科学与技术、软件工程2个博士点）到博士后（计算机科学与技术、软件工程2个科研流动站）的完整人才培养体系，已为国家培养了8 000余名信息产业的高端人才，成为长三角区域高层次创新人才培养的重要基地。

学院拥有计算机科学与技术、软件工程2个江苏省优势学科和计算机信息技术处理江苏省重点实验室、江苏省网络空间安全工程实验室、江苏省大数据智能工程实验室。

学院现设计算机科学与技术（"双万计划"国家一流专业建设点、江苏省品牌专业、江苏省重点专业）、软件工程（"双万计划"国家一流专业建设点、国家特色专业建设点及教育部"卓越工程师教育培养计划"专业、江苏省重点专业）2个本科专业，并双双通过国际实质等效的工程教育专业认证。

学院软件工程、计算机科学学科在ESI全球排名中均进入前1%。

目前，学院共有全日制学生1 733人，其中，本科生1 030人、硕士生655人、博士生48人。

学院现有教职工151人，其中，教授33人、副教授41人，硕士生导师47人、博士生导师28人。教师中有加拿大工程院院士1名，国家人才项目专家4人，"国家级有突出贡献的专家"2人、江苏省高校教学名师2人，多人次获得江苏省"青蓝工程"学术带头人和江苏省"333工程"中青年科学技术带头人等称号。

二、教学工作

学院教学科研条件先进，实践环节渠道多。现包括计算机与信息技术国家级实验教学示范中心、"苏州大学-方正国际软件有限公司"国家级工程实践教育中心、苏州大学IT校企合作联盟（包括微软、西门子、百度在内的83家企业）。

教学方法特色鲜明。学院以培养高素质创新人才为宗旨，组建"卓越工程师班""图灵班"，培养基础扎实、视野开阔、专业精深、勇于创新的高水平拔尖人才。

学院积极构建校企联合培养机制，以"项目导入，任务驱动"模式进行教学改革，依托产学研平台有序落实"卓越人才教育培养计划"，组建校企合作创新实验室，着力培养学生的工程素养、创新意识和创新能力。

学院推行本科生"双导师"制度的实践教学模式，安排高校和企业指导教师共同指导本科生实践课题研究，实现了教学和社会需求的完美结合。

1. 本科生教学工作

一是做好教学组织和总结工作。2022年，学院重点做好各项日常教学工作，保证不同年级学生拥有正常的教学秩序和学习环境。积极开展工程教育认证持续改进工作，计算机科学与技术专业工程教育认证通过中期验收。组织召开包含行业、企业专家参与的人才培养方案论证会；构建本硕博一体化拔尖人才培养，分获学校重点项目和一般项目立项，并积极申报校级拔尖人才培养基地。新增江苏省优秀本科毕业论文一等奖1项、江苏省高校微课教学比赛二等奖1项。

二是深入实施教育教学改革。持续改进建设国家一流专业和工程教育专业认证，以学生为中心，强调学习形成性过程跟踪，注重"育人+育才"同行，通过开展教学研讨和课程思政教学竞赛，增强教师的教改意识，切实提升教学质量。新获批校精品在线开放本科生课程3门。积极探索多学科交叉人才培养新模式，与商学院联合申请并获批江苏省"计算机+金融"双学士学位人才培养改革项目1项，开设"智能计算与前沿应用"微专业1个。积极推进教学基层组织建设，获批校级虚拟教研室1个。加强学生实践能力培养，建成虚拟仿真实验课程1门，并立项为虚拟仿真实验建设项目。

2. 研究生教学工作

深入推进"三全育人"综合改革，制订并完善本硕博一体化人才培养计划，打通各类型研究生课程设置，规范研究生选课制度，严格研究生毕业设计流程管理，提高研究生培养质量。2022年，学院新获批省级研究生创新创业项目5项，校级研究生课程思政示范课程立项2门、研究生精品课程立项1门。获得江苏省优秀硕士学位论文1篇，江苏省计算机学会优秀硕士学位论文2篇、优秀博士学位论文1篇。

三、科研工作与学术交流

1. 科研项目及成果

着力提升科学研究水平。2022年，学院全力推进项目申报，做好顶层设计及针对性辅导，强化保障措施。邀请专家点对点指导，组织集体研讨，提升申请书的写作质量。新增国家级项目12项（其中，重点项目1项），发表论文220余篇（其中，CCF A类22篇），新增PCT专利1项，发明专利49项，软件著作权72项，成果转化10余项，相关成果获吴文俊人工智能科学技术奖技术发明三等奖1项。重视科研平台建设，积极开展校企合作，新增校级协同创新中心2个，横向项目到账经费1 000余万元。

2. 国内外学术交流情况

学院邀请纽约州立大学布法罗分校、蒙特克莱尔州立大学、昆士兰大学、香港城市大学等著名高校的专家学者讲学30余次；除学校设立的本科生海外交流奖学金之外，学院设立专项经费资助研究生参与国内外学术交流和出国（境）短期学习。60余名学生赴上述国家和地区参加研修、学术交流；学院还与美国、德国、澳大利亚、加拿大等国家的知名高校签订学生互派计划或联合培养项目，为学生的国际化培养开辟了通道。

四、党建及学生工作

学院党委坚持以习近平新时代中国特色社会主义思想为指导，认真学习贯彻落实党的二十大精神和学校第十三次党代会精神，以落实新时代党建总要求和新时代党的组织路线为主题，以创建省级党建工作标杆院系为主线，大力实施"领航工程、凝聚工程、强基工程、先锋工程"，全力推进学院党建质量全面创优、全面提升，为学院各项事业的高质量发展提供坚强的组织保障。软件工程系党支部获评苏州大学先进党组织，1名教师获评苏州大学优秀共产党员。

紧扣"提质培优"，高质量完成本科生招生工作，切实提升生源质量。落实"铸魂逐梦"工程，深入实施本科生成长陪伴计划，持续完善"三全育人"工作体系。坚持"五育"并举，积极探索"体心融合"育人新模式，打造"一键倾心"工作品牌。强化劳动教育，依托社会实践基地，融合优秀传统文化，引领学生树立劳动意识，增强劳动技能。推进"创新工程"，组织开展"图灵讲堂"系列活动，激发学生的科研兴趣，营造学院的创新氛围。2022年，学院学生在各类学科竞赛中，获国家级奖项79项、省级310项，成功申报大学生创新创业训练计划国家级项目6项、省级项目6项，获第八届中国国际"互联网+"大学生创新创业大赛总决赛金奖1项。实施"攀峰攻坚"计划，聚焦拔尖创新人才培养，促进学生高质量发展，2022届本科毕业生升学率达39.2%，创学院历史新高。

五、学院重大事项

（1）获第八届中国国际"互联网+"大学生创新创业大赛总决赛金奖1项，江苏省高校微课教学比赛二等奖1项，吴文俊人工智能科学技术奖技术发明三等奖1项。

（2）新增江苏省信创实验室1个。

电子信息学院

一、学院概况

学院覆盖2个一级学科：信息与通信工程、电子科学与技术，其中，信息与通信工程被列为江苏省"十三五"重点学科；学院拥有信息与通信工程博士后科研流动站，1个一级学科博士点（信息与通信工程），3个一级学科学术学位硕士点（信息与通信工程、电子科学与技术、集成电路科学与工程），1个专业学位硕士点（电子信息）。拥有电子信息工程、电子科学与技术、通信工程3个本科专业，其中，通信工程、电子信息工程专业双双入选国家一流本科专业建设点，均通过中国工程教育专业认证，电子科学与技术专业入选江苏省一流本科专业建设点。

学院师资力量雄厚，中国工程院院士潘君骅为名誉院长。学院现有教职工117人，其中，专任教师84人（含教授22人、副教授54人），具有博士学位的教师比例超过70%，拥有海外教育经历的教师比例达50%。学院拥有国家级人才5人，省级人才近20人；电气与电子工程师协会会士、杰出讲师各1人，美国光学学会会士2人，高被引学者2人；另有外聘院士3人，讲座教授6人，兼职教授10余人。

学院与多家高新技术企业建立了人才培养、项目合作关系，建有苏州大学-亨通未来信息与人工智能研究院、恩智浦半导体协同创新中心、美国TI联合实验室等，与60余家企业建立了"苏州大学EE校企合作联盟"，形成了校内外创新人才协同培养的新格局。

学院建有完备的校外实习基地，建有普源精电科技股份有限公司、科沃斯机器人股份有限公司、苏州科达通信技术发展有限公司等校级实习基地10家，院级实习基地50余家，保障了校内外教学实践的顺利开展。

学院积极开展科学研究和科技创新活动，近几年承担了包括科技部重点研发计划（含国际合作项目）、国家自然科学基金项目（含优秀青年科学基金项目、重点项目）、青年"973计划"等在内的一大批高水平科研项目，并在光网络与通信、无线通信、信号与语音处理、图像处理、智能仪器、生物医学信息处理、微纳传感器、大规模集成电路设计、半导体器件、射频与微波技术等方面取得了一系列创新成果。近年来，学院获得包括江苏省科学技术奖（一等奖、二等奖、三等奖）、吴文俊人工智能技术发明奖一等奖、中国光学工程学会科技进步奖一等奖、中国通信学会自然科学奖二等奖、中国专利奖优秀奖、中国产学研合作促进奖等在内的省部级奖项共10项。

二、教学工作

1. 本科生教学工作

2022年，为适应社会和经济发展对"新工科""卓越工程师"人才培养的需要，学院邀请教育部高等学校电子信息类专业教学指导委员会委员、企业专家等对学院本科人才培养方案"把脉问诊"，开展本科人才培养专题研讨会，进一步修订并完善2023级本科人才培养方案。2022年，学院获批国家级线下一流本科课程3门、省级一流本科课程1门、省级精品课程1门、省级在线开放课程1门，完成"中国大学MOOC"平台"数字系统与逻辑设计"第四次开课。

学院获得省级教学成果奖1项，1名教师获评省级产业教授。学院教师获得全国电工电子基础课程实验教学案例设计竞赛二等奖1项、全国高校电子信息类专业课程实验教学案例设计竞赛二等奖1项，学院有教育部产学合作协同育人项目2项，校企产学研项目4项，校级虚拟教研室建设项目1项，校级拔尖创新人才培养改革项目综合类改革项目1项、专项改革课题3项，苏州大学第二十三批大学生课外学术科研基金项目18项。

电子信息工程专业通过中国工程教育专业认证。电子科学与技术专业获批江苏省一流本科专业建设点。通信工程专业通过中国工程教育专业认证中期检查。

2022年，学院加强学科竞赛工作，获得全国大学生智能汽车竞赛国家级二等奖2项，中国大学生计算机设计大赛国家级奖项2项，全国大学生集成电路创新创业大赛国家级二等奖2项，全国大学生光电设计竞赛三等奖1项，以及省级以上奖项210项。

2022年，学院开展多层次和多方位的实习、实践、实训工作；推进实习实践基地建设；强化毕业设计过程监控，培育优秀毕业设计论文。获2021年省级优秀毕业设计（论文）团队1个；获校优秀毕业论文8篇，校优秀毕业论文指导教师1人；获校优秀实习生6人，优秀实习小组1个，优秀实习指导教师2人。

2022年，学院注重提升学生的科研能力，完善和改进院科研能力提升计划，做好大学生创新创业训练计划、"箬政基金"的组织、申报和实施工作。大学生创新创业训练计划结项11项（其中，国家级1项，省级5项，校级5项），大学生创新创业训练计划立项申请10项（其中，国家级4项，省级4项，校级2项），完成大学生创新创业训练计划中期检查，新获批"箬政基金"项目1项。完成2022级本科生创新学分认定工作，共计246人。

2. 研究生教学工作

2022年，学院获得江苏省优秀硕士学位论文2篇，研究生发表高水平学术论文70篇，获授权发明专利17件。获批江苏省研究生科研与实践创新计划2项；获得国家级竞赛二等奖7项、三等奖4项，省部级竞赛一等奖及以上3项、二等奖2项、三等奖1项。获批苏州大学课程思政示范课程1门，出版著作2部。

三、科研工作与学术交流

1. 学科建设

2个一级学科信息与通信工程、电子科学与技术顺利完成第五轮学科评估工作，完成了"十三五"设定的目标；获批集成电路科学与工程一级学科学术学位硕士点，并启动招生工作；投入 150 万元用于电子科学与技术学科的工艺平台建设；作为副理事长单位，参与成立江苏省集成电路学会；作为发起单位之一，参与成立江苏省数字经济学会。

2. 科研项目及成果

2022 年，学院获批国家自然科学基金项目 8 项（含面上项目 5 项、青年科学基金项目 2 项、外国资深学者项目 1 项）、江苏省自然科学基金面上项目 3 项、江苏省高校自然科学基金项目 2 项、苏州市自然科学基金项目 2 项，获批国家重点研发计划项目 1 项、国家重点研发计划项目课题 2 项，参与重点研发计划项目课题 2 项。签订横向项目 67 项（横向项目到账经费超过 1 000 万元）；获授权发明专利 80 件（含国际发明专利 8 件）、实用新型专利 26 件、软件著作权 67 件。学院教师在国内外各类学术期刊或会议上发表论文 192 篇（含 SCI 期刊论文 97 篇、国际会议论文 66 篇、核心期刊论文 29 篇），出版专著 2 部。获中国产学研合作促进奖 1 项、华为光产品线优秀合作成果奖 1 项。与江苏亨通海洋光网系统有限公司等单位共建的江苏省海洋信息技术与装备创新中心获批。获市厅级一等奖 1 项。

3. 国内外学术交流情况

2022 年，学院在加强教学及科研工作的同时注重开展国内外学术交流活动，在 2022 年亚洲通信与光子学国际会议期间，华为技术有限公司联合苏州大学、中山大学、北京邮电大学举办了主题为"迈向 F5.5G 全光网络"的产业论坛；举办 2022 年第一届苏州光通信与网络技术论坛；开展光通信大家系列讲坛，每月邀请 1—2 位光通信领域的全球知名专家作报告。

四、学院重大事项

（1）5 月，通信工程系党支部入选"首批全省党建工作样板支部培育创建单位"名单。

（2）8 月 24 日，学院召开发展战略研讨会。

（3）9 月，《初心践使命　为国育"芯"才》——学院短视频作品成功获评教育部"2022 年新时代教师风采短视频征集活动"入围作品。

（4）11 月 25 日—27 日，第二届苏州国际眼科人工智能论坛成功召开。

（5）11 月 26 日，第一届苏州光通信与网络技术论坛召开。

（6）11 月，国家重点研发计划"变革性技术关键科学问题"重点专项项目 2022 年度总结会胜利召开。

（7）12 月 7 日，学院五届四次教职工代表大会成功召开。

（8）12 月 17 日，江苏省新型光纤技术与通信网络工程研究中心第三届学术委员会会议胜利召开。

（9）12 月，学院成功召开 2023 级本科人才培养方案研讨会。

（10）电子信息工程专业顺利通过中国工程教育专业认证。

（11）学院光网络团队荣获华为光产品线优秀合作成果奖，研究成果荣登《光学学报》封面，沈纲祥教授入选"2021 中国高被引学者"榜单。

机电工程学院

一、学院概况

机电工程学院是苏州大学建院较早、实力较强的工科学院之一，其前身是始建于1977年的苏州丝绸工学院机电系，1978年、1980年分别设置纺织机械、工业电气自动化本科专业，1978年开始招收硕士生。1997年7月，苏州丝绸工学院并入苏州大学，原苏州丝绸工学院机电系与原苏州大学工学院合并重组成立新的苏州大学工学院；1999年年底，苏州大学工学院划分成机电系、电子系、计算机系等3个独立系；2001年，苏州大学机电系更名为苏州大学机电工程学院；2012年，南京铁道职业技术学院苏州校区机械系、自控系并入苏州大学机电工程学院。

学院现有教职工208人，其中，专任教师155人（含在岗教授34人、副教授74人，校级特聘教授10人，校级优秀青年学者17人）。2022年上岗博士生导师14人，硕士生导师76人。教授和副教授约占专任教师总人数的69.68%，专任教师中具有博士学位的人数占比为71%。拥有国家级人才项目获得者3人，教育部"新世纪优秀人才支持计划"2人，享受国务院政府特殊津贴2人，何梁何利基金科学与技术创新奖获得者1人，全国创新争先奖状获得者1人，以及省级各类人才15人。学院团队获得"江苏省创新团队""科技部先进机器人技术重点领域创新团队""机械工业优秀创新团队"等称号。学院聘请姚建铨院士为名誉教授，聘请多名国内外知名学者和企业家为客座教授、兼职教授和讲座教授。

学院现有智能机器人技术、激光制造工程、数字化纺织与装备技术3个二级学科博士点。拥有机械工程（学术型）、控制科学与工程（学术型）、机械（机械工程专业方向、控制工程专业方向）3个硕士学位点。拥有机械工程、电气工程及其自动化、智能制造工程3个本科专业，其中，机械工程专业为江苏省特色专业，机械类专业（机械工程）为江苏省"十二五"高等学校重点建设专业；电气工程及其自动化专业入选国家级一流本科专业建设点、江苏省一流本科专业、江苏省高校品牌专业特色项目、教育部第三批"卓越工程师教育培养计划"专业、苏州大学一流本科专业，并通过了中国工程教育专业认证；智能制造工程专业2019年经教育部批准设立并招生。2022年，学院在校全日制本科生1 400多名，在校研究生500多名。为支持机器人工程专业建设，2022年11月成立苏州大学机电工程学院机器人工程系。

学院建有2011纳米协同创新中心——纳米机电制造工程中心、江苏省先进机器人技术重点实验室、江苏省机器人技术及智能制造装备工程实验室、江苏省军民融合创新平台、江苏省激光三维成形与微制造工程技术研究中心、江苏省高等学校实验教学示范中心、苏州市先进制造技术重点实验室、苏州市智能医学与装备重点实验室及4个校级科研机构等科研平台，并与苏州相城经济开发区合作成立了政产学研平台——苏州大学相城机器人与智能装备研究院，2022年孵化平台新增孵化企业5家，新增阳澄湖领军人才1名，新增高新技术企业1家，载体企业实现销售1.05亿元；由苏州市科学技术协会资助的机器人与人工智能科普场馆建设完毕并顺利通过验收。

学院继承与发扬"厚基础、重实践、求创新"的办学传统，培养具有扎实学科基础和宽厚专业知识、动手能力及创新能力强的学生。学院学生在全国第十二届、第十三届、第十五届、第十六届、第十七届"挑战杯"大学生课外科技作品竞赛中获得佳绩，包揽特等奖、一等奖、二等奖、三等奖；获得第八届中国国际"互联网+"大学生创新创业大赛银奖1次、铜奖1次；获得第十三届"挑战杯"中国大学生创业计划赛全国银奖1次、铜奖1次。

学院积极开展对外交流与合作，重视产学研合作。2022年，学院拥有本科生实习实践基地24家、省级研究生工作站20家、校级研究生工作站36家、硕士专业学位实践基地15家。

二、教学工作

1. 本科生教学工作

电气工程及其自动化专业入选国家级一流本科专业建设点、江苏省高校品牌专业特色项目，该专业已通过中国工程教育专业认证中期检查。

2022年，学院获江苏省大学生创新创业训练计划项目立项11项、苏州大学大学生创新创业训练计划项目立项2项，11项结题；获苏州大学"篯政基金"项目立项1项；获苏州大学课程思政示范课程立项建设2项。学院成功举办2022年暑期优秀本科生网上夏令营。

2. 研究生教学工作

本年度，学院共接收推免生17名，招收全日制硕士生182名、博士生6名；毕业硕士生134名，毕业博士生5名。研究生参与发表SCI、EI论文106篇，授权专利132项，6名毕业生的毕业论文获评苏州大学优秀硕士学位论文，4篇毕业论文获评江苏省优秀学位论文。2名学生获批2022年江苏省研究生实践创新计划，获批江苏省企业研究生工作站1家。研究生25人次以线上、线下相结合的方式参加国际学术会议和学术交流。

三、科研工作

2022年，学院共计承担各级各类科技项目340项，年度到账经费共计5 908.14万元。民口纵向项目79项，民口横向项目240项；国防纵向项目7项，国防横向项目14项。其中，民口纵向项目立项29项，立项金额1 598.5万元，到账经费1 374.5万元。民口横项项目到账经费3 964.3万元。国防纵向项目到账经费261.5万元，国防横向项目到账经费307.84万元。

项目方面，学院获批国家重点研发计划课题2项，承担国家重点研发计划项目6项、承担江苏省重点项目2项。获批国家自然科学基金项目7项（其中，青年科学基金项目4项、面上项目3项），江苏省自然科学基金项目9项（其中，杰出青年基金项目1项、面上项目1项、青年基金项目6项、前沿引领技术基础研究专项1项），江苏省产学研项目1项，江苏省高校自然科学基金面上项目2项、重大项目2项，中国博士后科学基金3项。授权专利183件，其中，发明专利84件、实用新型专利24件、软件著作权75件。专利转让9件。学院师生发表论文237篇，其中，SCI论文132篇、EI论文50篇、核心期刊论文18篇、普通论文37篇。

四、党群工作与学生工作

1. 党群工作

学院党委全面学习贯彻习近平新时代中国特色社会主义思想，认真贯彻落实党的二十大精神，落实上级党组织部署要求，聚焦主责主业，扎实推进全面从严治党，不断提高党的建设质量和水平，引领学院事业高质量发展。

学院积极组织开展以党史为重点的"四史"学习教育，以实际行动迎接党的二十大胜利召开。持续开展"我为群众办实事"实践活动，自筹经费建设学院"双创中心"公共服务平台，持续推进长效实事项目——"N+1"精准陪伴活动。严格执行党委会会议和党政联席会议议事规则，召开党委会会议32次、党政联席会议20次。开展党支部专项行动，研究中心党支部书记"智造"工作室获批学校党支部书记示范工作室培育创建单位。落实全面从严治党"两个责任"，强化理论武装与意识形态工作。成立纪检工作领导小组；落实党委委员联系民主党派人士制度；定期召开教代会；加强二级关工委常态化建设。

2. 学生工作

贯彻"三全育人"理念，深入开展本科生成长陪伴计划；扎实推进学生工作特色化建设，巩固创新基层团组织建设；坚持正面引导，打造特色校园文化氛围。

2022年，学院组织科技类活动近21项，大学生科技类比赛获奖283人次，其中，获国家级奖项63人次，获省级一等奖54人次。2022年，参加暑期社会实践的学生超300人次，10支暑期社会实践团队获评院校级重点团队，1支团队获校级立项资助并被评为国家级重点团队。学院现有13支暑期社会实践团队，新建基地11个。建设"家电义修"劳动教育基地，组织开展校园文化活动80余次。学院有关单位获评江苏省五四红旗团委、苏州市五四红旗团委、苏州市"青年学习社"等。

五、学院重大事项

（1）2月22日，经教育部批准设立机器人工程专业。

（2）4月21日，孙立宁教授当选俄罗斯工程院外籍院士。

（3）6月14日，电气工程及其自动化专业入选国家一流本科专业建设点。

（4）11月4日，成立苏州大学机电工程学院机器人工程系。

沙钢钢铁学院

一、学院概况

沙钢钢铁学院以冶金工程和金属材料工程专业为特色，致力于培养具有现代工程意识和创新能力的复合型人才。学院现有冶金工程、金属材料工程2个本科专业，设有冶金工程、材料冶金、材料与化工、资源与环境4个硕士点和材料冶金1个博士点，已建成完备的本硕博一体化人才培养体系。学院在校生人数达600多人。学院现有教职工70人，包括国家级人才特聘教授1人，苏州大学特聘教授4人，江苏省人才计划入选者8人，苏州大学优秀青年学者8人。专任教师100%拥有博士学位，全部来自国内外名校，超过70%的教师具有海外工作经历。

"十四五"期间，学院将进一步加强学科内涵建设，凝练学科方向，加强师资队伍与平台建设，不断改善办学条件，加快国际化步伐，提高学科建设水平，努力把学院建成国内一流、国际知名的高水平研究型学院，成为长三角地区具有引领作用的高水平人才培养基地和科学研究基地。

二、教学工作

2022年，学院坚持立德树人根本任务，以学校实施未来精英（Fe）计划为契机，召开拔尖创新人才培养改革专题研讨会，提出从工程实践能力培养、虚拟仿真实践教学体系建设、推进一二课堂协同育人等方面强化学院拔尖创新人才培养的新路径，申请并获批校拔尖创新人才改革重点项目1项、一般项目3项。项目获批后，学院组织召开项目启动会、专题研讨会，力争将建设思想落到实处、稳步推进，不断提升人才培养质量。完成了冶金工程和金属材料工程2个本科专业的中国工程教育专业认证申请工作，金属材料工程专业获批江苏省一流本科专业建设点。冶金工程专业在"2022软科中国大学专业排名"中排名第8位，金属材料工程专业排名第11位。

三、科研工作与学术交流

1. 科研项目及成果

2022年，学院共获批国家自然科学基金项目4项（其中，面上项目2项、青年科学基金项目2项），获批江苏省自然科学基金项目1项，中国博士后科学基金1项，其他市厅级项目3项。与中国科学院工程热物理研究所、广东醇氢新能源研究院有限公司联合申报科技部重点研发计划 2 项，均进入正式答辩环节。学院科研到账总经费超过 1 680 万元，其中，纵向项目到账经费 330 万元，横项项目到账经费 1 350 万元。出版学术著作 1 部；发表高水平学术论文 110 篇，其中，SCI 论文 75 篇；申请各类发明专利 51 件，授权专利 32 件。组织申报教育部科学技术进步奖、黑龙江省自然科学奖、河北省科学技术进步奖 3 项。冶金工程学科入选 2022 年度苏州大学"登峰计划"保障学科，金属材料工程学科在苏州大学材料科学与工程新一轮"双一流"学科建设中发挥了重要作用，为材料科学与工程增设材料加工二级学科方向提供了成果支持；组织召开了金属材料工程一流学科建设专题研讨会，明确了金属材料工程学科建设中形成的特色与亮点，制订了金属材料工程学科建设的重点任务和实施方案。苏州市冶金资源高效利用与冶金制备技术重点实验室通过评估考核，成绩良好。组织教师与亨通集团有限公司、广西防城港市双创中心进行产学研对接，新增"低碳智造联合研发中心"等校企合作产学研创新平台 3 个，签署横向课题合同经费超过 500 万元。

2. 国内外学术交流情况

2022 年，学院组织教师参加第十六届全国高校冶金院长论坛暨冶金学科高层论坛，邀请上海大学钟云波教授、东北大学储满生教授开展学术交流，组织实施出站博士后学术交流工作，营造良好的学术氛围。

四、学院重大事项

（1）1 月 11 日，沙钢钢铁学院干部调整宣布会议在冶金楼 4004 会议室隆重举行。校党委书记江涌，校党委组织部副部长查佐明，沙钢钢铁学院原党委书记、现文学院党委书记宋清华，副院长丁汉林，副书记徐海洋，新任沙钢钢铁学院党委书记沈云彩和学院相关领导教师出席了本次大会。会议由宋清华书记主持。校党委组织部副部长查佐明宣布学校干部任免决定：免去宋清华沙钢钢铁学院党委书记职务，由沈云彩担任沙钢钢铁学院党委书记。

（2）6 月 14 日，为拓宽产学研合作渠道，促进科技成果转化，同时也为了进一步创新拓展岗位资源，学院副院长王德永、丁汉林带队前往亨通集团有限公司开展技术交流及拓岗促就业活动。

（3）6 月 18 日，正式发布的"2022 软科中国大学专业排名"显示，学院冶金工程、金属材料工程 2 个本科专业均位列 B+行列，其中，冶金工程专业居第 8 位，金属材料工程专业居第 11 位。

（4）6 月 21 日，受广西中关村创业创新人才基地、广西防城港市高端人才科技产业赋能中心的邀请，学院与广西钢铁集团有限公司开展了技术交流研讨会，会议采用线上、线下相结合的方式进行。学院教师代表、广西钢铁集团有限公司领导和相关技术人员、广西防城港市高端人才科技产业赋能中心代表出席了技术交流研讨会。研讨会由学院副院长王德永主持。

（5）7 月 1 日，为庆祝中国共产党成立 101 周年，喜迎党的二十大，弘扬伟大建党精神，学院党委举办"喜迎二十大，奋进新征程"——庆祝中国共产党成立 101 周年表彰会，对本年度优秀共产党员、优秀党务工作者和先进基层党组织予以表彰。学院全体党员参加线上会议。会议由学院党委副书记徐海洋主持。

（6）8月8日—10日，学院组织召开拔尖创新人才培养改革计划专题研讨会。学院副院长王德永、丁汉林，相关课题申报人及相关教师参加了会议。会议特别邀请了冯志华教授、朱国辉教授参与研讨。会议由学院院长董元篪主持。

（7）9月6日，俄罗斯自然科学院第一副院长、首席科学秘书伊万诺茨卡娅向苏州大学长海博文教授发来贺信，祝贺他成功当选为俄罗斯自然科学院外籍院士。俄罗斯自然科学院高度评价长海博文教授在铝合金先进熔铸技术、新型高强高韧铝合金材料的制备技术及汽车轻量化底盘超轻零部件研究开发等领域的杰出贡献，希望他未来在推动中国与俄罗斯在相关领域科技创新与合作方面取得更多、更重要的成果。

（8）11月16日—18日，由全球低碳冶金创新联盟和中国宝武钢铁集团有限公司举办的2022年全球低碳冶金创新论坛在中国宝武钢铁会博中心召开。论坛以"重塑钢铁行业在人类可持续发展进程中的关键地位"为主题，来自世界钢铁协会、中国钢铁工业协会、中国工程院，以及国内外知名钢铁企业、研发设计单位、高等院校、低碳冶金产业链上下游合作伙伴单位的专家学者"云"聚一堂，聚焦当前钢铁产业低碳冶金工艺变革、清洁能源高效利用及绿色发展中的热点问题展开交流，分享行业技术创新最新实践和成果。

纺织与服装工程学院

一、学院概况

纺织与服装工程学院（紫卿书院）成立于2008年7月，由原材料工程学院按纺织科学与工程一级学科单独组建而成。至2022年年底，学院设有纺织工程系、轻化工程系、服装设计与工程系、非织造材料与工程系、院总实验室和《现代丝绸科学与技术》编辑部。学院拥有涵盖纺织服装全产业链的人才培养体系，现有纺织科学与工程一级学科博士点、博士后科研流动站。纺织工程是国家重点学科，纺织科学与工程学科连续三次获批为江苏高校优势学科，学科综合实力排名全国高校前茅、江苏省高校第一。纺织工程专业为国家特色专业建设点、教育部"卓越工程师教育培养计划"专业、江苏省品牌专业。学院现有现代丝绸国家工程实验室、纺织与服装设计国家级实验教学示范中心、纺织与服装工程国家级虚拟仿真实验教学中心3个国家级平台，以及江苏省产业技术研究院南通纺织丝绸产业技术研究院、江苏省丝绸工程重点实验室等7个省级平台。

学院师资力量雄厚，现有教职工135人，其中，教授33名、副教授33名，专任教师中博士学位率达92%。学院现有国家级人才计划入选者4名，国务院学科评议组成员1名，教育部"新世纪优秀人才"1名，省级教学名师1名，双创人才、"青蓝工程""333工程""六大人才高峰"等省级人才计划获得者24名，省级科技创新团队2个，江苏省产业教授9名，双师型教师60多名。学院先后承担了国家"863计划""973计划"高新技术项目，国家科技支撑计划、国家重点研发计划等国家级重大科研项目，获得多项国家级科技成果奖、国家级教学成果奖，多门课程入选国家级课程。

至2022年年底，学院在册全日制本科生1 196人，博士生59人（其中，留学生12人），硕士生559人（其中，留学生7人）。

二、教学工作

1. **本科生教学工作**

学院高度重视本科教学工作。第一，推进课程思政，组织教师学习《纺织类专业课程思政教学指南》，编写纺织与服装工程学院课程思政教学案例集。第二，深化教学管理，纺织工程专业参加人才培养方案课程模块化试点。做好学生专业思想稳定教育，完成2022级本科人才培养方案修订工作。第三，加强专业建设，纺织工程专业入选江苏省产教融合型品牌专业培育点，举行纺织工程专业虚拟教研室暨产教融合建设研讨会。非织造材料与工程专业提交了中国工程教育专业认证申请。第四，推进教改教研，纺织工程专业虚拟教研室获批首批教育部虚拟教研室建设试点。纺织品设计与工艺教学团队入选江苏高校"青蓝工程"优秀教学团队和校一流本科教学团队。获江苏省教学成果奖一等奖并申报国家级教学成果奖。申报省级产教融合型一流课程。出版部委级规划教材2部。获批校拔尖创新人才培养改革项目2项，大学生创新创业训练计划项目9项（其中，国家级3项、省级5项），"箸政基金"项目2项。本科生发表论文8篇，授权专利10项，获省部级及以上各类学科竞赛奖励47项，其中，国家级奖项19项。第五，开展国际交流。5名本科生参加曼彻斯特大学"2+2"联合培养项目。33名应届毕业生赴国（境）外知名大学交流深造。与法国国立高等纺织工程师学院签署了学生交流补充协议。1名留学生获得中国政府奖学金，3名留学生获得苏州大学奖学金。

2. 研究生教学工作

学院设置纺织科学与工程一级学科博士点，纺织工程、纺织材料与纺织品设计、纺织化学与染整工程、服装设计与工程、非织造材料与工程5个二级硕士、博士点。2022年，学院录取学术学位硕士生56人，专业学位硕士生153人，其中，推免研究生7人。录取博士生14人。研究生发表SCI论文225篇，申请发明专利235件。毕业升学方面，21人获得博士学位，43人获得学术型硕士学位，86人获得专业型硕士学位；研究生就业率达95.2%。学位论文盲审通过率达96%，江苏省学位论文抽检通过率达100%。研究生获得各类学科竞赛奖项60余项。入选校优秀博士学位论文1篇、优秀硕士学位论文5篇。获批校研究生精品课程和研究生课程思政示范课程各1门，江苏省研究生科研与实践创新计划项目5项。1门课程被推荐申报江苏省研究生优秀课程。增强育人实效，获评中国纺织工业联合会教师奖1个，3名教师获评江苏省产业教授。注重研究生科研学术道德建设，讲好新生"思政第一课"和"学术第一课"，探索"党建+科研"，开展学术沙龙10余场。营造浓郁科创氛围，以行业竞赛、双创竞赛和科创项目研究为平台，学院师生获得省市级以上奖励30余项。

三、科研工作与学术交流

1. 科研项目及成果

2022年，学院获批的国家级项目数取得突破。获批国家自然科学基金面上项目1项、青年科学基金项目4项，参加国家重点研发计划子课题1项。科研辅导成绩显著，获批省部级项目2项、市厅级项目4项、苏州市科协青年科技托举人才工程项目1项，省部级科技进步奖1项。

学院科技成果转化丰硕。编制学院成果推广手册，组织线上、线下科研成果推介会与项目路演合计10余场。达成多项校地合作协议，与广西河池市达成茧丝绸行业提升战略合作意向，加入由鄂尔多斯牵头的羊绒产业技术创新战略联盟，与江苏恒力化纤股份有限公司共建大院大所。新增5个校企共建研发平台，产学研合作量质齐升。累计新增横向项目103项，横向科研经费合同金额3 180万元，到账经费1 475万元；新增军工项目2项，军工科研经费214万元；开放课题项目3项。申请国际发明专利15件，申请中国发明专利74件，授权中国发明专利107件，专利转让25件，转让金额达177.72万元。

平台建设稳扎稳打。积极推进现代丝绸国家工程实验室优化整合工作，做好现有省、市各级平台的建设管理工作，新增获批江苏省高校国际合作联合实验室1个。

学院师生2022年累计发表高质量SCI论文142篇，其中，一区论文22篇、二区论文50篇；EI论文18篇；中文核心期刊论文27篇。主导制定国家标准1项、团体标准1项。

学院创新成果转化方式，与企业产学研深度融合。积极参加国内外学术组织、行业协会及学会工作，做好国际标准化委员会主席及召集人日常工作。新增全国家用纺织品标准化技术委员会床上用品分技术委员会委员1人、中国产业用纺织品行业协会医疗与健康分会理事1名、江苏省纺织工程学会理事1名；江苏省纺织工程学会在原有2个分会主任委员的基础上建议新增3名委员。启动苏州市丝绸工程学会的换届和建设工作。协助完成苏州市吴江区、吴中区、张家港市印染设备淘汰落后的检查工作。

2. 国内外学术交流情况

与河池学院、广西农村投资集团有限公司和河池市宜州区人民政府联合承办第十届中国国际丝绸会议。为丝绸行业相关领域的专家学者、企业搭建了学术交流的平台，为进一步推动既传统又现代的丝绸行业高质量发展提供了新的思路和发展方向。主办第十一届海峡两岸纺织学术论坛，为海峡两岸纺织类高校的同行和学生提供了分享和创新交流的机会。

轨道交通学院

一、学院概况

轨道交通学院是在国家建设"交通强国"重要思想的引领下，顺应中国现代化建设，特别是现代化城市建设发展的趋势，秉持地方综合性大学为地方经济建设服务的理念，满足我国轨道交通建设快速发展的需要，于2008年5月成立的新型工科学院。10多年来，学院秉承"养天地正气，法古今完人"的校训和"知行交融，志远通达"的院训，以卓越的人才培养、科学研究、社会服务助力交通事业的发展，成为轨道交通行业急需的高素质人才培养的重要基地。

2012年8月，学院整体迁入阳澄湖校区，原南京铁道职业技术学院苏州校区城市轨道交通系、建筑环境与设备工程系整体并入。2016年6月，交通大楼正式落成启用，完善的教学科研场所为学院一流建设和长远的发展奠定了基础。2017年8月，学院由苏州大学城市轨道交通学院更名为苏州大学轨道交通学院。

学院现有教职工115名。拥有专任教师91名，其中，教授15名，副教授39名，教师中拥有博士学位者65名。现有全日制本科生1 057名，全日制硕士生219名，在校博士生27名。学院拥有交通运输、车辆工程、工程管理、轨道交通信号与控制、电气工程与智能控制、建筑环境与能源应用工程6个本科专业，具有非常显著的轨道交通特色。学院拥有智能交通科学与技术二级博士点、交通运输工程一级学科硕士点，下设道路与铁道工程、交通信息工程及控制、交通运输规划与管理、载运工具运用工程、交通能源与环境5个二级学科方向，以及车辆工程、模式识别与智能系统二级学科方向。

学院设土木与环境调控工程系、交通运输工程系、车辆工程系、信号与控制工程系、总实验室、车辆动力学与控制研究所、交通运输规划研究所、地下工程研究所、建筑环境与热系统研究所等部门，拥有苏州市轨道交通关键技术重点实验室、苏州大学未来交通联合实验室、苏州大学交通工程研究中心、苏州大学工业测控与设备诊断技术研究所、江苏省轨道交通实践教育中心、苏州市轨道交通视频大数据云平台、苏州大学军民融合物联网协同创新中心、苏州大学固德威清洁电力协同创新中心等8个省、市、校级科研机构和科研平台。

学院现有总面积3 000平方米的实验室，建有省级教学实践中心——江苏省轨道交通实践教育中心，设立以轨道车辆、电气控制、交通运输规划与运营、列车运行控制、地下工程等为核心内容的教学实验室；学院还建有铁路机车司机培训基地和国家节能型空调实训基地。

二、教学工作

1. 本科生教学工作

2022年，学院组织并实施教学质量的全面监控、教学管理及车辆工程、工程管理专业评估工作。积极组织线上教学活动，推动课堂教学模式多元化。上半年共开设各类线上教学课程70余门，下半年部分教师利用线上教学优势，开展线上线下混合式教学，教学效果显著。

资助参与教研活动的教职工开展各类课程建设，包括专业评估、课程思政教学团队及示范课程建设项目。

以教学竞赛为抓手，着力培养青年骨干教师成才成长。2022年，学院陈蓉老师、杨勇老师获第九届全国高校电工电子基础课程实验教学案例设计竞赛三等奖，俄文娟老师等获第29届智能交通世界大会创新大赛暨第二届"姑苏杯"青年智能交通创新技术应用大赛高校专题赛二等奖。

紧抓教育教学全过程，学生培养质量持续提升。2022年，学院获得省级以上奖项82项，其中，参加国家级交通科技大赛获奖2项，参加省级交通科技大赛获奖2项，参加省级大学生电子设计竞赛获奖3项，获第三届国际大学生工程力学竞赛亚洲赛区一等奖5项、二等奖3项，获江苏省大学生机械创新设计大赛二等奖1项，参加苏州大学生高等数学竞赛获奖21项，参加苏州大学第二十二届"苏大天宫杯""挑战杯"大学生课外学术科技作品竞赛获奖7项，参加第八届中国国际"互联网+"大学生创新创业大赛获奖3项。

2. 研究生教学工作

对标国内外知名交通运输工程一级学科高校，修订交通运输工程硕士生培养方案，增加人工智能、大数据等"新工科"特征显著的课程，并将课程模块化设置，增加学位选修课10门。进一步加强对研究生学科竞赛的组织与指导，首次组织研究生参加"挑战杯"并获得省级比赛银奖，首次组织研究生组队参加第八届中国国际"互联网+"大学生创新创业大赛并获得省级比赛三等奖。

2022年，学院共招收硕士生84名（含学术型硕士生39名，专业型硕士生45名），较2021年增长15%；招收4名博士生，生源均来自"双一流"高校。

对2022届研究生学位论文开展学院内审，强化分流机制，28名研究生顺利毕业，学位论文盲审通过率达100%；2名博士生顺利取得学位，学位论文盲审通过率达100%。继续推进交通运输工程一级学科的内涵式发展，做到科学研究、研究生培养、学科发展协同发展。

整体上，学院研究生教育工作教风、学风优良，尤其注重强化研究生培养过程的质量管控，以达到研究生培养质量提升、研究生工作提质增效的目标。

三、学科建设

2022年，学院继续优化交通运输工程一级学科，协调发展车辆工程、模式识别与智能系统二级学科方向。继续深化学科与科研工作齐头并进、相互融合、相互促进的发展思路。2022年,学院获批12项国家自然科学基金项目,其中,面上项目6项,青年科学基金项目6项;获批江苏省自然科学基金青年基金项目3项;获批江苏省高校面上项目2项,中国博士后科学基金1项;获批国家重点实验室开放课题8项;纵向项目到账经费597.5万元。2022年,新立项横向项目75项,合同金额1638万元,其中,单项合同金额超过100万元的项目有6项,单项最高合同金额174.5万元,横向项目到账经费1468.2万元。本年度授权各类知识产权136件(含发明专利30件、实用新型专利30件、计算机软件著作权76件),其中,发达国家专利1件;实现知识产权转让4件。学院教师发表高水平论文165篇,其中,SCI一区31篇、二区34篇。学院教师获省部级一等奖1项、二等奖5项,市厅级一等奖3项、二等奖5项、三等奖2项。2022年,学院科研到账经费继续创历史新高,学院将继续围绕"交通强国"战略,不遗余力地致力于学科、科研平台申请规划,深耕行业,融于地方,实现高质量发展。

四、学院重大事项

(1) 6月6日,学院获2023年第八届江苏大学生交通科技大赛承办权。

(2) 6月10日,学院赴苏州市轨道交通集团有限公司就深化合作开展研讨,学院党委书记戴佩良,院长史培新,行政副院长金菊华,党委副书记、副院长胡洋一行赴苏州市轨道交通集团有限公司就拓岗就业主题进行深入调研。苏州市轨道交通集团有限公司总经济师陈卫龙,人力资源处处长、培训中心(筹)主任李勇,培训中心(筹)副主任姚海玲等领导热情接待。

(3) 11月25日,在学院353会议室为2022年光荣退休的陈甦、李晓村、吴戈、蒋志良、朱灿焰5名教师举行荣休仪式。学院党委书记戴佩良,学院长史培新参加仪式并发表讲话,学院工会主席、行政副院长金菊华主持仪式,学院班子成员、既往退休教师代表、各系教师代表和学生代表等参加仪式。

(4) 11月26日,苏州市轨道交通集团有限公司、苏州大学轨道交通学院"人到苏州必有为,携手轨道创未来"共建专题活动在学院成功开展。苏州市轨道交通集团有限公司党委书记、董事长金铭,人力资源处处长、培训中心(筹)主任李勇及副总工程师、总工室主任王庆亮,苏州大学党委常委、副校长沈明荣,学院党委书记戴佩良,院长史培新,行政副院长金菊华,党委副书记、副院长胡洋出席本次活动。

体 育 学 院

一、学院概况

苏州大学体育学院的办学历史可以追溯到1924年的东吴大学体育专修科、1952年的江苏师范学院体育系、1982年的苏州大学体育系。体育学院于1997年成立,至今已有100多年的办学历史。在几代体育人的共同努力下,苏州大学体育学院已经成为一所国内领先且具有一定国际知名度的体育学院。学院现有体育教育、武术与民族传统体育、运动训练、运动人体科学、运动康复5个本科专业;拥有体育学博士后科研流动站和体育学一级学科博士点、体育学一级学科硕士点、体育专业学位硕士点。

学院拥有国家体育总局体育社会科学重点研究基地、国家体育总局机能评定与体能训练重点实验室、国家体育总局体育产业研究基地等科研平台;国家级一流专业、国家级精品资源共享课、国家级在线开放课程、省级重点专业、省级品牌专业、省级特色专业等优质教学资源;学院也是全国学校体育联盟(体育教育)江苏分联盟盟主单位和江苏省体育教育联盟盟主单位。长期以来,学院致力培养高素质体育人才,为国家和社会输送了包括奥运会冠军陈艳青、吴静钰、孙杨在内的一大批高水平体育专业人才,为我国体育事业做出了应有的贡献。在1997年全国首届体育教育专业大学生基本功大赛中获得团体总分第一名,2019年代表江苏参赛再次获得团体一等奖第一名。

学院现有教职员工近百人,其中,拥有高级职称及以上者近50人。有博士生导师20余人,硕士生导师近70人,国际级裁判2人,国家级裁判10人,另有柔性引进教授、兼职教授、客座教授20余名。2022年,学院全日制在校学生1 000余名,其中,博士生、硕士生共300余名。

学院与江苏省体育局签署战略合作框架协议,联合组建江苏体育产业协同创新中心,在科学研究、人才培养、高水平运动队建设等方面全面合作、深度融合。成立"苏州大学江苏体育健康产业研究院",发挥省校共建的决策优势,全力打造体育健康产业高端智库和体育产业人才培养基地。学院响应"健康中国2030"号召,服务大众运动健身和康复需求,与苏州市卫生健康委员会、苏州市体育局合作成立运动云医院。

学院以各级各类赛事为平台,以赛促学,彰显体教结合特色。孙杨、吴静钰、王振东3名运动员在里约奥运会上表现出色;2020级硕士生何冰娇在东京奥运会女子羽毛球单打比赛中表现不俗,为学校争得了荣誉。张华同学在第二十八届世界大学生夏季运动会跆拳道女子62公斤级比赛中夺冠。郭丹同学在平昌冬奥会上获女子速度滑冰集体出发第十名,创造了中国轮滑人转战冬奥会的历史。从第八届全国大学生运动会开始获得"校长杯"后,学校运动健儿在历届运动会中表现抢眼,以骄人的成绩连续捧得"校长杯"。此外,学院学生在田径、游泳、篮球、足球、啦啦操、健身气功、舞龙舞狮、龙舟、剑道等多项国内国际重大比赛中均取得优异成绩，为学校、学院增光添彩，继续保持了苏州大学的竞技体育水平，巩固了苏州大学"江苏一流、全国领先"的牢固地位。

二、教学工作

（1）加强专业和本科教育质量工程建设。

学院全力配合专家组开展体育教育师范专业认证现场考察工作，顺利通过中学体育二级认证。运动康复专业获批2021年度国家级一流本科专业建设点。获得苏州大学教学成果奖1项、苏州大学拔尖创新人才培养改革项目1项、苏州大学虚拟教研室建设点1个、苏州大学混合式课程2门、"笹政基金"项目1项。

（2）强化教学组织建设，重视教师发展。

引进师资博士后2名、技术骨干2名、专职辅导员1名。加强师德师风建设，强化教书育人的责任感和使命感。发挥教研室活力，定期召开教学研讨会，以提高教师专业技术、理论和教学教法水平。发挥教师教育发展中心职能，开展好新教师"入职第一课"、青年教师座谈会等活动，鼓励、帮助和促进青年教师发展。

（3）狠抓教风建设，注重课堂教学过程管理和达标落实。

认真落实教学管理规定，形成院、系、教研室联动的管理模式，抓好从备课、授课到改作、命题、考试等各个环节。成立学院查课小组，不定时进行现场查课，纠正教学中的不规范行为并及时整改。坚持监督与评价、奖惩并施的过程管理。做好学生考勤，收集和保存各种信息资料。做好课程教学、考试等总结工作，优化教学过程和教学评价。

（4）做好常规检查，加强组织管理。

开展教学常规检查，通过听课评教，调查问卷，召开教学信息员、教师和学生代表座谈会等形式了解学院教学情况，及时改正问题。狠抓毕业论文指导过程管理，做好答辩工作，确保论文质量。

（5）注重实习过程，提升教学能力。

为本科生配备经验丰富的指导教师，做好实习协调、指导工作，顺利完成年度实习工作。在苏州市第六中学校、苏州大学附属中学开展2023届教育实习公开课活动，效果良好。

三、科研工作

（1）强化申报服务，提高申报质量。

组织召开高级别科研项目申报辅导报告会，聘请专家对申报书进行辅导，提高课题立项数。2022年，学院获得高级别课题7项，其中，国家社科基金项目4项（含重大项目1项）、国家体育总局决策咨询重点项目1项、江苏省社科基金项目2项。

（2）加强平台建设，创优科研条件。

组织申报并获批国家体育科普基地、国家体育总局体育高端智库。获苏州大学第一、二批人文社会科学研究项目团队3个，苏州大学人文社会科学青年交叉研究团队1个。

（3）参与学术交流，扩大成果影响。

组织申报江苏省第十七届哲学社会科学优秀成果奖，获一等奖、二等奖、三等奖各1项。向江苏省高校第三十四届体育论文报告会报送134篇，获一等奖5篇、二等奖29篇、三等奖97篇；向江苏省第六届体育科学大会报送56篇，获一等奖8篇、二等奖6篇、三等奖6篇。

四、学院重大事件

（1）1月12日，苏州大学明朗体育教育学生培养专项基金捐赠仪式在文辉楼220室举行。

（2）2月20日，2022年北京冬奥会闭幕。学院2020级研究生郭丹、2021级研究生吴志涛和2021届本科毕业生杜佳妮参加了本届冬奥会，并顺利完成比赛。

（3）3月13日，2022年世界羽联巡回赛德国公开赛女子单打决赛圆满落幕，学院2020级研究生何冰娇夺冠。

（4）6月24日，学校在文辉楼217室召开江苏省第二十届运动会（高校部）比赛出征动员会。

（5）7月18日—22日，苏州大学"2022年江苏省研究生体育科学的高质量发展暑期学校"成功举办。

（6）8月20日，江苏省运动健康促进会第一届一次会员大会在苏州召开。

（7）8月26日，学院举行2023届本科生教育实习准入制考核。

（8）9月5日，江苏省第二十届运动会在泰州市体育公园落下帷幕。学校代表团以团体总分1 147分的优异成绩获得本届省运会（高校部）团体总分第一名，并获得"体育道德风尚奖代表团""优秀组织奖""突出贡献奖"3个集体荣誉奖。

（9）9月23日，学院在东吴饭店举行退休教师重阳节茶话会。

（10）10月31日，超级750级别的法国羽毛球公开赛在巴黎落下帷幕。在女单决赛中，学院2020级研究生何冰娇夺冠。

（11）11月9日—10日，学院第四十三届田径运动会在天赐庄校区田径场举行。

（12）11月19日，"名城名校"2022苏州大学校园马拉松赛暨江苏省大学生马拉松联赛在天赐庄校区举行。

（13）11月27日，2022年苏州大学"青春心向党，舞动强国梦"新生舞蹈大赛在天赐庄校区存菊堂落幕，学院男子群舞《同心同步共前进》获得三等奖。

（14）12月8日，全国哲学社会科学工作办公室公布了2022年度国家社科基金重大项目立项名单，王家宏教授担任首席专家申报的"新时代我国体育消费高质量发展研究"喜获立项。

（15）12月13日，国家体育总局办公厅正式公布"体育高端智库（2023—2025年）"入选单位，学校以王家宏教授作为首席专家申报的"苏州大学东吴体育智库"成功入选。

艺术学院

一、学院概况

艺术学院始创于 1960 年,经过几代人的不懈努力与奋斗,现已发展为师资力量雄厚、专业方向比较齐全的综合性艺术学院。学院现有在职教职工 135 人,其中,专任教师 96 人,博士生导师 10 人,硕士生导师 43 人,教授 18 人,副教授 35 人,海外专家 6 人,江苏省教学名师 1 人。学院还聘请了多名国内外著名画家、设计师担任讲座教授、客座教授、兼职教授。2022 年,学院在校博士生、硕士生、本科生和成人教育学生总计约 3 300 人。学院设有产品设计、服装与服饰设计、视觉传达设计、环境设计、数字媒体艺术、美术学(美术教育、插画)、艺术设计学 7 个专业;拥有一级学科设计学博士点和博士后科研流动站,一级学科设计学、美术学硕士点,艺术硕士(MFA)专业学位硕士点;是国际艺术、设计与媒体学院联盟会员。2010 年,艺术学学科获首批江苏高校优势学科建设工程项目立项;2014 年、2018 年,设计学学科先后获批为江苏高校优势学科建设工程第二期、第三期项目。2017 年,在教育部第四次学科评估中,设计学学科被认定为 A 类(A-)学科,排名全国高校并列第五;在 2018 年"软科中国最好学科排名"中,设计学学科排名全国前 5%。艺术设计学为江苏省高等学校重点专业(类),服装与服饰设计、美术学专业为国家级一流本科专业建设点。多年来,学院培养了马可、吴简婴、王新元、赵伟国、邱昊、逢增梅等一大批优秀的艺术与设计人才,毕业生遍及海内外。

二、教学工作

1. 本科生教学工作

学院进一步加强组织机构建设。为应对新冠疫情,有效推动学院疫情防控期间在线教学工作,成立艺术学院在线教学工作小组,指导在线教学各环节的运行与教研工作的开展。扎实推进制度建设,确保教学工作稳步开展。全面贯彻落实《苏州大学一流本科教育改革行动计划》,稳步推进国家级一流本科专业建设点工作;学习《关于做好"十四五"期间普通高等学校本科教育教学审核评估工作的通知》精神,有效启动评估和认证动员工作。学生科研成绩优秀,竞赛积极性高。完成 2020 年国家级、省级、校级大学生创新创业训练计划项目结题 6 项,2021 年国家级、省级、校级大学生创新创业训练计划项目中期检查 6 项,并成功获批 2022 年"箦政基金"立项项目。加强学生竞赛与教学联动机制,榜单赛事的参与率和获奖率稳步提高。2022 年,学院承办全国高校数字艺术设计大赛江苏赛区工作,完成全国大学生广告艺术大赛、紫金奖·第三届中国(南京)大学生设计展等各类专业赛事校内组织工作，本科生参与人数达 409 人次，累积获奖 302 项。通过苏州大学艺术学院微信公众号平台，如期举办了 2022 届本科生毕业作品线上展览，将学院的育人成果和教研探索以较好的效果在兄弟院校和社会同人中做了精彩的汇报。

2. 研究生教学工作

按照学校关于研究生日常教学的统一部署，结合艺术学院研究生课程的特殊性，详细部署艺术学院研究生招生、教学、送审、答辩、学位工作等具体工作方案。加强过程管理，保障培养质量。加强关键环节管控，完善分流机制，严格落实论文开题、中期考核、盲审、预答辩、答辩制度，加大分流力度。创新培养模式，抓牢培养环节，完善科教融合育人机制，加强学术学位研究生知识创新能力培养；强化产教融合育人机制，加强专业学位研究生实践创新能力培养。研究生日常教学工作有序开展，研究生科研工作收获新成绩。通过线上、线下全程同步直播的形式，成功举办"地域性与国际化：文创设计的新探索"国际研究生学术论坛。获批 2022 年度苏州大学研究生教育改革成果奖培育项目（教育实践类）1 项、2022 年苏州大学研究生精品课程项目 1 项、2022 年苏州大学课程思政示范课 1 项、江苏省研究生科研与实践创新计划 5 项。

三、学科建设与科研工作

2022 年，学院聚焦"双一流"建设方向，按照"加强顶层设计，强化目标管理，打造学科高峰"的思路，大力推动学科建设与科研工作，成效亮点突出。学院在苏州大学 2022 年综合考核中再次获得人文社科科研工作"最佳进步奖"。

（1）圆满完成江苏高校优势学科三期建设项目验收工作。按照苏州大学江苏高校优势学科建设项目验收工作的部署，完成设计学优势学科三期结项考核验收报告的撰写、佐证材料整理汇编与报送工作；协助学校和第三方审计单位完成优势学科三期经费总结报送与审计工作。

（2）根据 2022 年优势学科专项经费下达的"学科自主使用"经费额度，完成预算编制收缴与汇总工作。完成设计学江苏高校优势学科建设工程项目 2022 年度预算的编制工作。

（3）持续推进学科激励计划，提升科研创新能力。2022 年，学院教师在各类项目及奖项的申报数量上稳中有升，申报质量大大提高。获批国家级项目 2 项，其他各类项目 20 余项。其中，国家社科基金艺术学项目 1 项，国家艺术基金传播交流推广项目 1 项，这是苏州大学第二次获得该项目，单项立项金额达 120 万元，创下学院纵向项目单项立项经费数新高。2022 年，学院纵向项目科研经费数继续保持在 200 万元以上。同时，还获教育部人文社会科学研究基金项目 1 项、江苏省社科基金项目 1 项等。

四、学院重大事项

（1）5 月 26 日，学校与英国南安普顿大学就苏州大学艺术学院与南安普顿大学温切斯特艺术学院之间的国际合作项目进行了云端会晤和合作协议的签署仪式。

(2) 5月30日,"悦设新途"——苏州大学艺术学院2022届本科毕业作品展暨就业双选会于苏州大学美术馆隆重开幕。展览开幕式暨就业双选会吸引了40余家企业和用人单位前来参加。

(3) 6月14日,学院视觉传达设计专业获批2021年度国家级一流本科专业建设点。

(4) 9月9日,"地域性与国际化:文创设计的新探索"国际研究生学术论坛采取线上、线下全程同步直播的形式于独墅湖校区炳麟图书馆报告厅成功举办。

(5) 10月27日,第四届比亚迪智能座舱UI/UX设计工作坊暨大赛苏州大学站见面会通过线上方式成功举办。

(6) 11月11日,学院开展访企拓岗促就业专项行动,助力毕业生高质量就业。

(7) 11月25日,艺术学院学习贯彻党的二十大精神校党委宣讲团报告会在606幢6403报告厅举行。

音乐学院

一、学院概况

音乐学院的前身为创建于 1998 年的艺术学院音乐系。2012 年 10 月，苏州大学音乐学院正式组建。

学院现有音乐与舞蹈学一级学科硕士点，音乐学（师范）和音乐表演 2 个本科专业。学院设有 4 个专业系部：作曲与理论系、钢琴系、声歌系、管弦系；2 个专业管理机构：音乐教育发展与研究中心、音乐表演发展与研究中心；2 个教学科研支撑机构：场馆管理中心、音乐图书馆；3 个学生乐团：苏州大学交响乐团、苏州大学合唱团、苏州大学交响管乐团。

教育部中华优秀传统文化传承基地、江苏学校美育研究中心、江苏省高校美育教学指导委员会政策与理论研究中心、中国昆曲评弹研究院均设在音乐学院。

学院现有专任教师 41 名，其中，教育部高等学校美育教学指导委员会委员 1 名，教授 7 名、副教授 10 名、讲师 23 名、助教 1 名、外籍及港澳台地区教员 12 名。58.5%的教师具有博士学位，70.7%的教师具有一年以上留学经历。学院还聘任了一大批有着丰富舞台经验的国内著名乐团中的演奏家和经验丰富的中小学音乐教师担任兼职教师。

为打造高水平的国际化音乐学院，培养具备高尚品德、国际视野、民族情怀、基础扎实的卓越复合型人才，学院成立伊始即在全球范围内广揽精英教师，按照一流音乐学院的办学模式建设运行。目前，境外教师多来自国际顶尖大学和音乐学院，如曼哈顿音乐学院、辛辛那提大学音乐学院、茱莉亚音乐学院、巴黎国立高等音乐学院、科隆音乐学院、索菲亚王后高等音乐学院。

近年来，学院围绕"构建新发展格局，争创一流音乐学院"的总体奋斗目标，明确学院发展的三大定位：一是坚持"以美育人、培根铸魂"，发挥学科优势引领学校美育工作，做高校美育育人的先行者和排头兵；二是坚持"育人为本、教学为重"，提升人才培养质量，打造卓越教师和拔尖英才的高素质人才培育基地；三是坚持"文化传承、协同发展"，立足江南音乐文化，整合内外优质资源，做服务地方发展的文艺高地。学院坚持党的全面领导，以新发展理念为引领，以双循环发展为导向，以高质量发展为目的，不断推陈出新，陆续出台一系列改革、发展措施，在多个领域取得不俗成绩。

二、教学工作

1. 本科生教学工作

音乐学专业成功入选国家级一流本科专业建设点，这是学院近年来"以内涵建设为重点，以高质量发展为目标，构建新发展格局，争创一流音乐学院"取得的重大突破和显著成果。"'多向纵合、四位一体'——音乐学院拔尖创新人才培养机制的探索与实践"项目获评2022年苏州大学拔尖创新人才培养改革项目，钢琴虚拟教研室获评苏州大学虚拟教研室建设点。2支团队成功申报大学生创新创业训练计划项目，并荣获省级重点项目1项、一般项目1项。获得中国大学生计算机设计大赛（国家级）二等奖1项，全国大学生广告艺术大赛（国家级）三等奖1项，全国高校数字艺术设计大赛（省部级）三等奖1项。第十届江苏省师范生教学基本功大赛中学音乐（省部级）二等奖1项、三等奖1项。在2021年全国普通高等学校音乐教育专业本科学生基本功展示中，获个人全能奖一等奖3项、个人单项奖12项，学院凭借所获成绩在全国77所参赛高校中拔得头筹。

2. 研究生教学工作

继续做好学术型硕士（音乐与舞蹈学）、艺术硕士（音乐专业）的培养工作，提升生源质量，完善培养过程，加强就业指导。2022年，研究生课程"多声部编创与键盘协作"入选全国艺术专业学位研究生教育指导委员会遴选示例课程。

在学科立项方面，获2022年江苏省研究生科研与实践创新计划项目1项。在专业竞赛中，获美国科罗拉多国际音乐比赛一等奖1项，2022"李斯特纪念奖"国际钢琴公开赛一等奖1项，2022年新加坡国际（青少年）钢琴比赛二等奖1项、三等奖1项，伦敦国际音乐比赛三等奖1项，2022华沙国际青少年钢琴比赛（中国赛区）一等奖1项，香港国际弦乐公开赛一等奖1项，亚洲音乐大赛（中国赛区）一等奖3项、二等奖2项，2022年上海国际青少年钢琴大赛一等奖2项，2002年厦门音乐季国际钢琴公开赛二等奖1项，第三届全国萨克斯管（专业）比赛一等奖1项，白玉兰国际音乐节管乐比赛综合院校组全国总决赛·萨克斯管组一等奖1项，2022贝多芬青年音乐家比赛三等奖1项，2022 IPEA国际打击乐比赛三等奖1项，等等。

三、科研工作与学术交流

1. 科研项目及成果

学院提前谋划、统筹安排，指导青年教师认真做好科研项目的申报工作。2022年，获国家社科基金艺术学项目2项，教育部人文社会科学研究青年基金项目1项，江苏省社科基金青年项目1项。获科学技术成果专利2项，苏州大学人文社会科学"喜迎二十大"专项课题1项，苏州大学人文社会科学学术专著出版推荐1项，立项数创历史最高。学院进一步完善科研激励制度，为教师采购音乐类专业书籍，包括专著、教材、乐谱等，着力提高学院整体科研水平，营造浓厚的学术氛围。

学院举办"登峰计划"学科建设暨音乐与舞蹈类国家级一流本科专业建设研讨会，推动学科前沿研究。在2021年全国普通高等学校音乐教育专业本科学生和教师基本功展示中，苏州大学获学校团体奖一等奖、高校优秀组织奖，教师获个人全能奖一等奖3项、个人单项奖12项。在首届江苏省高校艺术教师基本功展示中，教师获个人全能奖一等奖6项、单项一等奖11项。在2022年江苏省文艺大奖音乐比赛中，教师获金奖1项、银奖2项。

2. 国内外学术交流情况

2022年11月，苏州大学研究生院、国际合作交流处与音乐学院联合主办"钢琴教学法"国际学术论坛暨第二届苏州大学国际钢琴教学法研讨会。会议聚焦国际化专业钢琴表演和高水平钢琴教育的前沿理念，吸引来自欧洲、北美洲及中国的世界级高水平古典音乐艺术家、教育家及青年教师参与。

学院积极贯彻国际化办学方针，开展国际化合作办学，加强与已签署合作协议大学之间的合作；做好招生宣传工作，招收优质国际学生。目前正与英国女王大学洽谈合作项目，合作模式拟定为"2+2"双学位项目及"3+1+1"本硕连读项目，目前已完成各专业的课程对接，正进一步商讨合作办学细节。

四、学院重大事项

（1）5月3日，苏州大学党委副书记王鲁沛参加学院"五四"联合班会，会议由院长吴磊主持。

（2）6月3日起，学院党政领导班子开展访企拓岗促就业专项活动，专程走访苏州市歌舞剧院、苏州保利大剧院、吴中区文化馆等单位并召开校企座谈会。

（3）6月9日，音乐学（师范）专业获评2021年国家级一流本科专业建设点。

（4）6月30日，与苏州保利大剧院举行"党建·战略"双签约仪式。

（5）7月10日，在2021年全国普通高等学校音乐教育专业本科学生和教师基本功展示中，音乐学院勇夺28个奖项，居全国高校第一。

（6）8月10日，音乐学（师范）专业顺利通过专业二级认证现场考察工作。

（7）10月11日，吴磊教授、唐荣教授成功申报国家社科基金艺术学项目各1项。

（8）11月12日，苏州大学交响乐团在独墅湖校区恩玲艺术中心举行拉赫玛尼诺夫作品专场首场线下音乐会。

（9）11月28日—29日，苏州大学学科建设与发展规划处、教务处和音乐学院联合主办苏州大学音乐学院"登峰计划"学科建设暨音乐与舞蹈类国家级一流本科专业建设研讨会。

苏州医学院

一、学院概况

苏州大学苏州医学院现有基础医学与生物科学学院、放射医学与防护学院、公共卫生学院、药学院、护理学院和巴斯德学院6个学院、4个临床学院和12个研究院所。现有全日制本科生5 200余名、全日制硕士生6 100余名、全日制博士生3 700余名、外国留学生400余名。

苏州医学院现有教职工1 200余人，4家直属附属医院具有教学职称的教师有1 143人。两院院士4人，欧洲科学院院士1人，国际宇航科学院院士2人；国家级人才计划获得者27人、"新世纪优秀人才支持计划"6人；人力资源和社会保障部"百千万人才工程"培养对象（国家级）5人；国务院学位评定委员会学科评议组成员4人；国家杰出青年科学基金获得者16人、优秀青年科学基金获得者18人；重大科技专项首席科学家1人、国家重点研发计划项目负责人（含国合、青年科学家）15人。

苏州医学院现拥有博士后科研流动站7个，一级学科博士点8个，一级学科专业学位博士点1个；一级学科硕士点9个，专业学位硕士点7个。有国家级重点学科3个，国家重点临床专科10个，国防科工委重点学科2个，江苏省一级学科和二级学科重点学科各4个，江苏省优势学科一期2个、二期4个、三期4个，"十四五"江苏省重点学科2个。现有学术学位博士生导师242人，临床医学专业学位博士生导师232人；学术学位硕士生导师623人，专业学位硕士生导师966人。

苏州医学院现有省部共建放射医学与辐射防护国家重点实验室1个、国家国际科技合作基地（国家级国际联合研究中心类）1个、国家临床医学研究中心（血液系统疾病领域）1个、教育部重点实验室1个、教育部创新团队2个、教育部工程技术研究中心1个、科技部创新人才推进计划重点领域创新团队1个、省部级重点实验室9个、省级科技公共服务平台1个，以及江苏省高校优秀科技创新团队1个、协同创新中心2个，江苏省发展和改革委员会工程研究中心7个，江苏省双创团队12个。

二、教学工作

1. 本科生教学工作

（1）重视教学培训，加强教学竞赛指导，促进教师教学能力提升。

举办第二届苏州大学基于问题的学习（PBL）导师培训会，参训教师70名，为医学教育教学改革提供师资支持。配合医学教育110周年发展大会，举行医学教育论坛，邀请教育部领导和中国高等教育学会医学教育专业委员会及知名医学院校教育专家作主旨报告，指导苏州医学院教育改革事宜。选派教师参加校外课程思政比赛、一流课程建设、临床教师教学基本功展示等，参加教师近120人。组织江苏省微课教学比赛、教学创新大赛，推荐评审，为年轻教师提供互学互鉴的机会。申报微课9门，推荐2门（均获推省级参评）。申报教学创新大赛10项，推荐6项。

（2）重视项目培育，提前筹划、重点组织，推进质量工程项目建设。

开展苏州医学院第四轮"本科教学工程"项目培育工作，邀请校外知名医学院校教育专家进行评审。立项结果：课程思政建设项目26项、PBL教案建设项目21项、CBL（Case-Based Learning，案例教学法）教案建设项目30项、"5G+临床教学"案例建设项目10项、在线开放课程建设项目9项、虚拟仿真实验教学建设项目7项、教改研究课题43项。组织并指导江苏省高等学校劳动教育优秀实践项目、江苏省产教融合型一流课程、江苏省基础学科拔尖人才培养基地项目的申报，各推荐2项，各有1项获推省级参评。

2. 研究生教学工作

2022年，苏州医学院招收博士生191名，硕士生1 732名（含推免生275人）。审定学院2022年临博上岗导师232人，2023年可上岗博士生导师242人、硕士生导师1 234人。

2022年，学院获江苏省优秀博士学位论文4篇、江苏省优秀硕士学位论文5篇。在"江苏省研究生培养创新工程"中获批研究生科研与实践创新项目41项、江苏省教改课题1项。获江苏省研究生优秀课程3门，出版江苏省研究生优秀教材1部，获江苏省研究生优秀教学案例2项。

三、学科建设与科研工作

不断优化学科专业结构。加强学科建设顶层设计，优化学科建设生态，促进学科交叉融合。成功申报并新增儿科专业。瞄准优势学科（血液学），筹划、组织新的微专业建设方向。获评国家级一流本科专业建设点3个、省级一流本科专业建设点1个。生物学获批一级学科博士点。公共卫生与预防医学、护理学获批"十四五"江苏省重点学科。

2022年，苏州医学院举办五期东吴·谈家桢讲坛，邀请到浙江大学段树民院士、清华大学饶子和院士、南开大学陈悦教授、厦门大学神经科学研究所许华曦教授、北京大学孔炜教授为医学院师生开讲，把各领域学术前沿带入学院，激发师生的科研兴趣，拓宽师生的学术眼界，更好地促进学校之间、学科之间的交流融合，为实现学部"四大"发展战略目标营造良好学术生态。

四、学院重大事项

（1）1月6日，校党委副书记王鲁沛来到苏州医学院调研学生工作，校团委书记于潜驰、校学生处资助管理中心主任杨燕、校学生处思想政治教育科科长李琳琳陪同，苏州医学院党工委书记邹学海、常务副主任徐广银、党工委副书记黎春虹及全体本科生辅导员出席调研座谈会。

（2）1月14日，王志新院士与校党委常委、副校长陈卫昌，科学技术研究部部长郁秋亚，研究生院副院长张进平，学科建设办公室副主任杨凝晖，人力资源处副处长林萍，苏州医学院全体党政领导、各学院主要领导、各附属医院有关领导、各科研机构主要负责人及教师代表出席苏州医学院干部大会，大会由苏州医学院党工委书记邹学海主持。

（3）1月19日，校党委常委、副校长姚建林一行来苏州医学院调研，在苏州医学院825会议室召开会议。校教务部教学改革与研究处处长茅海燕，校教务部教学运行处副处长刘方涛、陆丽，校教务部教学质量与资源管理处副处长常青伟，校教务部综合办公室主任李振陪同调研。苏州医学院党政领导班子、各学院和临床医学院主要领导及相关职能部门领导和工作人员参加调研会，会议由苏州医学院常务副主任徐广银主持。

（4）3月3日，校党委第五轮巡察第一巡察组巡察苏州医学院党工委情况反馈会议在医学楼4楼学术报告厅召开。参加会议的有校党委副书记、校党委巡察工作领导小组副组长、第一巡察组组长邓敏，副组长徐眹荃和巡察组其他成员；苏州医学院全体在职教职工参加反馈会议。会议由苏州医学院党工委书记邹学海主持。

（5）5月8日，受副校长姚建林委托，校教务部部长方亮来苏州医学院开展调研工作，教务部教学改革与研究处处长茅海燕陪同调研。苏州医学院党工委书记邹学海、副主任龚政，巴斯德学院院长唐宏、副院长陈志欣，上海巴斯德健康研究基金会秘书长佟艳辉，公共卫生学院院长张增利和党委书记陈赞、副院长秦立强、副院长张洁等参加调研工作会议。会议由苏州医学院党工委书记邹学海主持。

苏州医学院基础医学与生物科学学院

一、学院概况

苏州医学院基础医学与生物科学学院于2008年年初由基础医学系和生命科学学院合并组建而成。学院下设13个系、8个校级研究院（所）。

学院现有教职工218人，其中，专任教师174人（正高58人、副高87人、中级29人），153人具有博士学位，博士生导师33人、硕士生导师80人。学院有中国科学院院士1人、国家杰出青年科学基金获得者5人、国家优秀青年科学基金获得者2人、青年"千人计划"项目获得者1人、教育部"新世纪优秀人才计划"获得者2人、农业农村部岗位科学家1人、江苏省"高层次创新创业人才引进计划"资助者3人、江苏省"333工程"培养对象12人、江苏省"青蓝工程"培养对象16人、江苏省"六大人才高峰"计划项目获得者10人。学院聘请了英国皇家科学院院士刘富友教授、桑福德·伯纳姆·普雷姆斯医学研究所Muthu Periasamy教授、新南威尔士大学杨洪远教授、伦敦大学学院副院长Peter Delves教授、佛罗里达州立大学虞献民教授、匹兹堡大学卢斌峰教授等一批国际知名专家担任学院讲座教授、客座教授。

学院承担所有医学相关专业的本科生基础课程教学；负责法医学、生物技术、食品质量与安全、生物信息学等4个本科专业建设和800余名本科生的培养任务。目前，已建成国家级一流本科专业建设点1个、国家级一流本科课程2门、国家级虚拟仿真课程2门、国家级双语教学示范课程2门，省级精品课程3门、省级一流本科课程2门、江苏省品牌特色专业和国防科工委重点建设专业点1个、省级实验教学示范中心2个。

学院负责基础医学、生物学、畜牧学3个一级学科建设。现有博士后科研流动站2个、一级学科博士点3个、二级学科博士点18个、一级学科硕士点3个、二级学科硕士点23个，农业硕士专业学位硕士点2个。在读研究生350余人。

学院拥有二级学科重点学科2个（免疫学、特种经济动物饲养）；教育部"长江学者和创新团队发展计划"创新团队1个；教育部重点实验室1个、江苏省重点实验室5个、苏州市重点实验室5个。同时，学院积极参与国家"211工程"重点学科建设1个，共建国家"211工程"重点建设实验室1个。

近年来，学院促进学科交叉，加强国内外的学术交流与合作，提升学科内涵，获批项目层次不断提升，科研成果不断丰富，承担国家级重点、重大和面上项目100余项。2022年，学院师生共发表SCI论文102篇，授权知识产权70项。

二、教学工作

1. 本科生教学工作

本年度，学院共承担294门课程、622个教学班级、30 489个学时的教学任务；共组织27次学系观摩课，并召开观摩课研讨会，帮助年轻教师迅速成长。学院生物技术专业获评省级一流本科专业建设点，医学机能学虚拟教研室获批江苏省优秀基层教学组织，申报江苏省基础学科拔尖人才培养基地。获批教育部产学研项目、校拔尖创新人才培养改革项目、苏州医学院教育信息化教改研究课题各1项。获医学院各类教育教改项目27项。获江苏省教学成果奖一等奖1项，省部级教学竞赛奖4项。3人获评校级教学先进个人，2人获评本科毕业设计优秀指导教师，2人获评优秀实习指导教师。顺利完成食品质量与安全专业评估。学院与苏州贝康医疗股份有限公司签订生物技术特色班的合作培养协议，积极拓展社会合作办学新模式。

学院鼓励教师指导学生进行课外科研。共获得大学生创新创业训练计划项目国家级2项、省级5项、校级1项。获批"箐政基金"项目2项、校第二十四批大学生课外学术科研基金资助项目2项和2022年医学院学生课外科研项目17项。获得全国大学生生命科学竞赛等五大类赛事的奖项9项。以赛促学，有力地激发了学生的科研兴趣和创新创业的动力。

2. 研究生教学工作

2022年，学院共招收研究生133人（其中，博士生18人），毕业取得学位的研究生共98人（包括博士生7人），获评江苏省研究生科研与实践创新计划项目3项，江苏省优秀博士学位论文2篇，苏州大学优秀硕士、博士学位论文8篇。"高级生物化学"课程立项为苏州大学2022年研究生课程思政示范课程。

学院积极鼓励研究生参加各类学科竞赛。在第四届全国大学生蚕桑生物技术创新大赛等5类学科竞赛中，共获得奖项11项。学院申请获批教育部、农业农村部和中国科协三部门支持建设的"科技小院"6家，有力地支撑了专业硕士生的培养和科研成果的转化。

学院加强研究生日常管理，积极开展"新生第一课""安全教育培训""心身健康辅导"等主题教育。加强对研究生党小组和研究生会的指导，开展春节慰问、中秋慰问、团辅活动、师生羽毛球赛等一系列活动，在疫情防控等重要工作中充分发挥了研究生党小组的能动作用。高度关注学生身心健康，全过程关心、关注学生成长；开展多种人文关怀活动，提升学生的幸福感和获得感。

三、科研工作与学术交流

1. 科研项目及成果

学院积极组织申报各级各类科研项目，科研成果稳步提升，全面完成年度科技责任目标。2022年，学院共申报国家自然科学基金项目65项、江苏省自然科学基金项目6项、苏州市科技项目5项和江苏省科学技术奖1项；获批国家自然科学基金项目17项、江苏省自然科学基金青年基金项目2项、江苏省高校基础科学（自然科学）研究项目面上项目2项、苏州市科技项目4项。学院新立项纵向项目总经费1 575万元；横向课题38项，合同经费908万元;成立校级协同创新中心1个。

2022年,学院共发表SCIE论文101篇(其中,一区13篇、二区57篇)、北图核心期刊论文12篇,高质量论文比例持续升高,多篇标志性论文在高影响因子期刊 *PNAS*、*Cell Reports*、*Nature Communications* 等上发表;出版专著2部;获知识产权授权70余项。获得省部级及以上奖项4项(作为第一单位获1项,作为参与单位获3项)。

2. 学术交流

2022年,学院积极开展国内外学术交流。组织院长论坛、青年学者论坛等活动,召开第二届"东吴"法医学高峰论坛、2022"苏州·代谢"学术研讨会等,推动学科专业建设和科学研究,扩大学院的影响力。

四、学院重大事项

(1) 1月8日,学院第一届教职工代表大会第一次会议在独墅湖校区炳麟图书馆学术报告厅举行。

(2) 3月7日,根据《省教育厅关于公布2021年江苏省教育成果奖获奖项目的通知》(苏教人〔2022〕4号),学院蒋星红教授荣获特等奖1项(排名第二)、一等奖1项(主持人)。

(3) 4月1日,学院吴嘉炜教授、陶金教授当选政协苏州市第十五届委员会常委。

(4) 7月31日,2022年度全国大学生生命科学竞赛创新创业类获奖项目名单公布,学院教师指导的项目在比赛中表现出色,共荣获全国一等奖3项、二等奖2项。

(5) 8月11日,苏州大学在天赐庄校区存菊堂召开全校干部大会,宣布江苏省委关于调整校领导班子的决定。学院吴嘉炜同志任苏州大学副校长职务。

(6) 8月31日,学院举办"贝康奖学金"捐赠签约仪式,与苏州贝康医疗股份有限公司签订了贝康医疗-苏州大学基础医学与生物科学学院合作协议。

(7) 9月8日,国家自然科学基金委员会公布了2022年度国家自然科学基金集中接收申请项目评审结果,学院喜获17项资助,其中,面上项目13项、青年科学基金项目4项。

(8) 9月17日,学院乒乓球代表队在苏州大学2022年教职工乒乓球比赛中获得全校第四名的好成绩。

(9) 9月30日,江苏省教育厅公布,学院蒋星红教授牵头组织的医学机能学虚拟教研室入选首批江苏省高校优秀基层教学组织。

(10) 10月28日—31日,学院成功举办第二届"东吴"法医学高峰论坛。论坛采用线上、线上相结合的方式举行,国际国内知名专家学者和学生等近6 000人参加论坛。

(11) 11月12日,由学院和苏州市生物学会、苏州市科学技术协会、九三学社苏州大学委员会联合主办的"苏州·代谢"学术研讨会在苏州工业园区金鸡湖路演中心胜利召开。

(12) 12月26日,学院召开干部大会宣布学校关于李斌同志任学院院长的任职决定。

(13) 12月27日,《中国教育报》"新闻·视觉"版报道了学院牵头申报获批教育部、农业农村部和中国科协支持建设的"科技小院"6家,校企合作硕果累累。通过"科技小院",逐步实现对农业农村领域高层次应用型人才的重点培养,使其成长为科技助农、兴农的重要力量。

苏州医学院放射医学与防护学院

一、学院概况

放射医学与防护学院的前身是创建于1964年的隶属于原核工业部的苏州医学院放射医学系；2000年，放射医学系随苏州医学院并入苏州大学，成立苏州大学核医学院；2002年，更名为放射医学与公共卫生学院；2011年，成立放射医学与防护学院；2012年，成立放射医学及交叉学科研究院。2018年，获批省部共建放射医学与辐射防护国家重点实验室。放射医学与辐射防护国家重点实验室于2019年获批江苏省、苏州市科普教育基地，于2022年获批首批苏州市科学家精神教育基地、第一批全国科普教育基地、全国核科普教育基地。学院下设7个研究中心：放射生物学研究中心、分子影像与核医学研究中心、辐射纳米毒理学研究中心、辐射防护与安全研究中心、多模态辐射技术研究中心、核能环境化学研究中心、靶向放射药物创新和转化研究中心。

放射医学学科既是我国在该领域唯一的国家重点学科，也是江苏省和国防科工委重点学科及"211工程"重点建设学科；特种医学学科自2011年先后获得江苏省高校优势学科建设工程一、二、三期建设项目；放射医学协同创新中心2014年入选江苏高校协同创新中心，2020年获得第三期资助；2020年，放射医学学科获批国家一流本科专业建设点，特种医学学科在第五轮学科评估中名列前茅。现有特种医学博士点和博士后科研流动站、放射医学博士点，生物医学工程硕士点、临床医学（放射医学）七年制本硕连读，放射医学五年制本科专业。

学院现有教师118人，专任教师99人，基本形成以柴之芳院士为学科带头人的力量雄厚、结构合理的高水平师资队伍，包括中国科学院院士、国际宇航科学院院士，"973计划"首席科学家，"万人计划"入选者、国家杰出青年科学基金获得者、国家优秀青年科学基金获得者、国务院学位委员会学科评议组成员、教育部高等学校教学指导委员会成员等20余人次，江苏省杰出青年科学基金获得者、江苏省优秀青年基金获得者、江苏省特聘教授、江苏省"青蓝工程"、江苏省双创人才、江苏省"六大人才高峰"、中国科学院"百人计划"等20余人次；2009年获批"教育部长江学者和创新团队发展计划"创新团队，2020年获批科技部创新人才推进计划重点领域创新团队，2017年、2020年获江苏省双创团队，师资涵盖医学、物理、化学、生物医学工程、原子能科学技术、纳米材料和计算生物学等不同学科，体现多学科交叉融合、协同创新的优势。

二、教学工作

1. 本科生教学工作

突出课程建设。坚持用"两弹一星"的精神引领人才培养，培养堂堂正正的放射医学人才。召开学院本科教学工作会议，规划学院未来的课程建设工作（将由教学大纲、教材、教学团队、教改项目、教学竞赛、教学成果六部分组成），大力推进课程负责人制。"中国大学MOOC"线上开放的"放射医学概论"慕课，目前开课12次，选课人数累计达3345人。

抓好培养质量。修订放射医学人才培养方案，全面提升教学质量；积极开展放射医学本科生招生宣传活动。2017级放射医学专业毕业人数110人，读研升学占比达51.82%。组织学生参加第三届江苏省大学生生物医学工程创新设计竞赛，3个项目获一等奖；获苏州大学第二十二届"苏大天宫杯""挑战杯"大学生课外学术科技作品竞赛特等奖1项、一等奖4项、二等奖8项、三等奖10项；"箐政基金"立项1项。柴之芳院士继续出资设立奖学金，泰和诚医疗集团有限公司等多家企业设立奖学金，对品学兼优的学生、优秀青年教师、优秀教学教师进行嘉奖，共评选出81名学生、5名教师获得奖学金。

2. 研究生教学工作

2022年，学院重抓研究生培养工作。以协同创新为纽带，推动我国放射医学专业人才从本科到博士乃至终身教育的培养体系的形成和完善。完成2022年研究生招生工作，录取硕士生88人、博士生26人。获批2022年江苏省研究生培养创新工程研究生科研与实践创新计划项目2项。成功举行江苏省研究生"核与辐射事故应急"暑期学校活动。获2022年度苏州大学优秀博士学位论文2篇、2022年度苏州大学优秀硕士学位论文3篇。2022年研究生学位论文盲审合格率达100%。2名毕业生分别被授予"江苏省优秀毕业生""江苏省三好学生"称号。

三、学科建设与科研工作

1. 持续推进学科建设

特种医学优势学科三期建设工作稳步推进。2022年，学院召开特种医学优势学科推进会，讨论学科建设中遇到的问题，总结学科须努力的方向，在江苏高校优势学科建设工程三期项目验收获得"优秀"等次。特种医学学科在第五轮学科评估中名列前茅。

2. 科研项目及成果

稳步推进科研立项申报。2022年，学院抓好各类科研项目的申报工作，获批科技部国家重点研发计划项目3项，资助经费700万元；国家自然科学基金项目23项，其中，重大仪器项目1项，国家优秀青年科学基金项目2项，重点项目、联合基金重点项目（含合作子课题）6项，资助经费2646万元；国防科研项目新立项3项；江苏省自然科学基金项目3项；江苏省高校基础科学（自然科学）重大项目2项。学院获批博士后创新人才支持计划1项。纵向项目资助经费合计4328万元；横向项目获批18项，合同金额达1087万元。

高质量论文影响力明显。学院自2012年1月1日至2022年11月16日发表论文

1 558 篇，总引用 56 755 次（去除自引后引用 53 254 次），每项平均引用次数 36.43（去除自引后每项平均引用次数 34.18），数据明显表示出学院的论文质量越来越好，研究领域比较活跃且研究成果非常丰硕，并得到了广泛的认可。

科学谋划事业发展。2022 年 8 月，召开首届放射医学专业建设与人才培养研讨会，研讨会汇聚国内开设放射医学专业的全部 9 所高校，围绕放射医学专业内涵建设和发展展开研讨。2022 年 11 月，学院召开第九届战略发展研讨会，邀请学校及相关单位专家莅临指导，围绕学院发展研究方向进行深度研讨。围绕协同中心（2021—2024 年）发展规划，有序推进协同创新中心建设工作。

四、学院重大事项

（1）1 月，苏大国重室—中物院 FLASH 放疗技术研发中心成立仪式暨学术交流会在苏州大学成功举行。

（2）1 月和 12 月，苏州大学放射医学与辐射防护国家重点实验室第一届学术委员会第四次、第五次会议暨学术交流会在苏州大学独墅湖校区成功举办。

（3）3 月，放射医学与辐射防护国家重点实验室获评全国首批科普教育基地（教育科研与重大工程类），获评中国核学会第四批（2022—2026 年度）全国核科普教育基地。

（4）4 月，由苏州市科技局组织召开"中能多粒子超导医学研究加速器"线上专家论证会。6 月，"中能多粒子超导医学研究加速器"终端评审会在苏州大学召开。

（5）4 月，"辐射与健康科普丛书"入选江苏省"十四五"时期重点出版规划项目。10 月，该丛书获评第十三届江苏省优秀科普作品图书类二等奖。

（6）4 月，据中国青年志愿者官网发布的通知，由学院选送的 3 支"强国有我，'核'你一起"大学生志愿宣讲团全部组团成功入选。

（7）6 月，*Radiation Medicine and Protection*（英文刊）成为中国科学引文数据库来源期刊（2021—2022 年）。

（8）8 月，在第十届"魅力之光"杯全国核科普夏令营暨第二届全国核科普讲解大赛上，放射医学与辐射防护国家重点实验室获优秀组织奖。

（9）11 月，中国核学会副秘书长高克立一行调研学院医学物理人才培养及国重室科普工作。

（10）11 月，国家原子能机构、中国核工业集团、中广核核技术发展股份有限公司领导一行调研考察苏州大学苏州医学院放射医学与防护学院、放射医学与辐射防护国家重点实验室。

（11）12 月，在第七届高校学生课外"核+X"创意大赛总决赛上，学院"平地惊'镭'"荣获全国一等奖第一名，苏州大学荣获大赛优秀组织奖。

（12）12 月，2022 年放射医学与生物分析前沿交叉学术研讨会在线上召开。

（13）由柴之芳院士担任主编的《中国大百科全书——核技术》已正式出版发行。

（14）王殳凹教授入选"2021 中国留学人员创新创业 50 人"榜单，成为苏州大学首位入选此榜单的科学家。榜单由中国教育部、欧美同学会（中国留学人员联谊会）、广州市人民政府共同发布。

苏州医学院公共卫生学院

一、学院概况

公共卫生学院是在原苏州医学院于1964年创建的卫生防护专业的基础上发展起来的，1985年筹建预防医学系，1986年开始招收五年制预防医学专业学生。学院历来坚持"人才兴院、质量强院、合作旺院、特色建院"的发展理念，目前学院已发展成为国内公共卫生与预防医学的主要教学、科研和人才培养基地之一。公共卫生与预防医学专业已形成从本科到博士后乃至就业后继续教育的完整培养体系。

学院现有公共卫生与预防医学博士后科研流动站、一级学科博士点、一级学科硕士点，公共卫生硕士（MPH）专业学位授权点，预防医学本科专业。公共卫生与预防医学既是"十四五"江苏省重点学科（A类），也是国家重点学科（放射医学）和江苏省优势学科（特种医学）的支撑学科。

学院现有教职工72人，其中，专任教师63人（含博士后）。专任教师中，有教授25名、副教授23名。设有预防医学五年制本科专业，该专业为国家级一流本科专业建设点、江苏省品牌专业、苏州大学特色专业。2022年，学院在校生983人，其中，本科生531人，学历教育硕士生、博士生452人。本科生和研究生培养质量好，就业率高，就业前景好。

学院坚持"人才兴院、质量强院、合作旺院、特色建院"的理念，通过多种方式引导学生积极参与课堂内外学习，引领学生实现"上医治未病"的人生理想。学院学生曾获得全国大学生技能大赛一等奖、二等奖。近年来，预防医学本科毕业生供不应求，具有较强的就业竞争力，读研率和就业率名列前茅。2022年，研究生年终就业率达100%。

二、教学工作

2022年，学院采用线上、线下相结合的授课形式，全院教师克服各种困难，顺利完成本学期研究生和本科生的授课任务，研究生招生录取工作，研究生盲审工作和研究生、本科生的实习、答辩工作。举办优秀本科生夏令营活动。预防医学专业入选2021年度国家级一流本科专业建设点，获评江苏省品牌专业。获得2022年全国大学生健康科普大赛短视频类优秀奖1项，学院获评"优秀组织单位"；3名博士生获江苏省研究生科研与实践创新项目立项，获2022年校公派出国留学项目1项。学院7名教师指导本科生2022年江苏省大学生创新创业训练计划项目5项；1门课程获批苏州大学研究生课程思政示范课程；获苏州大学虚拟教研室立项建设项目1项。学院教师指导的本科生项目获得第八届中国国际"互联网+"大学生创新创业大赛一等奖1项,苏州医学院"互联网+"院赛二等奖1项、三等奖2项;1名教师获评第八届中国国际"互联网+"大学生创新创业大赛优秀指导教师,学院获得苏州医学院"互联网+"院赛优秀组织奖。2名教师获得苏州大学建设银行奖教金教书育人类二等奖、三等奖。

2022年,学院认真做好研究生奖惩助贷和日常管理工作。1名研究生获"2021年苏州大学优秀青年志愿者"称号,26人获评2022年"苏州大学抗疫之星",2020级团支部获评红旗团支部。1名研究生获评江苏省三好学生。完成评优、学业奖和捐赠奖评审工作。3名研究生获捐赠奖学金;14名研究生获评校优秀研究生,3名研究生获评校优秀研究生干部,11名研究生获评校优秀毕业研究生,1名研究生获评校研究生学术标兵。

三、学科建设和科研工作

(1)积极做好教师申报各类科研项目工作。

2022年,学院组织多场国家自然科学基金项目申报辅导会。申请国家自然科学基金项目35项,其中,国家重点研发计划项目1项,国际(地区)合作研究项目2项,海外优青项目1项,重点项目1项;获批国家重点研发计划项目1项,国际(地区)合作与交流项目1项,海外优青项目1项,面上项目4项,青年基金项目3项。获教育部人文社会科学研究和江苏高校哲学社会科学研究一般项目各1项;获批苏州市项目1项。在研纵向总经费553万元。主持横向项目30项,合同总经费达555万元,其中,到账经费251万元。2022年,学院教师发表SCI论文161篇,其中,一区22篇、二区59篇,中文核心期刊论文12篇,出版专著3部。获得授权发明专利1项,软件著作权2项,实用新型专利31项,外观设计4项。

(2)继续做好人才引进和培养工作。

2022年,学院引进讲座教授1名、讲师2名、校优秀青年讲师1名、师资博后1名。入选江苏省"333工程"第三层次培养对象1名。入选苏州大学优秀青年学者(副教授)1名。1名教师获评校"我最喜爱的老师"。

(3)加强校地合作,扩大办学资源。

学院与光福镇政府签订战略合作协议,以扩大学院发展资源,同时也服务社会经济社会发展。选派班子成员兼任常州市第七人民医院副院长,加强双方的科研紧密度,提高人力资源质量。在吴江区震泽镇镇南社区建立研究生服务站,并举办"喜迎二十大 文明健康行"主题党日活动;与苏州大学附属第一医院肾内科党支部、吴江区震泽镇镇南社区党总支联合举办大型义诊活动。

四、学院重大事项

(1)1月,公共卫生与预防医学获批"十四五"江苏省重点学科(A类)。

(2)5月,教工第一党支部获评全省党建工作样板支部培育创建单位。

(3)5月,董晨教授调研通报"关于提高60岁以上人群新冠疫苗接种率的政策建议"获苏州市主要领导批示。

(4) 6月22日,学院与光福镇政府签订战略合作协议。

(5) 6月,孙宏鹏老师获评校"我最喜爱的老师"。

(6) 8月24日,在苏州市吴江区震泽镇镇南社区挂牌设立苏州大学苏州医学院公共卫生学院研究生服务站。

(7) 8月,预防医学专业入选2021年度国家级一流本科专业建设点,获评江苏省品牌专业。

(8) 11月3日,苏州大学苏州医学院公共卫生学院召开医学教育110周年发展大会系列学术活动暨第二届公共卫生与预防医学发展学术研讨会。

(9) 12月,学院获评苏州大学苏州医学院优秀教学单位一等奖。

苏州医学院药学院

一、学院概况

苏州大学药学教育最早可追溯至原东吴大学 1940 年创办的药物研究实验室。1952 年，全国院系调整后并入华东药学专科学校。1993 年，在原苏州医学院药理学学科基础上成立苏州医学院药学系，2000 年随苏州医学院并入苏州大学，2005 年成立苏州大学药学院。依托苏州大学作为综合性大学的学科优势，借助快速发展的苏州经济与高度发达的江苏省医药行业，学院现已建设成为国内高级药学人才的培养基地。

学院拥有药学一级学科博士点、药学一级学科博士后科研流动站，药学一级学科硕士点及药学硕士和工程硕士（生物与医药）专业学位授权点。建有 3 个国家级科研平台、4 个省部级重点实验室或研究中心、1 个省级药学学科综合训练中心、2 个市级重点实验室、2 个校级科研机构。药学学科被列为江苏省高校优势学科建设工程一、二、三期项目，是"十三五"江苏省重点学科。药理学与毒理学学科进入 ESI 全球排名前 1.01‰，跻身国际高水平学科行列。药学学科在全国第五轮学科评估中跻身一流学科行列。

学院设有药学、中药学、生物制药 3 个本科专业，其中，药学专业率先通过教育部专业认证，入选首批国家级一流本科专业建设点，获批建设江苏省"十四五"高校国际化人才培养品牌专业，获批建设江苏省基础学科拔尖人才培养基地（首批）。从 2014 年开始设立药学专业课程全英文班（2015 年起实施优秀本科生公派爱尔兰皇家外科医学院暑期交流项目）。1 门课程被认定为教育部来华留学英语品牌授课课程。2022 年，学院在校学生 1 228 人，其中，全日制本科生 692 人、硕士生 474 人、博士生 62 人、在站博士后 20 人。

学院现有教职工 131 人，专任教师 99 人，其中，教授 46 人、副教授 33 人、讲师 20 人。大多数教师具有海外留学经历。学院拥有一支集聚国家杰出青年科学基金获得者、国家优秀青年科学基金获得者、高层次留学人才回国资助人选、江苏"双创计划"入选者、江苏省特聘教授、江苏省有突出贡献的中青年专家等杰出人才的高层次师资队伍。拥有江苏省高层次创业创新人才计划创新团队 2 个、江苏省高等学校优秀科技创新团队 1 个。

学院科研力量雄厚，实验条件完善。近年来，学院承担"973 计划"项目、"863 计划"项目、国家自然科学基金重点项目、国家支撑计划项目、国家自然科学基金其他项目等国家级科研项目 100 余项，省部级科研项目 50 余项。拥有教学科研用房 20 000 平方米，教学科研仪器与设备先进。2015 年 5 月，学院入选汤森路透《开放的未来：2015 全球创新报告》全球制药领域"最具影响力科研机构"，居第 7 位。

学院注重国际交流与合作，不断提升国际影响力。与美国哈佛大学医学院、美国密西西比大学、爱尔兰皇家外科医学院、法国格勒诺布尔-阿尔卑斯大学、日本东北大学、韩国岭南大学、韩国国立庆北大学等海外高校药学院建立科研合作与师生交流关系；与日本大学、东邦大学、京都大学和大阪大学等4所大学建立联合实验室。同时，学院与国内多所大中型企业建立产学研联盟。

学院实行本科生导师制，从入学开始为本科生配备专业导师，把专业知识学习和创新能力培养有机结合，为学生未来职业发展奠定坚实的基础。毕业生社会需求大、社会竞争力强，深受用人单位好评。优秀本科生可推荐至国内外高校继续深造。

二、教学工作

加强课程思政建设，不断推进课堂教学改革，提高教育教学质量。通过本科生成长陪伴计划、研究生德政导师制度等，全面加强思政育人工作，继续探索、推行、整合药学教改班；举办第八届药学知识与技能竞赛暨第四届腊叶标本制作竞赛，着力培养基础厚、口径宽、视野广的创新药物研发型专业人才。

与企业联合培养专业硕士生。本年度，学院与15家企事业单位启动联合培养专业硕士生项目，签订合作培养研究生协议，组织2场企业宣讲会和双选会，为专业硕士生的培养打开新思路。

药学专业顺利通过教育部药学类本科专业认证，并获"十四五"高校国际化人才培养品牌专业建设资助；学院本科生参与的课题"miR-1307同时促进结直肠癌和帕金森氏病进展的分子机制"获第十七届"挑战杯"全国大学生课外学术科技作品竞赛三等奖。药理学教学团队建设结项被评为"优秀"等级，获评苏州大学一流本科教学团队；学院教师获全国第二届"智慧树杯"课程思政示范案例教学大赛一等奖1项。

三、学科建设与科研工作

（1）稳步增长的科研实力。

2022年，学院组织开展国家自然科学基金各类项目申报，申报的53个项目中，经组织辅导与预答辩，共有19项获批，其中，重点项目1项，国际（地区）合作研究项目1项，海外优青项目1项，面上项目10项，青年基金项目3项，专项项目1项。国家重点研发计划项目子课题2项。其他项目方面，共申报成功1项省级面上项目、4项市级项目、4项姑苏创新创业领军人才计划项目等，科研项目成果稳步提升。

（2）创新校企合作模式。

配合国家生物药技术创新中心，建立苏州生物药创新共同体，为政产学研用合作交流提供平台支持，推动苏州建成具有国际影响力的生物药技术和产业高地；通过整合各方资源和力量突破生物药领域的技术瓶颈、攻克核心技术难题；创新校企合作模式，与企业联合培养骨干技术人才及博士后等高端紧缺人才，为生物药的基础研究—应用研究—产业转化—临床转化打通渠道。

（3）筹建中药创新转化研究院。

为积极响应"振兴中医药"的国家战略，学院引进苏州玉森新药开发有限公司董事长玄振玉,整合校内资源,筹建中药创新转化研究院,探索中药药效评价的新方法、新理论,促进中药创新成果转化,努力打造高水平的中药创新技术平台。

(4) 加强校企合作,助推科研创新发展。

不断推动产学研合作,建立协同创新中心,实现科技成果转化;设立奖教(学)金,提升学院师生的获得感、幸福感。

(5) 不断突破学科建设水平。

出台系列激励措施,整合校内优势资源,形成药学建设合力,药学学科在"软科中国最好学科排名""U. S. News 世界大学学科排名"等中稳居前列,组织召开图情工作服务学科建设研讨会,不断提升"药理学与毒理学"的 ESI 全球排名,2022 年排名已到 1.01‰。

四、学院重大事项

(1) 2月,学院张慧灵教授、敖桂珍副研究员和苏州科技城医院合作完成的项目"自噬/溶酶体通路在心脑缺血性损伤中的同质化作用及其药物干预"荣获江苏省科学技术奖二等奖。

(2) 3月28日,学院汪维鹏教授和张海洋副教授指导的研究课题"miR-1307 同时促进结直肠癌和帕金森氏病进展的分子机制"荣获第十七届"挑战杯"全国大学生课外学术科技作品竞赛国赛三等奖。

(3) 4月,接教育部文件《关于公布 2021 年度普通高等学校药学类专业认证结论的通知》(教高评中心函〔2022〕29 号)通知,药学专业顺利通过教育部药学类本科专业认证。

(4) 5月30日,药学专业入选江苏省"十四五"高校国际化人才培养品牌专业第二批立项建设重点项目。

(5) 7月19日—20日,学院举办苏州大学苏州医学院药学院 2022 年全国优秀大学生夏令营活动。

(6) 11月4日,学院举办苏州大学医学教育 110 周年发展大会系列活动暨苏医生物药交叉创新发展论坛。

(7) 11月18日,学院举办 2022 年生物药研究生国际学术创新论坛。

(8) 12月,学院入选首批省级基础学科(药学)拔尖学生培养计划 2.0 基地。

(9) 12月,学院博士生胡展红和硕士生涂佳林、王维维、周静雅等 4 名学生的毕业论文获评 2022 年江苏省优秀博士、硕士学位论文。

(10) 12月,学院留学生 ALI SAID 在"学在中国"第九届国际药学生学术论坛中荣获报告一等奖。

苏州医学院护理学院

一、学院概况

苏州大学苏州医学院护理学院从 1985 年开始推行成人护理学专升本教育。1997 年，苏州大学建立护理系，1999 年开始本科招生，2008 年成立护理学院。学院现有一级学科博士、硕士点，江苏省重点学科，江苏省特色专业。临床护理为国家级重点专科。1999 年，开设以心血管专科护理为特色的五年制护理本科教育，2009 年改为四年制护理本科教育。学院是江浙沪闽研究生导师沙龙发起单位和华夏地区高等护理教育联盟组建院校之一。2015 年，学院通过了教育部高等学校护理学专业认证，并获批江苏省省级实验教学示范中心。2017 年，学院荣获第二届全国护理专业本科临床技能大赛三等奖。2019 年，学院获批护理学博士后科研流动站、全国首批中国老年学和老年医学学会护理和照护分会"护理与照护教育实践基地"。2020 年，学院成立中国南丁格尔志愿服务总队苏州大学医学部护理学院研究生分队。2021 年，护理学专业入选 2020 年国家级一流本科专业建设点，获教育部主办的第十届中国大学生医学技术技能大赛护理学专业赛道华东赛区一等奖、全国总决赛铜奖；获 2021 年江苏省教学成果奖二等奖。

学院下设护理人文学系、基础护理学系、临床护理学系、社区护理学系、老年护理学系和护理实践中心、护理研究中心。学院现有教职工 25 人，其中，苏州大学附属第一医院编制 10 人，苏州大学编制 15 人，专任教师 16 人，教授、主任护师 4 人，副教授和副主任护师 12 人；具有博士学位者 11 人。另有海内外客座教授 49 人，其中，3 人为国际"南丁格尔奖章"获得者，7 人为美国护理科学院院士。

二、教学工作

1. **本科生教学工作**

2022 年，学院共承担课程 31 门、4 491 学时（含理论 876 学时，带教 3 615 学时）。为 102 名本科生顺利配备导师，辅助学生完成本科生科研训练及毕业论文撰写。2022 年上半年，学院有 34 名学生顺利毕业，下半年 2019 级 54 名学生顺利开展毕业实习工作。

学院进一步在教学过程中强调教学规范，加强对系、中心的统筹管理。多次检查教学规章制度执行情况，教学档案整理、收集情况，系、中心主任听课记录，教师的备课笔记及教案，等等。微专业"生命周期健康管理"获批，2022—2023 学年正式开课。李惠玲教授获 2022 年度苏州大学高尚师德奖，获医学人文教育教学成果一等奖（江苏省高等学校医药教育研究会颁发）。学院获苏州大学苏州医学院2021年"本科教学工程"之教改研究课题一般项目1项，实验教学改革专项2项，在线开放课程建设项目1项，CBL教案建设项目1项，课程思政建设项目2项。

继续贯彻苏州医学院关于开展观摩教学活动的精神，2022年，学院共组织开展观摩教学活动3次，其中，2次为苏州医学院示范性观摩教学，1次为护理学院观摩教学。每次观摩教学均组织苏州大学附属第一医院、苏州大学附属第二医院、苏州大学附属儿童医院的青年教师进行听课，2022年共约200人次参加。校督导、苏州医学院督导对整个活动的基本情况，主讲教师的教案、授课计划、教学大纲等教学文件的完成情况，存在问题及改进措施等做出详细的点评，使在座教师尤其是年轻教师受益匪浅，切实提高青年教师的课堂教学基本功。

学院2022年度科研情况：教师2022年共发表英文SCI论文21篇，其中，一区1篇、二区3篇、三区2篇；发表中文期刊论文12篇，其中，核心期刊论文10篇。获得实用新型专利5项；4项课题申请立项，其中，国家社科基金重大项目子课题1项，苏州市科技计划项目1项，横向课题2项；参编教材3部，其中，2部由人民卫生出版社出版，1部由中国协和医科大学出版社出版。研究生发表论文26篇，其中，SCI论文16篇（含二区2篇）；中文期刊论文10篇（含北图核心期刊论文1篇）。共获得4项实用新型专利；申请项目27项，其中，江苏省研究生科研与实践创新计划1项，苏州大学大学生课外学术科研基金项目重点项目1项；共获得苏州大学第二十二届"苏大天宫杯""挑战杯"大学生课外学术科技作品竞赛三等奖2项。

聚焦立德树人，多举措关心学生。在新冠疫情防控形势下，学院举办心理辅导、就业辅导等讲座，分别邀请苏州医学院院长詹启敏、中国人民解放军总医院护理部主任高远、苏州大学附属第一医院心理咨询师孙玲芳主任等，为全体师生带来专业的思想政治教育和心理、就业辅导等内容。学院各个导师团队在疫情下更加重视学生的成长陪伴，以线上座谈、讲座等交流形式，开展形式多样的成长陪伴活动，加强对学生的人文关怀。

2. 研究生教学工作

学院党委狠抓研究生学术道德规范。把加强科学道德和学风建设作为研究生的基本要求，加快推进科研诚信、学术道德教育规范化；坚持道德约束和监管惩处并重，完善合理有效、公正公开的学术不端行为查处制度及相关政策性文件。党委书记多次在班主任会议上强调研究生学术道德规范问题。加强培养过程的质量控制。完善培养方案，建立以厚理论、善关怀、强胜任、硬技术为特色的新课程体系。重视研究生培养，加强导师培训。新上岗的导师必须完成学校、学院的导师上岗培训后方可申请指导研究生；针对已上岗的导师，学院定期组织强化并提供全国性培训的机会。高度重视研究生安全教育、防诈骗、防非法集资等。

根据学校研究生院的统一安排，学院高度重视研究生推免、面试等工作，坚持"按需招生、德智体全面衡量、择优录取、保证质量、宁缺毋滥"的原则，制订公平、公开、公正、合理、规范的复试方案。同时，加强研究生教学管理，着重抓好论文开题和答辩工作，提高研究生学位论文质量。2022年，学院硕士学位授予率达100%。

三、科研工作与学术交流

1. 科研项目及成果

2022年，学院教师共发表SCI论文21篇，其中，一区1篇、二区3篇、三区2篇；发表中文论文12篇，其中，核心期刊论文10篇。发明实用新型专利5件；4项课题申请立项，其中，国家社科基金重大项目子课题1项，苏州市科技计划项目1项，横向课题2项。

2. 国内外学术交流情况

2022年，学院积极探索线上学术交流形式，共邀请詹启敏等十几位行业专家为全院师生开展学术讲座。

四、学院重大事项

（1）2月16日，学院江苏省"十四五"重点学科建设任务书专家论证会在线上举行。

（2）3月9日，苏州大学机关党工委、校工会联合学院线上举办"女性保健与健康"的健康知识讲座及咨询活动，邀请苏州大学附属第二医院妇产科张弘教授担任主讲嘉宾。

（3）4月7日，举办博习讲堂，由北京协和医学院护理学院院长李峥分享混合方法研究。

（4）4月20日，举办线上讲座，由苏州医学院院长詹启敏分享新时代青年医者的担当和情怀。

（5）5月6日，线上举办第十一期江浙沪闽研究生导师沙龙。

（6）5月11日，举办护士节线上庆祝大会。

（7）5月22日，举办博习讲堂，由中山大学程瑜教授分享生活志在护理中的应用与实践。

（8）9月7日，举办教师节健康讲座，主题为"'无奈夜长人不寐，数声和月到帘栊'——说说睡眠那些事"。

（9）9月20日，举办黄菲客座教授受聘仪式。

（10）9月28日，李惠玲院长受邀出席《大医生在线》栏目，主题为"聚焦老年医学·助力健康老龄化"。

（11）10月5日，举办线上博习讲堂，由王殳凹教授分享苏州大学的放射化学研究。

（12）11月12日，举办线上讲座，由洪静芳教授分享主题为"护理科研思考——以国自然基金为例"的学术研究。

巴斯德学院

一、学院概况

苏州大学巴斯德学院成立于2019年9月,由苏州大学与中国科学院上海巴斯德研究所合作共建。巴斯德学院现有教职工11人,本科生86人,研究生33人。巴斯德学院以习近平新时代中国特色社会主义思想为指导,全面落实党的二十大精神,围绕学校"人民满意,国际认可,世界尊重"的办学方针,实施"科教融合,前沿交叉,教研医企协同创新"的办院方针。以"两个能力"和"四个面向"为基本原则,坚持科教强国和科技创新驱动发展战略,显著提高基础研究水平与瓶颈技术突破能力,传承和光大上百年的"巴斯德精神"——卓越研究、精英教育和专业培训,支撑和服务公共健康事业。学院的使命是汇聚和培养一批专业化、国际化的高端人才,持续培养生命科学与公共健康领域的创新人才,开展有特色、有应用前景的前沿基础研究,为把苏州大学建设成为高水平研究型大学不懈努力。巴斯德学院将整合中国科学院、巴斯德国际网络和苏州大学的优势资源,探索科教融合办学新范式,发展前沿交叉新学科,开创"教研医企"协同创新研究型学院新模式。

二、教学工作

1. 本科生教学工作

(1) 发挥共建单位、国家科研机构的作用。

为启发和引领学生的科研精神及使命感、责任感,在2022级新生入学教育系列活动中继续邀请上海巴斯德研究所的教授为学生讲课;上海巴斯德研究所为英才班学生开通"绿色通道",2022年有10名英才班学生参加上海巴斯德研究所大学生夏令营;评选"巴斯德英才奖学金"获得者,共有12名学生获得学业奖学金一等奖、17名学生获得学业奖学金二等奖、3名学生获得"勤学自强"奖学金,发放金额共计6万元。此外,明基友达基金会将在学院设立"明基德育英才奖学金",2023年起每年评选一次,设立名额为6名,奖励标准为5 000元/人。

(2) 探索英才班特色培养机制。

按照巴斯德英才班人才培养目标和《巴斯德英才班"第二课堂"实施方案》,邀请不同学科背景的学者、教师、学生举办系列讲座和交流活动。学院邀请学院优秀毕业生、上海巴斯德研究所兼职教授、相关职能部门教师、大学生心理健康研究中心教师、兄弟学院和科研机构教师为英才班学生举办系列讲座及交流活动;积极推进校外实习实践基地建设，鼓励和组织英才班参加各类课外实践活动，共有 10 名学生参加 2022 年上海巴斯德研究所大学生夏令营；指导学生参加各级各类海外研修项目，参加 2022 年新加坡国立大学暑期线上项目、剑桥大学附属医院 2022 年暑期临床医学线上直播课程、大阪大学理学研究科线上夏令营、剑桥大学彭布罗克学院 2023 年暑期项目等项目。

学院在前期积极探索英才班特色培养机制的基础上，2022 年以"生命科学拔尖创新人才培养的科研创新训练改革与实践"为题申报的苏州大学拔尖创新人才培养改革项目（专项改革课题）获批立项。

（3）落实成长陪伴计划，切实提高学生的科研与创新能力。

2022 年，英才班学生在各类科研项目、学科竞赛中斩获佳绩，大部分指导教师均为学院聘任的一对一"成长陪伴导师"。

2022 年，英才班学生获批大学生创新创业训练计划项目 5 项，其中，国家级重点支持领域项目 1 项、省级项目 3 项、校级项目 1 项；在 2021 年代表苏州医学院参加第七届全国大学生基础医学创新研究暨实验设计论坛大赛首次获 1 项全国银奖的基础上，2022 年又获江苏省三等奖 2 项；获 2022 年"高教社"杯全国大学生数学建模竞赛全国二等奖 1 项（1 名团队成员为学院英才班学生）、江苏省赛区一等奖 1 项（3 名团队成员均为学院英才班学生）；获 2022 年美国大学生数学建模比赛 M 奖 1 项；获"箐政基金"项目 1 项；获第八届中国国际"互联网+"大学生创新创业大赛江苏省选拔赛暨第十一届江苏省大学生创新创业大赛本科生创意组省级二等奖 1 项；获 2022 年苏州大学高等数学竞赛一等奖、二等奖、三等奖各 1 项；获批 2022 年苏州医学院学生课外科研项目 12 项（其中 3 项为参与），共涵盖 20 名英才班学生。此外，组织 11 人参加 2022 年第十四届全国大学生数学竞赛，是苏州医学院唯一有学生参赛的本科专业。

在学院教师李恒的指导下，2020 级英才班闵晟一作为第一作者在学术期刊 *Frontiers in Public Health* 上发表论文，2021 级叶家全、周宇轩和 2020 级孙宇轩也共同参与研究和论文发表，这是学院首次有本科生在国际知名学术期刊以第一作者的身份发表论文。在学院吴小惠教授的指导下，2021 级英才班杨思恩在第四届信息科学、电气与自动化工程国际学术会议（ISEAE 2022）发表 EI 论文，并参与发表在生物信息学知名期刊 *Briefings in Bioinformatics* 上的论文的写作。此外，在学院教师李恒的指导下，2021 级周宇轩申请并获得外观专利 1 项、软件著作权 1 项。

2. 研究生教学工作

学院创新研究生培养模式，实行新生入学前暑期实习制度，帮助新生尽快融入课题组。通过院所联动，在招生和科技创新培养等方面，学院和上海巴斯德研究所联合培养指导研究生。2022 年，共完成 2 名博士生、12 名硕士生的录取和报到入学工作。目前，学院在籍学生共有 33 名，10 名学生在上海巴斯德研究所进行学习。新冠疫情防控期间，学院积极做好在校、在沪学生管理工作。学院高度重视研究生思想动态及心理状况，组织多次谈心谈话会及视频聊天会，全面了解新冠疫情防控状态下研究生的情况，与上海巴斯德研究所保持积极沟通，及时帮助解决研究生研学存在的困难和问题。

组织学生申请各类科研项目，获批苏州大学第二十四批大学生课外学术科研基金项目一般项目 1 项（主持人：2021 级荣洁）；获批江苏省研究生科研与实践创新计划项目 1 项（主持人：2020 级钟岭）；2020 级张宇主持的江苏省研究生科研与实践创新计划项目顺利结题，并作为第一作者在 BMC Microbiology 上发表论文。2021 级郝琳琳作为第一作者在 Briefings in Bioinformatics 上发表论文。2022 级姜桂来作为第一作者在《中国临床新医学》上发表综述，本科生郁舒阳、俞菀茜、周宇轩亦参与发表。2020 级硕士生钟岭获批参加第六届中国医学科学院 北京协和医学院-苏州大学-贵州医科大学研究生论坛，苏州医学院共有 4 名博士生和 4 名硕士生获批参加。

三、学科建设与科研工作

2022 年，学院共有 15 名人才应聘，学院组织面试 7 场，经由学院和共建单位教授组成的联合专家组面试、学校审批，学院共获批引进 4 名人才。

2022 年，特聘教授吴小惠获批国家自然科学基金委优秀青年学者基金项目，特聘教授周哲敏、王绍彬获评江苏省特聘教授。李恒获批国家自然科学基金青年基金项目和"苏州市科协青年科技人才托举工程"项目。

学院围绕微生物群体遗传学等方向，周密组织、精细服务，积极推进科学研究工作。本年度，学院发表 SCI 论文 8 篇，其中，二区以上 6 篇；发表 EI 论文 1 篇。学院构建与地方政府、国家科研机构、医院和企业多途径合作平台，加强科技合作。与合作单位共同承担苏州市应用基础研究（医疗卫生）科技创新项目 1 项（总经费为 20 万元）；获批横向项目 3 项（总经费为 17.6 万元）；参与 2022 年国家自然科学基金重大研究计划项目，进入答辩。围绕肠道微生物多态性、粪菌移植，为多家公司提供特有生物信息学分析系统，解决其在微生物服务中的主要难题。

学院参与吴嘉炜副校长领衔的教育部重点实验室"免疫衰老与老年病重点实验室"申报工作；获批 2022 年纺织行业创新平台——"纺织行业烯碳纤维基重大传染病检测技术与应用重点实验室"（全国 14 家）。周哲敏教授以"双聘 PI"形式加入中国疾病预防控制中心病原体所传染病预防控制国家重点实验室重组转设全国重点实验室工作。学院参与 2022 年获批的苏州市病原生物科学与抗感染医药重点实验室建设工作。

东吴学院

一、学院概况

为进一步落实立德树人根本任务，全面深化本科人才培养改革，努力提高学校人才培养质量，苏州大学于2020年5月正式成立东吴学院（英译名：Soochow College）。东吴学院是苏州大学直属公办二级学院，由大学外语、大学数学、大学计算机、大学物理、公共化学和公共体育6个学系组成，面向全校本科生、研究生实施公共基础课教学。

学院现有国家级教学团队1个（"大学物理"教学团队），国家一流课程2门（线上一流课程"英语影视欣赏"、"线上+线下"混合式一流课程"无机及分析化学"），国家精品课程2门（"大学英语应用类课程""普通物理学"），国家精品资源共享课2门（"大学英语应用类课程""普通物理学"），教育部教改示范点1个（大学英语），省级"线上+线下"混合式一流课程1门（"中国地方文化英语导读"），"十二五"国家规划教材2部（《大学物理实验教程》《线性代数》），江苏省重点教材3部（《中国特色文化英语教程》《英语口语新教程：成功交流》《物理学简明教程》），江苏省教学成果奖一等奖、二等奖多项（大学英语），江苏省"青蓝工程"优秀教学团队1个（"大学英语"教学团队）。大学计算机系教师开发的多种教学辅助软件被国内多所院校采用。实验室实行共享共建机制，普通物理教学中心是国家级教学实验中心，计算机公共基础教学实验室是江苏省计算机基础教学实验示范中心建设点。

二、教学工作

学院按照《关于加强东吴学院公共基础课程教学质量保障与提升的实施意见（试行）》要求，深化"学院—学系—教研室"三级管理模式，加强学系领导班子建设，探索建设"智能+"基层教学组织，积极发挥教研室的作用，探索"通专融合"内涵式建设，有序开展课程思政项目建设，增强教学质量主体意识，打造教师教学发展共同体，强化教师教学质量文化，着力提升本科生教学质量。

大学物理系运用智慧树AI教学平台开展"线上直播+AI教学"，集思政育人、测试、巩固、难点、答疑和解析于一体；大学计算机系结合3I工程之混合式教学课程教改项目，充分发挥"专业优势+线上平台"的技术特点，自主研发考评软件和教学网站，获得学生一致好评，实现高质量的线上教学。采用知名教学辅助平台，考试期间，实时随机采集考生的屏幕及头像，自动识别截图内容，双摄像头监测作弊行为。为落实"一院一策"毕业生工作，学院首次为延长学年的毕业生制订个性化教学方案。特邀数学学院王奎副教授为全校高年级学生开设通识选修课"高数选讲"。协同未来科学与工程学院,探索实践公共课程前置修读发展前景,挖掘新亮点。为落实立德树人根本任务,创新新时代本科生培养模式,学院和未来科学与工程学院在2022级本科生中试点英语类"翻译与英语写作""英语高级视听"和计算机类"计算机信息技术(计算思维)"公共基础课程前置修读,多措并举,力保线上教学的同质等效。

三、教师发展与教学研究工作

2022年,学院邀请专家举办各种讲座活动、教学研讨30余次,包括由江苏省教育厅高教处主办的江苏高校基层教学组织建设线上研讨活动、由教育部主办的大学数学国家虚拟教研室启动仪式暨首次研讨会、由教育部高等学校大学外语教学指导委员会和外研社主办的2022年全国高校大学英语教学改革与发展研讨会等,其中,由学院大学数学系主办的大学数学公共课教学改革研讨会邀请相关专家线上发言,同时学院江美福教授受邀在校外举办的3次会议中作为嘉宾进行发言。大学外语系在线上邀请华中科技大学徐锦芬教授作题为"大学英语课程思政实践与研究"的讲座报告,大学物理系邀请上海交通大学教授、国家级教学名师胡其图作题为"信息技术与物理教学深度融合的研究与实践"的学术讲座,公共化学系邀请中国科学技术大学化学实验教学中心高级实验员高明丽作题为"虚拟仿真实验的引进、开发与应用"的讲座,大学计算机系举办教师能力素养系列培训,公共体育系举办科学运动专题系列讲座。

积极发挥教研教改在教师教学中的先导作用,积极组织教师参与各项教学竞赛且取得优异成绩。大学外语系4名教师在"外研社·国才杯"国际传播力短视频大赛中获江苏省一等奖、优秀指导教师奖,公共体育系1名教师获2021年江苏省高校体育教师微课教学比赛本科组一等奖,大学计算机系1名教师获第十三届"蓝桥杯"全国软件和信息技术专业人才大赛优秀指导教师。教师也积极参与学校组织的各项教学教改比赛,4名教师获得"献礼二十大,筑梦育新人——我身边的好老师"奖项,陈维一老师获评2022年苏州大学学生"我最喜爱的老师",另有2名教师获得"我最喜爱的老师"提名奖。在学生培养方面,学院积极主动作为,学院教师也积极指导学生参与相关学科竞赛。根据全国大学生英语竞赛组委会、江苏省组委会的通知要求,学院组织承办了2022年全国大学生英语竞赛初赛,共有3 464名本科生报名参赛,其中,学校有21名学生进入江苏省决赛,在学院5名大学外语系教师的指导下,最终1名B类学生获得一等奖,8名C类学生获得特等奖,12名C类学生获得一等奖。大学计算机系5名教师指导学生获江苏省大学生计算机设计大赛一等奖1项、二等奖3项、三等奖1项;10名教师指导12名学生获"蓝桥杯"全国软件和信息技术专业人才大赛一等奖,26名学生获二等奖,47名学生获三等奖。大学外语系教师指导3名学生获第八届"LSCAT杯"江苏省笔译大赛本科组汉译英二等奖、三等奖;指导24名学生获"中国献给世界的文化瑰宝"英语演讲比赛奖项,其中,特等奖4项、一等奖8项、二等奖12项。

四、学院重大事项

(1)新增专业教师6人,其中,博士生4人;新增行政管理人员2人。

（2）首次开设冬瑞大讲堂，组织开展"喜迎二十大　奋进新征程"等系列教育培训活动近10次。

（3）学院制订并修订了10个规章制度，扎实推进巡察整改工作，整改完成率达92.8%。

（4）为落实"一院一策"毕业生工作，学院首次为延长学年的毕业生制订个性化教学方案。

（5）开设通识选修课"高数选讲"。为未来科学与工程学院新生制订2门英语课和1门计算机课程的前置修读方案。

（6）学院1人获评校级优秀共产党员，1人获评校级优秀党务工作者，1个支部获评校级先进党支部。获校级师德建设优秀案例1个。1名教师获得校级"我身边的好老师"教师风采短视频评选活动二等奖，3名教师获得校级"我身边的好老师"教师风采短视频评选活动三等奖。教师指导学生参加各类竞赛，获国家级奖项17项、省级奖项81项；教师参加教学竞赛获国家级奖项1项、省级奖项2项、校级奖项7项。

（7）江美福教授团队出版的《物理学简明教程（第2版）》获批江苏省高等学校重点教材。

（8）大学计算机系自主研发2小时内6 000余名学生在线考试的解决方案。

（9）学院1名教师晋升教授，8名教师晋升副教授。

（10）制定《东吴学院安全工作责任分工及职责》，包括消防安全、网络安全、疫情防控等方面。

（11）全面加强内部控制管理制度建设，系统完善《东吴学院内部控制管理制度》，做好固定资产盘点工作。

（12）落实好退休教师和患病教师的慰问工作，举办一届二次教代会，修改完善东吴学院绩效分配制度。

红十字国际学院

在中国红十字会总会党组领导和学校党政领导的正确带领下，在中国红十字基金会和社会各界的大力支持下，学院始终坚持以习近平新时代中国特色社会主义思想为指导，深入贯彻新发展理念，充分发挥联合办学的优势，以立德树人为目标，以人道教育为核心，以队伍建设为重点，以改革创新为动力，克服新冠疫情带来的不利影响，不忘初心、攻坚克难、砥砺前行，较好地完成2022年既定工作目标和任务。

一、提高政治站位，拓展办学资源，完善规章制度，强化组织保障

认真学习、全面贯彻党的二十大精神，结合工作实际，围绕实施科教兴国战略、人才强国战略、创新驱动发展战略，召集学院发展规划研讨会，谋划学院"十四五"发展规划。成立红十字国际学院党支部，积极组织主题党日活动10余次，按期完成书记项目1项，保质保量完成上级党组织交办的各项工作任务。着眼长期发展目标，加强学院顶层设计。

着力拓展人道资源，大力加强与经济发达地区红十字会和爱心企业的合作。截至2022年年底，共有29家机构或个人成为学院联合发起（共建）人。推动《中国红十字会总会关于进一步加强红十字国际学院建设的措施》文件出台，为学院下一步快速健康发展提供重要支撑。

不断加强规章制度建设，2022年学院先后制定《红十字国际学院奖教金管理办法（试行）》《红十字国际学院科研项目管理办法（修订）》《红十字国际学院本科微专业优秀学生评选和奖励管理办法》《人道公益管理方向公共管理硕士研究生奖学金评审办法（试行）》等规范性文件，保障学院教学科研等工作规范运行。

专兼职结合的教研团队基本形成。按照"开放办学、人才强院"的办学思路，学院不断加强高水平人才和基本师资引进工作，成立云教育发展中心，开发建设"红十字国际学院云教育平台"。目前，学院已形成专兼职教学科研50余人的师资团队，其中，专职教授2名、讲师3名、师资博士后2名、行政人员7名，专职队伍建设进展顺利。先后授牌浙江省红十字生命教育体验馆、陆树藩纪念馆为学院教学研究基地，授予宜兴市红十字会国际人道法体验馆为学院国际人道法现场教学基地，学院现场教育基地网络建设快速推进。

二、加强理论研究，打造红十字专业学术高地

大力推进"红十字交叉学科基础研究丛书"编写（译）出版工作，陈竺会长为"红

十字交叉学科基础研究丛书"作序。《亨利戴维逊传》《中国红十字运动简史》《人道伦理学：战争与灾害赈济的道德导引》《人道经济学：战争、灾害与全球援助市场》《国际红十字运动讲义》已正式出版；《中国特色红十字事业概论》已纳入出版计划；中国红十字应急救援系列培训教材进入专家评审环节。

学院专门成立研究课题结项评审工作委员会，先后组织召开两次理论研究课题工作推进会，力求按时保质完成课题研究任务。目前，学院承接的中国红十字会总会委托的5项研究重点课题和学院发布的8个研究课题均按计划有序推进。其中，由学院培育资助、池子华教授领衔担纲的"抗美援朝与中国红十字会的人道救援"课题获得国家社科基金资助，实现学院在国家级科研项目立项上零的突破。

按照中国红十字会总会安排，创办《红十字研究动态》，作为中国特色红十字事业理论研究的内部交流刊物，供中国红十字会总会领导和红十字工作者、研究者阅读与参考，目前已印发5期。受中国国际人道法国家委员会秘书处委托，学院创办《国际人道事务通讯》，并完成4期通讯的印发，推动国际人道法的研究、传播和实施。

三、聚焦人才培养，完善教学体系，打造人道公益育人基地

学历学位教育稳步推进，本科微专业项目特点日益凸显，研究生联合培养项目稳步拓展。"国际人道工作实务"微专业一期班顺利完成，二期班顺利启动。设立"红十字国际学院本科微专业奖学金"，一期班6名优秀学生获奖。全年选送5名学生至红十字会与红新月会国际联合会东亚地区代表处实习，凸显微专业项目的独特优势。首期社会学（人道工作方向）硕士学位课程研修班授课任务已全部完成。学院联合苏州大学政治与公共管理学院启动首届人道公益管理方向公共管理专业硕士生招生工作，主要面向红十字系统和公益慈善领域，联合培养在职专业硕士生。

人道公益专业培训日益丰富。克服疫情影响，人道事务高级研修班（ECH）二期班先后在海南、杭州、常州完成三次线下授课和现场教学。首期班优秀论文（案例）选集《人道智与思》完成汇编印发。目前，人道事务高级研修班品牌效应逐渐凸显，聚拢一批人道公益行业主要负责人及企业家，其中已有5名学员成为学院联合发起（共建）人，项目初步完成良性发展闭环。完成全国首届红十字推进养老服务建设干部培训班，并先后举办云南、贵州安顺等省市级红十字会领导干部培训班（共3期）。在成功举办2021年第十届国际人道法暑期班的基础上，继续与红十字国际委员会东亚地区代表处、中国国际人道法国家委员会秘书处联合主办国际人道法暑期班。

四、拓宽国际国内交流合作渠道，加强红十字青少年和志愿服务工作，提升学院品牌影响力

积极争取国际人道组织支持，和红十字会与红新月会国际联合会签署战略合作协议，围绕人道教育的数字化转型、人才培养及培训教育等领域开展广泛交流和务实合作。与红十字国际委员会合作推进多个项目，"负责任的商业与安全管理""国际人道事务通讯""国际人道法暑期班"等项目成果逐步显现。

与国内公益慈善教育机构的交流合作不断强化，与西湖大学、苏州城市学院、山东工商学院公益慈善学院、南京工业大学浦江学院公益慈善管理学院等高校或学院围绕院际合作、人才培养、教学科研及学科建设开展广泛交流研讨，共同探索人道公益慈善教育的健康发展路径。

积极组织青年志愿者骨干参与红十字青少年线上交流活动，与全国各地优秀红十字青少年交流互鉴。学院推荐的2位来自红十字学院青少年协会的学生干部入选索尔费里诺学院专门针对红十字一线工作者和志愿者开设的"Future Fellows Program 2022未来学员计划"，是本届中国区入选该项目仅有的2名学员，充分展现中国红十字青少年的风采。成功启动"'救'在身边，你也可以"公益应急救护培训（系列）活动，与苏州大学外国语学院、姑苏区双塔街道红十字会联合举办2次培训，在校内形成良好示范效应。

正式成立红十字品牌文创研发中心，着力开展红十字品牌策划和文创产品研发，彰显学院在红十字文化研究和开发方面的优势。积极推进新媒体平台建设，学院官网、"红院之友"小程序、微信公众号联动发展，与红十字国际委员会、红十字会与红新月会国际联合会及中国红十字基金会等公众号良性互动，全年共在权威媒体及学院自媒体刊发新闻报道500余条，学院品牌影响力明显提升。

师范学院

一、学院概况

苏州大学办师范教育的历史悠久。早在1952年，由东吴大学文理学院、苏南文化教育学院和江南大学数理系调整合并，建立苏南师范学院，同年更名为江苏师范学院，原址为天赐庄东吴大学文理学院。江苏师范学院是江苏省重点师范学院、江苏省培养中等教育师资的重要基地。1981年，江苏师范学院成为国内首批具有硕士和博士学位授予权的学校。1982年改建为苏州大学。在1952—1982年这30年时间里，江苏师范学院为国家培养了15 450名师范本专科生及55名硕士生，为江苏省中等教育事业的发展做出了重要贡献。为进一步发展师范教育，培育优秀师范人才，2019年9月16日，苏州市教育局与苏州大学经友好协商达成协议共建苏州大学师范学院，共同开启苏州大学师范教育改革发展新篇章。2020年3月13日，苏州大学印发《苏州大学师范教育卓越教师培养计划2.0实施方案》，标志着苏州大学在师范教育人才培养方面步入新的历史发展阶段。

学校现有师范类专业12个，专业涉及中小学课程相关学科，人文学科专业包括汉语言文学（师范）、思想政治教育、历史学（师范）、英语（师范）、美术学（师范）、体育教育、教育学（师范）、教育技术学（师范，隔年招生）、音乐学（师范）等9个专业；理工学科专业包括数学与应用数学（师范）、化学（师范）、物理学（师范）等3个专业。2022年，学院共有教师教育实践实习基地百余家，参与苏州工业园区"优秀实习生"等培养项目，师范教育培养体系日臻成熟。学院受到田家炳基金会支持，以全校所有师范专业为基础，在不改变现行专业学院办师范专业教育模式的前提下，负责统筹协调全校师范专业教育，充分发挥综合性大学在师范办学特色打造、师范专业能力培养及师范人才培育上的引领作用，通过创新管理模式，努力培养新时代精于"传道受业解惑"的"经师"和"人师"的统一者，着力造就一批师德高尚、专业扎实、创新教学、能力卓越的现代化教师。

师范学院面向全校师范专业本科生、全日制教育硕士及有志于从事教师教育职业的非师范专业本科生等，探索本科生和研究生教育的融合，提高师范生培养层次和质量，并着力提高师范技能实训，建有880平方米的苏州大学师范类专业教师职业技能实训中心，分布于天赐庄校区和独墅湖校区，满足多种实训需求，建立健全贯穿培养全程的实践教学体系，创新"互联网+教育"培养新模式。与此同时，学院积极拓展对外合作交流，深化校地合作，目前已在省内建立10余家教育研究基地、区域教育研究基地，积极发挥综合性大学学科优势，建立志愿服务基地，在职前培养、职后培训、课程改革、教学研究等多方面服务地方基础教育发展，构建教师教育发展区域新生态。未来，学院将进一步推动跨境交流合作，扩大苏州大学师范教育的国际影响力。

二、教学工作

1. 课程建设

学院始终坚持师德为先，把师德师风建设放在师范生培养的首要位置。开展苏州大学师范生庆祝2022年教师节系列活动，共2 000余名师范生参加，有效加强师范生师德修养。

"教育领导+"微专业2022—2023学年共招生40人，分别来自11个学院，其中，文科学生占76%，理工科学生占24%；师范类专业学生占47%，非师范类专业学生占53%。2021年秋季完成"新课改与名师说课""STEAM——创新项目设计""教育法律案例与管理实务"3门课程，2022年春季完成"师范美育与伦理概论""教育科研与学术写作""中小学心理健康及行为干预"3门课程，全面提升师范生及有志于从事教育的非师范生的综合素养，着力培养"学高为师，身正为范"的卓越教师。

开设"教育创业+"通识选修课，2022—2023学年共有21人选课，分别来自6个学院，其中，师范类专业学生占38%，非师范类专业学生占62%。该课程聚焦教育行业创业，采用"理论+实践"方式，提升学生参与教育行业市场竞争的职业能力。

开设"云师说"品牌特色课程49次，共12 311人次参与。活动邀请国内教师教育专家和一线教师，开设"教师素养养成""教师教育者讲堂"等系列讲座，有效提升师范生的教师技能与职场竞争力，受到师生的广泛好评。

2. 师范教育教学改革探索

持续探索"互联网+教育"的师范生培养新模式，建设混合式教学系统，与中小学实时联动，在苏州工业园区星海实验中学等9所学校开展远程教学观摩课，听课56节，共有来自15个学院的5 675人次参与，课程覆盖3个学段的17个学科。通过建立数字化课程，学生能够观摩一线教师授课与学生课堂行为的全过程，为师范生提供贴近一线教学的宝贵机会。

积极配合数学与应用数学（师范）、体育教育专业二级认证工作，全方位展示师范类实践平台建设情况，利用师范类专业教师职业技能实训中心进行书写技能、模拟授课技能测试，得到专家与师生的充分肯定。

完成综合性大学本硕一体化"实践反思型"高中教师培养实践研究项目的中期评估材料，并获得"优秀"等次；参与申报2022年江苏省高等学校劳动教育优秀实践项目并获得二等奖；协助开展师范生免试认定中小学教师资格教师职业能力测试工作，共78人报名，其中，本科生48人，研究生30人，最终72人成绩合格并获得师范生教师职业能力证书。

3. 师范类竞赛组织及指导

学院克服诸多不便因素，带队参加第十届江苏省师范生教学基本功大赛，获得一等奖4项、二等奖5项、三等奖12项。积极配合各专业学院，完成第十一届江苏省师范生教学基本功大赛的选拔、报名、培训、参赛组织等工作，校内选拔赛共有来自11个学院的426名师范生参加，最终获一等奖31项、二等奖59项、三等奖107项。学院邀请校内外名师为选手进行基础知识与应用培训、模拟授课技能培养、三笔字培训及普通话口语强化训练，全面提升选手的应赛能力和综合素养，夯实教学基本功。

4. 教育实习工作

学院充分重视师范生实践培养，协助教务处积极开展2023届师范生教育实习前期工作，2022年参加教育实习的共703人，其中，本科生607人、研究生96人；实习学校58所，其中，四星高中19所。召开师范生教育实习研讨会，为更好地探索高质量教师培养新模式提供智慧。召开本科教育实习动员大会，全程跟进师范生教育实习。克服新冠疫情带来的影响，为实习学校、实习学院、指导教师、学生搭建顺畅的信息沟通平台，保证教育实习顺利完成。

三、对外交流与合作

学院持续深化校地协同育人机制。6月，学院经过前期调研，协助学校与苏州市人民政府合作签约，共建"苏州大学江苏师范学院"，促进校地在高水平卓越教师培养、师范类学科建设等方面深入合作。8月，与扬州市江都区教育局共同签署合作共建协议。10月，举行苏州大学与相城区黄桥街道合作办学签约仪式，共建"苏州大学黄桥实验小学"，充分发挥苏州大学悠久的师范教育历史优势，配合做好师资培养、课程建设等方面工作。11月，学院先后与苏州市带城实验小学校共建"劳动教育基地"，与吴江高级中学共建"教育研究基地"，赋能地方基础教育高质量发展。

四、学院重大事项

（1）3月—11月，开展苏州市吴中区藏南学校志愿支教活动。

（2）4月，开展2021届教育类研究生免试认定中小学教师资格教师职业能力测试工作。

（3）5月—11月，开展"云师说"系列之师范生空中就业指导课、师范生空中技能培训课、教师素养养成系列、教师教育者讲堂、师范类职业体验暨远程教学观摩活动。

（4）6月，苏州大学江苏师范学院揭牌成立。

（5）7月，学院与扬州市江都区教育局合作共建"区域教育研究基地"。

（6）8月，召开苏州大学2022年师范生教育实习研讨会。

（7）9月，举办苏州大学师范生庆祝教师节系列活动。

未来科学与工程学院

一、学院概况

为服务国家和地方重大战略需求，推动未来科技创新，实现"人才培养、科学研究和产业孵化三位一体"发展的目标，苏州大学在谋划和发力"双一流"建设时，结合未来校区建设，于2021年组建了未来科学与工程学院。作为苏州大学未来校区的龙头学院，未来科学与工程学院坚持面向未来、面向国际、面向产业，聚焦人工智能、集成电路设计与集成系统、统计学、机械电子工程、机器人工程、数据科学与大数据技术等领域，以服务国家长三角一体化战略和区域发展为定位，突出体制机制改革、国际化人才培养等重点工作，力争将学院建设成为培养符合时代发展与国家未来需求的国际化、复合型拔尖创新人才的教育基地。目前，学院与新加坡国立大学、哈尔滨工业大学、北京航空航天大学、香港城市大学、中国工业互联网研究院、百度、华为、浪潮、OPPO、博众精工等高校、科研机构和知名企业已开展了相关科教合作。学院入选"长三角生态绿色一体化发展示范区"重点项目，拥有苏州大学-OPPO泛在操作系统与人工智能联合实验室、苏州大学-朗开医疗智能医疗装备未来研究院等多个校企合作研究院、联合实验室、协同创新中心。校企合作项目入选工信部人工智能产业创新任务"揭榜挂帅"项目、2022年江苏省重大科技成果转化项目等。

二、教学工作

9月，苏州大学未来校区正式启用；9月4日，未来科学与工程学院2021级学生333人迁入未来校区；9月25日，未来科学与工程学院2022级新生367人在未来校区报到入学。学院开展"新工科"交叉融合创新人才培育计划，自设院级科创项目86项，参与人数达270余人，占全体学生的1/3；提供双创空间、公共实验材料库、共享算力资源、预约制实验台等软硬件条件为本科生交叉融合创新提供有力支撑。本科生获"蓝桥杯"全国软件和信息技术专业人才大赛国家级奖项2项、省级奖项3项，江苏省大学生创新创业训练计划重点项目1项，苏州大学"箐政基金"项目1项，苏州大学2022年创新创业创意大赛一等奖1项，30余人次在全国大学生数学建模竞赛、全国大学生英语竞赛等赛事中获奖。实质性推进多元协同育人新模式，签订苏州大学-百度公司AI创新人才培养合作协议，在课程共建、师资培训、竞赛活动、资源共享、教科研合作等方面开展联合人才培养；申报教育部供需对接就业育人项目1项。加强与学会和行业交流，承办中国国际大数据大会，邀请多位院士专家、大数据行业专家、比赛获奖团队参加类型多样的系列活动，相关改革创新的做法获得《扬子晚报》等媒体聚焦报道，产生广泛的社会影响。

三、科研项目及成果

2021年9月，未来科学与工程学院正式启用，仅半年时间，学院获批江苏省科技成果转化专项资金和江苏省碳达峰碳中和科技创新专项资金（重大科技成果转化）项目1项，江苏省自然科学基金面上项目1项。获批横向项目3项，到账经费1650万元。学院组建江苏省机器人重点实验室分中心、工业互联网研究所、智能感知技术研究所、算力网络研究中心、智能物联创新中心、人工智能赋能中心等6个重要科研中心（所）及多个校企合作协同创新中心。实验室独立科研面积4000平方米，建造和购置大中型仪器、设备共计80余台。学院与亨通集团有限公司、深圳市汇川技术股份有限公司、博众精工科技股份有限公司等龙头企业，围绕人工智能、智能制造、医疗装备等方向，共建16个创新联合体。

四、国内外学术交流情况

2022年，未来科学与工程学院举办"院士进课堂"活动，邀请孙立宁院士为学院2022级本科生讲授主题为"不忘初心，科技报国"的讲座；举办苏州大学第四届青年海归学者讲师团系列讲座，邀请青年海归学者讲师团陈逸阳、晁平复、梁兵兵3名老师，以线上、线下相结合的方式面向2022级新生开展关于人生规划、学习发展的精彩讲座，为新生初识大学、认知自我、坚定理想提供可行建议和有益指引。

五、学院重大事项

（1）4月2日，根据苏大任〔2022〕10号文件，陈涛同志任未来科学与工程学院副院长（主持工作）。

（2）4月20日，经校党委常委会研究决定，陈贝贝同志任未来科学与工程学院党委副书记、副院长（兼）。

（3）5月20日，为深入学习贯彻习近平总书记在中国人民大学考察时的重要讲话精神，探讨人才培养模式改革，未来科学与工程学院党委与教务处党支部联合主题党日活动在线上举行。

（4）5月21日，校党委书记江涌为学院2021级本科生讲授题为"争当表率　争做示范　走在前列　奋力谱写'双一流'建设新篇章"的形势与政策课。

（5）6月8日，吴江区委副书记、区长王国荣带队专题调研苏州大学未来校区建设情况，学校党委常委、副校长沈明荣，吴江区副区长陈建忠、李红、吉伟及相关职能部门负责人，以及学校相关单位负责人参加调研活动。

（6）6月29日，校党委书记江涌、吴江区委书记李铭共同调研学校未来校区，了解校区基础设施等建设情况，并就加强校地合作等方面进行座谈，确保校区按期启用。吴江区委、区政府各部门主要负责人及学校相关职能部门负责人出席座谈会并陪同调研。

（7）7月20日，江苏省科技厅公布了2022年度省科技成果转化专项资金和省碳达峰碳中和科技创新专项资金（重大科技成果转化）拟立项目名单，苏州朗开医疗技术有限公司的"多通道全肺抵达实时成像手术导航系统的研发及产业化"项目拟获批江苏省科技成果转化专项资金。学院副院长（主持工作）陈涛教授为该项目技术负责人。

（8）9月20日，学院召开党政联席会，会议审议并同意引进何剑、丑修建教授作为学院兼职教授，蒋军红、赵军2位教授担任学院客座教授。同意引进彭涛、王洁、康子扬、孙斌、兰志强、王胜6人到学院担任专任教师。

（9）11月10日，经学校十三届党委第5次常委会研究决定，聘任王进同志为未来科学与工程学院副院长，试用期1年。

敬文书院

一、书院概况

敬文书院坐落于粉墙黛瓦、绿树葱郁、古韵悠然的苏州大学本部校园东北侧。书院每年从苏州大学天赐庄校区各学院录取的新生中选拔100名左右的优秀学生。截至2022年年底，学院汇聚了具有40多个学科专业背景的441名学生。

书院以培养德智体美劳全面发展的研究型、国际化、高素质创新人才为目标，提出"育人为本、德育为先、个性培养、全面发展"的理念；以"为国储材，自助助人"的敬文精神为院训，倡导"明德至善、博学笃行"的院风，实施四大核心计划，人才培养特色鲜明、成效显著。

敬文书院成立10多年来，已培养出七届共741名优秀毕业生，其中，70%的毕业生进入世界著名学府深造，直接就业的学生也深受用人单位欢迎，相当比例的学生进入世界500强企业就职。与传统的办学模式相比，敬文书院的人才培养具有四大特色：一是打破了传统的行政班级和专业的界限，彰显了文理渗透、学科交叉育人的功能；二是打破了传统的以专业班级为载体的学生管理模式，实现了学生管理由班级管理向社区管理的实质性转变；三是打破了传统教育中重智育轻德育、重培训轻培养的格局，彰显了书院教育重思想、重人文、重心智的特色；四是拉近了传统教育中渐行渐远的师生关系，重构了亲密互动、教学相长、和谐相融的新型师生关系。

二、学生社区温馨家园

作为苏州大学的"一站式"学生社区，敬文书院将学习社区和温馨家园合二为一，不仅有着园林式的院落环境，在宿舍区还有供书院师生研讨、生活的各类功能室，如党建工作室、导师工作室、学业讨论室、积学书房、劳动体验馆、咖啡吧、自修室、书画演习室、钢琴房、健身房、洗衣房、厨房等，满足学生多元化、个性化的学习和生活需求。书院以多元、兼容、开放为特征，为学生提供了心灵交流、思维碰撞、潜能拓展的平台。敬文冬至节活动、师生共膳活动等更是彰显了书院对学生细致的关怀和浓厚的情谊。

三、文理渗透学科交叉

学校每年从天赐庄校区不同学院的本科新生申请者中选拔优秀学生加盟书院。每一个加盟书院的学生都有双重身份：他们既是敬文书院的学生，也是所在专业学院的学生。其

"第一课堂"的专业学习主要由各自所在学院负责,"第一课堂"以外的学习和生活,包括党团组织生活和学生活动的开展等主要由书院负责。具有不同学科专业背景的学生在书院组建了四大学生组织——学生会、科协、分团校、青年传媒中心,以及独立乐队——Neverland。他们立足书院、联合学院,走出学校、辐射社会。书院学生在各类比赛中屡创佳绩,充分彰显了书院文理渗透、学科交叉的育人特点。

四、教授博士领衔导师

书院实行导师制。常任导师、社区导师、助理导师常驻书院,为学生的成长成才提供全天候、个性化的指导和服务。德政导师由院内外政治素养高、思想政治教育经验丰富的领导同志、优秀党务工作者和有关专业教师担任,通过开设思想政治理论课程或专题讲座,进班级、进宿舍、进社团,并兼任班主任或社团顾问、指导教师等,以多种形式开展指导,引导学生树立正确的世界观、人生观、价值观,增强社会责任感。学业导师作为书院导师队伍的核心力量,由学校选聘教学工作突出、研究能力强、具有高级职称或博士学位的优秀在职教师担任,还选聘了部分资深教授作为公共基础课学业导师常驻书院,推行"小班化、个性化"辅导;其余学业导师每两周至少与学生互动一次,在大学适应、论文写作、科研项目等方面为学生做有效而切实的指导。校外导师是具有学术水平和专业技能的各界社会精英,他们以"单独辅导+集中辅导+导师讲堂+走进导师单位"等模式,致力帮助学生完善职业规划,明确目标与方向;促进理论学习和实践需求的有效融合,培养学以致用的治学态度。通过导师制,书院拉近了师生之间的距离,在高层次上重构了密切互动、教学相长、和谐相容的新型师生关系。

五、通识教育塑造全人

书院精心设计通识教育课程,倡导"全人教育"理念,鼓励学生探索专业以外的领域,拓宽视野,培养人文素养与科学精神。书院邀请各领域高水平名家开设系统化通识教育课程——"敬文讲堂",主要包括文化传承、经典会通、艺术审美、创新探索等系列内容,由此打破了传统教育中科学与人文分割的格局,彰显了既重学科专业又重人文情智的特色。此外,书院开设以书院学生为教学单位的小班应用英语、第二外语及跨文化素养等具有针对性的教学课程,赋予学生感悟语言之美、培养世界之情的全新体验,书院学生在全国大学生英语竞赛中屡获殊荣,在全校获奖学生比例中名列前茅。

六、创新驱动引领成长

书院构建并实施融导师制、线上线下联动课程、"苏大课程2022-3I工程"项目、创意大赛、创业计划五大元素于一体的创新创业金字塔体系。得益于此,书院累计共有600余人次成功申报以苏州大学"箬政基金"为龙头的各类学术科研基金资助项目;有270余人次参与国家级、省级大学生创新创业训练计划项目;590余人次在国家级、省级的创业计划大赛和学科竞赛中获奖;200余人在省级以上学术刊物发表研究成果,其中包括

SCI一区顶级、EI、ISTP 和国家级学术刊物论文,其突出表现极受钦羡。

七、海外研修奖助优先

目前,书院已经有超过 60% 的学生获得海外研修的机会,分别前往 QS 世界大学排名前 50 的哈佛大学、斯坦福大学、加州大学伯克利分校、剑桥大学等众多国际名校研修交流、留学深造。卓有成效的书院制育人模式吸引了社会各界的广泛关注,学院现已设立包括东吴大学老校友李乃果、沈曾苏伉俪捐赠设立的"沈京似奖助学金"、苏州日电波电子工业有限公司总经理藤原信光先生捐赠设立的"未来卓越领导人奖学金"、苏州新东方学校捐赠设立的"新东方国际化人才奖学金"在内的各类捐赠奖学金。此外,社会各界也在书院的办学过程中提供了物质方面的帮助。

八、书院重大事项

(1) 3月1日,书院本科生党支部、教工党支部开展"战疫党旗红,一起向未来"线上主题党日活动,院长钱振明作为特邀嘉宾全程参与活动。

(2) 3月18日,书院举行心理健康讲座,特邀苏州大学大学生心理健康教育研究中心王静老师为学生进行新冠疫情形势下心理调适指导。

(3) 3月13日、15日,书院校外导师、中研绿色金融研究院执行院长王觉民通过腾讯会议与学生进行职业生涯规划主题分享活动。

(4) 3月23日,书院分党校联合能源学院分党校举办第六十七期党的基本知识培训班、第四十六期预备党员培训班开班典礼暨第一次集中授课。

(5) 4月28日,书院召开专题会议,认真学习领会习近平总书记在中国人民大学考察时的重要讲话精神,研究部署如何全面贯彻"让每一个学生都健康成长,让每一个孩子都有人生出彩的机会"的育人要求。院长钱振明主持会议,书院党委副书记、副院长胡萱,以及全体辅导员参加会议。

(6) 4月29日,书院举办"青春献礼二十大,强国有我新征程"主题党日活动暨分党校云端读书会,书院党委副书记、副院长胡萱,教工党支部书记孙放,常任导师任鹏飞出席。

(7) 5月13日,书院依托 WeLink 会议平台召开了 2022 年度学风建设大会。

(8) 5月13日,书院承办"不负伟大时代,强国复兴有我"2022 年苏州大学"素养公开课"校级示范课。

(9) 5月19日,书院举行敬文江南文化社启动仪式。著名文化学者、复旦大学中华文明国际研究中心副主任李天纲教授应邀出席。

(10) 6月15日,书院与马克思主义学院共建思政名师工作室揭牌仪式在敬文书院举行。

(11) 6月19日,书院 2022 年毕业典礼在天赐庄校区存菊堂举行。

(12) 6月25日,书院与能源学院分党校培训班结业典礼暨第六期读书共建活动闭幕式在线上举行。

(13) 10月3日,书院2022级学生开学典礼在天赐庄校区存菊堂举行。

(14) 11月23日,书院分党校组织学员赴苏州大学博物馆参观主题为"初心不改 浩气长存"的苏州大学党员英烈生平事迹展。

(15) 12月5日,书院本科生党支部、教工党支部联合校党委办公室党支部开展深入学习贯彻党的二十大精神主题党日活动。

唐文治书院

一、书院概况

创办于2011年的苏州大学唐文治书院,是苏州大学人才培养综合改革的高地。唐文治书院秉承"尊德性而道问学,致广大而尽精微"的院训精神,本着文史哲打通的办学理念,从汉语言文学(师范)、汉语言文学(江苏省拔尖人才培养基地)、汉语国际教育、历史学(师范)、哲学、思想政治教育6个专业的新生中遴选优秀学生,集中培养。书院配备文史哲一流师资,实行全程"导师制",营造立德树人氛围,培养具有文史哲宽厚学术背景和扎实学术素养的文科拔尖人才。办学10多年来,书院已经培养出了八届共216名毕业生,其中,有126名学生走出苏州大学校门,赴北京大学、复旦大学、南京大学等高校继续深造;有31名学生走出国门,赴英国、美国、日本的名校继续深造。

二、人才培养

书院采取注重"第一课堂"的培养模式,始终将培养从事文史哲研究的高素质学术型专门人才作为目标,探索学科交叉创新人才培养。将从2023级汉语言文学(师范)、汉语言文学(江苏省拔尖人才培养基地)、汉语国际教育、历史学(师范)、哲学、思想政治教育6个专业的新生中,择优选拔30名左右的学生进入唐文治书院。学生被录取之后学籍即转入书院,由书院进行"小班化"管理。

书院在课程设置上打通文史哲,回到文史哲专业的基本面,回到中国文化的"原典",强调经典研读,从传统出发并对传统进行创造性的转换,以现代的立场阐释经典,夯实学生的文史哲基础教育。书院设置通识教育、大类基础、专业选修和专业必修4大类70余种课程,努力处理好"专"与"博"的关系,为学生构建"底宽顶尖"的金字塔形知识结构。除部分通识课程之外,主体课程都是单独编班授课。书院注重发挥学生的学习自主性,着力训练学生发现问题和研究问题的能力。除课堂教学外,特别重视阅读、讨论、作业等环节,部分课程采取以学生为主体的专题报告、课题讨论等方式,强调学生自主性的发挥。

三、教学与科研成果

书院始终坚持"国际化"培养,鼓励学生"走出去"交流学习、"带回来"经验体会,引导学生用世界眼光思考问题、用世界思维解决问题,激发学生引领人类文明进步、担当人类命运重任的信心和潜力。书院第一学年特别设置每周10节的英语课，强化英语训练，使学生真正掌握英语的听说读写能力，打好"国际化"的基本功。

书院不断提高对外交流的层次和水平，与部分国际名校建立了长期合作交流的机制。一方面是"请进来"，聘请海外人文领域知名学者、教授为学生开设系列讲座，德国海德堡大学的鲁道夫·瓦格纳教授，哈佛大学的宇文所安教授、李欧梵教授、王德威教授，杜克大学的罗鹏教授，加州大学的白先勇教授等均受邀为书院学子开课，与学生直接交流与探讨，极大地拓展了书院学生的国际视野。

另一方面是"走出去"，书院积极推荐优秀学生到国外一流大学研修。书院学生分别赴剑桥大学、杜克大学、爱丁堡大学等国际知名学府游学，参与了美国俄亥俄州立大学暑期研习班、意大利威尼斯大学暑期研习班、英国剑桥大学暑期研习班、日本宫崎公立大学暑期语言文化研修项目、江苏高校学生境外学习政府奖学金项目等海外交流项目10余项。

经过10余年的改革与发展，书院培养了一批又一批优秀的学术研究人才，拥有出色的科研实践能力。书院学生先后参与了100余项国家、省、市、校级科研科创项目，其中，7个项目入选国家级（省级重点）大学生创新创业训练计划项目。暑期社会实践调研团队连续两年（2014年、2015年）进入"青年中国行"百强团队，1支团队获得2014年"调研中国"优秀参与团队。王宇林同学获2015年度江苏省普通高等学校本专科优秀毕业设计（论文）评选二等奖，白新宇同学获2019年度江苏省普通高等学校本专科优秀毕业设计（论文）评选三等奖，钱毅珺同学获2021年度江苏省普通高等学校本专科优秀毕业论文一等奖。"重探红色载体，挖掘红色基因——再走三城红色初心之路，争做新时代红色传承人"项目获"传承红色基因·践行初心使命"——第十七届"挑战杯"全国大学生课外学术科技作品竞赛红色专项活动省级二等奖。

应用技术学院

苏州大学应用技术学院位于昆山周庄，地处长三角区域一体化发展地带，距苏州大学独墅湖校区 20 千米，毗邻苏州工业园区、昆山经济技术开发区、花桥国际商务城和吴江高新技术产业开发区。校园环境优美、空气清新、设施一流，体现了"小桥、流水、书院"的建筑风格，是莘莘学子理想的求学场所。

学院成立于 1997 年 11 月，由"双一流"建设高校苏州大学举办，2005 年改制为本科层次的独立学院。学院设有 31 个本科专业，其中，服装设计与工程、电气工程及其自动化 2 个专业被评为省级一流本科专业建设点。学院有在校生 9 500 多人。担任各类课程的教师中高级职称者占 60%以上，双师型专业教师占 80%以上，拥有江苏省"青蓝工程"优秀教学团队 1 个、中青年学术带头人 2 人、优秀青年骨干教师 10 人。

学院始终坚持以培养高层次应用型人才为宗旨，坚持"加强理论、注重应用、强化实践、学以致用"的人才培养思路，依托苏州大学雄厚的师资力量和本院的骨干教师，利用灵活的办学机制，在加强基础理论教育的同时，突出学生实践能力的培养。

近五年，学院教师荣获省部级及以上教育教学奖 24 项、市厅级教育教学奖 12 项；学生在国家级、省级各级各类专业技能和学科竞赛中荣获奖项 453 项，其中，国家级奖项 69 项，省级奖项 384 项。毕业生年平均就业率超过 95%，毕业生质量得到用人单位的一致好评。学院于 2021 年、2022 年连续两年获评江苏省高校毕业生就业工作量化督导 A 等高校。

学院积极拓展国际交流与合作，与美国、英国、法国、加拿大、澳大利亚、日本、韩国等国家和地区的 20 余所大学建立合作关系。2 项中外合作办学项目获教育部批准。

近年来，学院积极把握国家引导一批普通本科高校向应用技术型高校转型的战略机遇，统筹推行 ISO9001 质量管理体系和卓越绩效管理模式，以获批加入应用技术大学联盟，入选首批教育部-中兴通讯 ICT 产教融合创新基地院校、"互联网+中国制造 2025"产教融合促进计划试点院校为契机，坚持走应用型本科教育的发展之路，力争将学院办成特色鲜明的高水平应用技术大学。

老挝苏州大学

一、基本概况

老挝苏州大学成立于2011年,既是中国政府批准设立的第一所境外大学,也是老挝政府批准设立的第一所外资大学,由苏州大学投资创办,校址位于老挝首都万象市郊赛色塔县香达村,占地面积22公顷。

1. 办学历程

2006年,作为政府行为,中国国家开发银行邀请苏州工业园区承担万象新城的开发建设,并提供融资支持。苏州工业园区邀请苏州大学加盟,在万象新城筹建高等学校。2008年5月,苏州大学设立老挝代表处,开始筹建老挝苏州大学。2009年1月,苏州大学获得老挝国家投资与计划委员会颁发的"老挝苏州大学设立许可证"。2011年6月,苏州大学获得中国教育部《关于同意设立老挝苏州大学的批复》。2011年7月,老挝苏州大学正式成立。

2. 办学现状

2012年9月,苏州大学与万象市政府签署土地租赁协议,并随即启动了校园建设的各项准备工作。

老挝苏州大学先后于2012年7月和2013年8月获得老挝教育与体育部批准,设立国际经济与贸易、国际金融、中国语言、计算机科学与技术等4个本科专业并先后开始招生。

由于校园尚未建成,临时租用的办学场地设施有限,为了保证正常教学和培养质量,经老挝教育与体育部同意,老挝苏州大学采用"1+3"培养模式,与苏州大学联合培养学生,学生最终可获得由中国苏州大学和老挝苏州大学分别颁发的毕业文凭。老挝苏州大学至今已有七届本科毕业生。

除开展本科教育之外,老挝苏州大学于2012年7月成立汉语培训中心,为老挝人民提供不同级别的汉语培训课程。经过向国家汉办申请,老挝苏州大学于2012年4月获得中国国家汉语推广委员会批准,在老挝万象设立汉语水平考试(HSK)考点,每年组织多次HSK考试。

作为连接苏州大学和老挝的桥梁与纽带,老挝苏州大学还积极推进苏州大学与老挝在科技、人文等领域的合作与交流,协助苏州大学与老挝科技部合作成立了"中老绿色丝绸研究中心",并启动了"蚕桑示范园"建设项目。推动苏州大学"一带一路"发展研究院(老挝研究中心)与老挝社会科学院、老挝国家经济研究院等机构的交流。

老挝苏州大学的管理人员由苏州大学选派干部和在老挝招聘的本地员工组成,老挝苏州大学校园一期工程于2015年启动，共计6 000平方米的土建工程已基本结束。但受种种因素影响，房屋内部装修和水电等配套设施建设尚未完成，校园至今没有投入使用。

二、招生和培训工作

由于新校园迟迟没能投入使用，同时受国内各级各类院校对外国留学生提供奖学金的冲击，加之学校的学费标准一直没有调整，招生人数没能取得突破。

老挝苏州大学的汉语教学自2012年开展以来，稳中有进，在近年社会上汉语培训机构增多的情况下，一直以师资优良和教学正规著称于老挝社会。2022年，汉语培训班共招收学生153人次，截至2022年年底，参加学习的学员累计超过3 802人次。2022年，老挝苏州大学组织HSK及HSKK考试5次，合计1 028人次参考。截至2022年12月，老挝苏州大学共组织了42次HSK考试，参考总人数达到9 202人次。

除每年组织多次考试之外，2022年，学校继续派员工赴老挝琅南塔省教育厅分考点和沙湾拿吉崇德学校分考点上门送考，为众多外省考生解决往返万象考试的困难，受到考生的衷心赞扬和感谢。

三、学院重大事项

（1）5月28日，老挝苏州大学教师代表参加老挝国家民办教育协会活动。

（2）6月9日，学校代表参加万象市教育与体育厅主持的高校招生宣传会议。

（3）6月17日，在老挝国立大学孔子学院承办的世界大学生汉语桥演讲比赛中，老挝苏州大学2019级周静环与2021级毛石城荣获三等奖。

（4）6月20日—24日，在万象市教育与体育厅的带领下，老挝苏州大学与当地所有公办职业高校联合到万象市重点中学做招生宣讲。

（5）7月1日，中国驻老挝大使馆主办"中国人民在中国共产党领导下奋斗圆梦的故事"短视频大赛，老挝苏州大学2018级本科生康碧荣获三等奖。

（6）7月9日，老挝苏州大学举行2022年度毕业典礼，出席嘉宾有万象市赛色塔县县长、万象市教育与体育厅副厅长、老挝国家民办教育协会会长（全国人大代表）等。

（7）7月12日，老挝苏州大学校长助理（主持工作）黄文军与老挝方校长助理冯温格参加教育与体育部举办的老挝全国2021年高等教育管理者会议。

（8）8月5日，由万象市计划与投资厅牵头组织财政厅、自然资源与环境厅、教育与体育厅、公共工程与运输厅、公安厅，以及赛色塔县计划与投资局、县教育局、村委会等部门代表视察老挝苏州大学校园建设项目进展情况。

（9）9月19日，在新班子长达半年的运作之下，老挝苏州大学获得中国教育部留学服务中心"全专业白名单"认可，取得历史性的进展。

（10）12月，汉考国际从全球1 330多个考点中遴选出64个国际中文考试优秀考点，老挝苏州大学成为优秀考点之一。

附属医院简介

苏州大学附属第一医院

一、医院概况

苏州大学附属第一医院始创于清光绪九年（1883），时称"博习医院"，1954年6月易名为苏州市第一人民医院，1957年成为苏州医学院附属医院，2000年苏州医学院并入苏州大学，医院更名为苏州大学附属第一医院。医院本部坐落于古城区东部十梓街188号，占地面积约64 960平方米；建设中的总院坐落在苏州城北平江新城内，核定床位3 000张，分二期建设，其中，一期建设床位1 200张，建筑面积为20.16万平方米，已于2015年8月28日正式投入使用；二期规划床位1 800张，建筑面积为21.84万平方米。医院实际开放床位3 165张，职工5 051人。

医院于1994年通过江苏省首批卫生部三级甲等医院评审，并成为苏南地区医疗指导中心。医院系江苏省卫生厅直属的集医疗、教学、科研、预防、保健于一体的综合性医院，并被设为卫生部国际紧急救援网络中心医院，2012年被确认为江苏省综合性紧急医学救援基地，苏州大学苏州医学院第一临床医学院、护理学院设在医院，江苏省血液研究所、江苏省临床免疫研究所挂靠在医院。在香港艾力彼医院管理研究中心发布的"中国地级城市医院100强排行榜"中，医院连续九年雄踞榜首，并在"中国顶级医院排行榜"中名列第30位。

2021年，医院在国家三级公立医院绩效考核中成绩为A+，全国排名第29位；2022年，医院在"中国医院排行榜"中名列第54位；医院入选首批"江苏省研究型医院"，国家区域医疗中心建设稳步推进。二期项目建设推动总院硬件升级，西区基本完工，东区5月26日如期封顶，预计2024年全面竣工启用。

二、党建工作

严格执行院党委会、院长办公会议事规则和"三重一大"决策制度，全年召开党委会38次。召开全院干部大会，完成医院党委主要领导调整工作。完成江苏省卫健委党建工作质量评价自评及2022年苏州大学党委巡察"回头看"自查工作，在2022年江苏省大型医院巡查中取得优异成绩。承办2022国际卫生合作大会暨中非医院对口合作论坛。严格执行"第一议题"学习制度，召开党委会"第一议题"学习23次、党委理论中心组学习12次，持续加强全院专题政治学习。推动党史学习教育常态化、长效化，实施"我为群众办实事"2项。门急诊医技党总支入选教育部"全国党建工作样板支部"培育创建单位，入围"2023年苏州市行业新时代文明实践志愿服务"重点项目。制定《党委落实全面从严治党主体责任清单》，召开医院全面从严治党工作大会和专题党委会。制订实施《廉洁从业计划实施方案》。常态化开展党风廉政教育，利用周会、新职工培训等传达宣传；组织干部参观家风教育基地等；编印《博习清风汇编》。抓实抓细人事招聘、二期项目建设等日常监督。高度重视信访工作，全年开展关爱提醒谈话5人。

三、服务能力建设

2022年，医院完成诊疗总量343.7万人次，同比减少4.9%；出院16.4万人次，同比增加2.4%；患者平均住院日6.3天，同比减少0.4天；实施手术5.7万例，同比增加0.1%。积极落实医疗质量管理与监督责任制，组织医疗安全大查房；通过加强死亡病例、院内外会诊、高值耗材使用等核心指标管理，强化质量管理。加强手术开台时间、合理用药的管理，积极推进危急值闭环管理。持续推进临床路径管理，医院已设有27个科室、242个病种，累计记录例数98 145例。加强医疗技术临床应用管理。拓展日间诊疗服务，成立日间手术执行小组，确保日间手术"绿色通道"保障流程畅通。完善预约诊疗，改进门诊叫号系统，优化会诊模式。继续推进医院特色门诊和多学科门诊。目前，专病门诊超过130个，新开设16个，接诊26万人次；新开设垂体肾上腺疾病门诊，29个多学科综合门诊稳步发展。推进高级专家门诊，全年接诊约2.7万人次。顺利通过国家电子病历五级评审。构建远程医疗服务体系，对接苏州市医疗健康大数据中心远程医疗服务平台，实现远程医学影像诊断、远程教育等功能；与克州人民医院、石阡县人民医院开通远程医疗会诊系统。

四、科研创新

医院大力推进国家血液病医学中心建设，牵头建设国家创伤区域医疗中心，联合建设国家骨科、心血管病、呼吸病区域医疗中心。成功创建"江苏省研究型医院"。创新发展临床转化平台，年新增临床试验194项。麻醉手术科国家临床重点专科（建设项目）、苏州大学麻醉学研究所、苏州市麻醉学临床医学中心（建设项目）顺利揭牌落地。2022年，医院共获批各级各类学科建设经费840万元。获批江苏省医学重点学科5个、江苏省医学重点实验室1个、江苏省重点学科建设单位2个。输血科获评苏州市临床重点专科。获国家自然科学基金项目52项，其中，重点项目2项、国际（地区）合作与交流项目1项、优秀青年科学基金项目1项，专项项目2项。作为牵头单位申报国家重点研发计划项目获批2项，参与申报的项目获批2项。发表中文核心期刊论文405篇、SCI论文848篇；获授权专利82项。

五、教学工作

2022年，医院顺利完成45个班级、1.2万余学时教学任务和100余场考试任务，以及实习生日常教学与管理；强化检查性听课、教学行政查房、教学观摩、学生评价与反馈等质量管理举措；巩固PBL/CBL、Mini-Cex（迷你临床演练评估）、Dops（操作技能直接观察评估）等教学模式与方法，提升SP（标准化病人）团队规模和专业化水平；1人获校级一等奖，6人获校级荣誉称号；举办"临床教学周"教学研讨会，选派近百名教师参加院外培训；医学影像学专业获批国家级一流本科专业建设点，校级微专业"现代精准血液学"开始招收首批学员；深化课程改革，内科学Ⅱ获"苏大课程2022-3I工程"混合式教学课程项目立项；推进课程思政建设，《医患沟通》获得校级教学成果奖一等奖；探索教学方法改革，获教育信息化教改研究课题1项、拔尖创新人才培养改革项目1项。

六、人才培养

2022年，医院加大人才引进力度，录聘311人，研究生学历占比达41.80%；成功引进高端人才5名。规范和完善博士后的招收、培养、考核机制，完成9名统招博士后的进站考核、3名在站博士后的出站考核，3人顺利出站，进站4人。完善《高级专业技术职务聘任试行办法》。加强在职员工培养，6人赴海外进修学习。入选江苏省第六期"333工程"28人，其中，一层次1人、二层次6人、三层次21人；入选江苏省双创博士25人；入选苏州市第九批姑苏卫生人才39人。

七、文化建设

深入开展学习宣传贯彻党的二十大精神主题宣传教育活动。构建全媒体宣传格局，在新华社、《人民日报》等媒体平台发布稿件近千篇；在中央电视台综合频道《生活圈》栏目开展《健康管理在行动》大型直播活动；网站开设《援外手记》专栏，讲好援外故事。定期召开意识形态分析研判会和专题党委会；规范医院网站新闻审核流程。重视保密工作，设立专职保密员，被授予苏州大学"2021年度保密工作先进集体"称号。持续发挥院史陈列馆、职工之家、文化长廊阵地优势，激活医院文化活力，依托文化长廊开展"新时代颂"2022江苏美术摄影主题联展。开展新职工道德讲堂，进一步弘扬科学家精神。助力苏州市创建全国文明典范城市。推动依法治院，组织召开职代会和工代会；切实做好统战工作；定期召开院情通报会，推进民主管理。

八、公益担当

做好援疆工作，继续推进"心明眼亮工程"。派出2人赴石阡县人民医院开展帮扶。做好国际援助，援桑给巴尔医疗队队员共诊治1.5万人次，完成各类手术2 000台次，开展新技术新项目36项，挂牌成立"中国医疗队微创外科中心"；以线上、线下相结合的形式开展"中桑住院医师培训"项目；第17期援马耳他医疗队队员共诊治2 000余人次，促进中国与马耳他文化交流。成功开展27例人体器官捐献，完成角膜移植28例、肾移植73例，其中，活体移植7例。

九、安全生产

围绕"安全生产三年行动方案",开展安全生产专项活动。健全警医联动机制,加强三防建设及消防建设;完善人防、物防、技防及消防设施。加强安全培训,开展消防安全防范培训17次。加强水电气日常全面巡检,开展恶劣天气、停水停电、消防火灾等应急演练80余次。全面开展医疗废物专项整治,完善医疗废物处置管理机制。

苏州大学附属第二医院

一、医院概况

苏州大学附属第二医院始建于1988年,又名核工业总医院、中法友好医院,是一所集医疗、教学、科研、预防、应急等于一体的三级甲等医院,苏州大学苏州医学院第二临床医学院、国家卫生健康委核事故医学应急中心第四临床部设在医院。医院设有国家临床医学博士后科研流动站,临床医学一级学科博士、硕士点,国家住院医师规范化培训基地,国家药物临床试验基地,江苏省高质量发展试点医院、"江苏省研究型医院"建设单位。

医院正在着力建设"全国一流三甲医院、核特色鲜明的一流大学附属医院、高度国际化的医教研融合临床研究中心"。医院现由三香路院区、络香路院区、浒关院区和西环路院区组成,共设床位2 050张。在2021年度国家三级公立医院绩效考核中,医院位居全国无年报组第二名。医院现有临床科室39个、医技科室13个、教研室26个,在职员工3 300多人、高级专家700多名。

二、学专科综合实力

医院有江苏省重点学科5个、江苏省临床重点专科16个,苏州市医学重点学科11个、苏州市临床重点专科29个。医院率先在国内开展神经外科锁孔微创技术,技术领先;较早在国内开展腹腔镜微创手术。普外科是国家级腹腔镜外科医师培训基地;消化科内镜中心是中国医师协会内镜医师培训基地;神经内科支架植入等核心技术质控指标位列国家卫健委脑卒中防治工程委员会高级卒中中心第一方阵;显微外科技能培训中心系中国医师协会专科培训基地。

医院是国家高级卒中中心,国家胸痛中心,国家心衰中心,国家房颤中心,国家脑出血外科诊疗中心,国家保乳示范中心,全国血栓防治中心先进单位,国家高级认知中心建设单位,国家综合临床营养服务模式探索试点单位,区域级创伤救治中心,江苏省CAAE(中国抗癫痫协会)一、二级癫痫中心,江苏省产后康复实训基地,苏州市危重孕产妇救治中心。医院骨质疏松、慢阻肺、睡眠障碍、代谢性疾病(三高)被遴选为苏州市健康市民"531"行动倍增计划市级区域防治指导中心。医院医疗设备齐全先进,拥有CT(计算机断层扫描)机、DSA(数字减影血管造影)机、MRI(磁共振成像)仪、直线加速器、PET-CT(正电子发射计算机断层显像)仪等现代化大型设备。

三、科研、教学工作

2022年，医院设有转化医学与创新药物国家重点实验室苏州分中心、放射医学与辐射防护国家重点实验室临床中心、江苏省体医融合促进老年骨骼健康应用工程研究中心、江苏省神经疾病诊疗技术工程研究中心、江苏省骨质疏松诊疗技术与转化重点实验室、苏州市放射治疗学临床医学中心、苏州市神经疾病临床医学中心、苏州市神经外科临床医学中心、苏州市骨科临床医学中心、苏州市骨质疏松临床医学中心，4个苏州大学研究所、10个苏州市重点实验室。在2021年度中国医院/中国医学院校科技量值（STEM）排名中，医院的17个学科入围全国学科百强。

"十三五"期间，医院承担市级及以上科研项目450项，其中，国家级项目110项；获市级以上各类科技奖项230项，其中，省部级科技奖14项；医院授权各类专利206项。医院现有享受政府特殊津贴专家15名、博士生导师44名、硕士生导师142名，承担本科生、研究生、海外留学生及省内外大中专院校和医疗单位的教学、实习与进修、国家级与省级医学继续教育等教学任务；医院是首批国家级住院医师规范化培训基地、专科医师规范化培训试点基地。医学检验技术专业是省级一流本科专业建设点。

四、核技术医学应用、应急急救与危重症救治

医院作为核事业发展的医学保障基地，是国家核应急医学救援技术支持分中心、国家核应急医学救援分队、国家核应急医学救援培训基地、国家卫生健康委核事故医学应急中心第四临床部。医院设有放射防护国家重点实验室临床中心、转化医学与放射药物国家重点实验室分中心、国际原子能机构辐射应急准备与响应能力建设中心、放射医学转化中心、核技术临床研究中心、核素诊疗中心。着力打造成国内核技术医学应用的排头兵和旗舰医院。

应急救援、急救与危重症救治是医院的重点工作之一。医院在国内率先引进"院前急救—急诊—重症"医学理念，构建了较成熟的"院前—院中—院后"急救诊疗体系。在苏州市政府和中国核工业集团的引领和支持下，医院正在筹建救治中心大楼项目，建成后将进一步提升医院救治能力和服务水平，实现"五位一体"发展，对接国际水平。

五、承担社会责任，拓展外延发展

医院积极承担国家卫健委、中国核工业集团、江苏省卫健委、苏州市政府支医帮扶工作，将优质医疗资源送到宁夏、陕西、贵州、江苏等地区，响应支医帮扶，落实健康扶贫。积极响应苏州市健康市民"531"行动倍增计划。同时，积极拓展专科医联体和社区医联体。

2018年，医院浒关院区正式运营，为苏州西北部居民提供三级甲等综合医院同质化优质医疗服务。浒关院区2022年度全年诊疗人次已达到79万人，年出院人次已达到2.07万人。

六、国际合作

作为国内第一个挂牌的中法友好医院,医院与法国巴黎公共卫生管理局、蒙彼利埃大学、斯特拉斯堡大学、南特大学、格勒诺布尔-阿尔卑斯大学等均有密切的多学科深入交流合作;与日本广岛大学在核医学应急、辐射损伤领域开展全方位基础和临床的合作;与日本癌研有明医院在胃肠肿瘤领域深度合作,癌研有明医院胃肠肿瘤多学科诊疗团队是苏州"531工程"引进的国际团队;与美国、德国、荷兰等国家在多个领域进行广泛的交流合作。

七、主要荣誉

医院深入学习贯彻习近平新时代中国特色社会主义思想和党的二十大精神,以社会主义核心价值观为导向,大力弘扬新时代核工业精神和新时代医疗卫生职业精神,秉持"服务百姓健康,承载社会责任"的办院宗旨,至今获得了多项荣誉称号,包括"全国模范职工之家""中央企业先进基层党组织""江苏省卫生系统先进基层党组织""中央企业五四红旗团委""江苏省五四红旗团委"。医院蝉联省、市文明单位,医院领导班子多次荣获中国核工业集团"四好"领导班子,等等。

苏州大学附属儿童医院

一、医院概况

苏州大学附属儿童医院建于1959年，在原苏州医学院附属第一医院儿科基础上独立组建。经过60多年的发展，现已成为一所集医疗、教学、科研、预防于一体的三级甲等综合性儿童医院，隶属江苏省卫健委，是苏州大学直属附属医院，苏州大学苏州医学院儿科临床医学院和苏州大学儿科临床研究院设在医院。医院是国家儿童区域医疗中心创建单位、江苏省儿童血液肿瘤中心、江苏省儿科类紧急医学救援基地、省级新生儿危急重症救治指导中心、江苏省儿童早期发展基地、江苏省健康促进医院、全国"肺功能单修基地"、苏州市危重新生儿救治中心、苏州市儿童健康管理中心、苏州市儿科急救分站、苏州市新生儿急救分站、苏州市儿童创伤救治中心、苏州市儿童友好型试点医院。

医院有园区总院和景德路院区两个院区。园区总院占地面积近6万平方米，建筑面积13.3万平方米；景德路院区占地面积1.8万平方米，建筑面积4.5万平方米。医院核定床位1 500张，实际开放床位1 306张，现有职工2 192名。

二、医疗工作

2022年，医院完成门急诊总量234.07万人次，出院病人7.02万人次，实施手术2.83万人次，患者平均住院日5.7天。新增市临床重点专科1个，审核通过新技术、新项目75项，其中，限制类医疗技术5项。全年完成造血干细胞移植215例、细胞免疫治疗难治复发畸形白血病41例、心导管介入手术246例、心脏外科手术272例、体外膜肺氧合（ECMO）11例、神经外科脊髓栓系手术258例、肿瘤外科手术493例、复杂手足畸形手术69例，其他专科疑难手术270例。加入国家儿童医学中心儿科护理联盟，推动区域儿科专科护理协同发展。开展第三届护理质量持续改进项目活动，定期举办护理个案交流、疑难病例讨论活动，开展原位情景模拟教学，推动护理专科质量提升。加强智慧医疗建设，对接江苏省云影像平台。升级门急诊自助服务平台，推进数字人民币支付应用场景覆盖。持续优化门诊就诊流程，拓展更新微信公众号功能，支持线上自助取号缴费、在线查看检验检查报告。推广互联网医院诊疗，新增互联网医院智能导诊、预问诊等服务；为慢性病患儿提供线上复诊、药品配送全流程服务。新增医联体成员单位2家，医联体成员单位扩展至62家。全年派出支援基层医疗单位医师64名，参与政府指令性对口支援任务医师9名，圆满完成新疆、陕西、江苏及基层支援任务。持续帮扶广西百色地中海贫血患儿移植救助，帮助右江民族医学院附属医院建立造血干细胞移植病区，2022年完成25例地中海贫血患儿移植。"苏州大学附属儿童医院帮扶广西百色地中海贫血患儿骨髓移植"项目获教育部第五届省属高校精准帮扶典型项目。

三、教学工作

儿科学本科专业恢复招生并顺利通过儿科学学士学位授权申请审核。2022年，医院招收本科生42名，"5+3"一体化学生30名；招收全日制硕士生128名，科研型博士生9名、临床型博士生50名，同等学力研究生30名。应届本科班就业率达72.73%，研究生就业率达100%。利用雨课堂、智慧树"在线大学"、腾讯会议、"中国大学MOOC"等平台完成教学授课任务。积极推进教学改革，实施"小儿内科学""儿科基础与儿童保健学"等线上线下混合式授课；完成"小儿急救医学"课程录制。继续推行PBL教学、Mini-Cex考核。加强师资队伍建设，教师指导学生参赛取得突破性进展。组织第二届"遂园名师计划"申报，实行研究生导师申请上岗制，新增博士生导师5名。加强学生思政建设，2017级儿科班荣获"全国五四红旗团支部"称号；"儿科循证医学概要"课程获批苏州大学研究生课程思政示范课程。落实本科生导师制，开展导师陪伴计划，加强学生人文关怀。2022年，住院医师规范化培训结业理论考试通过率达98.78%，结业技能考通过率达100%。构建多层次，多形式继续教育机制，推出第五届泛太湖儿科"学术活动月"，举办罕见病系列讲座及MDT（多学科会诊）学习45期、科主任沙龙11期，累计开展教学活动1 200余场次。

四、科研、学术交流情况

2022年，医院获批国家自然科学基金项目13项，主持和参与国家重点研发计划项目2项，获江苏省重点研发计划项目、江苏省自然科学基金项目及江苏省卫健委重点项目等10项。获得江苏省科学技术奖1项、江苏医学科技奖1项、江苏省卫健委医学引进新技术奖8项，取得科研成果转化专利3项，新创建苏州市重点实验室1个。医院公开发表论文438篇，其中，SCI论文178篇。在江苏省"十四五"卫生健康科教能力提升工程——省医学重点学科/实验室遴选工作中，儿科学获评"十四五"江苏省医学重点学科，变态反应学获评"十四五"江苏省医学重点学科建设单位。在2022年Nature Index排名中，医院位列全国医疗机构第116名、儿童专科医院第4名。7个学科跻身2021年度中国医院/中国医学院校科技量值（STEM）百强榜。成功获批"江苏省研究型医院"。获批国家和省级继续医学教育项目47项，实际实施45项。

新录用博士生11名，新入站统招博士后1名，夯实中青年人才储备。组织申报江苏省双创人才及江苏省医学特聘教授1名（终审中），获批江苏省双创博士10名；医院医生首次获批江苏省杰出青年，实现院内重大突破。新增江苏省"333工程"第二层次人才2名、第三层次人才4名；新增姑苏卫生特聘A类人才1名、C类人才3名、D类人才6名、领军人才1名、重点人才3名、青年拔尖人才8名。获批苏州市卫生青年骨干人才"全国导师制"培训项目3个；1人成功获评2021年度苏州魅力科技人物。

表彰与奖励

2022年度学校、部门获校级以上表彰或奖励情况（表4）

表4 2022年度学校、部门获校级以上表彰或奖励情况一览表

受表彰或奖励的集体	被授予的荣誉称号或奖励	表彰或奖励的单位与时间
苏州大学团委	2022年全国大中专学生志愿者暑期文化科技卫生"三下乡"社会实践活动优秀单位	共青团中央　2022-10
苏州大学	2022年"喜迎二十大　永远跟党走　奋进新征程"江苏高校百校万名团干部思政技能大比武优秀组织奖	共青团江苏省委、江苏省委教育工委、新华日报社　2022-09
苏州大学	第十二届"挑战杯"江苏省大学生创业计划竞赛捧杯学校（优胜杯）	共青团江苏省委、江苏省教育厅、江苏省人力资源和社会保障厅、江苏省科学技术协会、江苏省学生联合会　2022-11
苏州大学	第十二届"挑战杯"江苏省大学生创业计划竞赛优秀组织奖	
苏州大学团委	2022年全省大中专学生志愿者暑期文化科技卫生"三下乡"社会实践活动先进集体	江苏省委宣传部、江苏省精神文明建设办公室、江苏省教育厅、共青团江苏省委、江苏省学生联合会　2022-11
苏州大学	江苏省第八届中国国际"互联网+"大学生创新创业大赛高等教育主赛道优秀组织奖	江苏省教育厅　2022-12
苏州大学	江苏省第八届中国国际"互联网+"大学生创新创业大赛青年红色筑梦之旅赛道优秀组织奖	

续表

受表彰或奖励的集体	被授予的荣誉称号或奖励	表彰或奖励的单位与时间
苏州大学附属第一医院 苏州大学附属第二医院	老年友善医疗机构优秀单位	江苏省卫生健康委员会 2022-12
苏州大学附属第一医院	2022年度应急值守工作通报表扬	江苏省卫生健康委员会 2022-12
苏州大学附属儿童医院 苏州大学附属第二医院	2019—2021年度江苏省文明单位	江苏省民政厅　　2022-03
苏州大学附属儿童医院	第六届"江苏慈善奖"最具影响力慈善项目	江苏省政府　　　2022-09
苏州大学附属儿童医院	第五届"苏州慈善奖"最具影响力慈善项目	苏州市政府　　　2022-10
苏州大学附属儿童医院社会服务部	2020—2021年度第一届江苏省优秀社会工作案例三等奖	江苏省民政厅　　2022-03
苏州大学附属第一医院临床检测中心青年文明号	2022年江苏省青年志愿服务项目大赛为老服务类项目三等奖	共青团江苏省委　2022-10
苏州大学附属第一医院保卫处	全省机关团体企业事业单位内部治安保卫工作三等功	江苏省公安厅　　2021-12
苏州大学附属儿童医院	江苏省健康促进医院	江苏省卫生健康委员会 2022-07
苏州大学附属儿童医院托育中心	2021年度创新创优工作单位	江苏省卫生健康委员会 2022-06
教育学院 电子信息学院	2021年度本科招生宣传先进集体（标兵单位）	
文学院 纳米科学技术学院 机电工程学院	2021年度本科招生宣传先进集体（先进单位）	苏州大学　　　　2022-01
物理科学与技术学院 外国语学院 王健法学院 光电科学与工程学院	2021年度本科招生宣传先进集体（优秀单位）	
体育学院	2021年度本科招生宣传先进集体（艺体类突出贡献单位）	

续表

受表彰或奖励的集体	被授予的荣誉称号或奖励	表彰或奖励的单位与时间
金螳螂建筑学院 纺织与服装工程学院 机电工程学院 沙钢钢铁学院	2021年度科技工作先进单位（科技类最佳进步奖）	苏州大学　　2022-01
沙钢钢铁学院 功能纳米与软物质研究院	2021年度科技工作先进单位（产学研合作类最佳进步奖）	
苏州医学院	2021年度科技工作先进单位（突出贡献奖）	
光电科学与工程学院 物理科学与技术学院 材料与化学化工学部	2021年度科技工作先进单位（最佳组织奖）	
社会学院 教育学院	2021年度人文社科科研工作先进单位（科研贡献奖）	苏州大学　　2022-01
艺术学院 传媒学院	2021年度人文社科科研工作先进单位（最佳进步奖）	
政治与公共管理学院	2021年度人文社科科研工作先进单位（服务地方奖）	
外国语学院	2021年度人文社科科研工作先进单位（工作组织奖）	
文学院	2021年度人文社科科研工作先进单位（活力突出奖）	
计算机科学与技术学院 电子信息学院	2021年本科教学工作综合考评优秀奖	苏州大学　　2022-01
材料与化学化工学部	2021年本科教学工作考评单项奖（专业建设质量奖）	
文学院	2021年本科教学工作考评单项奖（课程建设推进奖）	
苏州医学院	2021年本科教学工作考评单项奖（实验教学师范奖）	

续表

受表彰或奖励的集体	被授予的荣誉称号或奖励	表彰或奖励的单位与时间	
纺织与服装工程学院	2021年本科教学工作考评单项奖（教改教研成果奖）	苏州大学	2022-01
传媒学院	2021年本科教学工作考评单项奖（人才培养贡献奖）		
教育学院	2021年本科教学工作考评单项奖（年度卓越创新奖）		
计算机科学与技术学院 材料与化学化工学部 电子信息学院	2021年研究生工作综合考评优秀奖	苏州大学	2022-01
艺术学院	2021年研究生工作考评特色奖（研究生招生贡献奖）		
政治与公共管理学院	2021年研究生工作考评特色奖（研究生教育教学管理质量奖）		
功能纳米与软物质研究院	2021年研究生工作考评特色奖（研究生培养质量奖）		
马克思主义学院	2021年研究生工作考评特色奖（"立德树人"研究生教育成就奖）		
物理科学与技术学院	2021年研究生工作考评特色奖（研究生教育国际合作奖）		
数学科学学院	2021年研究生工作考评特色奖（最佳进步奖）		
思想道德与法治教研室（马克思主义学院）形势与政策教研室（马克思主义学院）	2022年优秀思想政治理论课教学先进集体	苏州大学	2022-06

2022 年度教职工获校级以上表彰或奖励情况（表 5）

表 5 2022 年度教职工获校级以上表彰或奖励情况一览表

受表彰的个人或集体	被授予的荣誉称号或奖励	表彰或奖励的单位与时间
纳米材料科学教师团队	第二批全国高校黄大年式教师团队	教育部 2022-01
何　耀	第十七届中国青年科技奖	组织部、人力资源和社会保障部、中国科学技术协会、中国共青团 2022-10
袁建宇	第 21 届全国青年岗位能手	共青团中央、人力资源和社会保障部 2022-09
李满意	桑给巴尔总统授勋奖牌	桑给巴尔政府 2022-09
郜　翀	全国青年档案业务骨干	国家档案局 2022-12
李述汤	江苏省侨界杰出人物	江苏省人力资源和社会保障厅、江苏省归国华侨联合会、江苏省政府侨务办公室 2022-08
王振欣　冒小瑛	江苏省归侨侨眷先进个人	
江　林	第十八届江苏省青年科技奖"江苏省十大青年科技之星"	中共江苏省委人才工作领导小组办公室、江苏省人力资源和社会保障厅、江苏省科学技术协会 2022-08

续表

受表彰的个人或集体	被授予的荣誉称号或奖励	表彰或奖励的单位与时间
谢 凯	2022年"喜迎二十大 永远跟党走 奋进新征程"江苏高校百校万名团干部思政技能大比武专职团干部专项赛（二等奖）	共青团江苏省委、江苏省委教育工委、新华日报社 2022-09
蔡梦婷	2022年"喜迎二十大 永远跟党走 奋进新征程"江苏高校百校万名团干部思政技能大比武专职团干部专项赛（三等奖）	
张建晓	2022年"喜迎二十大 永远跟党走 奋进新征程"江苏高校百校万名团干部思政技能大比武兼挂职团干部和青年教师专项赛（一等奖）	
朱 飞	2022年"喜迎二十大 永远跟党走 奋进新征程"江苏高校百校万名团干部思政技能大比武兼挂职团干部和青年教师专项赛（三等奖）	
靳 勇 李 炘 赵卫峰	第六届江苏省"百名医德之星"	江苏省委宣传部、江苏省精神文明建设办公室、江苏省卫生健康委员会 2022-08
金美娟	海南疫情防控积极贡献奖	海南省委 2022-01
田一星	第十七届"江苏青年五四奖章"提名奖	共青团江苏省委、江苏省青年联合会 2022-04
吴德沛	2022年江苏省"最美科技工作者"	江苏省委宣传部、江苏省科学技术协会、江苏省科学技术厅、中国科学院南京分院、江苏省国防科学技术工业办公室 2022-05

续表

受表彰的个人或集体	被授予的荣誉称号或奖励	表彰或奖励的单位与时间
杨惠林团队	2021年度苏州魅力科技团队	苏州市人才工作领导小组办公室、苏州市委宣传部、苏州市科学技术局、苏州市人力资源和社会保障局、苏州市科学技术协会　2022-04
李炳宗　汪　健　胡士军	2021年度苏州魅力科技人物	
由骁迪　沈纲祥　郁连国 余　雷　刘会聪　刘婷玉 张克勤　赵　伟　陈　龙 宋海英　王雁冰　纪金平 阴　浩	江苏省第八届中国国际"互联网+"大学生创新创业大赛高教主赛道优秀指导教师	江苏省教育厅　2022-12
李　刚　赵　伟　张　颖 卢业虎	江苏省第八届中国国际"互联网+"大学生创新创业大赛青年红色筑梦之旅赛道优秀指导教师	
许宜申　叶　燕　黄冠平	江苏省第八届中国国际"互联网+"大学生创新创业大赛产业命题赛道优秀指导教师	
邹　操　卢业虎　张克勤 刘会聪	第十二届"挑战杯"江苏省大学生创业计划竞赛优秀指导教师	共青团江苏省委、江苏省教育厅、江苏省人力资源和社会保障厅、江苏省科学技术协会、江苏省学生联合会　2022-11
钱锡生　张　健　汪晓媛 黄学贤　周年琛　刘纯平 徐大诚　朱一蓓　李惠玲 ANGELA CHOLAKIAN	2022年度"高尚师德奖教金"	苏州大学　2022-08
吴雨平　朱光磊　须　萍 王照奎　赵　雷　沈纲祥 王晓南　陆阿明　张蓓蓓 冒小瑛　陶陆阳　何　慧 邹　操　丁　欣　葛永兵	2021年度建设银行奖教金教书育人类（一等奖）	苏州大学　2022-09

续表

受表彰的个人或集体	被授予的荣誉称号或奖励	表彰或奖励的单位与时间
王 耘　胡明宇　王　晗 李　利　王丹萍　王　俊 张乃禹　孙磊磊　陈景润 高　雷　叶　燕　李培峰 陈　良　卢神州　沈长青 周正宇　李瑞宾　杨　凯 安　艳　杜　鸿	2021年度建设银行奖教金教书育人类（二等奖）	
何　薇　崔恒秀　熊　伟 张继业　付亦宁　李　晶 屠立峰　吴　俊　束慧娟 袁惠燕　王　奎　汤如俊 延　英　肖仲喆　李晓伟 王伟群　徐冬梅　袁建宇 张玉华　曲　波　杨宏兵 卢业虎　俄文娟　樊明迪 邱　林　罗　丽　李　颖 张　尧　王大慧　李　兵 柯朝甫　章　良　李　邺青 叶建敏　周为群	2021年度建设银行奖教金教书育人类（三等奖）	苏州大学　　2022-09
李　洋　李华彤　王　静 顾晓红　冯冰清　费　莹 杨俊义　张晓俊　朱国斌 杨　炯　周　怡　孙承峰 吕　凡　张于娟　徐加英 王文洁　张云坤　孟良荣 王凝萱　马泓冰	2021年度建设银行奖教金学术支撑类	
张　雯　顾志勇　丁妮妮 陆文燕　马智英　许　凯 尹　飞　马小飞　黄艳凤 顾颖莹　赵　阳　冯朋 张振华　徐美华　蔡梦婷 郭晓雯　沈　黔　蒋　敬 朱本兴　郭明凯	2021年度建设银行奖教金管理服务类	
孙靖宇　何　乐　第五娟	2022年度苏州大学招商银行青年英才奖	苏州大学　　2022-11

续表

受表彰的个人或集体	被授予的荣誉称号或奖励	表彰或奖励的单位与时间
纪金平 阴浩 陈建慧 龙 宋海英 王雁冰 倪博亮 贺超 茆晓颖 庞燕 李晶 车通 刘拓 王俊 许宜申 叶巍 黄冠平 周孝锋 石全 姚亦洁 严锋 邓秀 揭建胜 张晓宏 孙宝怀 王玉生 张民 李恩声 权丽君 王中卿 王宜国 刘纯平 章晓芳 邱泉 由骁迪 沈纲祥 郁连婷 刘会聪 余雷 刘刚 解笑 李加强 李颖 李磊 赵伟 张静娴 卢业虎 张克勤 许宁 何佳臻 卢神州 祁洁 吴澄 张瑾 盛璐 牛伟龙 张安艳 刘敏 杨乾磊 李恒 周浩 张琦 朱巍 彭玲 夏心蕾 李兵 孟利 胡小龙 张星 王利 邹操 刘海	苏州大学教学先进个人	苏州大学 2022-12
郑善文	2022年度苏州大学"兴育新"宣传思想政治工作奖（理论研究）	苏州大学 2022-06
杨真 吴新星 吉启卫	2022年度苏州大学"兴育新"宣传思想政治工作奖（理论宣传）	
范俊玉	2022年度苏州大学"兴育新"宣传思想政治工作奖（思政教师）	
丁姗 查盈章 孙磊 范嵘	2022年度苏州大学"兴育新"宣传思想政治工作奖（新闻舆论）	

续表

受表彰的个人或集体	被授予的荣誉称号或奖励	表彰或奖励的单位与时间
罗丙蕊　严韵致　褚　玮 严若今　杨　阳　黄远丰 李丽红　孙　静　周　倩	2022年度苏州大学"兴育新"宣传思想政治工作奖（思政工作）	
袁　洁　刘　海　唐　荣	2022年度苏州大学"兴育新"宣传思想政治工作奖（文明文化）	苏州大学　2022-06
高玮玮	2022年度苏州大学"兴育新"宣传思想政治工作奖（其他）	
顾建忠　李恩秀　宋海英 何金林　王美珠　余嘉斌 舒洪灶　赵　红　季小军 高俊宽　曲丽明　纪金平 高凤明　金　国　刘江岳 马　琦　赵　阳　周义程 张凯丽　马学俊　乔　治 周　扬	2021年度本科招生宣传先进个人（省内组）	
吕畅达　陈小平　甘　露 曹　妍　黄雪彬　周　艺 吴晨倩　倪　建　王　栋 党康林　高　旭　黄冠平 杨　巍　王学忠　万　延 刘晶晶　周　霖	2021年度本科招生宣传先进个人（省外、艺体、综合组）	苏州大学　2022-01
贾鹤鹏　汪卫东	2021年度人文社科科研工作先进个人（个人杰出贡献奖）	苏州大学　2022-01
周俊崧　裘红翠　郭　丹	2022年苏州大学"五四青年奖"（勤勉自强类）	
李　晨　尹　佳　张　胜	2022年苏州大学"五四青年奖"（敬业奉献类）	苏州大学　2022-03
邹　帅　杨乃霖	2022年苏州大学"五四青年奖"（创新创业类）	
何加钦	2022年苏州大学"五四青年奖"（文明风尚类）	

续表

受表彰的个人或集体	被授予的荣誉称号或奖励	表彰或奖励的单位与时间	
纪金平　逢成华	2022年苏州大学王晓军精神文明奖先进个人	苏州大学	2022-06
朱　飞	2022年苏州大学王晓军精神文明奖（特别奖）		
张　阳　韩　亮　揭建胜	2022年周氏教育科研奖（优异奖）	苏州大学	2022-10
程雅君　李耀文　潘臣炜	2022年周氏教育科研奖（优秀奖）		
杜　丹　廖　刚　张洪涛	2022年周氏教育科研奖（优胜奖）		
姜　晓　叶　超　朱　卿	2022年周氏教育教学奖（优秀奖）		
崔玉平　严继高　许　静	2022年周氏教育教学奖（优胜奖）		
林焰清　刘开强　王　艳 蔡　琪　潘燕燕	2022年周氏教育卓越管理奖		
朱蓉蓉　宋德孝　张才国 佘明薇　田　然　桑明旭 朱光磊　高　珊　纪金平 弋维君	2022年优秀思想政治理论课教师	苏州大学	2022-06

2022年度学生集体、个人获校级以上表彰或奖励情况（表6）

表6 2022年度学生集体、个人获校级以上表彰或奖励情况一览表

受表彰或奖励的集体或个人	被授予的荣誉称号或奖励	表彰或奖励的单位与时间
顾乃菁	全国大学生2022年暑期"返家乡"社会实践"一起云支教 携手创未来"专项活动突出贡献高校志愿者领队	共青团中央青年发展部 2022-11
韩　颖　白　钰　轩子诺 李林娟　郎鸿裕　张博津 周　宁　顾　佳	第十三届"挑战杯"中国大学生创业计划竞赛（金奖）	共青团中央、教育部、人力资源和社会保障部、中国科学技术协会、中华全国学生联合会、北京市政府　2022-03
汤添益　赵婷婷　刘怡明 戈　颖　王梓兆　李斯文 徐　帜　张雨佳　侯　诚 黄曼娟　冯孝为　王凯瑶 李寒阳　范传留　张　昊	第十三届"挑战杯"中国大学生创业计划竞赛（银奖）	
陈一豪　袁　浩　丁俊哲 王　阳　李庆洋　王雨瑶 罗佩玉　邵雨桐　吴　茜 吴佳佳　蔡兴强　任玉莹 范雨萌　黄曼莹　杨佳乐 张正梁　甄　璇　代敏丽 叶文涛　刘梓瑞　李嘉诚 王伟奇　刘菁华　冯春惠 俞文捷　吕朱颖　贡艺勺 时星宇　杨正凯	第十三届"挑战杯"中国大学生创业计划竞赛（铜奖）	

续表

受表彰或奖励的集体或个人	被授予的荣誉称号或奖励	表彰或奖励的单位与时间
金 彩	2022年"喜迎二十大 永远跟党走 奋进新征程"江苏高校百校万名团干部思政技能大比武基层团支部书记专项赛（二等奖）	共青团江苏省委、江苏省委教育工委、新华日报社 2022-09
徐睿铌 葛宇洁	2022年"喜迎二十大 永远跟党走 奋进新征程"江苏高校百校万名团干部思政技能大比武基层团支部书记专项赛（三等奖）	
"喜迎二十大 头条里的中国梦"团队 "独数一智"——疫情下中小门店实地调查、数字经济发展实践团 中巴走廊守护者 "科技支农"贵州实践团 "蓝色燃动机——科教黔行"团队 苏州大学"惠寒·手拉手"专项关爱志愿服务团	2022年全省大中专学生志愿者暑期文化科技卫生"三下乡"社会实践活动优秀团队	江苏省委宣传部、江苏省精神文明建设办公室、江苏省教育厅、共青团江苏省委、江苏省学生联合会 2022-11
汤添益 赵婷婷 刘怡明 戈 颖 王梓兆 李斯文 徐 帜 张雨佳 侯 诚 黄曼娟 冯孝为 王凯瑶 李寒阳 范传留 张 昊 韩 颖 白 钰 轩子诺 李林娟 郎鸿裕 张博津 周 宁 顾 佳 潘梦娇 沈佳昱 孟 竹 徐汀婕 王丽君 蔡凯豪 宋慧慧 吴天宇 朱 珩 刘梓瑞 刘嘉诚 王伟奇 刘菁华 冯春惠 俞文捷 吕朱颖 贡艺匀 时星宇 杨正凯	第十二届"挑战杯"江苏省大学生创业计划竞赛金奖	共青团江苏省委、江苏省教育厅、江苏省人力资源和社会保障厅、江苏省科学技术协会、江苏省学生联合会 2022-11

续表

受表彰或奖励的集体或个人	被授予的荣誉称号或奖励	表彰或奖励的单位与时间
孙业旺 马亦明 卞潇谦 张荣伟 顾陆婧 张　琪 金　磊 李天奕 夏文心 刘中华 李　苗 赵　澄 夏　威 董流浩 刘雨桐 王浩波 方缘恒 章开宇 任玉莹 范雨萌 黄曼莹 杨佳乐 张正梁 甄　璇 洪影珊 陶雨然 代敏丽 叶文涛 周兴朝 姜　苏 徐爱琦 李天颖 周欣雨 张泽鹏 张洪振 沈泽恩 徐龙行 陈一豪 袁　浩 丁俊哲 王　阳 李庆洋 王雨瑶 罗佩玉 邵玉桐 吴　茜 吴佳佳 蔡兴强	第十二届"挑战杯"江苏省大学生创业计划竞赛银奖	共青团江苏省委、江苏省教育厅、江苏省人力资源和社会保障厅、江苏省科学技术协会、江苏省学生联合会　　　2022-11
赵　爽 鞠　妍 王子恒 朱恒佳 熊超然 姜子乐 吴沛如 贺嘉琪 曹　玥 侯　诚 李云飞 徐　豪 汤添益 张雨佳 黄曼娟 侯君怡 王成伟 陆星竹 刘怡明 罗松石 唐萌萌 吴鸿霄 陈奕言 张芯杰 韩　颖 童方正 张国禹 张译霖 袁　晴 徐　婷 朱学森 周天颐 缪婷玉 俞　睿 齐嘉钰 周　宁 付宸溪 蒋艺瑶 宗小桐 陆文灏 吴家隆 李若溪 姚瀚飞 徐　颖 裴　凡 李文钰 傅　蓉 朱子馨 陈　英 孙时倩	江苏省第八届中国国际"互联网+"大学生创新创业大赛高教主赛道一等奖	江苏省教育厅　　　2022-12

续表

受表彰或奖励的集体或个人	被授予的荣誉称号或奖励	表彰或奖励的单位与时间
周宇轩 王添玉 金 彩 吴思宇 张宇飞 闵晟一 吴怡蕾 李 尹 贺天举 叶家全 孙文钊 郁舒阳 郭星宇 朱启浩 高畅畅 龚婧岚 王 岩 卢秋竹 康雨婷 杨紫涵 常思琪 左 乔 徐文迪 胡文君 吴天宇 陈启源 李浩正 周曦萌 王艺涵 石文清 袁一鸣 徐家铭 沈悦琦 冯骞阅 李江涛 洪菲杰 陈予新 徐芷檬 钱陈宇 王雨瑶 李嘉诚 杨 帆 杨 朔 朱利丰 朱舒雨 董昕怡 季 艺 时 雨 张 晨 曹雨卉 朱灵芊 曹若琪 张昕蔚 谭 源 赵 寒 殷子懿 朱君杰 张天任 万 琦 沈佳昱 钟雨彤 徐汀婕 张昱旻 李林娟 孟 竹 蔡凯豪 赵文华 张燕娟 黄 壹 董书戎 吴 昊 黄思弦 严丹晨 孟 叶 廖僖莛 史书迪 吴一雯 韩艺卓 唐雅丹 于洁心 范雅萱 陈 婧 蔡昕玥	江苏省第八届中国国际"互联网+"大学生创新创业大赛高教主赛道二等奖	江苏省教育厅 2022-12
沈 宇 范廷慧 党媛悦 曹邵文 吴 凡 路知遥 赖昶志 张 岂 张胜男 徐子杰 彭瀚翔 陈心怡 吴佳逸 张旻腾 陈陆键 郭新宇 温靖萱 张沈昱 吴凯程 何加钦 黄舒婷 张羽飞 张 琰 尹 涵 柏维维 邓恺元 李勋勋 王萌萌 王亚茹 肖 俊 刘蕴冲 陈一豪 王 阳 王雨瑶 袁 浩 黄正轩 王 祺 冯璐璐 黄昱晨 李庆洋 刘毓洁 詹明烨 丁俊哲	江苏省第八届中国国际"互联网+"大学生创新创业大赛高教主赛道三等奖	

续表

受表彰或奖励的集体或个人	被授予的荣誉称号或奖励	表彰或奖励的单位与时间
张君泽　刘　静　田晶晶 刘竞舸　赵泽宇 迪丽胡玛尔·曹达诺夫 卜萨热姆·吾拉依木江 沈心安　法海岚·依斯拉皮 徐　薇　张湘怡　王亚成 戈　颖 卡那斯·巴合提克力德	江苏省第八届中国国际"互联网+"大学生创新创业大赛青年红色筑梦之旅赛道一等奖	
任玉莹　范雨萌　甄　璇 黄曼莹　张正梁　王轶杰 杨　洋　柳灿灿　唐冉青 杨佳乐　洪影珊　陶雨然 屈建威　方羿龙　施张璟 徐　伟　吴方晨　赵雅童 史童月　虞小玉　黄乐瑶 洪影珊　陶雨然　鞠　妍 赫云鹏　施冒杰　赵　锐 高婧恩　史　韵　韩素麟 包予晗　余文卓　曲文龙	江苏省第八届中国国际"互联网+"大学生创新创业大赛青年红色筑梦之旅赛道三等奖	
吕清松　许峰川　范　樊 冯　灿　吴蒋晨　王　鑫 范旭挺　张雪野　陈泳霖	江苏省第八届中国国际"互联网+"大学生创新创业大赛产业命题赛道一等奖	江苏省教育厅　2022-12
谭郭泓芳　　　　　祁珍珍 张鸿翔　李　欣　张欣童 刁　卓　刘芷若　龙怡忻 张　雨　谢小彬　常晓畅 胡　寅　杨茗琛　于江涛 马欣雨　严　博　王玉珏 孙　哲　郭思宇　唐子杰 王伟奇　郑羽骐　刘佳怡 吴思宇　张园祎　缪可言 焦亚薇　陈志毅　谢文君 陈清怡　杨春驹　梁　昊 陆施渊　许博涵	江苏省第八届中国国际"互联网+"大学生创新创业大赛产业命题赛道二等奖	
任　贺　戴　俊　赵　睿 王玉琦　黄心瑜　宋秋昱 罗佩玉　许雪梅　陆棱辉 杨轶青　开家乐　徐梓玮 刘中华　董流浩　刘雨桐 章开宇　赵　澄　周子敬 夏　威　李　苗　蔡昕玥 李　苗　杨　梓　姚　轩	江苏省第八届中国国际"互联网+"大学生创新创业大赛产业命题赛道三等奖	

续表

受表彰或奖励的集体或个人	被授予的荣誉称号或奖励	表彰或奖励的单位与时间
苏州大学"惠寒"研究生支教团	2022年苏州大学"五四青年奖"（文明风尚类）	苏州大学　2022-03
苏州大学附属儿童医院帮扶广西百色地贫移植团队（苏州大学附属儿童医院）	2022年苏州大学王晓军精神文明奖（特别奖）	
"科学背包"教育帮扶实践团队（光电科学与工程学院） 纺织与服装工程学院（紫卿书院）青年志愿者协会（纺织与服装工程学院） 苏州大学附属第二医院核酸采样突击小分队——邱珍珠护理团队	2022年苏州大学王晓军精神文明奖（先进集体）	苏州大学　2022-06
郭新宇　陈海阳	2022年苏州大学王晓军精神文明奖（先进个人）	

苏州大学优秀共产党员、优秀党务工作者、先进基层党组织名单

苏大委〔2022〕89号

优秀共产党员（50人）

　　文学院党委　　　　　　　　　　　　艾立中
　　传媒学院党委　　　　　　　　　　　胡明宇
　　社会学院党委　　　　　　　　　　　武向平　仲晓莹（学生）
　　政治与公共管理学院党委　　　　　　杨　静　蒋可焱（学生）
　　马克思主义学院党委　　　　　　　　蒋　慧　胡强迪（学生）
　　教育学院党委　　　　　　　　　　　甘忠伟
　　商学院党委　　　　　　　　　　　　汪晓媛
　　王健法学院党委　　　　　　　　　　卜　璐
　　外国语学院党委　　　　　　　　　　孙继强

金螳螂建筑学院党委	陈 星
物理科学与技术学院党委	吴雪梅
光电科学与工程学院党委	周 沛
材料与化学化工学部党委	鲁坤焱（学生）
纳米科学技术学院党委	朱文昌　戴一帜（学生）
计算机科学与技术学院党委	俞莉莹
电子信息学院党委	陈小平
机电工程学院党委	王传洋
纺织与服装工程学院党委	吴天宇（学生）
轨道交通学院党委	王 翔
艺术学院党委	仇松莹　周子妍（学生）
音乐学院党委	于存洋
苏州医学院党工委	李 恒　胡士军　张 恬（学生）
基础医学与生物科学学院党委	黄 健　郭宾宾（学生）
放射医学与防护学院党委	华道本
公共卫生学院党委	李建祥
药学院党委	金雪明
东吴学院党委	施小丽
唐仲英医学研究院党委	徐 鹏
苏州大学应用技术学院党委	燕 君
苏州大学附属第一医院党委	徐德宇　徐 华　高 洋
苏州大学附属第二医院党委	包 闰
苏州大学附属儿童医院党委	朱碧琳
机关与直属单位党工委	胡 玮　尚 振
离退休党工委	朱培培
图书馆党委	徐 福
后勤基建党委	张艳丽　郝崇伟
科技党委	田 天
企业党委	陈兴昌

优秀党务工作者（32 人）

文学院党委	管贤强
传媒学院党委	宋 智
社会学院党委	李 玲
政治与公共管理学院党委	曾永安
马克思主义学院党委	金 鑫
教育学院党委	余 庆
商学院党委	沈炜策

外国语学院党委	莫俊华
金螳螂建筑学院党委	成　龙
数学科学学院党委	周艳荣
物理科学与技术学院党委	戴苏明
能源学院党委	顾　燕
材料与化学化工学部党委	鲍　清
纳米科学技术学院党委	彭陈诚
电子信息学院党委	宋　瑾
沙钢钢铁学院党委	夏志新
纺织与服装工程学院党委	周国丽
音乐学院党委	胡晓玲
苏州医学院党工委	李伟文
基础医学与生物科学学院党委	吴　萍
放射医学与防护学院党委	孙　亮
公共卫生学院党委	聂继华
药学院党委	黄小波
护理学院党委	孟红燕
东吴学院党委	张志强
敬文书院党委	胡　萱
苏州大学附属第一医院党委	赵向琴
苏州大学附属第二医院党委	胡端敏
苏州大学附属儿童医院党委	王宇清
机关与直属单位党工委	王光阁
图书馆党委	袁晓明
后勤基建党委	朱　旻

先进基层党组织（29个）

马克思主义学院党委
金螳螂建筑学院党委
纳米科学技术学院党委
后勤基建党委
文学院本科生党支部
传媒学院本科生党支部
社会学院档案与行政党支部
商学院本科生第二党支部
外国语学院学术型研究生第一党支部
能源学院研究生第一党支部
材料与化学化工学部本科生第二党支部

计算机科学与技术学院软件工程系党支部
电子信息学院电子科学与技术系党支部
机电工程学院研究中心党支部
纺织与服装工程学院研究生第二党支部
轨道交通学院通信控制教工党支部
体育学院体育系第二党支部
音乐学院行政党支部
苏州大学心血管病研究所党支部
基础医学与生物科学学院人体解剖与组织胚胎学系党支部
放射医学与防护学院研究生第一党支部
东吴学院大学外语系第一党支部
唐仲英医学研究院第二党支部
苏州大学应用技术学院工学院教师党支部
苏州大学附属第一医院急诊医学科党支部
苏州大学附属第二医院外科第四党支部
苏州大学附属儿童医院第二党总支第一党支部
机关与直属单位党工委人力资源处、党委教师工作部党支部
图书馆第二党支部

2023年度江苏省普通高校省级三好学生、优秀学生干部、先进班集体、优秀毕业生名单

江苏省三好学生（37人）

本科生（24人）

传媒学院	曹宁粤
社会学院	翟文青
教育学院	郁高昕
商学院	沙 辰
王健法学院	王雨苏
外国语学院	吴宇征
金螳螂建筑学院	徐睿铌
数学科学学院	张竞文
能源学院	朱元泽
物理科学与技术学院	杜姜平
材料与化学化工学部	刁兆杨
纳米科学技术学院	徐家铭
计算机科学与技术学院	叶皓然

表彰与奖励

电子信息学院	吴应睿	
机电工程学院	梁浩然	
沙钢钢铁学院	王　燕	
纺织与服装工程学院	常思琪	
轨道交通学院	高　瑞	
体育学院	孙宇盟	
艺术学院	何思哲	
苏州医学院	宋祎一	张欣童
敬文书院	姚思韵	
唐文治书院	高　乐	

研究生（13人）

材料与化学化工学部	杨　贺	
马克思主义学院	林心杰	
王健法学院	陈智伟	
电子信息学院	高　嵩	
政治与公共管理学院	吉　蓉	
外国语学院	陈倩倩	
苏州医学院	陈俊畅	殷民月　黄鑫琪　陆蒋惠文
金融工程研究中心	隋京岐	
机电工程学院	张　昊	
商学院	周　扬	

江苏省优秀学生干部（42人）

本科生（26人）

文学院	张　婷	
社会学院	曹世婧	
政治与公共管理学院	周　展	
教育学院	张佳丽	
商学院	董流浩	何昱佳
王健法学院	闵欣怡	
金螳螂建筑学院	韩睿琦	
能源学院	王晓毅	
光电科学与工程学院	陆　尚	
物理科学与技术学院	刁文奕	
纳米科学技术学院	高　璇	
电子信息学院	范佳敏	
机电工程学院	孙齐政	
沙钢钢铁学院	黄圣珑	

纺织与服装工程学院	李家仪
轨道交通学院	朱江楠
体育学院	王依然
艺术学院	王译函
音乐学院	蔡灵杰
苏州医学院	翟旺松　王　楠　徐嘉婕
未来科学与工程学院	童鼎文
敬文书院	杨宝仪
唐文治书院	谢舒星

研究生（16人）

艺术学院	赵俊凯　薛　杨
能源学院	曹邵文
社会学院	李晓梅
光电科学与工程学院	刘美嘉
物理科学与技术学院	陈家禾
功能纳米与软物质研究院	韩晨旭
苏州医学院	柴　杨
文学院	徐　婷
材料与化学化工学部	鲁坤焱
王健法学院	胡韬相
计算机科学与技术学院	杨　帆
传媒学院	陈歆怡
教育学院	张　婷
政治与公共管理学院	赵希玉
马克思主义学院	韩　轶

江苏省先进班集体（22个）

本科生先进班集体（18个）

文学院	2020级汉语言文学（师范）一班
传媒学院	2021级新闻传播学类三班
政治与公共管理学院	2020级思想政治教育班
商学院	2019级金融学（中外合作办学）班
王健法学院	2020级法学二班
外国语学院	2019级翻译班
能源学院	2019级新能源材料与器件班
物理科学与技术学院	2020级物理（师范）班
材料与化学化工学部	2020级英语强化班
纳米科学技术学院	2019级纳米班

计算机科学与技术学院	2020级软件工程一班
电子信息学院	2019级通信工程二班
纺织与服装工程学院	2019级轻化工程一班
轨道交通学院	2020级交通运输班
苏州医学院	2019级医学影像班
	2020级临床医学"5+3"一体化三班
敬文书院	2020级笃行班
唐文治书院	2020级本科生班

研究生先进班集体（4个）

苏州医学院公共卫生学院	2020级硕士研究生班
材料与化学化工学部	2020级博士研究生班
文学院	2021级文学硕士研究生班
王健法学院	2021级法律硕士研究生（非法学）班

江苏省优秀毕业生（26人）

本科生（17人）

传媒学院	蒋艺瑶
社会学院	顾博文
政治与公共管理学院	陈心怡
商学院	戈　颖
外国语学院	陈青乔
金螳螂建筑学院	刘逸灵
数学科学学院	朱轶萱
能源学院	虞小玉
光电科学与工程学院	颜明轩
材料与化学化工学部	洪宇轩
纳米科学技术学院	杨　帆
电子信息学院	杨梦瑶
机电工程学院	刘怡明
沙钢钢铁学院	孙子昂
纺织与服装工程学院	沈佳昱
音乐学院	高　雪
苏州医学院	陆　威

研究生（9人）

材料与化学化工学部	何加钦
能源学院	王梦蕾
纺织与服装工程学院	刘　静

功能纳米与软物质研究院	杨乃霖
电子信息学院	彭圆圆
艺术学院	余巧玲
苏州医学院	何林玮
物理科学与技术学院	王旻
政治与公共管理学院	金泽琪

2021—2022 学年苏州大学校级三好学生、三好学生标兵、优秀学生干部、优秀学生干部标兵名单

文学院

三好学生（39人）

王虹媛	程博雯	张继扬	邵沁怡	杨智惠	郑 义	臧靖圆
赵钰晗	刘欣源	吴紫璇	王筱烨	周心怡	唐一新	徐 倩
王 雪	龚欣怡	张馨忆	李惠娴	林 靖	毛若妍	李倩倩
张 怡	夏平平	潘欣琪	倪润梅	龚陶薪	周 欣	邵思敏
吴艺恬	朱昕语	江芷晴	王心悦	吕 雯	曾海怡	朱子涵
陆诗蕙	肖徐徐	刘 云	张佳怡			

三好学生标兵（1人）
　　龚欣怡

优秀学生干部（30人）

余若曦	孙雨涵	朱子馨	邱 琳	宋雨萱	郭彦彤	崔楚晗
陆森森	孙容川	沈竹君	张安琪	王馨悦	董晚雨	陆怡雯
季新悦	董怡雯	徐 迅	彭雨晨	黄依龙	张博津	盛诗雨
孙潘懿	周可婕	张 婷	管浩彤	汪 苇	吴 颖	张颖梓
赵 丹	李雨露					

优秀学生干部标兵（1人）
　　徐 迅

传媒学院

三好学生（37人）

曹宁粤	宗小桐	黄琳茜	杨钦雨	付润典	丁佳芸	李昊宸
赵欣然	付宸溪	杜明欣	刁 卓	杨晴清	胡植然	池铭晰

薛　柯　　陆天潇　　施媛媛　　丁天宇　　高萌婕　　石文清　　王惠雯
陈　渡　　周淑雨　　吴欣悦　　顾彦君　　彭嘉彦　　蔡擎宇　　王亮宇
汪乐桐　　朱晓华　　季周宇　　徐芷檬　　彭张轶非　梁　帆　　李张欣
孙启予　　张馨文

三好学生标兵（1人）
曹宁粤

优秀学生干部（32人）
张馨文　　胡颖蕾　　卢紫仪　　陈彦杉　　宋馨悦　　吴若晗　　许　曼
杨蕙羽　　虞佳瑶　　王飞腾　　方雨婷　　孙　妍　　沈若澜　　梁晓菲
李忱欣　　孙艺铭　　温婧如　　彭思佳　　包梦婕　　袁忆如　　许芯悦
邓晚晴　　高　垚　　周沈洁　　莫雅晴　　严　舒　　蒋艺瑶　　张珺茹
李奕纯　　曲宠颐　　沈　誉　　黄丽娜

优秀学生干部标兵（1人）
李忱欣

社会学院

三好学生（34人）
张　舒　　周　焦　　施坤玉　　石洋洋　　刘　婕　　曹世婧　　谢雨欣
潘小婷　　李佳静　　韩梦莹　　沈晓玥　　黄熙媛　　顾博文　　李珺涵
王井媛　　王孟婕　　翟文青　　范圣岚　　尹苏熠　　郭宇辰　　王　玥
朱雨婷　　吴雨川　　郭朗睿　　顾佳榕　　贡彦茹　　印依婷　　李哲琦
任　优　　郝　晶　　王钰蕴　　黄莉媛　　金　雨　　占骏超

三好学生标兵（1人）
任　优

优秀学生干部（32人）
苏于丹　　陈昱彤　　焦圣兰　　赵荣耀　　王怡婷　　刘茗滟　　马博赟
陈宇阳　　李瑶月　　冯笑寒　　王　吉　　徐文伶　　刘雯雯　　华若芸
吴佳怡　　丁志美　　陈玉琴　　杨金泽　　张倍嘉　　郭鑫榕　　张　琦
邱妍羽　　章紫怡　　冯昊昱　　李梦柯　　金莹健　　夏雨萌　　金宇鸥
杨昕濛　　任宁萱　　俞思文　　吕欣桐

优秀学生干部标兵（1人）

赵荣耀

政治与公共管理学院

三好学生（56人）

陈心怡	莫铭佳	李佳荣	陈熙玉	邹砚秋	马泰仪	方浩然
洪影珊	姚苏笑	马　晓	龚　瞩	沈　迪	靳　鑫	徐飞越
张文萱	许雨萱	陈美贤	杨雨洁	陈林妍	郝　韵	卢诗雨
李　锦	邓铮妍	占李洋	姚佳成	杨一凡	杜祥茹	马静雯
肖缘成	后梦雪	王媛媛	谢沛霖	赵华楠	伍启月	樊茜雯
龚婧岚	刘欣怡	庾　婧	孔浩天	戴　莹	陈芮萱	骆一涵
钱　玥	叶　佳	谢　柔	庞中梅	徐佳琦	马思琪	王　艺
李子赟	赵婧彤	童雨心	秦　尧	蔡　想	秦乐遥	解亚雪

三好学生标兵（1人）

陈心怡

优秀学生干部（49人）

吴　昊	朱昕雨	陆佳玉	姚睿婧	邹欣雨	翟　璐	董泓玮
何嘉丽	黄春晓	韦　一	于丽芳	方思语	赵雨彤	赵艺佳
周　展	廖　慧	马晶晶	吴成涓	郭宝怡	王　晴	杨　澜
叶沛茹	汪心韵	姚泽瑞	郭佳涵	肖　洋	李宗宇	付金慧
单笑语	安嘉仪	刘芷若	丁瑜玮	赵可菲	廖延培	吴梓诚
钱　程	卢茜茜	刘星雨	宗　国	许鑫涛	顾　帆	高　喆
卢嘉琦	何青蔓	问雪纯	蔡解语	杜易林	陈剑虹	魏圣阳

优秀学生干部标兵（1人）

廖　慧

教育学院

三好学生（19人）

郁高昕	姚马可伦	李雨秋	冯　暕	洪慧珊	程　嘉	俞铭华
武宇杰	李　彤	马婉婷	徐　磊	徐　骥	高玉彤	袁晨晖
席　嘉	韩欣阳	杜美瑾	吴雨晗	韩　涵		

三好学生标兵（1人）
郁高昕

优秀学生干部（17人）
陈　静　　米日努尔·台来提　　张傲雪　　王伊宁　　李静静　　陈梦函
许又匀　　吴晓颖　　王　倩　　张佳丽　　刘　娴　　朱佳丽　　高夏妍
林江涛　　王芷祺　　郭亚平　　徐　佳

优秀学生干部标兵（1人）
张佳丽

商学院

三好学生（104人）
徐家琪　　刘苏皖　　徐　伟　　王妍玥　　薛晓宇　　张　倪　　徐汀婕
周慧薇　　何涵今　　申　霖　　缪婷玉　　李佳楠　　许文萱　　沈心安
倪心乐　　戴嘉宜　　邱薇薇　　王玉珏　　徐幸蕾　　吕嘉悦　　顾　微
吕朱颖　　胡诗语　　王卓平　　戴亦文　　曹翌珩　　袁笑妍　　季浏洋
陈欣荣　　朱赛琳　　陈　瑶　　秦　琪　　陈　昱　　马之寒　　王晨璐
陆　叶　　朱　媛　　尧伊雯　　魏思莼　　李怡霏　　韩奕然　　薛欣驰
冯文希　　武佳欣　　周佳睿　　朱若妍　　徐子涵　　严雨函　　王晶晶
徐炎青　　黄尉洲　　朱钱菁　　韩雪莲　　匡　颖　　凌晨馨　　陈楚楚
程惠琳　　罗锐驰　　徐太娣　　张雅雯　　王唯佳　　高　歌　　朱　柳
曹雨寒　　叶佳仪　　沙　辰　　洪宇扬　　王雨瑶　　支业琴　　崔恒然
黄　绢　　陈逸文　　刘雨桐　　董文璐　　侯梁祖　　张　辰　　俞力宁
罗震伟　　张　璐　　杨　梓　　薛奇骏　　戴薛亮　　姚月盈　　周伊婷
顾嘉琪　　鞠　妍　　吴林轩　　孟　竹　　陈佳楠　　张嘉珩　　刘子琪
丁柯雅　　吴方晨　　吴　凡　　周天颐　　刘静怡　　程子凌　　汤姝晗
钱怡嘉　　陈淑怡　　华静仪　　黄钟裕　　戴梦舒　　沈才艺

三好学生标兵（2人）
沙　辰　　刘子琪

优秀学生干部（68人）
夏子尧　　沈泽儒　　江艳萍　　邱诗雨　　史　韵　　任晓宇　　夏春晓
张雨佳　　陈俞安　　付启雪　　蔡沁然　　朱依婷　　张志莹　　孔自立
吴一雯　　曹　玥　　张琪明　　李卓雅　　蒋亦韬　　吴亦凡　　李嫣然
于瑨泽　　孙皓旸　　李斯文　　陆亚强　　张婧雯　　赵一全　　苏伟民

张湘怡	周佳柠	周慧妍	孙铭璐	袁逸飞	马秋彤	冒静宜
崔诗语	黄诗雨	郁菲菲	葛 妍	杨星宇	高心怡	朱恒佳
冯嘉文	陈 铖	董流浩	余宁静	陈晓雅	何昱佳	崔馨丹
张若昕	王晶玥	陶隽洲	尤 菁	彭 洁	马亦明	吴耿玥
胥 琦	徐 可	沈 源	翁玥雯	于宛灵	张子云	华晨妤
常晓畅	洪菲杰	王雨函	严欣宇	倪语涵		

优秀学生干部标兵（2人）

葛 妍　　何昱佳

王健法学院

三好学生（36人）

王新源	席远方	邹芦羽	吴翊文	金雨凌	闵欣怡	王雨苏
徐嘉泽	蔡于洁	蔡依辰	朱星宇	周明慧	韩非凡	戈梓欣
丁 宁	周芷悦	陶 远	周文卿	丁星月	代杨新	刘义瑞
陈竟怡	钟晨亮	黄友彦	顾柯兰	葛宇洁	胡庆涛	张艺凌
吕承禹	支舟依	齐嘉钰	卢新月	唐诗怡	王依陆	林晓铃
张子钰						

三好学生标兵（1人）

闵欣怡

优秀学生干部（33人）

唐梦晨	钟成昊	李 一	洪宇轩	朱雨娴	王 喆	梁津梅
孙静逸	李孜彤	诸昌盛	陈亦然	金乐怡	颜 秦	朱忆寒
徐璟琦	朱欣妮	顾涵宇	李艳娇	吴亚红	李 邦	陶千一
王佳怡	王珊妮	徐婧铭	陈玲珑	印纾妤	陈映彤	卢靖萱
孙 莎	胡一凡	胥 恬	倪欣鸿	朱怀阳		

优秀学生干部标兵（1人）

钟成昊

外国语学院

三好学生（46人）

缪薛鹏	赵婷婷	李 涵	黄鑫炎	姚江浩	马羽茜	蔡行健
黄羽琪	刘 妍	彭馨乙	许嘉禾	陈 晓	黄子玥	郭雯悦

徐晨曦	宋悦怡	朱芷乐	陈芊羽	吴宇征	姚嘉威	马慧星
沈欣怡	陈青乔	王思琦	冯御菲	刘 畅	孙 浩	陈修竹
盛笑凡	时 萱	柳雨昕	王雨轩	赵颖莹	李星宇	陆蕴佳
薛家鎏	薛 群	苏嘉怡	沈思涵	季心瑜	金昔琳	莫 涵
潘记闻	王志君	曹 玥	李小冉			

三好学生标兵（1人）
　　吴宇征

优秀学生干部（40人）

严心语	周 靖	杨潞堃	祁志远	洪艺洋	宋 双	顾隐月
刘方明	朱怡帆	詹晓雯	刘 鑫	唐溪遥	吕湃瑶	谢丹玲
贺嘉琪	黄子凡	季思辰	蔡伶雨	钟恬静	刘立凡	徐依静
王 涛	董悦薇	郭懿葳	钱笑语	许惠星	卢 娴	黄嘉怡
陆悦庭	何雨霏	蔡铭静	陆嘉颖	陈珈宁	裴鑫萌	黄 平
林 琳	张 玥	李 政	陈静怡	朱佳丽		

优秀学生干部标兵（1人）
　　陈 晓

金螳螂建筑学院

三好学生（34人）

王 沁	冯靖茹	杨 芮	刘逸灵	陈思婷	韩疏桐	刘佳怡
姜於能	朱佳兮	王玉婷	杨艺龙	王祺皓	刘思洁	李学桐
唐晓雪	倪心怡	闫鑫鑫	李若妍	孙世媛	赵无极	周钰翔
樊昊杰	徐昊怡	罗丽峰	李彤瑶	武玉洁	师依琳	周心悦
吴雯冰	谢宇虹	全 瑞	王舒捷	严梦玲	于 翔	

三好学生标兵（1人）
　　陈思婷

优秀学生干部（29人）

徐睿铌	魏 东	张晰森	商 藁	王子涵	王奕澄	陈 可
刘 倩	王轩浩	梅 涛	翟知凡	肖 骏	李龙翔	张佩瑶
王 言	陈 扬	李明洁	谢丛朵	叶睿文	夏昕玥	马润青
于欣禾	韩睿琦	程希圆	吴泽瑜	裴梦瑶	张 成	郝 蓉
夏一雯						

优秀学生干部标兵（1人）
　　韩睿琦

数学科学学院

三好学生（37人）

祝文皓	翟冬烨	战立鑫	郭延杰	承祉京	浦欣磊	吴紫涵
王清然	史建伟	张竞文	张绍易	陈玺安	张晨曦	徐卓文
田嘉幸	范鼎	周若凡	张彤	陈佳琳	朱轶萱	徐星语
王道莹	许壮	付东灵	肖何柯	孔德溯	尤忆雯	唐冉青
沈语恒	姜恒越	刘祺	陈峻纬	朱怡雯	黄驰	姚宇阳
张思忆	张亦弛					

三好学生标兵（2人）
　　陈玺安　徐星语

优秀学生干部（39人）

黄思咏	刘博扬	朱一睿	文钰晴	沈栩臣	薛立诺	朱文杰
常琦乐	童前虎	戴震昊	付宇祺	于滨豪	谢宇欣	王邵懿琳
倪淳易	王子涵	昆禹	高瑞阳	贺雅韩	龚喜	刘源
姜沛诺	陈宇恒	陆橼羽	夏雨	陈思蓉	张若轩	曹佳怡
陆子晗	沈韵	张颖	吴萃艳	孙禧龙	方彦蓉	高雨欣
曹修妍	李旭展	李雨颖	徐子惟			

优秀学生干部标兵（2人）
　　陆橼羽　陆子晗

能源学院

三好学生（28人）

王如	虞小玉	周伊静	向攀	陈柯伽	张建华	朱瑜婕
梁和欣	朱元泽	邹瑷吉	马奥雯	华君逸	王骏昌	张静如
范芯丹	周凡茗	张华博	成昱涵	刘欣然	闵安之	王晓毅
翟康旭	左骁	冯天乐	姚胡冲	丁钰	刘陈轩	路知遥

三好学生标兵（1人）
　　朱元泽

优秀学生干部（22人）

赵志明	孙　宇	陈小串	陈诸杰	王靖涵	施张璟	雷闯常
徐　渭	王英瑞	谈奕辰	吴陈扬	朱　雄	陈　宇	贺昱榕
薛晨阳	黄天辰	赵　垚	戚晗轩	桂宇昂	贾大为	崇昕宇
王泉彬						

优秀学生干部标兵（1人）

王晓毅

物理科学与技术学院

三好学生（27人）

孙宇辰	孙江东	霍锦月	孟维权	范宇航	王梓硕	徐廷昊
章　浩	沈晓悦	李耘成	钟婉茹	韩金锦	陆柯成	殷榕泽
赵鑫琪	汪靖博	庞静怡	陈美连	潘　逸	贡小婷	沈海滢
陈健南	王栋栋	陈　靓	徐心悦	谢科薇	王柯崴	

三好学生标兵（1人）

孟维权

优秀学生干部（20人）

杨　晨	刁文奕	李惟嘉	鲁晶晶	杨玲玲	戎欣圆	张玉淳
付润生	顾浩正	张　茗	耿颢恺	李祖琦	何菁菁	范伟杰
杜姜平	施云天	张　潇	赵英淇	李跃辉	陈　琰	

优秀学生干部标兵（1人）

刁文奕

光电科学与工程学院

三好学生（26人）

刘世奇	胡　益	王腾午	周嘉成	李文静	陆　尚	沈梦蝶
戈静怡	刘慈航	王　凯	赖培根	丁艳慧	郭　彬	詹　远
郑润琦	王　鑫	曹　水	刘贺菲	于雯佳	姜余杰	韦怡君
祝云翔	司俊文	高恬曼	陈黄超	顾楠楠		

三好学生标兵（1人）

戈静怡

优秀学生干部（21人）

黄亮杰　李若男　黄嘉敏　周轩宇　曾繁荣　张雅丽　许楹鹦
陈　冉　季羽昊　王志杰　唐　宁　印书锋　王楚涵　冯慧涛
王语轩　马朝凡　颜明轩　唐佳雯　胡紫厚　邱志昕　俞诚程

优秀学生干部标兵（1人）

陆　尚

材料与化学化工学部

三好学生（67人）

王苏健　刁兆杨　石子玉　张凝远　严雨涵　陈明智　窦雨欣
黄心怡　钱佳杰　邹翊博　汪　鑫　权学恒　江　浩　陈园园
简梦雨　李　秀　赵千里　王陈宁　蒋茅帅　吴正凯　高婧恩
刘一航　王子越　高媛媛　王艺璇　张璟怡　谢依菲　张　弋
许　童　虞宗豪　胡天铭　隆佳颐　王煜璐　胡郁彬　周梓言
包予晗　朱静雯　许　嫣　王嘉怡　俞　潜　高海博　蔡嘉跞
祝雪烨　刘德彬　卞宇雯　蒋胜喜　董禹铜　袁　昊　乔一恒
葛予琳　时睿霄　顾　勇　孙天宇　倪端颖　冯　荣　郑迪元
薛贺跃　张琳惠　范段琪　杨语欣　程肖茹　许慧玲　彭全啸
杨咏刘　朱立俊　张佳辰　许馨悦

三好学生标兵（1人）

王煜璐

优秀学生干部（52人）

刘晨曦　刘　莉　孟　醒　罗鹏珍　张　潼　史浩蕊　吴　宇
金雨彤　黄　昕　梅奕寒　李保运　郑欣雨　王啸锋　顾立人
姚诗琦　吕梓华　戚程宁　俞嘉尧　蒋佳祺　平　圆　余文卓
蒲秀丽　曹馨尹　姜腾跃　赵与程　陈之晔　张欣妍　陈政熙
郭子峰　顾宇晗　胡佳妮　苏子怡　孙纪豪　黄子慕　潘　栩
齐　航　严　笠　王　暄　何邢晨　祖隽怡　戴渝璇　赵　楦
喻　情　姚青云　董　川　李清园　马健香　许子宁　王彤西
钱正阳　王卑熔　华垒蕾

优秀学生干部标兵（1人）

金雨彤

纳米科学技术学院

三好学生（17人）
苏迎奥　　于　俏　　高　璇　　徐家铭　　熊　妮　　李智豪　　王珂盈
冯骞阅　　李臻源　　薛兹键　　吴雨辰　　张亦扬　　杨益喆　　戎雯靓
钱怡颖　　高炜岂　　艾德文

三好学生标兵（1人）
徐家铭

优秀学生干部（12人）
王树狀　　李桑爽　　胡旭东　　徐慧中　　邵媛喆　　唐英博　　穆航帆
边乐陶　　翁晨卉　　陆天行　　罗　杰　　崔　岩

优秀学生干部标兵（1人）
王树狀

计算机科学与技术学院

三好学生（39人）
周夏卿　　夏　雪　　王力擎　　叶皓然　　李　捷　　罗文啟　　于立恒
张正康　　张　昊　　季诗尧　　侯羽飞　　谢欣欧　　陈惟一　　殷九思
简嘉瑶　　杜林轩　　胡　驭　　薛广泉　　石　煜　　孙艺萌　　李承庚
朱国迎　　杜林鸽　　吴天赐　　史童月　　于乾元　　陈嘉沥　　岳鹏飞
邢寰宇　　蒋奕晨　　周雨佳　　侯熙致　　张　琦　　朱　浩　　徐佳蕊
匡家豪　　陈家峰　　符梓璇　　徐思恬

三好学生标兵（1人）
叶皓然

优秀学生干部（36人）
黎　杨　　张丽群　　杨宇轩　　陆宇慧　　陈　琦　　周荫南　　林婉清
王　丹　　王艺洁　　王丁睿　　袁雨晴　　许　瑶　　王妮娜　　路文邈
汤　姚　　胡　睿　　蔡子郁　　赵　鹏　　张明明　　金　颖　　张紫岩
邹征涛　　周柯言　　管新岩　　吴　优　　谢雨潼　　姚星凯　　章开宇
宋邦奥　　王彦柏　　杨昕尔　　陈莎莎　　祁奕诚　　黄梓洋　　洪泽昱
郑志健

优秀学生干部标兵（1人）
　　陆宇慧

电子信息学院

三好学生（54人）

吴应睿	孙宇晨	刘雨寒	匡祯豪	温亚欣	程　晨	刘　振
李春昊	高诗倩	蔡俣颉	许　彤	时湛格	唐润宏	金　明
尹天雨	童圣阳	戚晨阳	郭向露	汤子衿	柴安泰	李锴岳
蒋丽莲	曾勇达	宋　炎	刘东滟	童子洲	胡玉枫	许暄莹
王文妍	马　瑞	王玮卿	朱炳康	张　逐	李　想	周轩宇
于东平	彭乐骁	冯泽宇	杨梦瑶	李郅昊	梁　莹	唐宇凡
乐　言	王　璇	徐贾乐	张国好	向雨婷	范　承	刘陈吉
陶欣怡	张志伟	王洁茹	张　寒	朱一星		

三好学生标兵（1人）
　　吴应睿

优秀学生干部（53人）

张天昊	郑文韬	李子豪	包文翰	仲　易	陶书恒	杜昊坤
汪大为	常语涵	王雅思	陈星宇	颜雨煊	徐　欢	王国良
李　涛	范佳敏	郑文浩	陈黎阳	王宇轩	郭海燕	薛文文
麦锐志	孔春晖	乔洪煜寒	涂沛妍	丁振轩	张　扬	李　苗
蒋翔宇	骆素蓬	张骁宇	沈希蔚	金　轩	吕晓琪	吴佳颖
吕　远	王昕宇	周雨晴	郑晟哲	李钊逸	王砚钦	吴子竞
严　敏	王子恒	张浩宇	黄叶飞	赵雨蓉	张孙阳	丁　征
田　励	张新阳	施铸恒	严明洋			

优秀学生干部标兵（1人）
　　范佳敏

机电工程学院

三好学生（60人）

苗雨辰	王晨阳	周远恒	陈才俊	闵颢翰	崔震岳	吉志伟
李嘉靖	戴思杰	李云帆	匡　荻	梁奇振	薛祎怡	鄢鹏程
杜伟栋	李　翱	吴明阳	张芯杰	陈　可	盛守强	王　朝
陈旭初	刘高宇	沙俊杰	陶明辉	周家乐	王浩阳	聂振宇

蒋紫晶	韩琪隆	袁思淼	王雅琴	李海川	杨帆	仇金玲
尤胜杰	周霖	吴岘	杨鸣远	许永跃	张海翔	陈天洒
刘怡明	郭经纬	陆星竹	梁浩然	朱林孜	何思园	戴逸飞
徐扬	朱愉成	曹爽	陈鑫	左自杰	施小慧	张骏超
单万坤	陈锴	李玄	陈俊仪			

三好学生标兵（1人）
梁浩然

优秀学生干部（45人）
王苗苗	李政辰	孙铭远	孙齐政	王坤	张茂荣	王飞扬
钱彦豪	王亚楠	肖遥	黄刘	景德豪	刘晓雅	陈晨舒
何骏腾	强志洋	张子豪	杨钧杰	何涛	郭子健	陈德枫
程启源	杨嘉敏	赵智林	陈奕言	陈贝贝	管浩宇	杨晨
刘昌林	王梓荻	张艳	吴鸿霄	段爽	李梦莲	朱江林
李翔飞	何彦欣	张灵霖	张文娜	吴凡	薛童	孙华俊皓
刘博元	钟蓣林	王少杰				

优秀学生干部标兵（1人）
孙齐政

沙钢钢铁学院

三好学生（21人）
巢文正	许国瑞	胡芮嘉	谢恒宇	王亚婧	白露	王燕
薛文帮	张艺	蒋健	裴孜艺	黄佳怡	付星萌	赵璞
陈鹏	李佳荣	沈鸿阳	高晟	朱奇龙	龚奕维	陈诗怡

三好学生标兵（1人）
王燕

优秀学生干部（15人）
黄圣珑	周静怡	柴彤宁	胡鑫	宋虎翼	卜丽丽	吕潞瑶
张洁	王景琦	张颖	陈奕名	唐杉杉	黄依森	朱舟
李淑静						

优秀学生干部标兵（1人）
黄圣珑

纺织与服装工程学院

三好学生（47人）

黄诗鸿	张 敏	冯宁静	法海岚·依斯拉皮	董书戎	祖拉兰·艾买江
田沛琳	顾雨苗	邹明慧	朱晶晶	韩 颖	王 岩	常思琪
章宇慧	李秀珍	魏梦瑶	石欣冉	李蕙欣	雍 楠	殷彦飞
汤 畅	吴天南	徐 婷	廖文怡	胡文君	成馨雨	梁月曦
沈雅欣茹	李欣然	高如昕	唐倾城	甄 璇	乐昱含	王沂沨
周汶静	王续静	王婧怡	唐蔚然	李文吉	罗 茜	袁 缘
张 悦	韩 愈	陈相尚	韩丹叶	蒋宇轩	卜萨热姆·吾拉依木江

三好学生标兵（1人）

韩 颖

优秀学生干部（41人）

李林娟	沈佳昱	杨 琪	卞宗瑞	徐 薇	陈雅琪	倪小卓
罗天宇	樊文暄	李 哲	高可馨	罗忆心	王笑宇	周雨萱
李志颖	吴欣怡	张文萱	陈佳怡	刘雨婷	曹亦佳	李家仪
余璐阳	张静宜	罗鲁宁	华英孜	高畅畅	朱柏融	金相宜
罗 意	张苏心	闻俊超	戴高乐	潘嵩玥	涂婷婷	江艺洋
李梦悦	田兴宇	贾奕帆	付新月	钱 妍	吕继发	

优秀学生干部标兵（1人）

周汶静

轨道交通学院

三好学生（46人）

高荣环	宋佳艺	吴 磊	朱江楠	胥 露	刘香袭	徐冰冰
王禹同	田嘉豪	刘蒙永	徐佩琪	刘 畅	陶思涵	邬明骋
周彧轩	涂 康	张 毅	赵如意	杨烨飞	康梓浚	高 瑞
余宇浩	潘世娇	刘嘉伟	徐 翔	王 洲	陆子俊	陈思帛
袁 鹏	张晨杨	孙依萌	蔡博威	朱明杰	王奕豪	王海宇
单冬冬	许 圣	姜 皓	程基烜	王鑫晨	潘显诗	潘晓龙
吴梓宁	徐 许	潘 浩	刘嘉丽			

三好学生标兵（1人）

高 瑞

优秀学生干部（40人）

唐　浩	夏凡珺	韩淑凡	张　梦	赵雅茹	邵　桐	徐贝贝
凌张吉	赵　涵	朱孔帅	赵雅童	盛　誉	石金怡	杨嘉祺
吴宇润	苏泓州	吴逸扬	张述申	徐吾森	赵子健	周柯宇
刘龙飞	张凤顺	陈　博	刘子墨	李程玺	李　震	陈玉婷
周艳琳	刘　春	王丽泽	苏淇睿	李文懋	赵恒锐	朱璠宇
赵一帆	张纪立	黄杨斌	盛鑫悦	李玮华		

优秀学生干部标兵（1人）

程基烜

体育学院

三好学生（32人）

沙恒雅	徐梦琴	李婉菁	杨　华	张家伟	徐晓彤	张湘雨
孙宇盟	徐晓桐	李宸宇	张文卓	田雯娇	陈　程	孔凡予
姚佳柔	杨春平	孟子慷	张馨月	杨宝仪	徐晶晶	潘龙玥
陆　璐	杨喆琨	谷　叶	汤滨雁	李珈萱	陈志灏	陈　澄
李　颖	王　楠	沈蔚儿	范梦迪			

三好学生标兵（1人）

孙宇盟

优秀学生干部（26人）

黄佳蕾	包嘉宁	蒋书奇	徐伊林	戴小蝶	江　域	何逸凡
吕泽涛	王雨彤	潘苏烨	吴坤陵	陈玥汝	季宸羽	黄璀珺
王一帆	谷天心	张玮钰	杨一琳	叶　枫	朱桂鸣	胡美龄
智若愚	杨　曼	邱梦影	钟志豪	潘岳晨		

优秀学生干部标兵（1人）

徐伊林

艺术学院

三好学生（38人）

董　洁	许琪瑄	李思睿	胡曦晴	张艺晨	王　妍	高若瑜
刘牧青	张文扬	朱华颖	司芫芳	周维世	何思哲	李雨轩
王佳瑞	朱　磬	缪亦蕊	钟慧瑜	周莎莎	邹慧婷	夏雨萱

晏忻悦　　金奕含　　沈　晴　　何心怡　　吴瑜菲　　季语彤　　马紫昂
孟莞祺　　王泽琦　　赵昱婷　　候秋艳　　周　洁　　王奕萱　　阚卓儿
童　尔　　郑轶凡　　承昱华

三好学生标兵（1人）
何思哲

优秀学生干部（33人）
黄　璇　　厉梦婷　　邱芳希子　欧阳嘉跃　张怡迪　　周　通　　李佳橦
王乐瑶　　扈冰玉　　牛雪漪　　范筱妍　　李奕锦　　周　煌　　陈一菀澜
童　钰　　庄　佳　　刘若瑾　　李雨桥　　李佳明　　曲倍佳　　寿艺珏
茅　睿　　王译函　　彭睿洁　　钟诗涵　　林　璇　　张　琪　　毛　睿
程孟琦　　毛冰冰　　陈　启　　赵卡裕　　沈钟颖

优秀学生干部标兵（1人）
王译函

音乐学院

三好学生（12人）
高　雪　　李欣颖　　王婧源　　杨颖洁　　陆丹妮　　朱　菁　　曹恬宁
付绎如　　商怀雨　　王泽晨　　刘润泽　　赵炅灵

三好学生标兵（1人）
李欣颖

优秀学生干部（9人）
孙　康　　谢　萌　　蔡灵杰　　刘　琪　　董大硕　　吴　瑞　　陈瑜莹
史婧怡　　杜禹含

优秀学生干部标兵（1人）
高　雪

苏州医学院

三好学生（242人）
王　楠　　徐姝琳　　卜　艳　　卢鸿宇　　薛心韵　　朱致雅　　王雨辰
陆子安　　徐　鑫　　李心逸　　许　锴　　赵悦宁　　陈锦华　　樊一铭

府　凯	张宇杨	马佳威	刘　珍	章姝涵	杨溢甜	彭宇浩
董航均	李思捷	唐浩益	丁戎轩	吴雨菲	余浩沄	范宇涵
王　露	顾博涵	许博涵	黄名萱	花稀骏	王鑫楠	王垚波
庞钰儒	崔晋嘉	翟珍惜	张菲洋	郑丁豪	张　楠	陈　越
陆思语	邵明荟	朱世祺	崔　彤	戴宇宁	贾晋婧	滕海滢
尉　蔚	阚秀佶	卢奕霏	汪艺晞	王　舸	陈汉钦	王静宜
徐　珺	马胤光	陈苏睿	焦亚薇	聂锦宜	谢文君	王伟奇
缪　言	钱程真	杨鹏珠	汤颜冰	包骏益	王珵奕	刘菁华
李彦熙	辛怡洁	范程云佳	陈袁源	吴春雨	孙　毅	刘天姝
张议丹	仲　亿	陈雨轩	王涤凡	彭　玲	董旭宸	王梓轩
周顺琪	马　赫	张欣童	宋祎一	张　玥	李嘉熙	郑雨晗
曹奕凡	周宇晟	贾　茜	王雨梵	华怡颖	朱明芮	王葛超
陈秋星	曹雨卉	计　艺	胡　昕	杨俊杰	万沁琳	郭　琪
倪海旋	李羽萱	张紫陌	钟　睿	李　敏	史卓玥	郝心仪
陆　威	缪可言	赵　莹	刘　洋	韩雅琪	王珉珉	张靖晨
刘国成	姚广泽	王潇敏	宋瑜洁	冀思颖	敖超红	卢　洁
严嘉敏	王　婷	赵定民	郑丽萍	孙吉祥	甘　南	李欣慰
陈　濯	张　雨	易　婷	陈　清	干若秋	闫燊涵	沈　艺
何向阳	辛　敏	周纾涵	武晨雨	季雨荷	相婉婷	周竞妍
严　慧	李思卉	刘笑银	刘妍妍	孙　福	郭伽妮	韦　业
贾云怡	赖艺菲	孙雯雯	沈彬晴	崔元昕	刘雨桐	朱尹睿
杨　春	任新儒	王玉吉	唐文轩	刘　蓉	刘语诺	王立俣
宋世博	任文静	陆　楚	周　洁	徐思羽	陆薏檀	林妍思
袁晓楠	於志炜	李金津	范鸣宇	贾晓佳	张　迈	贺语妍
朱天辰	任梦梦	吴家瑶	顾欣然	王轶杰	王遐坤	崔　珺
戴一心	吕优恒	韩文静	李　蕊	闵晟一	王加唯	陈雨萱
李　朕	杨　倩	邵梦成	高　洋	马梓倩	郭悦悦	封宇驰
张小娅	邹梦婷	胡笑笑	刘爱珠	赵雨轩	宋　妍	谢全泉
唐佳逸	顾天怡	王亚轩	沈皓月	鄢沁文	陈海畅	付晓雅
张馨文	李欣然	王骏侥	王心雅	周雨桦	李玥臻	甘梓莹
谢冰云	龙佳宁	杨乐乐	张　浩	张　婷	肖　萌	刘晓萱
谷雨霓	刘淑慧	何烨琳	吴甜甜	奚　越	蔡允诺	林佳缘
戴钰轶	成佳丽	叶伟豪	张欣悦			

三好学生标兵（4人）
　　王　楠　　宋祎一　　朱明芮　　李玥臻

优秀学生干部（203人）
　　周璐瑶　　张宇婷　　朱文涛　　肖　艳　　袁冰清　　卢　越　　王鹤晶

肖林洁	粟文秀	黄睿哲	陈忆缘	杨智怡	吴雨佳	周亚娜
龚明月	金怡卿	吴雨欣	蔡陆威	王 逸	周 蕾	徐嘉婕
兰 斓	王 浩	杨博文	刘欣语	曲依萌	谢小彬	杨 茜
陈浩宁	赵一玮	徐飞越	蒋韵雯	全 佶	邹子易	张培林
戴其灵	何欣怡	岳思佳	展 沁	刘力赫	李 航	王 飞
王鹏博	王 鑫	王子妍	沈高宇	田 欣	马晓晴	凌 易
马郏俊延	温世博	王添玉	唐子杰	陈雨莹	张博涵	顾燚平
周 忱	王何冰	吴若言	张 朔	李言同	张 哲	李函熹
杨瞿颖	付后鑫	郑昕宇	李姬宇	顾雨风	梅雅琦	陈俊如
严希普	解 懿	王品博	施 秀	张青烨	汤正宇	沈陆恒
陆欣怡	谢余悦	孟晗玉	阮丽楠	王鑫雨	蒯 鑫	周德蓉
陈薇好	陈静怡	王安昳	陈玉珊	戴孙娴	石 琪	李 雯
杨涵月	王菁瑜	陈思洁	王希锐	张明洁	孟 叶	蔡含佳
陈馨怡	张馨月	李卓然	俞苏桐	刘仲玥	刘 哲	丁 一
许 晴	徐 丹	潘暖暖	梁永珍	张静云	李子涵	史一星
杨楚妍	邢中旭	范龙飞	狄 青	许馨月	王 芸	翟旺松
崔依琳	史君笛	田 朗	刘尚海	胡 淮	张靖雯	王军红
林轩熠	陈佳琪	郑心怡	宗泓杰	张爱悦	钟子涵	唐书翰
刘 立	吴佳懋	叶于滇	季小雨	李佳雯	岳明萱	宗子杭
吴雨露	张吴瀚	毛新旗	朱 婕	许含章	沈禾欣	王 硕
李美伦	郝亚妮	孙宇轩	岑 翠	吴梦瑶	周纹震	任雨萱
罗欣童	孙子璇	金哲宇	黄盛华	陈天悦	唐雨霏	张宇卓
杭 琪	顾 阳	孟晏伊	徐 灿	李梓玥	罗 越	高鹏皓
黄 棋	吴 颖	袁建嵘	董 尧	韩孟琪	聂鑫凯	苏浩鹏
翟 婧	李昊彤	李嘉葆	王佳亮	张 翼	谢佳梦	涂嘎英
黄 岚	郭昱菲	崔爽楠	戴晓茹	李 彬	董 雨	郭宁韩
冀品轩	许艺华	洪辰成	王 晗	张在宇	杜卓融	王瑛培
张 逸	付森森	宋鑫熺	杨 缜	钱余妍	刘心彤	侯 钦

优秀学生干部标兵（4人）

　　黄睿哲　　彭宇浩　　徐嘉婕　　沈陆恒

未来科学与工程学院

三好学生（21人）

吴 非	孙若希	钟一鸣	吉柏蓓	李妍卓	周 熠	童鼎文
王梓涵	赵逸群	杭丹丹	施 予	戴丁昊	许吴昊	季瑾玥
任晋宏	聂宇新	韩洪润	贾若彤	周子晗	范俊宇	于思洁

优秀学生干部（12人）

徐铭蔚　　卞佳骏　　沈鑫阳　　王一龙　　朱辰宇　　唐毓旸　　黄柯谕
梅宇翔　　花章瑜　　门灵钰　　刘湘婷　　柴钰鑫

唐文治书院

三好学生（5人）

曹印文　　朱天怡　　高　乐　　何冰雁　　朱可涵

三好学生标兵（1人）

高　乐

优秀学生干部（4人）

汤浩然　　钱佳琪　　谢舒星　　李凌一

优秀学生干部标兵（1人）

汤浩然

2021—2022学年苏州大学校级先进班集体名单

校级本科生先进班集体（32个）

文学院	2020级汉语言文学（师范）一班
传媒学院	2021级新闻传播学类三班
社会学院	2020级历史学（师范）班
政治与公共管理学院	2020级思想政治教育班
教育学院	2020级应用心理学班
商学院	2020级财务管理班
	2019级经济学班
王健法学院	2020级法学二班
外国语学院	2020级翻译班
金螳螂建筑学院	2020级城乡规划班
数学科学学院	2019级数学与应用数学基地班
能源学院	2019级新能源材料与器件班
光电科学与工程学院	2020级电子信息科学与技术班
物理科学与技术学院	2020级物理学（师范）班
材料与化学化工学部	2020级强化班

纳米科学技术学院	2019级纳米班
计算机科学与技术学院	2020级软件工程一班
电子信息学院	2020级通信工程一班
机电工程学院	2019级智能制造工程班
沙钢钢铁学院	2021级冶金工程一班
纺织与服装工程学院	2019级轻化一班
轨道交通学院	2020级交通运输班
体育学院	2020级运动康复班
艺术学院	2020级视觉传达设计班
音乐学院	2019级音乐学（师范）班
苏州医学院	2019级临床医学二班
	2019级医学影像班
	2020级临床医学"5+3"一体化三班
	2020巴斯德（生命科学）英才班
未来科学与工程学院	2021级集成电路设计与集成系统一班
唐文治书院	2020级本科生班
敬文书院	2020级笃行班

2021—2022学年苏州大学研究生学术标兵名单

校级研究生学术标兵（36人）

文学院	郝云飞
传媒学院	胡良益
社会学院	戴少刚
政治与公共管理学院	邱静文
马克思主义学院	林于良
外国语学院	白　冰
商学院	辛莹莹
王健法学院	田　水
教育学院	周　衡
艺术学院	余巧玲
音乐学院	唐文宣
体育学院	王岑依
金螳螂建筑学院	叶怀泽
数学科学学院	王冰杰
金融工程研究中心	王瑞琦

物理科学与技术学院	王 旻
光电科学与工程学院	华鉴瑜
能源学院	孙 浩
材料与化学化工学部	陈海阳 罗云骢
功能纳米与软物质研究院	杨乃霖
计算机科学与技术学院	吕梦婕
电子信息学院	庆 祝
机电工程学院	李 奇
沙钢钢铁学院	陈夏明
纺织与服装工程学院	何鸿喆
轨道交通学院	张 凯
苏州医学院	张 磊 陶华强 柏家祥 皇晨晓 裴 佩 陈亚平 王 进 周 玉 田 波

2021—2022学年苏州大学优秀研究生名单

文学院（17人）

郝云飞　赵　晨　周子敬　顾仁杰　房启迪　路瑗媛　朱秋月
范晓烨　赵方也　曾文宇　钱湘蓉　马玛歆　谢宇红　孙时倩
何文倩　袁合芳　徐晨洋

传媒学院（12人）

洪　图　段鑫玥　王佳敏　陈　泽　金心怡　孔一诺　雷朗清
曹　薇　汤秀慧　孙金强　邢饶佳　徐　凡

社会学院（12人）

戴少刚　岳　靓　农颜清　王月瑶　刘雯雯　尹士林　丁小倩
何晓钰　王姿倩　汪雨萌　潘梦雪　王莎鑫

政治与公共管理学院（8人）

邱静文　杨泽峰　尹伟新　蒋可焱　孙莎莎　吉　蓉　江　珂
张雨晨

马克思主义学院（9 人）

林于良　　陆佳妮　　林心杰　　张雪薇　　夏　桐　　马姗姗　　王者愚
刘晋如　　陶晶晶

外国语学院（14 人）

陈昕宇　　陈倩倩　　裴南兰　　汪　雪　　石　玉　　王鑫冉　　季　婷
茅雨婷　　宋金金　　柴　昱　　朱镇颖　　张　明　　王　洁　　伊惠娟

商学院（22 人）

李　卓　　玄泽源　　钱煜婷　　袁朋朋　　赵　明　　王青松　　刘　丹
赵云霞　　诸葛凯　　胡　鑫　　陈　晨　　李柯林　　殷天瑜　　谭　玥
徐程程　　程雅丽　　孙思睿　　帅　珮　　周　扬　　赵　澄　　邱禹晴
常鹤丽

王健法学院（27 人）

王洪伟　　黄凯悦　　孔令旺　　沈梓言　　赵晓艳　　朱亦彤　　何　浩
王　琰　　黄志豪　　徐　坚　　邹俊怡　　曹国龙　　杭广远　　郝　鑫
张锦超　　赵紫薇　　王喜阳　　冷　浩　　阮欣怡　　胡韬相　　李婷婷
袁　怡　　徐苏杰　　潘敏慎　　杨　悦　　胡　月　　高林娜

教育学院（13 人）

祖光耀　　张　婷　　朱蓥彬　　丁汶萍　　胡星星　　李诗源　　高星森
徐灵波　　宋博海　　张雨晴　　侯　琮　　严纯顺　　周　衡

艺术学院（13 人）

莫洁诗　　邱立智　　尹广蔚　　王　璨　　陶涵瑜　　闫弘祖　　史爽爽
王昱骁　　景阳蓝　　何天赐　　程之尚　　朱明艺　　段雪妮

音乐学院（2 人）

陈　楠　　王小虎

体育学院（13 人）

王岑依　　杨景凝　　代争光　　张　萌　　赖诗琪　　丁金艳　　杨昊平
张殿祥　　刘　宁　　徐思雨　　周　琴　　孙淑娴　　黄锶慧

金螳螂建筑学院（9 人）

王梓羽　　徐　樑　　张欣迪　　曹惠敏　　王　悦　　刘　妍　　马　逸
余宁宁　　李　喆

数学科学学院（11 人）

杨淑敏　　张　娜　　周劲宇　　陈章汀　　胡苏瑞　　丁　媛　　张　宇
夏　霁　　徐欣彤　　乔　梦　　闫　俐

金融工程研究中心（5 人）

于　静　　朱乾熙　　蒋国胜　　朱佳乐　　李　丽

物理科学与技术学院（14 人）

王　旻　　王　鑫　　王珍珠　　许卫卫　　上官剑锋　　张金澍　　李胜男
范辉颖　　张　敏　　张慧芬　　陈晓莎　　戴　亮　　李　雪　　邱　蕾

光电科学与工程学院（11 人）

黄　于　　罗成招　　王晨乾　　曾　瑶　　刘鹏博　　吴振宁　　江芝东
徐玉亭　　童　强　　夏仲文　　冯安伟

能源学院（7 人）

王梦蕾　　丁一凡　　罗金荣　　张　岂　　高　锟　　程观剑　　王　港

材料与化学化工学部（40 人）

吴晓晓　　王萌萌　　李维政　　邹修洋　　杨　贺　　何加钦　　胡彬静
张渴望　　陈泽坤　　赵博文　　刘东梅　　黄象钢　　李卓林　　孙　青
张杼铸　　江　山　　陈　莹　　胡　颖　　龙佳佳　　万里程　　项　信
徐一鑫　　李　壮　　黄舒婷　　马晓亮　　饶　钰　　梁馨怡　　余　瑞

徐　斌　　胡　蕾　　王欣欣　　彭　瑶　　刘田田　　武保德　　李　磊
冯梦瑶　　苏　磊　　缪　烨　　张晓剑　　王崇嘉

功能纳米与软物质研究院（23 人）

杨乃霖　　崔明月　　张旭良　　程　晨　　陈春浩　　施加林　　王凯礼
沈　阳　　王　辉　　卢正军　　赵雅洁　　陈　静　　孔繁诚　　史怡然
王珍珍　　李　斌　　郝　钰　　吴　杰　　刘根林　　张天炀　　陈慕超
丁丽燕　　刘　言

计算机科学与技术学院（21 人）

杨　帆　　李　苗　　邹　梦　　王宜虹　　谢婧欣　　居心成　　王　薇
高晓倩　　周仕林　　丁正言　　吴忆凡　　黄思捷　　涂远杰　　冯春惠
田新宇　　杨皓麟　　吴婷婷　　司马清华　　吴童语　　吕星林　　张博宇

电子信息学院（15 人）

彭圆圆　　刘　铭　　曹凤楚　　王俊帆　　王叶鑫　　程　杰　　张　开
屈家琦　　邵子健　　闫金礼　　郁志豪　　周　健　　田中星　　徐　涛
谈文昊

机电工程学院（16 人）

范建伟　　张　昊　　魏松林　　张浩然　　范传留　　苏　焱　　葛鹏强
颜宇庆　　程传鑫　　金　磊　　马　翔　　刘凯璇　　徐永亮　　向雯静
陈义刚　　徐晴川

沙钢钢铁学院（4 人）

郭晓明　　王　锐　　王　杰　　全　齐

纺织与服装工程学院（19 人）

朱小威　　吴玉婷　　吕　强　　杨振北　　潘梦娇　　王旭晨　　曹　慧
李姗姗　　向　帆　　邢丽丽　　祁珍珍　　万成伟　　宋雪旸　　叶　旭
金文杰　　涂雨潇　　俞杨销　　沈卓尔　　何桃青

轨道交通学院（7人）

李学岗　　杨玉琪　　宋秋昱　　郑子璇　　俞　淼　　周小淇　　彭德民

苏州医学院（166人）

吕欣婧	黄　慧	杨然栋	向先兰	褚思嘉	蒋佳琪	陶　悦
孙文强	刘　畅	吉　奇	贾竞韬	孙琳青	王安祺	李东宝
张一健	徐　婷	鲁礼魁	蔡　馨	高子媛	杨丽娟	陈　灿
钱　爽	姚慧慧	张　杰	吉冰玉	曾宏涛	杨媛媛	赵伟明
万超玲	王佐翔	倪柳菁	顾毅杰	殷民月	宗李红	孔金玉
闫东琳	俞　愈	王嘉禾	王紫兰	吴义珠	严泽亚	周　全
沈子青	倪丽萍	陈春文	龙宇琴	葛　隽	张海峰	孙莺心
孙嘉乐	张　莹	李军涛	葛帅帅	蔡永乐	李浩然	沈新宇
贾童童	皇晨晓	宋亚惠	张谨瑜	张红光	吴秋雨	贺章馨
王昱傑	黄　皓	渠梦男	何林玮	冯　阳	李家颖	陈福龙
刘慧杰	王一迪	梁城瑜	朱洁丽	王佩佩	臧利超	王羽丰
郭力玮	孙慧慧	马亚洲	沐晓蝶	徐正辉	朱雪婷	李德明
缪梦媛	殷　焱	陆燕强	李国琛	何　谦	侯春娜	鲁晶晶
张　琳	董兴璇	冯兆龙	姚梦馨	薛婧琳	彭晓琨	马进进
张儒发	王昱涵	耿凯龙	张元澍	吴　迪	魏珍珍	程　颖
荆凤雅	孙泽龙	田原青	潘　俊	叶文龙	周沈婷	李孙奥
史超群	代敏丽	赵文锋	汤青松	姜俊杰	吴丽丽	杜　赞
钱攀婷	王欣怡	闻奕丞	吴茜茜	傅　翔	张淑晨	王雨婷
吴子煜	苏　桐	宋锦有	刘善雯	张晓艳	陈　铜	李自愿
张思佳	相柏杨	陈　璐	王　乾	童泽磊	邓浦洲	张芝如
夏镕镕	马晓花	张夫超	赵　磊	李信萍	闵庆强	倪子惠
李琪琪	朱逸云	朱　雯	何世辉	郝伟静	李　湘	高　叶
赵婧雯	李佳颖	余晓晓	邹　露	盛一超	蒋振伟	刘婷婷
李泽青	傅卓凡	杨兮彧	余　璐	张　越		

2021—2022学年苏州大学优秀研究生干部名单

文学院（4人）

缪之淇　　张玉彬　　李　丽　　李青睿

传媒学院（2人）

刘娇娇　洪新智

社会学院（3人）

周　悦　李　越　孙金洲

政治与公共管理学院（2人）

金泽琪　杨思羽

马克思主义学院（2人）

王桂枝　徐　玥

外国语学院（3人）

王丽云　沈冰洁　赵玉蓉

商学院（8人）

潘　琼　彭瑶瑶　孙　逊　杨　洁　应芙蓉　戚志远　王子冉
王　睿

王健法学院（8人）

唐亚楠　李圆圆　张孚嘉　于　淼　徐茂林　曹　耐　陈智伟
赵吾月

教育学院（3人）

马　静　唐　植　庞军伟

艺术学院（4人）

傅　麟　周子妍　吴晨露　赵俊凯

音乐学院（1 人）

刘 筱

体育学院（3 人）

蒋晓亮　　孙中祥　　丁依再

金螳螂建筑学院（2 人）

李 铭　　李淑怡

数学科学学院（3 人）

潘元瑶　　杨林怡　　吕 金

金融工程研究中心（1 人）

刘 铮

物理科学与技术学院（4 人）

沈 颖　　朱雨欣　　陈家禾　　高 越

光电科学与工程学院（3 人）

刘美嘉　　程希果　　周鸣新

能源学院（2 人）

林 凌　　沈俊勇

材料与化学化工学部（11 人）

任思华　　张富凯　　傅建妃　　张志靓　　鲁坤焱　　任姝稣　　兰英嘉
沈丽娜　　张沈嵩　　王欢欢　　王恒晓

功能纳米与软物质研究院（6 人）

夏 啸　　瞿 清　　付晨浩　　蔡佳伟　　韩晨旭　　王佳文

计算机科学与技术学院（6人）

潘志勇　　张钰峰　　舒　畅　　翟文茜　　张智林　　吴　臻

电子信息学院（4人）

高　嵩　　吴　昊　　孙　转　　严纪强

机电工程学院（5人）

张　璟　　蔡家轩　　陈雅妮　　王　永　　孙　波

沙钢钢铁学院（1人）

吴　静

纺织与服装工程学院（5人）

顾嘉怡　　葛　灿　　薛如晶　　张　悦　　陈　莉

轨道交通学院（2人）

吴　茜　　吴青琳

苏州医学院（44人）

蔡凯旋　　赵超晨　　张永平　　徐雨薇　　顾怡钰　　李　浩　　柏家祥
魏　仑　　王　朔　　宋钰萌　　钮婧歆　　陈维凯　　葛高然　　后起秀
洪瑞晟　　胡玮洁　　王淳雅　　张艳香　　刘　畅　　李佳辰　　罗　丹
张　瑀　　牛　犇　　李明哲　　刘玉杰　　张　悦　　靳二锁　　邓可如
张　舒　　陈国娜　　马佳玲　　邹文俊　　樊子君　　张笑影　　欧　丽
马秀秀　　闫　蕊　　彭　嫦　　马思琪　　沈　翠　　位冠军　　黄淋玉
丁　慧　　邓思妍

2021—2022 学年苏州大学优秀毕业研究生名单

文学院（20人）

吕金刚	冯 璠	杨由之	袁 也	衣俊达	唐胜琴	刘双双
郑姿靓	蒋 玲	周一萱	周 涵	许 萌	张轶轩	丁小珊
陈淼淼	崔淑萍	方丽佳	王倩倩	罗启冉	杨晶晶	

传媒学院（5人）

赵 上	杨 婕	雷凯虹	李 超	高 姝

社会学院（16人）

商东惠	王 琴	张书言	王永康	王扬扬	李 敏	宋 怡
蒋芳芳	应洁茹	吴悠悠	郭静轩	王泽元	翁 静	赵梓屹
张英杰	田 静					

政治与公共管理学院（32人）

胡 雯	李志欢	郭维淋	刘涵怡	张逸陶	谷 一	张诗瀛
徐晓玲	刘 敏	成 君	王佳哲	吴 卿	邹梦帆	孙雯莎
周 婧	夏 弟	何 颖	郭 妍	姚星远	陈文君	温梦诚
朱 骏	岑 蕾	宗 琦	沈丹妮	朱夏义	盛寒石	梁 吉
濮雅娟	高丽丽	颜慧敏	武 强			

马克思主义学院（8人）

杨 静	张云婷	龚明星	孙良媛	陈文怡	杨晴晴	胡强迪
李 谦						

外国语学院（20人）

程 榕	严红艳	张 萌	何艺加	颜 蓉	王 倩	沈 洁
马晨晨	王昊宸	陆珊珊	袁仔鑫	安燕萍	许娅楠	潘乐天
常可蕊	杨 丹	赵家诚	张润朝	王天艺	韩 宸	

商学院（57人）

熊　璇　　虎雪艳　　马旻敏　　邹佳佳　　杜　月　　陶翰林　　谢佳佳
王巧玉　　沈晓彤　　唐　晨　　苍　晗　　赵万甜　　鲁　佳　　王倩倩
王明月　　海　蓉　　吴　颖　　张寅星　　沈冰颖　　苗　馨　　许海燕
姚舜禹　　范莹莹　　郑　恺　　柳贵利　　徐甜甜　　孙　晨　　李　娜
李桢杰　　饶　婷　　战文清　　徐　靓　　唐心怡　　杨淑莹　　程　蕾
潘　杰　　王　玮　　沈于蓝　　肖兆琦　　许　盼　　白红伟　　刘文波
陆奕豪　　张秋菊　　陈惟鸿　　沈梦婷　　殷　健　　刘　敏　　许嘉伟
华　阳　　赵思师　　陆天奕　　王苏芹　　杜晓宇　　龚琳吉　　许莲憶
陈裕盛

王健法学院（48人）

王玉玲　　黄一豪　　金明霄　　高子璇　　吴润泽　　吴佳祺　　于晶晶
田　水　　王艺澄　　华婷婷　　仲晓蕾　　黄燕花　　潘航美　　檀文龙
周海燕　　刘艺娴　　赵俊均　　华　蕊　　解忻月　　边　锞　　於　琪
侯　睿　　刘圣杰　　毛占虎　　王英恺　　张文心　　华　夏　　董晓恺
高　晨　　宋晓雨　　杨　楠　　姚甜元　　汪　煜　　于　淳　　李　飞
颜　姮　　夏　怡　　李俊泽　　徐思昀　　刘可昕　　牟珉慧　　戚芸芳
许紫悦　　张方红　　李雅婕　　周晴晴　　韩　俊　　吉　蕾

教育学院（11人）

李智鑫　　印　苏　　潘　枫　　李　莹　　陈梦雪　　杨　诗　　钱钦悦
王崇志　　黄　霞　　徐梦洋　　汪慧慧

艺术学院（23人）

陈　谨　　黄　茵　　吴瑶瑶　　郭子明　　赵梦菲　　宋　雪　　陈　琦
朱芸阁　　常　杰　　李奕霖　　翟嘉艺　　张雨星　　吴安琪　　赖雯敏
宋桢甫　　臧以超　　王芷仰　　王　冠　　徐　萌　　强　波　　程　钰
俞婷婷　　孙路苹

音乐学院（3人）

曹凌波　　孟雪镜　　胡海晴

体育学院（22 人）

李朋大　　刘　望　　姜静远　　白春燕　　李　争　　牛瑞新　　潘立成
曹利双　　柴宝志　　顾张瑜　　赵妍清　　徐冰冰　　王红云　　郭　敏
刘　鑫　　徐金金　　汪紫珩　　赵　兵　　王　硕　　李玉琴　　韩花花
周业业

金螳螂建筑学院（11 人）

叶怀泽　　许芳颖　　董佳楠　　周　雷　　王港迪　　徐紫璇　　周　悦
葛楠楠　　丁亚兰　　任　敬　　李志杰

数学科学学院（16 人）

钱怡然　　张　颖　　朱忠红　　白梦加　　赵亚坤　　张子璐　　樊　欣
马俊峰　　丁秀婷　　王冰杰　　杜　悦　　陆丹妮　　何煜晶　　刘　翠
吴　欢　　林少欣

金融工程研究中心（7 人）

李佳佳　　任　杰　　王　澜　　徐云梁　　仲启凤　　周从金　　周　静

物理科学与技术学院（20 人）

王　孟　　王以春　　朱新蕾　　丁建明　　陈清华　　李　平　　孙天越
沈　晨　　朱　磊　　王卓昇　　仇鹏伟　　何　祥　　李松松　　范宁波
王　康　　居　露　　王芳苏　　肖　月　　刘文韬　　杨尧清

光电科学与工程学院（12 人）

华鉴瑜　　张仁恒　　江均均　　周长伟　　伍远博　　杨一功　　方　琪
李沁熠　　张新君　　沈东扬　　徐修冬　　管玉祥

能源学院（8 人）

曹　章　　孙　浩　　曾　楷　　史子雄　　邵妍妍　　周绍雯　　连雪玉
张文珺

材料与化学化工学部（51 人）

陈海阳	程笑笑	王　飞	包淑锦	孙无忌	高　飞	薛江燕
蒋胜杰	杨　航	周仕元	叶晗晨	印　璐	何雨豪	范子文
鲍苏楠	江　帅	符梦园	曹　路	任婷婷	李兰心	周　舟
张雅文	李　杰	袁梦雨	尤华明	陈起新	李　洁	胡　巧
奚嘉琛	吴　琪	李欣琪	常晨阳	王　昊	姜南权	张佳佳
王　颖	李　珂	袁俊尉	许　显	姜至轩	杨　玲	郭　敏
凡晨岭	倪靖阳	袁振亭	王　远	费　恒	闫影静	许　琳
王玉薛	韩智鹏					

功能纳米与软物质研究院（22 人）

杨志娟	王　肖	阳生熠	仲启轩	沈枫韵	金秋桐	谢凤鸣
王雪祺	王春杰	田起生	蒋金星	李　逸	刘　钰	邵贝贝
沈雅清	赵志浩	张　越	郑雯雯	朱文俊	胡佳颖	曹俊杰
费姿颖						

计算机科学与技术学院（28 人）

姜家乐	周　乾	易　怡	崔明月	孙慧敏	王　俊	于　波
吕　垚	何　曦	付叶蔷	吕雪瑞	丁静怡	董　辉	聂良鹏
江梦娟	刘志东	宋佳娱	于厚舜	陈　淳	潘志诚	王佳薇
周晨娣	刘中华	钱　锦	潘晓航	徐婷婷	童　瑶	李志泓

电子信息学院（23 人）

宋佳欢	宋天源	庆　祝	邢祎炜	赵阳阳	陈乐凯	陈言言
杨柏宽	周晓仁	汪恋雨	王婷婷	杨　蕾	杨长青	张承杰
周　钰	朱乾龙	姚辰璞	周宁浩	刘梦丽	许智航	朱华清
蔡港成	孙学良					

机电工程学院（21 人）

李　奇	金一凡	李光强	孔德瑜	刘　鑫	张　敏	管怀俊
李　燊	顾鸣伟	杨　林	荣佳诚	梅　旭	袁　媛	冯凯祥
汤添益	胡泽生	黄　婷	张功达	霍佳栋	张嘉慧	郭敏超

沙钢钢铁学院（2人）

李 林　　张郑辉

纺织与服装工程学院（21人）

张 昕	张筱旖	孟 晶	高璐璐	何鸿喆	牛蒙蒙	张佳文
吕 婷	张志颖	成 晨	袁华彬	胡 健	张 晨	胡嘉赟
西艳妮	王发强	闵小豹	叶成伟	张君泽	谢爱玲	王玉婷

轨道交通学院（6人）

宋泽树　　刘双劼　　吴 奔　　张哲源　　杨 雅　　蔡兴强

苏州医学院（179人）

庄楠楠	柳志锦	顾峰明	张啟蕾	袁宝石	周文静	王娜娜
张伟利	赵 廉	胡心璐	田秋燕	徐铃琪	徐月娟	王咪露
刘 倩	崔天然	姚 笛	郑相贻	张 杨	周必琪	王若沁
张 磊	蒋 威	孙厚义	吴 亮	丁可珂	赵 健	王佳宇
许 杰	杨 晨	刘 斌	陶华强	吴阳林	管鸣诚	侯明壮
杜园园	王佳欣	丁亦扬	王 鹏	钱慧雯	顾 玲	吴 凯
李茗茗	祝新韵	何雨欣	周笑灵	葛 祎	陆佳洁	金鹏飞
陈晓宇	徐若欣	堵嘉诚	金哲宇	范昭均	瞿文浩	何 钦
朱心煜	徐姜南	王 庆	王 浩	盛祖凤	王 伟	陈慧赟
吴雨红	任亚茹	王丽君	张凤凤	沈 军	蒋晚晚	陈相洁
黄朝晖	蒋 涛	张 琪	唐益庭	刘航航	葛剑娴	夏亚男
裴 佩	薛巽文	白尧尧	张思达	高 韩	吴晨晨	袁佳鑫
陈 婉	顾 佳	姚 磊	陈亚平	陈 艳	邵世杰	黄俊超
陈钰琦	仙晴颖	赵枢辰	秦子涵	徐荣鹏	单佳媛	杨友静
崔 源	王 进	乔亚南	宋瑞娟	徐 倩	杜紫璇	骆 澜
倪菁菁	鄢德瑞	陆亚玲	周 玉	郭宾宾	王 岩	孙兰清
张 萌	何超永	叶文涛	王恒达	赵旭乾	汪烨桦	刘司南
王颖慧	陈泳渝	杨 赟	张沂凯	乔映南	顾 悦	卜嘉楠
姚平安	王爱飞	高 翔	汪 继	王 涛	朱 婕	安 璐
周 鑫	余琪峰	王艺茹	王智君	吴思伊	郭康丽	谢伟晔
龚思怡	赵 莹	王 菲	伋立荣	邢丹蕾	任伟志	陈 滢
陈志豪	赵向荣	马一夫	张 孟	李佳慧	王 银	何凯杰
方 杰	李占辉	黄 归	郭绪芹	闫 娜	欧阳建红	张蒙蒙

林苗苗	杨嘉文	陈海燕	陆有为	王步淞	唐 婉	王中敏
黄 慧	秦望智	毛光慧	王亚玲	袁 阳	李雨宸	马 霏
朱晨雅	胡尧尧	张冠珣	赵晓晴			

苏州大学 2022 届本科优秀毕业生名单

文学院（30 人）

李清越	王柳依	李沛琪	杨心怡	何映辉	吕 晨	叶小舟
杜馨雨	毛 岑	刘 洁	谢 颖	李 洋	邓媛媛	李文昕
高 菲	谢思琪	王雨婷	施宇航	向芮琪	何娴景	周泊辰
宋欣燃	丁晓双	尹子豪	张嘉琳	何雯靖	石蓉蓉	奚悦婷
尚生登	蒋梦涵					

传媒学院（32 人）

柳嘉懋	马文心	张之钰	施馨羽	王 否	赵红娇	温 欣
程 凤	李乐辰	唐千千	吴 霜	周俊崧	唐梓烨	杨睿一
王可盈	庄 圆	周子力	池欣悦	肖云翔	吴宇迪	钱 昕
沈晨跃	许 可	孟 冉	徐亚楠	刘霄昂	周婧怡	黄凤仪
郭新卓	耿晟凯	安 辰	沈雪漪			

社会学院（31 人）

杨添翼	石珺玥	唐子婷	王义轩	钱正林	王欣荣	苏子乐
周婷月	顾浚轩	顾雪婷	姚 雨	胥天琪	钱瑾瑶	冯凯鹃
季 阳	华伊纯	张炜文	陆笑笑	邬静娴	仲晓莹	邵至央
裴 培	李慧琨	赵子瑜	任姝菡	孙沁璇	杨露凝	裴 洋
蒋雨萌	方 茵	赵静姝				

政治与公共管理学院（51 人）

陈锡悦	吴晨华	于子恒	丁玉婷	裴 凡	邱 天	赵欣悦
梁 茹	裴新宇	凌婧逸	邵 杰	张 妍	张文娴	郭隽瑶
钱施泽	李逢雨	陈懋昕	包丹丹	孙梦晗	邓霓冉	李梓嫣
杨雨静	郭耿瑶	廖 蕊	李莎莎	何彬彬	季思祎	梁垚凌
孟秋明	刘 畅	袁 婷	罗语轩	赵 阳	李 尧	武胡玥

陈　佩　　徐一帆　　张乐彦　　施凯雯　　段琦琦　　鹿心怡　　梁　晨
李晨曦　　徐丝雨　　蒋　渊　　袁　泉　　刘泽远　　沈昀函　　杨　奕
赵嘉鹏　　魏可欣

教育学院（18人）

张冰烨　　龚佳妮　　张秀娟　　周芷莹　　刘雨青　　费　煜　　余　红
尹　佳　　罗蒙蒙　　刘鑫雨　　钟　声　　夏小雅　　顾　茜　　穆佳欣
徐仪舫　　许昕玙　　周　妍　　徐文庭

商学院（84人）

孙天怡　　黄　杨　　李敏佳　　施昊天　　张　琳　　付　琪　　陆嘉瑞
周香香　　殷俪菲　　何艳艳　　杨　灿　　刘欣怡　　陈瑞祺　　杨雨杰
姜佩言　　胡蓉芬　　费　一　　熊天诚　　肖晨光　　石莹莹　　崔徐阳
潘婧健　　胡　韬　　徐渊杰　　徐　蕾　　屈佳欣　　赵　悦　　张语涵
顾　婕　　李炜洵　　周新钰　　孙　娟　　杨汐文　　高嘉伟　　顾清越
邵佳卿　　郭　燕　　徐　佳　　朱宏渊　　周燕伟　　莫　凡　　张　也
朱智妍　　刘东林　　吴妍妍　　唐舒誉　　柯　婷　　翟惠芃　　孙锦鹏
生　婧　　朱雅玟　　嵇月明　　李昕睿　　窦文欣　　熊齐扬　　胡塬炜
刘睿琦　　褚欣玥　　杨雨昕　　倪晨希　　杨浩宸　　顾国宇　　刘田田
沈宇辰　　张思路　　何佳逸　　孙亦凡　　沈黎珂　　徐　磊　　陈健玲
马月婷　　陈紫珑　　黄烨佳　　沙煜晗　　王怡暄　　李奕凡　　李中一
高怡澜　　许波雯　　吴奕蕾　　卞静妹　　苗　雨　　唐倚晴　　黄承媛

王健法学院（28人）

王晶妍　　陈　灵　　高　洁　　贡一鸣　　唐慕尧　　孙　雯　　张　梁
顾政昇　　姜钰卓　　练宸睿　　余佳薇　　周　宸　　孙吉尔　　孔德钧
韩欣源　　董　璇　　王　莹　　顾书凝　　朱宇晴　　陶子扬　　刘宇琪
王嘹嘹　　黄伊雯　　赵卓妍　　薛玉瑶　　黄心诺　　周　颖　　曹梓怡

外国语学院（41人）

孙文青　　史明璐　　赵一丹　　马逸凡　　张佳佳　　王潇茜　　吕文轩
王婧雯　　吉珂娜　　程　诺　　姚　晨　　徐　杰　　余文洢　　周启航
朱丹枫　　刘希辰　　郞子萱　　金天宇　　周千语　　壮欣溢　　徐晓蓓
蒋潇雪　　王宏天　　任泽琪　　李俊东　　邹双宇　　何怡扬　　瞿　悦
汤慧桃　　蔡皓卿　　谭陈倩　　刘子怡　　张雨萱　　谈　真　　戎辰颖

卢福田　　侯清晨　　狄陈静　　刘佳艺　　马依然　　龚吴瑾

金螳螂建筑学院（21人）

刘雨萱　　杭　航　　叶芊蔚　　郭　烁　　王玥迪　　张亦培　　肖雯娟
张　蕊　　云　翔　　胡子鸿　　汪纯欣　　张广哲　　陈星皓　　李明哲
刘　婷　　潘　越　　钟诺亚　　李硕星　　梁韵涵　　王　悦　　李昊洁

数学科学学院（33人）

郝哲正　　梅子健　　林可心　　姚康飞　　李　晴　　甄熙茹　　黄千益
黄涵琪　　陈俊婕　　杜　冰　　姜海云　　张　越　　易天伦　　顾辰菲
杭良慨　　徐浩翔　　于丽影　　李昊航　　杨思哲　　吴婧婧　　张海燕
马世俊　　张欢欢　　龚明越　　庄启明　　陈泓媛　　刘倩雯　　谈婧怡
侯陈轩　　李　莹　　赵辰玮　　李华洋　　徐子昂

能源学院（23人）

田　宇　　李伟萍　　刘悟雯　　吴　翔　　姜千怿　　刘郑灏　　陈晓鹏
王晓天　　刘祺敏　　陈彦君　　高欢欢　　吴炜民　　冀一嘉　　李思洁
苏炫伊　　吴宇轩　　黄浩航　　吕佳泽　　柏倩倩　　罗宏瑞　　许雨荻
沈　霖　　顾嘉禧

光电科学与工程学院（13人）

张　哲　　赵欣瑜　　禹明慧　　吴佳辰　　谢溢锋　　王田昱　　金　越
刘晓同　　范宸逸　　鲍温霞　　孙金龙　　杨智勇　　王　靖

物理科学与技术学院（15人）

代龙飞　　俞纪涛　　刘奕辰　　张秀秀　　潘星海　　林桐玉　　汤星辉
周继坤　　尹志珺　　顾　颖　　王　曦　　唐　悦　　项姿睿　　司志青
袁龙凤

材料与化学化工学部（54人）

刘家文　　严逸舟　　许天宇　　李云昊　　丁俊源　　郭　兴　　蒋浩宇
吉金龙　　雷雨珩　　仇嘉浩　　陆卓蓉　　谢振彪　　陈智琪　　胡锦程
宋雨阳　　沈青云　　娄焯垚　　刘佳慧　　王念尉　　王志聪　　杨睿祺

费宇成	蔡明蓁	谢常笑	沙新虎	韩　月	侯天新	魏梦然
刘栩琵	王丽君	罗　婧	董晓璇	师　燕	曹建磊	华　辰
王亦陈	齐子珺	蔡翼亮	朱　鸿	丁叶薇	程超伟	黄思怡
王施霁	马景烨	乔利鹏	朱嘉伟	王　倩	游良鹏	董　旭
何昊泽	陈玉洁	王孟宇	朱泽斌	刘文聪		

纳米科学技术学院（14人）

| 高文萍 | 潘子健 | 蓝　青 | 张滟滟 | 周杨楷 | 戴一帜 | 朱　舒 |
| 王　韬 | 谢静轩 | 姚晨璐 | 邵　铭 | 王字健 | 潘嘉琳 | 李玉涵 |

计算机科学与技术学院（53人）

陆嘉炜	朱泽楷	段　通	顾宇浩	张逸康	陈孜卓	许　愿
陈　云	林　夕	徐　一	张芷涵	赵丽雅	代渊超	王　洁
翟江辉	魏　然	杨雨佳	王天翼	黄佳伟	纪一心	陈可迪
王海光	徐乐怡	鲁亚威	蒋雨昊	徐邵洋	韩轶凡	高大明
陆宇星	裴皓辰	马　标	郝浩畅	汤泽成	朱临风	徐卫伟
陆熠晨	朱晨清	崔耘旗	薛　琦	吴航宇	陈彦至	姜泽鹏
刘佳豪	强　蕾	潘　玮	徐天顺	陈志洁	宋怡霖	张维维
李欣雨	金晗昕	赵怡博	孙广杰			

电子信息学院（39人）

姜　涛	苏柔羽	王利杰	朱辰霄	高翔宇	李子奕	刘天宇
徐杰星	季　爽	付骏豪	永敬磊	廖成龙	颜陆胜	井　开
裘红翠	邓伟业	丁一鸣	蒋婧玮	王佳宝	张子琪	刘逸鸣
王一龙	薛伟康	于竹颖	戴瑄辰	王　磊	陈茂杰	李开映
任哲峰	周奕斐	何浩瀚	卜倩倩	龚　逸	谷洋龙	任　彤
杨　成	于倩慧	陈雪梅	刘益麟			

机电工程学院（50人）

王凯威	邹文婧	金昊阳	张胜江	顾　凡	邓梦康	刘金玲
范淑娴	李志伟	徐　虎	陈国庆	李欣钰	董雪纯	贺继宏
吴梦琪	莫梦捷	罗盛浓	邵宇秦	丁继杰	赵玉栋	田　爽
石一凡	潘　康	王　炜	刘宇灏	薛凯阳	李　怡	田　霞
徐加开	任星宇	王思喆	翁潇逸	卢　帆	张琬婧	陈梦彤
宋　康	尹梓航	张皓宇	曹紫琦	陈　帅	管　理	钱　龙

赵巧羽　　魏　千　　管婷婷　　熊万权　　朱欣怡　　陈　菲　　吴嘉俊
史寅良

沙钢钢铁学院（14人）

朱　磊　　朱　杰　　朱小宇　　刘龙飞　　饶可新　　尹河缘　　刘欣滢
李浦睿　　赵　静　　陈季娇　　周梦媛　　郭雅茹　　刘嘉榕　　马坤元

纺织与服装工程学院（42人）

王天骄　　卢书晴　　唐梦瑶　　孟靖达　　徐若杰　　张恒进　　张舒洋
张昱旻　　陈镜宇　　赵经天　　张轶茁　　叶　紫　　戚欣然　　刘静宜
许　婷　　赵明明　　吴佳阳　　赖耿昌　　尹翌凤　　赵　芳　　肖姗姗
张海琳　　谢芷筠　　李卉馨　　王艺冉　　徐　诺　　刘雪婷　　吴佳君
付晏泽　　郭　瑞　　张慧琴　　孙玉蓉　　韦兰飞　　陈少莉　　吴嘉宝
徐梦琪　　申冰洁　　杨慧梅　　王潇可　　王燚若男　　唐　颖　　陈怡君

轨道交通学院（33人）

吴志豪　　陈伟斌　　王召阳　　车浩远　　范星宇　　赵峥韬　　邱天序
沙盈吟　　陈梦婷　　管红飞　　林荷洁　　徐家奎　　田文婧　　董彩银
季盛逸　　祝文琪　　陈晓薇　　张颖欣　　瞿也涵　　宫梓洋　　冯璐璐
刘远航　　孙瑞辰　　丁怡丹　　丁雅雯　　王铀程　　莫仁基　　傅　锐
陈蕴哲　　姜俊杰　　钱　坤　　郭琳媛　　赵　龙

体育学院（23人）

王小军　　陆子怡　　夏梦晗　　代向楠　　邵文彦　　王思娴　　郑可锐
陈林江　　盈　昕　　李倩倩　　陆　健　　韩珞妍　　魏雅婷　　任思妍
刘雨欣　　李木子　　鲍徐旸　　费文煊　　陈欣忆　　王冰清　　沈翔宇
钱颖秋　　张敏娜

艺术学院（34人）

杨薪茹　　赵安捷　　吴梦琪　　徐雅璐　　齐宸漪　　贾　艳　　蒋　玲
范诗洁　　董　涵　　李思琪　　李圆圆　　梁　潼　　李若辰　　陈映锡
吴　浩　　蒋博全　　周　忆　　吴宇聪　　陈慧玲　　崔凯翔　　孙婉滢
蒋圣煜　　蒋晓敏　　骆春蕊　　张合轩　　郑可欣　　琚倩雯　　苏霁虹
李　娜　　韩　静　　谷泽辰　　金星雨　　张　钰　　林雨君

音乐学院（12人）

林伽皓	洪浪淘沙	吴昕怡	吴佳宣	赵成宇	孔维玮	刘雨佳
余　洁	曹　晴	尚文果	王熙彤	桓品轩		

苏州医学院（150人）

宋顺晨	刘梦宁	樊超宇	王雨昊	赵桐欣	王子萌	张香香
王　晶	张育溪	何朝晖	刘斯林	黄晓婷	李晨泽	张安琪
杨梦梦	武　钰	马钰涵	李茉研	曾　洁	邵文珺	王若蒙
刘珍妮	高嘉阳	曹珺岩	谭燕君	张　恬	张菊风	花艳丽
肖呈琦	雷　婧	徐祖婧	林　野	夏　天	翟进阳	殷唯唯
武　杰	沈志佳	殷芸菲	徐佳露	丁　薇	陈晓雯	徐塑凯
喇　瑞	张蓉菊	刘梓瑞	张芷钰	杨倩南	黄心茹	范嘉慧
杨轶凡	舒铭锴	胡雨晨	徐子淇	杨　晋	沙婧涵	邓婧蓉
田宇轩	余　佳	赵玉虎	齐一菲	张天成	胡卓萌	储　玮
郭相东	罗郸琳	俞　婷	葛家濠	王银秋	付海燕	宋　颖
孙　越	钱　颖	张晓培	边愉涵	赵诗雨	张皓丹	管锡菲
刘　婷	蔡佳洁	温　越	侯娇娇	倪亚娟	武一帆	高士林
马　欣	李安安	殷瞳瞳	杨　慧	彭文文	李　飘	胡彦宁
谷冰姿	赵　倩	武佳慧	刘嘉鹏	王昆鹏	蒋韵纯	陈　悦
卯升江	李　莹	蔡　靖	孙　雯	李　洁	王星懿	陶智丽
毛瑞婷	李泽忠	吴　代	刘　雨	朱　宇	杨　彬	孙培欣
何秋瑾	胡育林	苗天姝	赵炫烨	高　菡	朱文韫	周荷蜓
武怡宁	蓝肖娜	效　啸	刘清泓	张　昊	张劲松	曹国志
韩劝劝	张源元	莫金兰	吕　赫	刘栗杉	刘　蕾	刘佳美
李彦辰	姚怡辰	郑亚雯	刘　宁	金启渊	赵苗苗	孙　颖
翟雅轩	林佳瑶	陈家敏	曾美琪	向　丽	何　钰	华雯玺
杨碧霞	周嘉磊	杨濡嫦				

唐文治书院（5人）

马怡宁	邹雯倩	张菁宸	祝思柔	陈泽浦

苏州大学 2021—2022 学年各学院（部）获捐赠奖学金情况（表 7）

表 7　苏州大学 2021—2022 学年各学院（部）获捐赠奖学金情况一览表

序号	学院（部）	获捐赠奖学金金额/元
1	文学院	10 000
2	传媒学院	8 000
3	社会学院	12 000
4	政治与公共管理学院	14 000
5	马克思主义学院	1 000
6	教育学院	5 000
7	商学院	135 982
8	王健法学院	17 200
9	外国语学院	97 800
10	金螳螂建筑学院	14 000
11	数学科学学院	9 000
12	物理科学与技术学院	16 000
13	光电科学与工程学院	16 000
14	能源学院	23 000
15	材料与化学化工学部	151 000
16	纳米科学技术学院	22 500
17	计算机科学与技术学院	144 000
18	电子信息学院	218 000

续表

序号	学院（部）	获捐赠奖学金金额/元
19	机电工程学院	125 000
20	沙钢钢铁学院	3 000
21	纺织与服装工程学院	151 000
22	轨道交通学院	19 000
23	体育学院	5 000
24	艺术学院	57 000
25	音乐学院	5 000
26	苏州医学院（含巴斯德学院）	433 500
27	未来科学与工程学院	35 000
28	敬文书院	80 000
29	唐文治书院	5 000
	合计	1 832 982

重要资料及统计

办学规模

教学单位情况（表8）

表8 教学单位情况一览表

教学单位
文学院
传媒学院
社会学院
政治与公共管理学院
马克思主义学院
外国语学院
商学院
王健法学院
教育学院
艺术学院
音乐学院
体育学院
金螳螂建筑学院
数学科学学院
物理科学与技术学院
光电科学与工程学院
能源学院
材料与化学化工学部
纳米科学技术学院

续表

教学单位	
计算机科学与技术学院	
电子信息学院	
机电工程学院	
沙钢钢铁学院	
纺织与服装工程学院（紫卿书院）	
轨道交通学院	
未来科学与工程学院	
苏州医学院	基础医学与生物科学学院
	放射医学与防护学院
	公共卫生学院
	药学院
	护理学院
	第一临床医学院
	第二临床医学院
	儿科临床医学院
	第三临床医学院
巴斯德学院	
东吴学院	
师范学院	
敬文书院	
唐文治书院	
红十字国际学院	
工程训练中心	
艺术教育中心	
海外教育学院	
继续教育学院	
应用技术学院	
老挝苏州大学	

全校各类学生在校人数情况（表9）

表9 全校各类学生在校人数情况一览表　　　　　　单位：人

类别		人数
研究生	博士生	2 004
	硕士生	17 422
全日制本科生		28 021
外国留学生		1 501
成人教育	函授	5 483
	业余	3 196
	脱产	0
合计		57 627

研究生毕业、入学和在校人数情况（表10）

表10 研究生毕业、入学和在校人数情况一览表　　　　　　单位：人

类别	毕业生数	授学位数	招生数	在校学生数
博士生	423	642	496	2 004
硕士生	4 555	4 619	6 065	17 422
合计	4 978	5 261	6 561	19 426

全日制本科生毕业、入学和在校人数情况（表11）

表11 全日制本科生毕业、入学和在校人数情况一览表　　　　　　单位：人

类别	毕业生数	招生数	在校学生数
合计	6 509	6 643	28 021

注：全日制本科毕业生数为实际毕业人数。

成人学历教育学生毕业、在读人数情况（表12）

表12　成人学历教育学生毕业、在读人数情况一览表　　　单位：人

类别	在读学生数			毕业生数		
	合计	本科	专科	合计	本科	专科
合计	8 679	8 679	0	3 666	3 666	0

注：此表中成人学历教育学生数未包括自学考试学生数。

各类全日制在校学生的占比情况（表13）

表13　各类全日制在校学生的占比情况一览表

类别	合计/人	占学生总数的比例/%
研究生	19 426	39.69
本科生	28 021	57.24
外国留学生	1 501	3.07
合计	48 948	100.00

注：学生总数中不含成人教育学生数。

2022年各类外国留学生人数情况（表14）

表14　2022年各类外国留学生人数情况一览表

总人数/人	男/人	女/人	国家、地区数/个	高级进修生/人	普通进修生/人	本科生/人	硕士生/人	博士生/人	短期生/人
1 501	642	859	52	0	20	593	228	170	490

2022年港澳台地区各类学生人数情况（表15）

表15　2022年港澳台地区各类学生人数情况一览表

总人数/人	男/人	女/人	交换生/人	本科生/人	硕士生/人	博士生/人
143	84	59	8	73	29	33

2022年毕业的研究生、本科生（含成人学历教育、结业）名单

2022年毕业的学术型博士研究生名单

文学院

比较文学与世界文学（1人）
　　宋奇论

通俗文学与大众文化（2人）
　　黄　杨　　王宗辉

文艺学（1人）
　　徐　莹

语言学及应用语言学（1人）
　　杨　沛

中国现当代文学（2人）
　　林　楠　　牛　煜

汉语言文字学（4人）
　　曹守平　　冯　璠　　吕金刚　　顾　年

传媒学院

媒介与文化产业（4人）
杨 惠　吴映秋　郭晓丹　赖学滟

社会学院

中国史（3人）
徐华炳　郎元智　曹瑞冬

政治与公共管理学院

地方政府与社会管理（5人）
陈星宇　金祖睿　蔡秋蓉　施瑶瑶　武红阵

城市哲学（2人）
孙米莉　解 笑

管理哲学（1人）
沈小雯

中国哲学（2人）
王佳哲　吴 卿

中外政治制度（1人）
胡继明

马克思主义学院

马克思主义基本原理（2人）
李文娟　梁 苘

思想政治教育（1人）
吴 蓓

马克思主义理论（4人）
张云婷　杨 静　毛瑞康　郭潇彬

外国语学院

翻译学（1人）
　　沈　洁

外国语言学及应用语言学（1人）
　　王　锋

英语语言文学（3人）
　　林大江　　杨　梅　　来岑岑

商学院

金融学（3人）
　　陈丰华　　胡骋来　　李梓旗

企业管理（3人）
　　吴旻佳　　任　磊　　段　荟

区域经济学（1人）
　　孙陆诗雨

会计学（1人）
　　辛莹莹

王健法学院

法学理论（1人）
　　陈　群

国际法学（1人）
　　柴毛毛

宪法学与行政法学（3人）
　　黄文瀚　　薛　洁　　刘沐雨

环境与资源保护法学（1人）
　　于晶晶

刑法学（2人）
　　麻爱琴　　沈颖尹

教育学院（教育科学研究院）

高等教育学（4人）
　　马姗姗　　邬争艳　　任小云　　SHANDANA

艺术学院

设计学（6人）
　　蒋霄　　丁治中　　杨静　　孟少妮　　王鹤　　郑晋

体育学院

体育学（3人）
　　王国栋　　许英男　　王茜

数学科学学院

基础数学（4人）
　　薛耀辉　　刘永青　　陈繁繁　　高雅新

应用数学（1人）
　　徐娟娟

计算数学（2人）
　　雍智国　　钱怡然

统计学（2人）
　　王旭慧　　陈锷

运筹学与控制论（1人）
　　段雅睿

物理科学与技术学院

光学（5人）
  孙英斐　刘磊鑫　朱新蕾　王荣倩　周萧溪

凝聚态物理（8人）
  丁建明　王　孟　王成琳　吴冰兰　王以春　孙冰雪　芦　政
  OGUNDARE RASHEED TOYIN

软凝聚态物理（2人）
  邓智雄　倪崧荻

等离子体物理（2人）
  陈佳丽　黄　栋

光电科学与工程学院

光学工程（4人）
  华鉴瑜　卢　恒　李刘晶　刘婷婷

高分子化学与物理（1人）
  李青青

能源学院

新能源科学与工程（12人）
  牛少军　徐晓莉　胡加鹏　牟乔乔　易雨阳　孙　浩　曹　章
  曾　楷　周军华　陈高远　施启涛　BABAR SHAHZAD

材料学（1人）
  杨金霖

材料与化学化工学部

材料学（6人）
  郭明轩　王境鸿　杨　航　程笑笑　靳　瑜　刘　启

分析化学（2人）
　　李冬宁　　顾学芳

高分子化学与物理（10人）
　　王振永　　张翼帆　　缪腾飞　　王建邱　　陈海阳　　朱丽娟　　张兴振
　　史亚鹏　　夏一枫　　施秋楠

无机化学（9人）
　　龚维杰　　赵中胤　　卫翔茹　　包淑锦　　薛江燕　　翁逸刚　　王志强
　　杨伟杰　　孙佩佩

物理化学（4人）
　　张　婧　　高　飞　　吕　康　　初先须

应用化学（5人）
　　孙无忌　　叶晗晨　　朱峰源　　侯　晓　　胡　寅

有机化学（8人）
　　屠兴超　　徐蒙蒙　　王　飞　　周仕元　　蒋胜杰　　屠广亮　　姚全友
　　曹　柱

功能纳米与软物质研究院

材料科学与工程（24人）
　　袁国涛　　方晓辰　　吴林忠　　田起生　　金秋桐　　杨志娟　　仲启轩
　　卞文逸　　朱文俊　　何　晴　　朱智杰　　范正龙　　王　肖　　范孝春
　　赵志浩　　陈雨枫　　赵　轩　　郑方方　　樊　星　　汪　涛　　李　东
　　周　旭　　王大磊　　蒋基伟

化学（13人）
　　侯梦滢　　周　炀　　吕　蕊　　刘　跃　　沈枫韵　　郝争明　　阳生熠
　　邵贝贝　　谢凤鸣　　任　珊　　曹坤丽　　屈扬坤　　刘云霞

物理学（3人）
　　邹世界　　李雪超　　薛　娣

计算机科学与技术学院

计算机科学与技术（10人）
  龚 晨 夏庆荣 李亚超 宋 楷 李 英 张 妍 季家欢
  姚宇峰 蒋 峰 张龙印

软件工程（2人）
  吕梦婕 谭 新

电子信息学院

信号与信息处理（3人）
  孟庆权 姚 佳 徐同旭

纺织与服装工程学院

纺织材料与纺织品设计（8人）
  黄继伟 李冰艳 郑海艳 张 昕 何正洋 陶 然 胡 绮
  聂开伟

纺织工程（7人）
  彭 瑜 张筱旖 肖丽媖 牛陇星 许丰瑞 冯艳飞 李荷雷

纺织化学与染整工程（3人）
  张 文 李 晖 李武龙

服装设计与工程（1人）
  杨 娟

纺织科学与工程（1人）
  朱彩红

金融工程研究中心

金融工程（2人）
  周从金 孔令辉

轨道交通学院

材料科学与工程（1人）
　　李海霞

智能交通科学与技术（2人）
　　廖一　　戴俊

机电工程学院

激光制造工程（1人）
　　鹿霖

材料科学与工程（3人）
　　王鹤　　任佳　　陆小龙

智能机器人技术（2人）
　　吕勇　　李婉婷

沙钢钢铁学院

材料冶金（1人）
　　温功玉

苏州医学院

免疫学（2人）
　　公丕霞　　丁亚云

医学细胞与分子生物学（6人）
　　叶颖　　袁宝石　　郝凯丽　　刘晓洁　　丁凤枝　　修春美

苏州医学院基础医学与生物科学学院

病理学与病理生理学（1人）
　　秦艳

病原生物学（1人）
　　孙兰清

法医学（1人）
　　刘司南

医学细胞与分子生物学（4人）
　　王　光　　郭宾宾　　陈欢欢　　苏志越

特种经济动物饲养（1人）
　　张　萌

苏州医学院放射医学与防护学院

放射医学（12人）
　　任　丽　　姜　军　　唐益庭　　王秀秀　　徐　英　　石　岑　　高　锦
　　张雅瑞　　郑利军　　刘航航　　王　璐　　方　晶

特种医学（8人）
　　李　明　　汪　逞　　葛剑娴　　纪敏涛　　夏亚男　　裴　佩　　李自宣
　　韩攀利

苏州医学院公共卫生学院

流行病与卫生统计学（2人）
　　曹蓉蓉　　张凯欣

儿少卫生与妇幼保健学（1人）
　　凌睿哲

劳动卫生与环境卫生学（1人）
　　李孟阳

卫生毒理学（2人）
　　徐　茜　　王　进

苏州医学院药学院

药理学（6人）
  张 顺　颜鹏举　张雅雯　方 杰　任忆捷　路家琦

药物化学（2人）
  李占辉　韩玉晴

药剂学（4人）
  贾昌浩　唐 艳　李 明　徐祥祥

药物分析学（1人）
  吴芳霞

唐仲英血液学研究中心

医学细胞与分子生物学（6人）
  盛玉兰　徐 莉　徐林茹　李丰产　何 超　李 笑

神经科学研究所

医学神经生物学（7人）
  徐启亚　王 银　王志红　吴刘成　王 坚　姜 韬　王晓博

生物医学研究院

免疫学（7人）
  徐蒙蒙　方修武　孔 颖　黄朝晖　刘 贞　陈相洁　龚 政

药理学（1人）
  张梦晓

苏州医学院护理学院

护理学（2人）
  沈碧玉　王亚玲

苏州医学院第一临床医学院

内科学（14人）
　　陈彦君　　李雪伟　　王　栋　　张先瑞　　张　杨　　周必琪　　王若沁
　　洪　阳　　孙月月　　马云菊　　薛梦星　　张　翔　　王琴荣　　霍　丽

外科学（13人）
　　史佳伟　　张鸿程　　丁　浩　　蒋　威　　孙厚义　　唐锦程　　吴　亮
　　徐鹏程　　姚　辉　　戴王颢　　沈　浩　　谢计乐　　肖威章

围产医学与胎儿学（2人）
　　何　芸　　李伟生

影像医学与核医学（4人）
　　邹伟婕　　陈　立　　杨　爽　　张　磊

麻醉学（1人）
　　陶文辉

神经病学（1人）
　　王雨刚

苏州医学院第二临床医学院

神经病学（1人）
　　李　阳

外科学（7人）
　　吴　勇　　徐　辉　　刘宝山　　姚平安　　王爱飞　　高　翔　　汪　继

肿瘤学（1人）
　　李佩静

内科学（2人）
　　王　波　　王盼君

苏州医学院儿科临床医学院

儿科学（4人）
郑玉芹　马莉雅　王玉娇　马淑蓉

苏州医学院第三临床医学院

肿瘤学（1人）
陈亚平

免疫学（2人）
武少贤　孙润孜

外科学（1人）
施媛萍

海外教育学院

化学（1人）
MAHSUD AYAZ

新能源科学与工程（1人）
BASHIR TARIQ

医学系统生物学（1人）
SULTANA ADIBA

放射医学（1人）
AFSHARI MOHAMMAD JAVAD

2022年毕业的学术型硕士研究生名单

文学院

课程与教学论（3人）
黄婷萍　廖志　刘艳

美学（1人）
　　张萌萌

中国语言文学（49人）
　　徐晓清　　陈　慧　　刘双双　　衣俊达　　折琪琪　　周一萱　　王　夊
　　何一尘　　王安溶　　徐清扬　　郭思羽　　钟晓梅　　赵　一　　王珂玥
　　韩　昀　　唐胜琴　　孙　慧　　雍涵朵　　谢淑芬　　顾慧雯　　石书玮
　　郑姿靓　　范梦瑶　　张子璇　　张　浩　　孟庆会　　陆　平　　王珊珊
　　陆艺霄　　章诗莲　　周　涵　　张　瞳　　王　可　　段立志　　杨由之
　　苗曼桢　　袁　也　　田　毓　　毛子怡　　纪雨晴　　赵秋雨　　蒋　玲
　　滕瑜平　　柯爱凤　　李　昆　　申一诺　　付秋玲　　尹改荣　　丁　宸

传媒学院

戏剧与影视学（5人）
　　张璐阳　　冯怿周　　吴介涵　　王　鑫　　高　姝

新闻传播学（12人）
　　吴　娟　　曹瑞寒　　刘爱渝　　杨　婕　　潘梦菲　　经羽伦　　王济嘉
　　姜倩雯　　李　超　　赵　上　　雷凯虹　　蒋欣欣

社会学院

旅游管理（4人）
　　王一帆　　卫　嫚　　支钰婷　　薛雨萌

社会学（5人）
　　崔加忆　　曹　瑞　　刘　燕　　周士丹　　周西亚

世界史（3人）
　　尹　超　　宋　怡　　王　琴

图书情报与档案管理（10人）
　　王扬扬　　张　康　　侯珊珊　　苗淼儿　　张　雪　　应洁茹　　刘婉华
　　卢欣来　　张书言　　吴　聪

中国史（12人）
　　蒋芳芳　　孙　慧　　樊　群　　郭静轩　　吴悠悠　　王永康　　宋学峰

李　飞　　李　敏　　周明生　　晁　胜　　商东惠

政治与公共管理学院

地方政府与社会管理（4人）
　　胡　雯　　王心怡　　刘涵怡　　李志欢

管理科学与工程（4人）
　　蒋明泰　　秦子初　　吴茜茜　　胡唯芳

管理哲学（1人）
　　冯奇贺

行政管理（26人）
　　杨　肖　　储　榕　　曹馨舟　　陈佳杰　　何秀怡　　桑新月　　成　君
　　刘　静　　吴　双　　冯婷婷　　廖小欢　　王倩倩　　张诗宇　　项金玉
　　贾　青　　鲁晨彤　　毛辛颜　　邱　玥　　张诗瀛　　王慕尧　　冯露露
　　杨婧颖　　张逸陶　　徐晓玲　　刘　敏　　金诗尧

伦理学（2人）
　　周金山　　曹佩璐

马克思主义哲学（5人）
　　钱相安　　王　瑞　　钱苏辉　　谷　一　　陆昱瑾

社会医学与卫生事业管理（2人）
　　郭维淋　　赵春琰

土地资源管理（1人）
　　高梦凡

外国哲学（2人）
　　朱冠宇　　万　嵩

政治学（7人）
　　许卫婷　　姚佳逸　　刘礼玲　　张浩川　　常林亚　　徐元梦　　陈　思

中国哲学（4人）
　　屈梦君　　周玉洁　　于汨汨　　黄抒婷

逻辑学（1人）
　　商志鹏

科学技术哲学（1人）
　　王伊佳

马克思主义学院

课程与教学论（4人）
　　杨晴晴　　胡强迪　　张夏莉　　邱缙

思想政治教育（1人）
　　陈一铭

马克思主义理论（15人）
　　龚明星　　翟懋慧　　李　真　　任美青　　李　鑫　　李家欢　　李　娜
　　王　雪　　翟紫孟　　许力凡　　孙良媛　　于梓航　　介耀华　　陈文怡
　　柯水华

外国语学院

俄语语言文学（4人）
　　陈静宇　　吴丽佳　　于桂福　　赵　婧

翻译学（4人）
　　杨　静　　马晨晨　　王　杰　　严红艳

日语语言文学（6人）
　　文秋月　　虞　欢　　肖嘉伟　　杨沁旦　　李　阳　　张轩玉

外国语言学及应用语言学（11人）
　　陈翠凤　　郭蒸颖　　王昊宸　　谢华荣　　王新月　　王运婷　　秦梦园
　　胡亚菲　　常香玉　　王　倩　　颜　蓉

英语语言文学（5人）
　　赵星嫒　何艺加　丁　鑫　程　榕　丁　颖

法语语言文学（3人）
　　施晓晨　王逸奇　时少仪

亚非语言文学（3人）
　　李子璇　张　萌　陶智华

商学院

工商管理（19人）
　　李子昂　江　昊　陶翰林　徐　欢　沈冰颖　张　慧　杜　月
　　冯　硕　叶　洁　杨　倩　包晨艳　王明月　苍　晗　王巧玉
　　唐　晨　宋　珂　谢佳佳　沈晓彤　虎雪艳

应用经济学（16人）
　　胡雪冬　王健铮　王　芬　马旻敏　刘天歌　王倩倩　赵万甜
　　战文清　海　蓉　瞿嘉荟　李　雪　熊　璇　陆诗莹　陈　丹
　　邹佳佳　汪晓萌

王健法学院

法律史（4人）
　　董晓恺　朱增莉　宋理健　吴　杰

法学理论（7人）
　　张琳凤　勇　琪　王淑丽　张金芮　蒲　玉　吉　蕾　王君怡

国际法学（6人）
　　杨　楠　周晴晴　张柳璇　储德林　黄文斌　刘慧慧

环境与资源保护法学（4人）
　　王　菲　陈志敏　陆　望　童云霞

经济法学（6人）
　　乔华明　李雅婕　谢雨舟　周　菲　刘艺娴　王玉玲

民商法学（11人）
　　张　岩　　徐　芮　　刘少伟　　华　夏　　水　成　　朱永卫　　张雯文
　　汪　煜　　王赵欣　　韩　俊　　贾铭暄

诉讼法学（6人）
　　仲晓蕾　　高子璇　　文　龙　　周海燕　　吴佳祺　　刘　洁

宪法学与行政法学（8人）
　　台沛渲　　潘航美　　王兴笑　　付雪莲　　刘　婕　　陈科任　　樊璐璐
　　黄燕花

刑法学（4人）
　　郑　珂　　孙晓梅　　罗瑞瑞　　李　倩

教育学院

教育经济与管理（2人）
　　李智鑫　　李　莹

教育学（15人）
　　肖丽珍　　王　蕊　　江　宇　　刘圣楠　　毛旭栋　　杨　诗　　印　苏
　　杜臧娟　　陈梦雪　　张文静　　潘　枫　　肖宇彤　　王俊华　　吴　莹
　　王　庆

心理学（13人）
　　徐梦洋　　谭成慧　　黄　霞　　戚海文　　覃晓倩　　金　梦　　郝建华
　　王崇志　　钱钦悦　　胡春香　　杨永乐　　严淑慧　　张　婷

艺术学院

美术学（3人）
　　吴瑶瑶　　张　鼎　　时梦颖

设计学（16人）
　　南翎璞　　赵梦菲　　姚　洋　　曾　琪　　郭子明　　朱永日　　黄　茵
　　李佳秘　　李　想　　夏玲玲　　吴海静　　赵世强　　陈晓雨　　陈　鹏
　　苏怡嘉　　潘晓晴

艺术学理论（6人）
　　李　会　　罗一军　　陈　谨　　饶　琼　　马盛华　　薛永辉

音乐学院

音乐与舞蹈学（6人）
　　孙菲眹　　王晨宇　　王　彧　　唐文宣　　张译舟　　罗霄霄

体育学院

体育学（23人）
　　赵克岩　　毛利娟　　双慧余　　杨立妃　　金　媛　　李　争　　任定甲
　　常燕南　　牛瑞新　　孔林焘　　刘帅帅　　薛　豪　　胡赢丹　　朱秋枝
　　肖鑫艳　　白春燕　　蔡春艳　　贾潇彭　　王嘉慧　　姜静远　　刘　望
　　杨海琪　　杨　兰

体育学（体育教育训练学）（1人）
　　刘浩月

体育学（运动人体科学）（5人）
　　王　楠　　吴　羽　　王彩霞　　刘冬煦　　李朋大

金螳螂建筑学院

城乡规划与环境设计（7人）
　　徐逸敏　　董佳楠　　方晓璐　　寇　琴　　周　雷　　叶小军　　叶雯馨

风景园林学（4人）
　　王娅琳　　叶怀泽　　许芳颖　　苗艳华

建筑学（19人）
　　李绪中　　韩紫璇　　王黎敏　　陈　强　　芮铭达　　马美玲　　胡文杰
　　李　侠　　姜立文　　张佳伟　　邵明聪　　方佳烽　　陈子安　　季美霞
　　李安琪　　尹必可　　张文君　　王港迪　　邱雨晨

数学科学学院

数学（35人）

窦 伟	刘雪萍	张 颖	张会敏	李青青	戴佩云	孙一林
马清驰	朱忠红	李 直	冶志豪	王芷彦	白梦加	赵亚坤
张 军	张子璐	周慧玲	陈理达	郭雪婷	樊 欣	龚帅康
马俊峰	严慧敏	秦 硕	于 洁	丁秀婷	温泽鹏	王丹丹
段星月	李 佳	任 彬	丁超仁	李亚舒	冯 蕊	庞佩圆

统计学（5人）

王冰杰　　杜 飞　　朱风珍　　杜 悦　　范贝贝

物理科学与技术学院

材料物理与化学（7人）

程 笑　　张 鹏　　倪炜臣　　仇鹏伟　　周海林　　曾 悦　　胡胜胜

化学（6人）

赵景华　　程 皓　　姚思成　　周 悦　　秦 海　　黄 燕

物理学（57人）

杨 易	孙天越	张 宣	范宁波	乌心怡	沈 晨	王典典
叶湟炜	李 平	彭德明	梁国庆	姜 斌	彭 峰	曹小敏
盛艳静	张 越	李松松	王 洁	王刘丽	王卓昇	金 莹
孙玉良	何 祥	秦超然	葛宇轲	陈 璐	吕遵严	胡瑜松
张旭颜	邓丽丽	王 康	陈远强	陈清华	李茂洋	吕 晗
沈君霞	唐 昉	闫卉梅	孙淑卿	孔泽霖	曹和平	张业辉
朱德军	夏 雨	游 健	曹 赞	张 彻	刘增涛	邹 卫
杨延鹤	王 影	孙子娟	陈 宇	史记伟	高艺雯	邹茜璐
李 润						

物理学（光学）（1人）

余天辰

光电科学与工程学院

光学工程（18人）

陈 婷　　谢鑫龙　　陈俊俊　　马 顾　　张添顺　　匡原钟　　陆 飞

李　路　　詹刚垚　　何宝胜　　严　威　　杨一功　　黄　哲　　华敏杰
　　　邢春蕾　　王　瑞　　陈　阳　　杨　兴

检测技术与自动化装置（7人）
　　　查士佳　　李天一　　范子琦　　江均均　　伍远博　　周长伟　　李天奕

能源学院

新能源科学与工程（32人）
　　　吕林泽　　胡婉璐　　史子雄　　彭　琳　　王文涛　　邵妍妍　　杨世齐
　　　龙　富　　简洁洁　　魏　乐　　周绍雯　　尚光明　　连雪玉　　钟　鹏
　　　陈洪利　　林　凌　　肖　龙　　蔡佳昊　　唐晓萱　　李婉盈　　李　硕
　　　孙　跃　　姜成颖　　李　玲　　韩晓峰　　王　炯　　顾家豪　　顾宇婷
　　　杨白羽　　赵　宇　　董兴芳　　丁杏鑫

能源与环境系统工程（4人）
　　　张鋆石　　杨旭东　　张文珺　　陈玉弓

材料与化学化工学部

材料科学与工程（69人）
　　　沈　杰　　李　莹　　张亚飞　　孙启孟　　陶倩艺　　陈梦雨　　韦　健
　　　周　茹　　夏仁涛　　吴金柯　　杨　顶　　陈亚北　　郑志雨　　韩凤敏
　　　陆奔奔　　张佳佳　　康　宁　　张训强　　季　楠　　潘金晶　　白　菊
　　　甘怡静　　张小丽　　万　鹏　　王陆明　　王晨升　　凡晨岭　　邓凌寒
　　　曹　路　　叶晓群　　谭　毅　　罗　进　　李　浩　　沈　香　　俞凯雯
　　　张苏苏　　王廷廷　　周肃苗　　熊卫星　　谭　勇　　姜　波　　于　倩
　　　李罗慧子　陈　苗　　苏　杨　　王文娟　　李莹莹　　王金英　　孙　伟
　　　郝　青　　刘长江　　陈起新　　倪大伟　　侍彦树　　陆　赟　　叶　紫
　　　段华田　　章　俊　　吴　康　　张　瑞　　朱守文　　王思彦　　陈　扬
　　　李晓程　　江晶晶　　李　辩　　钱霭雯　　谢吉国　　黄喆智

化学（170人）
　　　董杨杨　　洪韶紫　　杜健为　　章　强　　徐　畅　　江　健　　陈亚苏
　　　周鹏辉　　张文浩　　王书媛　　王玉薛　　沈　一　　许　涛　　王　颖
　　　耿晶耀　　胡　巧　　王钰翔　　王　鑫　　陈天戈　　周成燕　　王皓宇
　　　查　媲　　王橙萌　　李　杰　　杨　玲　　王志刚　　郭　敏　　贺子翔
　　　徐婉莹　　刘　明　　李　岚　　胡洁美　　田贻铭　　刘泊希　　郁　洁
　　　王宇航　　梁海燕　　周　正　　周冠宇　　罗　倩　　费　恒　　许　琳

姜南权	郭　雨	袁梦雨	方　章	吴家成	郑　均	李　娟
许　显	姜至轩	路晓慧	朱芳精	李　羚	刘尚恒	孔亦楠
肖　梅	刘　鹏	许文娣	周　舟	周　婷	李晶晶	姜喜鹏
韩智鹏	吴　琪	王晓凤	燕　欣	鲍苏楠	包曼玲	尤华明
葛晨怡	李　洁	吕俊芳	刘爱双	贺　朔	唐嘉琦	奚嘉琛
周子尧	彭　雪	季妙舟	严晓进	周　帅	江　帅	李　珂
李桂泽	范子文	袁俊尉	邹　斌	范潮港	梅诚翔	邱文琴
魏　荷	田鑫鑫	周字青	李欣琪	孙　薇	王　盼	朱先明
俞志勇	杨德元	马国雨	刘　影	付美玲	张静如	焦梦琦
刘　苗	莫裕悦	杨战永	刘罕文	刘　娜	张　悦	梁占群
王　远	朱　华	刘景瑞	靳　凤	兰英嘉	郝　琦	荆　欢
闫影静	韦佳梁	方慧康	符梦园	樊忠旭	徐　涛	魏　倩
朱余韬	曹　宇	顾　蓉	王　昊	沈柯睿	王玉伟	吴　千
印　璐	于丽丽	张　浩	张鑫磊	陈杨儒	封春萍	穆德宝
邢艺偲	张　茜	卿玉婷	魏文静	孟祥怡	张　亮	宋慧芳
黄俊丹	张　科	石　荣	王　丽	段素华	许耀辉	师　恺
叶梓霖	何诚诚	冯亭亭	滕　月	常晨阳	刘志勇	刘静怡
孟蝶蝶	杨浩迪	刘媛媛	谢登炳	曹晓环	张　奔	杨加昆
谢华蓉	陈默涵					

化学工程与技术（29人）

张建华	刘　旋	张桂成	陈莹洁	倪靖阳	袁振亭	赵俊亮
周家美	夏　杰	韩　旭	张　苹	张肖丽	王　昊	沈　倩
毛厚娟	朱晓青	王博文	于江涛	邵　颖	胡维君	方　龑
杨玉盈	刘　鹏	吕博雅	顾　浩	李兰心	张雅文	黄园园
任婷婷						

课程与教学论（1人）

　　胡辉杰

功能纳米与软物质研究院

材料科学与工程（50人）

李思莹	孙建国	雷贺蒙	王雪祺	沈雅清	薛睿中	陈　松
黄光艳	蒋金星	陈　鑫	吴　宇	邵晨睿	杨应珂	高　恒
陈思宇	张　越	王武刚	阮小斌	赵小权	彭　坤	余庭秀
许　亮	宋茹茹	田心韵	刘　俊	陈云峰	陈毅帆	刘开祯
薛冰岩	陈宗琛	徐　敏	李娇阳	龚越涵	冯丹丹	吴妍霖
臧家庆	周　睿	袁　宇	顾中浩	刘颖文	刘静雅	肖志晟

李　逸　　姜　馨　　袁　程　　马梦洁　　黄启亮　　李华梅　　张城城
袁佳蓓

化学（29人）
李欣珂　　刘　钰　　刘劲风　　周经雄　　程金凤　　杨云敏　　聂浩东
成佳夷　　贺建丽　　张　晓　　王现鹏　　郭明磊　　姜金森　　陆一鸣
李德裕　　齐慧慧　　陈媛媛　　顾小庆　　耿世泽　　洪志伟　　卞辰瑜
魏凯强　　郑　琦　　王春杰　　王　潇　　朱俊良　　张陆威　　凌　可
舒　畅

生物学（14人）
吴　頔　　陆嘉祺　　王佳文　　李君艳　　孙　荣　　胡佳颖　　江忠运
韩熠楷　　刘明珠　　费姿颖　　侯林倩　　吴清华　　李　伟　　袁　然

物理学（25人）
张定国　　陆　蓓　　吴　淼　　程水灵　　梅建军　　刘远兰　　白桂林
郑雯雯　　马鹏华　　李科强　　鲁　婕　　沈　聪　　陈博通　　聂筱敏
郑圆菁　　曹俊杰　　王经坤　　孟　醒　　文　亚　　李立星　　孙玉叶
曾馨逸　　蔡晓艺　　张亚丹　　杨　振

计算机科学与技术学院

计算机科学与技术（36人）
陈瑞雪　　陈鑫宇　　周　乾　　刘昺昊　　尤佩雯　　易　怡　　贾爱鑫
邵爱斌　　李昌恒　　崔明月　　冯　勤　　孙慧敏　　张志祥　　王　瑜
王　捷　　王　俊　　于　波　　李　婧　　谈　朦　　於　同　　吕　垚
王福成　　曹金娟　　何　曦　　付叶蔷　　吕雪瑞　　丁静怡　　董　辉
贾永辉　　杨浩苹　　董　婧　　李健智　　吕子楠　　吴孟昆　　陈石松
施钧天

软件工程（14人）
喻炳政　　郑恩壮　　李蕴祎　　钱　慧　　王庭琛　　徐平安　　倪梓欣
聂良鹏　　李业芃　　邱石贵　　张世奇　　李　晓　　高海燕　　江梦娟

电子信息学院

电子科学与技术（9人）
宋天源　　杨柏宽　　马玉良　　赵阳阳　　宣　琳　　周　煜　　陈乐凯

陈言言　　吕海飞

信息与通信工程（29人）
　　周晓仁　　方艳茹　　汪恋雨　　陆宇轩　　帅　慷　　顾　宇　　王婷婷
　　陈　壮　　帅立梅　　刘　玲　　瞿佳俊　　朱浩宇　　汤思宇　　郑乐松
　　高立杭　　丁广刘　　黄维康　　杨　昊　　葛鸿宇　　王　超　　卜欣欣
　　桂　靖　　周宁浩　　郭　超　　严纪强　　王新宇　　何舒迟　　陈洁雯
　　朱青云

机电工程学院

工业工程（3人）
　　胡　悦　　陆晓婷　　黄　毅

机械工程（10人）
　　杜奋豪　　邵国微　　倪　章　　张凤明　　王　宇　　韩驰瑞　　徐　印
　　尹　宠　　祝小龙　　李　栋

控制理论与控制工程（8人）
　　胡泽生　　肖雅峰　　周益鹏　　曹新伟　　董　帅　　郑长万　　李光强
　　李　奇

沙钢钢铁学院

材料冶金（10人）
　　陈　磊　　杨晨曦　　李　俊　　张郑辉　　谢　勇　　施利魏　　朱　桢
　　李　林　　张浩杰　　顾鹏伟

冶金工程（2人）
　　周威虎　　张　乐

纺织与服装工程学院

纺织科学与工程（36人）
　　顾　婧　　陈子阳　　蒋连意　　姚竞一　　郭　莹　　贾　盼　　叶成伟
　　胡　晓　　王义容　　高璐璐　　王秋妍　　姜莹莹　　李田华　　吕　婷
　　袁华彬　　董　爽　　黄益婷　　许智伟　　徐小芳　　黄连香　　李　敏
　　李婷婷　　孟　晶　　周　蕊　　居琴燕　　张志颖　　成　晨　　林　楠

谢秀芬　　陶晓晟　　郭　洁　　宋希桐　　陈慧臻　　孙弘瑞　　严　佳
　　牛蒙蒙

纺织科学与工程（纺织化学与染整工程）（4人）
　　谢爱玲　　徐真真　　张彦博　　西艳妮

纺织科学与工程（纺织工程）（1人）
　　翟惠婷

纺织科学与工程（非织造材料与工程）（1人）
　　冯　勇

轨道交通学院

车辆工程（6人）
　　宋泽树　　黄　强　　张　成　　张　铸　　汤　凡　　苏　舟

道路与铁道工程（5人）
　　田益然　　吴垠龙　　汪卫军　　吴　奔　　徐亚萍

交通信息工程及控制（9人）
　　吴　茜　　张哲源　　朱成乾　　吴佳佳　　成林千　　杨　雅　　蔡兴强
　　岳国旗　　张　鹏

交通运输规划与管理（5人）
　　张泽炜　　汪思涵　　王馨恬　　张成浩　　王胜彬

模式识别与智能系统（6人）
　　夏　禹　　张　伟　　张　凯　　许雪梅　　刘双勐　　金　锐

载运工具运用工程（2人）
　　王　成　　邱　鑫

金融工程研究中心

金融工程（3人）
　　任　杰　　宫明雪　　刘金凡

苏州医学院

法医学（1人）
　　王紫薇

免疫学（10人）
　　林思敏　　公丕旭　　李芝珍　　谷夏冰　　孙成林　　徐春丽　　田瑞丰
　　王婷婷　　周一鹏　　凌佳怡

实验动物学（1人）
　　郑羽旋

细胞生物学（12人）
　　李　俊　　韩富星　　曾义准　　李美霖　　夏　月　　胡　颖　　周文静
　　骆　威　　孟珍珍　　杨　倩　　孙　雪　　杨　浠

生物化学与分子生物学（2人）
　　王　勇　　陈文杰

医学心理学（1人）
　　庄楠楠

外科学（2人）
　　刘　喆　　金叶盛

苏州医学院基础医学与生物科学学院

病理学与病理生理学（3人）
　　杨赟　　庞铮　　陈泳渝

病原生物学（3人）
　　王　耀　　朱　渊　　原海波

动物学（1人）
　　邢　璐

发育生物学（1人）
　　李江岚

法医学（7人）
　　程志奇　曹文锦　谭　睿　王颖慧　赵冰洋　徐　旺　屈轶龄

免疫学（6人）
　　赵其浩　李敏艳　吴彦实　何　稳　葛友祯　谢郁非

神经生物学（1人）
　　陶　禹

生理学（1人）
　　何徐中

生物化学与分子生物学（23人）
　　刘刚刚　区　玥　葛逸扬　武　韩　孙慎青　殷少华　刘子浩
　　安幸娜　金晓辉　王晓清　赵艳菲　黄梦煜　侯　琳　刘英男
　　赵　双　李　毅　王路平　张亚昕　宋一丹　陈召政　魏相宇
　　陆灵佳　姜　鑫

特种经济动物饲养（6人）
　　童新宇　钟志豪　王恒达　刘　凯　袁　倩　曲志刚

微生物学（3人）
　　王　岩　王　颖　何超永

细胞生物学（9人）
　　胡思雨　傅黄翠　尹　娇　苏　琪　汪烨桦　戴　艳　陈小燕
　　滕忠坤　刘甜甜

医学神经生物学（1人）
　　胡梦梵

遗传学（5人）
　　王　云　付亚东　李双红　王　永　王宇鑫

苏州医学院放射医学与防护学院

放射医学（51人）
　　黄宝兴　张晓晴　龚仕成　薛巽文　朱红芹　李　藏　马　洁

白尧尧	朱 冉	黄文鹏	董海玥	丁伯洋	孙绮雯	洪 昇
张思达	石培珩	陈梦圆	云宝凤	倪 菁	刘颖桦	李沈华
龙慧强	叶珠静	姚 磊	王 恬	何玉瓶	赵 燕	周 豪
顾怡锋	杨 楠	齐重远	蓝挺曦	张 川	戴允鹏	张琪轩
张丽蓉	苏 娟	袁佳鑫	崔超翔	吴曼冉	石小林	陈 婉
宋卓润	顾 佳	李 倩	印 佳	米品鸿	花静雯	张玉财
郭浩翔	周 毅					

生物医学工程（12人）

| 康若楠 | 杨 悦 | 高宇楠 | 曹若琪 | 高 韩 | 吴晨晨 | 姜 丽 |
| 侯振宇 | 姜 杰 | 陈颖婷 | 王 慧 | 李红宇 | | |

苏州医学院公共卫生学院

劳动卫生与环境卫生学（4人）

　　刘秀秀　　杨友静　　翟雪迪　　陈晓玉

流行病与卫生统计学（12人）

| 臧宇菡 | 马胜旗 | 熊孟非 | 黄国新 | 吴 静 | 徐 倩 | 鄢德瑞 |
| 杜紫璇 | 陆亚玲 | 段程成 | 倪菁菁 | 刘思源 | | |

社会医学与卫生事业管理（3人）

　　曹桂珍　　邱沁蔚　　邱晚晴

卫生毒理学（4人）

　　许 洁　　孔 齐　　陶怡舟　　覃丽蓉

营养与食品卫生学（8人）

| 任锦锦 | 骆 澜 | 高 媛 | 张 亚 | 王翠翠 | 玉 静 | 彭思敏 |
| 崔 源 | | | | | | |

儿少卫生与妇幼保健学（1人）

　　田 顺

苏州医学院药学院

生药学（1人）

　　祁子严

微生物与生化药学（6人）
韩文清　欧阳建红　张蒙蒙　杨吟雪　陈星烨　周露露

药剂学（8人）
李辉　黄归　张梦　游萌　罗洁　王丽蓉　王梦园
朱秋宁

药理学（16人）
陈晨　冯依韵　安珊　李禛芸　冼美多　马国强　王祎昕
杨冬芹　朱媚　唐婕　林苗苗　齐若含　毛光慧　李新华
裴雅琴　王佑平

药物分析学（4人）
周志芸　郭绪芹　闫娜　韩夏荷

药物化学（4人）
杨清　唐文昊　刘苗　周胜超

临床药学（2人）
张梦华　黄敏州

苏州医学院护理学院

护理学（9人）
孙晓英　汤祥祥　李林芳　马霏　赵晓晴　杜明卿　周丹丹
徐静　袁阳

唐仲英血液学研究中心

免疫学（8人）
顾悦　陈国娜　张建祥　吕雅琦　张沂凯　禄悦　卜嘉楠
冒讯圆

生物化学与分子生物学（3人）
盛斌捷　李艳芳　魏亚璇

细胞生物学（11人）
刘梓亭　姚家南　丁贺　闫坤敏　仇艳阳　李艳清　吴海

杨　波　　娄　静　　乔映南　　赵乔蕊

神经科学研究所

神经生物学（17人）
　　李佳慧　　潘婷婷　　宋　鹏　　杜　寒　　张　孟　　姜书敏　　富丹妮
　　张小军　　傅青岳　　何凯杰　　钱海春　　闫　蕊　　黄泽平　　郑雨帆
　　张　辉　　齐丽娜　　程恺雯

生物医学研究院

免疫学（18人）
　　贺九一　　蒋　涛　　张　琪　　王　菁　　王艳琪　　王　莹　　丁卫敏
　　夏　然　　王勇强　　蒋曼曼　　蒋晚晚　　邢月萍　　李惠军　　陆红云
　　黄小虹　　韩朝杰　　张昌伟　　于海瑞

苏州医学院第一临床医学院

妇产科学（3人）
　　刘菁鎏　　陈朝梅　　赵　梦

临床检验诊断学（4人）
　　袁娇娇　　李昕雨　　许　杰　　杨　晔

麻醉学（1人）
　　徐尚娴

免疫学（3人）
　　朱　灿　　汪　林　　周恒信

内科学（19人）
　　孔宝瑞　　王梦森　　程亚玲　　姚奕芳　　赵　健　　牛思颖　　沈锦盛
　　姜玉勤　　卫　莉　　王佳宇　　邵欣欣　　王　澜　　杨　萌　　章耀心
　　王荣荣　　杨　玲　　周小冲　　陈　楠　　连霞英

神经病学（2人）
　　周美晨　　廖　娟

生物化学与分子生物学（2人）
　　廖紫芮　　付新亚

外科学（17人）
　　冯加宣　　杨　晨　　凌徐玮　　王文博　　刘　斌　　陶华强　　王英杰
　　陈俊杰　　吴阳林　　刘　源　　卢金鑫　　侯明壮　　顾　超　　于启帆
　　刘培鑫　　周　遊　　朱俊承

影像医学与核医学（4人）
　　黄金涛　　姜小庆　　李广政　　茆雯雯

肿瘤学（6人）
　　刘晓蒙　　孔丹丹　　管鸣诚　　朱克云　　龚　莲　　刘　瑾

耳鼻咽喉科学（1人）
　　苏　莹

苏州医学院第二临床医学院

临床检验诊断学（3人）
　　王　涛　　朱　婕　　吴军营

麻醉学（1人）
　　成子飞

内科学（5人）
　　王巧军　　张维敏　　林娟慧　　王梦如　　王　青

神经病学（5人）
　　薛　坚　　李成杰　　王艺茹　　刘　畅　　孙　馨

外科学（13人）
　　李　煜　　安　璐　　唐澄阳　　李皓然　　方熙尧　　周　鑫　　章少典
　　余琪峰　　王　满　　吴国庆　　窦芊姝　　张佳恒　　王　义

影像医学与核医学（1人）
　　潘　鹏

肿瘤学（2人）
　　周成良　姚明禹

妇产科学（3人）
　　潘越　杨娟　张建亮

苏州医学院儿科临床医学院

儿科学（7人）
　　林程杰　山枫　田秋燕　姚笛　王娜娜　徐铃琪　张伟利

免疫学（1人）
　　陈雁玲

苏州医学院第三临床医学院

肿瘤学（2人）
　　陈琳　朱玉兰

临床检验诊断学（2人）
　　郭会　程港丽

免疫学（1人）
　　贾晨露

海外教育学院

新能源科学与工程（2人）
　　BATOOL NADIA
　　ISMAIL SARA ADEEBA

国际关系（1人）
　　INTHAVONG DAOHEUANG

建筑学（1人）
　　ALMATARI MANSOOR HASAN MOHAMMED ABDULLAH

旅游管理（1人）
　　FALCESCU IOANA ALEXANDRA

哲学（1人）
　　OWODUNNI MARYAM ABISOLA

2022年取得专业学位的博士研究生名单

苏州医学院第一临床医学院

临床医学（1人）
　　钮俊杰

苏州医学院第二临床医学院

临床医学（2人）
　　李国伟　　刘淑玲

2022年取得专业学位的硕士研究生名单

文学院

汉语国际教育（6人）
　　王　平　　高博闻　　吕亭亭　　王子安　　赵　洁　　杨晶晶

学科教学（语文）（49人）
　　李婉如　　陈森森　　陆紫嫣　　罗启冉　　丁小珊　　张云云　　祁文桢
　　郑苏皖　　沙　菲　　尚　宁　　于晓英　　袁盛杰　　张美慧　　潘莘荟
　　史雅楠　　刘　颖　　孟　婷　　孙名瑶　　王倩倩　　方丽佳　　许　萌
　　吕雅倩　　尤心芳　　陈苏苏　　吴胜楠　　张　倩　　刘潘婷　　周晨程
　　陶丽俊　　王亚男　　杨　宁　　刘正娜　　张欣茹　　朱秀君　　张贝月
　　张　玲　　严小鹛　　郑　迁　　崔淑萍　　张　堃　　周晓红　　张轶轩
　　姜小庆　　马玉萍　　张慧茹　　杨　晴　　胡晗笑　　张雪芬　　许心悦

社会学院

社会工作（28人）

张文君	邓建秀	顾宇霆	李秀岭	孙欣茹	田 静	周雅婷
邹佳妍	高 宇	史竞昌	刘向梅	原梦欣	郭晓斐	代纯菲
高 凡	季 清	潘曼青	王泽元	王 璇	刘静月	赵梓屹
张瑞芳	陈慧慧	杜怡萱	康巧桥	张英杰	白 丹	陈云晖

学科教学（历史）（37人）

范文博	王子琪	韦金萍	夏珺瑜	吴 迪	王泽仁	田 旭
范馨文	潘林凤	苏昊荣	张诗岫	翁 静	吕佳轩	孙钰璐
陈思雯	朱苏丹	任家萱	张艳丽	张婉玲	卢明欣	闵昌兰
张志硕	洪 燕	郑钰仪	邹丹丹	杨焱景	刘 梦	周含嫣
邵婉君	唐晓杰	张玉芹	李伟杰	刘 畅	王艳茹	罗浩驰
黄如乔	蒋 琪					

政治与公共管理学院

公共管理（318人）

李逸凡	陈 城	严 洁	陆 韬	舒庆子	潘 涛	田雨忱
杨 艳	张朝天	赵佳佳	唐佳祎	周奕辰	潘天懋	施瑶绯
戚 佳	郑彬彬	陈宁馨	高浠琛	沈心虞	周晓蒙	管 焱
朱海波	朱 辰	程 洁	苏依依	刘茹怡	刘 烝	董裕民
吴 璇	王 正	徐杨程	王 强	杨舒仪	汪沈健	艾鸣阳
蒋昊琦	陈 虹	韩佳炜	倪旦萍	潘新宇	苏意晓	高骏飚
施 莉	吴嘉颖	徐静远	叶立恒	周 婧	刘祎晨	闻 菁
赵 静	吴薇嘉	周子芹	贾 逸	管燕初	王斌华	吴 玥
张政瑜	朱瑜婕	徐浚哲	施天仁	张 静	俞 斐	沈励艳
肖 玮	吴元吉	林 敏	徐 悦	周蔡敏	陶然婷	石艺玮
夏肆锋	吴丹丹	吴志浩	俞 亮	夏 弟	韩 中	邹梦帆
范雪珂	何 颖	王宇磊	朱 贺	耿 磊	皋晨晖	陈家乐
牛楠楠	谢 玥	褚张娟	郭 妍	姚星远	韩思量	韩慧飞
秦 宇	陆卫萍	朱志超	贝叶琳	李逸韵	屠心韵	杨俊陶
杨 琳	陈 哲	游 记	宋静静	顾金星	邵 璨	朱雅春
吴昊成	郁晓华	王治伟	支丽娟	葛婷婷	周竣寒	许 杰
姜 楠	薛婷婷	陈文君	温梦诚	顾也琦	张含吟	李科意
郑丽华	张经纬	叶菲菲	钱 洋	陈梦琪	戴 琪	张茗羽
姚 虹	丁网祥	李泽华	范 檓	朱 骏	邱诗凯	龚霄鹏
岑 蕾	张毅媛	张昭天	葛凌燕	张 莉	钱畅宇	郑 昊

瞿彩平	尹　云	宗　琦	包吉成	陈　佳	顾怡欢	沈丹妮
张煜梓	顾婷婷	王俪淳	杨　琼	顾晓婷	孙侃文	夏璐婷
姚　灏	陈淑娴	施　瑜	殷嘉钧	袁　路	朱夏义	盛寒石
缪怡佳	何文潇	潘中强	金君雷	沈艳文	王程欢	田静宜
白建坤	查琴琴	张雨作	仲之骐	续　磊	陈　娜	周以婷
梁　吉	沈泽威	戴　鲲	濮雅娟	张文榕	梅秋艳	郑　淇
姜　悦	高姗姗	高丽丽	颜慧敏	韩团结	徐凌之	高逸扬
施岳军	王　岩	陈雪吟	纪　正	黄彦珲	刘云舒	林　扬
周佳琦	赵　亮	顾宏良	程　骋	邹晓丽	李文玉	周宇驰
范　琦	赵春风	黄倩倩	王嘉健	夏　源	赵　倩	杨萍萍
顾梦家	王其斌	甘宜明	周　涛	孙雯莎	邓　欢	陈紫宜
武　强	王　斌	周艳红	张思初	陈婉宁	施洁心	沈佳晨
陈　彬	卞刚刚	钱　熙	张洁源	韩　阳	师鹏飞	胡晓萍
王英涵	严雪雯	孙逸馨	周　达	赵　明	周似馨	陶文超
施天福	许晨曦	李春武	夏静怡	江诗辉	陈柳伊	张婉婉
刘　妍	吴怡忱	许逸伦	王梦莹	陆尧成	沈一丁	施　雯
左丽峰	凌　芸	顾佳颖	徐　琳	申秋思	程　莉	杨肖俊
龚纪明	蒋文芮	朱鼎杰	陈竹琳	杨　柳	唐丹华	李晓婷
丁　灿	俞斌琪	朱碧纯	陆文表	徐博文	沈奕清	杨凯莉
许新程	刘　青	郁　洲	王　燕	沈　婧	姜春蕾	胡　翔
朱艳蕾	董芸燕	张　璐	支晓岚	张　娜	洪　锦	萧　悦
夏　洋	陆　卿	汪李霞	陆亚锋	李婧蕾	胡彤彤	陈洁瑶
唐费斌	龚雨涵	徐　峰	沈　悦	许开玲	茅怡梦	许　昊
吴琪卿	何璐恒	吴　妤	俞　悦	姚　瑶	戴晓媛	吴　笛
顾斌华	姚　娜	刘　彦	高博文	王　远	苗　迪	吴　瑾
帅　云	程晓芳	严天孜				

马克思主义学院

学科教学（思政）（23人）

童　瑶	倪佳佳	牛嵘嵘	岳　敏	马博洋	李妍敏	刘　晶
高顺裕	蒋天天	王佳乐	曹新悦	李　谦	刘爱艳	于未未
范崇琳	王新梅	纪雨晴	王红霞	杨小燕	姚彭梦迪	陈　优
郭金波	杨子恒					

外国语学院

学科教学（英语）（41人）

| 涂赛凤 | 安燕萍 | 潘乐天 | 李心悦 | 常可蕊 | 张莉莉 | 曹罗煜晓 |

郭秋阳	梅歆语	孙晓曼	殷福玲	陈 垚	陶芯妍	王 晨
陆珊珊	张 悦	陈子慧	刘子威	沈 怡	吴 琼	袁仔鑫
周苗苗	吴慧慧	杨 丹	颜 可	李玲玲	孙宁宁	石晓丽
许娅楠	王思懿	郝一琳	刘晓艺	牛洪梅	刘明玉	魏甲洋
李绍敏	吴明益	王 庆	李 丹	梁玉莲	吴郑希	

英语笔译（27人）

陈妍碧	沈钰钏	张润朝	杨丁玲	陈佳丽	李潇娅	汤 莹
江珍燕	雷宏幸	徐 宁	郑敏敏	杨婉钰	夏心雨	徐银银
林诗情	单奇妍	熊 蔚	蔡 影	陈梦琪	吕梦然	李艳丽
江 超	晏书月	季仲一	王 宁	尹 玉	尹梦澜	

英语口译（20人）

王天艺	赵家诚	武秀婕	龙颖星	魏雪婷	韩 宸	张 乐
周 岩	简苏黎	罗 曼	胡中盼	邬宇凡	邱淼洋	喻辛童
张澜鑫	李 凯	梁 晶	吴静炀	沈文君	沈珂羽	

商学院

工商管理（321人）

王 静	顾明勇	蒋 伟	刘亚光	史 雯	黄昱涛	邹铠言
蒋 莹	张 磊	郭丽娟	吴晨瑞	葛海璟	张建新	刘思玉
高增增	汤天一	金 晶	赵 珊	蔡 佩	刘树杰	沈天潇
张亚忠	李志林	顾 韬	刘荣华	魏 凯	赵嘉炯	徐 芳
陈 卓	陈东兴	杨永群	陈 磊	张明远	季锦梅	万金宏
朱 颖	陆奕豪	许 轲	张沁怡	张成一	姚笠晟	周颖慧
李 燕	陈茜茜	戴晓迪	陈丽娟	沈忱宜	邢晓凯	郭书存
邹佳茜	马洪越	刘 丹	魏木浩	黄红艳	龚琳吉	倪邢康
季金龙	顾 瑜	孔凡青	蒋莲莲	赵思师	平 骏	陆天奕
许莲憶	殷银凤	夏冠男	杜合香	沈 俊	邵 静	肖兆琦
黄玉菡	花 蕊	段立国	施少博	宋 佳	周 洁	万 仞
朱广泉	朱健珣	陈 阳	肖锐行	王清露	周 燕	陈惟鸿
胡 洁	郝成侠	张 玮	林 佳	缪嘉鹏	苏莹威	刘 敏
祝 坤	许舒阳	李 芳	叶金金	张秋菊	华 阳	杜晓宇
邱 培	康 惠	李 毅	刘海龙	何聪聪	乔 宇	祁珊珊
苏小敏	殷 健	许 珺	张 涛	薛东昊	徐成荣	冯静云
王苏芹	张云龙	王文萱	陈夏伟	顾丽琴	许 佳	沈梦婷
刘天然	施巨松	任菁清	杨 震	彭 爽	刘文波	仲冬霞
沈于蓝	许 盼	张 静	许嘉伟	张景奎	蒋 艳	李锦春

张振东	沈永健	王瑶瑶	殷　果	张扬予	张成令	汤逸贤
李　春	沈　健	徐　沆	纪　玮	还慧炯	冯　雷	吴昱静
李靖靖	王　玮	陈红英	王　晟	赵英丽	彭小雷	樊菊香
曹晓明	王　晴	吴海雯	赵倩文	白红伟	潘思安	陈嘉莉
姚姗姗	陈晓源	张福生	陈文玉	潘　画	胡益超	陈艳茹
孟凌云	李胤鹏	陈嘉婧	田　园	林　洋	宋林书	邱煜斌
张　锦	刘　聪	李　浩	何　敏	张云峰	郦丽雅	王　超
王　晶	秦　杰	刘　超	邢欣欣	李　淳	顾　琴	陈裕盛
王　艳	杨　怡	黄　韬	张天意	祁　丽	徐　佳	水丽斌
吉宏美	朱俊波	刘　建	吕珏清	虞逸华	陈　梅	姚　丹
马瑞芳	王　顺	秦　浩	汤　宇	庄超超	刘高登	吴文婷
童佩花	高昊天	陈　璐	朱莎莎	王佳欢	崔盈莉	杨　茜
吉　衍	王　强	潘未一	江文静	邵燕妮	乔　宇	李佳琪
卞玉磊	夏　凡	丁嘉庆	吴怡葶	吴　翠	陆　晓	孙寒梅
朱嫣然	宋晓佩	陈惠玉	唐　思	刘　俊	陈依璠	陈　甜
张志合	陈守金	陶晓宝	陈荣彬	舒茂松	金文杰	徐　俊
杨钧雅	孙　霏	姜冬梅	盛小明	杨彩红	唐玲玲	姜超尚
李　峰	胡伟东	冯　建	吴　俣	朱一丰	顾浩杰	王依倩
何雨芊	仇　石	李　哲	乔恒玥	温锦瑶	栾启卉	江俊华
乔　静	潘海云	张佑汀	陈　琛	程大伟	吴方珍	张　翼
宋亚楠	陈　俊	王陈梓	姜　杰	周　炳	薛　华	程晓军
侯少华	刘雨欣	陆　逸	顾　真	孙天池	王　斌	廉正阳
房亮亮	孙毅歌	张　科	王珺曼	李　婧	马思嘉	刘田原
高雨霏	李天柱	陈雪燕	陈晓燕	钱再勇	张　宇	孙中晶
杨　飞	顾舒仪	张　弩	许雯丽	罗　莺	吴志坚	查文卿
智帅锋	朱　迪	杨万大	唐　宇	马　超	沙金晶	陈　伟
孟　艳	廖文虎	浦学良	唐马路	刘教猴	李坚祥	

国际商务（4人）

陈梦凡　　徐拟竹　　饶　婷　　NGUYEN THUY AN

会计（121人）

王晴宇	孙莹莹	范莹莹	王姝雅	徐甜甜	苗　馨	薛　程
仇一凡	郑笑越	周远寒	王雨青	吴玉文	颜潇敏	李桢杰
刘森林	吴　颖	康晓娜	方瀚琨	陈慧瑶	孙　娅	纪凌霄
陈嘉玥	高　懿	顾娴岚	郭　毅	吉　伶	凌　怡	莫刘益
孙　晨	吴宁一	吴　涛	章义慧	赵庆桢	赵雅洁	李　婷
蔡小苘	徐　靓	马亚宁	王俊丹	孙新月	张寅星	陈林南
韩秋实	姜晨丽	刘晓晴	孙　菁	曹宇悦	陈思妍	杜金全

韩梦佳	韩哲	郝文嘉	刘菲	刘馨然	刘宇昊	陆秋然
茆炜杰	钱虹希	钱敏燕	童治纬	屠唯一	王然	王昕
王亦晴	魏晨虹	吴征凯	徐冰硕	徐莹	许悦琪	杨玉
姚俊琪	尹帅	张倩	郑恺	朱叶敏	朱颖	邹蓉蓉
费云清	李雪妍	乔晓婷	任珊	周宇	朱嘉楠	杜贝贝
孟德娇	韩池	周萍	徐超凡	范贝瑶	陈心杰	范莉
邵思颖	万婷	吴微	杨淑莹	周子晏	唐心怡	许海燕
韩冬	李琪	刘晨洁	唐德鹏	何静娴	胡楚轩	夏菊花
江墨馨	李娜	孙威	颜丽	毛宁	朱梦媛	云佳艺
查晨雨	谢鸿凯	陈颖楠	杨雨帆	钮伊纯	安然	郭镇逸
徐婧	吉毓旻					

金融（33人）

程倩雯	徐健	郝晶	张银莹	潘杰	徐佳	江美玲
鲁佳	程蕾	陈敏	姜雨	李阳	曲玲玲	李俊
吴荣杰	吴正豪	杨佳欣	顾佳林	高婷	张萌	丁怡然
赵玲	潘昊	林新月	闫瀚文	母轶华	王柯力	高璟倩
黄静钰	李仕琦	杨卓凡	沈雯锦	韩石		

税务（10人）

| 宋威 | 王娜 | 巫晓宇 | 沈月 | 杨晨晨 | 杨敏 | 王蓓 |
| 柳贵利 | 孙雨桐 | 姚舜禹 | | | | |

王健法学院

法律（非法学）（106人）

孙震	高彩色	白洁	陈伟	柳婷	刘银魁	蔡于亮
李飞	田水	刘倩	李林然	施能	黄一豪	华蕊
匡海涛	史文洁	郑茹艺	陈婧妍	解忻月	徐天宇	赵婉莹
赵文霞	章华	颜姮	王恩慧	张颖	宋晓雨	田秀芬
李璇	陈磊	许治同	景馨平	彭志圆	倪曦	陈昱霖
程延芳	张其忠	何志鹏	曾晓东	陈虹	韩冰洁	于淳
徐思昀	金奕萱	曹姣	孙雯	丁子珍	王萌	刘圣杰
华婷婷	卢珍	陈义芳	金明霄	杨孟媛	万春花	李暄妍
翟晓梅	邢桑以涵	李俊泽	林霄	朱秋梅	商炜	夏怡
王凡	张越博	黄发辉	刘雨萱	雷强强	刘玲玲	年四好
杨菲	张颖彤	曹星星	陈玄	郭欣欣	戴杰	刘晨晖
舒锦怡	汪鸣凤	凌超	马泽辰	王子凡	许洋	胡庆云
岁秋月	许卓凡	柴召胜	顾娜娜	范舒景	邹佳美	林欢

张旭杰　张　玲　陈思怡　史　暄　李梦珠　袁　帅　陈奕鑫
王　菲　唐　微　郭艳迎　穆家锁　王祖民　于静文　徐晗勋
纪少芬

法律（法学）(116人)
　　徐芳芳　薛康平　孙海琳　章丹丹　刘佳炜　余方晟　陶金鹏
　　丁　昱　胡　倩　叶　鹏　周菲菲　黄江涛　乐奕杉　闻　越
　　石梦雪　梁铭可　马冰雅　刘可昕　於　琪　李蒙蒙　王　尧
　　王艺澄　李雨欣　齐雯雯　吴淘淘　高　晨　罗　彧　陈　婕
　　谷倩汝　钱怡佳　朱　玲　黄　莹　吴润泽　冯志仁　陆铭洁
　　朱　雯　高梓曦　李珂豪　薛祖璇　侯　睿　周　灿　宋　严
　　金　磊　倪冰冰　钱清清　边　锞　徐亚男　赵俊均　戚芸芳
　　徐　月　张芷鸣　曹鑫梅　袁丽丽　刘学健　张　宇　许紫悦
　　陈　潜　齐　平　魏宏娅　程予昕　汤　浩　魏奕洁　陈苏婉
　　李　甜　石璐瑶　王　涛　王英恺　姚甜元　马腾腾　张文心
　　张　奇　沈玉婷　杜　浩　张　霞　江　舒　毛占虎　张馨元
　　姜　野　彭怀鹏　张亦帆　牟珉慧　李　琳　陈婉萱　牛斌杰
　　王银仙　陈晓洁　张方红　王嘉慧　许　清　李　丽　邓修鹏
　　孙宇婷　陈秀妮　黄子晴　陈　娇　生洪星　黄　晨　杜炫烨
　　蒋　梅　杨林燕　陆志杰　李　成　王池瑶　张涵婷　纪　忆
　　陈晓丹　金鑫红　闫　飞　孙　叶　沈云依　沈　佳　万云飘
　　李　勇　秦俊凯　李慧慧　梁润发

教育学院（教育科学研究院）

教育管理（8人）
　　顾陈佳　周颖佳　马婷婷　周之琳　陈宁阳　杜夕芳　陆　艳
　　周　炎

应用心理（8人）
　　孙雯婷　申一凡　丁　畅　罗玉婷　朱奕婷　吴子安　祝　杰
　　孙　卫

职业技术教育（21人）
　　胡宇飞　任鑫淼　王墨纯　安　琪　高　天　孙铭涵　孙　宇
　　韩　雪　陈梦希　张晓庆　史小妮　汪慧慧　王绍颖　刘晓璐
　　杨　榕　王颖新　崔　雪　陈　彤　于理婷　乔月静　杨　柳

艺术学院

美术（15人）

宋雪	陈琦	赵颖	朱芸阁	姜中伟	王乃雷	张艺
马思航	卜雪	虞一菲	向子锋	何沪生	段存华	彭彦铭
蔡智俊						

艺术设计（95人）

李奕霖	吴安琪	叶青	孙欣晔	王孝林	张杰	苏泉
张雨星	吴亚敏	许勇韬	张嘉慧	王冠	陆海天	施家辉
朱柯霓	王佳	王芷仰	顾笑	强波	孙路苹	尹晓雪
顾璇	臧以超	于安澜	许轩晨	夏如玥	刘成宇	刘子畅
谢珂	蒋浩	常杰	单荣	潘雨璇	梁钰佳	石恒川
王财富	程钰	方菲菲	俞婷婷	宋桢甫	王祥	薛奕珂
张圆	徐萌	陈义文	廖丽莎	林莹莹	赖雯敏	翟嘉艺
王李悦	杨丽	方新泽	李倩	何文乐	徐韶华	张文菊
刘昕颖	石媛	张婉慧	王文平	赵志新	赵武颖	吕宇星
卞欣欣	朱雅萍	张宇	陈文竹	陆婧怡	王琦	黄蕾
于晓卉	赵雨	王婷	朱思豪	吴桐	齐文静	崔龙康
王亚萍	张雅琪	胡小娜	杨硕	孙欢	马遥	曹倩华
杨敏	施艺馨	杨玉青	李华阳	何鹏腾	唐澜菱	吴文玉
孙晓婉	林少扬	朱丹云	朱邓克			

音乐学院

音乐（18人）

钱悦清	司文	王梦喆	孟雪镜	谭思妍	郄越	田晶晶
吕思清	曹凌波	邢放	卜德琪	楼明威	胡海晴	王孟元
赵乐	陈宣伊	冯雨筠	ANTAZO DANICA MAE DE GUZMAN			

体育学院

体育（106人）

屈盼盼	杨小妹	王晨寅	靳宝铭	李雪	陆晓东	陈婷
刘琛	田子林	黄秀	贾芳芳	李傲霜	周子奕	周瑞发
郑玉洁	卢晓伟	王欣涛	李科凌	张冠华	柴欣	韩花花
张怀臻	赵和凯	赵妍清	赵兵	陈梦竹	顾张瑜	李凯
王艺杰	于清华	赵楠	周宇	李扣荣	郭敏	徐金金
高小栋	杜亚萌	曹利双	季铭	姜开轩	李与伦	梁梓健

林俊辉	潘泓桦	汪紫珩	王诗雅	徐　伟	闫　琪	周业业
吴　鹏	姚思远	陈慧文	徐　翔	张志杰	李姝颖	潘立成
范若愚	柴宝志	刘　鑫	王　硕	许　奇	纪淋波	贺家根
韩雨辰	蒋　岩	李豫豪	葛义东	田文利	王红云	王　康
夏　婷	田玲玲	周晨昊	冯金花	彭　秀	张茗娴	马雪莹
张　键	顾生程	郑文彬	陈　朗	徐冰冰	李玉琴	熊莹淇
张光靖	朱慧敏	邹继伟	许　愿	杨博岩	王明海	周恩松
陈金坤	石平安	宋丽婷	李思谕	周　斌	冯志强	谢沁怡
黄艺婷	滕汝琪	王志瀚	蔡昀刚	盛　兵	李　静	兰桂印
范传新						

金螳螂建筑学院

风景园林（38人）

范子祺	李志杰	张若琦	史琦洁	闫　薇	张　弛	周曼妮
胡光亮	张子赫	黄玲娇	沈竺莉	潘紫仪	侯禹升	丁　敏
刘立鼎	姜　樱	王怡然	周　婷	马媛媛	李　铭	丁亚兰
邓伍昕子	王林琦	罗　甲	代梦蝶	葛楠楠	黄宇涵	黄世婕
徐紫璇	宫嘉伟	初　筱	周　悦	顾语琪	文　清	任　敬
徐笑菊	杨维旭	马　聪				

数学科学学院

学科教学（数学）（32人）

朱家慧	李　侨	马能佳	何煜晶	汤淇珺	金　枫	吕　金
刘　翠	孙一希	吴　欢	张梦园	沈　同	王　敏	葛冰冰
金　陈	王　倩	郭　珊	邱钰童	周　菲	李亚桐	孙　余
王　星	张甜甜	马文婷	史佳钰	张　颖	朱　曼	王微微
林少欣	杨　敏	罗超逸	闫莉莎			

应用统计（18人）

郭　嘉	张　薇	张纹宾	王宏轩	姚真瑞	文欣薇	王　丽
胡　琪	纪章鹏	沈子涵	张轶伦	王思嫒	陆丹妮	周礼貌
张亚东	毛敬轲	王媛媛	刘　啸			

物理科学与技术学院

学科教学（物理）（34人）

陈　超	朱逸苓	邱　蕾	居　露	肖　月	蒋昱宸	陈晓莎

顾钰雯	王芳苏	钱楼哲	戴　亮	张梦迪	石　畅	郑　进
史甜甜	周格格	郭加庆	刘文韬	印敏洁	顾燕萍	张　珂
邓文清	洪　叶	李　雪	陈　艺	李诗嘉	王　蕾	左紫棪
刘琳莉	杨尧清	薛剑锋	王胜团	魏琳媛	许　硕	

材料工程（4人）

朱　磊　　顾　川　　顾　亮　　陈双露

光电科学与工程学院

光学工程（44人）

周　键	李奥深	杨　帆	林　槟	王慧全	伊东辉	宋　威
王超男	咸有龙	黄曼曼	沈研飞	钟　浩	黄婷婷	许世栋
章新源	李沁熠	徐修冬	管玉祥	陈添凤	谭奋利	徐恺琴
吴东晖	黄云松	于逸凡	路　畅	唐兴杰	汪成根	李昊宇
李林峰	张仁恒	夏成樑	曾晨欣	王浩田	应舒杨	方　琪
张新君	冯志强	皮凯晨	沈东扬	翁　雅	黄智豪	王晓杰
吴宗庆	李　洋					

能源学院

材料工程（3人）

王佳琪　　李　涛　　王鹤翔

材料与化学化工学部

材料工程（9人）

石　君	谢卓峰	何雨豪	冯圆圆	郑继辉	詹威武	郑高达
张　爽	闫飞虹					

学科教学（化学）（7人）

尹依娜　　陈　婷　　丁　文　　高韦华　　古　愉　　吕　琴　　井　波

计算机科学与技术学院

计算机技术（97人）

史浩杰	吴成豪	张贤君	徐大勇	刘志东	眭镇涛	钱　锦
汪　浩	宋佳娱	管梦雨	董苏军	王　煦	贾　浩	童　瑶

姜家乐	王金锋	杨东东	王琪琪	陈大伟	马　浩	胡梦娜
孙　阳	江天玲	王孝威	于厚舜	章华奥	石涤波	张亚伟
杨斯杰	黄弘杰	周效舒	万　靖	黄子怡	殷亚珏	李晓牧
苏玉兰	陈　淳	王士浩	郑晟豪	朱　强	陆召搏	万姝含
田鑫涛	王漫漫	陈　牛	陈　敏	汪　恒	潘志诚	李烨秋
徐婷婷	陈　楠	吴世龙	张　雯	潘雨晨	杨迎尧	周俊颢
周　敏	陈　亮	王佳薇	李子仪	夏　月	吴光军	李　翔
朱鸿雨	朱治民	徐旻涵	任港生	陈世男	干　敏	田三川
卞庆荣	叶冬冬	郭恒睿	赵继鑫	陈　晨	郝少璞	周晨娣
刘中华	范远照	潘晓航	王浩波	韦雪婷	孙晓寒	龚晓康
葛育伟	宋鹏鹏	李志泓	张　力	杜冠廷	刘　肖	叶柯阳
周肖宏	徐焕焕	沈泽昊	赵嘉欣	李潽潽	朱　旭	

软件工程（20人）

缪文豪	王逸勉	陈　浪	殷　凯	田小弋	董迎秋	沈　尧
赵沛尧	欧阳震	郁　文	顾子贤	钱　浩	王子杰	奚圣鑫
左亚杰	贾长庆	李一凡	张维娜	石　奇	陆顺成	

电子信息学院

电子与通信工程（90人）

肖大禹	时代儿	徐子涵	徐　帆	庆　祝	姚辰璞	徐浩然
赵梦影	邢祎炜	陈鸿海	孙夏晨	朱华清	蒋苏蕊	许智航
杨长青	金树林	周　钰	吴美玲	钱嘉嘉	宋佳欢	余佳诺
郭亚莉	黄祥林	贺提超	石　珍	孙学良	葛浩冉	蔡港成
余　旭	刘　芹	韩召然	邓米雪	马维克	邹泽兰	王　铭
蔡　雪	杨俊杰	赵娅丽	张　啸	李俊萌	武瑞沁	杨　蕾
张承杰	潘洪峰	黄　迎	茆泽洋	李佳跃	何发松	徐　犇
孙逸帆	张　林	朱乾龙	李德银	刘梦丽	杨　琦	曲铭雯
周永超	颜嫣红	张佳树	唐宇轩	张佳慧	沈宇扬	魏海翔
徐重慧	丰婷婷	吴玉娴	杨余运	史秋良	张鹏飞	张天一
施　巍	曹理邦	杨　涵	宋爱武	王　荣	陈　玉	王　婷
顾　浩	周　玮	张添良	刘晓利	花　蕾	杨华磊	陈　力
蔡茂江	侯思齐	张浩宇	陈建红	殷峻昊	史　悦	

集成电路工程（12人）

汪　征	王　妍	高　威	殷琪浩	陆铭洋	张文海	程勇杰
巫　超	郭佳宁	何从蓉	刘天宇	唐　晨		

机电工程学院

机械工程（91人）

艾 铭	陈厚豪	王 兵	宋 昊	杨梦柯	朱铭杰	蒋林君
罗鲜赟	丁 晨	姜瑞卿	荣佳诚	归悦承	徐 坤	翁子豪
梅 旭	袁 媛	祝宇飞	陶仁杰	冯凯祥	孔德瑜	董帮柱
薛曹阳	叶 中	王贤宝	霍佳栋	刘连圣	汪超群	徐佳男
孟星佑	田玉祥	汤添益	孙家圆	马恺骐	丁 钊	郑中顺
杨俊辉	何 诚	张昱平	李光明	华日升	马友文	黄 婷
杨学猛	石泽铭	管怀俊	杨波滔	李 燊	刘 鑫	郭敏超
柯常锴	杨 凡	刘 广	曹 壮	周日华	刘 杰	刘雨墨
李 宽	龙 庆	裘佳晴	田志彬	王子翔	吴志勇	张功达
田显东	于海宁	王 永	徐宇航	李 震	张文俊	陆凯健
周海峰	陈义国	李建宾	杨 平	李 凤	陆 斌	陈 烨
王江峰	车一峰	董学民	顾鸣伟	杨利涛	刘匡华	钱智毅
卞剑锋	王文韬	戴 越	沈益晨	王彬彬	严路路	华韵晨

控制工程（22人）

张国旭	陆锦宇	程 敏	金一凡	张钰涵	雷 宇	吴 冲
杨 林	孙峥峥	张 敏	徐易芸	张 珂	凌 志	薛保珊
张嘉慧	陈 俊	王 盟	闫晓剑	张教狄	洪 阳	盛镕镕
朱国锋						

纺织与服装工程学院

纺织工程（86人）

刘路通	徐缓缓	王发强	李翔宇	潘 璐	姚 莹	薛 莹
黎倩雨	何鸿喆	曹元鸣	冯裕胜	刘嘉权	胡 静	仲 越
张君泽	周随波	黄淋铃	唐宇辰	李雨琦	袁天琪	闵小豹
汪宏斌	纪 耀	杨尚云	郑昌懂	张 晨	叶 曼	胡嘉赟
刘 彤	李 露	石瑜博	翟旺宜	綦 淼	王玉婷	孙钰晟
杨 文	李 燕	朱晓荣	王亚辉	闫晓静	王宝亮	贾建新
薛中衡	徐晓婷	唐月婷	李 枫	候礼文	李世琼	周丽婷
郭 静	曾月勇	齐 迪	卢锦涛	胡 健	刘 苹	陈执妹
陈图英	殷 妮	顾 佳	姜雨淋	吴 铠	张佳文	曹 婷
祝毕志	祝霜霜	金耀峰	彭子操	宁晨辰	张 雷	储昭权
严 艺	王 立	陈 超	邹恺文	王莹琦	杨开勋	陈 曦
郭雪松	马双红	陶林敏	王树春	胡 珏	王欣欣	刘 冰
彭天舒	李东昇					

金融工程研究中心

金融（43人）

陈东壮　仲启凤　卫　硕　周　凡　胡　敏　徐云梁　李佳佳
潘　锴　宗李青　唐志燕　武传浩　王嘉奇　杨尧渊　周晓慧
李永青　胡双庆　王博闻　王　澜　韩　宇　周　静　严　妍
张　燕　金钧天　尹　盟　宁小康　张文尧　董文慧　秦　沛
陈　雪　汪金挺　周佳悦　高　力　姚　鑫　郏程鹏　樊嘉杨
王夕冉　张　辉　王　波　陈仁涛　孙　璇　李玉屏　赵子川
陈　逸

苏州医学院

急诊医学（2人）
汪蔷薇　潘丽名

内科学（4人）
周　琳　魏志强　谭　雍　张　悦

眼科学（2人）
徐　森　刘枫婷

外科学（7人）
柳志锦　张向南　刘胜哲　陈　松　顾峰明　房小栋　高凡冬

耳鼻咽喉科学（1人）
张啟蕾

苏州医学院基础医学与生物科学学院

渔业发展（6人）
吕　斌　赵旭乾　易皓明　李文健　周　玉　田丹阳

畜牧（7人）
王晓军　孙素飞　徐向星　卞丹丹　王承睿　叶文涛　郭馨月

苏州医学院公共卫生学院

公共卫生（34人）

左秀玉	李　静	乔亚南	滕皓玥	杨雪娇	孟琪琪	孙业秀
胡庆京	管　俣	白云斌	徐　瑞	陆梦兰	董昊裕	梁剑书
蔡　明	余秋夫	贾蓓蓓	陈永浩	麦尔合巴·库尔班江	宋瑞娟
韩莉敏	王晒晒	耿向甜	李　林	刘　双	李梦莹	郁云兰
杨颖怡	孙　月	惠文焕	黄丽婷	赵　敏	孙玉丽	史晟玮

苏州医学院药学院

药学（54人）

姜伟伟	高瑞辰	王玉涵	黄　慧	王步淞	孙　薇	郭　妍
苏　莹	陈　亮	张　萌	彭　磊	丁　威	李宁宁	张登登
唐　婉	袁树伟	李雪凤	王露瑶	桂　瑶	孙任娟	王天宇
朱　洁	孙　琪	郭艳华	王成义	梁清华	祝文静	石　瑞
崔亚冬	陈　聪	杨嘉文	周光凤	程　乐	姜远锐	罗小婷
陆有为	秦萍萍	陈海燕	乔　震	王中敏	侯虹宇	陈钦波
蔡温花	黄　栗	谢垚垚	宋佳滔	龚　标	秦望智	成　希
李福杰	谢　玉	曲玉婷	曹秋逸	胡　丽		

制药工程（2人）

陈茂杨　于晓钟

苏州医学院护理学院

护理（44人）

许　磊	田凡立	孔晓阳	刘园园	杨富凯	易　芮	秦子煜
张冠珣	陈秋云	程　铭	王　颖	方　倩	朱晨雅	覃　慧
赵丽莉	崔亚茹	高文君	杜康泰	刘明月	罗小甜	吴金花
谷一鸣	杨　静	徐莲花	刘　欢	范佳薇	刘　倩	徐文芳
冯倩倩	王丹妮	赵宸册	秦淑文	胡尧尧	杨佳鑫	苏小平
潘晓虹	李雨宸	张　露	范晓雯	仲朦朦	彭金秋	谢　娟
吴　建	张　颖					

苏州医学院第一临床医学院

耳鼻咽喉科学（2人）

杨思琪　沈永骢

妇产科学（10人）
　　吴楠楠　　赵子伟　　胡鑫童　　陈慧赟　　孙桦婷　　苏秋弟　　王迎瑶
　　陈　越　　吴雨红　　黄倩倩

急诊医学（3人）
　　沈　军　　徐若欣　　张媛媛

康复医学与理疗学（1人）
　　潘程程

老年医学（2人）
　　苏　欢　　向　彬

麻醉学（3人）
　　刘琳琳　　程舒芬　　韩　宇

内科学（60人）
　　徐雨薇　　杜园园　　张铭炀　　陈　程　　黄一琦　　葛正阳　　张风红
　　方　鲲　　齐　臻　　虞晨燕　　王佳欣　　倪益玲　　徐玉静　　孙晓怡
　　陆琴琦　　丁亦扬　　芦　源　　张露巍　　李　含　　杨　筱　　狄文娟
　　陈　群　　王　依　　王　鹏　　左婷婷　　李嘉琦　　严远飞　　张　红
　　朱　华　　沈若怡　　傅倩雯　　张　舒　　钱慧雯　　徐雨晴　　杨敏怡
　　顾怡钰　　陈子佼　　顾　玲　　吕音霄　　马亦凡　　徐怡楠　　吴艳珺
　　赵　雯　　徐　岚　　吴　凯　　李茗茗　　陈文杰　　魏　源　　严　治
　　曹雅雯　　祝新韵　　何雨欣　　陈妍心　　章维云　　李新丽　　唐小苗
　　吕昕波　　郑　楠　　王斌儒　　王　馨

皮肤病与性病学（2人）
　　杨雪琪　　唐敏慧

神经病学（11人）
　　李红梅　　周笑灵　　汤安琪　　王泽堃　　葛　祎　　程霄霄　　袁霞晴
　　陆佳洁　　王晓缘　　韩春茹　　沈　丹

外科学（84人）
　　刘　磊　　堵嘉诚　　徐其轩　　程　魏　　亓靖康　　袁　野　　范　尊
　　金哲宇　　吴　柯　　邹佳悦　　田　震　　王　迪　　胡陈睿　　张力宸
　　树明华　　莫浩杰　　黄俞杰　　陆登峰　　丁嘉圣　　郑年鹏　　支　尹

盛烨钦	张　煜	胡宏伟	邵小凤	代甜甜	彭　波	杨　刚
张丽轩	裴梓杰	秦　宇	范昭均	沈一峰	温　笑	徐泽坤
王一冉	罗　斌	周鸿猷	李启明	杨贤洲	程泽文	黄天威
王零零	朱鑫泰	朱靖泽	宋健楠	薛光仁	潘廷正	瞿文浩
李明伟	纪志豪	宋照明	马　博	包远鹏	吴　乾	宗路杰
何　钦	张佳文	张　焱	陆　枫	徐乐华	朱心煜	朱天峰
叶旭文	董安琦	徐姜南	吴天夫	朱鹏飞	朱晟辰	李翰文
曹　培	董仲琛	王　庆	王森泰	王　浩	盛祖凤	周　弘
谢汶桂	段维峰	王　伟	夏延夫	姜垠昊	赵准临	吴　攀

眼科学（4人）
　　任亚茹　　李彩馨　　朱　琴　　王丽君

影像医学与核医学（15人）
　　刘原庆　　房孟晓　　朱娅娣　　杨　洋　　余秋雨　　金鹏飞　　陈正文
　　陈晓宇　　杨炜浩　　帅　鸽　　薛剑桥　　查昕仪　　赵子璇　　刘　钊
　　史逸恺

肿瘤学（11人）
　　胡钰丰　　张凤凤　　毕彦平　　吴冠冬　　刘　雪　　朱　焱　　胡广越
　　张晓辉　　陈　阳　　袁晨阳　　何　芮

全科医学（1人）
　　王　琿

临床病理学（1人）
　　张若楠

苏州医学院第二临床医学院

耳鼻咽喉科学（1人）
　　杨　帆

妇产科学（6人）
　　李玲玲　　吴伟霞　　胡家玥　　周彤萍　　邵琰玉　　毕　昀

麻醉学（1人）
　　王玉叶

内科学（22人）
　　吴思伊　　姬燕京　　时　萍　　濮　婉　　杨　琳　　王茜茜　　闫文静
　　魏晓倩　　李冰青　　郭晶晶　　罗亚维　　杨海玲　　陆文田　　张一恺
　　王田恬　　王智君　　郭康丽　　孔凡阳　　唐佳妮　　何蔓碧　　高春峰
　　李靖雯

皮肤病与性病学（3人）
　　顾欢欢　　赵　莹　　陈思佳

神经病学（13人）
　　姜倩梅　　葛　坚　　吴小珂　　俞思远　　戴　婧　　杨思文　　谢伟晔
　　龚思怡　　徐嘉梦　　曹佳倩　　王佳芸　　闫家辉　　刘　铭

外科学（37人）
　　严于昊　　张　耀　　杨实广　　卫偲颖　　彭煜健　　叶敬成　　柴朗辉
　　胡雪峰　　邢丹蕾　　任伟志　　黄懿恺　　朱兆璧　　吴　垚　　刘红翔
　　杨　渊　　张　实　　丁克文武　陈　滢　　廖　云　　王嘉琪　　盛梦超
　　徐文倩　　陆　嘉　　汪宇豪　　沈　杰　　朱柯雨　　徐相蓉　　何凯明
　　陈昱名　　孟云鹏　　薛宇航　　杨佳滨　　陈志豪　　王利平　　张　涛
　　武昊伟　　沈晓峰

眼科学（3人）
　　华伍梅　　吴　霜　　张天琦

影像医学与核医学（11人）
　　王　菲　　伋立荣　　杨君琳　　徐翠莲　　花孙雨　　陈　浩　　王　锐
　　马东升　　杨　洋　　王全鹏　　傅心雨

肿瘤学（8人）
　　刘远亮　　赵向荣　　王珍珍　　马一夫　　陈湘莹　　潘承祺　　李　莉
　　郭新怡

急诊医学（2人）
　　高甲科　　姜　琳

老年医学（1人）
　　李　白

苏州医学院儿科临床医学院

儿科学（58人）

彭媛媛	黄宇婷	刚　苗	江雨婷	张晓荣	李鹏云	王宇轩
范紫薇	石丽娟	朱悦悦	姜宏秀	骆婉莹	陈颖青	左丹丹
李大双	郑相贻	李天丹	陈平平	吕　梦	段　密	豆　君
魏　畅	张馨月	王咪露	刘思雅	李静兰	严　芳	秦杰婷
余　飘	董　爽	丁进云	陈可欣	梁　磊	苏　欣	刘　璐
於　敏	张梦媚	袁雨晖	黄园园	魏　琳	王继香	崔茹月
吕立城	李蔚沁	黄文韵	张方园	于秋瑶	邓　凡	单斌斌
刘　倩	石文华	崔天然	孙智超	徐月娟	汤夕峰	陈炜煜
傅昌雨	罗　玲					

影像医学与核医学（3人）

胡心璐　　康梦菲　　赵　廉

苏州医学院第三临床医学院

儿科学（1人）

沙曦雪

内科学（13人）

| 黄　强 | 张　培 | 商丽梅 | 徐　鹏 | 李　敏 | 田君梅 | 刘雅旻 |
| 姚　瑶 | 李纯纯 | 韩晓娟 | 端家豪 | 张　贤 | 秦子涵 | |

神经病学（3人）

徐格曼　　阮　望　　张翠微

外科学（18人）

赵青松	童　磊	秦敏朝	莫　忾	刘振威	常文辽	赵枢辰
王　秀	邵世杰	诸　磊	龙璇任	杨　晏	陈宇翔	李克新
肖冰开	陈治民	李玉成	邢宏军			

影像医学与核医学（6人）

王　冰　　罗　凯　　单佳媛　　徐依多　　陈钰琦　　江　曼

肿瘤学（8人）

张申丽　　张　颖　　陈　艳　　仙晴颖　　黄俊超　　徐佳倩　　岑香凤

王 莹

妇产科学（3人）
　　顾怡佳　　王 慧　　陈琳琳

急诊医学（1人）
　　徐荣鹏

临床病理学（1人）
　　吴 灿

皮肤病与性病学（1人）
　　宁 婧

眼科学（1人）
　　周 庆

海外教育学院

国际商务（7人）
　　ABRAMAS ALBINA
　　JERJENGTHAO SOUMALEE
　　PROMNIN WISANU
　　SAE HENG CHUTRANART
　　VONGSOMCHITH VILAYOUTH
　　PHAM THI MINH HONG
　　CHO JEONGWON

汉语国际教育（1人）
　　ALVA MOHAMED

艺术设计（1人）
　　DIMITROVA BETINA KIRILOVA

教务部

临床医学（4人）
　　徐佳辉　　丁思文　　潘鹏杰　　郭飞燕

2022 年 3 月本科毕（结）业学生名单

电子信息学院

电子科学与技术（1人）
　　于德明

电子信息工程（1人）
　　李　想

集成电路设计与集成系统（2人）
　　蔡浩凯　　兰富瑞

通信工程（2人）
　　朱志朋　　白旭冉

微电子科学与工程（2人）
　　吴静怡　　茅高韬

商学院

财务管理（2人）
　　张梦博　　沈　悦

经济学（1人）
　　赵佳璐

国际经济与贸易（3人）
　　王燕琳　　王伊劼　　顾亚男

会计学（3人）
　　杨梓誉　　岳　亮　　黎海霞

金融学（2人）
　　周珏宇　　韩永强

纺织与服装工程学院

纺织工程（2人）
  曹一霖 周 易

服装设计与工程（4人）
  唐春桂 徐添艳 刘 琦 倪 晨

轻化工程（2人）
  陈弈潼 马得忠

光电科学与工程学院

测控技术与仪器（3人）
  董明理 姜 渭 艾 帅

光电信息科学与工程（4人）
  赵广源 卢忠桢 陈莘苗 邵传强

计算机科学与技术学院

计算机科学与技术（5人）
  傅灏郱 杨润岑 江逸凡 赖世恒 焦东宁

软件工程（1人）
  陈 航

软件工程（嵌入式培养）（3人）
  蒋中泽 钱徐斌 张筱瑞

网络工程（1人）
  杨海新

信息管理与信息系统（1人）
  李璐琳

能源学院

新能源材料与器件（2人）
　　朱睿谦　　李媛媛

数学科学学院

金融数学（1人）
　　夏　添

数学与应用数学（基地）（1人）
　　王　振

数学与应用数学（师范）（2人）
　　陈一帆　　王　霄

统计学（1人）
　　占晓桐

信息与计算科学（3人）
　　严福康　　陆家骏　　赵　杰

体育学院

体育教育（2人）
　　朱　威　　高天翔

武术与民族传统体育（2人）
　　王昊苏　　何欣亚

运动康复（2人）
　　范银银　　金承亮

运动训练（2人）
　　吴林峰　　佟　彪

外国语学院

翻译（1人）
　　黄　馨

英语（1人）
　　王宇芊

物理科学与技术学院

物理学（2人）
　　陈博浩　　刘东灵

物理学（师范）（1人）
　　应发明

轨道交通学院

车辆工程（2人）
　　周曙鹏　　张　俊

轨道交通信号与控制（1人）
　　秦　啸

建筑环境与能源应用工程（1人）
　　慕培林

机电工程学院

材料成型及控制工程（7人）
　　朱承明　　吴兴嵘　　吴杭吉　　仇泽锋　　凌　燊　　李梓昂　　吴森茂

电气工程及其自动化（5人）
　　刘安棋　　刘子睿　　吴明哲　　安生昊　　王尉霖

机械电子工程（1人）
　　何逸杰

机械工程（8人）
　　阚永平　　陈旭鹏　　王高诚　　陶豫清　　胡　晨　　张志诚　　黄露玉
　　陈义波

沙钢钢铁学院

金属材料工程（3人）
　　曹文耀　　任展鹏　　全珩滔

冶金工程（1人）
　　孙　瑞

材料与化学化工学部

材料科学与工程（1人）
　　顾　晋

高分子材料与工程（2人）
　　周　舟　　曹圣杰

功能材料（1人）
　　潘　燕

化学（6人）
　　甘娜娜　　杨高成　　岳文亮　　李云志　　王朱敏　　朱治霖

无机非金属材料工程（1人）
　　保金成

应用化学（1人）
　　伍嘉明

传媒学院

播音与主持艺术（2人）
　　汪钰涵　　张思聪

广播电视学（1人）
　　王　妍

网络与新媒体（1人）
　　李旭华

金螳螂建筑学院

历史建筑保护工程（1人）
　　户建欣

城乡规划（1人）
　　朱雨杭

建筑学（1人）
　　李　佳

纳米科学技术学院

纳米材料与技术（4人）
　　程泽予　　王　磊　　费　聪　　毛柏松

社会学院

档案学（1人）
　　陈自兵

历史学（师范）（2人）
　　史欣然　　杨　恩

信息资源管理（1人）
　　胡崇智

文学院

汉语言文学（基地）（1人）
　　胡月明

汉语言文学（师范）（1人）
　　刘崇銎

苏州医学院

法医学（1人）
　　阿布力米提·依孜克

护理学（1人）
　　朱非白

口腔医学（1人）
　　苏志恒

临床医学（2人）
　　赵　冰　　梁奕翔

临床医学（儿科医学）（1人）
　　徐　川

生物技术（3人）
　　杨华江　　张艺衡　　陈　卓

生物制药（2人）
　　赵　欣　　李欣格

药学（2人）
　　周超伟　　宋非凡

预防医学（1人）
　　许婉青

中药学（2人）
　　董晶晶　　孙　丽

艺术学院

产品设计（1人）
　　翟雨欣

服装与服饰设计（1人）
　　邹红玉

音乐学院

音乐表演（3人）
　　郭　虎　　王子溱　　赵书艺

音乐学（师范）（1人）
　　王建鹏

政治与公共管理学院

人力资源管理（1人）
　　司雨豪

行政管理（1人）
　　安惠情

哲学（1人）
　　黄慧玲

物流管理（1人）
　　沈羽冲

教育学院

教育学（师范）（1人）
　　金美玉

应用心理学（1人）
　　殷忆楠

2022年6月本科毕（结）业学生名单

文学院

汉语国际教育（48人）

王玉琼	丁晓双	莫 舒	陈昉奕	杜可艺	娄馨月	周雨辰
苗云飞	胡 婷	顾 闻	陈心怡	周 洋	杨泳琪	徐 铭
刘宇凡	罗汝先	徐 梦	朱素瑶	沈逸芊	明 燚	张博闻
张紫陌	尚佳荟	万钰禧	杨伊琳	孙彤清	何玥熙	丁 婕
陈纪元	周泊辰	黄丹霞	叶琰琰	刘 旭	宫瑞琮	阮永祥
冯 柱	徐漫玉	何惠心	宋欣燃	董 洁	孙 禹	董 岩
张 怡	吴来成	申成宇	徐清扬	林彦君	朱 辰	

汉语言文学（基地）（30人）

沈宁欣	李清越	叶小舟	顾慧莹	杨赵男	韩昕怡	陈嘉盈
李燕妮	刘 缘	田晓宇	何映辉	付田蕊	贾书怡	王婕雯
谢海若	杨心怡	吕 晨	刘洁予	张沁楠	黄宇宇	金睿熙
王柳依	张 晶	刘音孜	黎慧芳	王文宇	陈雅薇	卢雨霏
宋敏昱	李沛琪					

汉语言文学（师范）（85人）

毛 岑	杜馨雨	王开颜	李文昕	刘雨荷	姚燕霞	梁昊辰
蔡思琦	吴润凡	江 雪	马晨聪	蔡昕怡	高铭霞	刘怡含
邵怡千	周 云	陈 悦	时婧婧	刘 洁	殷雯丽	刘一玥
何娴景	邓媛媛	王雨婷	伏雨晴	王翊文	沈思怡	邹 菁
蒋清扬	高 菲	蒋 一	吴沁怡	徐安娜	马 琳	谢思琪
李 洋	刘海辰	占孟尧	向芮琪	钱秋琦	沈浩然	沈欣燕
张容溪	杨 铮	谢 颖	张淑琳	徐成煜	金慧滢	倪子淇
张之语	密馨予	王 艺	尤逸秋	刘梦婕	秦梓田	施宇航
俞歆航	周欣沂	胡嘉琪	宋雨桐	李晓萌	冯 铄	高钟洁
刘 茜	廖钰婷	劳慧颖	李心怡	赵 萌	王邈航	顾怡文
易 萍	李凤苇	朱盼盼	桂粉蝶	黄仟辰	李 磊	焦意茜
戴佳敏	王鼎馨	张雨馨	谢晨瑶	张 浴	刘 昊	于柳杨
李紫如						

秘书学（51人）

李君虹	徐 攀	任立林	鲁 婧	范玲瑜	张珺涵	单 堃

毛凯烽	谭宸宝	张禧玥	许金望	夏 琳	周慧敏	刘 广
陈 妍	王一涵	韦俣泉	朱登越	何雯靖	周金霞	虞 旻
周佳成	肖宇哲	奚悦婷	尹子豪	李 蕾	薛首燕	张 璇
陈龙杰	尚生登	李佳思	李晋慧	陈可心	白海云	葛泷钰
万亚雯	刘 磊	蒋梦涵	张 清	石蓉蓉	张嘉琳	张文丽
吴姣燕	任广林	陈杜源	薛漫雯	运识儒	冯世煜	钱禹彤
华恬逸	曾冰莹					

传媒学院

播音与主持艺术（31人）

刘 凝	常雨辰	金 玮	陈昊阳	张潭钰	崔 笑	张宇辰
马克晴	殷明喻	程泽文	潘雨婷	黄凤仪	周楚天	郭新卓
王浩月	樊 凡	安 辰	王 辰	沈雪漪	耿晟凯	刘 淳
祝钰凡	陶雨馨	黄黛淇	徐湘婷	刘昆霖	邹晴晴	曾 楠
陈欣仪	邱奔贺	范潇予				

广播电视学（40人）

赵娅维	黄錞予	唐梦倩	周子力	杨 芳	潘可颖	杨心怡
徐佳凤	赵 敏	吴宇迪	许 瀚	董嘉慧	王 雨	庄紫馨
狄昕缘	任 磊	杨天欣	时晓琴	胡梦妮	徐 非	袁雨祺
龚俊杰	肖云翔	许 诺	冷 悦	肖 玲	丁 珰	钱 昕
池欣悦	张安琪	姚敬琦	朱润熙	陈颖倩	白玛央金	庄 圆
黄佳雯	潘 娜	明丽群	南 灏	闫 琦		

广告学（69人）

陈嘉懿	赵梓含	卢星辰	温 欣	周俊崧	覃丽丽	房志轩
华诗瑶	潘贵莹	许瑾仪	王 否	宋 漾	杨睿一	周秋红
郑 雯	杨书香	樊 萱	张陈勇	陈心如	尤心艺	黎 艳
李佳华	唐梓烨	朱伊涵	朱蔡静苏	顾星宇	李怡晓	凌欣语
吴佳晴	谢晓雯	梁 品	徐秋玲	程 凤	唐千千	顾咏仪
胡宸凌	李嘉宁	易安琪	周 营	庄雅雯	赵红娇	吴述涵
高泽馨	王 敏	赵 珥	王 添	许 楠	李楚琦	唐 可
陶心怡	程 程	姜丽宇	曾嘉琪	吴 霜	秦怡菲	杨 群
林 靖	蒋应頔	陈雨薇	史 娜	徐冰岩	鲁南孜	王可盈
马立治	洪海平	段心蕊	金香淑	李乐辰	张 婧	

网络与新媒体（45人）

朱秀华	吴小龙	吴佳霖	陆柯羽	林偲越	朱 婧	徐一惟

陆欣宇	章 妮	吕 茉	王 炯	徐欣然	杨舒睿	伍佳怡
江琳煊	高 婕	李菲池	曹 佳	王湘宜	彭张清	俞妞妞
秦 岭	石明橙	王思绮	王琬琪	徐亚楠	周婧怡	王宇潇
白 洋	李明霖	赵悦竹	孟 冉	赵钰洁	陈 悦	张慧心
赵 元	钟萱萱	杨开心	白章淋	刘霄昂	李可心	许 可
沈晨跃	韦 琴	曹 向				

新闻学（25人）

刘家瑞	杨 扬	张明月	郑晓青	高伟业	马文心	李佳怡
张之钰	王林燕	郭姝雯	陈苗澜	高沁晗	柳嘉懿	周定辉
陈 凯	蒋涵辰	郭子君	施馨羽	靳 聪	顾梦园	郝 悦
曹 泓	李怡雯	向郑海	杨子仪			

社会学院

档案学（32人）

陈晓宇	沈文鑫	席 颖	宋宇新	陈潘婉柔	景思敏	孙嘉仪
韩诗雨	张荷婷	钱 淇	邵至央	邬静娴	李慧珺	张 浩
裴 培	仲晓莹	过姮祎	刘益欣	刘 玲	敖 霞	罗妤婕
付晓玥	缪 瞳	吕可儿	李雯婷	赵紫玉	陈安琪	魏琪凡
李叶雯	赵子瑜	滚玉明	赵明月			

劳动与社会保障（43人）

沈佳敏	查紫薇	贺梅雯	杨元元	张楚尧	李乐佳	杜羽洁
华伊纯	陈子菁	成紫玥	何雯慧	宁 静	许怡婷	杨若瑜
陆 放	顾梅玲	赵 莹	季欣雨	钱瑾瑶	崔宇希	陈宜敏
杨盈盈	訾 童	杨 子	陈曦悦	杭子郁	王 泓	常翠芸
刘 悦	丁思捷	季 阳	曹迎迎	王 瑶	孙 蓉	周吟松
姚羽洁	王 敏	张思邈	姚 蓉	张若荠	冯凯鹃	杨默涵
张会群						

历史学（师范）（35人）

黄梓昕	杨添翼	胡雪杨	江 雪	汤嘉伟	李 超	张心怡
石珺玥	谢艺珍	刘语昕	苏子乐	王 理	张力行	王欣荣
姬 钰	葛雨垚	厉鸿桢	袁 泉	孙柴贝	莫昱珩	钱正林
何亭亭	牛苗苗	周雨婷	梁悦莹	衣 然	曹子睿	王菓钰
郭晨曦	宋仁娟	王义轩	温 馨	肖 扬	关 照	唐子婷

旅游管理（31人）

张小荷	郑凯星	陈　铭	唐雨奇	龚芷琳	陈　琪	杜莹莹
何雅婷	袁梦颖	毛　丹	王文菁	薛成文	张慧灵	徐　睿
方　茵	张　敏	赵逸耘	王雅莉	邹卓凌	杨然天	李沛琪
赵静姝	闫志超	刘晓屹	侯咏仪	金　鑫	吴姿墨	李飘飘
苏辰珊	黄昀天	李双双				

社会工作（18人）

张炜文	陆慧玲	颜　飞	贺清音	陆笑笑	吴香怡	庞宁静
奚晓畅	杨娅慧	袁　进	王博洋	姚晓玮	高　悦	李　澜
荣　幸	徐　婷	周奕辰	左悦曦			

社会学（31人）

黄　涛	张顾涵	张　琳	韩　婷	殷亦璠	李佳妍	俞靖茜
张懿恩	周旭雯	伊拉娜	杨一鸣	顾浚轩	张天淳	朱艺璇
顾雪婷	胥天琪	张　谋	周婷月	刘　珂	王智春	涂靖悦
乔琪然	商云高	张元睿	宋舒凡	王钰馨	谢　辛	刘晨泽
刘　畅	姚　雨	朱　昊				

信息资源管理（29人）

赵吉劼	陈思丹	淡　蕾	陆晓雨	徐　乐	丁夏欣	卞雨璇
杨　旸	裴　洋	唐馨雨	孙沁璇	张心怡	苏雅丽	蒋雨萌
曹子淳	陈　亮	李亚宁	刘志维	陶亦璇	吴琳伟	杨露凝
汪雷坤	周　婧	瞿　莹	欧龄鸿	金业刚	肖佳欣	姬梦凡
任姝菡						

政治与公共管理学院

城市管理（33人）

周源杰	张兴兵	季　晴	邵　杰	杨静宜	张　妍	李　阳
周中天	刁　玥	尹毓宸	叶陆可欣	沈文倩	张　达	方嘉雯
张文娴	黄安逸	李婉婷	郭隽瑶	杨　轶	仲思润	王晓君
张王漾	钱施泽	符晓雅	李逢雨	金广芝	花　萌	黄城玮
谭巧怡	夏　龙	王文杰	俞嫣然	阿布力提甫·斯地克江		

公共事业管理（21人）

吴雨桦	贾洲岩	唐　悦	马小童	杨涵韵	江子璇	袁明佳
黄哲慧	许　炎	赵欣悦	华梓淳	冯晓娜	石佩玲	梁　茹

| | 王菲儿 | 普　参 | 牛　娇 | 杨　坤 | 杨羽烁 | 杨刘畅 | 冯　娇 |

管理科学（44人）

季宇航	陈青伊	居剑心	唐　恬	朱　可	严　谢	王蒋文
段　玥	袁　壮	李梓嫣	王　路	李　萱	陈懋昕	朱逸龙
万国栋	许　可	沈栋奕	马晓蕾	沈圆圆	蒋心怡	杨雨静
钱艺泽	周欣然	吴方舟	戴梦婷	包丹丹	储　旭	孙梦晗
朱世龙	王悦奕	徐　婕	李　斓	邓霓冉	李昱泽	张竞文
侯玉琦	韩瑷莲	马晓多	代洋溢	苏梦圆	成圆婷	徐　灵
李丹煊	阿迪拉·吐尔逊

人力资源管理（46人）

田永瑜	曹子昂	王世超	章奥萌	梁　雨	陆　瑜	朱方滢
郭耿瑶	王金霞	潘文婧	何彬彬	刘　畅	黄子萍	田家璇
徐婷雨	姚顺宇	王　轩	吴　凡	季思祎	吴玉珍	朱宜静
廖　蕊	刘婧晗	赵娟娟	胡　颖	宋嘉铭	欧雯倩	薛　婷
何青香	赵景涛	张　婷	张瀚之	李　民	刘　迪	林轩汉
秦雅楠	杨安琪	梁垚凌	孟秋明	张羽星	李宓芳	李莎莎
李少锋	王晨晖	屈浚哲	尹　杨

思想政治教育（13人）

| 龙思祈 | 吴　盈 | 樊惜缘 | 赵泳森 | 陈锡悦 | 王小丹 | 白丽蓉 |
| 吴晨华 | 刘　喆 | 杨　雪 | 汪孝云 | 曹　冉 | 邱　雨 |

物流管理（132人）

戴瑞杰	冯文璐	吴玲玲	韦懿倪	于子恒	葛尤进	丁玉婷
徐馨蓓	王苏云	曹　琦	裴　凡	贾学鑫	高　新	周龙莹
陆彦宏	张天赐	陶子妍	孟寒晴	俞天琦	陆夏蕾	韩千寻
陈李雅倩	张慧娜	李唯怡	王　春	邬羽心	游子莹	郭碧凡
王　萌	王宇彤	张玉松	陈　珊	梁依娜	高珮琦	刘懿纬
邱　天	杨超凡	耿宗楠	柯小航	陈炳臻	翟　祎	陈婷婷
汤怡磊	俞佳雯	周雪珂	时菡怿	赵哲霆	沈天一	卞玉栋
李知远	张奕宁	张乐彦	徐书凝	倪　洁	汪　洋	卞海美
葛敏静	王韵琪	杜宜琳	任镜羽	洪歆媛	谢程昊	江韶君
顾叶飞	黄琳雅	郭　谦	窦浩文	王倩靖	毛辰希	赵蕴佳
瞿　焕	钟　程	林雨欣	杨　奕	龚逸群	鲍千帆	张若晨
王心怡	狄　梦	施凯雯	徐一帆	赵嘉鹏	毛思怡	周昕怡
陆　汐	周子琛	陆　肖	刘原序	周子凌	许顺裕	吴　越
陆鹏程	段琦琦	鹿心怡	马晙捷	康平萍	周书言	吴　越

魏可欣	梁　晨	张肇文	柳卓文	王中玥	何丽江	周沁馨
陈筱瑜	王康博	邱雨娇	陈思琪	高一鸣	沈小雨	马　杰
李晨曦	陶　吉	徐丝雨	熊忠赐	王筱润	周　伟	蒋　渊
瞿　洁	袁　泉	刘泽远	李婧雯	刘欣怡	刘懿萱	薛　婕
冯创杰	李馨怡	徐陈依婷	王　程	沈昀函	李凌萱	

行政管理（40人）

蔡婷婷	姚天颖	张诗瑶	高　卉	陆徐美	李　尧	袁　婷
罗语轩	康丕林	艾茹洁	丁　瑄	吴　桐	耿一涵	马沁云
武胡玥	孙嘉兢	王珂渝	赵生岳	杨灵芝	王雨菲	郑佳祺
曹书晴	朱　颖	盛家栋	林柏芝	黄嗣欣	何佳蒙	陈　敏
朱　涵	何润晴	万金梅	陈　佩	赵　阳	刘黛萱	张　鑫
白敏慧	陈珏羽	周心悦	徐　涛	谢雨璇		

哲学（13人）

马凯征	环文丽	裴新宇	成嘉铭	杨明薇	袁晓瑜	向娅兰
张靖浩	李岚澜	穆　雕	李　琳	张昱晗	凌婧逸	

外国语学院

朝鲜语（20人）

张　悦	王潇苒	陈怡童	朱芯怡	张佳佳	陆　仪	周煜滟
崔施琦	周　潭	冷新春	韩笑颖	赵海伊	王辰希	王晓晨
常　赫	陶黄莹	周雨晨	彭冉昕	李梦源	吕文轩	

德语（17人）

柏思瑶	李　琼	王宏天	蔡晨怡	章羽佳	臧欣雨	郝芸芸
杨奕源	壮欣溢	严安瞳	徐晓蓓	蒋潇雪	赵筠竹	王　琪
熊安琦	沈雨丝	吴　茵				

俄语（21人）

范如意	吕任洁	刘惠璇	印佳琦	闫　硕	马维一	宋思佳
丁雨欣	王若琳	李亦菲	周利平	王梦琴	徐紫薇	储　珺
龚吴瑾	余　文	刘一诺	周元元	原伟业	张子奕	杨玖齐

法语（25人）

李　锐	曹雨浥	孟玉晔	季　静	吴雨欣	郑思勤	袁　琳
邵梦倩	杨嘉颖	胡文静	徐紫炜	王　歆	史明璐	沈　雪

| 孙文青 | 翁倩玉 | 赵一丹 | 杨羽欣 | 曹紫青 | 冯雨毅 | 马逸凡 |
| 陈 蒙 | 董永鑫 | 肖 玲 | 彭春悦 | | | |

翻译（23人）

宋晓月	梁嘉聪	张王烨	周娇娇	钱 韵	侯清晨	金 颖
刘佳艺	姜 悦	卢福田	狄陈静	朱雨然	李舒畅	王天宇
李 蕊	王刘燕	马依然	张倩倩	田 静	黄 楠	崔玉箫
邹紫君	陶皆伊					

日语（49人）

丁 琳	朱丹枫	王露溪	徐 杰	孙艺航	薛妩依	周启航
张 琪	李冰凝	潘雯睿	朱 敏	凌梦欣	吴欣宇	姚 晨
严健华	黄 婷	孙逸凡	卞 奕	张 诺	周程程	蔡天宇
王方会	林诗雨	赵文阳	万诗旇	郭心童	徐 尹	沈烨雯
蒋宇婷	余文汧	邓涵菲	吉珂娜	缪依霓	钱晓菲	黄淇乐
袁泳琪	王婧雯	李 琴	周雨涵	朱渝熙	崔丽莹	张 烁
刘增霞	石静怡	刘 畅	程 诺	赵佳怡	刘佳音	黄子茜

西班牙语（22人）

王诚臻	潘紫珂	窦林禧	朱子秋	黄昕童	毕路杨	张 敏
蒋甜甜	刘希辰	邬子萱	洪静雯	周千语	宋璋逸	金天宇
高 泳	吴 洁	柯楚君	樊 洁	李 杨	刘姗姗	黄晓倩
王安瑜						

英语（21人）

陈芷仪	姜永鑫	黄心天	周志倩	刘 丽	张雨萱	周文韵
曹清鑫	严 琪	周洋洋	谈 真	刘子怡	戎辰颖	徐心怡
吴倩茜	陈泳曦	林鑫瑜	黄 澜	李文婷	孙 倩	朱 林

英语（师范）（47人）

杨 晨	任泽琪	苏碧颖	翟世元	汤慧桃	会铭欣	姚小萌
谭陈倩	许颖琪	沙日娜	王珏飞飞	邹双宇	苏 琦	高成晨
瞿 悦	熊晓丹	庞顾雨	龙晓坤	彭 颖	赵思源	陈艺楠
王越丹	周长瑜	林梦秋	王士琪	蔡奕茗	俞思昕	何怡扬
罗小吕	彭桂梅	徐欣然	武冰怡	黄 洁	马懿真	李俊东
蔡皓卿	余能竟	毛克凤	胡天晴	安丽娜	尹艳玲	张星辰
陈星鑫	吴晓雯	周伊萌	徐 静	郭可然		

商学院

财务管理（54人）

唐少萌	姜雨昕	张洁俊	胡嘉丽	黄承媛	许波雯	卞静姝
冯吉樱子	周逸凡	赖韦懿婕	王凯汶	李嘉瑶	黄玺润	胡青
唐则灵	钱杨	刘婉晴	徐蓉	颜思蘅	王雨婷	范雯丽
徐培	吴奕蕾	罗滢歆	顾纪瑶	聂佳佳	李奕凡	纪琼琼
唐倚晴	蔡晟	黄晨燕	焦楚惟	苗雨	高怡澜	沈宸逾
张子瞻	叶文扬	沙煜晗	鲁蕙	完颜宇瑄	周敏	杨晨
谢翠柳	滕凤宇	李昱庆	何光媛	李思雨	张子晗	王雨婷
杨嘉瑞	李中一	张辰希	王怡暄	马婧婷		

财政学（41人）

彭兰新	张诗芸	丁思匀	顾莉莉	周子峻	叶子琪	何祝融
陆名苒	徐海洋	黄烨佳	周乐遥	李梦瑄	沈黎珂	赵光浩
顾浩宇	沈凡艺	甘恬	陈紫珑	朱涛	魏益丹	高诗逸
张云欢	乔镐辉	陈卓	殷怡郑	李贝西	高辰琪	汪金格
孙浩	马月婷	赵紫君	胡珂靓	陈健玲	曹馨怡	陈云潇
程华倩	刘燕	刘金媛	白璐璐	徐磊	程懿龙	

电子商务（30人）

曹璐	殷乐	郭燕	孙原	吴楠楠	孙梦庆	许瑞
王耿昊	童玺	蒋雨芯	林欣	徐佳	史雨瑶	孙家乐
蔡建云	徐成龙	朱思齐	陈姿平	季叶	罗梅	黄淇淋
朱宏渊	达娃吉拉	旦增曲扎	徐可心	黄露露	吴晓璇	雷琳晔
郭蝉瑶	周冰莹					

工商管理（41人）

刘东林	陈庭轩	沈冰	王东艳	王加依	张也	吉欣
夏洁	李心雨	侯天仪	周倩莹	张雨欣	詹林峰	张雅茹
施天旭	陆威	周燕伟	张冬灵	陈澍民	耿依琳	王陈乐
冯斌昊	杨欣悦	莫凡	刘心怡	周玉奇	陈雯焓	章野
谢唯彦	朱智妍	徐诗怡	马育池	黄东旭	王艺	高荣娣
杨静雯	刘良琪	张欢	窦梦雪	邱予琪	左文灏	

国际经济与贸易（54人）

聂云飞	祁柳依	张秀辰	李昕睿	肖雯	茅乐天	陈云
彭业祥	翟惠芮	朱雅玟	朱瑶	孙畅	李晶	王颜萱
刘淼淼	文志航	张静	朱辰云	马锖烨	唐舒誉	孟烨晨

马一凡	朱鸿颖	王思怡	严　博	生　婧	陈紫怡	许亦辰
嵇月明	李品莹	朱镛丞	陈诗怡	黄洁茹	季文丽	李嘉豪
吕佳玲	孙锦鹏	徐　柳	高杉杉	王　昊	李敏芳	段希森
张诺云	柯　婷	朱方楠	杨圆元	曹济麟	陈靖仁	朱皓怡
龙子文	柯福新	吴妍妍	邵展鹏	窦文欣		

会计学（96人）

万浩然	卢　迅	樊诗洁	陈　桐	赵　悦	徐　蕾	林婧怡
吴亦凡	李若芃	马轻抒	李可欣	丁　玥	汪琪明	陶宇聪
屈佳欣	周子怡	许涵淇	于　越	顾　婕	高嘉伟	杨一航
程佳惠	杨汐文	丁文杰	李晨辰	罗孟雨	镇王潇	陈天韵
孙　娟	蔡哲凡	刘佳昱	包祎旸	强欣桐	宋　露	任晨苗
顾清越	管思涵	倪思悦	张语涵	王源菁	汤悦朗	李安琪
俞　菲	戴　尧	陶　璐	周　澄	黄丹昱	唐　颖	沈佳欣
任　嫣	刘　柳	高秋宜	刘　轩	毛雨佳	孙可钰	王徐思源
李沐璇	吴与童	徐佳伊	李炜润	包　芸	张懿文	邵佳卿
周海洋	范芮洁	蒋佳玥	徐逸凡	施奕茗	施　奕	金含俞
陆羽彤	潘　婷	杨若菲	吴水倩	周新钰	王　苗	陈峻言
江笑笑	徐玉婕	胡雅莉	马林锟	吴晨远	蔡佳汛	张钰珩
陈　冉	沙宇昕	康晓悦	王姝琦	赵书权	钱娅文	杨晨瑞
黄滟涵	沙志芸	顾振轩	徐浩伦	郑棋天		

金融学（188人）

周鈺棠	陈昱慧	潘欣怡	彭　羽	赵心语	韩　梦	田力天
杨　晨	瞿俐丹	杨卓伟	周香香	蒋　苏	殷俊琦	杨雨杰
付　琪	张淼吉	陈　星	姜佩言	杨　强	徐灏嘉	黄　杨
陆嘉瑞	季春龙	杨　纯	孙　权	王天宇	王晨莉	李宇涵
陈弋旸	周　睿	蒋　涛	梁筱涵	丁　颖	朱　艳	顾舒雯
张　琳	胡蓉芬	杨　锐	蒋　涵	何　雪	施昊天	高君洁
王　婕	李敏佳	姚熠杨	殷俪菲	刘宇竹	刘欣怡	唐欣玥
张　颖	许昕怡	古清昀	何艳艳	安晨妍	陈帅全	吴　箫
郭大正	寿洪斌	王雨薇	曹　梦	赵寒宇	俞　颖	陆　倩
许　婷	孙心怡	胡佳韵	陈秉权	金芷岚	徐　磊	张　毅
王雨禾	甘伊冉	承　诺	袁沁怡	孙天怡	纪芦娟	彭歆宇
李澜慧	姜仲宇	王　鑫	吴　怡	苏倩如	陈　杰	邵宗源
缪羽晨	李赵鼎	符轩宁	刘泉汝	郝思萱	曾韵怡	谢明谕
黄薇琳	何佳逸	匡昱洁	朱仟仟	赵　妍	李子璇	吴安琪
孙亦凡	顾涵舟	杨浩宸	程芷千	陈　奇	刘睿琦	郭怡宁
鲁佳佳	陈佳颖	杨雨昕	赵　跃	白佳淇	邓雅纯	文盼盼

刘田田	顾国宇	黄琳琳	王　月	施银娇	姜子凡	杨　涵
张靖婕	褚欣玥	李嘉璇	刘　洋	陈宇翔	冯宇歌	龚蕊芯
刘　溁	程雪萌	许昕宇	李婧文	林子傲	徐博瑞	周曼琪
丁昊洋	姜中月	邹辰啸	黄睿逸	沈宇辰	闵思捷	许　愿
王　婕	韩琪桐	孔思蓉	周煜涵	蔡松骏	史唯科	薛卓然
蒋文筠	曹恒逸	张思路	丁伊柠	周书卉	吴　铮	周彤潼
张　晟	孔祥彦	熊齐扬	陈　璨	于奥洋	邹冰洁	葛熙蕊
谷　烨	胡塬炜	林子欣	倪晨希	赵思祺	冷雨凝	吴卓群
陈明浩	宋昕睿	陈泊希	赵莞玥	周　奕	何可怡	顾业昊
葛宣哲	程　语	张宇浩	李艺博	郑旻知	喻　婷	邵丹露
舒　越	杨　灿	刘子辰	钱珺媛	王叶凯	谢诗桐	

经济学（41人）

才旦群培	熊天诚	胡　韬	唐金龙	骆子聪	崔徐阳	杨若曦
严　好	徐渊杰	裴雅子	朱岚清	谢　颖	胡舒芹	张　仪
宋永康	江笛民	陈　琛	顾天怡	朱　杰	周继航	陈䥽灏
王子峰	陆青松	陶怡然	琚若汐	朱葛龙	石莹莹	廖唯芳
翟玲艺	卢俊泽	梁依然	杨乾宇	杨海蓝	费　一	拉　珍
卢伯南	王玉丹	刘豪直	肖晨光	潘婧婕	孙子涵	

王健法学院

法学（142人）

张昱萱	姚　煜	陈诗文	刘锟锘	丁　欣	顾政昇	郁筱怡
顾逸如	岑佳妮	顾书凝	陈　萱	钱咏沂	章　慧	杨恬悦
周　言	高心灵	闻嘉成	朱安琪	郑怡清	吴婕妤	杭若妍
张彤彤	张　璐	王凤珍	孔德钧	虞保美	鲍筱栩	张　梁
黄伊雯	王则安	贲一鸣	濮梓闻	刘宇琪	朱玉婕	秦嘉怡
潘　雯	孙　月	张　涵	徐茗玥	陈鸿鑫	杨佳凌	房　晨
吴明韬	陈　悦	周冰蟾	陆　烨	俞曦雯	张凯景	李晨怡
王　璠	白逸凡	王　莹	张凌宇	李海滔	陈泓廷	王仕阳
孙　蓉	张仁道	周子意	钱　程	裴　峥	吴韵雨	沈涵雪
陈　怡	胡润泽	胡竞丹	姚江榕	张睿晨	周　宸	席晓萱
朱雨婷	杨玉惠	郭芸芸	顾天乐	余佳薇	范思彤	章婧婷
练宸睿	时书凡	张　欢	李其煜	黄馨雨	袁　樾	宁逸沁
葛　瑞	何文璐	陆　奋	杨建东	丁见秋	林巧巧	刘欣雨
孙吉尔	施天棋	郑海俊	朱宇晴	陶子扬	张欣然	韩欣源
朱　婕	沈燕如	周成康	贡欣然	杨伊一	方凤英	李　炫
王雪涵	王晶妍	朱楠楠	曾雅妍	林仕杰	何百慧	李姝影

吴丽林	曲雪晨	苏雅楠	李圣达	蔡孟昊	刘嘉宁	张津睿
阮佳婕	丁睿琛	李芊漩	邹筱迪	王羽佳	韩佳恒	樊锦瑶
鲍羚珊	刘玲媚	张欣怡	袁梦杰	李欣然	郑钰冰	李 猛
谷彦颉	高渝雯	杨佳妮	阳承莹	黄泽婷	胡 昊	黄千惠
郑云河	阿布都热依木·热西提					

法学（法学教改）（14人）

| 王 位 | 陈 灵 | 左诗洁 | 卢 洁 | 董 璇 | 吕元泽 | 于 晨 |
| 姜钰卓 | 杨文博 | 唐慕尧 | 王嘹嘹 | 谈 天 | 孙 雯 | 高 洁 |

知识产权（32人）

时梦琪	朱千倩	和慧佳	曹逸渊	李 纯	张笑宇	刘 亘
戚晴仪	何 可	王 润	徐馨云	黄心诺	万 宸	濮珊珊
姚皓然	周 颖	曹梓怡	缪颖卿	林依婷	王紫妍	蔡鸿儒
孙启航	徐 帆	柏礼琛	刘 有	薛玉瑶	白文婷	赵卓妍
王家琪	路雅斐	王 涵	夏志梅			

教育学院

教育技术学（师范）（24人）

刘家儒	龚佳妮	邓志鸿	陈 贤	王骞玥	张冰烨	郭雨欣
唐恬漪	张秀娟	邱一夫	董千妍	张鉴思	赵晶晶	顾 宇
张歆雨	何提欢	王心彧	金 蕾	邓文鑫	叶冬阳	李思娴
王 燕	王 腾	杨 磊				

教育学（师范）（33人）

赵欣怡	吴佳敏	王曹仡超	曹 可	罗蒙蒙	姚徐赟	何雨璇
匡 雪	秦可意	李新茹	周芷莹	徐舒雨	唐诗雨	刘雨青
季 炜	钱正鹏	张雅娴	乔友思	张书晴	马迎歌	李小芳
刘 丹	甘雨霏	陈子涵	杨露露	余 红	陈昊璇	尹 佳
张佳妮	费 煜	阎瑞玲	王文慧	刘冰洁		

应用心理学（47人）

张可馨	冯楚瑶	张杨阳	张祥宁	洪子贤	夏小雅	郑金鹏
彭 敏	王 泳	索蔚然	敖 涵	徐仪舫	李雨诗	戴 淳
储 琪	刘建青	杨何梅	杨 璐	钟 声	穆佳欣	许昕玙
李姝祎	温佳玉	余敏岚	顾 茜	姜宇辰	庞镜宇	叶祥辉
曾 益	周 妍	李 玥	李学斌	扎西卓么	景高涵	武楚云
潘诗雯	赵振华	周云鹏	严贵祥	邱闻野	龚 行	刘鑫雨

俞珺洺　　赵子佳　　朱盛杰　　陈亦欣　　麦合布拜·麦麦提艾力

艺术学院

产品设计（32人）

吴小丽　　林　瑶　　许宁曦　　化　旭　　朱其霖　　高明洁　　陈梓颖
陆　悦　　李粤东　　徐泠秒　　吕星佑　　王刘升　　王雨琰　　吴英姿
陈可歆　　王晓玉　　蒋　玲　　李凯文　　张　钰　　孙千然　　蒋博全
郑梓丹　　陈映锡　　马静伟　　邵畋龙　　钱劢堃　　周丹蕊　　芦琳琳
郑可欣　　蒋思多　　刘雪飞　　黄锦霞

服装与服饰设计（37人）

卢　冉　　孙嘉悦　　王丹青　　刘佳文　　张诗渝　　顾伶俐　　鲁采菲
王　田　　贾悦林　　蒋晓敏　　梁　潼　　徐涵琪　　葛竹一　　史欣玥
孙婉滢　　卫　来　　陈逸菲　　蔡映河　　杨于涵　　谷泽辰　　蒋　玥
陈泫伊　　林俊杰　　许梦雪　　朱孟良　　包钰茹　　郝景文　　刘　宇
黄瑾瑜　　卢雪仪　　何佳纯　　夏徐哲　　吴梦琪　　罗安琪　　沈丹怡
朱旺叶　　李慧慧

环境设计（39人）

段　飑　　詹菊妍　　赵宇璇　　胡雨欣　　陈家燕　　丘　杰　　吴　浩
陈慧玲　　贾　艳　　程　洁　　李明贵　　蒋圣煜　　何韵琪　　孙鹤洋
颜　枫　　王龙宇　　李思琪　　郭静怡　　邱铃杰　　范丁萍　　周　忆
林雨君　　李　娜　　李峥峥　　汤　星　　薛明君　　朱秀丽　　吴宇聪
方祥云　　单怡辰　　唐　菀　　崔凯翔　　陈佳雨　　陈　越　　林　慧
孙　婕　　张婉仪　　王　柳　　王元昌

美术学（37人）

谢语菲　　程　芊　　刘国莉　　李德丽　　胡宗钰　　曾　晨　　黄雪梦
陈玥如　　马鹤鸣　　苏霁虹　　陈佳妍　　黄梦琪　　李圆圆　　董　涵
陈嘉宜　　张可歆　　姜同宇　　张子颖　　徐　静　　任玉秋　　张合轩
黄歆然　　栾雅璇　　徐乙丁　　韩　静　　毕逸辰　　刘　舸　　朱丽媛
王　婷　　张艺晓　　朱佳欣　　黄　娜　　王佳意　　王安娜　　杨雪晴
潘　逸　　李晓琪

美术学（师范）（23人）

程昕阳　　闫　亮　　张　岩　　唐荣灿　　袁　晴　　刘　怡　　戴佳乐
周仟诺　　张艺晗　　魏文婷　　任怡婷　　王瑜倩　　桑子涵　　姚惠语
于子淇　　张　雨　　温俊杰　　齐宸漪　　刘　博　　骆春蕊　　宋　垚

梁　孟　　吴雨妍

视觉传达设计（24人）
王怡雯　　沈怡彤　　周　珣　　蒋予欢　　赵子微　　赵安捷　　汪秋茹
李乐瑶　　王燚婷　　李　璐　　周　璇　　金姗姗　　朱丹丹　　刘思敏
马语童　　操琪琪　　宛　超　　刘红瑀　　杨译文　　孙浩浩　　黄天琪
郭进一　　蒋依柔　　范诗洁

数字媒体艺术（24人）
张志远　　李　行　　郝芷菡　　余一涛　　王安琪　　金星雨　　张世祺
阮　阳　　张滢鑫　　韩雅慧　　徐雅璐　　刘雪琪　　李玥呈　　张一鸣
王雨诺　　杨芝溥　　林俊杰　　巫　京　　杨雅琪　　韦梓霖　　路欣怡
曾依琪　　傅琬婷　　林韵洁

艺术设计学（22人）
马梦寒　　纪佳雯　　任　政　　陈安琪　　张莉娟　　宁依霖　　王一然
杨薪茹　　李若辰　　王　伟　　卢馨洁　　尚妍妍　　孙瑞泽　　罗海鹏
黄青松　　纵紫凡　　杨丽舟　　杨紫微　　苏雨辰　　熊光迪　　琚倩雯
华　源

音乐学院

音乐表演（32人）
李　彪　　孙　睿　　刘力嘉*　　宋成哲　　唐婧娴　　李良俊　　唐雨荷
向逸秋　　李嘉鹏　　赵成宇　　吕嘉铭　　周玉珩　　洪浪淘沙　于韵佳
吴昕怡　　邵雨辰　　洪　航　　林润民　　吴佳宣　　王　婧　　郑巨斌
朱明浩　　谢梓峰　　吴承烨　　肖毅鹏　　朱　荻　　曹子意　　朱莲宇
张艺馨　　宋雨辛　　林伽皓　　张慧琦

音乐学（师范）（41人）
王梦琦　　孔维玮　　杨　轩　　崔笑涵　　尚文果　　周玥朦　　乐艺漩
王　敏　　周贞彤　　陈苏灏　　桓品轩　　仇思宇　　姚凯悦　　刘雨佳
肖　桐　　曹　晴　　党悦丹　　周玉霜　　刘雨欣　　殷求志　　褚海李安
高干婷　　刘瞻宁　　庄　鹏　　张雅淇　　顾婧怡　　陈韬文　　郑可俊
范晓妍　　奚怀彧　　罗　言　　詹宗睿　　蔡诗敏　　林　敏　　王熙彤
刘书唱　　袁艺菲　　余　洁　　伍韦泰　　罗翊瑄　　肖铃丹

体育学院

体育教育（72人）

董鑫宇	陈林江	李　青	余威龙	邵文彦	刘云广	罗　军
许家豪	代向楠	胡文杰	吴鑫业	邵义轩	储辰飞	吴　浩
王小军	王小杰	余　杰	吴志刚	陆子怡	钱且文	韦　汉
张嘉兴	陈志远	赵建雄	陆　健	张环琴	王东旭	施天辰
陈　威	龚　帅	贾　亮	高　亮	肖建业	胡　天	缪轶凡
周佳澍	符仁杰	戴俊伟	邵春旸	郑可锐	尤浩然	王一然
顾　伟	盈　昕	王泽楷	赵云霞	潘耀威	刘文强	王思娴
张　恒	顾　伟	程明旭	王海浪	朱涵今	袁昊天	钟宇航
苏　乐	李倩倩	王余龙	童家炜	于嘉妍	何　袁	伍龙熙
裴德志	宋金凯	倪弘建	史　雨	丰倚凡	夏梦晗	褚慧龙
郭浩扬	边禹豪					

武术与民族传统体育（23人）

刘　俊	黄圣轩	姜霖东	李　爽	井业楠	汪金文	王　强
彭嘉欣	陈　斌	魏雅婷	王啸林	洛　静	张禧莉	郎　伟
郑江峰	薛圣贤	金倩怡	韩珞妍	赵　罡	王　政	朱康杰
任思妍	张　莉					

运动康复（19人）

邱凤霓	钱颖秋	管婧祎	张家乐	陈博诚	张敏娜	王冰清
李欣欣	陈美琪	吴雨涵	陈鹏飞	吴晴婉	吴奎熹	张雨婷
管彦舒	陈长春	朱吕溱	沈翔宇	叶子言		

运动人体科学（1人）

吴冬冬

运动训练（43人）

林子旭	么英姿	卞小雪	徐　垦	姜逸飞	谷进平	居方鹏宇
沈炜韬	鲍徐旸	陈欣忆	何芯茹	梁　超	陆　洋	王丽情
费文煊	张译丹	许　源	李舟健	张念群	曹守贝乐	刘雨欣
李木子	朱怡萌	骆瑞霖	张行宝	罗钦源	林子昂	周　宇
薛禹昆	曾宇飞	王家玲	王　贞	孙佳程	叶苗苗	刘昱旻
孙佳奇	魏元庆	徐　龙	刘静逸	杨　诺	马广旭	任　玉
王雨辰						

金螳螂建筑学院

城乡规划（27人）

吴 彤	丁沁怡	胡子鸿	李明哲	陈秀秀	陈星皓	汪纯欣
吴帅利	袁 宇	陆奕光	李军达	朱熙文	王泽民	郭武鑫
张广哲	邹俣希	崔靖婕	岳志浩	黄卿颖	蒋 媛	周炫汀
王 婷	王诗睿	陈 晨	易 苗	杨思雨	李旻璐	

风景园林（35人）

李帅虎	杨新语	秦诗辰	陈旖婕	潘 越	王 睿	万开麒
刘 婷	于利祥	王 悦	景湘婷	梁韵涵	王琳淇	沈昕怡
王陈喆	沈诗佳	曹嘉靓	冯 敏	王豪龙	吴星慧	任悦歌
刘静之	张 宁	赵春旭	李昊洁	陈文婷	沈林烺	钟诺亚
陈梦宇	马一鸣	刘青青	李硕星	彭驿雯	赵旭凯	汤怡凡

建筑学（57人）

王龙轩	王 堃	杭 航	许 婕	刘宗美	张敬文	刘苡晴
王玥迪	潘润山	蒋 涵	徐方舟	李文欣	王昊贤	唐逸轩
杨佳浩	董雨馨	胡惠俊	王誉竹	吴仁虎	张宁玉	陈 啸
耿 丹	幸建清	刘雨萱	吴 限	黄伟杰	张 猛	叶芊蔚
赵鑫鑫	陈 扬	陈真数	李 雯	薛 帅	许 欣	叶 健
张亦培	许沁怡	顾展羽	肖雯娟	覃议锋	施 军	郑 毅
张 蕊	万太昊	唐 蒂	杨馥嘉	常晓新	高桐桐	殷开会
宋利平	杨 琦	顾重苏	冷小娅	郭 烁	刘锦洲	张甫惠
云 翔						

历史建筑保护工程（11人）

| 杨岍荟 | 宁欣蕊 | 夏心雨 | 王小木 | 朱悠情 | 杨启凡 | 蒋 倩 |
| 万兆泽 | 刘哲康 | 李梦圆 | 王艳芽 | | | |

数学科学学院

金融数学（35人）

陈 烈	李双嘉	吴伟晔	苏 池	陈鑫泉	李晨晟	蒋介晨
马世俊	张严文	云星雨	瞿安越	何 润	庄启明	徐含知
时斐凡	张海燕	孙梦婷	龚明越	王飞扬	王 捷	凌牧天
吴婧婧	曾庆宝	黄少丹	刘思思	郭明漪	杨若潇	武瑞枫
张 妍	张欢欢	刘天宇	闫 云	贾世闯	李立研	许静怡

数学与应用数学（基地）(51人)

马逸飞	金　典	陈欣怡	王蒋翼	许子豪	吴孟松	张天阳
张　晔	陈政安	陈　霄	徐龙杰	易天伦	蒋钟澜	杨思哲
宋明智	王　源	卞启航	王礼潇	陈佳宁	姚妤菡	杭良慨
承子杰	赵　硕	徐可涵	顾辰菲	张　越	朱重阳	原　昊
诸事宜	曾华轩	郑舜中	李新凯	张子俊	刘泽栋	张　涵
迪耀磊	王一龙	乔玫茜	李昊航	何著炜	赵航伟	徐浩翔
李晟彦	吴逸夫	干宇涛	马腾飞	袁梓铭	于丽影	韩善恒
王放远	曹米纳					

数学与应用数学（师范）(60人)

罗思磊	熊　源	张兆美	毕星宇	李　强	靳　苛	朱紫妍
杨玉婷	李华洋	刘楷辰	徐长城	宋承治	陈泓媛	窦颢娅
郭　瑾	黄卓乙	陈雨璇	崔红娇	徐滢嘉	王淋丹	赵辰玮
王淑楠	蔡张艺	顾佳红	何逸辰	叶子欣	杨雨婷	沈繁星
李　莹	刘肖振	顾明宇	朱苡宁	侯陈轩	朱沈瑶	蔡晓琪
曹回回	徐子昂	龚　青	汪冉冉	谈婧怡	陆　政	刘倩雯
白泽洋	顾湉恬	马佳丽	金云涛	肖世乐	朱欣雨	申仲昊
徐俊宇	孙鑫玲	宋泽雨	陈　沁	仲春晓	薛龙胤	黄晨宇
郝思茜	程薪漫	戴雅婷	王莉芳			

统计学 (44人)

张皓岩	王科儒	沈俊晖	曹夏天	周　洲	郭晓萱	朱千林
郁秋凤	徐　榕	潘文博	姜海云	才旦卓玛	陈霆峰	黄千益
吴　彤	杨悦蓓	白　鸽	黄涵琪	朱佳倩	邵云卿	沙　燕
李昕燃	周娅楠	经晨阳	刘海东	杜康婕	曹子健	陈俊婕
关潞萍	樊昊方	唐泽泳	邢泽欣	蔡若瑶	杜　冰	侯文枫
杨武海	焦子元	杨　鑫	张馨元	陈佳羽	陈雨石	马凌宇
叶子文	韩璐瑶					

信息与计算科学 (51人)

吴沈鑫	刘晓宁	张沙沙	管　丁	陶　凯	蒋　震	强炜坤
王　凯	靳天奕	杨成慧	王海栋	张凌瑞	雷　鑫	徐奕成
陆效龙	石　心	孟令哲	卞楠楠	陈冠宝	张黄凯	董意龙
谢纯钊	朱世杰	洪唯杰	肖　政	龙　群	王愚澈	姚康飞
刘航瑞	胡祈伟	梅子健	李　晴	陈渤垒	谭国庆	欧阳仪
王一凡	马　丽	甄熙茹	林可心	陈雅文	欧勇涛	刘凌枫
刘卓然	闵金超	王秋文	全粤东	张　佳	陈　航	郝哲正
周德润	刘诗涵					

物理科学与技术学院

物理学（72人）

马雪凡	吴苏安	丁明杰	马 睿	孙薪凯	燕子枭	许博文
张 政	崔 杰	俞纪涛	黄宇龙	王天阳	朱 墨	杨泽斌
臧润生	胡 浩	张秀秀	何一凡	孟繁斌	刘之恒	顾 颖
林桐玉	潘星海	苗晨祺	沈隆政	童 佳	尹志珣	余晨飞
汤星辉	周继坤	周煜涵	杨浩澜	代龙飞	赵经延	冯润苍
郁佳伟	杨飞雨	顾 阳	李 强	吴贵晨	谢 权	练文超
施善达	叶浩楠	何 鑫	曹甄强	王丹妮	杨昊宸	王一帆
王秋晗	黄俐祺	龙震宇	孔祥旭	彭家宝	庞博宁	史雷浩
张龙杰	保国义	李泽辉	刘奕辰	史佳才	冯赵然	王桃桃
冯宇昂	张 栋	郭涛涛	郭俊岩	张雨彤	秦玮翎	李成龙
刘 淼	考沙尔·拖力恒别克					

物理学（师范）（23人）

项姿睿	杨 杰	卫 涵	魏 洋	唐 悦	许雯雯	王 莉
尤 鑫	陈 浩	高慧雯	黄玉涵	周心怡	王 曦	韦皓清
司志青	张富梅	钱屹帆	吕诗语	阳彦睿	王 梅	丁天龙
许 卓	袁龙凤					

光电科学与工程学院

测控技术与仪器（16人）

薛宇航	朱璋迪	张 哲	戴雨晨	戴致远	郭 冒	黄柯熹
丁海蕾	赵欣瑜	禹明慧	敖文仁	王卓然	廖相东	王江玲
王新文	韩雨洁					

电子信息科学与技术（29人）

赵 磊	李文洁	嵇开宇	刘 杰	陈 虎	史建新	于海鹏
赵 婧	徐 潇	鲍温霞	王 靖	管俊杰	王星文	黄文童
徐宇朦	束鹏云	张 浩	杨心齐	杨智勇	冯 甜	张子杰
寿乾龙	李兴宽	叶明海	孙金龙	赵耀东	张睿玉	但承雄
习奇远						

光电信息科学与工程（55人）

李 冠	樊世高	沃佳宇	陈 铮	陈子安	栾兵兵	邹星成
胡洪涛	陈 晓	张修源	凌佳强	蒋思琪	王忠辽	韦孟杰
梁盈盈	周方昊	谢溢锋	时罗磊	徐铭昊	史宇轩	庄聆琳

童 炎	王田昱	卢浩天	李 坚	陈 欣	宋 峥	金 越
夏世龙	刘晓同	吴佳辰	范宸逸	周志华	黄飞宇	章隽辰
徐瑞凯	沈诗雅	吴舒彤	尹嘉鑫	高乾弘	陈 犇	杨信琨
蔡文杰	徐忻怡	王 尨	田旭辉	钱小行	张克雨	周子恒
杨子航	尚 凯	徐子涵	粟 栗	张 龙	蒋向原	

能源学院

能源与动力工程（48人）

王友浪	赵泽伟	王若禹	王志霄	周宇杰	黄展宽	俞若彤
唐荣昌	徐文洁	石 硕	沈家龙	王若愚	王晓天	张胜男
孙小龙	周鸣飞	王 吉	吴炜民	张 洵	周 倩	李文浩
刘福祥	严方舟	吴玉飞	安家旺	李海澄	刘祺敏	吴嘉佑
尤凯旋	李腾飞	夏诗爽	高欢欢	周俊邑	李颖涵	张浩波
孙 奥	陈彦君	李星岚	李 治	靳志豪	吴 涛	张芫山
张冠霖	马鸿扬	王朱瑀	冀一嘉	李怡雯	穆尼然·吐鲁洪	

新能源材料与器件（104人）

李旭乾	张子皓	徐夏澎	伊国隆	孔子娴	胡元昊	刘天然
周宇杰	倪 坤	胡寒池	季圳鑫	郭文奕	王海涛	姜伟健
汤吉桂	田 宇	王钰洁	郑章轶	刘郑灏	陈晓鹏	冯怀伟
王海明	王恩祚	李伊驰	姜千怿	严玉龙	张严智	张婷婷
施 怡	朱雨文	邵天雨	卢冠宇	孙嘉阳	王志珊	顾施楷
侯景轩	岳慧宇	赵子竣	陈 洪	王 贺	刘鹏江	晏 雄
柴生辉	曾佑泽	刘芳廷	李奇龙	吴 翔	侯兴敏	李伟萍
刘悟雯	许雨荻	邢闻雨	沈 霖	吴宇轩	许一峰	胡琦睿
黄浩航	倪 婧	张宇航	王 千	柏倩倩	丁陈彬	顾嘉禧
戴文韬	姚辰阳	蒋雨辰	苏炫伊	崔雯静	罗宏瑞	黄崇书
李哲雅	梁霖枫	丁乐宇	楚文轩	黄泳杰	朱耘成	汪旺辰
杨 洋	王龙飞	鲁劭炜	邹志宏	任子帆	刘龙枫	邓昕旖
姚梓晴	李一霄	蔡雨辰	孟泽毅	闫 畅	吴 翱	曾静宜
厉佳苗	封 雯	牛天啸	王彬彬	李维泽	张祺徽	吕佳泽
李欣然	董钰贻	代 浩	李思洁	吴少罡	蒋智康	

材料与化学化工学部

材料化学（2人）

王澳旗　　徐善学

材料科学与工程（53人）

陈晏冰*	熊浩安	蒋浩宇	还洪霖	孔旭恬	王　亮	韦厚宪
许天宇	刘家文	严逸舟	郭　兴	丁俊源	陈　晓	仇嘉浩
吴　兆	丁天赐	王永泉	张　昆	万涵宸	张星晨	陈振东
顾林峰	李云昊	李明康	赵雨新	米兆武	李　璟	谢佳晨
雷雨珩	刘永森	洪应结	周颂颂	李雅文	韩　爽	陶海涛
张艺怀	吴思童	王雨晨	吴奕霄	张俊超	姜　玉	吉金龙
孙瑞鸽	邓庆新	向钰睿	郭林林	温　雅	王　澜	李泽洋
张东耀	李继麟	李炳坤	张国云			

高分子材料与工程（70人）

郭宇焓	卢雅军	苗伊阳	翁子杭	张启文	章　涛	张志昊
龚志强	杨永康	王建农	沈青云	陈冬浩	王志聪	姜　峰
欧庆辉	任加李	季兆欣	李枫煜	仲汉勍	陈　潇	高鸣昶
孙思杰	朱俊钢	顾　浩	薛一凡	胡锦程	陈智琪	陈彦妤
周智超	王念尉	曹宇航	喻培森	鞠恒伟	刘佳慧	彭　昕
钱子豪	周　叶	王璐瑶	沈韵之	王智旸	莫　非	周宇豪
宋雨阳	张　冉	黄　蕊	陆卓蓉	高睿涵	刘美辰	陈韵轩
文　昭	刘煜菲	乔羽菲	林元麒	段相瑞	彭贵湘	贺博文
刘　驰	谢振彪	孙晶怡	娄焯垚	黄智雄	王光辰	董骁恒
裴佳琳	孙鹿鸣	金冰欣	樊治宏	潘月媛	律斯宇	段义伟

功能材料（28人）

王佩瑜	王万丰	张奥翔	杨心儿	赵晓鹏	张志先	吴珺霖
费宇成	余纪龙	程飞宇	钱　煜	杨晨光	杨睿祺	蔡华阳
李　凯	殷千钧	石晶岩	王腾辉	谢常笑	唐雪丽	郑姝珩
张淞杰	羊哲民	王璇晔	王　桐	刘湘隆	蔡明蓁	贺正伟

化学（89人）

杨光宇	周季星	黄　炎	钱缪舒琪	朱　婕	次旦白珍	吴　杨
陈韵秋	黄怿宁	杨敏鲲	蔡浩凌	陈韵智	刘禹贤	刘雪丰
赵豪杰	毛秋翔	贾晟纬	李　颖	李　想	陆嘉宁	江贤任
姜胤尧	王辰恺	印可心	沙新虎	侯天新	肖　峰	吴昊霞
李奕晖	王　者	刘栩楚	张　羽	顾千禧	苗冠乾	单邱杰
覃玉珊	王　博	代金燕	潘龙燕	孙蓓蓓	施婉婷	杨广鹏
钱昀辰	孟　蕊	杨晨愉	周敬艺	王　鹏	徐　欣	吴　攸
王元庆	潘肖羽	管星豪	范相钰	李付超	华　辰	王冰鑫
刘淑恬	刘　妍	董晓璇	师　燕	罗　婧	蔡美琪	曹文璐
孙　森	吴梓欣	谢宗龙	宋　迟	白宇昂	周晨霞	魏梦然

王易兰　　刘桀曦　　刘　冀　　王赞羽　　贺承莹　　舒　泉　　王大林
赵　凡　　张　玲　　韩　月　　陈华炜　　王琛如　　王丽君　　曹建磊
刘天龚　　崔文涛　　王亦陈　　齐子珺　　成媛媛

化学工程与工艺（33人）
韩德晟*　廖孟琳　　秦宇润　　施家豪　　朱　鸿　　覃海艳　　邵晨轩
王　晨　　刘羽纯　　操林锋　　徐卓成　　何明羽　　梅　艳　　赵　杰
黄思怡　　周顾昊　　丁叶薇　　董楷文　　肖凌宇　　陈赟奇　　蔡翼亮
汪文轩　　佘　楠　　张欧媛　　李小龙　　周思涛　　董　宇　　朱其林
韩博涛　　程超伟　　程秋爽　　王香花　　范　恺

环境工程（18人）
李明轩*　蒋冬林　　刘子衿　　周小棠　　马景烨　　侍文洁　　张夏龙
谢宗妤　　华　强　　韦仁露　　杨智浩　　王施霁　　闫正涛　　曹金辉
贾思瑶　　吕　玉　　李斌玉　　张　遂

无机非金属材料工程（4人）
胡　健*　单小哲　　苏灿杰　　韩晓鹏

应用化学（52人）
童　馨　　房源杰　　罗融融　　蔡昕辰　　傅一飞　　曹南飞　　林瑞根
曹贵贵　　沈焱锋　　王　倩　　秦嘉庚　　贾新宇　　尹笑一　　向　炳
陈　玲　　刘　斌　　戈旭洋　　吴　鹏　　王琦伟　　乔利鹏　　张宇轩
朱嘉伟　　刘文聪　　朱泽斌　　宋惠其　　谭媛媛　　何昊泽　　易　品
董　旭　　周怡含　　王孟宇　　刘志强　　游良鹏　　刘伟名　　刘　晨
冯赛鹏　　陈文彦　　马祥云　　熊　灵　　杜志利　　林鹭辉　　祁　昭
余宗源　　陈玉洁　　吴兴涛　　江　普　　李新宇　　谭亦豪　　李艳阳
郝泳久　　陈　彪　　阿力米热·艾买提江

纳米科学技术学院

纳米材料与技术（100人）
杜晓龙　　郭安然　　方子豪　　张中楠　　胡新阳　　姜正旺　　周　彤
杨　广　　周霈霈　　王祖丞　　潘子健　　郁沁楠　　冯志鹏　　王一川
周杨楷　　张起睿　　邵　铭　　封加乐　　高　旭　　徐仁杰　　刘　涛
严宇辰　　吴佳颖　　张俊超　　朱利丰　　张滟滟　　李玉涵　　陆潘豪
谢雅雯　　姚　瑶　　戴一帜　　王静伟　　李新杰　　王茜雨　　陈持家
朱元皓　　李　丹　　汪岳铭　　俞　悦　　王　欢　　施　嘉　　吴倩茜
薛飞乐　　张　慧　　高心远　　陈启田　　从婉宁　　陈晓东　　蓝　青

蒋炎平	王 韬	苏 旺	孙逸韬	朱 舒	徐 浩	顾家豪
孟思帆	杨 朔	施皓量	李心怡	沈岚玥	王逸凡	张雪嫄
陈振毅	邓惠莹	司洪麟	高文萍	徐丽微	徐若涵	潘嘉琳
姚晨璐	高榕梓	崔诗妍	张浩宇	赵新宇	王馨悦	孔乐鹏
白宇辰	刘敏婕	赵恋蝶	靳 然	谢静轩	李翩洋	黄成旭
韩子扬	戴天语	张吴倩	易思敏	姚辉帆	梁 宽	陈 爽
吴前汉	侯君翰	郝 意	王宇健	刘 皓	张家奕	叶嘉怡
赵文博	陈子璇					

计算机科学与技术学院

计算机科学与技术（243人）

冯世缘	孙昌来	陈海峰	张宏辉	吴子悦	张 铭	李佳旺
范 婷	郭稀贺	郑凤岐	陈仁雄	王海光	华玥莹	刘至渊
郝浩畅	马 标	韩轶凡	陈 斯	宋沁洋	郭正轩	苏肇辰
车浩天	纪一心	刘 超	陈星哲	姚子凡	王恒龙	赵炜辰
仲昭玺	倪 浩	裴皓辰	赵怡博	戴晨晨	陈敏杰	赵玉玮
陆宇星	孙泽元	徐 一	赖丹玲	孙琦颖	黄哲远	陈可迪
张允初	郁博臣	张子奇	张 卿	林 夕	陈孜卓	陈嘉洲
薛凌风	张逸康	钱 滔	邱雅琳	宋童童	许 琦	岳俞先
周亚明	鲍恒晖	施科男	马伟洪	赵嘉成	丁 浩	夏雨晨
吉 伟	何 杰	孙振宇	余国旭	陶君泰	万心辰	蒋浩辰
黄佳伟	王天翼	强敏杰	余 柯	朱弘毅	徐辰洋	瞿靖鸿
范鹏程	王戴真	李科成	朱俊杰	王沛月	丁楚瑶	万安帮
刘濠葳	孙纪展	刘 源	段 通	张 旭	张誉泷	陈 浩
方立学	张姝菡	徐朋飞	游锦雄	王 伟	谢晨龙	张棚成
黄梓钧	王 洁	徐 萌	徐小曼	徐家豪	纪 誉	周慧云
杜天译	张 勇	张凯文	孙王吉	韩家淇	李艳格	罗 峰
袁 航	刘 阳	周 童	郑 雪	曾子越	耿 琪	邓 仪
缪海冬	仲 威	张智超	陆嘉炜	汤添文	李 锦	夏栋晖
周广华	吴 赛	黄逸豪	徐宸涵	陈 云	吴 林	刘馥源
韦丰富	顾宇浩	霍 超	朱泽楷	郑悦薇	于峻骁	陈 翔
季善奎	张芷涵	杨家豪	齐文逸	白伟军	邹优勋	杨竞尧
王惟烨	马智星	杨雨佳	李雅璇	赵子萱	戴娅婷	蔡沂霖
林佳泽	周楚越	罗广宁	唐一洁	刘依霞	汪小龙	李立轩
加央加措	王 琳	王江楠	徐文杰	杨 瑞	葛乃宁	宋则铭
杨岸睿	杨泽鹏	王 喆	李吉洮	杨婷婷	赵丽雅	代渊超
唐钰旻	韩家宝	金昶垚	陈浩楠	刘书林	魏 然	宋逸聪
王泽洲	廖进超	周 进	焦阳子璇	张云雁	陈 龙	叶苏青

刘瑜淼	任劲羽	潘春琳	窦志恒	刘　飞	成正一	武　瑕
黄　旸	陈家炯	许　愿	吴　江	金亭宇	李克剑	龚逸晨
徐　烁	张思懿	吴青洹	刘　浩	翟江辉	桑利辉	徐乐怡
陈心怡	鲁亚威	郭立言	谷旭千	吴九龙	张宇昊	周方泽
王凌翔	金睿阳	乔　丹	王瑞安	陈学源	陶宗源	徐子昂
李璟岳	阮一耕	茆天辰	高大明	何晓非	潘盛宇	李妍灵
戴尘旸	唐云飞	蒋雨昊	骆　莹	杨柏晗	常晋豪	孙泽辰
张竟朔	赵嘉宁	徐邵洋	曾雨豪	苏比努尔·萨拉木		

软件工程（86人）

李　鹏	陈　凯	王晨阳	龙晓晨	张　钰	汤泽成	赵诉显
虞　锦	周　鹏	王涌权	赵志远	卞志鹏	吕芊涵	张慧敏
林千禧	盛　坤	陆熠晨	朱晨清	余　潭	冯国晟	蒋嘉颖
张婉群	徐卫伟	陈彦至	赖琳炜	吴　昊	厉张子健	夏泽科
刘宇生	卓园园	姜泽鹏	鲁　游	黄敬豪	张振宇	王　睿
周伟杰	张子洋	胡　涛	姚煜铖	周宇航	彭　俊	吴航宇
崔耘旗	罗彤彤	沈楚峰	吕金容	万桢熠	吴志祥	严　跞
顾王波	苏永甫	欧石林	陈伟业	祁麟捷	周雨璐	徐　伟
李　壮	朱临风	刘　旭	史佳成	刘博文	宋　奎	焦波涛
叶从明	宋建平	赵宗凯	王　薇	王玙璠	李雨楠	孙会砚
薛梓涵	郑旭洋	马小川	徐梦琦	贺浩洋	薛　琦	何世活
甘占瑞	李　霞	杜心龙	郭　峰	戴　维	吴以宁	潘思成
马雨昂	张易真					

软件工程（嵌入式培养）（2人）

许一鸣　高　强*

网络工程（3人）

张　嘉*　仲　禹　杨　帆

信息管理与信息系统（37人）

许　澳	刘坤萍	徐天顺	潘　玮	施　畅	陈志洁	孔维琦
徐李琨	李星儒	肖　鹏	李欣雨	韦建容	余　畅	司诺男
张维维	金晗昕	宣　言	邢勇涛	陈　煜	岳世杰	强　蕾
赵旭佳	杨佳佳	杨　婕	谢仪伟	史云龙	宋怡霖	李恩宇
刘佳豪	徐浩洋	陈智瑾	邓国斌	李思睿	陈思彤	成语歆
阿勒特乃·马合木提　苏比努尔·阿布里孜						

电子信息学院

电子科学与技术（72人）

王利杰	李子奕	廖煜炜	王　健	任弘毅	张天驰	牟成林
梁晋豪	范佳伟	张真实	李东恋	蔡雨婷	王华宇	林井松
潘嘉楠	季　爽	谢志龙	徐艳林	刘健明	姜　涛	徐杰星
冼天信	王　骋	苏柔羽	赵一飞	黄柳青	吉　阳	陈亚龙
刘天宇	陈　轩	朱泽润	张　抗	张　昊	金　赟	刘　敏
汤晨阳	黄晓莹	王逸曦	王科熠	廖成龙	付俊泽	马嘉伟
顾博文	朱辰霄	刘敏方	颜陆胜	龙凤洁	姚炜然	邓思雯
辛河廷	张丹阳	汪　勇	周昕芮	程明林	黄琪敏	代一翀
马思杰	董　钰	永敬磊	付骏豪	仝一涵	王　莹	庞世豪
唐　煜	田仁宽	刘殊涵	袁程风	汤声龙	粟丽雪	冯晋圆
高翔宇	迪拉热·艾克木					

电子信息工程（80人）

陈　啸	秦宇健	王炜杰	杨敬平	吕　驰	许坤明	王一龙
王佳宝	魏宇轩	金正旸	陈俊杰	陈劲树	井　开	戴志成
任　锐	刘逸鸣	何文基	邓伟业	戴宇青	朱晨龙	沈　凡
龚敏宇	梁　仲	周　熹	薛辰阳	潘靖愉	周哲宁	赵谨成
甘　婷	陈剑锋	汤嘉豪	李佳程	唐　洁	鞠　超	张子琪
蒋婧玮	裘红翠	蒋河桂	刘星宇	王一鸣	薛锦程	陈林早
徐惠锋	张　豹	张一帆	赵子浩	魏仲志远	丁一鸣	郑积元
吴治霖	陈　辉	张光鑫	李　堉	陆煜潇	陈俊帆	安会锋
魏占洲	李　琛	吴泓量	冯若琳	宋永琦	李俨泷	张　娜
许溦溦	马紫刚	葛梦媛	周　梦	宋一平	何心怡	周刻宇
靳宜超	申佼杰	贾天奇	王　安	常一飞	郑余枫	林加加
赵晨斌	祖丽努热姆·伊马木	穆思丽曼·赛都拉				

通信工程（101人）

张珍刚	焦昀昊	王正君	周季源	任哲峰	王思予	赵雨轩
王　凤	陈治虹	陈　涛	于倩慧	何浩瀚	陆　洲	于竹颖
吉泳达	欧阳康奥	戴瑄辰	鲁思思	王一君	张　文	张智健
施嘉乐	陈慧鑫	贺子龙	吴俊玲	任　彤	周非凡	杨　成
谷洋龙	张　勋	张哲楷	王瑾轩	杨逸凡	黄佳寅	华宇辉
陆心怡	邢一鸣	卜倩倩	王　磊	包立辰	沐昊天	史均晨
周湘滢	戴晨阳	顾子航	陈雨轩	孟峻可	孙慧怡	张怡婕
李　涛	费　阳	茅　杰	汤溢晨	刘益麟	韩澳琪	薛伟康
龚　逸	诸葛扬阳	刘　潇	朱　晔	仲美林	周奕斐	王健鹏

刘江旭	陈遵浩	孙贯伦	冯宇	陈雪梅	张浩然	刘子豪
党健	陈茂杰	姚皓玮	夏涛	胡秋阳	陈子赓	张润龙
陈吉洋	陈星雨	曹帅尧	李佰鑫	母智恒	李子昂	张启龙
廖京晶	余泽林	杜海浪	马赟	罗世鸿	杨凤婷	王浩宇
常代琛	钟周炜	胡子盐	张钧滔	蒋快快	钟震伟	林淑鑫
张露晓	李开映	朱颖				

通信工程（嵌入式培养）（1人）

王佳伟*

信息工程（4人）

徐沐林　薛昌泱　李浩源　李梓正

机电工程学院

材料成型及控制工程（39人）

陈兴	张曦文	王伟浩	潘程浩	杨师杰	彭嘉鑫	郑光宇
尹秀丽	王烨	郑圆圆	张鹏程	张一飞	陈勇	石一凡
李浩	陈龙	张世林	丁徐天乾	殷宇	杨海林	史飞
陈剑池	金正浩	肖景文	潘浩哲	马关雨	王世龙	田爽
薛英杰	窦轩	韩瑞雪	张帅	张海潮	樊盛	王恺文
田健东	拉海良	郑凯	潘康			

电气工程及其自动化（119人）

韦平贤*	丁啸宇	鲍孝康	薛威	姜星尧	刘家华	金雨阳
刘泽亮	王炜	陈奕行	陈帅	凌惟亚	管理	王玉兔
张天泽	翁煜辉	杨湘	马霜	陶谦	邹霄贝	王沉
吴序桢	司星雨	陈昕宇	李沛彧	殷子恒	刘宇灏	顾时蕊
赵珈振	方海豹	薛凯阳	李怡	费英佶	康春宇	汪苏璠
郭轶	高兴程	张浩楠	翁潇逸	陈云飞	戴心沂	任星宇
丁昊阳	陈锦涛	梁昊	安子宁	施展	吕琳裕	王宇洋
谭高	王晨阳	曹逸之	申祎凡	环慧敏	金志洋	孙帆
叶成岩	张皓宇	魏千	陈梦彤	杨杰	王子昕	黄为民
薛瑞普	尹梓航	卢帆	胡琪	钱龙	徐景月	圣传柳
傅思捷	姚远	张诚	赵巧羽	缪珅伟	季耕宇	潘晔
黄志宇	张丞	刘朱毅	孙顾承	薛骞	臧妍	林瑶
曹紫琦	钱松涛	宋康	殷鸣	张佳翔	黄思凡	邱圣杰
徐加开	孙媚娆	林有浩	翟禹尧	王思喆	张力文	朱宇凡
田霞	杨杰	唐兵	黎正江	张浩天	郎旭东	吴成稀

蔡梦甜	张琬婧	白诗函	王中旭	陈 慧	陶成喆	赵苏阳
高健龙	李梦雨	隆海涛	冯靖轩	刘 灏	宋丹青	
吾拉木丁·阿不都肉甫						

工业工程（38人）

李 威	黄升睿	范学强	陈思源	钱 梁	陈 菲	王中一
吴 宇	吴嘉俊	吴天龙	茅依玲	何雨欣	陈 辰	袁小龙
周 伟	管婷婷	蒋凯田	李 奇	朱欣怡	张宇龙	夏雨欣
殷成婷	姚隆玉	徐 易	胡泽宇	孙国强	任永飞	郁佳铭
曹忆曼	熊万权	史寅良	朱熙来	苗宇栋	于文博	刘 华
张馨彧	吴 龙	努尔旦·霍加拜				

机械电子工程（62人）

魏 蓓	田禹其一	平金如	金昊阳	徐思哲	丁佳怡	翟言宇
张嘉诚	何跃文	张 源	石 立	蔡文清	常 富	徐 虎
袁 阳	王宇成	程 凯	杨馥与	薛添瑜	章 帆	李心婷
陆辰洋	范淑娴	周诗远	刘庭辰	胡洪川	王学超	邹文婧
陈方正	吴义健	许惠东	龚辰涛	邓子龙	孔世武	殷 力
王妙辉	丁浩淇	赵青爱	李佳林	唐乐扬	顾 凡	居世灵
陈国庆	王 涛	朱天辰	张 晨	施 畅	王凯威	刘文超
刘金玲	张胜江	王开宇	周 轩	李志伟	李浩闻	李欣钰
皇甫圆翔	聂 鹏	孟 阳	陈志恒	黄力湘	邓梦康	

机械工程（72人）

曹向东	庄文杰	石海华	乔玉春	葛 凡	洪佳衡	朱林宇
牟芬云	王翼鸣	吴东昊	陈 卓	杨世晨	赵玉栋	陈 洁
董伟民	李烨星	万劲东	安家政	李吉波	顾 鹏	毛 婕
董雪纯	邵宇秦	吴梦琪	彭祥友	朴占鹏	刘 杰	刘北北
黄文迪	陆周洁	苏 畅	李锡泽	何相辰	程海伦	张玉蓉
邹海涛	周宇鹏	庄明月	崔陈雨	魏传鹏	王 龙	曹晓朵
徐悠源	陆柏州	沈成龙	李欣怡	刘凯通	龙俊澄	谢尚建
郭 锦	贺继宏	赵星宇	高承志	杜佳音	蒋贤贤	刘俊豪
宣浩哲	王 岩	卢思敏	文禹星	张 静	冯昕宇	丁继杰
吴文彤	谭 晟	陈海俊	罗盛浓	莫梦捷	丛 昊	何成斌
鄢正爽	李云霄					

沙钢钢铁学院

金属材料工程（56人）

徐　涛	谢环名	徐子涵	姜　杰	陈书航	莫雨石	张　颖
丁启凡	辛　雨	葛悠然	刘　淦	刘欣滢	刘明泽	吴晨阳
赵新宇	李浦睿	吴金洪	张凌浩	许　波	陈建涛	李振良
施以威	胡威林	骆欣彤	邱子莹	刘家鑫	赵　静	闵　政
毛剑禹	张勇康	李娇阳	王玄珑	刘家璇	王润晨	马坤元
尹河缘	谭淳予	吴顺航	付涵诚	张瑞龙	刘　歆	郭雅茹
王子豪	任昱瑾	张宇航	赵世楷	高艺文	万良伟	刘忠翰
崔世琪	谭霖坤	周梦媛	都孟帅	缪云寒	刘嘉榕	陈季娇

冶金工程（45人）

吴恩鹏	武　韫	罗士元	刘　欢	王桂龙	李璞岩	蓬自立
朱　磊	蔡伟涛	陶　洋	李光诚	曹卓清	施　昊	吕龙生
朱　杰	饶可新	阚乐群	吕云川	朱小宇	易子杰	杨翔宇
欧晓放	牛嘉欣	李陌缘	殷梓淇	王诚智	王艳平	张云普
邓清梅	潘扬淳	麻统福	程家豪	姜浩能	魏千钦	王　潇
李浩兵	杨　成	杨　娴	阴伟昂	熊开平	孙文韬	刘龙飞
汤　喆	鲁　菊	阿尔帕提·吐尔逊江				

纺织与服装工程学院

纺织工程（149人）

李　龙*	叶晓翔	吴佳明	王韵茹	胡丹妮	陈治历	徐恩航
李卉馨	杨绍芃	李思琦	周志昂	王雨轩	张恒进	陆家玮
孟靖达	陈镜宇	曹廷玥	宋诗雨	严　正	张昱旻	邵雅琦
戚欣然	黄怡晴	马　帅	邹李涛	常雅雯	冯雨龙	许高鹏
朱叶涵	徐旖晗	郭马杰	徐若杰	袁歆舣	蒋佳艺	袁海天
李恒涛	文　荻	孙若洋	李凡龙	李赵一	汪晓桐	刘静宜
朱美涵	平歆昀	程宏龙	章淑颖	原雪麒	张轶茁	卢书晴
赵君健	叶　紫	朱嘉怡	王易辰	陈　乐	李博渊	钟栩华
许雨轩	陈彦昊	刘俊业	李欣宇	薄凯彬	杨笑凡	张舒洋
邹奕达	王天骄	刘雨灏	王思汀	赵宇基	廖海旭	孙子恒
陈昕怡	唐梦瑶	李可桢	童莹倩	高骏洋	赵经天	黎浩霖
徐　愿	李泽江	杨天翼	敬　潇	张欣源	姚佳兴	王瀚启
张淏鹏	屈　展	周梦月	贾百慧	顾轩铭	周甜甜	杨嘉豪
张　焱	易　雯	王　磊	盛　一	夏雨荷	孙　菡	冯雅茹
叶允威	朱　玲	韩佳露	尹翌凤	吴　嫘	陈逸菲	黄路迤

李许静	张海琳	李林卫	李　欣	叶涵意	张心玥	羊昀菲
李　玉	田稼成	刘瀚月	赵明明	张　怡	王　玥	戴佳洋
王晨曦	肖姗姗	刘云钊	吴佳阳	邓栋阳	张雯宇	云希帆
赵　芳	李佩炫	赖耿昌	史丹阳	刘腾杰	刘传佳	占诗杰
吴宜波	李伟康	赵明辉	杨雨航	许　婷	贾庆良	谢芷筠
韦　雯	杨雪静	戴英俊	张树萱	李　娟	莫金涛	王子默
夏浩然	努尔比耶·塔伊尔					

非织造材料与工程（34人）

许鹏城	王亚鑫*	班少旭*	陶渊昊	谢白雪	蒙元龙	杨钰婷
郑子轩	罗欣尔	王佳雯	刘雪婷	刘俞辰	张又文	李昱岑
黎楚筠	王艺冉	陈喆曦	黄　轩	乐嘉灵	刘　健	孟　言
高渊博	王梦麒	付晏泽	李世启	任钦益	徐　诺	杨世纪
陈顺发	王文龙	苏　哲	廖银昌	吴佳君	罗　艳	

服装设计与工程（53人）

文　芮	刘昕瑜	秦烯瑷	王一磊	谢淇丞	张　琳	周　洁
杨雅茹	陈　煜	楚　萱	蔡雯婧	杨一凡	丛婷婷	石　璐
韩　冰	徐梦琪	唐　颖	朱雨婷	程可枫	宗心悦	高雅飞
廖京芳	陆思齐	胡乐彤	邢晨洋	莫明竹	田丽莎	闫佳宁
孙慧琳	刘贝宁	陈红云	陈宇晨	高　蓉	王雨妍	胡　琪
闫　紫	薛琦凡	王燚若男	杨慧梅	申冰洁	张佳楠	范美馨
崔译丹	卫雨佳	令狐荣鑫	周可心	陈怡君	吴　卉	熊可仪
王潇可	李金宝	苏禾源	古丽坦·海拉提			

轻化工程（57人）

何　川	姚弘利	赵正昊	孙马雪凝	高德贵	白文凯	李俊庭
朱舒扬	韦天琛	刘　冉	姜鑫颖	胡　泊	孙恺晨	张广源
尹飞儿	贾　容	黄　宇	吴嘉宝	曹晓凡	施逢奕	凌　浩
夏　欣	马轶丹	韦兰飞	董奥晴	王铭玥	张雪洋	宁尚猛
孙小诗	张慧琴	冉承峰	胡懿晗	廖喆虍	张文秀	邹　祥
董　宁	陈圣颖	杨　梦	陈少莉	孙玉蓉	潘　鑫	蒋海涛
王龙丹	赵彦峥	马梓涵	余　杰	张艳彤	钱　乐	白洁青
达欣岩	吴娅倩	吴玲芬	张馨月	郭　瑞	者　苗	向永翾
王博安						

轨道交通学院

车辆工程（47人）
张小芬* 曾子祺 范存鹏 常 润 朱志峰 邢黄坤 焦琬晴
陶伟康 徐梓玮 潘 旭 范星宇 钱海洋 吕 波 李炜华
金 锐 孙纾贤 赵峥韬 肖佳乐 张 驰 金 畅 葛杭棋
罗春晖 车浩远 马 克 袁 珣 邱天序 沙辰阳 王召阳
胡济民 汤 淼 居 淼 马自强 韩海宇 陈 伟 肖中睿
吴志豪 程中翔 陈伟斌 张洪翊 罗琴芳 杨 滨 刘 刚
丁仕东 周小龙 程泓笞 周文俊 吴兴文

电气工程及其自动化（1人）
王 凯（专升本）

电气工程与智能控制（56人）
赵岳阳 孟维杰 曹 盛 钱怡盛 李廷言 马风彬 刘永辉
董 响 孙沐琪 刘书廷 黄晨凯 张恩铖 王胤杰 胡 越
郭琳媛 龚铭祺 马 聪 李相澄 陈逸晖 杨津京 丁 可
叶 昊 开家乐 叶 昕 陈蕴哲 赵文杰 姜俊杰 阮义鹏
傅 锐 丁雅雯 钱 坤 朱 宇 赵 龙 王铀程 莫仁基
蒋圣鸿 李 诚 周 晖 章 旭 顾 灿 黄 旭 胡嘉龙
金一诺 刘宸源 钟 帅 林登潮 刘星瑜 薛泳江 王 绪
邓凤仪 陈泽宇 王子江 周昭宇 吕景珑 黄非猛
阿卜来提·亚森

轨道交通信号与控制（32人）
张 叙 陈启源 严楷济 黄昱晨 沙亦文 胡梦恬 刘亚茹
俞书舟 顾 浩 李蔡涛 冯璐璐 孙瑞辰 陆宇轩 刘 袁
刘远航 陈嘉伟 徐浩宇 丁 文 张乐凡 宫梓洋 丁 闯
高全岩 李岱洋 江治齐 郭信来 张络怡 宋 浩 高赛云
蒋启年 邓腾强 郑家海 丁怡丹

建筑环境与能源应用工程（34人）
苗 昭 陈兴际 徐家奎 陈 张 蒙焕铖 赵 鑫 沈欣悦
孔令理 杨 映 吴子涵 宋锈灵 陈俊杰 侯刘宾 沙盈吟
冯鑫月 陈梦婷 毛梦伟 张馨予 林荷洁 李安进 杨 宁
闫子珏 赵瑞乾 胡斯毓 张诗艺 次旺聂扎 杨曙川 张贺伟
张灵睿 王 曦 陈宇翔 管红飞 努尔艾力·努尔买买提
木尼瓦尔江·艾尼瓦尔

交通运输（43人）
王　刚　　薛嘉鑫　　凌晨宇　　祝文琪　　董彩银　　陈晓薇　　瞿也涵
季盛逸　　王苏凡　　万怡辰　　朱　翔　　杨东明　　曹　露　　张　鹏
王志伟　　龚玲菲　　谈羽昕　　傅　雨　　王安然　　徐卫华　　李雨龙
王贝尔　　赵源麒　　娄曦文　　陈　卓　　李翌辰　　唐　坤　　袁　锐
聂冰雪　　苏柯宁　　万思彤　　吉　祥　　安江伟　　李元辰　　刘建非
任泽其　　张颖欣　　蒋竹君　　陈世纪　　田文婧　　李哲宇
艾哈米尔江·凯沙尔　　阿里米娜·阿不列宁

通信工程（城市轨道交通通信信号）（1人）
薛仲江

苏州医学院

法医学（29人）
黄秋艳　　克布沙日　高宇佳　　唐　妍　　李云罗　　王雨昊　　瞿昕宇
樊超宇　　宋顺晨　　彭鑫慧　　张若男　　徐俊秀　　李　磊　　陆　露
周政阳　　刘梦宁　　王　景　　刘仁欢　　靳　熊　　何华琴　　郭典葳
谭艺清　　芮钰琨　　张　雪　　刘程佳　　温潇文　　贾博雯　　陈业祥
地木拉提·买买提

放射医学（108人）
徐　沙　　高　稳　　陈雪瑶　　窦　峥　　雒家玲　　张浩博　　梁海生
屠佳依　　宋　帆　　王　晶　　黎晏卿　　郭佳音　　姚建伟　　李铭扬
吴云鹏　　黄晓婷　　王　程　　黎佳蓓　　黄天缘　　柯　罂　　刘永顺
陈　阳　　李珺言　　徐逸君　　朱颖洁　　王钰炜　　张　磊　　应宇辰
沈希南　　卫　蔚　　宗　莹　　张尚格　　张安琪　　蒙禾彰　　甘芳连
杨思捷　　徐　驰　　李芙蓉　　叶曹庆　　胡栩莹　　顾鹏诚　　张惠珍
戴　薇　　庄冯辉　　孙　康　　匡　泰　　张　意　　刘丽昉　　丁　皓
缪梦妍　　林　蔚　　李成琪　　冯金宝　　陈禾田　　左　莹　　周星宇
施亚丹　　季颖瑞　　辛琪琪　　孙佳喆　　杨梦梦　　王　林　　段菁菁
谭慧玲　　王　曼　　王子萌　　张香香　　张育溪　　罗　意　　陶　婵
杨　凡　　刘沅鑫　　张蕊娟　　李梦婷　　李亚敏　　雷　玲　　李书月
朱俊飞　　陈　婷　　赵桐欣　　周湘楠　　谭少波　　旺　珍　　徐维娜
马嘉慧　　郝鹏飞　　刘斯林　　廉俊洁　　罗晓旋　　郑周航　　何朝晖
綦　悦　　田思琦　　李治楷　　赵　涛　　郑佳蓉　　张婷婷　　许书凝
董　艺　　张佳月　　刘莹莹　　石暘滨　　刘逸凡　　李晨泽　　康家其
黄琰俨　　梁翼飞　　张肇恬

护理学（38人）

丛俊亮*	蒋浩文	夏　坤	陈贝宁	蒙　菲	胡元杰	徐志璐
覃海燕	翟忠媛	莫文清	何卫东	王燕萍	胡寒冰	彭文文
杨小丫	殷瞳瞳	石记灿	王金秀	李嘉琪	李　斌	李婕珂
赵　治	李安安	董文辉	刘余秀	杨　慧	高子龙	闫小玉
李沁蓉	王乐同	李嘉瑞	韩尚玉	李　飘	窦欣妍	艾春函
白梦雪	李笑笑	阿丽耶·斯依提				

口腔医学（48人）

王珍玲	陈祉含	罗国文	李孟如	邵文珺	宋　词	郝新宇
胡双玉	吴雨婷	姚忆蒙	卢　翼	陆皓天	邓心兰	马钰涵
缪金楠	谢羽璐	胡中一	武　钰	高嘉阳	江　源	徐瑜珩
何泽炜	俞　沁	李若源	霍婕妤	杨丹凤	王　丹	曾　洁
李茉研	曹珺岩	姚彦冰	王　颖	雷小丽	严　彤	余雯萱
晏星瑞	罗　蕊	张志浩	任玉平	庞　明	王浩宇	王若蒙
袁乙钦	刘珍妮	卿巧玲	方敏鉴	尤紫萱	杨　宽	

临床医学（284人）

陈屹立	周　健	林泽宇*	徐亦鸣	赵一凡	沙珊毓	钱啸宇
丛馨宇	朱正欣	向金艺	吴承霖	姚瑞欣	史雅娴	齐一菲
李芸倩	张婧敏	邓婧蓉	赵玉虎	沙婧涵	顾林楠	罗朝忠
杨　竞	郑佳玥	郭　爽	张玉珊	黄心茹	胡雨晨	肖恋恋
钱佳妮	陈志峰	张星华	徐子淇	刘　艺	舒铭锴	吴　越
卢玄宇	杨　晋	李纪纪	葛家濠	陈子晗	魏　来	梁哲彬
邵　虎	石晓锋	徐悦凡	赵姗莹	许　倩	时兆强	陈锦琼
范嘉慧	宋冰鑫	王梓航	丁元清	李璟昊	孙　南	李　明
吉国金	王嘉杰	杨轶凡	周　婷	陈青江	丁煜辉	彭玲玲
张沈杰	徐明嘉	王翔宇	包文欣	鲁　杰	宣函沁	陈　婵
左韶杰	胡　蝶	蒋永宁	朱　轩	李春阳	覃嘉琪	陆诗语
尤佳琪	李建军	夏汉荣	崔展铭	陆增博	姚寅文	宋晨雯
陈家宁	谢　媛	王佳婧	丁紫薇	宫　琪	瞿　颖	陈一帆
钟宝华	俞　婷	廖宝义	马逸丹	罗成林	张景郁	王宇飞
俞梦竹	昝　博	钱　爽	邵见博	吕　静	许　珉	张天成
王思蕙	郭相东	马烨梵	古　典	普布卓嘎	罗鄞琳	杜梦阳
潘梦婷	朱灵意	宋林芳	孙蔚蓝	朱心茂	王怡帆	刘丁阁
齐志翔	钱　玲	邹梓飔	朱静语	吴淞名	李增洋	顾沈佳
储　玮	沈明月	丁　洁	白高杰	苗　鑫	张金金	陈　露
杨隆君	娄一丹	胡卓萌	王慧颖	田宇轩	秦晓慧	周　鸣
陈珞玥	姚昀男	林嘉希	李孟春	吕佳恒	顾品超	周文杰

吴天翼	冯　岩	李园园	顾　枫	徐　浩	程晨晨	姚昱旭
陶欣雨	项镜蓉	高郁茹	陈鸿儒	张乐杨	夏　天	任临峰
蒋　浩	王秋远	葛　宇	路　瑜	杨雨晴	许怡人	钱　一
徐逸倩	杨　晟	邱　悦	朱妍颖	李祥金	刘子安	殷唯唯
秦艺甄	丁培珂	季　诺	张　珂	徐啸阳	陆诗雨	尤心鹏
翟进阳	顾佳雯	张奕雯	龚　恬	丁　玲	夏　雨	武　杰
邰清亮	顾靖宇	王艳杰	赵旭珅	丁周烨	张　菊	王天尧
柳开明	陆曼莉	陆晨阳	盛郸蓉	陈　浩	沈志佳	季渝洁
孙明哲	马鑫淼	陈展泓	吴　尚	王　泽	华雯玺	赵银宇
移昕诚	吴佳羽	沈宇炜	郑志定	程忻禹	丁　薇	刘诗媚
赵挺威	任天然	杨倩南	黄雯蝶	许郭婷	龚思琪	徐塑凯
刘海志	钱承博	徐佳露	陈晓雯	冯钦文	张芷钰	殷芸菲
刘乐麒	陈紫葳	高煜婧	朱雯慧	王逸荣	崔永辉	耿鱼航
蔡奕茗	徐昕煜	赵田恒	汪盛嘉	范佳慧	杨碧霞	杨濡嬿
周嘉磊	赵　静	曹涵钰	谢兰兰	吴平凡	张蓉菊	陈亚杰
金家伟	辛东润	董建业	吴努娃	牛　丹	张心扬	孙小童
尹受勋	徐一帆	朱晓夏	朱紫文	程麟清	向镜桦	黄斯漫
简金刚	霍存洋	秦姝祺	宋欧阳	赵　硕	喇　瑞	丁　悦
王子昭	张雨桐	张婧婧	潘婉倩	蒙文子	邓佳媛	刘梓瑞
刘允诺	于林蝉	孙　橹	余　佳			

临床医学（儿科医学）（53人）

陈宇希	缪鑫雨	孔涵怡	王子威	滕　义	林　野	郁佳华
杨丽媛	潘宏翔	陈柏林	叶　韵	沈诗宇	姚立源	蔡宇凡
张菊风	陆贝雯	吕　昕	仇兆邦	王亦筝	何靖国	陈宇琦
张　宇	杨可容	孙景轩	张静钰	胡永昶	张志奇	徐祖婧
朱罗娜	吴苏南	杨　锦	练泽锴	曹嘉欣	刘翊欣	谭燕君
刘敏媛	江　帅	陈天慧	张　恬	洪　硕	何林蔚	江浩淼
刘　欣	肖呈琦	黄淑一	舒　放	花艳丽	雷　婧	邓诗霖
王雨箫	孙　颖	李奇美	王　旭			

生物技术（90人）

潘思洁	蔡祎婧	任旖旎	周诗萌	黎灿成	曹佳怡	冉　琪
赵　侨	徐　鑫	谷冰姿	马添浥	杨旭兰	陈　玥	蒋紫璇
许好男	杨　宇	胡芷若	王星懿	张仁霞	黄雪鸽	赵　倩
孙鑫炜	倪洁玲	孙　雯	王沈鑫	苗倩倩	陈巧巧	秦琳琳
刘　妍	王　爽	罗从周	顾　越	赵祥希	刘　扬	仇苏洁
李丹香	胡彦宁	何婧娴	周子越	李秉千	张家伟	孙亦琳
郭禧倩	朱宁锋	张泽琳	燕　潮	李润龙	邓文俊	郝家庆

刘博祥	王思贤	朱文青	王颖昀	翁艳钦	高宙峰	徐沛宏
龚静波	王珏琼	王昆鹏	寇嘉宁	王升飞	刘嘉鹏	卯升江
曾湘梁	张颖思	张鹏飞	张雪涵	丁浩哲	李 莹	陈 悦
布泽韬	唐 薇	鞠 进	银旭彬	陈嘉麒	王 硕	程润宁
蒋韵纯	蔡 靖	韦毓灵	石肖宇	李天行	陶智丽	李 洁
何 伟	武佳慧	刘博文	邹鸿源	王尹涛	古丽米热·艾买提江	

生物科学（25人）

陆琦芳*	朱帅杰	钱 云	韩馨裕	刘 朋	孙 昆	郭文君
张璐萌	蓝千禧	莫 霏	徐嘉逸	史润东	陆 瑶	韩星园
林子乐	陈志超	苏双印	张晓东	张 浩	秦乙雄	唐 键
毛瑞婷	付琴诗	李泽忠	陈佳坤			

生物信息学（39人）

康玉杰	陈 功	卢志强	王伯滔	闫逸童	李 旻	陆 宇
徐 冉	史国栋	邱 蝶	姜 戎	周思维	戴雨豪	张素琳
卢明媚	朱 妞	朱 宇	侯利强	陈彦洁	张峰峰	赵 倩
张浩宇	孙培欣	刘 雨	王凌云	王怡欣	郭欣怡	林泽鹏
杨诗琦	杨 艳	吴 代	吴云飞	杨 彬	闫晓龙	李梦娟
郭 巧	邓家奇	努尔沙依达·西依提		努尔比亚·吐尔逊尼亚孜		

生物制药（32人）

樊泳铄	朱文韫	黄 瑞	周 旭	阚丽君	吴圣龙	展尔骏
王子璐	卢莉莉	方 其	宋之钰	胡育林	高 菡	宋彤彤
唐 珂	张芳芳	周滋翰	张海涛	张舒楠	马志学	李子仪
朱雪妮	李孟婷	蔡振羽	赵炫烨	竹润港	杨 昀	王凯歌
苗天姝	何秋瑾	蒙 姣	居力迪孜·叶尔江			

食品质量与安全（24人）

沈力榕	陈 露	张禧腾	蓝肖娜	周荷蜓	袁振婧	姜 琳
曾艺红	范恩惠	曹舜禹	王璐瑶	梅承彧	陈思宇	汪旻卿
祝 佳	张徐莉	武怡宁	丁铮宇	闫 湘	效 啸	荣梦昕
周家俊	扈晋嫣	周 珂				

药学（99人）

万海亮*	曹晓晖*	王君瑞	任春旭	吕 赫	陈夏宇	黄福威
胡丽君	高凯婷	苗歆雨	张筱嘉	朱文涵	黄 菲	王麒烨
卢昱兴	张劲松	朱翊杰	吴雨霖	邹 烨	吴舒烨	曹佳乐
彭雅丽	印 俊	杭晓星	刘 宁	徐鹏飞	杨宇鑫	袁 承

朱天睿	施顾佳	陶贞珍	王　文	朱天恩	冯　逸	严婧文
刘栗杉	刘佳美	高　铎	曹国志	郭　浩	侍稼星	陈酩佳
李　访	孙茂瑞	成天俞	刘　蕾	张　昊	王星懿	胡浩华
陈永辉	马　骏	林云锦	王昕立	傅金金	孙　菲	马雨洁
王若澜	刘辰悦	林芷芊	莫金兰	魏　谣	王泽萌	范琳娜
杭天悦	孔莹莹	高晋昕	娄珥童	马孟尧	钱翠银	孟靖源
魏若男	杨怡静	孙劼凯	熊福龙	李彦辰	金雅琪	崔洪铭
张　茜	戴世溧	周学梅	闵　汀	陈艺天	胡泽昱	姚怡辰
郑亚雯	陈经涛	赵文斌	刘清泓	郑　敏	赵凌波	黄智禹
韩劝劝	付雨齐	令天鹏	范佳仪	赵小宝	黄欣悦	张源元
王禹为

医学检验技术（33人）

钱艾伦	康艳芸	马　欣	杨深红	朱紫龙	林佳瑶	何　况
虞文杰	刘加慧	周清雨	吉彬彬	徐诗靓	王舒颖	许志远
孙　颖	宋蓉蓉	罗新龙	王佳龙	金启渊	翟雅轩	刘紫芸
朱思锦	次仁拉姆	赵苗苗	刘洪艳	李苏杭	马梦丽	尼玛曲吉
谢雨珂	阿米娜	张绍悦	苏比努尔·阿力甫		伊拉代姆·祖冬	

医学影像学（37人）

李　洋	张　晔	王海涛	赵云舒	仲佳伟	曹晨阳	宋　颖
曾建贤	钱　颖	周逸柔	张瑞琪	孙晨文	李思叶	蒋政宇
杨壮壮	庞若冲	潘耿瑶琪	林　玲	张　越	林心源	李晓青
张正瑛	张晓培	李逸群	边愉涵	殷鸿梅	扎西平措	马晓瑞
孙　越	徐嘉艺	许　驰	付海燕	郑紫薇	王银秋	
古力尼嘎尔·艾散江		左尔古丽·吾布力		祖拜热·依斯坎代尔		

预防医学（65人）

孟舒悦	景杰翔	高士林	刘　婷	冒婷伟	王雪琪	管锡菲
刘家碧	陈天赠	乔钲芘	丁亚玲	蒋英曈	甘占虎	丁　聪
朱真铮	王梦祥	陈皓阳	倪亚娟	陈　霞	钱家伟	钟国强
杨　杰	吴昊雨	肖文艺	肖　靓	姚海萍	孙慧颖	冯海峰
刘之琛	范科迪	陈潇艺	侯娇娇	黄　丽	蔡佳洁	苏让让
程静静	冯茹桢	余俊浦	赵玄玄	颜楚涵	武一帆	金可心
陈丹丹	荣　欣	杨露瑶	张　芮	王　兴	闫皓宣	张瑞萍
符立发	唐　薇	王　轩	马艺杰	张晨晖	李艳蓉	陈　稳
赵诗雨	罗　婷	方　珂	温　越	韩　啸	张皓丹	成　昊
伊丽米莱·地里夏提		秋古鲁克·帕尔合提				

中药学（28人）
  周正阳* 王 彧 陈家敏 何 钰 尤 敏 高 艳 段 薇
  曹肖颖 傅靖淘 王 冉 向 丽 刘哲佟 赵振洋 陈嘉伟
  周商囡 魏玉宁 陈梓茜 高 娴 王 超 吴 昊 邹雪怡
  赵 爱 朱怡璇 汪文琪 张 佳 徐文昌 曾美琪 杨 欢

唐文治书院

汉语言文学（基地）（23人）
  王安琪 齐欣欣 陈睿楚 陈泽浦 卢清扬 靳浩泰 祝思柔
  王潇楠 杨沂河 张菁宸 李沁芊 李心竹 朱悦源 李嘉瑞
  范宇轩 虎 霈 王瑞涓 邹雯倩 陈子瑜 王美棋 孟庆宸
  马怡宁 周洋志

历史学（师范）（2人）
  钱 琨 荣慧婷

哲学（2人）
  季望田 李 霈

注：带 * 者为结业生。

2022年9月本科毕业学生名单

纺织与服装工程学院

轻化工程（1人）
  牙力买买提·依麻木

政治与公共管理学院

公共事业管理（1人）
  夏 云

物流管理（1人）
  陈至淏

材料与化学化工学部

材料科学与工程（1人）
　　林泓达

苏州医学院

生物技术（1人）
　　魏常富

临床医学（2人）
　　韦国邦　　郭飞燕

2022年12月本科毕业学生名单

商学院

财务管理（1人）
　　王妍文

机电工程学院

电气工程及其自动化（1人）
　　王宇翔

苏州医学院

临床医学（1人）
　　张嘉诚

2022年6月获第二学士学位学生名单

计算机科学与技术学院

计算机科学与技术（6人）
　　张一帆　　张昕帆　　孙广杰　　马　泰　　王海涛　　周守卫

教育学院

应用心理学（9人）
　　张子薇　　徐文庭　　刘　蕊　　李睿娴　　雷　蕾　　胡万祺　　杨　婷
　　蒋雨萌　　关　霖

2022年3月获学士学位留学生名单

苏州医学院

临床医学（1人）
　　IRFAN PATEL

文学院

汉语言文学（2人）
　　KIM DOHYEON
　　BEYENI ISSA

2022年6月获学士学位留学生名单

苏州医学院

临床医学（17人）
　　VELU ARUMUGAMPILLLAI PANNEERSELVAM PRIYA
　　RAHUL RAKESH

MODUGU PREETAM
SHAH RUJUL MANISHKUMAR
SANGHANI SUMIT GORDHANBHAI
RAMANATHAN BHARATHISELVAN
ANNADURAI SEETHA DEVI
MUTHUCHANDRASEKAR VIJAYA VINOTHA
MUTHALAGU RAMALINGAM MUTHALAGU MEGANATHA
KARUNANITHI NANDHAKISHORE
SURESH SOWNDHARYA
RAMAMOORTHY VISHNUPRASATH
PATEL MRUNALI SHARAD
PARMAR BHARGISHA HASMUKHSINH
SAKTHIVEL JAWAHAR
EFIYE-BRIBENA OYINBRAKEMI DEBORAH
ASNAKE MELAT ADUGNA

外国语学院

朝鲜语（1人）
HONG YOUNG HO

商学院

金融学（1人）
WANG SHIH CHANG

国际经济与贸易（7人）
LEE SEUNGLYONG
KIM SE LYUN
KWAK KYUNG RYUN
SISAYKEO PHOUMALIN
JEON HYEA
LAZUARDY KEFVIE
BOUNSUAYSANA TINA

音乐学院

音乐表演（1人）
BRADAVKOVA EVA

传媒学院

网络与新媒体（1人）
　　KIM JISU

文学院

汉语言文学（21人）
　　AHN GAEUN
　　KIM SEONGYONG
　　PARK JISU
　　BAE SANGMYUNG
　　LEE SANGHYUK
　　PARK JEONGJUNG
　　KWAK HEEGU
　　KA WONHYEON
　　PARK JIYOUNG
　　CHO KUNJU
　　YU JIHO
　　KIM MYUNGKI
　　CHO MINKYEONG
　　YANG YEWON
　　KIM JANGWON
　　YANG JUHEE
　　AN YEBIN
　　JUNG DAJUNG
　　BOLATITO SODIQ KOREDE
　　KIM SOO HYUK
　　OSINOWO ORE-OLUWA OLUWAFIFEHAN

2022年12月获学士学位留学生名单

苏州医学院

临床医学（17人）
　　PUNJABI CELESTY MAHESH
　　MUPPURI KAVITHA

SUNDARARAMAN ARTHI
SUBRAMANI PRAKASH
MANI SATHVEEKA
DAVID BENHER JIM WINSTON MOSES
SADIKH BASHA SALMAN BASHA
THAMIM BASHA MOHAMMED HARSHATH
VEERIAH PRADIPKUMARAN
ANUSHKA AGHI
MOHANRAJ MURUGAN
SRINITHY MOHAN
DURAISAMY MOHANASUNDARAM
NAVANEETHA KRISHNAN ROHANRAJ
MAHIMA TOMAR
SHRAVYA DODLA
PASULA PRATHYUSHA

2022年3月获双学位学生名单

传媒学院

新闻学（1人）
　　翟浩程

教育学院

教育学（1人）
　　王威翔

社会学院

历史学（1人）
　　刘福林

2022年6月获双学位学生名单

传媒学院

新闻学（24人）

刘文浩	揭羽扬	钱施泽	施凯雯	魏可欣	杨元元	华伊纯
陈林江	赵耀雯	黄 媛	王玉婷	韩昕彤	姚懿庭	齐浩然
王坚帆	马辰茹	潘 杭	黎庭龙	黄 雯	张 敏	吴 静
朱心语	王彩玉	郭新卓				

王健法学院

法学（71人）

欧 强	薛憬涛	黄焱一	乔钲芃	冯茹桢	马钰涵	杨濡嫦
杜可艺	钱秋琦	张之语	陆彦宏	孟寒晴	高珮琦	贾洲岩
杨静宜	张 妍	叶陆可欣	武胡玥	赵蕴佳	孙柴贝	杜羽洁
赵静姝	刘晓屹	李亚宁	欧龄鸿	黄子茜	王啸林	李木子
乔镐辉	徐 培	邵宗源	龚蕊芯	葛熙蕊	舒 越	张心玥
连世龙	王立鑫	庞梓瑞	何美瑶	王庭杰	生 悦	张远茹
陈雨悦	芮佳芸	黄 珏	王 菁	朱福玲	张竹子	屈佳颖
张睿琪	高 锐	常智星	姜圣雅	陆金璟	丁可欣	申质慧
张俊辉	张 洋	吴晓依	杨雅芊	李梓萌	何 攀	陈聿航
袁 则	程敬茹	李雨生	戴 淳	高慧雯	徐 烁	刘远航
张之钰						

知识产权（19人）

夏 龙	朱方滢	周文韵	张 敏	刘心怡	黄东旭	曹济麟
李孝楠	黄湘怡	刘 佳	黎 晗	吴 榕	徐 衍	徐书越
高淳森	杨天逸	李哲雅	曹佳怡	王 雨		

商学院

工商管理（27人）

陈恒亮	陈 妙	夏 坤	石珺玥	俞靖茜	陆慧玲	吴嘉宝
李 欣	王晨曦	高泽馨	赖耿昌	戴英俊	孟 宇	郑 权
徐振翔	许传超	钱昊玮	张子嫣	周 煊	姜铭嘉	王煜晨
刘鑫雨	姚梓晴	吴义健	殷 力	顾 浩	古丽坦·海拉提	

国际经济与贸易（36人）

徐 铭	袁明佳	邵 杰	周中天	侯玉琦	李丹煊	耿宗楠
杜宜琳	王中玥	梁悦莹	崔宇希	赵逸耘	金天宇	王安瑜
金星雨	尹笑一	周怡含	严 正	戚欣然	许雨轩	张舒洋
徐 愿	闫佳宁	邵钰婷	陈 怡	吴 琼	黄政颐	李益莹
徐仪舫	韦丰富	翟言宇	张雪涵	武怡宁	任泽其	赵 元
吴 霜						

政治与公共管理学院

行政管理（8人）

| 刘天然 | 孔涵怡 | 周金霞 | 倪子淇 | 吉宇辰 | 柴丹阳 | 王 硕 |
| 唐恬漪 | | | | | | |

教育学院

教育学（33人）

何青香	杜莹莹	孔乐鹏	李可桢	臧如芸	袁一丹	朱钰洁
肖丽娟	刘禹辰	蔡丹丹	彭阳洋	陈溶溶	许林娣	钱雨田
沈泽欣	魏逸祺	高勖夷	周 澍	毛晓灿	施源萱	刘泽源
杨蕊烨	匡 正	冯哲媛	王 欢	瞿 颖	陈 欣	张芊芊
项浙栩	吴佳宣	余 洁	冯赵然	黎灿成		

应用心理学（51人）

唐 恬	詹昊天	张佳月	宋顺晨	刘锦洲	马 琳	刘宇凡
吴玲玲	环文丽	向娅兰	徐婷雨	吴 凡	李少锋	赵嘉鹏
吴 越	蒋 渊	淡 蕾	瞿 莹	齐宸漪	达欣岩	刘俊业
郭 聪	戚欣蕊	杜雯婷	沈思含	邵慧娴	刘泳莲	张 妮
涂 枫	顾鑫佳	沈梦婷	刘 彤	徐迎龙	谢盛绎	朱鑫敏
查雯迪	马欣晔	王 玥	李慧洁	覃钟琪琪	郁 铖	刘雨佳
崔雯静	华诗瑶	林偲越	郑 雾	王林燕	郭姝雯	高沁晗
肖云翔	秦怡菲					

社会学院

历史学（14人）

| 耿 丹 | 宋欣燃 | 印可心 | 张晏林 | 李嘉琳 | 朱灵铃 | 王 帅 |
| 芦笑雯 | 曹柯涵 | 钱云音 | 张莹莹 | 黄科翰 | 吴林峰 | 陈雨薇 |

2022年6月获本硕连读学生名单

苏州医学院

临床医学（3人）

　　潘鹏杰　　丁思文　　徐佳辉

2022年6月获辅修学位学生名单

外国语学院

朝鲜语（2人）

　　刘家儒　　孙　颖

王健法学院

法学（11人）

　　张　毅　　王　婕　　陈镜宇　　钱颖秋　　焦琬晴　　阚乐群　　裴　培
　　张炜文　　陆笑笑　　杨　轶　　仲思润

商学院

工商管理（3人）

　　陈孜卓　　瞿也涵　　蔡映河

国际经济与贸易（19人）

　　蒋雨芯　　王雨轩　　张恒进　　朱叶涵　　袁海天　　李凡龙　　陈星哲
　　严玉龙　　倪　婧　　陆　洋　　曾宇飞　　周　潭　　彭冉昕　　柏思瑶
　　王宏天　　严　琪　　冯宇昂　　安　辰　　鲁采菲

会计学（6人）

　　原雪麒　　李　玉　　常　赫　　史明璐　　赵晶晶　　韩馨裕

文学院

汉语言文学（3人）
　　黄　洁　　张若荞　　张羽星

计算机科学与技术学院

计算机科学与技术（11人）
　　杜海浪　　陆嘉瑞　　陈泓媛　　俞纪涛　　王天阳　　周继坤　　吉　祥
　　张志昊　　龚佳妮　　王骞玥　　刘泽远

教育学院

教育学（3人）
　　张昱旻　　张王漾　　袁　婷

应用心理学（6人）
　　邵佳卿　　乔羽菲　　周小棠　　王　睿　　黄梓昕　　周心悦

传媒学院

新闻学（4人）
　　李梦源　　孙瑞鸽　　周清雨　　仇思宇

政治与公共管理学院

行政管理（1人）
　　朱　昊

继续教育学院成教医学教学点情况（表16）

表16　继续教育学院成教医学教学点情况一览表

教学点名称	招收专业
常熟开放大学	护理学
	药学
常州市高级职业技术学校	护理学
	临床医学
	医学影像学
常州市金坛区卫生进修学校	护理学
江苏省南通卫生高等职业技术学校	护理学
	药学
江苏医药职业学院	食品质量与安全
	医学影像学
昆山市健康促进中心	护理学
溧阳市卫生培训中心（今溧阳市卫生健康服务管理中心）	护理学
太仓市卫生培训与健康促进中心	护理学
张家港市健康促进中心	护理学
	临床医学
镇江市高等专科学校	护理学

2022年成人高等学历教育毕业生

电气工程及其自动化专升本函授（102人）

仲　达	傅宇锴	倪庆阳	瞿宇聪	周　涛	殷雨倩	浦诚学
徐凯城	张益恒	张　敏	汤锦逾	王　盛	沈俊杰	陈羽帆
曹宇航	高嘉葳	徐孝诚	童义超	李飞洋	邹奕星	陈　煜
胡嘉成	邓梦雅	蒋新淳	陈中林	华嘉豪	苏宇鑫	潘轲铭
吴　斌	徐涵宇	史嘉晖	张　鹏	王启辉	王镇宇	周铜锁

沈文节	郭增伟	朱晓辉	张　龙	乔振江	孙　鹏	李宝洋
钱　邢	李　建	吴宇子	王振权	郭元里	高　杨	蔡佳恒
程　君	杨文静	周梦南	吴　晶	钟兴鹏	田永生	程仲元
刘燕兵	甄文连	时建顺	朱郎琦	郭　洋	朱　璇	张　强
王　鑫	朱小晨	刘凤丽	祝子奇	王　康	王　琨	苗永旭
豆刘峰	王文卫	吴正学	陈晓柱	党成凯	潘强强	高　鹏
王　浩	李传鑫	孙方圆	吴启春	王　芳	姜淳皓	李　双
邱剑明	丁维效	任国防	夏　清	周晓晨	赵如滨	陆佳伟
高　超	冯　杨	施秋俞	沈新明	王光远	刘同倡	付白杨
沈新明	刘　伟	王　猛	逯　杰			

电气工程及其自动化专升本业余（115人）

邵智勇	郑　凯	汪洪娇	蒋再明	顾裕丰	蒋诚洁	樊耀光
庄华兴	张　进	韩　磊	卜枫林	于小宝	王　闯	袁晓鸣
张丽辉	杨定旭	徐成冬	王锋斌	周同闯	盛　磊	李　超
白彦檩	伍勇胜	金　武	傅士清	徐利强	吴懿峰	问泽祥
陈建超	刘良华	徐鸣峰	孙雅菲	何亚军	黄鸿彬	皇甫厦
左宗旭	谭建兵	王路路	杨　亮	邱　虎	徐晴佳	安　飞
张接事	朱海勇	何一品	沈黎刚	孙昌杰	孙　煜	秦昌君
顾剑峰	周迎光	霍西雷	陈海艳	韩腾飞	朱卫国	魏嘉月
王　恒	吴秋兰	白　华	张　胜	梁强山	王晨杰	彭增亮
黄华平	李夏蓝	金晓标	廖　勇	刘　跃	张志强	张远进
承晓冬	蒋洪武	刘　振	姚　旭	张艳伟	李永帅	周尚书
朱文进	沈伟杰	刘传祥	葛圆圆	栾国超	吴小飞	肖　阳
朱龙耀	王楠楠	马小伟	曹维维	徐昌海	李正亮	周振清
张　毅	李　玉	张　磊	何婷婷	刘庆庚	姚哂枫	王庆庆
赵忠会	徐　凡	束方钰	赵晶晶	沈笃瑜	袁其印	汪　伟
王海宝	蔡　静	张增平	徐　铭	李培成	周晓明	孙文东
何士龙	解　鉴	陈非洲				

电子信息工程专升本函授（28人）

唐　硕	易　清	马　敏	苗松林	秦继进	贺龙钰	芦　愿
张正兴	黄绍珂	董郦蕊	田献莹	张　星	桑晓网	王兴勇
朱浩源	顾云霞	陈志刚	朱士冬	毛晓萍	田琦垲	杜　可
吴海峰	程颖莹	郑　浩	李步新	王红博	陈帅闻	张　朋

电子信息工程专升本业余（79人）

卢　营	顾秋亮	邢海彬	王　涛	朱晨杰	钱吕俊	周海涛
陈承威	李后斌	赵旭博	任　泓	郭　楠	祁志海	王　钢

徐 芸	胡 敏	王 琦	彭俊辉	邵 坚	朱耀辉	姚益明
张 建	张玉春	戴玲玲	李富强	王柏嵩	徐 岩	姜连华
施江山	顾 杰	刘早霞	王艳喜	李 宁	郁康明	肖 鹏
杜兴福	芮召轩	朱 园	周 禹	鲁 苏	叶 景	朱 清
刘金玉	潘 燕	马宏伟	尤裕涛	张 珩	韩建康	刘红波
戴 杰	薛银银	贾希梅	曹克文	梁 迪	卫伟超	程智杰
马云云	蔡文鹭	孙卫卫	于新奇	徐辽琦	陈林雷	季慧铭
吴 伟	邵中州	李勇召	谭 奇	刘 展	杨帅荣	杨 广
钱向东	周 斌	唐建全	吴恩康	郭兴伟	杨 超	顾 新
张 宏	王龙林					

法学专升本函授（257人）

钱 芸	翁柳叶	邱一鸣	高 铭	张晓乔	吴 磊	王伟杰
张巧梅	李 蓉	张强强	顾骏洋	梅 挺	周艳林	孙佳莹
张 茜	宋 春	杨 晶	徐友银	明辉宇	王 璐	刘 可
徐 蕊	张慧敏	沈 奕	王仁贤	张玉清	张任东	金言琦
徐亚雄	王 伟	韩 博	王鹏飞	秦申凯	唐晓月	王殷舟
林忆晨	陶 荣	王 晶	朱梦媛	于成宁	张子良	顾颖警
贾轶诚	丁永荣	郭靖宇	陆炎青	朱建平	张 浩	毛 凤
吕 桑	王 其	杨晓文	陆映光	王如玉	倪 学	杨 军
陈 婷	杨丽庆	张 宇	丁添禹	朱 滢	王 磊	杨晓静
杨 波	杨浩栋	朱 鸣	蔡红红	俞晓静	朱振亚	陆奕程
吕柯丞	王 力	徐 立	李争艳	李 莉	邵爽爽	陆晓凤
封 雨	童佩佩	赵洪书	夏 冰	胡坚强	许 蕾	戴 丹
府卫华	孙 倩	陆 凯	汪诗皓	孙 燕	王 琼	江 毅
沈 瑶	侯晓琴	许晓雪	蔡尚霖	李 燕	秦 硕	金 添
许家伟	刘 沙	张志美	费朦琪	滕 志	苏俊宇	陆嘉鸿
潘 华	徐致益	穆晓波	陈 燕	刘 涛	陈颖斌	张 甜
盛 艳	李 童	李秋晴	陈 丽	戴寒鹭	唐文婕	李 焌
赵维纲	王仔依	高国丽	张 鸿	汤 静	唐亚芳	蒋丽芸
孙 璐	陈 臻	黄 帅	周 敏	蔡易佃	沈 峰	华逸文
吴晶尧	凌莉婷	伏 聪	金晨杰	赵华礼	高旭东	姜志龙
曹慧超	孙雪茹	钱 磊	陈祥凤	陆靖宇	徐玥希	潘奇霁
龚 政	侍 燕	诸润渠	杨泉生	张 玲	金 傲	朱洁慧
郑歆珺	贾 玲	陈 超	潘晓文	王晴怡	时敏超	王俊涛
孙一凡	周 平	马晓琪	祝 鹏	冯纯莲	李 项	钱欢玉
李品磊	孙 颢	徐文瑜	周 伟	柴晨浩	许加兴	王 潇
袁 梦	沈 博	张 静	毕正彦	张蕴琪	刘 凯	郑 阳
黄 喆	侯 伟	王金龙	宣超群	潘慧泽	刘 文	沙芷冰

朱李叶	陆俊峰	王琼燕	尹亚秋	杜晓杰	沈业欣	汪 杰
褚梦琦	汪胤臻	朱舒婷	朱 斌	王士勇	李泽艳	卢春城
李 响	葛宝华	唐 明	李婵媛	林浩然	陆 超	俞佳丽
姚志伟	高俊杰	汤 轩	刘 欢	李宗洁	王 露	陆 叶
钱 晶	吴 菊	蔡泉凤	屠建强	刘家琪	陈 桥	万 平
盛静静	赵 樑	朱子俊	李 倩	朱 尧	宦佳乐	唐 浩
胡海岩	孙惠芬	林小菊	李延帅	陈吉林	张雨婷	安美洁
杨 岭	胡明宇	张 敏	朱 悦	王 闫	韩壮壮	欧阳男
李延久	张爱民	徐葵葵	孟 森	吴 倩	李 然	张钊铖
杨思悦	王诗轩	吴 月	蒋晶玉	王星凯		

工程管理专升本函授（11人）

| 吉雨莉 | 许广健 | 李 楠 | 潘晓琪 | 王秀梅 | 黄中伟 | 邵杉杉 |
| 刘建堂 | 朱鸣秋 | 何金成 | 吴逸尘 | | | |

工商管理专升本函授（297人）

朱 浩	周 璇	吴怀文	陈爱友	仲亚宁	克尔伦	孙 建
张 瑄	王克运	赵华松	华竹语	张航飞	王佳振	陈 凯
喻婷婷	余艳霞	秦培培	潘 敏	王 成	张先波	强继缪
孟 娇	樊 孟	王成兵	宋 莉	黎浩杰	严善峰	郑 敏
沈夏梦	邹新成	陈业光	周强中	陆金健	钱建文	王 斌
周爱花	朱键飞	张优杰	顾晓莉	夏港宁	李红林	吴银龙
尚婷婷	王 莹	梁志信	何 羽	乔 震	沈芳婷	殷艳萍
张 松	汪学良	刘 辉	杨益华	侯丽霞	孔 杰	肖 丹
毛慧琴	丁飞达	康 岚	王 磊	李 静	陈 斌	徐丹生
金盼龙	徐 刚	梁苏铭	何小燕	葛云星	刘家祥	吴纯娴
杨 凯	翁婷婷	张 雨	李鲁义	陆许恒	于艳超	沈广祥
沈潇晔	申春花	刘 花	王志刚	高 慧	张丽亚	范 飞
杨 丽	徐 艳	冯晓承	陈祖伟	蒋 敏	曹丽纱	张满珂
黄 丽	戴 翎	谢梦洁	罗 燕	钱晨成	田明洋	周星星
刘方圆	朱永德	王颜玲	刘 蒙	王潇佩	李彦东	陆谷雨
顾海灵	刘一池	何 敏	王 亮	杜云鹏	王 拓	陈雪琴
刘星妍	黄 松	尹振中	赵志平	范 丽	陆海嫒	朱 磊
饶 涛	姜政发	吴冬琼	沈 怡	吴 浩	姜 彬	施润燕
崔亚楠	傅云飞	李 辛	张 慧	李 坤	陈 炎	沈卫霞
沈荣刚	陈 勇	何 军	高 莟	张高强	井 磊	龚海生
张纬纬	李 帅	冯瑞鹏	周 寅	刘成华	顾佳妮	尚庆权
王结文	王成龙	陈 静	孙国良	刘晓静	郑晓光	施恒华
杨晓延	江德绿	杨 朴	吴章飞	杨芹芹	黄天森	韩风雷

姜　波	高　旋	蒋　骏	李德苗	封　静	刘　品	张文权
程袁家龙	王美娟	王安洋	赵周逸	王丕庆	滕　凯	苟　斌
邓小明	陈　斌	蒋徐卉	闫　逵	许俊林	王　啸	金远东
王　凤	徐佳君	陈　黎	叶　军	黄　颖	严　涛	何亮杰
张秋月	王建勤	臧　磊	常冬冬	陈　辉	朱　丹	曹　琴
岳选选	马　路	高向阳	祁婷婷	杨建云	刘何全	沈春友
叶颖硕	于　婷	朱可心	钱文斌	文　泉	马　莹	殷　艳
顾天云	胡　杰	朱九霞	万磊磊	李雪莹	董亚芸	黄　伟
孙　雪	张何君	乐　凯	陈琳琳	杨丽荣	王金彪	马　琴
梅志琴	姚　辉	冯　峰	陈　阳	钱恒德	任广俊	陶　华
陶　佳	严宝国	李　立	徐雨凉	顾丽娟	孙崇奕	戴玉龙
倪韩静	陈志强	陈立松	李　祥	倪　娜	朱小荣	孙伟伟
于钊清	郭　伶	马寅杰	刘云志	赵　伟	孙子旋	丁雯隽
张　蕾	周召娣	过浩淼	张方刚	付君彦	张　蕾	任潘婧
方　雪	高银娟	秦菁瑶	张檬佳	董盼盼	张　风	祁佳敏
王　敏	史　怡	周自强	张兄妹	常　玉	刘玉婷	吴冰银
钱蔚杰	杨　清	杨祖仪	程　晔	刘启晨	顾沈佳	李严严
刘丙欣	徐沛龙	徐腾飞	黄泽群	陈圣明	王春雨	王　从
张玉虎	王　强	李颖倩	董　阔	李训东	朱亚萍	袁晓瑾
汤泽华	韩　梦	闫士波				

汉语言文学专升本函授（117人）

季金霞	曹小霞	高　雨	丁国琪	杨姗妹	李素民	郭小杰
周　倩	李　霞	庄翠文	曾凡凡	孟庆年	韩　刘	张书瑜
王　雪	张宗雨	张　颖	王　科	金　楠	周宝剑	宗　源
张　兰	罗慧杰	李秋霜	徐　平	陈李佳	杨　君	吕　珺
闻璐瑶	邹蕴玉	周　洁	李　艳	刘　婷	肖　红	朱培进
周　楠	陈　玄	蔡书香	陈奇妍	席祎婷	顾倩倩	王　远
赵长明	吴明雪	梁楠楠	杨　玲	程　阵	崔景业	朱城燚
章　敏	张　丽	俞妍欣	曹广英	王　萍	卞大宇	高　媛
王　婷	车黄皇	陆捷妮	孙燕芬	陈　艳	栗晓超	袁景硕
任梦佳	邵欣怡	张　杰	徐思逸	周　铮	邬昌截	肖怡云
李邦丽	张真源	许　婷	柯　闹	朱　婷	赵　莉	陈　玥
杨志斌	韩新华	颜文敏	高灵灵	顾元忠	张　路	方茹戈
项思玮	谷苏民	任小平	吴　红	郭光宇	孙亚兰	朱华芳
殷梦娇	钱小燕	路月华	黄洁婷	许　斌	韩　争	江　梅
钱丽娟	陈佳仪	徐智勇	洪　露	唐伯丹	郭心语	曹　凡
鲍　蕊	闫二彬	冯澄澄	丁舒菁	赵欣悦	许远远	赵洁菲
林媛媛	陆雅雯	祝庆贺	陆麒涵	张宇杰		

行政管理专升本业余（33人）

韩　颖	施　黎	贾金凤	蒋亚楠	吕　凡	徐增来	张瑞琦
孙小洁	朱雨蒙	梁晓娟	李同强	孔祥露	杨自强	张俊杰
周　锋	陈　良	方　婷	王　蕾	吉彩荣	邢紫薇	杨玉珠
明　娇	王昕雅	朱梦雨	张昕雯	刘　倩	蔡筱晔	王　楠
俞　昀	马文泉	贾银广	程文静	高敏霞		

护理学本科业余（66人）

钱钰铃	李　燕	李晨逸	荆奕婷	胡亚秋	吕春芳	王　媛
郭　霞	陈　琳	毕叶芬	吴心怡	李　娜	李素云	王玲玲
鞠赟晗	张宏佳	施　媛	何　桢	毛蕴琦	张新月	范思佳
姚　欢	陈钰香	王蓉艺	郁　洁	李志杰	许素华	陆琳宜
吕　婷	蒋爱萍	汤文迪	王　芳	陈　玲	庄　倩	谢文娟
周　玥	宗沁雨	丁怡雯	潘梦怡	邵鑫怡	程　钰	朱明霞
王　娟	刘梦婵	聂　群	贾文骊	顾煜蕾	乔　敏	蒋彩烨
王　萍	李欣悦	钱　晋	徐　雯	王　璇	邵丹慧	薛　娇
宗鑫钰	孙丽娜	蒋小莉	袁　燕	季淑芳	张甜宇	曹林丽
张潇潇	潘　陈	周　倩				

护理学专升本业余（1104人）

任怡星	奚　尔	苏　云	王俊豪	徐嘉怡	何路瑶	黄冬梅
俞晓婷	陈　枞	李玮琦	邱肖霞	钟　琳	王星瑜	濮子阳
李琳伟	胡小云	汤紫薇	许　可	朱宏洁	李晓琳	范梦茹
戴凤丹	苏　娟	顾琳瑜	蔡雪雪	宗李雯	陈思嘉	王媛媛
张华怡	吴诗佳	王　莹	郭秋萍	张怡琳	孙兰兰	于京京
刘家豹	李梦晗	徐亚妮	孙　颖	程　曦	孙瑞芳	钱樱子
方忠伟	俞琳钰	李月鑫	刘濒璘	毛　薇	陈雯欣	杨　阳
徐　文	胡忠蒙	葛　翠	孟　璐	宗秋萍	陈　丽	赵佳音
杨紫君	张　戬	潘　玲	曾煜棋	徐彩燕	朱毓晨	黄雨晨
谢　枞	李娇娇	王昕妍	邹　园	马雯慧	吴心怡	周奇珍
缪　洋	黄敏华	沈芳炎	王玛轩	蔡　蕾	周　皖	曹愉婷
王新旖	俞萌萌	陆丽颖	吴　君	陈心怡	王旭黎	安伟荣
张燕婷	盛晨曦	蒋夏君	顾宇迪	祝艳秋	高　敏	全金贤
陆子夷	黄逸雯	冯　佳	吴佳敏	朱雨颖	郑　琪	于　芳
周诺瑶	刘　巍	潘思煜	王文馨	任晓雪	王雨婷	龚　宇
王　晔	李胤嘉	王俊宇	朱伟祺	杨心怡	支敏衡	谢佳君
何　洁	沈欣韫	杨　楠	陈嘉瑛	霍冉悦	朱　荣	邹　爱
严晨怡	陈诗雨	沈心逸	马　亚	沈雯雯	高　婷	马梦洁
沈千俪	英　秀	穆淑婷	金宸炜	王皓月	严罗顺	何　凡

李蕙含	吴美婷	沈俊锋	王　强	袁颖程	郑艳敏	葛　瑞
陆　吉	黄晴雯	程梦婷	张佳妮	吴雨佳	李广梅	张婷婷
周清玉杰	顾颖娇	罗欣怡	陈　晨	薛佳赢	陆　晴	顾晓雯
杜梦寒	张子影	王素素	倪　萍	沈心月	赵培培	李迎娣
徐暑莺	徐怡安	王诗慧	张丽春	胡　珂	吴　青	王家颖
周　越	杨雯丽	赵佳倩	顾丁嘉	黄晓灵	薛晨杰	许佳琪
姜　悦	徐梦洁	郭佳怡	盛嘉悦	皇甫昕妤	金　澄	盛逸伦
全佳雯	周飞霞	吴菊仙	李竞成	陈秋月	陆珍珍	戴　洁
朱　艳	丁　莉	张　甜	张　逸	冯陶静	柳依青	张雨晴
周渝婷	胡荣珍	黄笑寅	张嫚嫚	朱丽文	程五一	朱小梅
冯盼盼	陈天丽	孙　雯	黄飞燕	李　童	闵　超	常亿玲
王苏玉	丰连珠	徐奕晗	邹　军	韩　璐	张紫雯	范玉琴
费若倩	尤雨婷	徐　金	吕雯溢	侯雨婷	周雯洁	顾心怡
周贝妮	周　洁	徐佳卓	袁　静	葛梦妍	黄嘉琪	龚　安
余　兰	汤雅玲	陆　玲	顾咏姿	陆君怡	田　敏	周　蕾
瞿　怀	林　肖	李胡敏	乔文静	刘　楠	张鑫琰	时慧琴
孟丽洁	严伊人	朱姗姗	钱云霄	张晨晨	李　萍	方诗旖
王祎雯	周佳敏	吴怡菲	孙紫娴	庄融乐	於雪琪	沈吟秋
朱怡琳	朱凌佳	陈　捷	张欣怡	郑曼俐	葛欣彦	邹昀婷
俞家辉	朱羽帆	陈芷玲	马文清	沈　柔	吴烨安	顾锦涛
彭来娣	陆诚冰	朱俊辉	袁梦娇	冯致文	陈兆微	马济平
尤慧贤	赵荣荣	李蒙婷	罗振萍	张超瑜	钱竹儒	徐　娟
丁然然	李　茜	胡春燕	杨慧丹	凌张懿	李燕玲	严艳兰
杨俊林	王　煜	徐佩瑶	刘云云	杨晓桐	张柳宜	王　怡
彭　雯	司秋凤	张欣怿	周维娜	俞婧瑶	卜　凡	蔡卓君
王万佳	周嘉雯	金毅文	张麟杰	苏　曼	王雅雯	单雨薇
宋懿雯	梁婉婷	朱蕴倩	周莹伊	许鑫奕	李旭杰	谢嘉意
徐　辉	褚旭萍	王　颖	印竹珺	徐吴苇	费丹雯	范羽洁
李　静	吴　丹	石慢慢	金丽萍	张桃桃	祝丹丹	惠　杰
费海霞	洪秀丽	张怡涛	赵慧兰	李雨佳	刘艳芬	蔡光莉
丁佳怡	李翠翠	杜佳琦	马轶苋	黄森兵	夏舒磊	滕佩佩
黄婧洁	曹丽梅	陆芳洲	钱晴波	袁　霞	曹志祺	何　悦
惠　安	朱晓旭	刘红雅	葛志强	钱艺文	柯晓惠	陈梓昕
张家宜	胡贵侠	张　珈	沈　力	王　雪	吴钰潇	包雅冰
王阳烨	杨士荣	樊　祎	郑冰凌	邢　雨	张　悦	秦静文
张小妮	顾慧之	贡灵霜	王瑶瑶	王　贝	庄　怡	潘　艳
吕　茜	张　娜	沈　诚	陈梦琦	罗贤秀	王　锦	徐　迪
蒋馥莲	万海燕	杨怡格	蒋　琳	杨梦云	周　晴	蒋裔晨
王舒蝶	李梦琪	高　雅	戴连芳	韩　洁	陶巧云	王彩芳

周　鸣	陆歆律	史　丽	蔡艳梅	刘红娟	张美霞	谈欣玥
李传梅	唐一泓	刘意欢	孔怡琳	夏　爽	王一帆	秦峻子
管梦雅	沈毓雯	郑紫薇	徐　阳	刘仁月	徐梦琪	周韵洁
陈　敏	韩　月	齐　馨	周保琦	郭秋露	张一晓	汤　帆
沈佳媛	蒋晓雪	李　芹	王　铭	胡晶晶	封　月	顾惠明
陈　静	赵　倩	汪文连	袁雅婧	韩　萍	魏海艳	钱佳敏
丁加雯	王晶晶	杨　敏	张军辉	韩小云	孟凡芹	张　伟
孙　铭	李永黎	蔡　娜	陆侠晨	李陈丽	卞　如	袁　玉
顾思倩	张　烨	门雅婷	柴梦娜	黄　蓉	黄明星	全　多
杨燕芬	李雨桐	王连珠	李凡凡	华宇芯	刘　育	承　萍
徐　洋	章爱琴	施丽锦	王桠倩	陈梦媛	孙　莹	朱溪溪
顾　芸	陈寒雨	付　健	陈　杨	王国安	姜　敏	张　娟
徐　蓓	徐　璐	王志兰	吴　妍	包玉凤	邱雪洁	杨善霞
胡胜萍	严　洁	季静怡	庄　欢	何敏怡	李晓云	蒋婉茹
吴　琪	匡赛花	周煜晴	周　雨	赵予恬	黄文雯	张璐瑶
许斯琪	俞俊曦	沈晓庆	苏　磊	许国振	王凯婷	于佩佩
钟　艳	常轩荧	胡楚楚	拜　霞	程仁艳	王晓雯	王　闵
张思雨	许胜男	于　欢	范艳红	张宇璇	韩紫燕	刘一帆
段振衡	李　猛	鲁皖皖	张　茜	张慧敏	艾　鑫	周慧敏
戎蜜儿	李　婕	苏美子	王芝珉	魏兰兰	冷凌艳	闵仕芸
马　丽	颜钰婷	王斯琪	丁美伦	唐　淼	姚　晨	谭　馨
朱文砖	张燕玲	盛佳琳	陈诗怡	孙　娟	宋颖洁	杨晓莉
孙永春	赵伊琳	胡可臻	曹　敏	顾　蕾	朱　红	吴　娜
丁卫芬	雷金兰	李志娟	宋红娟	赵　蓉	邓　楠	王梅香
周彩琴	缪　超	蒋　璐	朱　敏	吴婧雯	成月尔	卞婷婷
王　姗	朱芝芹	韦　洁	刘　丹	闵　佳	吴佳欣	王忞徐
吴　鹏	徐　瑶	王芯怡	张　颖	丁宇欢	陆怡恬	周偲钰
冯钰凡	王昇婷	王梓逸	钱　宇	季品宏	马梓秋	余　徐
朱　戈	陆嘉文	李瑷珲	徐怡琳	黄　晴	刘　傲	陆肖妍
周秋月	梁雪菲	陈蕴怡	徐子平	孔宪兰	周娜娜	计　璇
潘贞洁	朱银红	黄　陈	吴嘉雯	周紫柔	李科霖	吉丽萍
薛　倩	单安娜	李　旭	曹国兰	孟雨晴	王培佳	金纤忆
杨晓艺	沈莉莉	狄雨欣	朱燕群	姚　翌	管玉露	朱静绮
徐　琰	鲍芳琴	唐　玉	许明珠	张朝然	周　琳	吕　悦
史祎琳	王逸雯	宋　菲	盛　希	杨若涵	戴　洁	朱益情
王旋旋	王　芳	李　培	吴瑾瑜	陈星杰	王　凤	束　芝
杨淑婷	赵　薇	陆雨珂	侯媛媛	王梦骄	潘玉梅	苏　蔓
仲佳娜	李心怡	郑鑫怡	蒋卓君	王一鸣	韩　琪	刘淑焱
王勇盛	谢　旻	胡梦琼	蔡云丽	杨　娇	李　琳	张智颖

吴鑫路	毛雯婧	张静雯	王　莹	顾婷婷	陈　瑜	周育成
张莹莲	潘雅婷	吴　玲	濮越婷	王　姣	朱玲芬	唐　婷
彭黎媛	秦安琪	钱佳艳	陈　雪	李　玲	翟　月	张　静
周禄禄	曹　露	朱　虹	汪　瑾	曹　霞	钱卓彦	马鑫月
江斯达	常　静	陈雅莉	赵丽娟	贺文芳	姚　珺	李　慧
徐　婷	夷梦婷	罗　瑞	袁　玉	陆　薇	陈美玲	吕　晴
梅益丹	蒋慧萍	石雨恬	李　玲	段倩倩	李晓凤	陈舒裕
陈诗雯	殷小飞	李靖舟	储书洋	王　灏	王　静	王　晶
高鑫琪	苏倩倩	孙飞凤	徐小雨	杨佳君	黄文婧	陈婷婷
陆雪婷	严莹莹	李兰兰	邵雪梅	杨　茜	宋秀秀	周　琪
徐燕飞	张　恬	李　晓	沈丽云	钱　颖	周美琴	缪秋萍
孙美林	王　静	顾栩毓	王　希	张　君	葛思晗	李昱臻
侯凤旭	谭心儿	黄　珏	沈　怡	陆　怡	金昊赟	王淑芹
赵梦瑜	周　琪	钱志芳	杨贤玲	侯诗纯	郭豆豆	刘芙蓉
王丽娜	罗婷婷	陈　悦	李贝尧	刘怡琳	郭艳玲	朱　莹
陈凯玥	杜　瑶	周家园	张雅婷	吴家伟	杨洁丽	李慧敏
李　媛	金书缘	张　丹	陈　盼	余亮亮	刘　丹	汤　洁
朱金凤	曹佩佩	刘雅静	孙嘉文	张亚东	高慧英	万佳怡
李　鑫	李　霞	钱　琳	赵祎婷	彭颖洁	钱新裕	陈天尧
朱戴妹	沈静雯	章一怡	陆梓怡	朱晓红	龚　灵	戴佳玮
王艺澄	张伟月	钱丽月	姜舒甜	赵　叶	徐菊兰	史易鹭
谢　瑜	何　敏	史陈静	徐　静	黄怡然	朱　甜	刘燕莉
陈　莉	高　佩	罗旭娟	庞怡涛	钱秋韵	沈佳依	江赛男
邱雅静	杨　丹	沈　菲	谷秋怡	张秋霞	蒋宗琪	范静怡
马晨秋	丁雪雯	张　婷	梁家乐	毛雯菲	张豆豆	颜丽佳
钱洁宇	蒋雨凌	钱雪琴	谢俊华	狄金莲	洲小莉	邓　杨
刘　敏	李　玉	潘　洁	周敏敏	姚　旭	甘慧英	徐银雪
李铮瑜	黄潇潇	韩文成	王　信	陈　玥	傅婧文	徐晓静
胡艳娟	姬慧慧	韩谷雨	蔺爱娟	朱雨红	史晓静	周　怡
陈思敏	乔　红	糜静子	苏娟妹	朱晴晴	谈梦娇	潘刘欣
成玲玲	黄　云	陈　蕾	张文菁	王怡人	修于晴	马付玉
李　婷	何　丽	金　浩	陈玟倩	苏梦子	李　霖	巨晓蕾
张　颖	陈春园	吴　文	陈　甜	于　晴	刘一宁	孙　丹
汤　媛	李小丽	张　雯	宋淑萍	王　姝	徐竹慧	李梦君
周　怡	汤玮艳	孙　玲	周　露	张菊英	许红云	黄　雯
赵　黎	冯玉兰	罗　笛	郑　君	朱澜馨	蒋　燕	李　琳
周　勤	史倩瑶	骆　萍	姚　远	祝锦益	毛　怡	孙雪梦
杨梦洁	嵇海莹	岳姝丽	戴祯懿	狄珈卉	金瑛婕	严茜茜
王安琪	金紫莹	王　慧	陶佳薇	周　涛	张亚男	殷与宁

谢烨超	陆一如	朱法超	杨白梅	陆雨涵	张 云	石 琳
刘 欢	刘珍霞	徐 艳	谢 涵	王 佳	吴雪华	谭雪丽
魏凯娱	郑志娟	张旭红	赵海亦	刘玉平	王立婷	吴 仪
李新月	贾丽霞	孙 云	梁 枫	孙瑜辉	刁叶芳	周成娟
季 洁	郑 娟	李鸣凤	谭 月	鹿林梦	金凯莲	姚 瑶
陈 倩	朱美娟	董文婷	池静怡	李婷婷	颜亭怿	吴苗苗
陆 莹	王雨晴	曹邹瑛	杨同燕	胡清美	李珊珊	徐雯震
欧阳梅	潘克鹏	董兴月	吕敏霞	金 铭	刘 婗	李 想
吴欣玥	吴 娟	张 静	顾 馨	陈 颖	裴玉柳	许梦婕
张世凯	吴嫕祺	陈 烨	吴韶子	王 辉	赵 定	吴晓梦
徐敏雅	顾佳怡	李梦淳	王心懿	方一琦	王 菲	郑 访
王泽雨	程 洁	李玲玲	仇丽萍	庄茜雯	赵梦姣	刘 娇
赵浠吟	姜 琳	陈佳丽	崔春蓉	彭 蓉	胡菊香	任小清
汤佳欣	眭 琦	于 珊	何静雯	戴丽佳	孙 鑫	谢 倩
曾 妍	徐 钰	叶美玲	陆灵铃	王圣怡	李思嘉	张 媛
刘明慧	姜 圆	高 丹	曹 君	张 情	赵 琼	何梦颖
沈 雨	汪籽含	吴莹莹	汪晓玲	徐芷玥	陈家豪	杨丽娟
陈益文	林佳璐	谢科岚	陈 媛	杜若洲	张曦文	胡明玥
史小江	汤倩云	周佳佳	耿海莹	沈莉芯	郝佳瑶	刁杏黎
徐静雯	吕雅婷	邱雅青	何怡倩	王艺珺	张 怡	杨 蕾
陆阳艳	瞿 崟	王雨薇	朱寅介	童玉敏	刘 微	陈新怡
孙 迪	潘兰欣	陈 菊	朱锁婷	姚佳森		

会计学专升本函授（175人）

朱 奕	陆 建	樊 雨	郑 鹏	梁小华	陈美玲	钱 奇
陈 润	黄 兰	黄雅菊	刘方方	殷梦霞	吴玉洁	王小兰
吴云涛	刘 喆	梁多兰	李梦瑶	胡利燕	冯 帆	蒋祖杰
袁 瑞	王艳秋	武 媚	张双双	顾丽丽	高兆芹	朱翠华
钱佩玉	朱 莹	杨 磊	郭 双	曾 静	郑久银	章 瑗
郑翠平	张晓云	徐燕林	何菊香	孙方琴	王 菲	许丽萍
吕秀丽	李莎莎	尹圆圆	李金亮	袁志娟	梁 慧	刘啸坤
张金挽	左大进	朱 英	王 莹	唐 艳	邝安霞	徐 妍
陈 冉	薛夏静	曹怡文	蔡景萱	蒋 丹	蔡艳荣	汪 欣
王玉凤	曾连镇	江小妃	梁庆琴	施倩倩	徐坷佳	周 煊
刘 苏	杨 敏	张 倩	邹 颖	邱 芳	丁金兰	杨玉婷
沈 沛	张永兰	徐 昊	朱泽敏	徐兰芬	苏思思	杨小依
张俊杰	曹小红	杜 倩	王珍珍	姚运芝	马 兰	刘 雯
王 蕙	吴 纯	杨莎莎	卢扣景	李兰敏	王 娟	陈晓娟
肖秀敏	朱 旭	李燕菊	吕志霞	蒯习甫	张 颖	刘文道

曹梦婷	钱群芬	张瑞鸿	陈小莉	敬佳维	杨晓华	张玲玲
吴春蕾	丁　娇	金　鋆	黄欣怡	胡菲菲	邵星辰	王雪玫
吕　玢	王小欢	贾　艳	宋莹莹	张昌宇	位冰杰	郑海丽
黄晓燕	陈广兰	徐　艳	沈新晨	朱文舒	张　莉	张　欢
钱兆娣	缪玲玲	赵孙丽	哈陈倩	陈　杰	施佳帅	刘小苏
徐小青	陶习凤	侯　楠	蒋晓洁	张　琪	林　娜	陆嘉妮
王　心	李　丽	张晓为	高　娟	刘　璐	杨　杰	唐　芹
姜　娅	王俭俭	周丹丹	李玉真	蔡　姗	张　琼	张　兴
蒋　莲	王　丹	朱凯迪	公令茜	许彩花	巩思梅	王明月
汪清欣	刘　霞	邵　桢	程家豪	韦　婷	黄　迪	刘　枭

机械工程专升本函授（37人）

朱立立	王远收	王君洋	祝陈亮	董志学	徐连杰	赵立红
吴　杰	刘玢珂	吴晓东	高冬青	高伟杰	李　昂	杨　晨
张延峰	谭小浪	王东旭	何雄飞	顾　帅	鲍敏彦	邓斌鑫
何宏波	白胜钰	李　聪	刘　辉	王书伟	唐荣荣	沙明辉
陆立星	王杰绪	张　巍	杨　阳	王荣刚	杜贤青	唐新路
李琪琦	徐德林					

机械工程专升本业余（106人）

戴　斐	王　明	许　磊	曹　杰	柏纪江	钱佳蔚	刘　洋
张　勇	周昊宇	董　俊	杨召峰	邵泽福	蔡正权	黄松松
孙智伟	浦　威	吕天真	冯　强	陈　晨	周　鹏	仇春磊
雍红军	陈志明	王　松	金　鑫	陆春锋	李成奇	移桂芳
朱进东	翟虎军	李小韦	吴敏锋	王德帅	时东春	郭　易
茹　仁	黄　涛	许　利	孟祥存	殷珊珊	尹　丹	李　鑫
赵艾亮	李金枝	马　新	李福燕	李　闯	王鹏清	黄世涛
项　丽	刘云涛	乔汉强	华广宽	王　丽	周　杨	边春香
周　璞	李光辉	张　涛	王　翔	李　松	王东海	安　刚
严贵林	付实现	陆品文	司　宇	刘步辉	盛　盼	黄火良
张　政	赵　伟	丁华建	王　琼	孙学楠	李振炎	姬鹏程
叶　琪	包思哲	李小跃	刘宏德	路　凯	陈　峰	王东旭
苏　山	陆晓军	龚利彬	刘　艳	王　贺	程振松	姜洋洋
郑开琦	吴　强	王　超	李小华	范阳光	吴粉华	周进军
刘东升	吕　贺	张文富	刘　伟	许　洁	于　昕	杨　阳
颜美聪						

机械设计制造及其自动化专升本业余（4人）

| 张　婷 | 朱加俊 | 姚留振 | 郑智雄 |

计算机科学与技术专升本函授（11人）

吴春燕　　施柳佳　　罗喜艳　　陈　洁　　顾　纬　　王　梓　　庾浩浩
姚静怡　　吕锴明　　陈　旦　　王　辉

计算机科学与技术专升本业余（111人）

张刃锋　　李　青　　徐高明　　张　飞　　周　倩　　万晓标　　陈洪银
张雅婷　　赵闪闪　　李巧巧　　刘　浩　　陈　艳　　贾文烁　　张如悦
石　玮　　葛　状　　张红梅　　高荣辉　　盛俊杰　　杨钧琴　　孙　吉
夏林林　　殷长城　　潘星星　　罗莺莺　　王海天　　徐红维　　刘玉金
罗　会　　章伟兵　　方万鹏　　卢政臣　　陈　欣　　杨家楠　　束传坤
桑兴冲　　苏沛沛　　万伏成　　薛　慧　　冯　祥　　贾　杰　　孟阳烂
付其波　　焦云斌　　吴志霞　　李　贝　　张学成　　苏金保　　张雪华
张　宇　　高志硕　　魏振江　　练海江　　朱正雷　　陶天峰　　潘振韬
潘春荣　　陈宣屹　　史玉虎　　张宗风　　沈陈晗　　崔　阳　　曹　刚
许佳隆　　张　瑞　　史永剑　　姚勤民　　杨　闽　　邹兴春　　徐振翔
郭　权　　薛　洁　　许晓峰　　陶伟伟　　张广强　　徐绍杭　　唐明顺
王　伟　　张仕毅　　尤　勇　　刘　恋　　胡长松　　胡继琛　　叶祖奇
周旭东　　范　晗　　张　珍　　高玉凤　　李旺铜　　郭战旗　　邵　庆
庄　磊　　董　姗　　张新江　　武运达　　杨　培　　胡　磊　　丛文宇
刘　杰　　张书秦　　朱　伟　　马祖强　　王向华　　陈　锋　　吴　磊
王嘉一　　黄宇星　　赵华东　　王飞周　　张爱兵　　魏东坡

建筑环境与设备工程专升本函授（1人）

李　杰

交通运输专升本函授（22人）

龚晓迪　　邵乾玺　　袁凯亮　　刘　克　　刘　洋　　宋兆磊　　陈凯歌
顾志恒　　濮卿燊　　倪　娟　　张婷婷　　张宪鹏　　朱家威　　李　焕
段淑平　　刘　泰　　杜　坤　　周虓宇　　李博闻　　顾　悦　　丁　雯
沈　骏

金融学专升本函授（48人）

朱　琳　　吴丽娟　　秦海霞　　段春立　　季兴梅　　许海洋　　王政好
万　敏　　吕志华　　和贝利　　丁小相　　钱　阳　　王俊锋　　刘　刚
陆悦红　　董园园　　章　玲　　郭　飞　　杨金烨　　张帅帅　　王晓玉
顾云婕　　马丽丽　　李大宽　　尹洪亮　　侯云泽　　刘璇昱　　朱洪逸
朱晓倩　　徐　烊　　耿国强　　何　静　　张路路　　陈丽莎　　卞菲敏
王云飞　　林　杰　　赵　杨　　位忠明　　孙顾鹏　　魏　波　　徐　蓓
刘　沁　　倪艳春　　荣　乐　　石慧君　　房金胜　　宁东旭

临床医学专升本业余（102人）

周舒萍	张丽华	王 欢	张 勇	刘 欢	杜国喜	谭卫斌
李春晓	李 俊	冉晓芬	董 茹	孟令引	王占利	李希瑞
高 媛	张璐娴	缪晓晨	李凌燕	钱 羿	张怡婷	姚 路
徐 佳	陈晓能	陈雅珍	郑荣荣	姜 风	王婷园	马洪顺
宓子恒	王秀青	吴静雅	张 鑫	王欣荣	朱莉琳	于苏雅
王双双	蔡晓彧	田继勇	单振杰	李照霞	漆 静	顾明月
仲卫明	周海港	卢艳阳	刘晶晶	沈 悦	封中权	何佳衡
庄梦佳	陈美鑫	钱 晨	孙树刚	傅 玮	陈健标	陆 晟
钱心怡	陈叶梅	陆金法	陈拥军	方 轩	王 蕾	汪贤丽
李 浩	卢玮强	李文静	李亦婵	付 莹	徐 磊	夏 冰
邢 帅	钱文慧	朱晔丰	张思委	沈 宸	孟嘉铭	柏 健
陈少娟	朱艳红	冯晓东	金梦瑶	夏美婷	孔孜毅	郑梦娜
施海萍	卢梅兰	曾 帅	张玉琪	叶美娟	叶 斌	尚武强
王保胜	蒋金泽	杨冬梅	章 燕	郭树鹏	刘 琳	曾志滨
何梦月	臧 翔	夏鹏飞	巫春秋			

人力资源管理本科业余（40人）

虞 海	杨 冬	张兴宇	吴丽君	李建强	郑建琴	何大鹏
朱 朱	张文婷	张辰超	李 渊	庾 娇	李 敏	王鸿伟
冷 菲	迟延峻	王 磊	朱佳琪	崔 璨	胡佩珍	刘芳芳
陈伟鹏	田胜男	陈 辉	李晓蓉	胡宝杰	王雨荷	王 佳
娄振祥	王萍英	吕 懿	吴飞燕	金 莲	鲍燕霞	张 闻
翟天伟	宗 为	徐 颖	孟慈云	胡荣杰		

人力资源管理专升本业余（275人）

范雄飞	惠玉华	陆惠芬	王惠琴	沈全明	严 错	丁子峰
杨晓琳	马海娜	周琴燕	刘小芳	徐 剑	陆 燕	刘根弟
沈建珍	柴 鹏	张哲人	罗 燕	徐玲娟	向美香	朱梦玉
刘丽芬	陶秋亚	张亦凡	高 峰	胡志成	刘丽莉	吴娣娣
金佳怡	孙 霞	居云云	钱疆远	张 泽	程蓓蓓	吴伟波
曹荣江	程 申	李仁梅	王 斌	石潇潇	卢秋红	樊加龙
焦滢滢	王 燕	陆瑾莲	毛春丽	陈喜亚	许雪峰	候莎莎
顾方方	高士钊	陆 燕	陆燕兰	朱 宇	戴美林	胡秋琴
庞玉兰	杨舒然	郝秋雨	孙 慧	徐清红	吕英男	金英玉
杨 茜	周 琴	郭 云	支可馨	王琪虹	刘 菊	查大龙
黄桂莉	李欣然	丁洁君	周 华	徐海萍	李芸蓓	高 思
俞 瑶	杨 磊	庄喜红	何 娟	肖月娥	杜 芳	巴娟德
宋秋菊	史梦园	宁红飞	孙仲辰	孔婷婷	谢琳如	石 娟

王怀燕	周 燕	刘玉琦	张 苗	吴 婷	费婷婷	王孝健
陈丽萍	杭 晨	孙盼盼	孙长秀	王艳梅	杨桂芳	马 汉
王 芬	叶学星	汤 巍	邓丽丽	夏珊珊	杨 威	陈庆锋
韩小勇	李依岑	温素芬	李 娟	沈佳妮	徐诗化	胡生云
李 杰	蒋霞芳	吴盼盼	王 洁	黄小楼	张 梅	陆 忆
查林林	杨晓平	蒋 倩	刘 娅	鲍海泳	王 婧	朱 琦
吴 军	马丽娜	韩玉平	王 琳	钱 芳	窦余凤	巨娉婷
杨玉习	丁以静	朱芷昕	马 赛	梁 陈	毕黎霞	顾 旦
赵 毅	曾丹丹	王静秋	赵慢梨	陈小露	霍前程	姜 畅
陆雯锭	张晓冉	孙 瑶	梁 瑞	林亚婷	张孝群	施晨誉
冷 丽	赵黛茜	周 萍	韩庆兵	顾 嫣	纪 帅	张卉卉
唐 进	沈丽红	丁文艳	吴小勇	杜春香	朱晨栋	宋凤娟
汪梓祥	陈 洁	黄 琴	王婧婷	张徐新	张 杰	张盼盼
黄 昊	龚小洁	张 丽	杨 甜	汤 琴	刘雪娇	朱星星
卢 兵	樊思俊	潘 丹	祁珊珊	曹 丽	夏晶晶	马军林
甘雪梅	李伟珍	崔 旋	曾 袆	陈月芹	王 琴	王吉祥
李文杰	王 晴	徐 慧	周敏燕	卢春芹	陈奕洁	朱 婷
吕兰霞	黄生俊	张 旗	吴 敏	顾冰冰	蔡 平	钱 洋
韩海燕	秦雨婷	徐佳丽	李 璇	万舒雅	李 潇	吴志娟
程芳芳	吴 霞	罗晶晶	施 伟	季 莹	薛成晨	魏丁丁
朱华露	唐裕红	张莹莹	武广普	彭 博	张小依	潘建超
仲 云	王晓艳	沈金梅	梁祖超	李 艳	顾文静	葛海婷
杨小庆	曾 雪	朱丽叶	王竹彦	钱林燕	施 颖	孙晓燕
周雅婷	徐惠湘	唐任建	郭 洁	嵇树青	唐 凤	许伟峰
胡 俊	刘 莹	樊玉静	胡巧英	范 杰	李幸幸	王 朔
邓小峰	沈 斌	段小改	徐 悦	王康博	沈 凯	周文峰
于 萍	罗 欢					

食品质量与安全专升本函授（4人）

王婉君　陈　鑫　王海林　蔡奇轩

物流管理专升本业余（46人）

丁东平	王家骏	汪宝家	张晓敏	胡立峰	齐佳佳	宋 方
金慧婷	王弘昊	陈 瑞	孙 菲	丁楚楚	吴金荣	汪 莉
刘 智	顾爱华	王 聪	刘 伟	刘 平	刘大巍	裔送霞
黄文英	李 鹏	丁文寅	朱柏清	俞 琪	沈丽梦	周林辉
刘 杰	任钰莹	顾江锋	陈云飞	王沈阳	华 晶	邹雯倩
闫亚楠	王培培	胡 杰	姜宇欣	陆群珍	张雅馨	韩克强
杨朋朋	张 顺	沈振祥	周 殷			

新能源材料与器件专升本函授（1人）

　　王佳意

信息管理与信息系统专升本函授（6人）

　　周　宁　　夏海涛　　顾　坚　　杜　杰　　刘雅雯　　朱　玲

信息管理与信息系统专升本业余（5人）

　　杨东虎　　张婷婷　　于亚文　　史智淼　　陈思阳

药学本科业余（5人）

　　黄　丽　　潘长娟　　陆晓忠　　刘蓉蓉　　赵　峰

药学专升本函授（92人）

　　吴　杨　　唐　姣　　姜绍玮　　陆　佳　　吴苏苏　　许　宸　　王姣姣
　　卞云汉　　任　爽　　雷　琴　　张　莹　　常　冉　　张孜翼　　陈　鹏
　　姚天恕　　高培嘉　　杨　帆　　吴敏慧　　王玲玲　　李鑫一　　叶王超
　　王佳喆　　张　丹　　殷　维　　李　英　　周佳瑜　　周鑫涛　　陶　燕
　　姚　怡　　周　静　　惠　杰　　韩智敏　　吴一婷　　杨平昌　　孙　超
　　徐冰燕　　陈国程　　陈　萍　　刘贝贝　　王　煜　　蒋　晶　　胡　洋
　　吴　敏　　刘　同　　彭星星　　吴志红　　瞿洪霞　　陆崇医　　顾裕婷
　　施才佳　　王　惠　　周丽华　　韦雪琳　　徐铠琳　　施伟强　　袁燕华
　　陈晓剑　　陆津安　　潘尔卓　　李春晨　　王　茹　　赵　娟　　陈茗柯
　　朱晓琴　　范艳雯　　吕思莹　　焦　兵　　何文文　　吴　琼　　房　涵
　　施娅莉　　刘　静　　段静静　　张梓怡　　庄海珊　　毛　丹　　许允宸
　　李　红　　杨加春　　宋梅香　　周鑫雨　　张节节　　孙成娇　　单以朗
　　吴长辉　　冒连香　　俞志超　　蔡云婕　　章　玮　　龚雪艳　　叶倩玲
　　曾小霞

医学检验技术专升本业余（39人）

　　张　薇　　严艳萍　　梁玉余　　孙夏明　　蔡　霞　　杨子娟　　华小婷
　　王子文　　沈英军　　吴恩健　　张红侠　　曹建生　　金黎灵　　周莉靖
　　郑维玲　　夏学林　　严慧敏　　斎春艳　　杨　燕　　王玉瑶　　刘　奔
　　李汝意　　曹　洁　　杨文娟　　沈桢斐　　刘晓婷　　顾　琴　　樊心如
　　刘　欣　　胡玲莉　　王　乐　　吴盛育　　丁　柯　　沈　鑫　　王　颖
　　陆羽菲　　顾嘉一　　王劲凤　　李　蕊

医学影像学专升本业余（182人）

　　刘　秦　　柳杰毅　　仇雯慧　　娄心悦　　石彦昕　　李泽坤　　陈　娜

吴 彪	许琼琼	王一新	蒋钰铖	孙昊天	臧 浩	张天力
孙 健	丁引引	包琦玥	周宇凡	乔小虎	王海叶	时静良
张 琳	蒋明侠	顾梦瀚	梁希文	纪紫微	张 引	江溪羽
孙孟杰	李真茹	祁孝成	余思怡	张欢欢	陈 阳	宋阳阳
桂 岩	冯倩倩	苏文华	黄锦涛	潘 婷	翁程伟	戴 亚
刘海泉	钱云峰	何 艳	何 好	杜 鹏	宋祖月	姜宇婷
杨海涛	王雅雯	王晓萌	陈若茜	赵前程	施梦霏	卞杨琳
于 童	张 波	陈艳秋	于 杰	袁兆敏	许涵博	王润润
倪 静	朱志霞	周心怡	季静辉	陆伟伟	张天尧	冯丽冰
胡平贤	胡 萌	郭书豪	徐存余	刘雅娟	陈国栋	徐 倩
王伊宁	王 蒙	李 韩	唐静宁	魏思琪	毛 杰	郭洪明
张 倩	薛卢鑫	顾秀莲	方 瀚	王丽华	李明洙	周海梅
范刘芹	王 潇	张成慧	陈 芳	王 哲	刘梦玥	叶小宇
刘 颖	吴菁云	夏慧慧	李娜娜	张慧敏	张晨浩	吴士臣
张秋艳	陆俊聪	陈 菲	孟 丽	杨 帆	金海迪	惠冉冉
王影月	张 妮	钱 荣	武文慧	王 政	吴伟弘	王媛媛
王丹丹	陈 石	左 婧	顾成铭	王双利	王 涛	柳婷婷
仓 璟	花 清	徐 丹	张文澳	吴棋隆	李函钊	王向宁
杨翰林	潘 威	朱宏祥	姜景艺	许银行	李朝政	陈柯羽
吴 静	周仕春	郭辰铭	李孝彬	熊 威	王 贺	陈 静
李小丽	范 斌	任意翔	张鑫柳	何豫芬	廉小芳	王金铭
席佩杰	王利智	吴 菲	张 屹	汪海甜	徐 淼	李坤阳
周 易	兰淑娴	束方昊	徐 啸	刘明月	汤 佩	马胜辉
陈 诚	朱碧峰	李明艳	顾宇萌	于 帆	金丽莉	王禹杰
范钟元	赵 峰	温庆凯	贾淇元	卜 雪	周 灿	陆珊珊

英语专升本业余（145人）

谢 晗	徐 璐	何江波	张智恩	贺 欢	杨亭亭	孙建芳
王 绪	刘周舟	岳晨曦	李 静	窦彩芳	朱征远	缪 晨
张瑞建	李庆松	胡慧中	张普杰	张贤鹏	马青委	徐婷艳
金 静	焦言会	何宜增	张函笑	戈怡童	赵晶晶	孙静林
金 娟	潘翠堂	张 枫	戴保真	汪 洋	戴诗亭	吴 越
李 蕙	唐双双	蔡俊杰	张咏欣	刘雪蕾	胡玉飞	杨丹丹
连雪丹	朱佳敏	朱秀娟	潘 娟	章 云	居建群	马 莉
张金杰	刘延滨	吴中烨	陈 波	唐晓娟	陈 华	张雪冰
唐 玲	熊领华	韩田媛	李利新	石雯竺	潘姣妮	王革丽
王梓怡	王艳博	李明强	张丽萍	姚 未	苗春花	王 博
秦 萍	程林林	刘兰兰	王芊芊	王婷婷	谢 斌	周雅琦
冷艳红	许 杰	谢全兵	姜 震	张 新	张红霞	李 赞

黄晓芳	刘蔚仪	蒋素琴	吴静静	周二雷	徐玺楠	沈　丽
倪　磊	梅恩华	徐莹莹	许　晨	胡红梦	陈　杨	朱晓雯
徐礼明	倪晓先	王　磊	王炳恒	程　玲	徐　余	梅黛诗
李　伟	姚银花	刘冬梅	倪　洁	张　慧	郭广筝	李楠楠
周　顺	吴　园	顾丹丹	胡　惠	段　映	于永源	汪祝清
宋吟秋	宋青青	史俊波	吴　琦	肖佐玉	张一凡	胡艳琼
陆赛赛	居　辰	朱凤迪	冯迎庆	王珊珊	孙文娟	牛莉莉
张南南	田金奎	王莹莹	赵蓓蓓	罗开玲	华　燕	李小娟
王　晶	魏善洁	孟子语	周智洁	陈玲玲		

办学层次

2022年苏州大学博士后科研流动站及博士、硕士学位授权点名单（表17、表18、表19）

表17　2022年苏州大学博士后科研流动站名单

序号	学科代码	学科名称	序号	学科代码	学科名称
1	0101	哲学	16	0805	材料科学与工程
2	0202	应用经济学	17	0812	计算机科学与技术
3	0301	法学	18	0817	化学工程与技术
4	0302	政治学	19	0821	纺织科学与工程
5	0305	马克思主义理论	20	0905	畜牧学
6	0401	教育学	21	1001	基础医学
7	0403	体育学	22	1002	临床医学
8	0501	中国语言文学	23	1004	公共卫生与预防医学
9	0502	外国语言文学	24	1007	药学
10	0602	中国史	25	1009	特种医学
11	0701	数学	26	1305	设计学
12	0702	物理学	27	1202	工商管理
13	0703	化学	28	0835	软件工程
14	0714	统计学	29	0810	信息与通信工程
15	0803	光学工程	30	1011	护理学

表18 苏州大学博士、硕士学位授权一级学科点名单

序号	授权类别	一级学科代码	一级学科名称	批准时间
1	博士学位授权一级学科点	0101	哲学	2011-03
2	博士学位授权一级学科点	0202	应用经济学	2011-03
3	博士学位授权一级学科点	0301	法学	2011-03
4	博士学位授权一级学科点	0302	政治学	2011-03
5	博士学位授权一级学科点	0305	马克思主义理论	2018-03
6	博士学位授权一级学科点	0401	教育学	2021-10
7	博士学位授权一级学科点	0403	体育学	2011-03
8	博士学位授权一级学科点	0501	中国语言文学	2003-09
9	博士学位授权一级学科点	0502	外国语言文学	2011-03
10	博士学位授权一级学科点	0602	中国史	2011-08
11	博士学位授权一级学科点	0701	数学	2003-09
12	博士学位授权一级学科点	0702	物理学	2011-03
13	博士学位授权一级学科点	0703	化学	2003-09
14	博士学位授权一级学科点	0710	生物学	2021-10
15	博士学位授权一级学科点	0714	统计学	2011-08
16	博士学位授权一级学科点	0803	光学工程	2003-09
17	博士学位授权一级学科点	0805	材料科学与工程	2011-03
18	博士学位授权一级学科点	0810	信息与通信工程	2021-10
19	博士学位授权一级学科点	0812	计算机科学与技术	2011-03
20	博士学位授权一级学科点	0817	化学工程与技术	2018-03
21	博士学位授权一级学科点	0821	纺织科学与工程	2003-09
22	博士学位授权一级学科点	0835	软件工程	2011-08
23	博士学位授权一级学科点	0905	畜牧学	2018-03
24	博士学位授权一级学科点	1001	基础医学	2003-09
25	博士学位授权一级学科点	1002	临床医学	2011-03
26	博士学位授权一级学科点	1004	公共卫生与预防医学	2011-03

续表

序号	授权类别	一级学科代码	一级学科名称	批准时间
27	博士学位授权一级学科点	1007	药学	2011-03
28	博士学位授权一级学科点	1009	特种医学	2011-08
29	博士学位授权一级学科点	1011	护理学	2011-08
30	博士学位授权一级学科点	1202	工商管理	2018-03
31	博士学位授权一级学科点	1305	设计学	2011-08
32	硕士学位授权一级学科点	0303	社会学	2011-03
33	硕士学位授权一级学科点	0402	心理学	2011-03
34	硕士学位授权一级学科点	0503	新闻传播学	2006-01
35	硕士学位授权一级学科点	0603	世界史	2011-08
36	硕士学位授权一级学科点	0802	机械工程	2006-01
37	硕士学位授权一级学科点	0806	冶金工程	2006-01
38	硕士学位授权一级学科点	0809	电子科学与技术	2011-03
39	硕士学位授权一级学科点	0811	控制科学与工程	2018-03
40	硕士学位授权一级学科点	0813	建筑学	2015-11
41	硕士学位授权一级学科点	0823	交通运输工程	2016-09
42	硕士学位授权一级学科点	0831	生物医学工程	2003-09
43	硕士学位授权一级学科点	0834	风景园林学	2011-08
44	硕士学位授权一级学科点	1201	管理科学与工程	2006-01
45	硕士学位授权一级学科点	1204	公共管理	2006-01
46	硕士学位授权一级学科点	1205	图书情报与档案管理	2011-03
47	硕士学位授权一级学科点	1302	音乐与舞蹈学	2011-08
48	硕士学位授权一级学科点	1303	戏剧与影视学	2011-08
49	硕士学位授权一级学科点	1304	美术学	2011-08
50	硕士学位授权一级学科点	1401	集成电路科学与工程	2022-07

表19 苏州大学博士、硕士专业学位授权点名单

序号	授权类别	专业学位类别代码	专业学位类别名称	批准时间
1	博士专业学位授权点	1051	临床医学	2000-10
2	硕士专业学位授权点	0251	金融	2010-10
3	硕士专业学位授权点	0252	应用统计	2010-10
4	硕士专业学位授权点	0253	税务	2010-10
5	硕士专业学位授权点	0254	国际商务	2010-10
6	硕士专业学位授权点	0351	法律	1998-12
7	硕士专业学位授权点	0352	社会工作	2009-07
8	硕士专业学位授权点	0451	教育	2003-09
9	硕士专业学位授权点	0452	体育	2005-05
10	硕士专业学位授权点	0453	汉语国际教育	2009-06
11	硕士专业学位授权点	0454	应用心理	2010-10
12	硕士专业学位授权点	0551	翻译	2009-06
13	硕士专业学位授权点	0552	新闻与传播	2010-10
14	硕士专业学位授权点	0553	出版	2014-08
15	硕士专业学位授权点	0854	电子信息	2018-08
16	硕士专业学位授权点	0855	机械	2018-08
17	硕士专业学位授权点	0856	材料与化工	2018-08
18	硕士专业学位授权点	0857	资源与环境	2020-03
19	硕士专业学位授权点	0858	能源动力	2020-03
20	硕士专业学位授权点	0860	生物与医药	2018-08
21	硕士专业学位授权点	0861	交通运输	2018-08
22	硕士专业学位授权点	0951	农业	2004-06
23	硕士专业学位授权点	0953	风景园林	2014-08
24	硕士专业学位授权点	1051	临床医学	2000-10
25	硕士专业学位授权点	1052	口腔医学	2019-05
26	硕士专业学位授权点	1053	公共卫生	2001-12
27	硕士专业学位授权点	1054	护理	2014-08
28	硕士专业学位授权点	1055	药学	2010-10
29	硕士专业学位授权点	1251	工商管理	2003-09

续表

序号	授权类别	专业学位类别代码	专业学位类别名称	批准时间
30	硕士专业学位授权点	1252	公共管理	2003-09
31	硕士专业学位授权点	1253	会计	2010-10
32	硕士专业学位授权点	1254	旅游管理	2020-03
33	硕士专业学位授权点	1255	图书情报	2020-03
34	硕士专业学位授权点	1351	艺术	2005-05

苏州大学各学院（部）全日制本科专业/专业方向设置情况（表20）

表20　苏州大学各学院（部）全日制本科专业/专业方向设置情况一览表

学院（部）	学院（部）代码	全日制本科专业/专业方向名称
文学院	01	汉语言文学（基地） 汉语言文学（师范） 汉语国际教育 秘书学
政治与公共管理学院	02	哲学 思想政治教育 行政管理 管理科学 人力资源管理 公共事业管理 物流管理 城市管理 物流管理（中外合作办学项目）
社会学院	03	历史学（师范） 旅游管理 档案学 劳动与社会保障 图书馆学 社会工作 信息资源管理 社会学

续表

学院（部）	学院（部）代码	全日制本科专业/专业方向名称
艺术学院	05	美术学 美术学（师范） 产品设计 艺术设计学 视觉传达设计 环境设计 服装与服饰设计 数字媒体艺术
体育学院	06	体育教育 运动人体科学 武术与民族传统体育 运动训练 运动康复
数学科学学院	07	数学与应用数学（基地） 数学与应用数学（师范） 信息与计算科学 金融数学
材料与化学化工学部	09	无机非金属材料工程 高分子材料与工程 材料科学与工程 环境工程 化学工程与工艺 材料化学 化学 化学（师范） 应用化学 功能材料
王健法学院	11	法学 知识产权

续表

学院（部）	学院（部）代码	全日制本科专业/专业方向名称
商学院	12	经济学 国际经济与贸易 财政学 金融学 工商管理 会计学 市场营销 电子商务 财务管理 金融学（中外合作办学项目）
沙钢钢铁学院	13	冶金工程 金属材料工程
纳米科学技术学院	14	纳米材料与技术
纺织与服装工程学院	15	轻化工程 纺织工程 服装设计与工程 非织造材料与工程
教育学院	18	教育学（师范） 应用心理学 教育技术学（师范）
音乐学院	21	音乐表演 音乐学（师范） 作曲与作曲技术理论
物理科学与技术学院	22	物理学 物理学（师范）
光电科学与工程学院	23	测控技术与仪器 电子信息科学与技术 光电信息科学与工程
能源学院	24	能源与动力工程 新能源材料与器件 新能源材料与器件（中外合作办学项目）

续表

学院（部）	学院（部）代码	全日制本科专业/专业方向名称
计算机科学与技术学院	27	计算机科学与技术 信息管理与信息系统 软件工程 网络工程 物联网工程
电子信息学院	28	通信工程 信息工程 微电子科学与工程 电子信息工程 电子科学与技术
机电工程学院	29	电气工程及其自动化 工业工程 机械工程 材料成型及控制工程 智能制造工程
苏州医学院	30	生物技术 食品质量与安全 生物科学 生物信息学 放射医学 预防医学 药学 中药学 生物制药 临床医学 儿科学 临床医学（"5+3"一体化） 临床医学（"5+3"一体化，儿科医学） 法医学 医学影像学 口腔医学 医学检验技术 护理学 巴斯德英才班

续表

学院（部）	学院（部）代码	全日制本科专业/专业方向名称
金螳螂建筑学院	41	建筑学 城乡规划 园艺 风景园林 园林 历史建筑保护工程
唐文治书院	46	唐文治书院人才培养教师教育方向 唐文治书院人才培养非教师教育方向
轨道交通学院	47	工程管理 车辆工程 交通运输 电气工程与智能控制 建筑环境与能源应用工程 轨道交通信号与控制
传媒学院	48	新闻学 广播电视学 广告学 播音与主持艺术 网络与新媒体
未来科学与工程学院	62	统计学 人工智能 集成电路设计与集成系统 机械电子工程 数据科学与大数据技术 机器人工程
马克思主义学院	91	思想政治教育

注：本表统计时间截止到2022年7月。

苏州大学成人学历教育专业情况

高中起点升本科（3个）

护理学　　　　　　　　　　　　药学
人力资源管理

专科起点升本科（25个）

电气工程及其自动化　　　　　　交通运输
电子信息工程　　　　　　　　　金融学
法学　　　　　　　　　　　　　临床医学
工程管理　　　　　　　　　　　人力资源管理
工商管理　　　　　　　　　　　食品质量与安全
汉语言文学　　　　　　　　　　物流管理
行政管理　　　　　　　　　　　新能源材料与器件
护理学　　　　　　　　　　　　信息管理与信息系统
会计学　　　　　　　　　　　　药学
机械工程　　　　　　　　　　　医学检验技术
机械设计制造及其自动化　　　　医学影像学
计算机科学与技术　　　　　　　英语
建筑环境与设备工程

教学质量与学科实力

国家基础科学研究与教学人才培养基地（表21）

表21　国家基础科学研究与教学人才培养基地情况一览表

归属	基地名称
数学科学学院	数学
文学院	中国语言文学

国家级大学生校外实践教学基地（表22）

表22　国家级大学生校外实践教学基地情况一览表

归属	基地名称
计算机科学与技术学院	"苏州大学-方正国际软件有限公司"国家级工程实践教育中心

国家创新人才培养示范基地（表23）

表23　国家创新人才培养示范基地情况一览表

归属	基地名称
纳米科学与技术学院	科技部创新人才推进计划"创新人才培养示范基地"

> 苏州大学国家级、省部级重点学科，
> 国家一流学科，优势学科，
> 重点实验室，协同创新中心，
> 公共服务平台，工程（技术）研究中心，
> 重点研究基地及实验教学示范中心

国家级重点学科（4个）

纺织工程
放射医学
内科学（血液病）
外科学（骨外）

国防科学技术工业委员会重点学科（2个）

放射医学
内科学（血液病）

"双一流"建设学科（1个）

材料科学与工程

江苏省优势学科三期建设工程立项学科（20个）

设计学
软件工程
法学
马克思主义理论
体育学
中国语言文学
外国语言文学
数学
化学
光学工程

纺织科学与工程
基础医学
药学
政治学
物理学
计算机科学与技术
化学工程与技术
工商管理
特种医学
临床医学

"十四五"江苏省重点学科（6个）

哲学
应用经济学
教育学
中国史
公共卫生与预防医学
护理学

省部共建国家重点实验室（1个）

放射医学与辐射防护国家重点实验室

国家临床医学研究中心（1个）

国家血液系统疾病临床医学研究中心

国家工程实验室（1个）

现代丝绸国家工程实验室

国家地方联合工程实验室（2个）

新型功能高分子材料国家地方联合工程实验室（江苏）
环保功能吸附材料制备技术国家地方联合工程实验室（江苏）

国家级国际合作联合研究中心（2个）

智能纳米环保新材料及检测技术国际联合研究中心

基因组资源国际联合研究中心

"一带一路"联合实验室（1个）

中国-葡萄牙文化遗产保护科学"一带一路"联合实验室

国家创新人才培养示范基地（1个）

科技部创新人才培养示范基地（苏州大学）

"111"计划创新引智基地（1个）

光功能纳米材料创新引智基地

江苏省高校国家重点实验室培育建设点（1个）

江苏省现代光学技术国家重点实验室培育建设点

省部级实验室（30个）

省部共建教育部现代光学技术重点实验室
老年病与免疫教育部重点实验室
教育部碳基功能材料与器件国际合作联合实验室
卫生部血栓与止血重点实验室
江苏省薄膜材料重点实验室
江苏省有机合成重点实验室
江苏省计算机信息处理技术重点实验室
江苏省丝绸工程重点实验室
江苏省现代光学技术重点实验室
江苏省放射医学与防护重点实验室
江苏省先进光学制造技术重点实验室
江苏省碳基功能材料与器件高技术研究重点实验室
江苏省先进功能高分子材料设计及应用重点实验室
江苏省感染与免疫重点实验室
江苏省先进机器人技术重点实验室
全国石油和化工行业有机废水吸附治理及其资源化重点实验室
工业和信息化部工业（化学电源）产品质量控制和技术评价实验室
江苏省老年病预防与转化医学重点实验室
江苏省重大神经精神疾病研究重点实验室

全国石油化工行业导向生物医用功能的高分子材料设计与合成重点实验室
全国石油和化工行业颗粒技术工程实验室
江苏省先进碳材料与可穿戴能源技术重点实验室
江苏省临床免疫学重点实验室
江苏省水产动物营养重点实验室
纺织行业天然染料重点实验室
纺织行业丝绸功能材料与技术重点实验室
纺织行业医疗健康用蚕丝制品重点实验室
纺织行业纺织材料阻燃整理重点实验室
纺织行业智能纺织服装柔性器件重点实验室
纺织行业烯碳纤维基重大传染病检测技术与应用重点实验室

国家"2011 计划"协同创新中心（1 个）

苏州纳米科技协同创新中心

江苏高校协同创新中心（4 个）

纳米科技协同创新中心
血液学协同创新中心
放射医学协同创新中心
新型城镇化与社会治理协同创新中心

国家级公共服务平台（4 个）

国家化学电源产品质量监督检验中心
国家纺织产业创新支撑平台
国家技术转移示范机构
国家级科技企业孵化器

国家大学科技园（1 个）

苏州大学国家大学科技园

省部级公共服务平台（8 个）

江苏省苏州化学电源公共技术服务中心
江苏省苏州丝绸技术服务中心
江苏省苏州医疗器械临床前研究与评价公共技术服务中心

江苏省节能环保材料测试与技术服务中心
江苏省中小企业环保产业公共技术服务平台
江苏省骨科临床医学研究中心
工业废水重金属离子污染物深度处理及资源化利用—公共技术服务平台
江苏省应用数学（苏州大学）中心

省部级工程中心（12个）

数码激光成像与显示教育部工程研究中心
血液和血管疾病诊疗药物技术教育部工程研究中心
江苏省数码激光图像与新型印刷工程技术研究中心
江苏省纺织印染业节能减排与清洁生产工程中心
江苏省新型光纤技术与通信网络工程研究中心
江苏省机器学习与网络安全交叉工程研究中心
江苏省大数据智能工程研究中心
江苏省新型高分子功能材料工程研究中心
江苏省化工吸附分离新材料与环境治理工程研究中心
江苏省机器人及智能制造装备工程研究中心
江苏省精准诊疗药物创制工程研究中心
江苏省智慧城轨工程研究中心

国家级实验教学示范中心（4个）

物理实验教学中心
纺织与服装设计实验教学中心
计算机与信息技术实验教学中心
纺织与服装虚拟仿真实验教学中心

国家级虚拟仿真实验教学课程（项目）（4个）

乳腺癌组织分子分型的免疫组织化学检测方法项目
抗流感病毒活性药物的设计与筛选项目
颅脑损伤法医学鉴定
重大突发自然灾害应急决策

江苏省高等学校实验教学示范中心（20个）

电工电子基础课实验教学中心
化学基础课实验教学中心

计算机基础课实验教学中心
物理基础课实验教学中心
基础医学实验教学中心
艺术设计实验教学中心
机械基础实验教学中心
纺织服装实验教学中心
生物基础课实验教学中心
传媒与文学实验教学中心
心理与教师教育实验教学中心
工程训练中心
临床技能实验教学中心
纳米材料与技术实验教学中心
新能源材料与器件实验教学中心
建筑与城市环境实践教育中心
药学学科综合训练中心
轨道交通实践教育中心
冶金工程实践教育中心
护理学学科综合训练中心

省级虚拟仿真实验教学课程（项目）（8个）

强激光下材料超快动力学虚拟仿真实验
高端钢铁材料转炉冶炼虚拟仿真实验
聚酯超高速纺丝虚拟仿真实验
基于大数据的智能推荐虚拟仿真教学
职业性有害因素的识别与控制
大肠杆菌中番茄红素的生物合成
服装热舒适性评价及应用虚拟仿真实验
正常与病理嗓音分析识别虚拟仿真实验

教育部人文社会科学重点研究基地（1个）

中国特色城镇化研究中心

国家体育总局体育社会科学重点研究基地（1个）

体育社会科学研究中心

国家体育总局体育产业研究基地（1个）

　　苏州大学江苏体育健康产业研究院

国家体育总局重点实验室（1个）

　　机能评定与体能训练重点实验室

国家体育总局体育科普基地（1个）

　　苏州大学体育科技与健康科普基地

江苏省哲学社会科学研究基地（3个）

　　江苏省吴文化研究基地
　　苏南发展研究院（培育智库）
　　江苏当代作家研究基地

江苏高校哲学社会科学重点研究基地（9个）

　　苏州大学公法研究中心
　　苏州基层党建研究所
　　老挝-大湄公河次区域国家研究中心
　　国际能源法研究中心（培育智库）
　　东吴智库
　　江苏体育产业协同创新中心（培育智库）
　　中国文化翻译与传播研究基地
　　中国昆曲与戏曲研究中心（培育智库）
　　红十字运动与慈善文化研究中心（培育智库）

江苏省决策咨询研究基地（2个）

　　江苏苏南治理现代化研究基地
　　江苏现代金融研究基地

江苏省教育厅研究中心（1个）

　　江苏学校美育研究中心

江苏省文化和旅游厅研究中心（1个）

苏州大学非物质文化遗产研究中心

江苏省委宣传部研究基地（2个）

江苏省中国特色社会主义理论体系研究基地
东吴智库（培育智库）

江苏高校哲学社会科学优秀创新团队（3个）

地方政府与社会治理优秀创新团队
传播与社会治理研究创新团队
智慧供应链创新团队

江苏省社会科学院研究院（1个）

大运河文化带建设研究院苏州分院

江苏省社会科学普及基地（1个）

高校社科传播与应用基地

苏州大学2022年度国家级、省级教育质量工程项目获奖名单

苏州大学首届江苏省高校艺术教师基本功展示获奖名单

苏教体艺函〔2021〕55号
2021-12-26
苏大教〔2022〕11号
2022-01-15

序号	姓名	学院（部）	获奖情况	专业方向	组别
1	唐明务	音乐学院	个人全能一等奖	声乐演唱	艺术师范教育组
2	盛玥	音乐学院	个人全能一等奖	钢琴演奏	艺术师范教育组
3	韩瑜	音乐学院	个人全能一等奖	钢琴演奏	艺术师范教育组
4	张利锋	艺术学院	个人全能一等奖	造型表现及书法类	艺术师范教育组
5	傅腾	音乐学院	个人全能一等奖	钢琴演奏	专业艺术教育组
6	马晓婷	音乐学院	个人全能一等奖	中外乐器演奏	专业艺术教育组
7	胡小燕	艺术学院	个人全能一等奖	设计应用类	专业艺术教育组
8	李彦洋	音乐学院	个人全能一等奖	钢琴演奏	公共艺术教育组
9	万竹青	艺术学院	个人全能二等奖	造型表现及书法类	艺术师范教育组
10	石玩玩	艺术学院	个人全能二等奖	设计应用类	艺术师范教育组
11	金豆豆	音乐学院	个人全能二等奖	钢琴伴奏	公共艺术教育组
12	唐明务	音乐学院	教学展示（微课）最佳单项奖	声乐演唱	艺术师范教育组
13	盛玥	音乐学院	教学展示（微课）最佳单项奖	钢琴演奏	艺术师范教育组
14	韩瑜	音乐学院	教学展示（微课）最佳单项奖	钢琴演奏	艺术师范教育组

续表

序号	姓名	学院（部）	获奖情况	专业方向	组别
15	万竹青	艺术学院	教学展示（微课）最佳单项奖	造型表现及书法类	艺术师范教育组
16	石玩玩	艺术学院	教学展示（微课）最佳单项奖	设计应用类	艺术师范教育组
17	马晓婷	音乐学院	教学展示（微课）最佳单项奖	中外乐器演奏	专业艺术教育组
18	傅腾	音乐学院	教学展示（微课）最佳单项奖	钢琴演奏	专业艺术教育组
19	李彦洋	音乐学院	教学展示（微课）最佳单项奖	钢琴演奏	公共艺术教育组
20	韩瑜	音乐学院	专业技能展示最佳单项奖	钢琴演奏	艺术师范教育组
21	张利锋	艺术学院	专业技能展示最佳单项奖	造型表现及书法类	艺术师范教育组
22	傅腾	音乐学院	专业技能展示最佳单项奖	钢琴演奏	专业艺术教育组
23	胡小燕	艺术学院	专业技能展示最佳单项奖	设计应用类	专业艺术教育组
24	李彦洋	音乐学院	专业技能展示最佳单项奖	钢琴演奏	公共艺术教育组
25	盛玥	音乐学院	审美和人文素养展示最佳单项奖	钢琴演奏	艺术师范教育组
26	马晓婷	音乐学院	审美和人文素养展示最佳单项奖	中外乐器演奏	专业艺术教育组

苏州大学首批江苏省"十四五"职业教育规划教材名单

苏教职函〔2022〕9号
2022-03-28
苏大教〔2022〕26号
2022-04-18

序号	教育层次	教材名称	ISBN	作者	学院（部）	出版单位
1	高职	新发展跨文化商务交际英语教程	978-7-5763-0427-5	毛眺源	外国语学院	北京理工大学出版社

苏州大学2022年省级产教融合型品牌专业立项建设名单

苏教高函〔2022〕7号
2022-05-25
苏大教〔2022〕32号
2022-06-09

序号	产教融合型品牌专业名称	专业负责人	结果
1	高分子材料与工程	朱健	建设点
2	纺织工程	潘志娟	培育点

关于公布苏州大学2021年度国家级和省级一流本科专业建设点暨江苏高校品牌专业建设工程二期项目（三批）名单的通知

教高厅函〔2022〕14号
2022-06-07
苏教高函〔2022〕10号
2022-06-07
苏大教〔2022〕60号
2022-08-22

苏州大学2021年度国家级一流本科专业建设点（省品牌专业）名单

序号	专业名称	学院（部）
1	社会学	社会学院
2	运动康复	体育学院
3	汉语国际教育	文学院
4	日语	外国语学院
5	广告学	传媒学院
6	应用心理学	教育学院

续表

序号	专业名称	学院（部）
7	电气工程及其自动化	机电工程学院
8	风景园林	金螳螂建筑学院
9	医学影像学	苏州医学院
10	预防医学	苏州医学院
11	工商管理	商学院
12	行政管理	政治与公共管理学院
13	音乐学	音乐学院
14	视觉传达设计	艺术学院

苏州大学2021年度省级一流本科专业建设点（省特色专业）名单

序号	专业名称	学院（部）
1	思想政治教育	马克思主义学院
2	生物技术	苏州医学院
3	金属材料工程	沙钢钢铁学院
4	新能源材料与器件	能源学院
5	电子科学与技术	电子信息学院
6	轻化工程	纺织与服装工程学院
7	医学检验技术	苏州医学院
8	信息资源管理	社会学院

苏州大学2022年江苏省高校美育精品课程（公共艺术类）建设名单

苏教体艺函〔2022〕47号
2022-08-30
苏大教〔2022〕63号
2022-09-08

序号	课程名称	课程负责人	学院
1	创意、视觉、营销、传播——理解广告	胡明宇	传媒学院
2	江南音乐文化之美	吴磊	艺术教育中心、音乐学院

苏州大学2022年"领航杯"江苏省教师信息素养提升实践活动获奖名单

苏教办信函〔2022〕17号
2022-09-16
苏大教〔2022〕66号
2022-09-24

序号	获奖等级	作品名称	作者	学院（部）	项目
1	一等奖	星芒现象中的物理探究	方亮	物理科学与技术学院	案例
2	二等奖	大国筑记——艺术里的中国"设计素描与色彩"系列美育课程	汤恒亮	金螳螂建筑学院	案例
3	三等奖	大脑中的团队协作——突触	余水长	苏州医学院	微课
4	三等奖	大运河与苏州经济发展	张程娟	社会学院	微课

苏州大学2022年江苏高校省级优秀基层教学组织名单

苏教办信函〔2022〕17号
2022-09-16
苏教高函〔2022〕12号
2022-09-27
苏大教〔2022〕80号
2022-10-18

序号	学院（部）	教研室名称	负责人	类别
1	文学院	汉语言文学专业教研室	曹炜	专业建设类
2	物理科学与技术学院	物理实验及创新竞赛教学团队	方亮	课程（群）教学类
3	苏州医学院	医学机能学虚拟教研室	蒋星红	课程（群）教学类

苏州大学第三批苏州市本科院校优秀教学团队立项建设项目名单

苏教高〔2022〕5号
2022-11-22
苏大教〔2022〕97号
2022-12-05

序号	团队名称	团队负责人	学院（部）
1	吴文化史教学团队	王卫平	社会学院
2	毛泽东思想和中国特色社会主义理论体系概论教学团队	田芝健	马克思主义学院

苏州大学 2022 年江苏省高校微课教学比赛获奖名单

苏大教〔2022〕102 号

2022-12-25

（一）全日制组

序号	作品类型	作品名称	作者	学院（部）	奖别
1	微课	虚拟实践的作用——从元宇宙说起	范俊玉	马克思主义学院	一等奖
2	微课	强国复兴 功成有我——从南京大屠杀档案申遗看档案工作的特点	谢诗艺	社会学院	一等奖
3	微课	知否，知否，沉默的杀手——慢性肾衰竭	邹 芸	苏州医学院	一等奖
4	微课	电力变压器的等值参数——小参数？大影响！小课堂？大使命！	杜贵府	轨道交通学院	二等奖
5	微课	换个角度看域名	杨 哲	计算机科学与技术学院	二等奖
6	微课	运动神经元病的临床表现	庄 圣	苏州医学院	二等奖
7	微课	"打破自反的魔咒"：技术异化解析	杨 静	政治与公共管理学院	三等奖
8	微课	眼睛的近视及矫正——视力保卫战下的中国模式	秦琳玲	光电科学与工程学院	三等奖

（二）继续教育组

序号	作品类型	作品名称	作者	学院（部）	奖别
1	微课	善听弦外之音：语用预设	杨黎黎	文学院	一等奖

苏州大学第十批省重点教材出版名单

苏高教会〔2022〕40号 2022-12-12
苏大教〔2022〕105号 2022-12-23

序号	编号	教材名称	作者	出版社	标准书号（ISBN）	备注	学院（部）
1	2018-1-149	微波技术与天线（第五版）	刘学观 郭辉萍	西安电子科技大学出版社	978-7-5606-6045-5	2018年修订教材	电子信息学院
2	2019-1-090	数字信号处理——理论与应用（第4版）	俞一彪 孙兵	东南大学出版社	978-7-5641-9601-1	2019年修订教材	电子信息学院
3	2020-1-083	创意女装结构造型（第2版）	黄燕敏 胡小燕 李飞跃	中国纺织出版社	978-7-5180-9204-8	2020年修订教材	艺术学院
4	2020-1-103	物理学简明教程（第2版）	江美福 冯秀舟 张力元	苏州大学出版社	978-7-5672-4014-8	2020年修订教材	东吴学院
5	2020-1-106	服装工业制板（第四版）	李正 岳满 张鸣艳	东华大学出版社	978-7-5669-2102-4	2020年修订教材	艺术学院
6	2020-2-211	医学人文关怀	李惠玲 周晓俊	北京大学医学出版社	978-7-5659-2518-4	2020年新编教材	苏州医学院

续表

序号	编号	教材名称	作者	出版社	标准书号（ISBN）	备注	学院（部）
7	2020-2-195	Python编程导论——计算思维实现	赵雷 朱晓旭	清华大学出版社	978-7-302-60161-6	2020年新编教材	计算机科学与技术学院
8	2020-2-203	药理学	张慧灵 HELENA KELLY 镇学初 王光辉	科学出版社	978-7-03-069298-6	2020年新编教材	苏州医学院
9	2020-2-196	自弹自唱教程（小学篇）、自弹自唱教程（中学篇）	冒小瑛 吴磊（小学篇）/ 吴磊 冒小瑛（中学篇）	苏州大学出版社	978-7-5672-3656-1 978-7-5672-3681-3	2020年新编教材	音乐学院
10	2021-2-169	Fundamentals of Photoysics（光物理基础）	张秀娟 揭建胜	苏州大学出版社	978-7-5672-4043-8	2021年新编教材	纳米科学技术学院

苏州大学2022年全日制本科招生就业情况

一、招生情况

（一）招生计划执行情况

江苏省教育厅核准学校普通本科招生计划6 696名。学校在31个省、自治区、直辖市录取高考新生6 689名（含新疆协作计划预科生15名），其中，省内录取3 880名，约占录取人数的58.14%（2021年为57.99%）。

1. 招生计划的编制

招生计划编制工作认真贯彻教育部有关文件精神，落实江苏省委、江苏省教育厅统一部署，完善分专业招生计划安排方案；统筹常态化疫情防控和学校招生工作，优化专业招生区域结构，推进分省分专业招生计划安排的科学性、合理性。足额编制国家支援中西部地区招生协作计划、重点高校招生专项计划、对口援疆计划、南疆单列计划等各类面向中西部、农村与民族地区的招生计划，促进区域协调发展和高等教育入学机会公平。足额编制内地西藏高中班、内地新疆高中班、新疆协作计划、国家民委专项本科招生计划等民族专项招生计划，积极担负边疆和少数民族地区人才培养任务。在把握高考综合改革试点省份招生考试和录取工作实施方案的基础上，结合向社会公布的专业选考科目要求、各省招生政策，合理编制在有关省份的分专业招生计划。这些措施是学校普通本科招生工作平稳有序开展、录取生源相关指标保持稳定的基本保证。

2. 招生计划的执行

2022年，江苏省教育厅核准学校普通本科招生计划6 696名。学校现设的135个本科专业中，共有115个专业按112个专业（类）招生，涵盖16种计划类型。与2021年相比，主要特点如下：

第一，深入贯彻中央关于实现巩固拓展脱贫攻坚成果同乡村振兴有效衔接的有关决策部署，继续安排面向农村和脱贫地区招生的重点高校招生专项计划。统筹安排国家、地方和高校三个专项计划。认真落实教育部关于优化专项计划招生工作流程的要求，对于重点高校招生专项计划，直接安排分省计划录取，并最大限度地保障考生报考机会。

第二，认真落实江苏省教育厅核准的高水平大学本科招生规模，省内招生规模在全国"双一流"高校中处于前列。此外，录取期间学校又增加招生计划27名，用于录取保送生及高水平运动队、体育单招等类型考生。

第三，落实江苏省教育厅部署的师范类专业招生任务，适度扩大招生规模，共安排师范类专业招生计划624名，录取期间又追加计划20余名；体育教育、美术学（师范）、音乐学（师范）专业招生规模基本稳定。

第四，贯彻落实党中央、教育部和江苏省疫情防控工作部署，根据学校艺术类专业招生校考工作方案，参照部分独立设置的本科艺术院校招生办法执行的视觉传达设计、环境设计、产品设计、服装与服饰设计4个艺术类专业，继续试点不编制分省招生计划。

第五，紧密结合本科招生专业与招生专业（类）数量增加、招生计划总量稳定的实际，推进分专业计划结构优化。执行学校有关文件确定的动态调整措施，对17个专业分别做出隔年招生、暂停招生、停止招生、减少计划等调整。满足学院（部）优化生源结构等需要，3个专业和2个双学士学位复合型人才培养项目新增招生，主要对37个专业（类）的招生计划进行了调整。

第六，高考综合改革扩大到14个省份，实行以专业为导向的志愿填报方式，招生计划主要按"院校专业组"或"专业（类）+学校"模式编制，志愿填报单位明显增加。2022年对相关省份（主要是江苏省）普通类本科批次院校专业组的设置方案进行了调整与优化，省内招生专业组由原来的11个（历史类4个、物理类7个）细分为22个，其中，历史类专业组6个，包含39个专业（类）；物理类专业组16个，包含95个专业（类）。

第七，各专业招生计划分省布局适度调整，分省分科类招生计划比例与往年基本一致。以往外省招生计划过于分散、单个专业计划数过少的状况得到改善。在学院（部）招生宣传包干省份，有关专业的招生计划数适当增加。对于录取分数在各省普遍较低的专业，适当减少外省招生计划数或招生省份数，其中，护理学专业主要在江苏省普通类本科批次单列招生。

3. 录取人数情况

2022年，学校实际录取高考新生6 689名，含普通本科生6 674名、新疆协作计划预科生15名。近三年，江苏省录取人数及比重逐年增加。

从省内录取人数分布来看，重点生源地区有苏州（740人）、南通（458人）、南京（350人）、无锡（339人）、常州（316人）、盐城（304人）。从录取中学来看，共涉及347所中学，其中，录取超过20人的重点生源中学有76所，生源数为2 722人，约占70.15%；录取超过30人的重点生源中学有52所，生源数为2 153人，约占55.49%。

（二）生源状况分析

2022年，全国共有14个省份实施新高考，志愿填报与投档录取模式分为两种：一是"院校专业组"模式，考生投档至其所填报的某个院校专业组，专业调剂录取只能在考生所投档的院校专业组内进行，江苏省等9个省份实行这一模式；二是"专业（类）+学校"模式，考生直接投档至其所填报的某个学校的某个专业（类），不存在专业调剂录取，浙江省等5个省份实行这一模式。

学校在各省的整体生源数量充足，生源状况良好，专业志愿满足率持续提高。在江苏省内，专业组细分设置达到预期效果，特别是高分段优质生源增量明显；冷门专业组位次有所下降；体育类、艺术类平行志愿投档线均位列江苏省高校第二。在江苏省外，各省投档线对应考生位次居于生源省份前列，中、东部地区生源质量指标继续稳中有升；在高考综合改革省份，热门专业组与热门专业持续走高，冷门专业组与冷门专业仍然处于低位并有持续走低趋势；西部地区保持稳定，有个别省份出现断档现象。

1. 非中外合作办学

（1）江苏省

体育类、艺术类等提前批次投档线保持平稳（表24）。体育类、美术类、音乐学（声乐)、音乐学（器乐）专业的投档线均位列江苏省高校第二。

表24 江苏省体育类、艺术类录取情况汇总

类别	省控线/分	录取分/分			投档线对应考生的全省位次	投档线在江苏省高校中的排名	
		最低分	平均分	最高分		2022年	2021年
体育历史类	435	518	524.94	546	119	2	2
体育物理类	435	545	550.36	567	66	2	1
美术历史类	390	568	575.86	587	312	2	2
美术物理类	390	557	563.22	583	127	2	2
声乐历史类	145	219	219.89	222	54	2	2
声乐物理类	145	210	210.00	210	1—11之间	2	2
器乐历史类	145	221	222.78	230	91	2	2
器乐物理类	145	225	225.00	225	1—11之间	2	2

2022年，南京大学、南京航空航天大学、河海大学等学校在江苏省共增加招生计划413名，尤其是南京大学增加招生计划192名，这对学校各专业组的位次都会产生不利影响。学校在普通类本科批将招生专业组进行细分，突出新兴优势和特色专业，满足考生个性化需求。一方面，高分生源表现优异。物理类13个专业组，计划量为2 607个；投档线在600分以上的专业组有5个，位次较往年均有大幅提升；录取最低分在600分以上的专业有20个，其中，最高分为626分，其考生被临床医学（"5+3"一体化）专业录取；600分以上的考生有1 125名，约占物理类招生计划的41.2%。历史类4个专业组，计划量为722个，师范类两个专业组投档线为580分，位次稳中有升；其余专业组分数继续保持稳定。另一方面，志愿满足率有所提升。历史类志愿满足率达91.94%（上升1%），物理类志愿满足率达90.59%（上升2.2%）。

学科类师范专业持续走热。历史类中，获得最高分（596分）的考生被英语（师范）专业录取，历史学（师范）、思想政治教育（师范）录取分为580分，师范专业组位次较2021年有所上升；物理类中，英语（师范）专业最低分为600分，物理学（师范）专业最低分为602分。医学类中，临床医学"5+3"单列专业组投档线为613分，和南京医科大学含本硕博专业组的623分相比有一定差距，主要有两个方面的原因：一是南京医科大学的该项目为本硕博项目，二是南京医科大学选考科目为化学或生物，而苏州大学选考科目为化学和生物。五年制临床类专业组苏州大学录取分数线为599分，高于南京医科大学的591分。其他类别中，苏州大学录取分数依旧高于南京医科大学。

和江苏省"双一流"高校相比，学校招生人数位居前列。历史类中，对比专业组最高投档线，南京大学、东南大学、南京师范大学、南京航空航天大学高于苏州大学，主流专业组苏州大学计划量相对较大，南京理工大学（50个计划）比苏州大学高1分，从整

体上看,历史类苏州大学仍然稳居江苏省高校第 5 位。物理类中,由于专业组相对较多,从整体上看,在主流专业组中,南京大学、东南大学、南京航空航天大学、南京理工大学、河海大学的录取分数依旧高于苏州大学,苏州大学高分专业组相对优于南京师范大学,其主流专业组和南京师范大学相当,其部分冷门专业组低于南京师范大学,从整体上看,物理类苏州大学仍然稳居江苏省高校第 6 位。(表 25)

表 25　江苏省普通类本科批录取情况汇总

科类	专业组	省控线/分	录取分/分			投档线对应考生的全省位次	备注	位次较2021年变化情况
			最低分	平均分	最高分			
历史类	专业组 03（不限）	525	580	584	596	3 227	中小学学科类师范专业	17
	专业组 04（不限）	525	574	579	596	4 287	——	-331
	专业组 07（生物）	525	554	561	573	9 529	苏州医学院护理学专业	-1 015
	专业组 08（思想政治）	525	580	582	586	3 227	——	-164
物理类	专业组 16（不限）	516	607	609	614	9 961	金融学（金融+计算机双学士学位培养项目）	3 498
	专业组 17（不限）	516	608	610	614	9 524	特色化示范性软件学院	492
	专业组 18（不限）	516	603	605	613	11 740	未来科学与工程学院	3 193
	专业组 19（不限）	516	581	591	619	25 743	哲学、法学、教育学、文学、管理学等门类相关专业	-10 810
	专业组 20（不限）	516	591	599	613	18 699	工学、理学等门类相关专业	-3 766
	专业组 23（化学）	516	601	603	607	12 733	化学（化学+新能源材料与器件双学士学位培养项目）	6 012

续表

科类	专业组	省控线/分	录取分/分			投档线对应考生的全省位次	备注	位次较2021年变化情况
			最低分	平均分	最高分			
物理类	专业组24（化学）	516	564	584	616	40 275	—	-19 174
	专业组25（化学）	516	585	590	601	22 804	苏州医学院	-1 703
	专业组27（化学或生物）	516	593	595	602	17 336	—	-249
	专业组28（化学或生物）	516	587	593	616	21 372	苏州医学院	-2 067
	专业组29（化学和生物）	516	613	616	626	7 584	苏州医学院"5+3"一体化培养专业	3 227
	专业组30（化学和生物）	516	599	604	615	13 788	苏州医学院	-329
	专业组31（生物）	516	576	578	583	29 715	苏州医学院护理学专业	-1 217

普通类本科批历史类生源主要集中在中间分数段，高分段和低分段生源占比小；物理类生源主要集中在中高分数段，低分段生源占比小。（表26）

表26 江苏省普通类本科批整体生源分布（5分段）

分数段/分	历史类		物理类	
	人数/人	占比/%	人数/人	占比/%
600及以上	—	—	1 125	43.15
595—599	5	0.68	424	16.26
590—594	24	3.28	433	16.61
585—589	120	16.39	264	10.13

续表

分数段/分	历史类		物理类	
	人数/人	占比/%	人数/人	占比/%
580—584	250	34.15	182	6.98
575—579	260	35.52	94	3.61
570—574	56	7.65	43	1.65
565—569	3	0.41	38	1.46
560—564	4	0.55	4	0.15
555—559	8	1.09	—	—
550—554	2	0.27		

（2）非江苏省

在新高考省份，历史类（含综合改革）有10个专业组投档线对应考生位次居于各省前4%以内，占同科类专业组总数的40%，与2021年大致相当；物理类所有17个专业组投档线对应考生位次均居于各省前10%以内，占同科类专业组总数的比例比2021年有明显上升。实行"专业（类）+学校"平行志愿投档的省份，生源明显优于2021年，其中，历史类（含综合改革）招生计划分布在5个省份，最低投档分对应考生位次居于本省前4%以内的省份有4个；物理类招生计划分布在3个省份，最低投档分对应考生位次均居于本省前10%以内。

在实行传统高考的16个省份，学校生源数量充足、生源质量较高，各省录取最低分对应考生位次居于前列。录取考生的最低位次，文科在12个省份位于前4%以内，理科在10个省份位于前10%以内。近三年，文科考生位次居生源省份前5%以内的省份数占比保持在80%以上，理科考生位次居生源省份前10%以内的省份数占比保持在65%以上。（表27）

表27 近三年实行传统高考的16个省份中录取最低分位次情况 单位：个

录取最低分位次占同科类高考报名人数的比重	2022年		2021年		2020年	
	文科	理科	文科	理科	文科	理科
前5%以内	12	3	15	4	15	6
前5%—10%	3	7	0	8	0	6
10%以下	0	5	0	3	0	3
合计	15	15	15	15	15	15

注：不含未公布高考成绩分段统计数据的省份。

从整体上看，在东部、中部地区，投档情况整体呈现稳定态势，特别是在生源大省河南、河北、广东、湖南、安徽、山东、湖北等地。对于实行"院校专业组"投档模式的省份,热门专业组趋热,一般专业组和冷门专业组继续保持低位,如"物理+化学"专业组(纺织类、化学类、材料类、冶金工程等专业)整体降低,专业组间生源差距明显;对于实行"专业(类)+学校"投档模式的省份,冷、热门专业之间分差拉大。在西部地区,大部分省份主要生源指标保持稳定,部分省份略有下降,个别省份出现断档情况。

2. 中外合作办学

中外合作办学招生专业为金融学、新能源材料与器件、物流管理。学校在江苏省生源数量相当充足,公布招生计划208名,实际录取考生210名,各专业招生计划在首轮投档后即告完成。与2021年相比,金融学、新能源材料与器件录取最低分对应考生的全省位次大幅上升。历史类投档线均值居江苏省高校第2位(2021年也为江苏省高校第2位),物理类投档线均值居江苏省高校第4位(2021年为江苏省高校第8位)。

学校在江苏省外共投放招生计划12名,分布于上海、浙江、山东等3个省份。计划完成情况较好,生源质量有所提升。浙江、山东录取最低分超出省控线(特殊类型控制线)的分值均高于2021年。

3. 专业间比较

学校专业众多,受专业现状、就业前景等因素的影响,专业社会认可程度差异较大,导致专业间"冷热不均"。

从近几年录取分数来看,法学类、学科类师范、外语类、经济金融类、医学类、特色化示范性软件学院、双学士学位、未来科学与工程学院、物理学类、电子信息类、纳米材料与技术等填报人数较多,录取分数较高;社会工作、劳动与社会保障、旅游管理、哲学、管理科学、城市管理、物流管理、俄语、德语、朝鲜语、风景园林、历史建筑保护工程、环境工程、化学类、材料类、机械工程、冶金工程、金属材料工程、轻化工程、纺织类、建筑环境与能源应用工程、运动康复、药学、中药学、护理学等25个专业录取分数较低。

分析以上25个相对冷门专业的毕业生的初次毕业去向落实率,有16个专业三年平均初次毕业去向落实率低于80%,其中,环境工程(59.26%)、城市管理(69.03%)、德语(69.98%)、管理科学(70.12%)、俄语(70.40%)、朝鲜语(71.24%)、劳动与社会保障(72.18%)、旅游管理(72.60%)、护理学(73.77%)平均初次毕业去向落实率小于75%。(表28)

表28 有关专业调剂率、毕业去向落实率汇总表

学院(部)	专业	近三年平均调剂率/%	近三年平均去向落实率/%	2022年计划招生数/人
社会学院	社会工作	21.88	76.43	30
	劳动与社会保障	33.81	72.18	30
	旅游管理	60.67	72.60	35
政治与公共管理学院	哲学	13.18	79.68	40
	管理科学	43.31	70.12	31

续表

学院（部）	专业	近三年平均调剂率/%	近三年平均去向落实率/%	2022年计划招生数/人
政治与公共管理学院	城市管理	30.33	69.03	32
	物流管理	33.86	86.57	35
外国语学院	俄语	54.76	70.40	22
	德语	21.64	69.98	21
	朝鲜语	60.00	71.24	25
金螳螂建筑学院	风景园林	27.39	78.16	42
	历史建筑保护工程	18.33	78.29	20
材料与化学化工学部	环境工程	18.33	59.26	20
	化学类	10.86	—	146
	材料类	7.63	—	125
机电工程学院	机械工程	21.26	77.16	138
沙钢钢铁学院	冶金工程	52.21	81.95	90
	金属材料工程	30.17	81.30	89
纺织与服装工程学院	轻化工程	37.62	83.17	85
	纺织类	53.89	—	255
轨道交通学院	建筑环境与能源应用工程	47.46	82.30	53
体育学院	运动康复	50.85	81.22	25
苏州医学院	药学	13.12	84.12	110
	中药学	14.83	78.76	35
	护理学	20.55	73.77	105

注：化学类含化学（师范）、化学、应用化学；材料类含材料科学与工程、高分子材料与工程、功能材料；纺织类含纺织工程、服装设计与工程、非织造材料与工程。

总体调剂率持续下降（图1），说明考生在选择专业时更加理性。

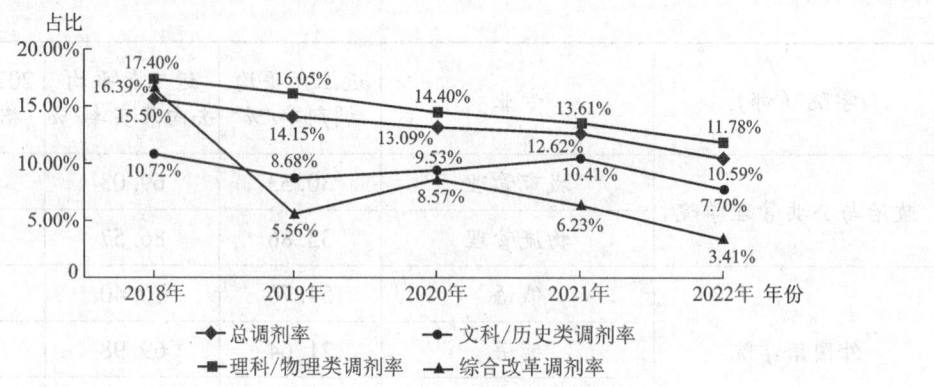

图 1　2018—2022 年各科类及总调剂率情况汇总

注：图中总人数为普通类专业录取人数。

4. 特殊类型招生

保送录取运动员、外语类保送生及艺术类单招、体育单招、高水平运动队生源状况良好。国家专项计划、地方专项计划、高校专项计划、农村订单定向医学生免费培养计划、内地西藏新疆班计划、对口援疆计划、南疆单列计划、国家民委专项本科招生计划、新疆协作计划生源数量充足，顺利完成江苏省教育厅下达的招生任务。地方专项计划"历史+不限""物理+不限"专业组的投档线均居同类型院校专业组首位，生源质量大幅提升。高校专项计划生源质量有所提升，国家专项计划生源质量稳定。

二、就业情况

（一）就业基本情况

2022 届本科毕业生共 6 467 人，本科生初次毕业去向落实率达 82.39%，年终毕业去向落实率为 93.98%，其中，升学占 34.81%，出国（境）留学占 8.41%，各种形式就业占 50.64%，自主创业占 0.12%，待就业占 6.02%。

（二）就业工作开展特色

学校深入贯彻落实党中央、国务院和江苏省委、省政府"稳就业""保就业"决策部署，积极落实学校促进 2022 届本科毕业生就业创业实施意见，努力克服新冠疫情带来的不利影响。通过加强思想引领，促进毕业生多层次就业；启动书记校长访企拓岗专项行动，深入推进校政企合作和供需对接，加快健全市场化社会化就业工作机制；保障岗位供给，提供近 10 万个岗位；细化全程育人，多维度提升就业能力；优化精准服务，多渠道帮扶毕业生就业；加强交流研判，推进就业工作等多项举措做，好本科毕业生就业工作，保障毕业生高质量就业。

（三）就业工作成绩

加强就业指导工作，高质量就业更加突出。2022 届本科生的初次毕业去向落实率达 82.39%（较上届提升 1.46%），升学出国出境率达 43.22%（较上届提升 2.65%），年终毕业去向落实率达 93.98%（较上届提升 1.05%），完成江苏省委、省政府的工作目标。

发布书记校长访企拓岗促就业长效机制实施办法,线上、线下走访企业200余家,拓展岗位2万余个,江苏省委教育工作领导小组主编的《教育工作动态》(2022年第18期)介绍学校开展书记校长访企拓岗促就业活动的工作经验,新华网、中国江苏网等10余家媒体同步报道。撰写的《关于苏州大学毕业生服务苏州发展成效的报告》得到江苏省委常委、苏州市委书记曹路宝及苏州市市长吴庆文的肯定及批示。

2022年度苏州大学科研机构（表29）

表29 2022年度苏州大学科研机构一览表

序号	机构归属	科研机构名称	负责人	成立时间	批文号
1	苏州大学	放射医学研究所	柴之芳	1983-08-30	核安字〔1983〕136号
2	江苏省卫生厅	江苏省血液研究所	阮长耿	1988-06-18	苏卫人〔1988〕20号
3	苏州大学	蚕桑研究所（原蚕学研究所）	李 兵	1989-12-22 2000-11-02	苏蚕委字〔1989〕26号 苏大委〔2000〕59号
4	苏州大学	医学生物技术研究所	居颂光	1990-02-29	核总安发〔1990〕35号
5	苏州大学	中药研究所	秦正红	1991-02-26	核总安发〔1991〕32号
6	中国核工业集团有限公司	中核总核事故医学应急中心	姜 忠	1991-12-07	核总安发〔1991〕213号
7	苏州大学	生化工程研究所（原保健食品研究所）	魏文祥	1993-06-15	核总安发〔1993〕99号
8	苏州大学	比较文学研究中心	吴雨平	1994-04-09	苏大科字〔1994〕16号
9	苏州大学	东吴公法与比较法研究所	王克稳	1994-05-03	苏大科字〔1994〕22号
10	苏州大学	核医学研究所	许玉杰	1994-06-01	核总人组发〔1994〕184号
11	苏州大学	纵横汉字信息技术研究所	钱培德	1994-06-21	苏大科字〔1994〕26号
12	苏州大学	神经科学研究所	刘春风	1995-04-03	核总人组发〔1995〕110号
13	苏州大学	社会与发展研究所	张 明	1995-05-10	苏大〔1995〕28号
14	苏州大学	信息光学工程研究所	陈林森	1995-10-30	苏大〔1995〕52号
15	苏州大学	物理教育研究所	桑芝芳	1995-11-02	苏大科字〔1995〕53号
16	苏州大学	吴文化国际研究中心	王卫平	1996-12-05	苏大〔1996〕28号

续表

序号	机构归属	科研机构名称	负责人	成立时间	批文号
17	苏州大学	辐照技术研究所	朱南康	1996-12-19	核总人组发〔1996〕515号
18	江苏省	苏南发展研究院（培育）	高 峰	1997-04-07 2009-04-20	苏大科字〔1997〕6号 苏社科规划领字〔2009〕11号
19	苏州大学	卫生发展研究中心	徐 勇	1998-04-10	核总人组发〔1998〕133号
20	苏州大学	丝绸科学研究院	陈国强	1999-08-23	苏大委〔1999〕35号
21	苏州大学	信息技术研究所	朱巧明	1999-11-25	苏大委〔1999〕55号
22	苏州大学	现代光学技术研究所	王钦华	2000-05-12	苏大科字〔2000〕14号
23	苏州大学	江苏省数码激光图像与新型印刷工程研究中心	陈林森	2000-09-20	苏科技〔2000〕194号 苏财工〔2000〕131号
24	苏州大学	血液研究所	阮长耿	2000-10-16	苏大委〔2000〕53号
25	苏州大学	大分子设计与精密合成重点实验室（原功能高分子研究所）	朱秀林	2001-03-22 2013-12-26	苏大〔2001〕14号 苏大科技〔2013〕48号
26	苏州大学	儿科医学研究所	冯 星	2001-03-22	苏大〔2001〕14号
27	苏州大学	数学研究所	夏志宏	2001-12-04	苏大办〔2001〕22号
28	苏州大学	中国昆曲研究中心	周 秦	2001-12-12	苏州大学与苏州市政府协议 2001-X211-7
29	苏州大学	水产研究所	叶元土	2002-05-14	苏大科〔2002〕18号
30	苏州大学	外语教育与教师发展研究所（英语语言学研究所）	顾佩娅	2003-12-27 2018-06-25	苏大科〔2003〕84号 苏大办复〔2018〕153号
31	江苏省文化和旅游厅	苏州大学非物质文化遗产研究中心	卢 朗	2006-10-24 2014-11-17	苏大人〔2006〕102号
32	苏州大学	妇女发展研究中心	李兰芬	2006-10-27	苏大办复〔2006〕32号
33	苏州大学	应用数学研究所	曹永罗	2006-10-29	苏大人〔2006〕126号

续表

序号	机构归属	科研机构名称	负责人	成立时间	批文号
34	苏州大学	马克思主义研究院	朱炳元	2007-03-22	苏大人〔2007〕25号
35	苏州大学	东吴书画研究院	华人德	2007-03-23	苏大人〔2007〕27号
36	苏州大学	苏州基层党建研究所	陈建军 周玉玲	2007-06-26 2012-01-11	苏大委〔2007〕26号 苏教社政〔2012〕1号
37	苏州大学	生态批评研究中心	李勇	2007-07-06	苏大人〔2007〕69号
38	苏州大学	地方政府研究所	沈荣华	2007-07-07	苏大人〔2007〕71号
39	苏州大学	肿瘤细胞与分子免疫实验室	徐杨	2007-09-30	苏大人〔2007〕90号
40	苏州大学	化学电源研究所	王海波	2007-10-09	苏大人〔2007〕91号
41	苏州大学	人口研究所	马德峰	2007-10-11	苏大人〔2007〕93号
42	苏州大学	金融工程研究中心	姜礼尚	2007-12-13	苏大人〔2007〕121号
43	苏州大学	系统生物学研究中心	胡广	2007-12-13	苏大人〔2007〕122号
44	苏州大学	生物医用高分子材料实验室	钟志远	2007-12-13	苏大人〔2007〕120号
45	苏州大学	科技查新工作站	—	2008-01-08	苏大科技〔2008〕1号
46	苏州大学	出版研究所	吴培华	2008-01-21	苏大社科〔2008〕1号
47	苏州大学	人力资源研究所	冯成志	2008-04-09	苏大社科〔2008〕3号
48	苏州大学	唐仲英血液学研究中心	吴庆宇	2008-05-19	苏大〔2008〕28号
49	苏州大学	功能纳米与软物质研究院	李述汤	2008-06-05	苏大科技〔2008〕25号
50	苏州大学	新药研发中心	镇学初	2008-06-25	苏大科技〔2008〕28号
51	苏州大学	教育科学研究院	周川	2008-06-30	苏大委〔2008〕37号
52	苏州大学	高性能计算与应用研究所	陈国良	2008-12-08	苏大科技〔2008〕62号
53	苏州大学	骨科研究所	唐天驷 杨惠林	2008-12-31	苏大〔2008〕102号

续表

序号	机构归属	科研机构名称	负责人	成立时间	批文号
54	苏州大学	苏州节能技术研究所	沈明荣	2009-01-05	苏大科技〔2009〕1号
55	苏州大学	嵌入式系统与物联网研究所（原嵌入式仿生智能研究所）	王宜怀	2009-04-20 2016-11-24	苏大科技〔2009〕9号 苏大办复〔2016〕342号
56	苏州大学	社会公共文明研究所	芮国强	2009-06-08	苏大〔2009〕21号
57	苏州大学	廉政建设与行政效能研究所	王卓君	2009-06-24	苏大委〔2009〕37号
58	苏州大学	癌症分子遗传学实验室	张洪涛	2009-09-22	苏大科〔2009〕40号
59	苏州大学	生物制造研究中心	卢秉恒	2009-10-27	苏大科技〔2009〕50号
60	苏州大学	健康中国研究院	陈卫昌	2009-10-13 2018-06-22	苏大〔2009〕44号 苏大科技〔2018〕10号
61	苏州大学	软凝聚态物理及交叉研究中心	马余强	2009-10-10 2010-09-21	苏大科〔2009〕46号 苏大办复〔2010〕276号
62	苏州大学	机器人与微系统研究中心	孙立宁	2010-01-05	苏大科〔2010〕3号
63	苏州大学	高技术产业研究院	陈林森	2010-01-12	苏大人〔2010〕6号
64	苏州大学	生物医学研究院	熊思东	2010-01-16	苏大科〔2010〕8号
65	苏州大学	绿色高分子工程和催化技术实验室	潘勤敏	2010-03-30	苏大科〔2010〕10号
66	苏州大学	捷美生物医学工程仪器联合重点实验室	王振明 陶 智	2010-05-26	苏大科〔2010〕13号
67	苏州大学	台商投资与发展研究所	张 明	2010-06-08	苏大科〔2010〕14号
68	苏州大学	国家心血管病中心苏州大学分中心	沈振亚	2010-10-13	苏大科〔2010〕28号
69	苏州大学	交通工程研究中心	汪一鸣	2010-12-29	苏大科〔2010〕46号

续表

序号	机构归属	科研机构名称	负责人	成立时间	批文号
70	苏州大学	农业生物技术与生态研究院	贡成良	2011-04-06	苏大科〔2011〕23号
71	苏州大学	张家港工业技术研究院	郑军伟	2011-04-13	苏大科〔2011〕27号
72	苏州大学	生物钟研究中心	王晗	2011-05-03	苏大科〔2011〕26号
73	苏州大学	人才测评研究所	冯成志	2011-06-08	苏大〔2011〕21号
74	苏州大学	环境治理与资源化研究中心	徐庆锋	2011-06-30	苏大科〔2011〕32号
75	苏州大学	高等统计与计量经济中心	唐煜	2011-07-13	苏大科〔2011〕34号
76	苏州大学	盛世华安智慧城市物联网研究所	朱巧明	2011-09-28	苏大科〔2011〕36号
77	苏州大学	激光制造技术研究所	石世宏	2011-10-28	苏大科〔2011〕43号
78	苏州大学	地方政府与社会管理研究中心	乔耀章	2011-12-31	苏大科〔2011〕57号
79	苏州大学	古典文献研究所	罗时进	2011-12-31	苏大科〔2011〕58号
80	苏州大学	新媒介与青年文化研究中心	马中红	2012-01-10	苏大社科〔2012〕1号
81	苏州大学	智能结构与系统研究所	毛凌锋	2012-01-20	苏大科技〔2012〕8号
82	苏州大学	典籍翻译研究所	王宏	2012-03-02	苏大社科〔2012〕3号
83	苏州大学	汉语及汉语应用研究中心	曹炜	2012-04-01	苏大社科〔2012〕4号
84	苏州大学	检查发展研究中心	李乐平（胡玉鸿）	2012-04-01	苏大社科〔2012〕6号
85	苏州大学	波动功能材料实验室	高雷	2012-04-11	苏大科技〔2012〕20号
86	苏州大学	东吴哲学研究所	李兰芬	2012-04-27	苏大社科〔2012〕8号

续表

序号	机构归属	科研机构名称	负责人	成立时间	批文号
87	苏州大学	化工创新重点实验室	陈晓东	2012-05-16	苏大科技〔2012〕24号
88	苏州大学	放射医学及交叉学科研究院	柴之芳	2012-06-22	苏大科技〔2012〕28号
89	苏州大学	心血管病研究所	沈振亚	2012-07-01	苏大人〔2012〕54号
90	苏州大学	苏州市现代服务业研究中心（原名：苏州大学·邦城未来城市研究中心）	段进军	2012-07-7 2018-12-17	苏大社科〔2012〕10号 苏大办复〔2018〕271号
91	苏州大学	大分子与生物表界面重点实验室	陈红	2012-08-13	苏大科技〔2012〕29号
92	苏州大学	手性化学实验室	杨永刚	2012-09-24	苏大科技〔2012〕34号
93	苏州大学	网络舆情分析与研究中心	周毅	2012-09-21	苏大社科〔2012〕13号
94	苏州大学	唐仲英医学研究院	吴庆宇	2012-10-11	苏大委〔2012〕34号
95	苏州大学	城市·建筑·艺术研究院	吴永发	2012-10-22	苏大社科〔2012〕15号
96	苏州大学	苏州大学-西安大略大学同步辐射联合研究中心	T. K. SHAM	2012-11-12	苏大科技〔2012〕45号
97	苏州大学	数学与交叉科学研究中心	鄂维南	2012-11-12	苏大科技〔2012〕46号
98	苏州大学	食品药品检验检测中心	秦立强	2012-12-21	苏大科技〔2012〕59号
99	苏州大学	跨文化研究中心	王尧	2013-03-07	苏大社科〔2013〕5号
100	苏州大学	先进树脂基复合材料重点实验室	梁国正	2013-04-15	苏大办复〔2013〕125号
101	苏州大学	呼吸疾病研究所	黄建安	2013-05-09	苏大委〔2013〕29号
102	苏州大学	艺术研究院	姜竹松	2013-06-19	苏大社科〔2013〕6号

续表

序号	机构归属	科研机构名称	负责人	成立时间	批文号
103	苏州大学	苏州基层统战理论与实践研究所	王卓君	2013-09-27	苏大社科〔2013〕10号
104	苏州大学	先进数据分析研究中心	周晓方	2013-09-27	苏大科技〔2013〕17号
105	苏州大学	先进制造技术研究院	孙立宁	2014-01-21	苏大科技〔2014〕3号
106	苏州大学	长三角绿色供应链研究院（原现代物流研究院）	李善良	2014-03-11 2020-09-25 2020-10-10	苏大办复〔2014〕60号 苏大办复〔2020〕141号 苏大社科〔2020〕9号
107	苏州大学	新教育研究院	朱永新	2014-03-12	苏大办复〔2014〕61号
108	苏州大学	剑桥-苏大基因组资源中心	徐璎	2014-03-12	苏大科技〔2014〕6号
109	苏州大学	江南文化研究院（原苏州历史文化研究所）	王国平	2014-03-14 2020-06-18	苏大办复〔2014〕62号 苏大社科〔2020〕6号
110	苏州大学	造血干细胞移植研究所	吴德沛	2014-03-18	苏大委〔2014〕9号
111	苏州大学	东吴智库（原东吴智库文化与社会发展研究院）	段进军	2014-04-02 2020-06-01	苏大办复〔2014〕91号 苏大办复〔2019〕67号
112	苏州大学	功能有机高分子材料微纳加工研究中心	路建美	2014-04-14	苏大科技〔2014〕14号
113	苏州大学	江苏省产业技术研究院纺织丝绸技术研究所	陈国强	2014-04-17	苏大科技〔2014〕16号
114	苏州大学	人类语言技术研究所	张民	2014-05-19	苏大科技〔2014〕21号
115	苏州大学	等离子体技术研究中心	吴雪梅	2014-06-17	苏大科技〔2014〕23号
116	苏州大学	电影电视艺术研究所	倪祥保	2014-06-23	苏大办复〔2014〕207号
117	苏州大学	东吴国学院	王锺陵	2014-10-30	苏大办复〔2014〕443号

续表

序号	机构归属	科研机构名称	负责人	成立时间	批文号
118	苏州大学	先进光电材料重点实验室	李永舫	2014-11-20	苏大科技〔2014〕46号
119	苏州大学	苏州市公共服务标准化研究中心	江波	2014-12-08	苏大办复〔2014〕484号
120	苏州大学	海外汉学研究中心	季进	2015-01-07	苏大办复〔2015〕3号
121	苏州大学	中国现代通俗文学研究中心	汤哲声	2015-01-20	苏大办复〔2015〕14号
122	苏州大学	转化医学研究院	时玉舫	2015-05-22	苏大委〔2015〕32号
123	苏州大学	放射肿瘤治疗学研究所	田野	2015-05-24	苏大科技〔2015〕22号
124	苏州大学	骨质疏松症诊疗技术研究所	徐又佳	2015-05-24	苏大科技〔2015〕23号
125	苏州大学	能量转换材料与物理研究中心	李亮	2015-06-07	苏大科技〔2015〕24号
126	苏州大学	融媒体发展研究院	陈一	2015-08-04	苏大办复〔2015〕218号
127	苏州大学	国际骨转化医学联合研究中心	杨惠林 THOMAS J. WEBSTER	2015-10-13	苏大科技〔2015〕29号
128	苏州大学	语言与符号学研究中心	王军	2015-11-06	苏大办复〔2015〕296号
129	苏州大学	中国历史文化名城（苏州）研究院	吴永发	2015-11-07	苏大办复〔2015〕297号
130	苏州大学	机器学习与类脑计算国际合作联合实验室	李凡长	2016-01-07	苏大科技〔2016〕1号
131	苏州大学	细胞治疗研究院	蒋敬庭	2016-03-11	苏大科技〔2016〕7号
132	苏州大学	儿科临床研究院	冯星	2016-04-13	苏大人〔2016〕28号
133	苏州大学	基础教育研究院	陈国安	2016-09-19	苏大委〔2016〕46号

续表

序号	机构归属	科研机构名称	负责人	成立时间	批文号
134	苏州大学	空间规划研究院	严金泉	2016-11-14	苏大办复〔2016〕325号
135	苏州大学	工业测控与设备诊断技术研究所	朱忠奎	2016-12-16	苏大科技〔2016〕20号
136	苏州大学	能源与材料创新研究院	彭扬	2017-01-13	苏大人〔2017〕10号
137	苏州大学	江苏体育健康产业研究院	王家宏	2017-01-13	苏大社科〔2017〕2号
138	苏州大学	高等研究院	M. KOSTERLITZ 凌新生	2017-05-19	苏大科技〔2017〕11号
139	苏州大学	生物医学工程研究院	周如鸿	2017-09-11	苏大办复〔2017〕282号
140	苏州大学	高性能金属结构材料研究院	长海博文	2017-09-22	苏大科技〔2017〕19号
141	苏州大学	"一带一路"发展研究院（老挝研究中心）	波松·布帕万（院长）钮菊生（中心主任）	2017-10-12 2018-03-10	苏大社科〔2017〕12号 苏大办复〔2018〕53号
142	苏州大学	人工智能研究院	凌晓峰	2017-11-02	苏大科技〔2017〕21号
143	苏州大学	分子科学研究院	李永舫	2017-12-04	苏大科技〔2017〕24号
144	苏州大学	地方治理研究院（原社会组织与社会治理研究院）	陈进华	2017-12-04 2019-11-25	苏大办复〔2019〕184号 苏大社科〔2017〕13号
145	苏州大学	范小青研究中心	房伟	2017-12-13	苏大办复〔2017〕390号
146	苏州大学	智慧供应链研究中心	赖福军	2018-01-12	苏大人〔2018〕42号
147	苏州大学	动力系统与微分方程研究中心	曹永罗	2018-03-11	苏大人〔2018〕41号
148	苏州大学	药物研究与转化交叉研究所	缪丽燕	2018-06-07	苏大科技〔2018〕8号

续表

序号	机构归属	科研机构名称	负责人	成立时间	批文号
149	苏州大学	资本运营与风险控制研究中心	权小锋	2018-06-11	苏大办复〔2018〕136号
150	苏州大学	新时代企业家研究院	黄鹏	2018-07-10	苏大办复〔2018〕172号
151	苏州大学	国家监察研究院	李晓明	2018-08-09	苏大办复〔2018〕190号
152	苏州大学	国际税收战略研究与咨询中心	周高	2018-08-19	苏大办复〔2018〕193号
153	苏州大学	微创神经外科研究所	兰青	2018-09-12	苏大科技〔2018〕15号
154	苏州大学	博雅达空间规划协同创新中心	严金泉	2018-11-30	苏大科技〔2018〕21号
155	苏州大学	中国昆曲评弹研究院	吴磊	2018-12-26	苏大办复〔2018〕278号
156	苏州大学	阔地智慧教育研究院	冯成志	2018-12-26	苏大办复〔2018〕279号
157	苏州大学	苏州大运河文化带建设研究院	江涌	2019-01-02	苏大社科〔2018〕4号
158	苏州大学	中国大城市发展研究院	王龙江	2019-01-03	苏大办复〔2019〕2号
159	苏州大学	江苏对外传播研究院	陈龙	2019-04-04	苏大办复〔2019〕32号
160	苏州大学	自由贸易区综合研究中心	王俊	2019-05-06	苏大办复〔2019〕61号
161	苏州大学	影像医学研究所	胡春洪	2019-05-13	苏大科技〔2019〕23号
162	苏州大学	运动康复研究中心	王国祥	2019-07-05	苏大办复〔2019〕114号
163	苏州大学	分子酶学研究所	王志新	2019-09-05	苏大人〔2019〕67号
164	苏州大学	交叉医学研究中心	熊思东	2019-10-24	苏大委〔2019〕102号
165	苏州大学	先进材料国际合作联合中心	于吉红	2019-11-07	苏大委〔2019〕111号
166	苏州大学	建设性新闻研究中心	陈龙	2019-11-12	苏大办复〔2019〕177号
167	苏州大学	金羲智慧幼儿体育研究中心	王家宏	2020-01-10	苏大办复〔2020〕4号 苏大社科〔2020〕5号

续表

序号	机构归属	科研机构名称	负责人	成立时间	批文号
168	苏州大学	中医哲学研究中心	程雅君	2020-04-03	苏大办复〔2020〕15号 苏大社科〔2020〕5号
169	苏州大学	心身胃肠病学研究所	曹建新	2020-05-20	苏大科技〔2020〕17号
170	苏州大学	高分子精准合成研究所	张正彪	2020-06-29	苏大科技〔2020〕30号
171	苏州大学	泌尿及肾脏病研究所	侯建全	2020-09-03	苏大科技〔2020〕41号
172	苏州大学	师范教育科学研究院	张曙	2020-09-02	苏大办复〔2020〕120号
173	苏州大学	退役军人事务研究院	黄学贤	2020-10-09	苏大办复〔2020〕145号 苏大社科〔2020〕8号
174	苏州大学	应急管理研究院	黄建洪	2020-10-10	苏大办复〔2020〕147号 苏大社科〔2020〕11号
175	苏州大学	苏州直播电商研究院	陈龙	2020-11-20	苏大办复〔2020〕165号 苏大社科〔2020〕16号
176	苏州大学	凤凰·苏州大学语言文学研究与出版中心	曹炜 王瑞书	2020-12-09	苏大社科〔2020〕17号
177	苏州大学	文化和旅游发展研究院	黄泰	2021-01-16	苏大办复〔2021〕5号 苏大社科〔2021〕3号
178	苏州大学	消化系统疾病研究所	陈卫昌 李锐	2021-01-16	苏大科技〔2021〕12号
179	苏州大学	体外造血研究中心	王建荣	2021-04-06	苏大科技〔2021〕27号
180	苏州大学	竞争政策与反垄断研究中心	周高 方新军	2021-04-25	苏大办复〔2021〕28号 苏大社科〔2021〕7号
181	苏州大学	民办教育研究中心	王一涛	2021-07-07	苏大办复〔2021〕64号 苏大社科〔2021〕8号
182	苏州大学	信息材料与电子对抗研究中心	羊箭锋	2021-07-15	苏大科技〔2021〕50号
183	苏州大学	麻醉学研究所	嵇富海	2021-08-02	苏大科技〔2021〕54号

续表

序号	机构归属	科研机构名称	负责人	成立时间	批文号
184	苏州大学	东亚历史文化研究中心	武向平	2021-10-09	苏大办复〔2021〕90号 苏大社科〔2021〕14号
185	苏州大学	绿色建筑国际研究中心	沈景华	2021-10-11	苏大科技〔2021〕70号
186	苏州大学	离子通道病研究中心	陶金	2021-10-11	苏大科技〔2021〕71号
187	苏州大学	核医学与分子影像临床转化研究所	王跃涛	2021-10-14	苏大科技〔2021〕72号
188	苏州大学	顾炎武研究中心	周可真 朱光磊	2021-11-10	苏大办复〔2021〕91号 苏大社科〔2021〕17号
189	苏州大学	智能社会与数据治理研究院	周毅	2021-12-01	苏大办复〔2021〕100号 苏大社科〔2021〕19号
190	苏州大学	高血压研究所	周亚峰	2022-01-12	苏大科技〔2022〕2号
191	苏州大学	脑卒中研究所	方琪	2022-01-12	苏大科技〔2022〕3号
192	苏州大学	微创骨科研究中心	芮永军	2022-01-12	苏大科技〔2022〕4号
193	苏州大学	重症医学研究所	郭强	2022-01-25	苏大科技〔2022〕14号
194	苏州大学	康复研究所	苏敏	2022-01-25	苏大科技〔2022〕15号
195	苏州大学	江苏戏曲研究中心	王宁	2022-06-28	苏大办复〔2022〕34号 苏大社科〔2022〕9号
196	苏州大学	公共健康政策研究院	王俊华	2022-06-28	苏大办复〔2022〕35号 苏大社科〔2022〕8号
197	苏州大学	国基前沿科技创新研究院	王殳凹	2022-07-15	苏大委〔2022〕100号
198	苏州大学	核环保与核技术研究院	王殳凹	2022-07-15	苏大委〔2022〕101号
199	苏州大学	孤独症研究中心	刘电芝	2022-08-19	苏大办复〔2022〕59号 苏大社科〔2022〕11号

续表

序号	机构归属	科研机构名称	负责人	成立时间	批文号
200	苏州大学	江苏省先进负碳技术重点实验室	张晓宏	2022-10-25	苏大〔2022〕20号
201	苏州大学	东吴资本市场研究院	冯博	2022-11-10	苏大办复〔2022〕85号 苏大社科〔2022〕21号
202	苏州大学	中巴犍陀罗 Gandara 文化艺术中心	曹炜	2022-12-13	苏大办复〔2022〕95号 苏大社科〔2022〕22号

科研成果与水平

2022年度苏州大学科研成果情况（表30）

表30 2022年度苏州大学科研成果情况一览表

单位	获奖成果/个	专利授权/项	软件著作权授权/项	SCIE/篇	EI/篇	CPCI-S/篇
文学院	4	0	0	0	0	0
传媒学院	4	0	0	0	0	0
社会学院	5	0	0	0	0	0
政治与公共管理学院	5	0	0	0	0	0
马克思主义学院	1	0	0	0	0	0
教育学院	6	0	0	0	0	0
商学院	7	0	0	0	0	0
东吴学院	0	0	2	0	0	0
红十字国际学院	1	0	0	0	0	0
王健法学院	4	0	0	0	0	0
外国语学院	3	1	0	0	0	0
体育学院	3	7	0	0	0	0
艺术学院	2	23	0	0	0	0
音乐学院	0	0	1	0	0	0
金螳螂建筑学院	0	50	2	14	4	0
数学科学学院	4	0	2	84	0	0

续表

单位	获奖成果/个	专利授权/项	软件著作权授权/项	SCIE/篇	EI/篇	CPCI-S/篇
物理科学与技术学院	2	47	12	125	11	0
光电科学与工程学院	2	148	11	77	45	5
能源学院	0	39	0	122	1	0
材料与化学化工学部	6	234	0	538	0	0
计算机科学与技术学院	1	72	128	62	89	14
电子信息学院	2	114	64	46	45	2
机电工程学院	16	126	55	121	48	0
沙钢钢铁学院	0	28	6	59	1	0
纺织与服装工程学院	9	215	5	173	30	1
轨道交通学院	6	68	65	89	31	42
功能纳米与软物质研究院	6	91	0	349	0	0
苏州医学院	16	217	15	614	3	0
苏州大学附属第一医院	17	0	0	406	0	0
苏州大学附属第二医院	18	0	0	350	0	0
苏州大学附属第三医院	0	0	0	99	0	0
苏州大学附属儿童医院	11	0	0	98	0	0
苏州大学附属独墅湖医院	5	0	0	114	0	0
其他单位	6	0	0	9	0	0
合计	172	1 480	368	3 549	308	64

2022 年度苏州大学科研成果获奖情况

一、自然科学研究成果获奖情况

1. 高等学校科学研究优秀成果奖（科学技术）（7 项）（表 31）

表 31　高等学校科学研究优秀成果奖（科学技术）获奖情况一览表

序号	项目名称	完成单位	完成人	获奖等级
1	动力系统的几何理论与遍历理论	苏州大学	曹永罗　杨大伟　赵云	自然科学一等奖
2	高效有机光伏材料的烷硫基侧链工程	苏州大学、中国科学院化学研究所、香港浸会大学	崔超华　李永舫　宾海军　张志国　黄维扬　吴月　董颖莹　何志才	自然科学二等奖
3	聚离子液体电解质的创制与应用	苏州大学	严锋　孙哲　郭江娜　潘霆	自然科学二等奖
4	机械装备微弱瞬态信息自适应匹配增强与早期故障诊断方法	苏州大学	朱忠奎　黄伟国　江星星　沈长青　石娟娟　王俊	自然科学二等奖
5	面向能源小分子的电催化材料设计与调控	苏州大学	李彦光　黄文静　韩娜　龚秋芳　黄洋　李述汤	自然科学二等奖
6	脊柱脊髓损伤外科治疗策略创新及推广应用	苏州大学、苏州大学附属第一医院、南通市第一人民医院	陈亮　杨惠林　崔志明　顾勇　耿德春　朱雪松　汪凌骏　郝焜　陶云霞　冯煜　蔡峰　徐冠华　张金龙	科技进步二等奖
7	基于多酸分子平台的高效析氢电催化剂设计与制备	东北师范大学、苏州大学	李阳光　谭华桥　康振辉　郎中玲　马媛媛　秦超	自然科学二等奖

2. 中国青年科技奖（1项）（表32）

表32　中国青年科技奖获奖情况一览表

序号	人选	完成单位	获奖等级
1	何耀	苏州大学	中国青年科技奖

3. 国防科技进步奖（1项）（表33）

表33　国防科技进步奖获奖情况一览表

序号	项目名称	完成单位	完成人	获奖等级
1	纳米药物增强肺癌放射免疫治疗效果的机制研究	核工业总医院（苏州大学附属第二医院）、苏州大学	陈勇兵　沈明敬　殷黎晨　朱蓉英　段善州　陈东来	三等奖

4. 江苏省科学技术奖（24项）（表34）

表34　江苏省科学技术奖获奖情况一览表

序号	项目名称	完成单位	完成人	获奖等级
1	腰骶椎退变性疾病机制及外科治疗体系建立及应用	苏州大学附属第一医院	陈亮　顾勇　朱雪松　毛海青　耿德春　冯煜　汪凌骏　蔡峰　王志荣　郝焜	一等奖
2	免疫治疗新技术在恶性血液病中的临床转化及推广应用	苏州大学附属第一医院、上海优卡迪生物医药科技有限公司	吴德沛　唐晓文　徐杨　陈佳　俞磊　傅琤琤　吴小津　赵晔　刘立民　薛胜利　康立清	一等奖
3	神经外科锁孔微创手术技术体系的建立及其临床推广应用	苏州大学附属第二医院、首都医科大学附属北京天坛医院、福建医科大学附属第一医院、天津医科大学总医院、复旦大学附属华山医院	兰青　赵继宗　康德智　岳树源　朱巍　张东　朱卿　余良宏	一等奖

续表

序号	项目名称	完成单位	完成人	获奖等级
4	大面积微纳结构功能化关键技术及立体成像应用	苏州苏大维格科技集团股份有限公司、苏州大学、苏州维旺科技有限公司	陈林森 乔 文 浦东林 张 恒 刘晓宁 任家安 杨 颖 华鉴瑜 杨 明 罗明辉 赵改娜	一等奖
5	可印刷柔性太阳能电池关键材料开发与器件应用	苏州大学、中国科学院化学研究所	李耀文 李永舫 姚建林 陈炜杰 崔超华 陈海阳 许桂英	二等奖
6	面向肿瘤高灵敏诊断及微环境定量可视化的智能探针研究	苏州大学、苏州大学附属第一医院	高明远 史海斌 曾剑峰 陈卫昌 侯 毅 汪 勇 纪顺俊 张沛森 马天从 尹 玲	二等奖
7	儿童慢性咳嗽病因研究及精准诊治关键技术创新	苏州大学附属儿童医院、重庆医科大学附属儿童医院	郝创利 王宇清 刘恩梅 于兴梅 顾文婧 蒋吴君 张新星 邓 昱 陆燕红 黄 莉 孙惠泉	二等奖
8	颅内动脉瘤微创治疗体系及脑保护研究平台的建立	苏州大学附属第一医院	王 中 孙晓欧 陈周青 王 伟 李海英 朱 昀 马 超 王紫兰 孟嘉皓 黄亚波 周 岱	二等奖
9	高精高效激光光内送粉喷头与熔覆成形技术及应用	苏州大学、苏州天弘激光股份有限公司、苏州柯莱得激光科技有限公司、山东能源重装集团大族再制造有限公司	石世宏 石 拓 金朝龙 朱刚贤 傅戈雁 史建军 夏志新 周 亮 孙承峰 吉绍山 程炳教	二等奖
10	高性能OLED光源的器件结构、发光材料及制造装备	江苏集萃有机光电技术研究所有限公司、苏州大学、维思普新材料（苏州）有限公司、苏州方昇光电股份有限公司、苏州久显新材料有限公司	廖良生 王照奎 蒋佐权 陈 华 武启飞 丁 磊 崔林松 张业欣 陈 敏 袁晓冬	二等奖

续表

序号	项目名称	完成单位	完成人	获奖等级
11	偏头痛的离子通道调控机制及药物靶点研究	苏州大学、苏州大学附属第二医院、同济大学附属东方医院（上海市东方医院）	陶　金　张　园　蒋星红 钱志远　王　华　孙玉芳 单立冬　朱　奇	三等奖
12	脑卒中血压管理新策略和预后标志及人群发病风险防控	苏州大学、南通大学附属医院	张永红　朱正保　仲崇科 徐　添　郭道迟　许　锬 王艾丽　尹洁云	三等奖
13	多巴胺能神经元变性中线粒体功能障碍、蛋白稳态和神经炎症的作用及其干预	苏州大学、太仓市第一人民医院、苏州科技城医院、苏州大学附属儿童医院	王光辉　任海刚　陆小军 郝宗兵　王　锐　翟万庆 夏春林　郭东凯　顾　超	三等奖
14	新型量子点材料的设计制备及其高性能光伏器件	苏州大学	马万里　迟力峰　袁建宇 刘泽柯　汪永杰　凌旭峰 崔泽群　杨　迪　韩　璐 朱湘湘	三等奖
15	放射性大脑神经功能损伤防治新靶点及其机制研究	苏州大学附属第二医院、苏州市立医院	田　野　张力元　冀胜军 张奇贤　蔡　尚　徐美玲 徐莹莹	三等奖
16	无水介质衣物护理关键技术的研发与产业化	无锡小天鹅电器有限公司、苏州大学	高　源　周存玲　辛　煜 章松发　崔阅馨　王　宸 牟秋启	三等奖
17	电梯钢丝绳连接装置（绳头锥套）的关键技术及产业化	南通昌荣机电有限公司、苏州大学	蔡卫东　王春举　王海峰 陈　涛　杨本志　程利冬 杨根山　贺海东　裴辉辉 陈　为　马　飞	三等奖
18	柔性3D集成成像薄膜关键技术创新及应用	昇印光电（昆山）股份有限公司、苏州大学	高育龙　申　溯　张　健 杨广舟　刘立冬　洪　莘 孙　超　张海英　张　晟	三等奖
19	面向全球能源互联的超低损耗大有效面积光纤光缆关键技术及产业化	中天科技光纤有限公司、苏州大学、江苏中天科技股份有限公司、中天科技精密材料有限公司、中天电力光缆有限公司、国家电网有限公司信息通信分公司	沈一春　曹珊珊　高明义 刘志忠　王　震　徐海涛 何仓平　陈京京　邓　黎 徐拥军　杨郭杰	三等奖

续表

序号	项目名称	完成单位	完成人	获奖等级
20	基于纳米操作机器人技术的精密检测仪器及应用	江苏集萃微纳自动化系统与装备技术研究所有限公司、苏州大学、苏州科技大学、江苏集萃功能材料研究所有限公司、上海微谱检测科技集团股份有限公司	汝长海　孙立宁　朱军辉　任天斌　王勇　KO LUN CHEN（陈科纶）　吴杰　陶重犇	三等奖
21	胸腹腔微创手术规划与导航关键技术创新	中国科学院苏州生物医学工程技术研究所、苏州大学附属第一医院、苏州大学	高欣　倪才方　夏威　刘仰川　王加俊　李智	三等奖
22	新型显示面板智能化检测与修复生产线研发与产业化	苏州精濑光电有限公司、苏州大学、扬州大学、武汉精测电子集团股份有限公司	王明娣　叶坤　戴敏　翁桂荣　商秋锋　朱涛　欧昌东　张善文	三等奖
23	免染低碳原位聚合着色聚酰胺6及纤维产业化关键技术	海阳科技股份有限公司、苏州大学、江苏海阳锦纶新材料有限公司、江苏同欣化纤有限公司、海阳科技（江苏）研究院有限公司、长乐力恒锦纶科技有限公司、福建省恒新纤维材料有限公司	封其都　陈国强　陈建新　吉增明　常广涛　陈亮　丁锋　刘茂华　李若欣　陈立军　陆灯红	三等奖
24	卵巢功能减退的相关机制及辅助生殖技术治疗的基础与临床转化应用研究	苏州大学附属第一医院、江苏省人民医院、苏州市立医院（北区）、苏州贝康医疗器械有限公司	茅彩萍　伯乐　周卫琴　崔毓桂　邱剑萍　梁波　孔令印　徐文丹　王娟　潘艳平　孙婧文	三等奖

5. 中国医疗保健国际交流促进会华夏医学科技奖（4项）（表35）

表35　中国医疗保健国际交流促进会华夏医学科技奖获奖情况一览表

序号	项目名称	主要完成单位	主要完成人	获奖等级
1	P2X受体DNA去甲基化增强介导慢性疼痛	苏州大学、苏州大学附属第二医院	徐广银　周友浪　胡淑芬　张弘弘　胡　吉　王前亮　沈碧玉　蒋星红	二等奖
2	消化道肿瘤诊疗关键技术创新及临床应用	苏州大学附属第三医院、中南大学湘雅医院、苏州大学	蒋敬庭　石亮荣　朱一蓓　陈陆俊　郑　晓　吴　骏　季　枚　邵英杰　胡文蔚　刘颖婷　顾文栋　张大川　徐　斌　廖伟华　吴昌平	三等奖
3	股前外侧区双叶穿支皮瓣的血供类型及临床应用研究	苏州大学附属瑞华医院、苏州大学	巨积辉　柳志锦　金光哲　熊　胜　周　荣　唐林峰　张广亮　蒋国栋　赵　强　刘胜哲　张　苹　傅　奕　侯瑞兴　李　雷　刘跃飞	三等奖
4	下肢深静脉血栓的治疗理念创新及临床应用	南京大学医学院附属鼓楼医院（南京鼓楼医院）、苏州大学附属第二医院、苏州市中医医院	李晓强　钱爱民　李文东　戎建杰　肖　伦　桑宏飞　乔　彤　姜　坤	三等奖

6. 中国商业联合会科学技术奖（7项）（表36）

表36　中国商业联合会科学技术奖获奖情况一览表

序号	项目名称	主要完成单位	主要完成人	获奖等级
1	异育银鲫重大疾病防控关键技术研究与示范	苏州大学、江苏省渔业技术推广中心、南京农业大学、江苏农牧科技职业学院	贡成良　胡小龙　袁　锐　董雨豪　叶元土　袁　圣　章晋勇　邢文翔　陈　静　宋新成　孙浩波　鲍胜华　郁陈力　张金昕　颜彩虹	二等奖

续表

序号	项目名称	主要完成单位	主要完成人	获奖等级
2	纳米纤维多场耦合批量化生产装备及过滤与防护膜开发应用	苏州大学、中亿丰建设集团股份有限公司、常熟理工学院、南通醋酸纤维有限公司、浙江华祥福医用器材有限公司、山东天凤新材料有限公司、江苏三丰特种材料科技有限公司、现代丝绸国家工程实验室（苏州）	刘福娟　张　楠　魏　凯　徐　岚　张　丽　刘国亮　何吉欢　王跃飞　汪恩锋　崔宪峰　姚　明	二等奖
3	地铁盾构隧道高性能同步注浆材料研发及智能化施工技术	苏州大学、北京住总集团有限责任公司、浙江大学、中铁二院华东勘察设计有限责任公司	刘　维　付春青　梁家馨　贾鹏蛟　成　明　申文明　张　功　徐向阳　杨　超　黄钰程	二等奖
4	有毒重气泄露浓度实时预测及其应急救援资源动态调度	苏州大学、苏州工业园区安全生产监察大队	杨宏兵　姚　骏　王传洋	三等奖
5	智能制造背景下芯片表面缺陷检测技术研发及推广应用	苏州大学应用技术学院、苏州富鑫林光电科技有限公司、天水华天科技股份有限公司、苏州江锦自动化科技有限公司、上海捷策创电子科技有限公司、苏州科宝光电科技有限公司、昆山昆博智能感知产业技术研究院有限公司、苏州智能制造产业协会	尤凤翔　张　剑　宋　巍　彭　成　王　婷　任　勇　田宏伟　王文利　王海霞　吴社竹　吕　剑　陈立国　苏佳宁　唐　熠	三等奖
6	高承载耐磨减摩塑料轴承关键技术及产业化应用	江南大学、浙江长盛塑料轴承技术有限公司、无锡职业技术学院、江苏扬子鑫福造船有限公司、苏州大学	卞　达　陈　义　马赞兵　徐　智　黄国栋　王永光　赵永武　吕　洁　贾晓华	一等奖

续表

序号	项目名称	主要完成单位	主要完成人	获奖等级
7	差别化微胶囊的制备，后整理关键技术及其产业化应用	紫罗兰家纺科技股份有限公司、苏州大学	赵荟菁 孟 凯 陈 凤 葛 玲 刘金抗 汪明星 陈永兵	二等奖

7. 中国化工学会科学技术奖（1项）（表37）

表37 中国化工学会科学技术奖获奖情况一览表

序号	项目名称	主要完成单位	主要完成人	获奖等级
1	高分子结构设计与精准合成	苏州大学	张正彪 程振平 朱 健 张 伟 朱秀林 周年琛 张丽芬 潘向强 黄智豪	基础研究成果一等奖

8. 中国产学研合作促进会奖（3项）（表38）

表38 中国产学研合作促进会奖获奖情况一览表

序号	项目名称	主要完成单位	主要完成人	获奖等级
1	激光光内送粉增材制造技术研发与推广应用	苏州大学、华中科技大学、武汉武钢华工激光大型装备有限公司、苏州天弘激光股份有限公司、南京中科煜宸激光技术有限公司	石 拓 石世宏 秦应雄 史建军 柳 洁 金朝龙 傅戈雁 刘昌勇 唐霞辉 程炳焱	中国产学研创新成果奖二等奖
2	中国产学研合作促进会创新奖（个人）	苏州大学	杨 勇	中国产学研创新个人奖
3	中国产学研合作促进会工匠精神奖	苏州大学	樊 成	中国产学研工匠精神奖

9. 中国辐射防护学会科技术奖（1项）（表39）

表39 中国辐射防护学会科技术奖获奖情况一览表

序号	项目名称	主要完成单位	主要完成人	获奖等级
1	放射性皮肤损伤救治新技术的研究	四川大学、苏州大学、成都医学院	张舒羽 曹建平 余道江 焦旸 李昌龙 张琦 张媛媛 朱巍	二等奖

10. 中国纺织工业联合会科学技术奖（7项）（表40）

表40 中国纺织工业联合会科学技术奖获奖情况一览表

序号	项目名称	主要完成单位	主要完成人	获奖等级
1	基于纳米分散技术原液着色抗菌抗病毒多功能聚酯纤维开发与产业化	南通大学、新凤鸣集团湖州中石科技有限公司、旷达纤维科技有限公司、苏州大学、桐乡市中辰化纤有限公司	徐思峻 胡兴其 吴双全 沈虹 陈宇岳 张德锁	技术发明二等奖
2	高档衬布生产全流程疵点检测系统与智能化专用定形机的研发及应用	维柏思特衬布（南通）有限公司、苏州大学、江苏海大纺织机械股份有限公司、苏州佳赛特智能科技有限公司	何志勇 沈荣 张弘 孙立宁 陈丽洁 林嵩 袁天华 翁桂荣 张忍 钱森	科技进步二等奖
3	ISO 21046：2018 丝蚕丝纱线纤度试验方法	浙江丝绸科技有限公司、苏州大学、杭州海关技术中心、中纺标检验认证股份有限公司、成都海关技术中心	许建梅 李鹏 伍冬平 徐进 斯颖 周颖 蒋小葵	科技进步二等奖
4	纤维用高可纺性聚酯功能色母粒开发关键技术及产业化应用	苏州宝丽迪材料科技股份有限公司、东华大学、苏州大学、上海朗亿功能材料有限公司、上海工程技术大学、江苏国望高科纤维有限公司	吉鹏 徐毅明 谢伟 王华平 张翠竹 于金超 江振林 唐晓峰 梅锋 杨军辉 王朝生 纪顺俊 田雪峰 侯文杰 李林	科技进步二等奖

续表

序号	项目名称	主要完成单位	主要完成人	获奖等级
5	舒适型防水透湿多层针织复合面料生产关键技术	东华大学、浙江得伟纺织科技有限公司、苏州大学、江南大学	陈晴 冒海文 张悦欢 傅白璐 郑嵘 马博谋 张晓婷	科技成果优秀奖
6	金属有机框架（MOFs⁻）多功能纺织材料的开发与产业化	苏州大学、清华大学、芜湖聚创新材料有限责任公司	洪岩 刘春玉 杨勇 陈舟 姜川 杨爽 张德锁 韩若男	科技成果优秀奖
7	睡袋的热阻和使用温度的测定方法标准研究	苏州大学、上海纺织集团检测标准有限公司、南通纺织丝绸产业技术研究院、南京市产品质量监督检验院（南京市质量发展与先进技术应用研究院）、南通大学、惠州学院、上海踏石测试技术有限公司	卢业虎 何佳臻 杨秀月 赵敏华 张成蛟 陈学军 潘进	科技成果优秀奖

11. 中国施工企业管理协会科技奖（1项）（表41）

表41 中国施工企业管理协会科技奖获奖情况一览表

序号	项目名称	主要完成单位	主要完成人	获奖等级
1	基于新型填充材料的盾构下穿微扰动控制技术	北京住总集团有限公司、苏州大学	付春青 刘维 张国强 田世文	二等奖

12. 中国物流与采购联合会科学技术奖（1项）（表42）

表42 中国物流与采购联合会科学技术奖获奖情况一览表

序号	项目名称	主要完成单位	主要完成人	获奖等级
1	基于光电融合和大数据分析的智能物流无人车协同系统	苏州大学、苏州科熙伟智科技有限公司、中国电子科技集团有限公司、知行机器人科技（苏州）有限公司	侯康 禹久泓 黄北举 郭静 白国超 侯勇 冷昊	科技进步二等奖

13. 侯德榜化工科学技术奖（1项）（表43）

表43　侯德榜化工科学技术奖获奖情况一览表

序号	人选	获奖等级	完成单位
1	陈冬赟	青年奖	苏州大学

14. 安徽省科学技术奖（1项）（表44）

表44　安徽省科学技术奖获奖情况一览表

序号	项目名称	主要完成单位	主要完成人	获奖等级
1	软件定义网络资源优化分配机理研究	中国科学技术大学、苏州大学	徐宏力　黄　河　赵功名　黄刘生	自然科学一等奖

15. 福建省科学技术奖（1项）（表45）

表45　福建省科学技术奖获奖情况一览表

序号	项目名称	主要完成单位	主要完成人	获奖等级
1	超材料理论及新型波场调控	厦门大学、苏州大学、浙江大学	陈焕阳　徐亚东　王振宇　伏洋洋　徐　林	自然科学二等奖

16. 湖北省科学技术奖（2项）（表46）

表46　湖北省科学技术奖获奖情况一览表

序号	项目名称	主要完成单位	主要完成人	获奖等级
1	超声内镜介入微创诊疗新技术的建立及其临床应用	华中科技大学同济医学院附属同济医院、南京大学医学院附属鼓楼医院（南京鼓楼医院）、苏州大学附属第二医院、武汉大学中南医院	程　斌　吕　瑛　胡端敏　方　军　张振纲　赵昱充　王金林　王　云　曹　丽　覃　华　黎培员　栾　宙　熊　思　吴小力　郭巧珍	科学技术进步二等奖
2	靶向肿瘤相关巨噬细胞介导肺癌免疫治疗的药物研发及临床应用	湖北医药学院、十堰市太和医院、武汉大学、苏州大学、澳门科技大学、武汉大学人民医院	李童斐　王梅芳　陈　效　梁丽娴　尤　辉　余婷婷　赵　利　刘玉全　韩　宁　徐永红	科学技术进步二等奖

17. 浙江省科学技术奖（2项）（表47）

表47 浙江省科学技术奖获奖情况一览表

序号	项目名称	主要完成单位	主要完成人	获奖等级
1	多场耦合介观方法及传热多相流动特性研究	浙江理工大学、杭州电子科技大学、苏州大学	魏义坤 梁 宏 王政道 杨 徽 钱跃竑	自然科学三等奖
2	人工关节假体表面改性及涂层材料临床打印系统优化	湖州市中心医院、苏州大学附属第一医院、苏州纳发新材料有限公司	李建有 孙俊英 谢有桃 李雄峰 吴锋锋 聂江波 高宏梁	自然科学三等奖

18. 中国机械工业奖（5项）（表48）

表48 中国机械工业奖获奖情况一览表

序号	项目名称	主要完成单位	主要完成人	获奖等级
1	激光表面清洗机器人系统关键技术及应用	苏州大学、苏州贝亚敏光电科技有限公司、苏州麦尔科唯激光机器人有限公司	王明娣 陈国栋 赵 栋 孙立宁 朱刚贤 刘卫兵 黄 维 刘会聪	科技进步三等奖
2	抗摩减摩高承载轻质塑料轴承关键技术研究及产业化应用	江南大学、浙江长盛塑料轴承技术有限公司、无锡职业技术学院、苏州大学	卞 达 陈义 王 骏 马赞兵 李迎吉	科技进步三等奖
3	工业级大幅面高速高精光固化增材制造关键技术与成套装备	湖南理工学院、苏州大学、苏州中瑞智创三维科技股份有限公司	周宏志 邢占文 李鹏伟 李文利 梁银生 李 升 陈永志 毛 鸿 张 焱	科技进步三等奖
4	孙立宁团队	苏州大学	孙立宁团队	优秀创新团队
5	陈涛	苏州大学	陈 涛	优秀科技工作者

19. 中国交通运输协会科技奖（2项）（表49）

表49　中国交通运输协会科技奖获奖情况一览表

序号	项目名称	主要完成单位	主要完成人	获奖等级
1	沿海复杂成因深厚软土地基处理设计理论与成套技术研究	苏州大学、中铁十局集团第五工程有限公司、常熟理工学院、中铁十局集团有限公司、江苏苏州地质工程勘察院	史培新　唐　强　毛佩强　居　俊　黄钰程　李文闻　章道山　刘　维　杨建新　周　俊	科技进步二等奖
2	基于高性能填充材料盾构穿越风险源施工扰动控制技术	苏州大学、北京住总集团有限公司、苏州市轨道交通集团有限公司	刘　维　付春青　成　明　黄钰程　张　功　王占生　杨　超　申晓明　贾鹏蛟	科技进步二等奖

20. 中华医学科技奖（1项）（表50）

表50　中华医学科技奖获奖情况一览表

序号	项目名称	主要完成单位	主要完成人	获奖等级
1	免疫治疗新技术在恶性血液病中的临床转化及推广应用	苏州大学附属第一医院、上海优卡迪生物医药科技有限公司	吴德沛　傅铮铮　徐　杨　唐晓文　俞　磊　吴小津　李彩霞　刘立民　仇惠英　王　荧　薛胜利　马　骁　陈　峰　陈　佳　范　祎	二等奖

21. 中国仪器仪表学会奖（2项）（表51）

表51　中国仪器仪表学会奖获奖情况一览表

序号	项目名称	主要完成单位	主要完成人	获奖等级
1	微能源收集与自供能传感关键技术及应用	苏州大学、中国海洋大学、重庆大学	刘会聪　孙立宁　陈　涛　陈朝晖　杨　湛　牟笑静　王凤霞　马　昕	科技进步二等奖
2	青年科技人才奖	苏州大学	刘会聪	—

22. 江苏省卫生健康委医学引进新技术评估奖（36项）（表52）

表52　江苏省卫生健康委医学引进新技术评估奖获奖情况一览表

序号	项目名称	主要完成单位	主要完成人	获奖等级
1	PPK/PD-MCS技术在制定抗菌药物方案中的应用	苏州大学附属第一医院	朱建国　杭永付　张险峰	一等奖
2	川崎病冠状动脉炎性损伤miRNA及NFAT分子标记物及影像学评估	苏州大学附属儿童医院	丁粤粤　钱光辉　方　林	一等奖
3	改良眶上外侧入路及眶上外侧入路的拓展在神经外科的应用	苏州大学附属第一医院	尤万春　陈周青　马　超	一等奖
4	基于人工智能的宫颈癌智能放疗计划系统的开发及应用	苏州大学附属第一医院	周菊英　徐晓婷　马辰莺	一等奖
5	建立宏基因组测序（mNGS）技术快速和精准检测感染性病原体及临床应用	苏州大学附属第一医院	何　军　徐　杰　周　鹏	一等奖
6	基于血液标记物，临床及睡眠监测指标评估帕金森病异动症影响因素的综合体系	苏州大学附属第二医院	毛成洁　张金茹　刘春风	一等奖
7	生物及影像手段引导直肠癌精准放射治疗的技术研究	苏州大学附属第二医院	彭啟亮　蔡　尚　朱雅群	一等奖
8	早产儿支气管肺发育不良的早期预警技术及综合管理	苏州大学附属儿童医院	朱雪萍　王华伟　耿海峰	一等奖
9	早期整体治疗模式体系在创伤骨科中的应用	苏州大学附属第一医院	郭炯炯　徐　五　黄立新	一等奖
10	基于光学相干断层成像的急性心肌梗死预后的个体化预测模型	苏州大学附属独墅湖医院	陈　弹　蒋雨枫　梅晓飞	一等奖

续表

序号	项目名称	主要完成单位	主要完成人	获奖等级
11	重症肺部疾病累及心脏的新治疗关键点和新分子标记物的应用	苏州大学附属独墅湖医院	郭强 高畅 黄建安	一等奖
12	对传统核型分析无法明确诊断的儿童性发育异常疾病的遗传学诊断优化策略	苏州大学附属儿童医院	王红英 洪礼义 陈元元	二等奖
13	多学科舒缓疗护在血液肿瘤患儿中的应用	苏州大学附属儿童医院	沈闵 张莉 闾玉英	二等奖
14	儿童急性淋巴细胞白血病精准诊疗体系的构建及临床应用研究	苏州大学附属儿童医院	郑佳佳 高莉 胡眹歆	二等奖
15	儿童急性肾损伤早期预警指标的建立及临床应用	苏州大学附属儿童医院	李艳红 陈娇 戴小妹	二等奖
16	儿童脑性瘫痪早期精准诊断与规范化管理	苏州大学附属儿童医院	顾琴 张何威 霍洪亮	二等奖
17	关节镜下儿童运动损伤及关节内骨折的微创治疗	苏州大学附属儿童医院	朱伦庆 甄允方 刘尧	二等奖
18	基于二代测序检测免疫球蛋白基因重排克隆监测微小残留病	苏州大学附属第一医院	姚利 傅琤琤 陈艳	二等奖
19	基于图论-脑功能网络拓扑技术在糖尿病患者中的应用	苏州大学附属第一医院	戴慧 李勇刚 柯俊	二等奖
20	多组学联合技术在临床重要病原菌快速检测中的应用	苏州大学附属第二医院	杜鸿 谢小芳 吕晶南	二等奖
21	结直肠恶性肿瘤发生与演进关键分子的发掘及其临床应用	苏州大学附属第一医院	何宋兵 万岱维 顾闻	二等奖
22	能谱CT和影像组学技术在肺癌早期诊断和EGFR突变预测中的应用	苏州大学附属第一医院	郁义星 诗淦 胡粟	二等奖

续表

序号	项目名称	主要完成单位	主要完成人	获奖等级
23	气腔扩散多模态分析在早期肺癌外科治疗及预后评估中的应用	苏州大学附属第二医院	段善州 张永胜 朱雪娟	二等奖
24	肿瘤整形技术在乳腺良性疾病中的应用	苏州大学附属第二医院	蒋国勤 任杰 金丽燕	二等奖
25	受体酪氨酸蛋白芯片技术在肺癌EGFR-TKI治疗中对相关重要膜蛋白分子的鉴定及转化应用	苏州大学附属第一医院	刘泽毅 朱健洁 曾园园	二等奖
26	液基细胞学计算机辅助阅片在宫颈癌早期筛查中的应用	苏州大学附属第一医院	顾冬梅 王玉红 黄山	二等奖
27	体外循环技术在胸部巨大难治性肿瘤手术中的应用	苏州大学附属第二医院	陈勇兵 陈磊 沈育美	二等奖
28	荧光膀胱镜结合新型造影剂在膀胱癌早期诊断中的开发与应用	苏州大学附属独墅湖医院	侯建全 黄玉华 张卫杰	二等奖
29	3DMRI臂丛及血管同时成像技术的临床应用	苏州大学附属张家港医院（张家港市第一人民医院）	刘宗宝 沙卫平 祁连港	二等奖
30	新型血清标志物HO-1,CX3CR1在脊髓损伤诊治及预后评估中的应用	苏州大学附属张家港医院（张家港市第一人民医院）	田守进 沙卫平 林小龙	二等奖
31	胸廓出口综合征的磁共振影像的初步研究	苏州大学附属张家港医院（张家港市第一人民医院）	张同华 徐正道 刘宗宝	二等奖
32	全腹腔镜下右半结肠切除术三步法回肠结肠吻合术治疗结肠癌	苏州大学附属张家港医院（张家港市第一人民医院）	涂建成 方健 张伯	二等奖

续表

序号	项目名称	主要完成单位	主要完成人	获奖等级
33	改良诱导膜技术修复骨缺损	苏州大学附属无锡九院（无锡市第九人民医院）	殷渠东 王建兵 吴永伟	二等奖
34	院前—院中—院后一体化链式创伤救护模式在严重开放肢体创伤患者中的应用	苏州大学附属无锡九院（无锡市第九人民医院）	傅育红 朱琳怡 莫兰	二等奖
35	指尖再植中重建静脉回流的新技术应用	苏州大学附属无锡九院（无锡市第九人民医院）	赵刚 刘宇舟 陆征峰	二等奖
36	趾端动脉弓分支皮瓣塑形再造指的显微解剖和临床应用研究	苏州大学附属瑞华医院	唐林峰 金光哲 王凯	二等奖

23. 江苏医学科技奖（8项）（表53）

表53 江苏医学科技奖获奖情况一览表

序号	项目名称	主要完成单位	主要完成人	获奖等级
1	儿童急性髓细胞白血病新型诊疗体系的建立和应用	苏州大学附属儿童医院、中国科学院北京基因组研究所（国家生物信息中心）	胡绍燕 王前飞 潘健 何海龙 王易 卢俊 肖佩芳 胡映歆 高莉	一等奖
2	射频消融联合PD-1单抗治疗肠癌肝转移的关键技术及应用	苏州大学附属第三医院（常州市第一人民医院）	蒋敬庭 郑晓 陈陆俊 王琦 周游 李青 胡文蔚 耿一婷 吴昌平	一等奖
3	帕金森病非运动症状多维度评价与管理研究	苏州大学附属第二医院、苏州大学	毛成洁 王芬 沈赟 刘春风 杨亚萍 陈静 张金茹 金宏 王辰涛	二等奖
4	神经外科锁孔微创手术技术体系的建立及其临床推广应用	苏州大学附属第二医院、首都医科大学附属北京天坛医院、福建医科大学附属第一医院、天津医科大学总医院、复旦大学附属华山医院	兰青 赵继宗 康德智 岳树源 朱巍 张东 朱卿 余良宏	二等奖

续表

序号	项目名称	主要完成单位	主要完成人	获奖等级
5	骨衰老发生机制与精准防治策略	扬州大学附属医院、苏州大学附属第一医院、江苏大学、南方医科大学南方医院	陈昊 施勤 耿德春 朱雪松 潘国庆 柴瑜 杜建伟 陈康武	二等奖
6	低辐射低对比剂CT的辐射生物效应评估及在头颈血管病变中的应用	苏州大学附属第二医院、苏州大学附属第一医院、宁波大学附属人民医院、四川大学华西第二医院	蔡武 胡春洪 张博 李强 范国华 龚建平 程勃超 汪玲 时代	三等奖
7	电化学发光和临床代谢指标的检测	苏州大学附属第二医院、苏州大学、苏州大学附属第一医院、苏州科技大学	方晨 屠一锋 李惠玲 胡吉 黄韵 赵群 程宏英 谈蓉 王元红	三等奖
8	髂静脉病变腔内治疗的关键技术研究及临床应用	苏州大学附属独墅湖医院、常州市第二人民医院、苏北人民医院	张喜成 毛由军 陈兆雷 孙元 李观强 章杰 井元虎	三等奖

24. 周氏科研奖（6项）（表54）

表54 周氏科研奖获奖情况一览表

序号	获奖人	获奖等级	学院（部）
1	韩亮	优异奖	苏州医学院药学院
2	揭建胜	优异奖	功能纳米与软物质研究院
3	李耀文	优秀奖	材料与化学化工学部
4	潘臣炜	优秀奖	苏州医学院公共卫生学院
5	廖刚	优胜奖	数学科学学院
6	张洪涛	优胜奖	苏州医学院基础医学与生物科学学院

二、人文社科研究成果获奖情况

江苏省哲学社会科学优秀成果奖（46项）（表55）

表55 江苏省哲学社会科学优秀成果奖获奖情况一览表

序号	成果名称	获奖人	获奖等级
1	当代中国马克思主义哲学创新学术史研究	任 平	一等奖
2	百年中国通俗文学价值评估（丛书共五册）	汤哲声	一等奖
3	俄罗斯符号学研究范式的百年流变	赵爱国	一等奖
4	国有自然资源资产产权行使机制的完善	程雪阳	一等奖
5	纪录片与国家形象传播	陈 一	一等奖
6	中小学生学科学习策略的诊断与培育	刘电芝	一等奖
7	中国体育深化改革相关问题的法律研究	王家宏	一等奖
8	日常生活中诚信价值观的培育与践行研究	吴继霞	二等奖
9	衔接的认知语用研究	王 军	二等奖
10	论当代文学海外传播的"走出去"与"走回来"	季 进	二等奖
11	《花月痕》之"痕"——兼论中国现代小说抒情传统	张 蕾	二等奖
12	高贵的单纯：艺术美学古今谈	李超德	二等奖
13	风土与时运：江南乡民的日常世界	朱小田	二等奖
14	战国秦汉土地国有制形成与演变的几点思考	臧知非	二等奖
15	1936—1941年日本对德同盟政策研究	武向平	二等奖
16	江苏红十字运动百年史（共三卷）	池子华	二等奖
17	走向政府法治的新时代——杨海坤教授行政法学研究论文选	杨海坤	二等奖
18	侵权责任利益保护的解释论	方新军	二等奖
19	"我们"从何而来：象征、认同与建构（1978—2018）	张 健	二等奖
20	修辞、叙事与认同：网络公共议题中的话语政治	曹 洵	二等奖
21	企业参与职业院校实习是否获利？——基于109家企业的实证分析	冉云芳	二等奖

续表

序号	成果名称	获奖人	获奖等级
22	大学生创业人才测评与培养	疏德明	二等奖
23	"新文科"的来源、特性及建设路径	黄启兵	二等奖
24	高等职业教育政策变迁逻辑：历史制度主义视角	朱乐平	二等奖
25	社会责任强制披露下管理层机会主义行为考察	权小锋	二等奖
26	Spillover effect of consumer awareness on third parties' selling strategies and retailers' platform openness（消费者认知溢出效应对第三方销售策略与零售商平台开放的影响研究）	宋 雯	二等奖
27	Institutional theory and environmental pressures: the moderating effect of market uncertainty on innovation and performance（制度理论与环境压力：市场不确定对创新和绩效的调节作用）	赖福军	二等奖
28	基于百度指数的我国体育旅游网络关注度研究	陶玉流	二等奖
29	国外政党加强执政骨干队伍建设的做法与启示	周义程	三等奖
30	农转居社区转型及其治理	叶继红	三等奖
31	如何看待"作者之死"	桑明旭	三等奖
32	典籍英译新发展研究	王 宏	三等奖
33	鲁班经图说（注释）	江 牧	三等奖
34	昆剧《牡丹亭》英译的多模态视角探索	朱 玲	三等奖
35	江苏地方文化史·苏州卷	王卫平	三等奖
36	自然资源特许权有偿出让研究	王克稳	三等奖
37	陌生人社会：价值基础与社会治理	龚长宇	三等奖
38	迈向福利共同体：中国公众福利态度研究	臧其胜	三等奖
39	Applications of deep learning in news text classification（深度学习在新闻文本分类中的应用）	张梦晗	三等奖
40	总体国家安全观视域的网络信息内容治理：进展、内涵与研究逻辑	周 毅	三等奖
41	Associations of affective and cognitive empathy with depressive symptoms among a sample of Chinese college freshmen（大学新生情感共情、认知共情与抑郁症状的关联分析）	张天阳	三等奖

续表

序号	成果名称	获奖人	获奖等级
42	企业社会责任披露与投资者响应——基于多层次资本市场的研究	王诗雨	三等奖
43	Is a large award truly attractive to solvers? The impact of award size on crowd size in innovation contests（大额奖金是否对接包方真的有吸引力？创新竞赛中奖金规模对接包群体规模影响的实证研究）	刘忠志	三等奖
44	Intermodal transportation service procurement with transaction costs under belt and road initiative（"一带一路"背景下考虑交易成本的多式联运运服务采购研究）	孙加森	三等奖
45	Equilibrium analysis of markup pricing strategies under power imbalance and supply chain competition（权力结构不平衡及供应链竞争环境下加成定价策略的均衡分析）	王要玉	三等奖
46	新时代我国公共体育服务供给治理转型研究	樊炳有	三等奖

2022年度苏州大学国家标准发布情况（表56）

表56　2022年度苏州大学国家标准发布情况一览表

序号	起草人	标准名称	类型	标准标号	所在单位	发布时间
1	王海波	Corrigendum 1-Primary batteries-Part 1：General	国际标准修订	IEC 60086-1：2021/COR1：2022 Ed. 3-0	能源学院	2022年6月
2	王海波	Corrigendum 1-Primary batteries-Part 2：Physical and electrical specifications	国际标准修订	IEC 60086-2：2021/COR1：2022 Ed. 4-0	能源学院	2022年6月
3	马扣祥	Corrigendum 1-Primary batteries-Part 5：Safety of batteries with aqueous electrolyte	国际标准修订	IEC 60086-5：2021/COR1：2022 Ed. 5-0	能源学院	2022年6月
4	许建梅	纺织品丝绸术语	国家标准	GB/T 26380—2022	纺织与服装工程学院	2022年4月
5	卢业虎	服装廓形的判定方法	国家标准	GB/T 41565—2022	纺织与服装工程学院	2022年7月
6	马扣祥	电池用电解二氧化锰通用技术规范	行业标准修订	QB/T 2106—2022	能源学院	2022年4月
7	马扣祥	绿色设计产品评价技术规范　碱性锌-二氧化锰电池	行业标准制定	QB/T 5681—2022	能源学院	2022年9月
8	马扣祥	碱性锌-二氧化锰电池零配件　第1部分：正极钢壳	行业标准修订	QB/T 2459.1—2022	能源学院	2022年9月

续表

序号	起草人	标准名称	类型	标准标号	所在单位	发布时间
9	马扣祥	碱性锌-二氧化锰电池零配件 第2部分：负极底	行业标准修订	QB/T 2459.2—2022	能源学院	2022年9月
10	马扣祥	碱性锌-二氧化锰电池零配件 第3部分：密封圈	行业标准修订	QB/T 2459.3—2022	能源学院	2022年9月
11	马扣祥	碱性锌-二氧化锰电池零配件 第4部分：集流体	行业标准修订	QB/T 2459.4—2022	能源学院	2022年9月

2022年度苏州大学承担的省部级及以上项目

一、自然科学技术项目情况

1. 国家自然科学基金项目（330项）（表57）

表57 国家自然科学基金项目情况一览表

序号	项目批准号	项目名称	负责人	承担单位	项目类别	批准费用/万元	起止时间
1	52225303	有机微纳单晶材料及其高性能场效应器件	揭建胜	功能纳米与软物质研究院	国家杰出青年科学基金项目	400.00	2023-01-01—2027-12-31
2	22227809	面向高放射性锕系元素化学研究的台式X射线吸收谱仪研制	王殳凹	苏州医学院放射医学与防护学院	国家重大科研仪器研制项目	845.92	2023-01-01—2027-12-31
3	U2267211	钙钛矿半导体探测器中信息载流子的传输及收集机理研究	何亦辉	苏州医学院放射医学与防护学院	联合基金重点支持项目	280.00	2023-01-01—2026-12-31
4	U2267220	核工业职业照射致晶状体损伤先进评估模型构建及机制研究	刘玉龙	苏州大学附属第二医院	联合基金重点支持项目	280.00	2023-01-01—2026-12-31
5	82220108001	缺血性脑卒中关键相关代谢物筛选及跨种族验证研究	许锬	苏州医学院公共卫生学院	重点国际（地区）合作研究项目	250.00	2023-01-01—2027-12-31

续表

序号	项目批准号	项目名称	负责人	承担单位	项目类别	批准费用/万元	起止时间
6	82220108012	FTO/Bclw 调控脑出血后神经元铁死亡：去 m6A 修饰的关键机制研究	陈罡	苏州大学附属第一医院	重点国际（地区）合作研究项目	250.00	2023-01-01—2027-12-31
7	22231008	基于级联聚合制备聚酯基弹性体的聚酯化学回收高值化新路线	屠迎锋	材料与化学化工学部	重点项目	280.00	2023-01-01—2027-12-31
8	32230041	母婴分离导致母爱本能行为损伤的神经环路和分子机制研究	徐广银	神经科学研究所	重点项目	266.00	2023-01-01—2027-12-31
9	52233007	多功能囊泡纳米疫苗用于高效肿瘤免疫治疗	钟志远	苏州医学院药学院	重点项目	269.00	2023-01-01—2027-12-31
10	82230003	血小板 GPIbα 对肿瘤血行转移的调控作用及其机制研究	戴克胜	苏州大学附属第一医院	重点项目	261.00	2023-01-01—2027-12-31
11	82230005	骨髓微环境促炎巨噬细胞介导巨核前体细胞过甲基化在移植后巨核系重建不良中的机制研究	韩悦	苏州大学附属第一医院	重点项目	261.00	2023-01-01—2027-12-31
12	12222506	纳米载体靶向输运的统计物理研究	丁泓铭	物理科学与技术学院	优秀青年科学基金项目	200.00	2023-01-01—2025-12-31

续表

序号	项目批准号	项目名称	负责人	承担单位	项目类别	批准费用/万元	起止时间
13	22222205	有机半导体表面界面调控和应用	黄丽珍	功能纳米与软物质研究院	优秀青年科学基金项目	200.00	2023-01-01—2025-12-31
14	22222606	锕系核素分离与资源化	王亚星	苏州医学院放射医学与防护学院	优秀青年科学基金项目	200.00	2023-01-01—2025-12-31
15	32222025	脂质代谢与炎症反应调节	李培山	转化医学研究院	优秀青年科学基金项目	200.00	2023-01-01—2025-12-31
16	82222033	纳米分子影像探针及活体成像	曾剑峰	苏州医学院放射医学与防护学院	优秀青年科学基金项目	200.00	2023-01-01—2025-12-31
17	T2222007	选择性多聚腺苷化调控机制的生物信息学分析	吴小惠	苏州医学院巴斯德学院	优秀青年科学基金项目	200.00	2023-01-01—2025-12-31
18	6225071O164	Research on key technologies of self-coherent single-chip IC solution for new generation short-reach optical fiber transmissions	蔡 轶	电子信息学院	外国资深学者研究基金项目	160.00	2023-01-01—2024-12-31
19	82241201	胸主动脉夹层发生发展机制和预警干预策略研究（联合申请A）	沈振亚	苏州大学附属第一医院	专项项目（重点类）	200.00	2023-01-01—2025-12-31

续表

序号	项目批准号	项目名称	负责人	承担单位	项目类别	批准费用/万元	起止时间
20	82241202	胸主动脉夹层发生发展机制和预警干预策略研究（联合申请B）	胡士军	心血管病研究所	专项项目（重点类）	200.00	2023-01-01—2025-12-31
21	52242204	长三角面向中学生的双碳科学传播互动实践	王国燕	传媒学院	专项项目	9.90	2023-01-01—2023-12-31
22	J2224001	面向单套制的国家自然科学基金项目档案分级分类管理研究	毕建新	社会学院	专项项目	30.00	2022-07-01—2023-12-31
23	72204181	空间关联下知识聚合与要素共生对区域创新质量的影响研究：机制、效应及对策	林周周	政治与公共管理学院	青年科学基金项目	30.00	2023-01-01—2025-12-31
24	32200850	群体中面孔情绪表情和吸引力的统计加工机制研究	应浩江	教育学院	青年科学基金项目	30.00	2023-01-01—2025-12-31
25	32200851	有意义声音跨通道改善视觉注意瞬脱的认知神经机制	赵松	教育学院	青年科学基金项目	30.00	2023-01-01—2025-12-31
26	72272104	中国企业文化特征与企业价值：基于机器学习的研究	方一蔚	商学院	面上项目	45.00	2023-01-01—2026-12-31
27	72273095	金融网络分位数模型及尾部风险溢出应用研究	许秀	商学院	面上项目	45.00	2023-01-01—2026-12-31
28	72201187	跨渠道退货政策在网络零售中的经济价值及驱动因素研究	袁杨	商学院	青年科学基金项目	30.00	2023-01-01—2025-12-31

续表

序号	项目批准号	项目名称	负责人	承担单位	项目类别	批准费用/万元	起止时间
29	72202151	上市公司谣言冲击下的分析师行为表现、经济后果及其外部性影响	蔡文武	商学院	青年科学基金项目	30.00	2023-01-01—2025-12-31
30	72202152	平台经济中数字不公平的内在机理及治理范式	黄宇欣	商学院	青年科学基金项目	30.00	2023-01-01—2025-12-31
31	72250410373	Impact of digitization on supply chain viability in the COVID-19 pandemic era	IFEYINWA JULIET ORJI	商学院	外国青年学者研究基金项目	40.00	2023-01-01—2024-12-31
32	52208069	高密度城区非正式线性健身网络识别、评价与优化研究	谭立	金螳螂建筑学院	青年科学基金项目	30.00	2023-01-01—2025-12-31
33	52208070	城市视野下的明晚期绍兴园林多维复原与景境营造研究——以祁彪佳园林文本为切入点	沈超然	金螳螂建筑学院	青年科学基金项目	30.00	2023-01-01—2025-12-31
34	52208071	资本流动视角下城市网络的演变机制与规划策略研究	张泽	金螳螂建筑学院	青年科学基金项目	30.00	2023-01-01—2025-12-31
35	12271383	李（超）代数的 Harish-Chandra 模及相关问题	吕仁才	数学科学学院	面上项目	45.00	2023-01-01—2026-12-31

续表

序号	项目批准号	项目名称	负责人	承担单位	项目类别	批准费用/万元	起止时间
36	12271384	正特征代数曲面纤维化研究	顾怡	数学科学学院	面上项目	45.00	2023-01-01—2026-12-31
37	12271385	极限群的pro-V性质	吴建春	数学科学学院	面上项目	45.00	2023-01-01—2026-12-31
38	12271386	非共形排斥子和双曲集的维数理论：确定和随机情形	赵云	数学科学学院	面上项目	45.00	2023-01-01—2026-12-31
39	12271387	均值维数理论及离散sofic群作用下动力系统不变量的研究	梁兵兵	数学科学学院	面上项目	45.00	2023-01-01—2026-12-31
40	12271388	群作用一维动力系统中极小集的结构问题	史恩慧	数学科学学院	面上项目	45.00	2023-01-01—2026-12-31
41	12271389	肿瘤生物学中的高维自由边界问题	吴俊德	数学科学学院	面上项目	45.00	2023-01-01—2026-12-31
42	12271390	可分解t-设计理论之研究	季利均	数学科学学院	面上项目	46.00	2023-01-01—2026-12-31
43	12201444	有限域上典型群的Gan-Gross-Prasad猜想及其在波前集上的应用	王之程	数学科学学院	青年科学基金项目	30.00	2023-01-01—2025-12-31

续表

序号	项目批准号	项目名称	负责人	承担单位	项目类别	批准费用/万元	起止时间
44	12201445	非一致双曲系统的熵估计	臧运涛	数学科学学院	青年科学基金项目	30.00	2023-01-01—2025-12-31
45	12271391	不完全竞争市场中的投资决策问题研究	徐玉红	金融工程研究中心	面上项目	45.00	2023-01-01—2026-12-31
46	12274309	低维反铁磁体系中调控探测的理论研究	俞颉翔	物理科学与技术学院	面上项目	55.00	2023-01-01—2026-12-31
47	12274310	基于光夫矢相干结构调控的远场鲁棒振整形及其在光学成像中的应用	陈亚红	物理科学与技术学院	面上项目	55.00	2023-01-01—2026-12-31
48	12274311	部分相干光夫矢量光束多参量调控、传输及应用研究	王飞	物理科学与技术学院	面上项目	55.00	2023-01-01—2026-12-31
49	12274312	等离激元光电探测器中热电子产生和转移效率的增强和操控	董雯	物理科学与技术学院	面上项目	55.00	2023-01-01—2026-12-31
50	12274313	太赫兹石墨烯非线性超构光栅三次谐波衍射特性及多维度光场调控	徐亚东	物理科学与技术学院	面上项目	55.00	2023-01-01—2026-12-31
51	12274314	极性电介质体系的光学非局域和非线性效应	高雷	物理科学与技术学院	面上项目	55.00	2023-01-01—2026-12-31

续表

序号	项目批准号	项目名称	负责人	承担单位	项目类别	批准费用/万元	起止时间
52	12274315	基于对称性指标分析的三维波动拓扑材料设计和应用研究	杭志宏	物理科学与技术学院	面上项目	55.00	2023-01-01— 2026-12-31
53	12275188	活性体系动力学有序态的标度行为的数值和理论研究	施夏青	物理科学与技术学院	面上项目	55.00	2023-01-01— 2026-12-31
54	52272228	工业条件下高效稳定电解水制氢镍基电极材料的研究	沈明荣	物理科学与技术学院	面上项目	54.00	2023-01-01— 2026-12-31
55	62274113	范德瓦尔斯-伦敦相互作用对DNA中电子输运的影响	王雪峰	物理科学与技术学院	面上项目	59.00	2023-01-01— 2026-12-31
56	12204339	活性链在柔性边界处的受限行为研究	李慧姝	物理科学与技术学院	青年科学基金项目	30.00	2023-01-01— 2025-12-31
57	12204340	基于电场模式重建的部分相干分数阶涡旋光束测量及应用	卢兴园	物理科学与技术学院	青年科学基金项目	30.00	2023-01-01— 2025-12-31
58	22203059	利用碳纳米管构建稳定细胞膜通道的分子机理及调控策略研究	卢雪梅	物理科学与技术学院	青年科学基金项目	30.00	2023-01-01— 2025-12-31
59	52202272	基于ZnIn2S4光阳极的助催化剂原位设计及无偏压水分解构建	孟林兴	物理科学与技术学院	青年科学基金项目	30.00	2023-01-01— 2025-12-31

续表

序号	项目批准号	项目名称	负责人	承担单位	项目类别	批准费用/万元	起止时间
60	52202273	面向物联网设备的高效钙钛矿室内光伏器件	孙浩轩	物理科学与技术学院	青年科学基金项目	30.00	2023-01-01—2025-12-31
61	52202276	高效硅基异质结太阳电池宽光谱响应调控机制及技术研究	邹帅	物理科学与技术学院	青年科学基金项目	30.00	2023-01-01—2025-12-31
62	12247163	基于isomorph theory研究尘埃等离子体物理量的微观动力学机制	黄栋	物理科学与技术学院	专项项目	18.00	2023-01-01—2023-12-31
63	62274114	基于二维材料异质层间激子效应的光电探测器与光调制器	陈泽锋	光电科学与工程学院	面上项目	52.00	2023-01-01—2026-12-31
64	62275180	平面电场激励胆甾液晶双稳态机理及柔性显色器件研究	周小红	光电科学与工程学院	面上项目	52.00	2023-01-01—2026-12-31
65	62275183	基于矿结晶行为调控的钙钛矿添加剂及电致发光研究	陈煜	光电科学与工程学院	面上项目	59.00	2023-01-01—2026-12-31
66	62275184	基于单晶硅纳米天线阵构筑低损耗超构表面以调控可见光发射	王绍军	光电科学与工程学院	面上项目	59.00	2023-01-01—2026-12-31

续表

序号	项目批准号	项目名称	负责人	承担单位	项目类别	批准费用/万元	起止时间
67	62205227	可用于大气冷凝集水的黑硅材料"光-流体"特性调控方法研究	刘小翼	光电科学与工程学院	青年科学基金项目	30.00	2023-01-01—2025-12-31
68	62205229	面向碳排放监测应用的宽带消偏超高光谱成像技术	潘俏	光电科学与工程学院	青年科学基金项目	30.00	2023-01-01—2025-12-31
69	22279085	双离子电池用低成本耐高压5V石墨正极多功能人工相界面的机理性构建及作用机制	曲群婷	能源学院	面上项目	54.00	2023-01-01—2026-12-31
70	22204115	应变下锌负极生长机制的原位电化学解析	惠静妹	能源学院	青年科学基金项目	30.00	2023-01-01—2025-12-31
71	52202275	仿固氮酶材料的多功能基元序构及其固氮氨合成	王梦凡	能源学院	青年科学基金项目	30.00	2023-01-01—2025-12-31
72	52206270	涡流调控光化学闪频率强化悬浮微藻光合过程固碳传输质机理	叶庆	能源学院	青年科学基金项目	30.00	2023-01-01—2025-12-31
73	22271203	纳米MOFs基电催化剂的合成及其催化性能研究	郎建平	材料与化学化工学部	面上项目	54.00	2023-01-01—2026-12-31
74	22271204	基于金属-有机框架的受阻路易斯酸碱对加氢催化剂的合成及应用	牛成	材料与化学化工学部	面上项目	54.00	2023-01-01—2026-12-31

续表

序号	项目批准号	项目名称	负责人	承担单位	项目类别	批准费用/万元	起止时间
75	22271205	桥联芳氧基-烷氧基配合物的合成及其在稀土金属催化环状聚酯选择性聚合中的应用	姚英明	材料与化学化工学部	面上项目	54.00	2023-01-01—2026-12-31
76	22271207	星形聚合物单分子胶束的光诱导碘调控可逆-失活自由基聚合体系的构建	张丽芬	材料与化学化工学部	面上项目	54.00	2023-01-01—2026-12-31
77	22271208	聚合诱导静电自组装的液-液相分离-固相转变新机制	蔡远利	材料与化学化工学部	面上项目	54.00	2023-01-01—2026-12-31
78	22274105	核酸适体引导的比率型"off-on"长余辉探针用于动脉粥样硬化氧化应激的检测与调控	王杰	材料与化学化工学部	面上项目	54.00	2023-01-01—2026-12-31
79	22274106	基于多模式信号的新型发光探针应用于活细胞和活体内生物酶活性的原位精准检测	何学文	材料与化学化工学部	面上项目	54.00	2023-01-01—2026-12-31
80	22278284	喷雾冷冻干燥微粒结构调控及其体外肺部递送性能研究	吴铎	材料与化学化工学部	面上项目	54.00	2023-01-01—2026-12-31
81	22278285	两亲性纳米胶束构筑及其对芳烃类有机物精准吸附和催化降解性能的研究	李华	材料与化学化工学部	面上项目	54.00	2023-01-01—2026-12-31

续表

序号	项目批准号	项目名称	负责人	承担单位	项目类别	批准费用/万元	起止时间
82	22279086	有机光伏活性层微观形貌的精细调控优化	崔超华	材料与化学化学部	面上项目	54.00	2023-01-01—2026-12-31
83	52273188	基于主-客体组装策略的有机活性层结晶行为协同调控及大面积太阳能电池组件研究	李耀文	材料与化学化学部	面上项目	55.00	2023-01-01—2026-12-31
84	52273212	热致变色和光致变色液晶的手性传递和光栅制备	杨永刚	材料与化学化学部	面上项目	53.00	2023-01-01—2026-12-31
85	52273251	免疫囊泡分子靶向药物用于急性髓系白血病的级联靶向治疗	孙欢利	材料与化学化学部	面上项目	53.00	2023-01-01—2026-12-31
86	52274304	超薄二维过渡金属合金纳米材料的构筑及其在能源领域的应用	杜玉扣	材料与化学化学部	面上项目	54.00	2023-01-01—2026-12-31
87	22201196	基于有序双C-H活化/环化策略构建（手性）螺烯化合物的研究	蔡忠建	材料与化学化学部	青年科学基金项目	30.00	2023-01-01—2025-12-31
88	22201197	氮和alpha-碳双取代聚表肽的可控合成及结构-性能关系探索	宣孙婷	材料与化学化学部	青年科学基金项目	30.00	2023-01-01—2025-12-31

续表

序号	项目批准号	项目名称	负责人	承担单位	项目类别	批准费用/万元	起止时间
89	22201198	灵敏度可调的机械力响应性高分子的设计与合成	沈 行	材料与化学化工学部	青年科学基金项目	30.00	2023-01-01—2025-12-31
90	22205153	分子筛封装手性有机无机杂化钙钛矿纳米晶及其在自驱动圆偏振光探测中的应用	李 霞	材料与化学化工学部	青年科学基金项目	10.00	2023-01-01—2023-12-31
91	22208229	基于多孔网络双重限域的二氧化碳膜反应能研究	张滇祥	材料与化学化工学部	青年科学基金项目	30.00	2023-01-01—2025-12-31
92	22209119	氧化物固态电解质纳米包覆层的构筑及其在固态电池中的应用	张 伟	材料与化学化工学部	青年科学基金项目	30.00	2023-01-01—2025-12-31
93	52203233	具有p型掺杂特性的功能化空穴传输材料设计及其在二端叠层太阳能电池中的应用	陈炜杰	材料与化学化工学部	青年科学基金项目	20.00	2023-01-01—2024-12-31
94	52203235	高效低成本光伏聚合物给体材料的设计与合成	宾海军	材料与化学化工学部	青年科学基金项目	30.00	2023-01-01—2025-12-31
95	22242012	科学传播类：生物医用材料表面改性技术的应用科普	陈 红	材料与化学化工学部	专项项目	15.00	2023-01-01—2023-12-31

续表

序号	项目批准号	项目名称	负责人	承担单位	项目类别	批准费用/万元	起止时间
96	62272332	多模态数据感知的跨平台实体表示学习关键技术研究	陈伟	计算机科学与技术学院	面上项目	54.00	2023-01-01—2026-12-31
97	62272333	面向类超立方体线图的数据中心网络中容错通信技术研究	程宝雷	计算机科学与技术学院	面上项目	53.00	2023-01-01—2026-12-31
98	62272334	基于命令数据的机迹计算与时空伴随分析技术研究	许佳捷	计算机科学与技术学院	面上项目	55.00	2023-01-01—2026-12-31
99	62272335	基于多组学生物互作语义表征的疾病相关变识别方法研究	权丽君	计算机科学与技术学院	面上项目	54.00	2023-01-01—2026-12-31
100	62276177	跨媒体事件信息抽取和融合研究	李培峰	计算机科学与技术学院	面上项目	53.00	2023-01-01—2026-12-31
101	62276178	面向交互场景的话题结构解析	孔芳	计算机科学与技术学院	面上项目	53.00	2023-01-01—2026-12-31
102	62276179	面向小数据的神经机器翻译研究	段湘煜	计算机科学与技术学院	面上项目	53.00	2023-01-01—2026-12-31
103	62202321	基于无线充电的无人机辅助通信系统调度算法研究	汪笑宇	计算机科学与技术学院	青年科学基金项目	30.00	2023-01-01—2025-12-31

续表

序号	项目批准号	项目名称	负责人	承担单位	项目类别	批准费用/万元	起止时间
104	62202322	基于混合存储的高性能与可扩展网络流量测量框架研究	杜杨	计算机科学与技术学院	青年科学基金项目	30.00	2023-01-01—2025-12-31
105	62206193	面向对话的多模态情绪信息抽取研究	张栋	计算机科学与技术学院	青年科学基金项目	30.00	2023-01-01—2025-12-31
106	62206194	基于预训练大模型的长文本生成一致性研究	李俊涛	计算机科学与技术学院	青年科学基金项目	30.00	2023-01-01—2025-12-31
107	6226160648	以汉语为核心的低资源机器翻译研究	张民	计算机科学与技术学院	国际（地区）合作与交流项目	165.00	2023-01-01—2025-12-31
108	62271337	面向湿性老年黄斑变性精准诊疗的眼底多模态影像分析方法研究	石霏	电子信息学院	面上项目	56.00	2023-01-01—2026-12-31
109	62271338	全光数据中心通算融合波长交换网络组网理论与协同控制研究	李泳成	电子信息学院	面上项目	54.00	2023-01-01—2026-12-31
110	62271339	增广复数自适应滤波器的抗脉冲干扰机制及其高效实现研究	倪锦根	电子信息学院	面上项目	54.00	2023-01-01—2026-12-31
111	62271340	基于多模传输的高速车载光互连损伤机理与抑制方法研究	刘宁	电子信息学院	面上项目	54.00	2023-01-01—2026-12-31

续表

序号	项目批准号	项目名称	负责人	承担单位	项目类别	批准费用/万元	起止时间
112	62275185	多符号相关调制解调提升高速光通信谱效代价比的理论与算法研究	蔡 轶	电子信息学院	面上项目	53.00	2023-01-01—2026-12-31
113	52205598	基于非共面叉指电极和择优切向 LiNbO3 单晶薄膜的超高频 XBAR 研究	何兴理	电子信息学院	青年科学基金项目	30.00	2023-01-01—2025-12-31
114	62201373	印刷二维材料忆阻器在微波可重构器件中的应用与探索	潘柯文	电子信息学院	青年科学基金项目	30.00	2023-01-01—2025-12-31
115	52275456	电诱导液态金属驱动磨料液抛光增材制造复杂构型流道研究	张 雷	机电工程学院	面上项目	54.00	2023-01-01—2026-12-31
116	52275566	基于可穿戴数字微控流的汗液成分多参数并行检测方法研究	陈立国	机电工程学院	面上项目	54.00	2023-01-01—2026-12-31
117	62273246	基于社交规则人导航和识别生成迁移的学习方法	迟文政	机电工程学院	面上项目	54.00	2023-01-01—2026-12-31
118	52201046	选区激光熔化成形 Al-Cu-Sc 合金多层级异构组织构筑及其强韧化机制	贾清波	机电工程学院	青年科学基金项目	30.00	2023-01-01—2025-12-31

续表

序号	项目批准号	项目名称	负责人	承担单位	项目类别	批准费用/万元	起止时间
119	52205027	弹性展开杆式复杂曲面薄膜结构成型机理与重复展收设计方法	王思聪	机电工程学院	青年科学基金项目	30.00	2023-01-01—2025-12-31
120	62203315	非结构场景下手术机器人自主创口吻合的医技学习与策略迁移方法研究	陆波	机电工程学院	青年科学基金项目	30.00	2023-01-01—2025-12-31
121	72201186	非周期性大客流场景下有向地铁网络动态弹复性建模与调度策略研究	高越	机电工程学院	青年科学基金项目	30.00	2023-01-01—2025-12-31
122	52274339	超纯铁素体不锈钢夹杂物复合改性与凝固组织晶粒细化机制研究	王德永	沙钢钢铁学院	面上项目	54.00	2023-01-01—2026-12-31
123	52274388	异步热轧不锈钢/碳钢复合板结合强度与板面翘曲度的智能建模及协同优化控制	章顺虎	沙钢钢铁学院	面上项目	54.00	2023-01-01—2026-12-31
124	52204348	高拉速连铸结晶器夹杂物动态输运及配分行为研究	李向龙	沙钢钢铁学院	青年科学基金项目	30.00	2023-01-01—2025-12-31
125	52204395	铝合金DC铸造浮游晶宏观运动与微观生长演化研究	董其鹏	沙钢钢铁学院	青年科学基金项目	30.00	2023-01-01—2025-12-31

续表

序号	项目批准号	项目名称	负责人	承担单位	项目类别	批准费用/万元	起止时间
126	52273143	丝蛋白取向凝胶的梯度信号构建、性能调控及其促进中枢神经修复的作用	吕强	纺织与服装工程学院	面上项目	53.00	2023-01-01—2026-12-31
127	12202299	基于纬纱面改性的喷气织造增效降耗微观机理研究	刘帅	纺织与服装工程学院	青年科学基金项目	30.00	2023-01-01—2025-12-31
128	52203065	棉纤维表面生物基含微纳结构构筑及防霉机制调控	周宇阳	纺织与服装工程学院	青年科学基金项目	30.00	2023-01-01—2025-12-31
129	52203275	基于液态光子晶体固化的柔性生色结构高效构建及组装机制研究	李义臣	纺织与服装工程学院	青年科学基金项目	30.00	2023-01-01—2025-12-31
130	52211530485	基于多酚化合物的非虹彩结构色纺织品制备及其机理研究	邢铁玲	纺织与服装工程学院	国际（地区）合作与交流项目	10.00	2023-01-01—2024-12-31
131	52272440	光子卫星姿控飞轮轴承状态增维信息终身学习及其服役状态评估研究	沈长青	轨道交通学院	面上项目	54.00	2023-01-01—2026-12-31
132	52275121	变工况强噪声多长尾高铁齿轮箱对抗流诊断方法研究	王俊	轨道交通学院	面上项目	54.00	2023-01-01—2026-12-31
133	52275157	高铁齿轮箱轴承多源状态稀疏表示及状态演化评估研究	朱忠奎	轨道交通学院	面上项目	54.00	2023-01-01—2026-12-31

续表

序号	项目批准号	项目名称	负责人	承担单位	项目类别	批准费用/万元	起止时间
134	52277062	基于宽容序列预测控制和多斩流源采样估计的高速永磁电机调速系统振荡抑制研究	樊明迪	轨道交通学院	面上项目	54.00	2023-01-01—2026-12-31
135	52278405	盾构穿越钢筋混凝土构筑物的切削破坏机制及数学模型研究	史培新	轨道交通学院	面上项目	54.00	2023-01-01—2026-12-31
136	62275186	基于多源光学数据时空融合的轨道交通动态环境高精度语义解析方法研究	吴澄	轨道交通学院	面上项目	59.00	2023-01-01—2026-12-31
137	52205119	RV减速器轴承多源耦合特征保真稀疏分离与故障诊断研究	丁传仓	轨道交通学院	青年科学基金项目	30.00	2023-01-01—2025-12-31
138	52205491	基于SPH方法的高速精密切削钛合金切屑演化机理与表面质量控制策略研究	牛伟龙	轨道交通学院	青年科学基金项目	30.00	2023-01-01—2025-12-31
139	52206105	宽禁带半导体GaN纳米结构中的拓扑声子导热研究	唐道胜	轨道交通学院	青年科学基金项目	30.00	2023-01-01—2025-12-31
140	52208360	植物脲酶诱导碳酸钙沉积固化/防渗处理炉渣灰路基机理及其变形特性研究	黄钰程	轨道交通学院	青年科学基金项目	30.00	2023-01-01—2025-12-31

续表

序号	项目批准号	项目名称	负责人	承担单位	项目类别	批准费用/万元	起止时间
141	62201372	面向大景深场景多姿态的摔倒异常行为高鲁棒性识别方法的研究	张瑾	轨道交通学院	青年科学基金项目	30.00	2023-01-01—2025-12-31
142	62201374	高动态场景下异构网络频谱资源管理智能适变方法研究	盛洁	轨道交通学院	青年科学基金项目	30.00	2023-01-01—2025-12-31
143	32270187	沙门菌效应蛋白SopF调控宿主细胞PANoptosis加重感染的机制和宿主导向干预研究	吴淑燕	苏州医学院基础医学与生物科学学院	面上项目	54.00	2023-01-01—2026-12-31
144	32270545	基于昆虫及微生物的特殊条件尸体（火烧、悬吊及土埋）的死亡时间推断的基础研究	王江峰	苏州医学院基础医学与生物科学学院	面上项目	54.00	2023-01-01—2026-12-31
145	32271292	基于蛋白质点组学和网络动力学分析的别构信号传导研究	胡广	苏州医学院基础医学与生物科学学院	面上项目	54.00	2023-01-01—2026-12-31
146	32271312	植物CDPK-SnRK超家族蛋白激酶的结构与功能	吴嘉炜	苏州医学院基础医学与生物科学学院	面上项目	54.00	2023-01-01—2026-12-31
147	42276100	基因SnRK2参与浒苔响应盐胁迫的分子机制	沈颂东	苏州医学院基础医学与生物科学学院	面上项目	56.00	2023-01-01—2026-12-31

续表

序号	项目批准号	项目名称	负责人	承担单位	项目类别	批准费用/万元	起止时间
148	82270211	METTL3介导RNA甲基化在多发性骨髓瘤中的作用及靶向m6A基因编辑策略的研究	庄文卓	苏州医学院基础医学与生物科学学院	面上项目	52.00	2023-01-01—2026-12-31
149	82270327	铁血心肌Wnt/β-catenin信号通路激活促进NaV1.5泛素化降解	赵丽梅	苏州医学院基础医学与生物科学学院	面上项目	52.00	2023-01-01—2026-12-31
150	82270503	血管外周脂肪IKKβ在肥胖腹主动脉瘤中的作用及机制研究	陆藏藏	苏州医学院基础医学与生物科学学院	面上项目	52.00	2023-01-01—2026-12-31
151	82271245	ALKBH5介导5-HT3A的m6A去甲基化在三叉神经病理痛中的作用及机制研究	陶金	苏州医学院基础医学与生物科学学院	面上项目	52.00	2023-01-01—2026-12-31
152	82271409	基于线粒体介导铁死亡过程探讨mitoNEET调控Tfr1与Acsl4在脑外伤后认知功能障碍中的作用机制	罗承良	苏州医学院基础医学与生物科学学院	面上项目	52.00	2023-01-01—2026-12-31
153	82271933	EEG时频和脑功能网络技术评估轻度脑外伤的法医学研究	陈溪萍	苏州医学院基础医学与生物科学学院	面上项目	52.00	2023-01-01—2026-12-31

续表

序号	项目批准号	项目名称	负责人	承担单位	项目类别	批准费用/万元	起止时间
154	82273372	TRIM33/TAF15/IL6 轴调控抑制肺腺癌细胞 EMT 和侵袭转移的作用机制	张洪涛	苏州医学院基础医学与生物科学学院	面上项目	53.00	2023-01-01—2026-12-31
155	82273394	SIRT1/circ-IDE 的相互作用及反馈调节机制及其在结直肠癌进展中的作用	孙丽娜	苏州医学院基础医学与生物科学学院	面上项目	52.00	2023-01-01—2026-12-31
156	22206141	Pxr 对 CdTe 量子点诱导的斑马鱼睡眠干扰毒性的抵御作用及机制研究	胡佳	苏州医学院基础医学与生物科学学院	青年科学基金项目	30.00	2023-01-01—2025-12-31
157	32200110	双链 RNA 病毒 BmCPV 的环状 RNA circRNA-S5 的形成机制	张云山	苏州医学院基础医学与生物科学学院	青年科学基金项目	30.00	2023-01-01—2025-12-31
158	32202744	BmCPV 的环状 DNA vcDNA-S7 控制病毒感染的机制	朱敏	苏州医学院基础医学与生物科学学院	青年科学基金项目	30.00	2023-01-01—2025-12-31
159	82203273	PTEN 的 O-GlcNAc 修饰在非酒精性脂肪性肝病及相关肝癌中的作用及机制研究	黄婧	苏州医学院基础医学与生物科学学院	青年科学基金项目	30.00	2023-01-01—2025-12-31
160	22276129	电化学高效脱盐-核素分离深度净化高盐低放废液研究	华道本	苏州医学院放射医学与防护学院	面上项目	54.00	2023-01-01—2026-12-31

续表

序号	项目批准号	项目名称	负责人	承担单位	项目类别	批准费用/万元	起止时间
161	22276130	新型三维共价有机框架材料的设计合成及其对放射性氙/氪的高效吸附分离研究	马付银	苏州医学院放射医学与防护学院	面上项目	54.00	2023-01-01—2026-12-31
162	22276131	过渡金属原子极性调控超微孔炭的设计合成及其对氙/氪分离的研究	张 朵	苏州医学院放射医学与防护学院	面上项目	54.00	2023-01-01—2026-12-31
163	12275191	VDR/VHL-HIF1α 与 COL5A1 联合介导细胞内外信号转导调控肿瘤细胞的质子辐射效应研究	李冰燕	苏州医学院放射医学与防护学院	面上项目	55.00	2023-01-01—2026-12-31
164	22274107	高灵敏、高特异性分子荧光探针用于肿瘤早期诊断的研究	苗庆庆	苏州医学院放射医学与防护学院	面上项目	54.00	2023-01-01—2026-12-31
165	22276132	新型辐射光致发光剂量计材料的研制及机理研究	刘汉洲	苏州医学院放射医学与防护学院	面上项目	54.00	2023-01-01—2026-12-31
166	32271279	RPRM调控电离辐射旁效应信号的作用和分子机制	杨红英	苏州医学院放射医学与防护学院	面上项目	54.00	2023-01-01—2026-12-31

续表

序号	项目批准号	项目名称	负责人	承担单位	项目类别	批准费用/万元	起止时间
167	82273578	m6A 甲基化调控 LNC RNA AFAP1-AS1 翻译的微肽通过抑制线粒体自噬介导放射性肺纤维化的机制研究	裴海龙	苏州医学院放射医学与防护学院	面上项目	52.00	2023-01-01—2026-12-31
168	82273583	电离辐射致酿酒酵母基因组突变的频谱分析与特征提取	俞家华	苏州医学院放射医学与防护学院	面上项目	52.00	2023-01-01—2026-12-31
169	12205215	LNC CRYBG3 靶向 eEF1A1/TRAP1 调控碳离子辐射诱导的肺癌干细胞线粒体损伤	吴安庆	苏州医学院放射医学与防护学院	青年科学基金项目	30.00	2023-01-01—2025-12-31
170	22205154	基于辐射技术制备高强韧低滞后生结构水凝胶	吴书旺	苏州医学院放射医学与防护学院	青年科学基金项目	30.00	2023-01-01—2025-12-31
171	22206142	缺陷结构及表面离子对含氟含铀废水中铀的空间分离-限域配位-催化还原增强机制	雷佳	苏州医学院放射医学与防护学院	青年科学基金项目	30.00	2023-01-01—2025-12-31
172	22206143	环状磷钨酸盐配体用于六价铀的稳定及萃取分离研究	李凯	苏州医学院放射医学与防护学院	青年科学基金项目	30.00	2023-01-01—2025-12-31
173	22206144	冠醚型阳离子交换共价有机框架材料的设计合成及其对锶绝的吸附研究	陈黎熙	苏州医学院放射医学与防护学院	青年科学基金项目	30.00	2023-01-01—2025-12-31

续表

序号	项目批准号	项目名称	负责人	承担单位	项目类别	批准费用/万元	起止时间
174	82273635	GDF15调控Treg/Th17细胞免疫平衡与子痫前期发病的关联及机制研究	尹洁云	苏州医学院公共卫生学院	面上项目	52.00	2023-01-01—2026-12-31
175	82273706	TMA/FMO3/TMAO通路代谢物作为缺血性脑卒中预后标志的筛选和预警研究	仲崇科	苏州医学院公共卫生学院	面上项目	52.00	2023-01-01—2026-12-31
176	82273719	色氨酸多通路代谢与脑卒中发病关系的巢式病例对照研究	左辉	苏州医学院公共卫生学院	面上项目	52.00	2023-01-01—2026-12-31
177	82273744	基于公众心理和行为混合大数据的流行病预测研究	王国燕	苏州医学院公共卫生学院	面上项目	52.00	2023-01-01—2026-12-31
178	32201146	肿瘤微环境激活型铁声敏剂用于超声增效动力-免疫治疗及机制研究	仲晓燕	苏州医学院公共卫生学院	青年科学基金项目	30.00	2023-01-01—2025-12-31
179	82203987	CD36在邻苯二甲酸酯暴露诱导肾功能损伤中的介导作用及机制研究	陈婧司	苏州医学院公共卫生学院	青年科学基金项目	30.00	2023-01-01—2025-12-31
180	82204068	青少年肥胖预防中增权赋能促进主动健康行为的机制和干预研究	张有捷	苏州医学院公共卫生学院	青年科学基金项目	30.00	2023-01-01—2025-12-31

续表

序号	项目批准号	项目名称	负责人	承担单位	项目类别	批准费用/万元	起止时间
181	22271206	简单实用的苯炔产生方法以及在新反应发现中的应用	张士磊	苏州医学院药学院	面上项目	54.00	2023-01-01—2026-12-31
182	22277087	化学能激活CO前药的设计合成、抑制H2S生物合成以及抗肿瘤活性研究	季兴跃	苏州医学院药学院	面上项目	54.00	2023-01-01—2026-12-31
183	32271309	PHIP识别甲基化组蛋白H3K4的分子机制研究及特异性拮抗剂的发现	刘艳丽	苏州医学院药学院	面上项目	54.00	2023-01-01—2026-12-31
184	82271315	高同型半胱氨酸血症抑制小胶质细胞溶酶体生物合成加剧出血性脑损伤的机制	贾佳	苏州医学院药学院	面上项目	52.00	2023-01-01—2026-12-31
185	82273193	B7-H3重构细胞外基质建立免疫抑制屏障作用及机制研究	汪维鹏	苏州医学院药学院	面上项目	52.00	2023-01-01—2026-12-31
186	82273768	基于结构的从头药物发现开发Gli1-DNA相互作用调控剂及其应用探索	陆朦辰	苏州医学院药学院	面上项目	51.00	2023-01-01—2026-12-31
187	82273944	NAC1促ADSCs向FAP+CAF样细胞转化的机制及其对卵巢癌大网膜转移的影响	张熠	苏州医学院药学院	面上项目	52.00	2023-01-01—2026-12-31

续表

序号	项目批准号	项目名称	负责人	承担单位	项目类别	批准费用/万元	起止时间
188	82273945	去泛素化酶USP2a调控B7-H4促进EGFR突变型肺癌癌免疫逃逸的机制及其作为干预新靶点的研究	章良	苏州医学院药学院	面上项目	52.00	2023-01-01—2026-12-31
189	82273991	Nemo样激酶调控肺泡上皮细胞衰老的功能及机制研究	蒋小岗	苏州医学院药学院	面上项目	52.00	2023-01-01—2026-12-31
190	22204114	基于金属离子亲和及脂深针协同作用的外泌体富集基体材料及其在结直肠癌标志物筛选中的应用	张海洋	苏州医学院药学院	青年科学基金项目	30.00	2023-01-01—2025-12-31
191	22207081	克服肿瘤耐药的环状脂肽天然产物Verucopeptin的全合成及成药性研究	孙元军	苏州医学院药学院	青年科学基金项目	30.00	2023-01-01—2025-12-31
192	82204331	基于HPAEC-PAD-MS/MS联用方法的β-葡聚糖序列结构解析及其构效关系研究新策略	易琳	苏州医学院药学院	青年科学基金项目	30.00	2023-01-01—2025-12-31
193	52242303	2022年有机高分子材料青年学者战略研讨会	钟志远	苏州医学院药学院	专项项目	10.00	2022-07-01—2022-12-31

续表

序号	项目批准号	项目名称	负责人	承担单位	项目类别	批准费用/万元	起止时间
194	32261133525	固有免疫受体STING与钙信号互作在神经退变和神经炎症中的作用及其作为药理靶标确证	王光辉	苏州医学院药学院	国际（地区）合作与交流项目	105.00	2023-01-01—2025-12-31
195	82202465	金黄色葡萄球菌ClpX蛋白调控压疫生物被膜"团块型"结构形成的分子机制	李恒	苏州医学院巴斯德学院	青年科学基金项目	30.00	2023-01-01—2025-12-31
196	12275189	多元掺杂改性Mn基层状纳离子电池正极材料的原位软X射线谱学研究	张亮	功能纳米与软物质研究院	面上项目	56.00	2023-01-01—2026-12-31
197	12275190	面向光电化学产氢的Cd基量子点表界面调控及其同步辐射X射线谱学研究	孙旭辉	功能纳米与软物质研究院	面上项目	55.00	2023-01-01—2026-12-31
198	22273063	基于巨正则动力学研究二维异质结结碳特结构的新型电催化剂预测及活性描述符提取	徐冰	功能纳米与软物质研究院	面上项目	54.00	2023-01-01—2026-12-31
199	22275133	金属有机框架原子结构及其变化的电子显微学表征	申博渊	功能纳米与软物质研究院	面上项目	54.00	2023-01-01—2026-12-31

续表

序号	项目批准号	项目名称	负责人	承担单位	项目类别	批准费用/万元	起止时间
200	22279084	双金属位点分子催化剂协同电催化二氧化碳还原研究	韩娜	功能纳米与软物质研究院	面上项目	54.00	2023-01-01—2026-12-31
201	52271223	铜/铜基半导体/碳点光助电催化体系设计及其CO_2还原定向制备乙醇的研究	黄慧	功能纳米与软物质研究院	面上项目	54.00	2023-01-01—2026-12-31
202	52272043	手性碳量子点的光增强氢键驱动手性催化活性及其在氨基酸缩合反应中的应用研究	刘阳	功能纳米与软物质研究院	面上项目	54.00	2023-01-01—2026-12-31
203	52272229	富缺陷半导体氧化物负载金属团簇光热/光化学协同催化CO_2还原的研究	李超然	功能纳米与软物质研究院	面上项目	54.00	2023-01-01—2026-12-31
204	52273144	肠上皮细胞靶向的氟化纳米囊用于siRNA口服递送研究	鲍黎晨	功能纳米与软物质研究院	面上项目	53.00	2023-01-01—2026-12-31
205	52273189	钙铁矿表面光生载流子行为的可视化及缺陷靶向钝化研究	王照奎	功能纳米与软物质研究院	面上项目	55.00	2023-01-01—2026-12-31
206	62274115	有机半导体单晶可控图案化生长及其场效应晶体管电路的研究	邓巍	功能纳米与软物质研究院	面上项目	59.00	2023-01-01—2026-12-31

续表

序号	项目批准号	项目名称	负责人	承担单位	项目类别	批准费用/万元	起止时间
207	62274116	用于异质结硅光伏电池的低温导电电极表面接触机理和方法研究	孙宝全	功能纳米与软物质研究院	面上项目	52.00	2023-01-01—2026-12-31
208	62274117	自修复高柔性钙钛矿发光器件	唐建新	功能纳米与软物质研究院	面上项目	53.00	2023-01-01—2026-12-31
209	62275181	基于微纳结构的柔性有机太阳能电池光热调控研究	陈敬德	功能纳米与软物质研究院	面上项目	53.00	2023-01-01—2026-12-31
210	62275182	基于有机晶体管存储器电荷俘获机制的紫外辐射剂量监测研究	高旭	功能纳米与软物质研究院	面上项目	53.00	2023-01-01—2026-12-31
211	12205213	硫基催化剂局部微环境调控及其电解水机制研究	冯坤	功能纳米与软物质研究院	青年科学基金项目	30.00	2023-01-01—2025-12-31
212	22203058	二维 MA2Z4 电催化析氢材料的理性设计	纪玉金	功能纳米与软物质研究院	青年科学基金项目	30.00	2023-01-01—2025-12-31
213	22204116	近红外磷基硅纳米探针用于时间分辨胶质母细胞瘤成像研究	宋斌	功能纳米与软物质研究院	青年科学基金项目	30.00	2023-01-01—2025-12-31

续表

序号	项目批准号	项目名称	负责人	承担单位	项目类别	批准费用/万元	起止时间
214	22204117	细菌吞噬纳米探针实现增强生物发光成像及治疗深部组织细菌感染的研究	储彬彬	功能纳米与软物质研究院	青年科学基金项目	20.00	2023-01-01—2024-12-31
215	32201182	工程化细菌通过实现肿瘤微环境代谢重塑用于肿瘤免疫治疗	许方	功能纳米与软物质研究院	青年科学基金项目	30.00	2023-01-01—2025-12-31
216	52201269	氢致稀土-镍基金属间化合物结构改性实现析氧高效电催化	陈子亮	功能纳米与软物质研究院	青年科学基金项目	30.00	2023-01-01—2025-12-31
217	52202107	设计合成 N、O 共掺杂碳点为载体的 Fe、Co、Ni 单原子催化剂应用于高效的氧还原产 H_2O_2	周赟杰	功能纳米与软物质研究院	青年科学基金项目	30.00	2023-01-01—2025-12-31
218	52202274	抑制外延融合以降低量子点太阳能电池开路电压损失的研究	史国钰	功能纳米与软物质研究院	青年科学基金项目	30.00	2023-01-01—2025-12-31
219	52202373	二维硫化物基面新型缺陷结构形成机制的原位电镜分析和电催化性能研究	许杰	功能纳米与软物质研究院	青年科学基金项目	30.00	2023-01-01—2025-12-31
220	52203183	肿瘤微环境响应性高分子基因载体用于肿瘤基因治疗	方华攀	功能纳米与软物质研究院	青年科学基金项目	20.00	2023-01-01—2024-12-31

续表

序号	项目批准号	项目名称	负责人	承担单位	项目类别	批准费用/万元	起止时间
221	52203234	高迁移率发光的新型有机共晶光电材料的设计开发及其光电集成器件的构筑	卓明鹏	功能纳米与软物质研究院	青年科学基金项目	30.00	2023-01-01—2025-12-31
222	52203362	新型镁基栓塞微球的构建及其在肝癌介入综合治疗中的应用探索	巩 飞	功能纳米与软物质研究院	青年科学基金项目	30.00	2023-01-01—2025-12-31
223	62204167	基于近场光学显微技术的TOPCon晶硅太阳电池隧穿机制研究	王玉生	功能纳米与软物质研究院	青年科学基金项目	30.00	2023-01-01—2025-12-31
224	62205228	金属-二维半导体-金属隧道结中电激发等离激元与激子的相互作用研究	郁 薇	功能纳米与软物质研究院	青年科学基金项目	30.00	2023-01-01—2025-12-31
225	62205230	标准红光、强量子限域效应钙钛矿量子点的可控制备及其高效发光二极管研究	王亚坤	功能纳米与软物质研究院	青年科学基金项目	20.00	2023-01-01—2024-12-31
226	52250002	跨眼部屏障的高分子载体构建及其在老年黄斑病变治疗中的应用探索	陈 倩	功能纳米与软物质研究院	专项项目	80.00	2023-01-01—2023-12-31
227	82241008	用于肺动脉高压治疗的雾化吸入式NOTCH3基因编辑研究	殷黎晨	功能纳米与软物质研究院	专项项目	50.00	2023-01-01—2025-12-31

续表

序号	项目批准号	项目名称	负责人	承担单位	项目类别	批准费用/万元	起止时间
228	52261145696	钙钛矿纳米晶材料设计制备、器件集成及光伏应用	袁建宇	功能纳米与软物质研究院	国际（地区）合作与交流项目	200.00	2023-01-01—2025-12-31
229	82270136	二硫键异构酶ERp72调控静脉血栓形成的作用与机制	阳艾珍	唐仲英血液学研究中心	面上项目	52.00	2023-01-01—2026-12-31
230	82270138	游离型血红蛋白（Hb）与活化的血管性血友病因子（VWF）高亲和力结合的机制及其抗凝功能的研究	邓巍	唐仲英血液学研究中心	面上项目	52.00	2023-01-01—2026-12-31
231	82270173	AML中IDH对脂质从头合成途径的影响	陈冬	唐仲英血液学研究中心	面上项目	52.00	2023-01-01—2026-12-31
232	82270191	ZC3H13/m6A/UFL1通路促进急性T淋巴细胞白血病细胞生长的研究	赵昀	唐仲英血液学研究中心	面上项目	52.00	2023-01-01—2026-12-31
233	82270268	转运蛋白Rab35对ATP敏感钾离子通道（KATP）再循环的调控机制及其在心脏保护中的功能研究	杨华乾	唐仲英血液学研究中心	面上项目	52.00	2023-01-01—2026-12-31
234	82200142	轴突导向分子Sema7A调控动脉血栓形成及其机制的研究	任丽洁	唐仲英血液学研究中心	青年科学基金项目	30.00	2023-01-01—2025-12-31

续表

序号	项目批准号	项目名称	负责人	承担单位	项目类别	批准费用/万元	起止时间
235	82200147	跨膜型二硫键异构酶TMX1调控磷脂酰丝氨酸在血小板和内皮细胞膜两侧分布的作用及机制	赵珍珍	唐仲英血液学研究中心	青年科学基金项目	20.00	2023-01-01—2024-12-31
236	32271033	溶酶体酸性脂肪酶调控"液型"表型转化在白质缺血性损伤修复中的作用及机制	程坚	神经科学研究所	面上项目	54.00	2023-01-01—2026-12-31
237	32200778	补体调节蛋白SRPX2调控海马突触可塑性在社交记忆中的作用及机制	丛启飞	神经科学研究所	青年科学基金项目	30.00	2023-01-01—2025-12-31
238	82201575	HDAC9介导的CaM去乙酰化在阿尔茨海默病中的机制研究	张海龙	神经科学研究所	青年科学基金项目	30.00	2023-01-01—2025-12-31
239	M-0679	神经元-胶质细胞相互作用在发育及中枢神经系统疾病中的分子机制研究	马全红	神经科学研究所	中德中心项目	73.66	2022-11-01—2025-10-31
240	32270162	细胞外囊泡在介导柯萨奇病毒B3非受体依赖感染及病毒性心肌炎的机制研究	傅煜轩	生物医学研究院	面上项目	54.00	2023-01-01—2026-12-31

续表

序号	项目批准号	项目名称	负责人	承担单位	项目类别	批准费用/万元	起止时间
241	32270975	新冠病毒NP促进衰老相关分泌表型的机制研究和干预计	王帅	生物医学研究院	面上项目	54.00	2023-01-01—2026-12-31
242	82271841	线粒体DNA在狼疮患者Tfh细胞分化异常中的作用及机制	温振科	生物医学研究院	面上项目	53.00	2023-01-01—2026-12-31
243	32241009	运动通过3-羟基丁酸增强IFN免疫防御力维持健康态的机制研究	郑慧	生物医学研究院	专项项目	63.00	2023-01-01—2025-12-31
244	32271424	远红外驱动力学刺激调控心脏类器官成熟及应用研究	唐明亮	心血管病研究所	面上项目	54.00	2023-01-01—2026-12-31
245	32271206	YIPPEE/YPEL5蛋白介导生物钟与生理调控的机制研究	张勇	剑桥-苏大基因组资源中心	面上项目	54.00	2023-01-01—2026-12-31
246	32202969	刺参体腔液通过代谢重塑参与菌热胁迫适应的研究	张弛	剑桥-苏大基因组资源中心	青年科学基金项目	30.00	2023-01-01—2025-12-31
247	82202032	NAD+代谢编程干细胞免疫调控功能的作用机制与优化策略研究	房建凯	转化医学研究院	青年科学基金项目	30.00	2023-01-01—2025-12-31
248	32271421	基于黏蛋白的抗菌/免疫双功能材料设计及其修复感染性骨缺损研究	陈嵩	苏州大学附属第一医院	面上项目	54.00	2023-01-01—2026-12-31

续表

序号	项目批准号	项目名称	负责人	承担单位	项目类别	批准费用/万元	起止时间
249	82270165	基于细胞分化阻滞模型探索嘧啶从头合成关键酶靶向抑制剂诱导髓系急性白血病分化治疗新策略	薛胜利	苏州大学附属第一医院	面上项目	52.00	2023-01-01—2026-12-31
250	82270210	抗胃髓瘤的新型同种异体嵌合抗原受体T（CAR-T）细胞疗法研发	颜灵芝	苏州大学附属第一医院	面上项目	68.00	2023-01-01—2026-12-31
251	82270222	SLC16A7调控T细胞代谢和Th17分化阻滞aGVHD发病机制和治疗策略研究	程 巧	苏州大学附属第一医院	面上项目	52.00	2023-01-01—2026-12-31
252	82270561	细胞外基质蛋白SPARC通过促进IL-17+γδT细胞亚群分化在炎症性肠病进展中的作用和机制	陈卫昌	苏州大学附属第一医院	面上项目	52.00	2023-01-01—2026-12-31
253	82270787	HLA DSA通过活化血管内皮细胞诱导外周血单核细胞向巨噬细胞定向分化参与体液排斥反应的机制研究	魏雪栋	苏州大学附属第一医院	面上项目	52.00	2023-01-01—2026-12-31

续表

序号	项目批准号	项目名称	负责人	承担单位	项目类别	批准费用/万元	起止时间
254	82271113	GITRL/GITR 信号介导的细胞间交质转化在脉络膜新生血管继发视网膜下纤维化中的作用及机制研究	陆培荣	苏州大学附属第一医院	面上项目	52.00	2023-01-01—2026-12-31
255	82271162	二硫交联纳米运载青蒿素介导LMO4/JAK/STAT3 信号通路保护顺铂所致毛细胞损伤的机制研究	于亚峰	苏州大学附属第一医院	面上项目	52.00	2023-01-01—2026-12-31
256	82271362	基于神经血管单元稳态研究OSM/OSMR 对脑缺血再灌注损伤的调控及作用机制	李海英	苏州大学附属第一医院	面上项目	52.00	2023-01-01—2026-12-31
257	82271724	IP3R3/Ca^{2+}/CaM3 通路异常在孕期宫内 GCs 暴露子代血管内皮 NO 合成功能障碍中的作用及机制研究	高芹芹	苏州大学附属第一医院	面上项目	52.00	2023-01-01—2026-12-31
258	82272094	肿瘤微环境自适应性微球在肝癌栓塞中的作用及机制研究	倪才方	苏州大学附属第一医院	面上项目	52.00	2023-01-01—2026-12-31

续表

序号	项目批准号	项目名称	负责人	承担单位	项目类别	批准费用/万元	起止时间
259	82272494	N-乙酰半胱氨酸介导线粒体SIRT3活化促进老年骨质疏松性骨折修复的机制研究	朱雪松	苏州大学附属第一医院	面上项目	53.00	2023-01-01—2026-12-31
260	82272501	生物多孔骨粘合剂调控微环境加速骨折愈合的机制研究	顾勇	苏州大学附属第一医院	面上项目	52.00	2023-01-01—2026-12-31
261	82272542	异常应力通过 m6A 修饰 circRNA_0281 调控 Hippo 信号通路促进软骨终板骨化的机制研究	陈康武	苏州大学附属第一医院	面上项目	52.00	2023-01-01—2026-12-31
262	82272547	TET2通过PARK2去甲基化调控线粒体自噬对椎间盘退变的影响及机制研究	毛海青	苏州大学附属第一医院	面上项目	53.00	2023-01-01—2026-12-31
263	82272567	DAPK1磷酸化ULK1调控破骨细胞线粒体自噬在骨质疏松中的作用及机制研究	耿德春	苏州大学附属第一医院	面上项目	52.00	2023-01-01—2026-12-31
264	82272648	胞质型SHMT2激活Gas6/AXL信号通路介导小细胞肺癌化学耐药的机制研究	曾国圆	苏州大学附属第一医院	面上项目	52.00	2023-01-01—2026-12-31

续表

序号	项目批准号	项目名称	负责人	承担单位	项目类别	批准费用/万元	起止时间
265	82273150	SRPK1基因受METTL3 m6A甲基化修饰调控介导有氧糖酵解促进肺腺癌增殖的机制研究	黄建安	苏州大学附属第一医院	面上项目	51.00	2023-01-01—2026-12-31
266	82273567	m6A甲基化修饰Zbp1与Tfam调控衰老相关分泌表型（SASP）在放射性皮肤纤维化中的作用及机制研究	薛嫄	苏州大学附属第一医院	面上项目	52.00	2023-01-01—2026-12-31
267	32200533	转移性前列腺癌铁死亡关键调控因子和功能模块的识别与机制研究	林宇鑫	苏州大学附属第一医院	青年科学基金项目	30.00	2023-01-01—2025-12-31
268	32201070	动态载荷作用下粘弹性支架调控髓核再生与椎间盘动力学重建	梁婷	苏州大学附属第一医院	青年科学基金项目	30.00	2023-01-01—2025-12-31
269	32201115	构建可递送LOX基因的外泌体-结构仿生复合支架用于纤维修复的研究	赵润泽	苏州大学附属第一医院	青年科学基金项目	30.00	2023-01-01—2025-12-31
270	72204182	基于"恐惧-回避"模型的慢阻肺呼吸困难恐惧成因分析及虚拟调适管理策略研究	韩燕霞	苏州大学附属第一医院	青年科学基金项目	30.00	2023-01-01—2025-12-31

续表

序号	项目批准号	项目名称	负责人	承担单位	项目类别	批准费用/万元	起止时间
271	82200133	骨髓中S100A8/A9介导的炎症—氧化微环境紊乱在激素耐药型免疫性血小板减少症中的作用及机制研究	戚嘉乾	苏州大学附属第一医院	青年科学基金项目	30.00	2023-01-01—2025-12-31
272	82200137	DNA甲基转移酶3A通过ETS转录因子甲基化修饰调控核细胞生成的机制研究	唐雅琮	苏州大学附属第一医院	青年科学基金项目	30.00	2023-01-01—2025-12-31
273	82200149	基于单细胞转录组测序解析ATP6V1E1基因影响骨髓增生异常综合征红系增殖分化的分子机制	喻艳	苏州大学附属第一医院	青年科学基金项目	30.00	2023-01-01—2025-12-31
274	82200150	ASXL1突变致慢性髓细胞白血病对酪氨酸激酶抑制剂耐药促进疾病进展的机制研究	薛梦星	苏州大学附属第一医院	青年科学基金项目	30.00	2023-01-01—2025-12-31
275	82200168	E3连接酶pVHL通过泛素化降解PDK1抑制AML发生发展的机制研究	郑娜娜	苏州大学附属第一医院	青年科学基金项目	30.00	2023-01-01—2025-12-31
276	82200204	CARM1负向调控CD19 CAR-T细胞抗B-NHL效应及其分子机制研究	蒋东鹏	苏州大学附属第一医院	青年科学基金项目	30.00	2023-01-01—2025-12-31

续表

序号	项目批准号	项目名称	负责人	承担单位	项目类别	批准费用/万元	起止时间
277	82200235	分泌型 IgA 通过调控肠道菌群影响 aGVHD 的作用及机制研究	崔艳芳	苏州大学附属第一医院	青年科学基金项目	30.00	2023-01-01—2025-12-31
278	82200237	细胞内 EBi3 通过 IL-23R 介导基因造血干细胞移植后急性移植物抗宿主病的效应及机制	茹煜华	苏州大学附属第一医院	青年科学基金项目	30.00	2023-01-01—2025-12-31
279	82200249	基因工程敲减 IL-6/CD40L 的 CAR-T 细胞在复发/难治急性 B 淋巴细胞白血病治疗中提高安全性的机制研究	宫文洁	苏州大学附属第一医院	青年科学基金项目	30.00	2023-01-01—2025-12-31
280	82200283	预移植过表达 HLA-G 基因的间充质基质细胞心肌内移植异体心肌细胞存活率的机制研究	孙思佳	苏州大学附属第一医院	青年科学基金项目	30.00	2023-01-01—2025-12-31
281	82200339	利用患者特异性 iPSCs 源心脏类器官研究 GATA4 突变引发先天性心脏病的分子机制	叶颂群	苏州大学附属第一医院	青年科学基金项目	30.00	2023-01-01—2025-12-31
282	82200353	尿毒素硫酸吲哚酚调控 Rbm3 介导的 Ito, f 通道抑制在肾性心律失常中的作用及机制研究	杨 静	苏州大学附属第一医院	青年科学基金项目	30.00	2023-01-01—2025-12-31

续表

序号	项目批准号	项目名称	负责人	承担单位	项目类别	批准费用/万元	起止时间
283	82201445	AIM2 识别胞质 DNA 激活 IL-1β/IL-18 介导的脑出血后继发性脑损伤作用机制研究	陈周青	苏州大学附属第一医院	青年科学基金项目	30.00	2023-01-01—2025-12-31
284	82201446	NKCC1 蛋白参与白介素 18 介导的脑出血炎症损伤相关机制研究	杨翼	苏州大学附属第一医院	青年科学基金项目	30.00	2023-01-01—2025-12-31
285	82202819	基于健侧 M1 区到患侧 M1 区 GABA 皮层环路调控的耦联 rTMS 促进急性脑梗死运动功能恢复的机制研究	陈庆梅	苏州大学附属第一医院	青年科学基金项目	30.00	2023-01-01—2025-12-31
286	82202886	CPNE1 调控 Integrinαvβ1/FAK 信号通路促进肺腺癌血管生成拟态形成的机制研究	杜雯雯	苏州大学附属第一医院	青年科学基金项目	30.00	2023-01-01—2025-12-31
287	82202898	靶向 HK2 诱导 DNA 同源重组修复缺陷增强卵巢癌对 PARP 抑制剂敏感性的机制研究	施秀	苏州大学附属第一医院	青年科学基金项目	30.00	2023-01-01—2025-12-31
288	82203276	E2F1 调控核仁小核糖核蛋白 RRP9 增强 DNA 损伤修复促进食管癌发生发展	万翼龙	苏州大学附属第一医院	青年科学基金项目	30.00	2023-01-01—2025-12-31

续表

序号	项目批准号	项目名称	负责人	承担单位	项目类别	批准费用/万元	起止时间
289	82203735	circERBB2 通过结合 ACAT1 调节酮体代谢在肾透明细胞癌进展中的机制研究	沈丹阳	苏州大学附属第一医院	青年科学基金项目	30.00	2023-01-01—2025-12-31
290	82204124	高盐摄入调控肠道菌群介导高血压的巢式病例对照研究	刘洋	苏州大学附属第一医院	青年科学基金项目	30.00	2023-01-01—2025-12-31
291	82204523	miRNA-214 通过抑制外排转运体改善卵巢癌铂类耐药的机制研究	秦一	苏州大学附属第一医院	青年科学基金项目	30.00	2023-01-01—2025-12-31
292	12275192	IGF2BP3 通过 m6A 甲基化修饰靶向调控 PPIB 的表达在肾癌辐射抗拒中的作用	张永胜	苏州大学附属第二医院	面上项目	55.00	2023-01-01—2026-12-31
293	32271313	扰素修饰系统关键蛋白 UFBP1 和 UFL1 介导 TBK1 扰素和泛素修饰在肾脏纤维化中的作用及机制研究	胡展红	苏州大学附属第二医院	面上项目	54.00	2023-01-01—2026-12-31
294	82270197	基于生物活性和靶向性探讨细胞外囊泡在 DLBCL 的 CD47/SIRPα 免疫逃逸中的作用	李炳宗	苏州大学附属第二医院	面上项目	52.00	2023-01-01—2026-12-31

续表

序号	项目批准号	项目名称	负责人	承担单位	项目类别	批准费用/万元	起止时间
295	82271279	伏隔核多巴胺受体调控帕金森病相关疼痛神经环路机制研究	毛成洁	苏州大学附属第二医院	面上项目	52.00	2023-01-01—2026-12-31
296	82271612	FSTL1通过NF-κB信号通路调控BMSCs衰老在老年性骨质疏松症中的作用机制研究	柏林	苏州大学附属第二医院	面上项目	52.00	2023-01-01—2026-12-31
297	12205214	188Re标记自体细胞微粒疫苗用于胃肉瘤术后放射免疫治疗研究	林苏滨	苏州大学附属第二医院	青年科学基金项目	30.00	2023-01-01—2025-12-31
298	82200458	血管紧张素II型受体在血管损伤中抑制肾周脂肪组织功能失调的作用及机制研究	白荃锰	苏州大学附属第二医院	青年科学基金项目	30.00	2023-01-01—2025-12-31
299	82202369	优化肠肉营素对Ghrelin-POMC脑肠轴介导的脓毒症代谢紊乱的研究	曹春	苏州大学附属第二医院	青年科学基金项目	30.00	2023-01-01—2025-12-31
300	82203564	肿瘤相关成纤维细胞分泌HGF调控LINC01123作为"分子脚手架"介导β-catenin/PKM2复合体转位促进非小细胞肺癌有氧糖酵解的机制研究	华茜	苏州大学附属第二医院	青年科学基金项目	30.00	2023-01-01—2025-12-31

续表

序号	项目批准号	项目名称	负责人	承担单位	项目类别	批准费用/万元	起止时间
301	82270018	TOR3A 通过 ERAD 途径在 RSV 感染中对 I 型 IFN 产生的调控作用及分子机制	郝创利	苏州大学附属儿童医院	面上项目	53.00	2023-01-01—2026-12-31
302	82270025	RNF217 调控线粒体功能和稳态抑制 Th2 细胞分化缓解哮喘免疫病理的作用及机制研究	朱灿红	苏州大学附属儿童医院	面上项目	53.00	2023-01-01—2026-12-31
303	82270529	核转录因子 FOXO4 靶向白细胞酪氨酸激酶 LTK：川崎病血管炎发生的新机制	吕海涛	苏州大学附属儿童医院	面上项目	51.00	2023-01-01—2026-12-31
304	82270713	血小板活化诱导巨噬细胞 MARCKS 磷酸化在急性肾损伤炎症反应中的机制研究	刘俊	苏州大学附属儿童医院	面上项目	52.00	2023-01-01—2026-12-31
305	82271405	TEX264 介导的内质网自噬在脑缺血损伤中的作用和机制研究	李梅	苏州大学附属儿童医院	面上项目	52.00	2023-01-01—2026-12-31
306	82271739	Resp18 影响 SCN 抑制性神经元功能在新生期窒息诱发 ADHD 的作用和机制研究	丁欣	苏州大学附属儿童医院	面上项目	52.00	2023-01-01—2026-12-31

续表

序号	项目批准号	项目名称	负责人	承担单位	项目类别	批准费用/万元	起止时间
307	82271741	活性代谢物KYNA调节坏死性凋亡关键蛋白RIPK3构象与活性改善肠上皮屏障防坏死性小肠结肠炎的作用机制研究	朱雪萍	苏州大学附属儿童医院	面上项目	52.00	2023-01-01—2026-12-31
308	82271804	PFKFB3通过靶向精氨酸代谢促进宿主抗RSV感染的作用及分子机制研究	严永东	苏州大学附属儿童医院	面上项目	52.00	2023-01-01—2026-12-31
309	82272215	脓毒症进程中组蛋白乙酰化酶KAT2B调控髓源性抑制细胞诱导免疫抑制的作用及机制研究	汪健	苏州大学附属儿童医院	面上项目	52.00	2023-01-01—2026-12-31
310	32200775	生物钟基因BMAL1对星形胶质细胞衰老的调控在帕金森病发病中的作用及其机制研究	顾超	苏州大学附属儿童医院	青年科学基金项目	30.00	2023-01-01—2025-12-31
311	82200177	靶向抑制PDE3A治疗急性巨核细胞白血病的策略及机制研究	高莉	苏州大学附属儿童医院	青年科学基金项目	30.00	2023-01-01—2025-12-31
312	82203442	神经母细胞瘤超级增强子调控基因MAB21L2的致病作用和机制研究	杨阳	苏州大学附属儿童医院	青年科学基金项目	30.00	2023-01-01—2025-12-31

续表

序号	项目批准号	项目名称	负责人	承担单位	项目类别	批准费用/万元	起止时间
313	82204022	乳铁蛋白抑制Tak1/IL-18/eNOS通路改善血管内皮功能紊乱的机制研究	陈财龙	苏州大学附属儿童医院	青年科学基金项目	30.00	2023-01-01—2025-12-31
314	32270955	IL1R2促进Treg细胞介导肠癌免疫抑制微环境形成的作用机制	蒋敬庭	苏州大学附属第三医院	面上项目	54.00	2023-01-01—2026-12-31
315	82272031	基于PET/CT分子影像研究心外膜脂肪组织炎症反应对急性心肌梗死及左室重构的作用和机制	王跃涛	苏州大学附属第三医院	面上项目	52.00	2023-01-01—2026-12-31
316	82200629	UBE3A通过保护肝细胞线粒体自噬逆转代谢相关脂肪性肝病的机制研究	吴俊成	苏州大学附属第三医院	青年科学基金项目	30.00	2023-01-01—2025-12-31
317	82201509	SKP-SC-EVs通过调控EphA4促进周围神经缺损修复的机制研究	喻妙梅	苏州大学附属第三医院	青年科学基金项目	30.00	2023-01-01—2025-12-31
318	82201782	Sp1促脐带动脉旁细胞生成参与卵巢小鼠早衰功能修复的分子机制研究	杨娇君	苏州大学附属第三医院	青年科学基金项目	30.00	2023-01-01—2025-12-31

续表

序号	项目批准号	项目名称	负责人	承担单位	项目类别	批准费用/万元	起止时间
319	82202475	基于CA4P缓释血管抑制膜的组织工程化软骨再生技术及其机理研究	徐亚文	苏州大学附属第三医院	青年科学基金项目	30.00	2023-01-01—2025-12-31
320	82202679	脐带间充质干细胞外泌体LncRNA H19通过RBP和ceRNA双机制协同促进软骨再生的机制研究	言力稻	苏州大学附属第三医院	青年科学基金项目	30.00	2023-01-01—2025-12-31
321	82203516	KDM6B通过调控β-catenin蛋白稳定性抑制肿瘤相关巨噬细胞M2极化的机制研究	杜玲芳	苏州大学附属第三医院	青年科学基金项目	30.00	2023-01-01—2025-12-31
322	82270755	内质网应激介导的TXNIP表观遗传调控在糖基化终产物致糖尿病脂肪肾的机制研究	孙红	苏州大学附属独墅湖医院	面上项目	52.00	2023-01-01—2026-12-31
323	82271002	巨噬细胞Piezo1-YAP/TAZ信号通路调控胃肠缝牵张成胃的机制研究	张卫兵	苏州大学附属独墅湖医院	面上项目	52.00	2023-01-01—2026-12-31
324	82272439	基于肿瘤微环境"微生物-免疫-肿瘤"作用模型的胃癌分型生物标志物筛选及实验证研究	钱福良	苏州医学院	面上项目	52.00	2023-01-01—2026-12-31

续表

序号	项目批准号	项目名称	负责人	承担单位	项目类别	批准费用/万元	起止时间
325	82273020	PLCE1-p53-miR34a 正反馈环路抑制自噬促进食管癌发生发展的机制研究	陈云昭	苏州医学院	面上项目	51.00	2023-01-01—2026-12-31
326	82272594	基于 Cx43-自噬环路探讨成对关联磁刺激对脊髓损伤后皮质脊髓神经网络重建的作用和机制研究	苏 敏	苏州大学附属独墅湖医院	面上项目	52.00	2023-01-01—2026-12-31
327	82272687	Gαi3 在胃癌中的表达、功能及突变研究	吕 燕	苏州大学附属张家港医院	面上项目	52.00	2023-01-01—2026-12-31
328	82201538	星形胶质细胞 FABP7 通过线粒体自噬调控创伤性脑损伤后炎症反应的作用及机制研究	芮 琴	苏州大学附属张家港医院	青年科学基金项目	30.00	2023-01-01—2025-12-31
329	32271039	α-突触核蛋白病理传播影响组蛋白甲基化导致神经功能损伤及其作用机制	王光辉	苏州大学附属太仓医院	面上项目	54.00	2023-01-01—2026-12-31
330	82201219	CDK8 调节 RPE 细胞介导的 CNV 促进湿性 AMD 进展及联合靶向治疗研究	朱曼辉	苏州大学附属理想眼科医院	青年科学基金项目	30.00	2023-01-01—2025-12-31

2. 国家重点研发计划项目（13项）（表58）

表58　国家重点研发计划项目一览表

序号	项目批准号	项目名称	项目负责人	承担单位	资助经费/万元	完成时间
1	2022YFE0105300	新型填料材料研究及其在含氚废水精馏处理技术中的应用	王殳凹	苏州医学院放射医学与防护学院	300.00	2022-06—2024-05
2	2022YFE0199900	精准医学在血友病中的应用：中国与马耳他联合原创探索研究	郭炯炯	苏州大学附属第一医院	150.00	2022-06—2024-05
3	2022YFE0108900	高效钙钛矿发光器件的微纳结构界面调控研究	唐建新	功能纳米与软物质研究院	300.00	2022-09—2025-08
4	2022YFE0110300	量子点太阳能电池的印刷制备研究	马万里	功能纳米与软物质研究院	296.98	2022-09—2025-08
5	2022YFE0124000	环境纳米颗粒引发肺纤维化的毒理学机制研究	蔡晓明	苏州医学院公共卫生学院	100.00	2023-01—2024-12
6	2022YFB2903000	逼近单模光纤容量极限的光传输系统理论与实验验证	蔡　轶	电子信息学院	1 000.00	2022-11—2025-10
7	2022YFA1104300	特定环境条件下干细胞对组织器官发育和功能重塑的调控	胡士军	心血管病研究所	2 796.00	2022-12—2027-11
8	2022YFA1404400	超构声学材料的新奇物态调控及前沿应用研究	蒋建华	物理科学与技术学院	2 800.00	2023-01—2027-12
9	2022YFB3704900	聚乳酸的规模化制备技术及关键单体丙交酯的一步法产业示范	张正彪	材料与化学化工学部	2 200.00	2022-11—2025-10
10	2022YFB4200900	光伏器件与组件特性仿真的基础研究	李孝峰	光电科学与工程学院	1 000.00	2022-12—2026-11

续表

序号	项目批准号	项目名称	项目负责人	承担单位	资助经费/万元	完成时间
11	2022YFB3808100	工程化生物膜医用材料及递送技术研究	汪超	功能纳米与软物质研究院	300.00	2022-11—2025-10
12	2022YFB3608200	虚拟融合真3D显示机理与关键材料研究	陈煜	光电科学与工程学院	300.00	2022-11—2025-10
13	2022YFA1506000	面向低碳烯烃高效制备的分子筛限域催化体系的创制及失活机制研究	孙启明	材料与化学化工学部	500.00	2022-12—2027-11

3. 国家重点研发计划课题（19项）（表59）

表59 国家重点研发计划课题一览表

序号	项目批准号	项目名称	项目负责人	承担单位	资助经费/万元	完成时间
1	2022YFC2009706	基于多层次联合运动障碍康复服务网络建设	苏敏	苏州大学附属独墅湖医院	212.5	2022-07—2025-06
2	2021YFF0704805	高性能流式细胞分选仪的应用研究	周幽心	苏州大学附属第一医院	240.0	2022-01—2024-12
3	2022YFB4500601	人—机—物融合环境中多通道融合自然人机交互的生理心理机制	张阳	教育学院	501.0	2022-10—2025-09
4	2022YFF0709802	高纯稀土金属有机化合物试剂研制和制备技术研究	姚英明	材料与化学化工学部	260.0	2022-11—2025-12

续表

序号	项目批准号	项目名称	项目负责人	承担单位	资助经费/万元	完成时间
5	2022YFC3301001	出入境证件激光高敏薄膜材料研究	王钦华	光电科学与工程学院	432.0	2022-10—2025-09
6	2022YFC2404204	基于OCT功能性成像的眼部术前和术后评估方法研究	莫建华	电子信息学院	70.0	2022-11—2027-10
7	2022YFB3804604	免疫细胞功能调控生物材料与多材料集成协同增效肿瘤治疗	程亮	功能纳米与软物质研究院	195.0	2022-11—2025-10
8	2022YFC2503703	完善消化肿瘤HFRT的放射防护与损伤控制体系	曹建平	苏州医学院放射医学与防护学院	300.0	2022-11—2025-12
9	2022YFC2502703	T-ALL免疫微环境图谱刻画及细胞免疫治疗策略的优化	杨林	唐仲英血液学研究中心	360.0	2022-11—2025-12
10	2022YFC2503204	氡与气载放射性智能化监控及其联合暴露致肺损伤筛查关键技术研究	涂彧	苏州医学院放射医学与防护学院	250.0	2022-11—2025-12
11	2022YFA1105204	基于高保真3D类器官模型，研发疗效预测和精准干预的新策略	周芳芳	生物医学研究院	630.0	2022-12—2027-11
12	2022YFA1503101	大规模催化材料数据库及智能化设计平台	李有勇	功能纳米与软物质研究院	383.3	2022-12—2027-11
13	2022YFB3206503	飞机PHM系统用传感器封装工艺及特种装备	陈立国	机电工程学院	300.0	2022-12—2025-11

续表

序号	项目批准号	项目名称	项目负责人	承担单位	资助经费/万元	完成时间
14	2022YFB3205003	低延时、低噪声三轴一体MEMS陀螺测控电路与ASIC集成技术研究	鲁征浩	电子信息学院	226.0	2022-12—2025-11
15	2022YFB3205503	低功耗自供能柔性传感配套电路及无线数据传输系统研制	王穗东	功能纳米与软物质研究院	345.0	2022-12—2025-11
16	2022YFA1005802	微分动力系统的几何性质与遍历性质	曹永罗	数学科学学院	300.0	2022-12—2027-11
17	2022YFA0806504	营养和代谢感应途径关键蛋白质的结构基础	吴嘉炜	苏州医学院基础医学与生物科学学院	686.0	2022-12—2027-11
18	2022YFB4200404	高效、大面积柔性有机光伏器件制备及模组集成	崔超华	材料与化学化工学部	400.0	2022-12—2026-11
19	2022YFA0807304	脂质代谢稳态失衡引起肠道和皮肤功能异常的机制与防诊治策略	李培山	转化医学研究院	538.0	2022-12—2027-11

4. 江苏省自然科学基金项目（41项）（表60）

表60　江苏省自然科学基金项目一览表

序号	项目编号	项目名称	负责人	所在单位	项目类别	省拨款/万元	本年度省拨款/万元	起止时间
1	BK20220056	面向装备智能化监测应用的微能源与自传感系统	刘会聪	机电工程学院	杰出青年基金项目	150	150	2022-07-01—2025-06-30
2	BK20220057	有机发光二极管中主客体材料开发及性能研究	蒋佐权	功能纳米与软物质研究院	杰出青年基金项目	150	150	2022-07-01—2025-06-30
3	BK20220110	新型碳酸钙基栓塞材料增效肝癌介入治疗研究	冯良珠	功能纳米与软物质研究院	优秀青年基金项目	50	50	2022-07-01—2025-06-30
4	BK20220482	计算大规模矩阵的部分奇异值分解和广义奇异值分解的迭代方法	黄金枝	数学科学学院	青年基金项目	20	20	2022-07-01—2025-06-30
5	BK20221353	交换代数中分次环的性质及相关课题的研究	来广俊	数学科学学院	面上项目	10	10	2022-07-01—2025-06-30
6	BK20221354	拥有非平衡吸收与增益系数的赝PT对称光学系统	罗杰	物理科学与技术学院	面上项目	10	10	2022-07-01—2025-06-30
7	BK20221357	自适应光子辐射制冷器构筑及光热调控机理研究	詹耀辉	光电科学与工程学院	面上项目	10	10	2022-07-01—2025-06-30

续表

序号	项目编号	项目名称	负责人	所在单位	项目类别	省拨款/万元	本年度省拨款/万元	起止时间
8	BK20220483	铜/聚苯胺复合催化剂的结构调控及其电催化CO_2还原机理研究	吕春磊	能源学院	青年基金项目	20	20	2022-07-01—2025-06-30
9	BK20220485	应变下锌负极生长机制原位电化学解析及其柔性储能器件研究	惠静妹	能源学院	青年基金项目	20	20	2022-07-01—2025-06-30
10	BK20220491	流动牛奶基质中混合嗜热菌生物膜对奶液品质的影响及作用机制	王泓	材料与化学化工学部	青年基金项目	20	20	2022-07-01—2025-06-30
11	BK20220492	基于体外仿生胃肠系统的老年人牛肉消化特性研究	伍鹏	材料与化学化工学部	青年基金项目	20	20	2022-07-01—2025-06-30
12	BK20220506	可释放荧光小分子用于应力检测的机械力响应性高分子材料研究	沈行	材料与化学化工学部	青年基金项目	20	20	2022-07-01—2025-06-30
13	BK20220504	氧化物固态电解质的可控异相生长及固固界面研究	张伟	材料与化学化工学部	青年基金项目	20	20	2022-07-01—2025-06-30
14	BK20220501	基于多孔网络双重限域的二氧化碳促进传递分离膜及性能研究	张慎祥	材料与化学化工学部	青年基金项目	20	20	2022-07-01—2025-06-30

续表

序号	项目编号	项目名称	负责人	所在单位	项目类别	省拨款/万元	本年度省拨款/万元	起止时间
15	BK20220505	离子液体基聚合物双网络结构电解质材料设计及其柔性超级电容性能研究	陆超	材料与化学化工学部	青年基金项目	20	20	2022-07-01—2025-06-30
16	BK20220507	具有一定二级结构的阳离子聚类肽的可控合成及结构—性能关系研究	宣孙婷	材料与化学化工学部	青年基金项目	20	20	2022-07-01—2025-06-30
17	BK20221355	新型硅金属试剂的制备及其在交叉偶联反应中的应用	李杰	材料与化学化工学部	面上项目	10	10	2022-07-01—2025-06-30
18	BK20221356	双官能化试剂用于吲哚类化合物的去芳构化反应研究	徐小平	材料与化学化工学部	面上项目	10	10	2022-07-01—2025-06-30
19	BK20220488	低资源场景下自然语言生成关键技术研究	李俊涛	计算机科学与技术学院	青年基金项目	20	20	2022-07-01—2025-06-30
20	BK20220486	基于轻量级联合稀疏表示的Stokes偏振高光谱异常目标检测新方法研究	于文博	电子信息学院	青年基金项目	20	20	2022-07-01—2025-06-30
21	BK20220496	弹性伸展杆式复杂曲面可重复展收薄膜结构成型方法	王恩聪	机电工程学院	青年基金项目	20	20	2022-07-01—2025-06-30

续表

序号	项目编号	项目名称	负责人	所在单位	项目类别	省拨款/万元	本年度省拨款/万元	起止时间
22	BK20220487	基于模型—数据时序迁移学习的微铣刀非对称多齿耦合磨损在线监测研究	刘同舜	机电工程学院	青年基金项目	20	20	2022-07-01—2025-06-30
23	BK20220500	深水高负载非粘结柔性立管复合材料铠装层失效机理研究	刘庆升	机电工程学院	青年基金项目	20	20	2022-07-01—2025-06-30
24	BK20220489	面向T细胞基因修饰的游动微机器人电转染方法研究	孙海振	机电工程学院	青年基金项目	20	20	2022-07-01—2025-06-30
25	BK20220490	基于医疗影像学习与策略迁移的机器人自创口吻合方法	陆 波	机电工程学院	青年基金项目	20	20	2022-07-01—2025-06-30
26	BK20220481	突发客流积压场景下地铁动态弹性恢复与调度策略研究	高 越	机电工程学院	青年基金项目	20	20	2022-07-01—2025-06-30
27	BK20221361	柔性透镜温频耦合超精密抛光关键技术研究	樊 成	机电工程学院	面上项目	10	10	2022-07-01—2025-06-30
28	BK20220498	基于原子掺杂策略调控二维"类烯"结构IrO_2表面电催化OER/ORR性能的基础研究	郭瑞琪	沙钢钢铁学院	青年基金项目	20	20	2022-07-01—2025-06-30

续表

序号	项目编号	项目名称	负责人	所在单位	项目类别	省拨款/万元	本年度省拨款/万元	起止时间
29	BK20220503	基于聚合型液态光子晶体高效组装制备柔性结构生色织物研究	李义臣	纺织与服装工程学院	青年基金项目	20	20	2022-07-01—2025-06-30
30	BK20220497	RV减速器轴承多源耦合特征稀流分离及故障诊断研究	丁传仓	轨道交通学院	青年基金项目	20	20	2022-07-01—2025-06-30
31	BK20220499	芯片制造用真空腔内无线超声电机驱动系统能量/信息耦合机理及控制研究	肖扬	轨道交通学院	青年基金项目	20	20	2022-07-01—2025-06-30
32	BK20220502	重载铁路桥梁噪音点云非均匀形变预测研究	徐向阳	轨道交通学院	青年基金项目	20	20	2022-07-01—2025-06-30
33	BK20220493	携带tet(A)1型变异体的碳青霉烯耐药肺炎克雷伯菌的流行传播及其相关适应性代价研究	董宁	苏州医学院基础医学院	青年基金项目	20	20	2022-07-01—2025-06-30
34	BK20220495	PTEN的O-糖基化修饰及其功能调节在肝癌中的作用及机制	黄婧	苏州医学院基础医学院	青年基金项目	20	20	2022-07-01—2025-06-30
35	BK20220508	辐射防护液态金属水凝胶复合材料的制备和应用	吴书旺	苏州医学院放射防护学院	青年基金项目	20	20	2022-07-01—2025-06-30

续表

序号	项目编号	项目名称	负责人	所在单位	项目类别	省拨款/万元	本年度省拨款/万元	起止时间
36	BK20221359	构建电离辐射响应的三维结构色水凝胶剂量计	胡亮	苏州医学院放射医学与防护学院	面上项目	10	10	2022-07-01—2025-06-30
37	BK20221360	HDAC抑制剂通过CathepsinL介导p53基因突变的肿瘤细胞侵袭迁移的机制研究	王燕	苏州医学院药学院	面上项目	10	10	2022-07-01—2025-06-30
38	BK20220484	金属有机框架内小分子结构的电镜表征	申博渊	功能纳米与软物质研究院	青年基金项目	20	20	2022-07-01—2025-06-30
39	BK20221362	有机核壳结构的精准自组装合成及其光子学功能研究	王雪东	功能纳米与软物质研究院	面上项目	10	10	2022-07-01—2025-06-30
40	BK20221358	Rab35对ATP敏感钾离子通道（KATP）再循环的调控机制及其心脏保护作用的研究	杨华乾	唐仲英血液学研究中心	面上项目	10	10	2022-07-01—2025-06-30
41	BK20220494	朴体调节蛋白SRPX2调控海马突触可塑性在精神分裂症社交行为中的作用及机制研究	丛启飞	神经科学研究所	青年基金项目	20	20	2022-07-01—2025-06-30

5. 江苏省碳达峰碳中和科技创新专项资金（前沿基础研究）项目（4项）（表61）

表61 江苏省碳达峰碳中和科技创新专项资金（前沿基础研究）项目一览表

序号	项目编号	项目名称	项目负责人	所在单位	省拨款/万元	本年度省拨款/万元	起止时间
1	BK20220007	CO_2基聚电解质的创制及可回收电池的应用基础	严 锋	材料与化学化工学部	300	200	2022-01-01—2024-12-31
2	BK20220026	CO_2的辐射催化转化应用基础研究	王殳凹	苏州医学院放射医学与防护学院	300	175	2022-07-01—2025-06-30
3	BK20220027	CO_2捕获与催化还原关键材料与器件研究	李彦光	功能纳米与软物质研究院	300	175	2022-07-01—2025-06-30
4	BK20220028	多尺度碳基高效电催化剂的设计及其在高效氢燃料电池系统中的应用研究	康振辉	功能纳米与软物质研究院	300	175	2022-07-01—2025-06-30

6. 江苏省重点研发计划（社会发展）项目（3项）（表62）

表62 江苏省重点研发计划（社会发展）项目一览表

序号	项目批准号	项目名称	项目负责人	承担单位	资助经费/万元	起止时间
1	BE2022725	辐射诱导的个性化细胞外囊泡纳米疫苗的开发与应用	杨凯	苏州医学院放射医学与防护学院	200	2022-07—2025-06
2	BE2022723	免疫调节肽Hc-CATH作为新型多肽佐剂的开发研究	王义鹏	苏州医学院药学院	100	2022-07—2025-06
3	BE2022724	基于STING激动剂的新型纳米佐剂研究	陈华兵	苏州医学院药学院	100	2022-07—2025-06

7. 江苏省重点研发计划（产业前瞻与关键核心技术）项目（3项）（表63）

表63 江苏省重点研发计划（产业前瞻与关键核心技术）项目一览表

序号	项目批准号	项目名称	项目负责人	承担单位	资助经费/万元	起止时间
1	BE2022056	增材制造高性能分离膜关键技术与应用示范	封心建	材料与化学化工学部	870	2022-07—2026-06
2	BE2022055-3	大容量多芯少模光纤的建模与性能测试研发	沈纲祥	电子信息学院	300	2022-07—2026-06
3	BE2022058-4	5—14 nm先进半导体器件应力应变TCAD仿真模型研发	王明湘	电子信息学院	200	2022-07—2026-06

8. 江苏省碳达峰碳中和科技创新专项资金（产业前瞻与关键核心技术）课题（4项）（表64）

表64 江苏省碳达峰碳中和科技创新专项资金（产业前瞻与关键核心技术）课题一览表

序号	项目批准号	项目名称	项目负责人	承担单位	资助经费/万元	起止时间
1	BE2022002-3	失效机理研究及原位表征技术研发	王海波	能源学院	250	2022-01—2025-12
2	BE2022026-2	高效双面钙钛矿太阳电池的组件设计与关键技术研究	王照奎	功能纳米与软物质研究院	200	2022-07—2026-06
3	BE2022025-3	异质结电池低温导电浆料接触界面导电机理及相关表征方法的研究	孙宝全	功能纳米与软物质研究院	180	2022-01—2024-12
4	BE2022023-3	大面积钙钛矿涂布印刷、缓冲层及电极材料沉积技术研究	马万里	功能纳米与软物质研究院	480	2022-01—2025-12

9. 江苏省创新支撑计划（港澳台科技合作）项目（1项）（表65）

表65 江苏省创新支撑计划（港澳台科技合作）项目一览表

序号	项目批准号	项目名称	项目负责人	承担单位	资助经费/万元	起止时间
1	BZ2022054	高性能印刷OLED发光材料设计及显示应用的联合研发	唐建新	功能纳米与软物质研究院	120	2022-05—2025-04

10. 江苏省产学研合作项目（8项）（表66）

表66 江苏省产学研合作项目一览表

序号	项目批准号	项目名称	项目负责人	承担单位	起止时间
1	BY2022221	巡检机器人开发	耿长兴	机电工程学院	2022-01—2022-12
2	BY2022819	智能化驾驶员理论科目考试监考管理系统研发	贾俊铖	计算机科学与技术学院	2022-01—2022-12
3	BY2022849	NMR等方法对疫苗相关分子的表征研究	姚宏伟	苏州医学院基础医学与生物科学学院	2022-01—2022-12
4	BY2022855	C-MYC/GSPT1/CK1α降解剂项目技术服务	沈罡	苏州大学附属独墅湖医院	2022-01—2022-12
5	BY2022866	电液执行器高精度嵌入式控制系统研究	王明娣	机电工程学院	2022-01—2022-12
6	BY2022871	硅衬底氮化镓外延工艺可靠性提升研究	文震	功能纳米与软物质研究院	2022-01—2022-12
7	BY2022875	光刻胶及原材料的合成与分析	潘向强	材料与化学化工学部	2022-01—2022-12
8	BY20221074	家蚕人工饲料产业化关键技术研发及应用/优质桑蚕茧生产技术集成及应用	李兵	苏州医学院基础医学与生物科学学院	2022-01—2022-12

11. 中国纺织工业联合会"纺织之光"应用基础研究项目（1项）（表67）

表67 中国纺织工业联合会"纺织之光"应用基础研究项目一览表

序号	项目批准号	项目名称	项目负责人	承担单位	资助经费/万元	起止时间
1	J202210	智能服装与服饰用柔性热电制冷系统开发研究	方剑	纺织与服装工程学院	10	2022-12—2025-12

12. 中国纺织工业联合会科技指导性项目（3项）（表68）

表68　中国纺织工业联合会科技指导性项目一览表

序号	项目批准号	项目名称	项目负责人	承担单位	起止时间
1	2022047	基于真实社交的时尚偏好智能挖掘研究及其在蕾丝花边艺术设计中的应用	冒海文	纺织与服装工程学院	2022-07—2024-07
2	2022034	基于工效学的高舒适性化学防护服的研究	戴宏钦	纺织与服装工程学院	2022-05—2024-04
3	2022035	保温降噪微玻纤复合材料关键技术与产业化	杨勇	纺织与服装工程学院	2022-07—2024-06

二、人文社会科学项目情况

1. 国家社会科学研究项目（49项）（表69）

表69 国家社会科学研究项目一览表

序号	项目批准号	项目名称	学院（部）	主持人	项目类别
1	22&ZD335	新时代我国体育消费高质量发展研究	马克思主义学院	王家宏	重大项目
2	21ZD&349	中医哲学传承体系与创新发展研究	文学院	程雅君	重大项目
3	22AZD024	提高党的建设质量研究	教育学院	田芝健	十九届六中全会重大转重点项目
4	22VJXG050	莽汉词典的编纂与莽语的跟踪调查研究	教育学院	高永奇	冷门绝学专项
5	AIA220017	高等教育普及化阶段毕业生就业政策研究	教育学院	李西顺	教育学重点项目
6	AFA220024	民办教育分类管理视域下的举办者行为规制研究	教育学院	王一涛	教育学重点项目
7	BOA220188	清末民国时期私立大学与政府、社会互动研究	音乐学院	金 国	教育学一般项目
8	BBA220201	自闭症儿童的注意加工机制及注意力提升方法研究	传媒学院	张功亮	教育学一般项目
9	22BB024	当代苏州评弹创造性转化与创新性发展研究	传媒学院	吴 磊	艺术学一般项目
10	22BC048	新时代中国纪录片美学的理论基础、生成机制与传播生态研究	音乐学院	陈 一	艺术学一般项目
11	22BC049	后电影语境下的屏幕理论研究	艺术学院	薛 征	艺术学一般项目

续表

序号	项目批准号	项目名称	学院（部）	主持人	项目类别
12	22BD070	革命历史题材交响音乐创作研究	东吴学院	唐荣	艺术学一般项目
13	22BF085	《历代名画记》史源学研究	外国语学院	陈铮	艺术学一般项目
14	21WZWB019	中国音乐文学史	金螳螂建筑学院	何芊蔚	外译项目
15	21WZWB006	文学社会学：明清诗文研究的问题与视角	政治与公共管理学院	彭文青	外译项目
16	22BJL058	"站—产—城"融合视角下长三角地区高铁站区发展模式与空间效应研究	金螳螂建筑学院	汪德根	一般项目
17	22BZZ019	发展全过程人民民主背景下基层政府决策流程优化研究	社会学院	钱玉英	一般项目
18	22BSH086	新时代中国传统村落数字化保护与传承研究	文学院	刘志宏	一般项目
19	22BMZ048	晚清民国西北边疆史地文献中的中华民族共同体观念研究	外国语学院	侯德仁	一般项目
20	22BZW075	宋代乐府诗学研究	传媒学院	王福利	一般项目
21	22BYY203	混合式教学情境下高校外语教师情感形成机制及调节策略研究	社会学院	古海波	一般项目
22	22BXW112	网络社群共意动员与社会共识培育路径研究	体育学院	曹洵	一般项目
23	22BTQ098	全文计量分析视角下学科交叉的多元体系化测度研究	体育学院	陈必坤	一般项目
24	22BTY007	体育赛事审批权改革中的权力配置问题及其治理研究	商学院	戴俭慧	一般项目

续表

序号	项目批准号	项目名称	学院（部）	主持人	项目类别
25	22BTY012	精细化治理视角下公共体育服务供给与居民获得感提升研究	教育学院	李燕领	一般项目
26	22BGL074	制造业全流程数字化转型的财务风险研究	文学院	陈西婵	一般项目
27	22CSH077	基于大数据的网络行为成瘾与心理健康研究	传媒学院	杨泽旸	青年项目
28	22CZW041	英语世界中国现代文学史书写研究	社会学院	臧晴	青年项目
29	22CXW020	气候变化议题国际传播中"反制框架"策略及效果研究	体育学院	潘野蘅	青年项目
30	22CTQ009	模糊认知视角下智慧图书馆资源推荐服务模式及实证研究	社会学院	李洁	青年项目
31	22CTY015	基于人工智能算法的肥胖青少年身体活动精准评估研究	马克思主义学院	刘景新	青年项目
32	22FZXB005	公共信息服务社会共治理论与实践研究	马克思主义学院	周毅	成果文库
33	22FZXB090	思想政治教育差异问题研究	政治与公共管理学院	于佳	优秀博士论文出版项目
34	22FZXB058	苏格兰启蒙思想与马克思经济学哲学的生成及其当代价值研究	文学院	杨渝玲	后期资助项目
35	22FZXB048	当代形式真理论中的不动点方法研究	政治与公共管理学院	张亮	后期资助项目
36	22FFXB027	中国古典家具美学史	王健法学院	王耘	后期资助项目

续表

序号	项目批准号	项目名称	学院（部）	主持人	项目类别
37	22FFXB041	断裂与重建——帕多瓦的马西留与现代秩序的构造	王健法学院	陈广辉	后期资助项目
38	22FFXB006	视听作品的著作权保护研究	王健法学院	陈　虎	后期资助项目
39	22FSHB012	多数人之债法律问题研究	马克思主义学院	章正璋	后期资助项目
40	22FZSB040	上海会审公廨稀见钞本史料《上海华洋诉讼案》辑校与研究	社会学院	蔡晓荣	后期资助项目
41	22FZSB079	老龄化与孝文化：长期护理实践与伦理重构研究	红十字国际学院	臧　政	后期资助项目
42	22FZSB069	运河与卫所：明清漕运卫所体制演变研究	社会学院	张程娟	后期资助项目
43	22FZJB001	抗美援朝与中国红十字会的人道救援	政治与公共管理学院	池子华	后期资助项目
44	22FXWB017	上海法租界的公共安全治理研究（1849—1919）	传媒学院	徐　翀	后期资助项目
45	22FTYB011	晚明《庄子》佛学解	体育学院	韩焕忠	后期资助项目
46	22FYSB036	媒介变革中的影像话语流变研究	传媒学院	杜志红	后期资助项目
47	22FYSB017	体卫融合理论与实践研究	艺术学院	董　宏	后期资助项目
48	22FZXB005	中国武侠电影的侠女形象嬗变（1925—2020）	马克思主义学院	周舒燕	后期资助项目
49	22FZXB090	古诗词欣赏的可视化设计研究	文学院	杨朝辉	后期资助项目

2. 教育部科研项目（22项）（表70）

表70　教育部科研项目一览表

序号	项目批准号	项目名称	学院（部）	主持人	项目类别
1	22YJA840018	农民工随迁子女早期发展的家庭教育与社会支持研究	政治与公共管理学院	张笑秋	规划基金项目
2	22YJCZH024	新冠疫情下全球卫生领域公私伙伴关系的发展及治理效用研究	政治与公共管理学院	丁梦丽	青年基金项目
3	22YJC72040003	基于内涵类型论的动态语义学研究	政治与公共管理学院	刘明亮	青年基金项目
4	22YJC810007	21世纪西方右翼民粹主义的兴起及其政治影响研究	政治与公共管理学院	田晨阳	青年基金项目
5	22YJC630209	基于竞争失效模式的复杂系统可靠性建模与维修策略优化研究	政治与公共管理学院	张延静	青年基金项目
6	22YJC870002	民国"档案砖"揭粘研究及揭粘方法体系建设	社会学院	蔡梦玲	青年基金项目
7	22YJC770026	近代上海法租界的安全防控体系建构研究（1849—1921）	社会学院	徐翀	青年基金项目
8	22YJC790192	城镇化背景下传统村落人居环境演变的过程、格局和机制研究——以环太湖地区为例	社会学院	朱梅	青年基金项目
9	22YJC710084	社会主义核心价值观融入新时代家风家训培育研究	马克思主义学院	于佳	青年基金项目
10	22YJC810013	信息数字化影响公民政治认同的机理研究	马克思主义学院	张洋阳	青年基金项目
11	22YJCZH019	社会阶层影响共情的认知神经机制研究	教育学院	陈庭继	青年基金项目

续表

序号	项目批准号	项目名称	学院（部）	主持人	项目类别
12	22YJC880120	职业院校混合所有制产业学院协同治理机制与策略研究	教育学院	朱乐平	青年基金项目
13	22YJC820024	人工智能审判的证据评价模式研究	王健法学院	马勤	青年基金项目
14	22YJC820033	新时代家国关系规范化的宪法路径研究	王健法学院	唐冬平	青年基金项目
15	22YJC760078	新中国工艺美术政策研究（1949—1966）	艺术学院	宋健	青年基金项目
16	22YJC760060	音乐姿态的理论阐释与表演实践研究	音乐学院	刘雨矽	青年基金项目
17	22YJCZH167	健康中国背景下高龄失独老人临终关怀模式与安宁疗护空间设计响应策略研究	金螳螂建筑学院	王洪羿	青年基金项目
18	22YJC760067	城市更新背景下粤港澳大湾区工业遗产可持续发展研究	金螳螂建筑学院	毛一山	青年基金项目
19	22YJC880050	职前教师现场学习力的生成机制、评价框架与培育路径研究	数学科学学院	陆珺	青年基金项目
20	22YJCZH243	青少年共情发展与亚临床抑郁症状的关联分析及干预策略研究	苏州医学院公共卫生学院	张天阳	青年基金项目
21	22YJC760111	面向个性化需求的服装智能搭配推荐模型研究	纺织与服装工程学院	薛哲彬	青年基金项目
22	22YJCZH277	新能源汽车用户行为机理解析与使用阶段支持政策优化设计	轨道交通学院	宗维烟	青年基金项目

3. 江苏省社会科学研究项目（32项）（表71）

表71 江苏省社会科学研究项目一览表

序号	项目批准号	项目名称	学院（部）	主持人	项目类别
1	22JZB004	助推数字经济高质量发展的财税政策研究	商学院	韩 坚	经济专项一般课题（江苏现代财税治理协同创新中心）
2	22JZB005	江苏金融科技产业发展的政企协同财税政策研究	商学院	张 斌	经济专项一般课题（江苏现代财税治理协同创新中心）
3	21HQ057	家庭宪法主体地位及其制度实现研究	王健法学院	唐冬平	后期资助项目
4	22ZXWB010	中国青年亚文化研究	马克思主义学院	张 晓	江苏省习近平新时代中国特色社会主义思想研究中心一般委托、江苏省社会科学院委托
5	22EYA006	FTA数字服务贸易壁垒与江苏的应对研究	商学院	王 俊	重点项目
6	22ZZA003	空间整合视角下江苏政府购买社区居家养老服务监管体系研究	政治与公共管理学院	周义程	重点项目
7	22TYA002	长三角一体化背景下体育赛事协同发展研究	体育学院	雍 明	重点项目
8	22ZZB001	全过程人民民主视域下江苏基层政府决策流程创新研究	政治与公共管理学院	钱玉英	一般项目
9	22ZZB004	农转居社区治理效能生成机制与提升路径研究	政治与公共管理学院	叶继红	一般项目
10	22FXB009	资本主义萌芽背景下江苏地方法律近代化研究	王健法学院	卢 然	一般项目

续表

序号	项目批准号	项目名称	学院（部）	主持人	项目类别
11	22ZWB009	中国古代小说苏州书写研究	文学院	周瑾锋	一般项目
12	22WWB001	法国当代文学中的道家思想研究	外国语学院	刘　娟	一般项目
13	22JYB015	高特质焦虑人群注意加工缺陷的运动干预路径及其效果评估研究	教育学院	张　阳	一般项目
14	22MLC007	新发展阶段精神生活共同富裕的实现机制研究	马克思主义学院	王慧莹	青年项目
15	22ZXC002	马克思辩证差异观视域下共同富裕研究	马克思主义学院	于　佳	青年项目
16	22ZXC007	当代法国学界对《资本论》的解读及其评价研究	政治与公共管理学院	王一成	青年项目
17	22GLC010	新冠疫情背景下应急供应链可靠性评估与提升策略研究	政治与公共管理学院	张延静	青年项目
18	22ZZC005	新冠疫情下全球卫生领域公私伙伴机制的治理研究	政治与公共管理学院	丁梦丽	青年项目
19	22LSC003	明清大运河江苏段沿线漕运卫所研究	社会学院	张程娟	青年项目
20	22LSC007	中晚明理学文本经典化及其在东亚的流传研究	社会学院	林　展	青年项目
21	22ZWC006	20世纪40年代中国现代长篇小说异文汇校与版本考释研究	文学院	徐文泰	青年项目
22	22XWC001	"双碳"契机下江苏主流媒体国际传播策略研究	传媒学院	潘野蘅	青年项目
23	22JYC002	江苏高职院校全环境落实课程思政的人才培养模式研究	马克思主义学院	刘晓宁	青年项目

续表

序号	项目批准号	项目名称	学院（部）	主持人	项目类别
24	22TYC005	我国体育中小企业融资模式与创新研究	体育学院	刘广飞	青年项目
25	22YSC015	基于虚拟能动性理论的音乐意义研究	音乐学院	刘雨矽	青年项目
26	22FXD007	契约社会背景下的律师正义研究	王健法学院	蒋　超	自筹项目
27	22XWD001	数智化时代深度伪造技术对网络公众情绪的诱导与防范研究	传媒学院	高博文	自筹项目
28	22YSD005	宜兴紫砂非遗传承人口述资料的挖掘、整理与研究	艺术学院	王　拓	自筹项目
29	22YYD002	高校公共外语改革背景下的日语形容词程度性分析及习得研究	外国语学院	宗　聪	自筹项目
30	22YYD006	中低水平学习者英语作文句法复杂度发展路径及影响因素研究	外国语学院	毕　鹏	自筹项目
31	—	苏州明清人居文化研究	艺术学院	王泽猛	文脉专项
32	22ZXWA003	新发展理念在江苏·绿色发展报告	马克思主义学院	方世南	重点项目（中特基地）

4. 其他省部级项目（16项）（表72）

表72　其他省部级项目一览表

序号	项目批准号	项目名称	学院（部）	主持人	项目类别
1	2022-B-05-1	我国"三大球"等集体球类振兴发展研究	体育学院	陶玉流	重点项目
2	2022-C-20-1	欧美、日本等国家反兴奋剂法律体系研究	王健法学院	郭树理	一般项目
3	—	攀岩运动员肩关节损伤防治关键技术	体育学院	鲍　捷	科技创新一般项目

续表

序号	项目批准号	项目名称	学院（部）	主持人	项目类别
4	2022-R-034	总体国家安全观下的档案开放审核研究	社会学院	王 芹 陈 凯	一般项目
5	CLS（2022）C28	数字政府建设中的人工干预机制配置研究	王健法学院	施立栋	一般课题
6	CLS（2022）C57	欧盟碳边境调节机制的中国应对研究	王健法学院	区树添	一般课题
7	CLS（2022）Y04	司法人工智能的算法规制研究	王健法学院	马 勤	青年调研课题
8	CLS（2022）D112	赔偿性消费民事公益诉讼诉权配置机制研究	王健法学院	吴 俊	自选课题
9	2022-CJGC-006	基于采集工程资料开展中国科学家精神融入中小学教育探索研究	传媒学院	王国燕	中国科协创新战略研究院2022年第三批公开发布科研项目
10	22JH032	青少年组织化思想政治教育研究	马克思主义学院	张建晓	青少年发展研究课题
11	2022JSTZC002	离岸公司实际投资人（经营者）统战工作	商学院	周 俊	江苏省委统战部重点课题
12	—	涉案企业合规第三方监督评估机制相关问题研究	王健法学院	邵 聪	最高人民检察院检察应用理论研究课题
13	—	检察机关在市域社会治理中的履职问题研究	王健法学院	陈珊珊	最高人民检察院检察应用理论研究课题
14	22YH43C	老挝中文及相关专业毕业生就业状况调查研究	文学院	陶家骏	教育部中外语言交流合作中心国际中文教育研究课题
15	2022JDKTYB46	高职院校混合所有制产业学院协同治理研究	教育学院	朱乐平	浙江省哲学社会科学重点研究基地一般课题
16	—	党的十八大以来党领导全面依法治国的实践探索	王健法学院	庞 凌	国家社会科学重大项目子课题

教职工队伍结构

教职工人员情况（表73）

表73　2022年苏州大学教职工人员情况一览表　　　　单位：人

类别	合计	其中：女
专任教师	3 682	1 472
行政人员	822	409
教辅人员	676	407
科研机构人员	15	7
工勤人员	152	11
校办工厂、农（林）场职工	25	10
其他附设机构人员	86	75
编外合同人员	6	6
科研助理	200	105
劳务派遣人员	330	232
合计	5 994	2 734

专任教师学历结构情况（表74）

表74　2022年苏州大学专任教师学历结构情况一览表　　　　单位：人

类别	合计	其中：女	正高级	副高级	中级	初级	无职称
博士	2 731	981	987	974	770	0	0
硕士	637	343	42	168	337	17	73
未获博硕士学位	0	0	0	0	0	0	0

续表

类别	合计	其中：女	正高级	副高级	中级	初级	无职称
学士	304	142	28	154	115	5	2
研究生肄业	8	5	1	5	2	0	0
未获学士学位	0	0	0	0	0	0	0
高等学校专科毕业及本科肄业两年以上	2	1	1	0	1	0	0
高等学校本专科肄业未满两年及以下	0	0	0	0	0	0	0
合计	3 682	1 472	1 059	1 301	1 225	22	75

专任教师年龄结构情况（表75）

表75　2022年苏州大学专任教师年龄结构情况一览表　　　单位：人

年龄段	合计	其中：女	正高级	副高级	中级	初级	无职称
30岁及以下	320	141	2	11	234	7	66
31—35岁	718	292	46	219	443	5	5
36—40岁	555	219	138	243	168	5	1
41—45岁	673	307	206	317	147	1	2
46—50岁	532	245	193	207	128	3	1
51—55岁	381	155	175	142	64	0	0
56—60岁	436	102	233	161	41	1	0
60岁以上	67	11	66	1	0	0	0
合计	3 682	1 472	1 059	1 301	1 225	22	75

2022年获评副高级及以上技术职称人员名单

教师系列：

聘任教授职务人员名单

传媒学院
　　胡明宇　王国燕
政治与公共管理学院
　　尤小立
马克思主义学院
　　臧其胜
教育学院
　　李　利
商学院
　　方一蔚　李　晶　杨　锐
王健法学院
　　蔡晓荣
外国语学院
　　刘宏刚　张大群　王　鼎　王海贞　徐　卫
金螳螂建筑学院
　　孙磊磊　肖湘东
物理科学与技术学院
　　邓楷模　汤如俊
光电科学与工程学院
　　吴绍龙
能源学院
　　赵　杰
数学科学学院
　　廖　刚
金融工程研究中心
　　姚　经
材料与化学化工学部
　　陆　超　张　伟　陈小芳　孙胜鹏　袁亚仙

功能纳米与软物质研究院
  OLEKSANDRSERGIIOVYCHIVASENKO 宁为华 彭 军 袁建宇
计算机科学与技术学院
  蔡蔚然 韩 恺 罗喜召 章晓芳
电子信息学院
  方 禾 高明义
机电工程学院
  陈 良 李春光 吴 鹏 杨 浩 杨 湛
沙钢钢铁学院
  李传军 夏志新 章顺虎 周 健
纺织与服装工程学院
  汪晓巧 张 岩 赵荟菁
轨道交通学院
  刘 维 石娟娟 杨 勇
体育学院
  熊瑛子
音乐学院
  唐 荣
东吴学院
  曹海霞
苏州医学院
  周正宇
苏州医学院基础医学与生物科学学院
  方 盼 张 莉 王国卿 罗承良 黄鹤忠
苏州医学院放射医学与防护学院
  王艳龙 汪 勇 吴书旺 曾剑峰 王杨云
苏州医学院公共卫生学院
  陈国崇 张 洁
苏州医学院药学院
  邓 泮 韩 亮 杨 涛
生物医学研究院
  邵 拓
骨科研究所
  徐 勇
苏州大学附属第一医院
  毛海青 苏 敏 吴小津 周金华 赵 鑫 徐 杨 黄玉华
苏州大学附属第二医院
  谢 莹

苏州大学附属儿童医院
　　黄　洁
苏州大学附属独墅湖医院
　　张卫兵

聘任研究员职务人员名单

光电科学与工程学院
　　浦东林　申　溯
材料与化学化工学部
　　潘向强
功能纳米与软物质研究院
　　冯良珠　王后禹　文　震
唐仲英医学研究院
　　唐朝君
骨科研究所
　　韩凤选
苏州大学附属独墅湖医院
　　林　俊

聘任副教授职务人员名单

文学院
　　顾迁　何薇　莫娲　裘兆远
传媒学院
　　曹然　程曦　罗茜
社会学院
　　陈必坤　熊贤品　刘绮莉　谢诗艺　张程娟
政治与公共管理学院
　　尹轶帅　张宇　刘向东　杨静　郑红玉
马克思主义学院
　　臧政
教育学院
　　黄建平　谢竹艳　应浩江
商学院
　　范尧尧　葛新宇　刘忠志　王诗雨
王健法学院
　　蔡仙　朱嘉珺

外国语学院
　　陆一琛
金螳螂建筑学院
　　郭　佳　严　晶
数学科学学院
　　张坦然
光电科学与工程学院
　　胡　鑫　刘小翼　任振伟　周　沛
能源学院
　　王　艳
材料与化学化工学部
　　宾海军　王　杰　王　鑫　王正宫　郭江娜
功能纳米与软物质研究院
　　王玉生　仲亚楠
计算机科学与技术学院
　　晁平复　杨　壮　钱　忠　王晶晶
电子信息学院
　　刘丽娜　于天琪
机电工程学院
　　梁福生　陆　波　李加强　卢　磊　王可军　张柳笛
沙钢钢铁学院
　　胡绍岩　张庆宇　赵　伟
纺织与服装工程学院
　　程献伟　徐玉康　于金超
轨道交通学院
　　黄钰程　贾鹏蛟
体育学院
　　丁　青　刘昌亚
艺术学院
　　王　拓
东吴学院
　　张　晔　陈　隽　方　勇　李　荣　刘卫东　屠丽芳　葛恒武　蒋银珍
苏州医学院基础医学与生物科学学院
　　王　盈　孙海娜　荣　超
苏州医学院放射医学与防护学院
　　杨雪清
苏州医学院公共卫生学院
　　朱正保

苏州医学院药学院
　　唐永安　黄　斌　欧阳艺兰
苏州医学院护理学院
　　郭道遐
生物医学研究院
　　左宜波
心血管病研究所
　　曹　婷
唐仲英血液学研究中心
　　张　磊
骨科研究所
　　姜　晴　秦　昕
剑桥-苏大基因组资源中心
　　贾志浩
苏州大学附属第一医院
　　朱珏华　孙　青　陈　彦　魏雪栋
苏州大学附属第二医院
　　冯　雨　朱建军
苏州大学附属独墅湖医院
　　周乐源

聘任副研究员职务人员名单

物理科学与技术学院
　　范荣磊
材料与化学化工学部
　　汪　胜　孙　哲　王华光
功能纳米与软物质研究院
　　谢　淼
电子信息学院
　　白春风　由骁迪
纺织与服装工程学院
　　常广涛
苏州医学院放射医学与防护学院
　　申南南　方　舸　王晓梅　段广新　裴炜炜
苏州医学院药学院
　　王　媛

骨科研究所
　　孙　杰　袁章琴
生物医学研究院
　　傅　容
心血管病研究所
　　赵丹丹
苏州大学北京研究院
　　汪　强

实验系列：

聘任高级实验师职务人员名单

物理科学与技术学院
　　孙宝印　周　坤
能源学院
　　朱国斌
纺织与服装工程学院
　　董　雪　侯学妮
苏州医学院
　　王贵平　朱琍燕
苏州医学院放射医学与防护学院
　　聂　晶　刘胜堂
生物医学研究院
　　潘　文
唐仲英血液学研究中心
　　卢穹宇
骨科研究所
　　刘慧玲
神经科学研究所
　　张治青

教育管理研究系列：

聘任研究员职务人员名单

人文社会科学处
　　于毓蓝

聘任副研究员职务人员名单

党委组织部
　　程晓军
团委
　　于潜驰
科学技术研究院
　　田　天
人文社会科学处
　　吴新星
传媒学院
　　黄艳凤
社会学院
　　朱　今
马克思主义学院
　　李文娟
材料与化学化工学部
　　张　颖

学生思想政治教育系列：

聘任副教授职务人员名单

计算机科学与技术学院
　　高　珊
音乐学院
　　杨　燕

无评审权系列：

聘任编审职务人员名单

出版社有限公司
　　欧阳雪芹　苏　秦

聘任正高级工程师职务人员名单

数据资源与信息化建设管理处
　　韩月娟

聘任副编审职务人员名单

出版社有限公司
　　史创新

聘任副研究馆员职务人员名单

图书馆
　　王　飞

聘任高级工程师职务人员名单

信息化建设与管理中心
　　沈国良　王　刚　王　璞
工程训练中心
　　杨昆飞
材料与化学化工学部
　　杨　坚

聘任高级会计师职务人员名单

财务处
　　蔡霞君

聘任副主任医师职务人员名单

后勤管理处
　　郭　丽

聘任副主任护师职务人员名单

后勤管理处
　　孙小华

2022年聘请讲座教授、客座教授、名誉教授、兼职教授名单

讲座教授

马克思主义学院
  刘同舫　浙江大学

传媒学院
  胡正荣（续聘）　中国传媒大学

政治与公共管理学院
  陈祥锋　复旦大学

商学院
  宋京生　美国杜克大学
  IFTEKHAR HASAN　美国福特汉姆大学
  MAHESH NAGARAJAN　加拿大英属哥伦比亚大学
  SUBODHA KUMAR　美国天普大学
  张　霆（续聘）　美国代顿大学

材料与化学化工学部
  HARM-ANTON KLOK（续聘）　德国乌尔姆大学
  GREG GUANGHUA QIAO（续聘）　澳大利亚昆士兰大学
  张其春　香港城市大学
  NIKOS HADJICHRISTDIS　阿卜杜拉国王科技大学
  史一安　常州大学

电子信息学院
  SANJAY KUMAR BOSE（续聘）　美国瓦尔帕莱索大学
  王汝海　美国拉玛尔大学

苏州医学院公共卫生学院
  郝元涛　北京大学

功能纳米与软物质研究院
  HENNING SIRRINGHAUS（续聘）　英国剑桥大学
  TSUN-KONG SHAM（续聘）　加拿大韦仕敦大学
  孙学良　加拿大韦仕敦大学

光电科学与工程学院
  ROGACH ANDREY　香港城市大学

数学科学学院
　　汤华中　北京大学
　　施建明　日本东京理科大学
　　王子栋　英国布鲁内尔大学
未来科学与工程学院
　　丑修建　中北大学
物理科学与技术学院
　　蒲　钔　国家自然科学基金委员会数学物理科学部物理科学二处
　　Luis M. Liz-Marzán　西班牙圣地亚哥大学

客座教授

苏州医学院护理学院
　　黄　菲　苏州市中医医院
苏州医学院放射医学与防护学院
　　孙全富　中国疾病预防控制中心辐射防护与核安全医学所
　　李左峰　美中嘉和医学技术发展集团股份有限公司

名誉教授

剑桥-苏大基因组资源中心
　　Vidal-Puigantonio　剑桥大学

兼职教授

苏州大学北京研究院
　　胡增印　中央政法委政法研究所
功能纳米与软物质研究院
　　陈晓东　新加坡南洋理工大学
机电工程学院
　　欧建臻　西南交通大学
剑桥-苏大基因组资源中心
　　黄行许　上海科技大学
　　王　牧　西交利物浦大学
商学院
　　谭寅亮　美国休斯敦大学
未来科学与工程学院
　　何　剑　中北大学

苏州医学院药学院
　　张小虎　爱科诺生物医药（苏州）有限公司
政治与公共管理学院
　　吴晓明　复旦大学
　　唐正东　南京大学

院士名单（表76）

表76　苏州大学院士情况一览表

序号	姓名	性别	出生年月	专业	备注
1	阮长耿	男	1939年8月	内科学（血液病学）	中国工程院院士
2	潘君骅	男	1930年10月	光学工程	中国工程院院士
3	詹启敏	男	1959年1月	肿瘤分子生物学	中国工程院院士
4	李述汤	男	1947年1月	材料化学	中国科学院院士 世界科学院院士
5	柴之芳	男	1942年9月	放射医学	中国科学院院士
6	刘忠范	男	1962年10月	物理化学	中国科学院院士 世界科学院院士
7	李永舫	男	1948年8月	材料学	中国科学院院士
8	王志新	男	1953年8月	分子酶	中国科学院院士 世界科学院院士
9	于吉红	女	1967年1月	无机化学	中国科学院院士 欧洲自然科学院外籍院士
10	迟力峰	女	1957年10月	物理化学	中国科学院院士 欧洲自然科学院外籍院士
11	陈晓东	男	1965年2月	应用化学	澳大利亚技术科学与工程院院士 新西兰皇家科学院院士

续表

序号	姓名	性别	出生年月	专业	备注
12	郎建平	男	1964年6月	无机化学	欧洲自然科学院外籍院士
13	凌晓峰	男	1963年5月	人工智能	加拿大工程院院士
14	时玉舫	男	1960年10月	转化医学	欧洲自然科学院院士
15	路建美	女	1960年10月	化学工程与技术	俄罗斯工程院外籍院士
16	JOHN MICHAEL KOSTERLITZ	男	1943年6月	物理拓扑相和冷凝聚态	美国国家科学院院士 美国艺术与科学学院院士
17	孙立宁	男	1964年1月	机械制造及其自动化	俄罗斯工程院外籍院士

2022年入选省级及以上人才工程人员名单（表77）

表77 2022年省级及以上人才头衔获得者名单

序号	姓名	学院（部）	人才头衔
1	孙立宁	机电工程学院	俄罗斯工程院外籍院士
2	长海博文	沙钢钢铁学院	俄罗斯自然科学院外籍院士
3	熊思东	生物医学研究院	俄罗斯自然科学院外籍院士
4	BISWANATH MUKHERJEE	电子信息学院	国家级领军人才
5	刘 玥	轨道交通学院	国家级领军人才
6	ANDREY ROGACH	光电科学与工程学院	国家级领军人才

续表

序号	姓名	学院（部）	人才头衔
7	揭建胜	功能纳米与软物质研究院	国家级领军人才
8	黄河	计算机科学与技术学院	国家级领军人才青年人才
9	陈倩	功能纳米与软物质研究院	国家级领军人才青年人才
10	丁泓铭	物理科学与技术学院	国家级领军人才青年人才
11	黄丽珍	功能纳米与软物质研究院	国家级领军人才青年人才
12	曾剑峰	苏州医学院放射医学与防护学院	国家级领军人才青年人才
13	王亚星	苏州医学院放射医学与防护学院	国家级领军人才青年人才
14	李培山	转化医学研究院	国家级领军人才青年人才
15	吴小惠	巴斯德学院	国家级领军人才青年人才
16	彭军	功能纳米与软物质研究院	海外优青
17	王召	材料与化学化工学部	海外优青
18	姬少博	功能纳米与软物质研究院	海外优青
19	邵拓	生物医学研究院	海外优青
20	陈国崇	苏州医学院公共卫生学院	海外优青
21	陈冬	唐仲英血液学研究中心	海外优青
22	李盛亮	苏州医学院药学院	海外优青
23	杨标	功能纳米与软物质研究院	海外优青
24	钱晨熹	功能纳米与软物质研究院	海外优青
25	闫凌昊	功能纳米与软物质研究院	海外优青
26	陈先凯	功能纳米与软物质研究院	海外优青
27	李秋理	能源学院	海外优青
28	高明远	苏州医学院放射医学与防护学院	双创团队
29	钱跃竑	数学科学学院	双创团队
30	贾鹤鹏	传媒学院	双创人才
31	杨华乾	唐仲英血液学研究中心	双创人才
32	方一蔚	商学院	江苏特聘教授
33	李盛亮	苏州医学院药学院	江苏特聘教授

续表

序号	姓名	学院（部）	人才头衔
34	周哲敏	巴斯德学院	江苏特聘教授
35	徐 鹏	唐仲英血液学研究中心	江苏特聘教授
36	史振中	物理科学与技术学院	江苏特聘教授
37	李 杰	材料与化学化工学部	江苏特聘教授
38	宁为华	功能纳米与软物质研究院	江苏特聘教授
39	刘家荣	商学院	江苏特聘教授
40	王魏莎	商学院	江苏特聘教授
41	王绍彬	巴斯德学院	江苏特聘教授
42	姚 经	金融工程研究中心	江苏特聘教授
43	闫凌昊	功能纳米与软物质研究院	江苏特聘教授
44	李永玺	功能纳米与软物质研究院	江苏特聘教授
45	李秋珵	能源学院	江苏特聘教授
46	李若欣	纺织与服装工程学院	江苏省"外专百人计划"人才
47	杨 霜	苏州医学院药学院	江苏省"外专百人计划"人才
48	包守信	苏州医学院放射医学与防护学院	双创博士
49	毕群玉	光电科学与工程学院	双创博士
50	宾海军	材料与化学化工学部	双创博士
51	蔡春旭	艺术学院	双创博士
52	蔡蔚然	计算机科学与技术学院	双创博士
53	蔡晓荣	王健法学院	双创博士
54	晁平复	计算机科学与技术学院	双创博士
55	陈国崇	苏州医学院公共卫生学院	双创博士
56	陈 月	金螳螂建筑学院	双创博士
57	陈子亮	功能纳米与软物质研究院	双创博士
58	成 苗	沙钢钢铁学院	双创博士
59	丛启飞	神经科学研究所	双创博士
60	邓冰清	苏州大学附属独墅湖医院	双创博士

续表

序号	姓名	学院（部）	人才头衔
61	邓 苗	政治与公共管理学院	双创博士
62	邓 泮	苏州医学院药学院	双创博士
63	邓扬麒	马克思主义学院	双创博士
64	董 宁	苏州医学院基础医学与生物科学学院	双创博士
65	段瑞雪	苏州医学院放射医学与防护学院	双创博士
66	方 盼	苏州医学院基础医学与生物科学学院	双创博士
67	方 文	马克思主义学院	双创博士
68	龚文林	光电科学与工程学院	双创博士
69	韩 夏	商学院	双创博士
70	胡 斌	艺术学院	双创博士
71	黄 河	光电科学与工程学院	双创博士
72	黄金枝	数学科学学院	双创博士
73	黄天源	物理科学与技术学院	双创博士
74	黄宇欣	商学院	双创博士
75	惠静姝	能源学院	双创博士
76	贾志浩	剑桥-苏大基因组资源中心	双创博士
77	蒋 密	物理科学与技术学院	双创博士
78	李翠琴	政治与公共管理学院	双创博士
79	李加付	苏州医学院公共卫生学院	双创博士
80	李 军	电子信息学院	双创博士
81	李培山	转化医学研究院	双创博士
82	李小云	心血管病研究所	双创博士
83	李学涛	苏州大学附属独墅湖医院	双创博士
84	李 子	功能纳米与软物质研究院	双创博士
85	刘春毅	苏州医学院放射医学与防护学院	双创博士
86	刘瑞远	能源学院	双创博士
87	刘亚伟	苏州大学附属独墅湖医院	双创博士

续表

序号	姓名	学院（部）	人才头衔
88	卢 磊	机电工程学院	双创博士
89	陆 波	机电工程学院	双创博士
90	罗晓刚	纺织与服装工程学院	双创博士
91	骆顺存	沙钢钢铁学院	双创博士
92	孟林兴	物理科学与技术学院	双创博士
93	潘野蘅	传媒学院	双创博士
94	申博渊	功能纳米与软物质研究院	双创博士
95	宋绍永	苏州大学附属独墅湖医院	双创博士
96	谭力扬	政治与公共管理学院	双创博士
97	汪笑宇	计算机科学与技术学院	双创博士
98	王 杰	材料与化学化工学部	双创博士
99	王 旎	材料与化学化工学部	双创博士
100	王倩雯	商学院	双创博士
101	王云箫	商学院	双创博士
102	王 召	材料与化学化工学部	双创博士
103	吴国栋	金螳螂建筑学院	双创博士
104	谢 岳	政治与公共管理学院	双创博士
105	邢丹丹	材料与化学化工学部	双创博士
106	熊贤品	社会学院	双创博士
107	薛 琪	物理科学与技术学院	双创博士
108	杨 涛	苏州医学院药学院	双创博士
109	杨 正	传媒学院	双创博士
110	于文博	电子信息学院	双创博士
111	俞颉翔	物理科学与技术学院	双创博士
112	袁 苑	政治与公共管理学院	双创博士
113	张 浩	功能纳米与软物质研究院	双创博士
114	张 磊	唐仲英血液学研究中心	双创博士

续表

序号	姓名	学院（部）	人才头衔
115	张慎祥	材料与化学化工学部	双创博士
116	张　宇	政治与公共管理学院	双创博士
117	张园园	数学科学学院	双创博士
118	张云山	苏州医学院基础医学与生物科学学院	双创博士
119	张　泽	金螳螂建筑学院	双创博士
120	赵永峰	物理科学与技术学院	双创博士
121	仲亚楠	功能纳米与软物质研究院	双创博士
122	周宇阳	纺织与服装工程学院	双创博士
123	杨黎黎	文学院	优秀青年骨干教师
124	周经亚	计算机科学与技术学院	优秀青年骨干教师
125	李红霞	政治与公共管理学院	优秀青年骨干教师
126	孙欢利	材料与化学化工学部	优秀青年骨干教师
127	杨　浩	机电工程学院	优秀青年骨干教师
128	高　旭	功能纳米与软物质研究院	优秀青年骨干教师
129	王要玉	商学院	中青年学术带头人
130	周　进	苏州大学附属第一医院	中青年学术带头人
131	唐　煜	数学科学学院	中青年学术带头人
132	秦炜炜	教育学院	优秀教学团队
133	陈　廷	纺织与服装工程学院	优秀教学团队

2022年博士后出站、进站和在站人数情况（表78）

表78 2022年博士后出站、进站和在站人数情况一览表

博士后科研流动站名称	出站人数	进站人数	2022年年底在站人数
材料科学与工程	21	43	118
畜牧学	1	3	9
法学	2	2	12
纺织科学与工程	8	17	54
工商管理	4	2	5
公共卫生与预防医学	2	3	13
光学工程	9	15	57
化学	11	16	60
化学工程与技术	4	1	10
基础医学	10	16	65
计算机科学与技术	6	11	42
教育学	3	1	4
临床医学	13	9	30
马克思主义理论	3	5	13
软件工程	3	3	12
设计学	3	2	11
数学	1	1	8
特种医学	8	6	29
体育学	3	2	13
统计学	0	3	6
外国语言文学	3	0	5
物理学	9	8	31
信息与通信工程	6	5	18

续表

博士后科研流动站名称	出站人数	进站人数	2022年年底在站人数
药学	2	3	16
应用经济学	0	4	8
哲学	1	0	7
政治学	2	1	7
中国史	0	3	6
中国语言文学	5	1	11
护理学	0	1	5
合计	143	187	685

2022年人员变动情况（表79、表80、表81）

表79　2022年苏州大学教职工调进人员一览表

序号	姓名	性别	调进工作部门、院（部）	调进时间
1	高越	女	机电工程学院	2022年1月
2	阮玉辉	女	政治与公共管理学院	2022年1月
3	杨昊	男	纳米科学技术学院	2022年1月
4	孙林	男	电子信息学院	2022年1月
5	杨军	男	文学院	2022年1月
6	陈琦	女	政治与公共管理学院	2022年1月
7	尹轶帅	男	政治与公共管理学院	2022年1月
8	杜预	男	沙钢钢铁学院	2022年1月
9	雷佳	男	苏州医学院放射医学与防护学院	2022年1月
10	张大群	男	外国语学院	2022年1月
11	陆超	男	材料与化学化工学部	2022年1月
12	陆志华	男	苏州大学附属独墅湖医院	2022年1月
13	黄萍	女	苏州医学院基础医学与生物科学学院	2022年1月

续表

序号	姓名	性别	调进工作部门、院（部）	调进时间
14	邵 拓	男	生物医学研究院	2022年1月
15	李雨晴	女	纳米科学技术学院	2022年2月
16	刘小翼	男	光电科学与工程学院	2022年2月
17	宫向阳	男	党委办公室	2022年2月
18	王 鑫	男	材料与化学化工学部	2022年2月
19	吴书旺	男	苏州医学院放射医学与防护学院	2022年2月
20	李 海	男	纳米科学技术学院	2022年3月
21	卢坤媛	女	纳米科学技术学院	2022年3月
22	彭 军	男	纳米科学技术学院	2022年3月
23	胡 鑫	男	光电科学与工程学院	2022年3月
24	邹力子	女	沙钢钢铁学院	2022年3月
25	郁皓升	男	机电工程学院	2022年3月
26	王东涛	男	沙钢钢铁学院	2022年4月
27	蒋萍萍	女	数学科学学院	2022年4月
28	谢 淼	男	纳米科学技术学院	2022年4月
29	胡发娟	女	苏州医学院	2022年4月
30	张香宁	女	材料与化学化工学部	2022年4月
31	宋洋秋歌	女	苏州医学院	2022年4月
32	李 琪	女	苏州医学院	2022年4月
33	丁云川	男	苏州大学附属独墅湖医院	2022年4月
34	张 弛	女	剑桥-苏大基因组资源中心	2022年4月
35	张立峰	男	苏州大学附属独墅湖医院	2022年4月
36	孙 红	女	苏州大学附属独墅湖医院	2022年4月
37	姜奕歆	女	苏州大学附属独墅湖医院	2022年4月
38	张 莉	女	苏州医学院基础医学与生物科学学院	2022年4月
39	刘智恒	男	苏州医学院儿科临床医学院	2022年4月
40	倪 萱	女	苏州大学附属独墅湖医院	2022年4月
41	顾秀林	男	教育学院	2022年4月

续表

序号	姓名	性别	调进工作部门、院（部）	调进时间
42	方翀博	男	社会学院	2022年5月
43	孙 杰	男	骨科研究所	2022年5月
44	韩 恺	男	计算机科学与技术学院	2022年5月
45	李传军	男	沙钢钢铁学院	2022年5月
46	伊瓦森科	男	纳米科学技术学院	2022年5月
47	杨智奇	男	政治与公共管理学院	2022年5月
48	杨钊英	女	东吴学院	2022年5月
49	袁骥德	男	电子信息学院	2022年5月
50	乔海玉	女	机电工程学院	2022年5月
51	杨雪清	女	苏州医学院放射医学与防护学院	2022年5月
52	占玉倩	女	商学院	2022年5月
53	李 雪	女	纺织与服装工程学院	2022年5月
54	王 盈	女	苏州医学院基础医学与生物科学学院	2022年5月
55	唐永安	男	苏州医学院药学院	2022年5月
56	曲玥阳	女	苏州医学院药学院	2022年6月
57	赵 琦	男	苏州医学院药学院	2022年6月
58	刘 帆	男	苏州医学院药学院	2022年6月
59	尹德贵	男	王健法学院	2022年6月
60	张 岩	女	政治与公共管理学院	2022年6月
61	张 薇	女	艺术学院	2022年6月
62	闫译允	女	苏州医学院	2022年6月
63	杨 洋	男	纺织与服装工程学院	2022年6月
64	林子杰	男	苏州医学院基础医学与生物科学学院	2022年6月
65	王康伟	男	轨道交通学院	2022年6月
66	周 宇	女	学生工作部（处）	2022年6月
67	徐 菲	女	马克思主义学院	2022年6月
68	鲁维铭	男	外国语学院	2022年6月
69	李 乐	女	纳米科学技术学院	2022年6月

续表

序号	姓名	性别	调进工作部门、院（部）	调进时间
70	姜明霞	女	苏州大学附属独墅湖医院	2022年6月
71	郭 佳	女	金螳螂建筑学院	2022年6月
72	王 彬	男	社会学院	2022年6月
73	李洪敏	女	东吴学院	2022年6月
74	臧运涛	男	东吴学院	2022年6月
75	周 倜	女	艺术学院	2022年6月
76	树 西	男	机电工程学院	2022年6月
77	张晨耕	男	政治与公共管理学院	2022年7月
78	邓 滔	男	计算机科学与技术学院	2022年7月
79	龚兵艳	女	苏州医学院护理学院	2022年7月
80	张颖怡	女	社会学院	2022年7月
81	陈品宇	男	社会学院	2022年7月
82	华鉴瑜	男	光电科学与工程学院	2022年7月
83	汪 胜	男	材料与化学化工学部	2022年7月
84	徐 勇	男	骨科研究所	2022年7月
85	肖宗宇	男	苏州大学附属独墅湖医院	2022年7月
86	刘 超	男	机电工程学院	2022年7月
87	杨 航	男	材料与化学化工学部	2022年7月
88	宋霄鹏	女	剑桥-苏大基因组资源中心	2022年7月
89	纪敏涛	男	苏州医学院放射医学与防护学院	2022年7月
90	蒋胜杰	男	材料与化学化工学部	2022年7月
91	姚 经	男	数学科学学院	2022年7月
92	陈海阳	男	材料与化学化工学部	2022年7月
93	李丰产	男	唐仲英血液学研究中心	2022年7月
94	范孝春	男	纳米科学技术学院	2022年7月
95	朱智杰	男	纳米科学技术学院	2022年7月
96	张 浩	男	苏州医学院放射医学与防护学院	2022年7月
97	王 光	男	苏州医学院基础医学与生物科学学院	2022年7月

续表

序号	姓名	性别	调进工作部门、院（部）	调进时间
98	郭宾宾	男	苏州医学院基础医学与生物科学学院	2022年7月
99	范正龙	男	纳米科学技术学院	2022年7月
100	侯光晖	男	纳米科学技术学院	2022年7月
101	周炀	男	纳米科学技术学院	2022年7月
102	朱文俊	男	纳米科学技术学院	2022年7月
103	董旭东	男	纳米科学技术学院	2022年7月
104	吕蕊	女	纳米科学技术学院	2022年7月
105	高锦	男	苏州医学院放射医学与防护学院	2022年7月
106	王孟	男	物理科学与技术学院	2022年7月
107	程笑笑	男	材料与化学化工学部	2022年7月
108	梁福生	男	机电工程学院	2022年7月
109	王玉生	男	纳米科学技术学院	2022年7月
110	刘宏刚	男	外国语学院	2022年7月
111	汪晓巧	女	纺织与服装工程学院	2022年7月
112	姜晴	女	骨科研究所	2022年7月
113	秦昕	男	骨科研究所	2022年7月
114	李曼	女	社会学院	2022年7月
115	刘拯	女	商学院	2022年7月
116	谢凤鸣	男	纳米科学技术学院	2022年7月
117	方翔	男	王健法学院	2022年7月
118	曹婷	女	心血管病研究所	2022年7月
119	金英华	女	苏州大学附属独墅湖医院	2022年7月
120	张政	男	商学院	2022年7月
121	杨本圆	男	未来科学与工程学院	2022年7月
122	王钊	男	未来科学与工程学院	2022年7月
123	肖宝	男	苏州医学院放射医学与防护学院	2022年7月
124	王佳慧	女	政治与公共管理学院	2022年7月
125	李阳	女	商学院	2022年7月

续表

序号	姓名	性别	调进工作部门、院（部）	调进时间
126	丁旭隆	男	苏州大学附属独墅湖医院	2022年7月
127	刘芳	女	数学科学学院	2022年7月
128	段博	男	苏州医学院基础医学与生物科学学院	2022年7月
129	马诗雯	女	政治与公共管理学院	2022年8月
130	方娅	女	苏州大学附属独墅湖医院	2022年8月
131	赵栋燕	女	苏州医学院基础医学与生物科学学院	2022年8月
132	程诚	女	未来科学与工程学院	2022年8月
133	吴洪状	男	未来科学与工程学院	2022年8月
134	陶倩艺	女	人力资源处、党委教师工作部	2022年8月
135	方艺璇	女	唐仲英血液学研究中心	2022年8月
136	邓豪	男	艺术学院	2022年8月
137	于娣	女	校长办公室	2022年8月
138	李玉	女	校长办公室	2022年8月
139	张媛媛	女	纪委（监察专员办公室）	2022年8月
140	沈瑜	女	教务处	2022年8月
141	殷谦芊	女	研究生院	2022年8月
142	谢梦静	女	研究生院	2022年8月
143	曹文佳	女	科学技术研究院	2022年8月
144	施雨	女	中国特色城镇化研究中心	2022年8月
145	秦畅	男	采购与招投标管理中心	2022年8月
146	陈晓楠	女	采购与招投标管理中心	2022年8月
147	王慕尧	男	保卫部（处）	2022年8月
148	曹砚秋	女	保卫部（处）	2022年8月
149	丁峰	男	后勤管理处	2022年8月
150	陈熙	男	后勤管理处	2022年8月
151	卢征	男	未来科学与工程学院	2022年8月
152	杨世齐	男	人力资源处、党委教师工作部	2022年8月
153	丁红元	女	工会	2022年8月

续表

序号	姓名	性别	调进工作部门、院（部）	调进时间
154	张伶	女	团委	2022年8月
155	王晓霞	女	团委	2022年8月
156	许烨麟	男	文学院	2022年8月
157	胡玥	女	机电工程学院	2022年8月
158	郭雨薇	女	沙钢钢铁学院	2022年8月
159	郭妍	女	造血干细胞移植研究所	2022年8月
160	罗宇	女	苏州医学院基础医学与生物科学学院	2022年8月
161	陈俊宏	女	东吴学院	2022年8月
162	曾俊山	男	东吴学院	2022年8月
163	郑晶	女	财务处	2022年8月
164	霍雯隽	女	财务处	2022年8月
165	李怡蕾	女	后勤管理处	2022年8月
166	严心怡	女	后勤管理处	2022年8月
167	严茜	女	校医院	2022年8月
168	王立政	男	基本建设处	2022年8月
169	胡梦梵	女	图书馆	2022年8月
170	涂孝军	男	工程训练中心	2022年8月
171	石佑敏	女	工程训练中心	2022年8月
172	姜天琦	女	期刊中心	2022年8月
173	冯怿周	男	期刊中心	2022年8月
174	刘波	男	物理科学与技术学院	2022年8月
175	孙淑卿	女	物理科学与技术学院	2022年8月
176	孙乾坤	女	材料与化学化工学部	2022年8月
177	许亚丽	女	计算机科学与技术学院	2022年8月
178	徐易芸	女	机电工程学院	2022年8月
179	孙佳慧	女	实验动物中心	2022年8月
180	陈奕	女	苏州医学院护理学院	2022年8月
181	阚梦	女	唐仲英血液学研究中心	2022年8月

续表

序号	姓名	性别	调进工作部门、院（部）	调进时间
182	朱志鹏	男	师范学院	2022年8月
183	曾馨逸	女	纳米科学技术学院	2022年8月
184	张德胜	男	艺术学院	2022年8月
185	谢跃民	男	纳米科学技术学院	2022年8月
186	张文海	男	电子信息学院	2022年8月
187	卓明鹏	男	纺织与服装工程学院	2022年8月
188	刘俊逸	男	苏州大学附属独墅湖医院	2022年8月
189	徐娟娟	女	东吴学院	2022年8月
190	林俊	男	苏州大学附属独墅湖医院	2022年8月
191	肖丽媖	女	纺织与服装工程学院	2022年8月
192	葛剑娴	女	苏州医学院放射医学与防护学院	2022年8月
193	黄栋	男	物理科学与技术学院	2022年8月
194	胡寅	男	材料与化学化工学部	2022年8月
195	潘祥	男	物理科学与技术学院	2022年8月
196	宋悦	女	苏州医学院第一临床医学院	2022年8月
197	李军	男	材料与化学化工学部	2022年8月
198	张超	男	机电工程学院	2022年8月
199	田毓	男	王健法学院	2022年8月
200	郝德深	男	苏州医学院	2022年8月
201	丁大力	男	纳米科学技术学院	2022年8月
202	叶文涛	男	苏州医学院	2022年8月
203	贾桓	男	纳米科学技术学院	2022年8月
204	孙哲	男	艺术学院	2022年8月
205	郭斌	男	传媒学院	2022年8月
206	赵梦飞	男	电子信息学院	2022年8月
207	霍俊龙	男	苏州医学院	2022年8月
208	袁立	男	纺织与服装工程学院	2022年8月
209	孙柏林	男	社会学院	2022年8月

续表

序号	姓名	性别	调进工作部门、院（部）	调进时间
210	丁小珊	女	文学院	2022年8月
211	吕凯淇	女	数学科学学院	2022年8月
212	胡杨	女	机电工程学院	2022年8月
213	高晓梅	女	材料与化学化工学部	2022年8月
214	谢安楠	女	光电科学与工程学院	2022年8月
215	许梦琦	女	未来科学与工程学院	2022年8月
216	葛晓健	女	轨道交通学院	2022年8月
217	周丹丹	女	苏州医学院	2022年8月
218	雷扬	男	物理科学与技术学院	2022年8月
219	衣俊达	男	学生工作部（处）	2022年8月
220	池亦扬	女	国内合作发展处	2022年8月
221	郭子菡	女	后勤管理处	2022年8月
222	杨俊莹	女	光电科学与工程学院	2022年8月
223	秦海涛	男	苏州医学院药学院	2022年8月
224	孟彬彬	男	未来科学与工程学院	2022年8月
225	王鑫	男	体育学院	2022年8月
226	何海燕	女	学生工作部（处）	2022年8月
227	张曦	女	东吴学院	2022年8月
228	张正超	男	计算机科学与技术学院	2022年8月
229	沈颖尹	女	马克思主义学院	2022年8月
230	楼嘉霖	男	数学科学学院	2022年8月
231	王进	男	公共卫生学院	2022年8月
232	姬少博	男	纳米科学技术学院	2022年8月
233	朱铭鲁	男	机电工程学院	2022年8月
234	张妍	女	计算机科学与技术学院	2022年8月
235	安兴达	男	纳米科学技术学院	2022年8月
236	龚晨	女	计算机科学与技术学院	2022年8月
237	陶小娟	女	体育学院	2022年8月

续表

序号	姓名	性别	调进工作部门、院（部）	调进时间
238	孙婉若	女	科学技术研究院	2022年9月
239	韦欣宜	女	人文社会科学处	2022年9月
240	滕洁	女	校医院	2022年9月
241	蔡伟瀚	男	期刊中心	2022年9月
242	周宇	男	物理科学与技术学院	2022年9月
243	曹国洋	男	光电科学与工程学院	2022年9月
244	董雪薇	女	物理科学与技术学院	2022年9月
245	陈峰	男	机电工程学院	2022年9月
246	缪澄	男	东吴学院	2022年9月
247	郭伶俐	女	纳米科学技术学院	2022年9月
248	刘庆申	男	政治与公共管理学院	2022年9月
249	王哲	男	纺织与服装工程学院	2022年9月
250	夏军	男	文学院	2022年9月
251	王茜	女	体育学院	2022年9月
252	毛瑞康	男	马克思主义学院	2022年9月
253	戴梦石	男	马克思主义学院	2022年9月
254	闫涛	男	纺织与服装工程学院	2022年9月
255	强薇	女	材料与化学化工学部	2022年9月
256	彭涛	男	未来科学与工程学院	2022年9月
257	马清	女	能源学院	2022年9月
258	王永明	男	苏州医学院基础医学与生物科学学院	2022年9月
259	葛宇	女	材料与化学化工学部	2022年9月
260	牛煜	男	文学院	2022年9月
261	李雪超	男	纳米科学技术学院	2022年9月
262	杜承宇	男	数学科学学院	2022年9月
263	程丽楠	女	护理学院	2022年9月
264	王魏莎	女	商学院	2022年9月
265	徐启亚	男	苏州医学院第一临床医学院	2022年9月

续表

序号	姓名	性别	调进工作部门、院（部）	调进时间
266	毛晨悦	女	艺术学院	2022年9月
267	赵 朴	女	材料与化学化工学部	2022年9月
268	宋肖垚	女	苏州医学院公共卫生学院	2022年9月
269	杨 聪	男	未来科学与工程学院	2022年9月
270	余镇雨	男	轨道交通学院	2022年9月
271	周兴汶	男	机电工程学院	2022年9月
272	徐博雅	女	人文社会科学处	2022年10月
273	闫朝阳	男	苏州医学院公共卫生学院	2022年10月
274	许斐然	女	未来校区管理委员会	2022年10月
275	王荣倩	女	物理科学与技术学院	2022年10月
276	陈伯超	男	能源学院	2022年10月
277	李 东	男	纳米科学技术学院	2022年10月
278	关馥林	女	苏州大学附属独墅湖医院	2022年10月
279	郭小平	男	金螳螂建筑学院	2022年10月
280	迟 哲	女	苏州医学院药学院	2022年10月
281	张 禾	女	图书馆	2022年10月
282	乔 敏	女	文学院	2022年10月
283	高 成	女	商学院	2022年11月
284	胥 燕	女	能源学院	2022年11月
285	黄 锋	男	社会学院	2022年11月
286	王光耀	男	政治与公共管理学院	2022年11月
287	金园园	女	苏州医学院护理学院	2022年11月
288	康子扬	男	未来科学与工程学院	2022年11月
289	杨峻懿	男	社会学院	2022年11月
290	陈 茜	女	计算机科学与技术学院	2022年11月
291	邵贝贝	女	纳米科学技术学院	2022年11月
292	苏祥龙	男	轨道交通学院	2022年11月
293	张 昕	女	纺织与服装工程学院	2022年11月

续表

序号	姓名	性别	调进工作部门、院（部）	调进时间
294	徐鉴城	男	苏州医学院	2022年11月
295	孙 渊	男	机电工程学院	2022年11月
296	王 洁	女	未来科学与工程学院	2022年11月
297	田林楠	男	社会学院	2022年11月
298	臧圣奇	男	苏州医学院第一临床医学院	2022年11月
299	梁文凯	男	纳米科学技术学院	2022年11月
300	王志红	男	剑桥-苏大基因组资源中心	2022年11月
301	刘 越	男	纳米科学技术学院	2022年11月
302	张环宇	男	纳米科学技术学院	2022年11月
303	陈 帅	男	纳米科学技术学院	2022年11月
304	洪 浩	女	苏州大学附属独墅湖医院	2022年11月
305	解安全	男	纺织与服装工程学院	2022年11月
306	刘芮宏	女	纳米科学技术学院	2022年11月
307	王晓平	男	音乐学院	2022年11月
308	赵 帅	男	纳米科学技术学院	2022年11月
309	王俊俊	女	神经科学研究所	2022年11月
310	吕金刚	男	文学院	2022年11月
311	唐波涛	男	王健法学院	2022年11月
312	李庆业	男	纳米科学技术学院	2022年11月
313	单善善	女	苏州医学院放射医学与防护学院	2022年11月
314	谢 劼	男	轨道交通学院	2022年11月
315	王 杰	男	社会学院	2022年11月
316	林文孩	男	材料与化学化工学部	2022年11月
317	迈 丁	男	电子信息学院	2022年11月
318	王 双	女	国内合作发展处	2022年11月
319	薛驭生	男	音乐学院	2022年11月
320	李闻韬	男	轨道交通学院	2022年11月
321	吴 月	女	材料与化学化工学部	2022年11月

续表

序号	姓名	性别	调进工作部门、院（部）	调进时间
322	陶朵朵	女	苏州医学院第一临床医学院	2022年11月
323	朱志文	男	苏州医学院基础医学与生物科学学院	2022年11月
324	顾博文	男	学生工作部（处）	2022年11月
325	刘桂宏	女	王健法学院	2022年11月
326	李可心	女	外国语学院	2022年11月
327	马宗意	男	体育学院	2022年11月
328	多力坤	女	学生工作部（处）	2022年11月
329	苏兴亚	女	教育学院	2022年11月
330	曾峥	男	数学科学学院	2022年11月
331	王占龙	男	文学院	2022年11月
332	汪令昕	女	传媒学院	2022年11月
333	舒凯	男	外国语学院	2022年11月
334	娄勇	男	苏州医学院	2022年11月
335	姜珊	女	金螳螂建筑学院	2022年11月
336	胡强迪	男	商学院	2022年11月
337	吴子安	男	社会学院	2022年11月
338	郭佳	女	纳米科学技术学院	2022年12月
339	马述谏	男	艺术教育中心	2022年12月
340	孙斌	男	未来科学与工程学院	2022年12月
341	马清志	男	计算机科学与技术学院	2022年12月
342	徐鑫	女	教育学院	2022年12月
343	张晨	男	计算机科学与技术学院	2022年12月
344	王胜	男	未来科学与工程学院	2022年12月
345	张锦盼	女	纳米科学技术学院	2022年12月
346	赵云	女	苏州医学院公共卫生学院	2022年12月
347	周凯	男	机电工程学院	2022年12月
348	顾倩	女	轨道交通学院	2022年12月
349	黄筱玥	女	苏州医学院	2022年12月

续表

序号	姓名	性别	调进工作部门、院（部）	调进时间
350	陆 菲	女	苏州医学院	2022年12月
351	周 柯	男	能源学院	2022年12月
352	姚 坤	男	苏州医学院药学院	2022年12月
353	杜明浩	男	材料与化学化工学部	2022年12月
354	薛 娣	女	纳米科学技术学院	2022年12月
355	楼耀尹	男	材料与化学化工学部	2022年12月
356	金卜凡	男	物理科学与技术学院	2022年12月
357	宋 健	男	巴斯德学院	2022年12月
358	石泉泉	男	苏州医学院	2022年12月
359	杨兴丽	女	文学院	2022年12月
360	孔一鸣	男	政治与公共管理学院	2022年12月
361	张 晗	女	苏州医学院药学院	2022年12月
362	孙铭杰	男	计算机科学与技术学院	2022年12月
363	王福才	男	苏州医学院	2022年12月
364	董 皓	男	纳米科学技术学院	2022年12月
365	汪 磊	男	未来科学与工程学院	2022年12月
366	虞 游	男	心血管病研究所	2022年12月
367	翟富万	男	苏州医学院放射医学与防护学院	2022年12月
368	张正奎	男	生物医学研究院	2022年12月
369	杰 克	男	纳米科学技术学院	2022年12月
370	高文达	男	纳米科学技术学院	2022年12月
371	郑小函	女	艺术教育中心	2022年12月
372	姚逸正	男	神经科学研究所	2022年12月

表80　2022年苏州大学教职工调出、辞职人员一览表

序号	姓名	性别	离校前工作部门、院（部）	离校时间	调往工作单位
1	李金溪	男	商学院	2022年1月	离职
2	储昭昉	男	商学院	2022年1月	离职
3	田萌	男	能源学院	2022年1月	离职
4	魏超慧	女	能源学院	2022年1月	离职
5	庞昊强	男	能源学院	2022年1月	离职
6	刘培松	男	纳米科学技术学院	2022年1月	离职
7	杨昊	男	纳米科学技术学院	2022年1月	离职
8	窦玉江	男	电子信息学院	2022年1月	离职
9	徐舜	男	沙钢钢铁学院	2022年1月	离职
10	张亚楠	女	苏州医学院放射医学与防护学院	2022年1月	离职
11	王宗启	男	苏州医学院第一临床医学院	2022年1月	离职
12	龚欢乐	男	苏州医学院第一临床医学院	2022年1月	离职
13	金雪梅	女	苏州医学院第二临床医学院	2022年1月	离职
14	刘为地	男	社会学院	2022年1月	离职
15	魏维	女	外国语学院	2022年1月	离职
16	毛眺源	男	外国语学院	2022年1月	离职
17	王依然	女	教育学院	2022年1月	离职
18	李龙	男	体育学院	2022年1月	离职
19	赖耘	男	物理科学与技术学院	2022年1月	离职
20	康健	男	物理科学与技术学院	2022年1月	离职
21	卫运龙	男	材料与化学化工学部	2022年1月	离职
22	赛伯	男	材料与化学化工学部	2022年1月	离职
23	奥格	女	材料与化学化工学部	2022年1月	离职
24	史益忠	男	纳米科学技术学院	2022年1月	离职
25	陈坚	男	纳米科学技术学院	2022年1月	离职
26	徐祥	男	电子信息学院	2022年1月	离职

续表

序号	姓名	性别	离校前工作部门、院（部）	离校时间	调往工作单位
27	刘 楠	男	机电工程学院	2022年1月	离职
28	王东涛	男	沙钢钢铁学院	2022年1月	离职
29	迟 昊	男	神经科学研究所	2022年1月	离职
30	马守宝	男	造血干细胞移植研究所	2022年1月	离职
31	周少方	男	材料与化学化工学部	2022年2月	离职
32	谢 淼	男	纳米科学技术学院	2022年2月	离职
33	吴 奇	男	人力资源处、党委教师工作部	2022年2月	离职
34	秦 樾	男	生物医学研究院	2022年3月	离职
35	陈德斌	男	科学技术研究院	2022年3月	离职
36	高爱民	男	辐照技术研究所	2022年3月	离职
37	郭振东	男	能源学院	2022年4月	离职
38	吕世贤	男	纳米科学技术学院	2022年4月	离职
39	陈 重	男	苏州医学院药学院	2022年4月	离职
40	王雅俊	女	苏州医学院药学院	2022年4月	离职
41	贡希真	男	外国语学院	2022年5月	离职
42	杨琬璐	女	教育学院	2022年5月	离职
43	邵元龙	男	能源学院	2022年5月	离职
44	国 霞	女	材料与化学化工学部	2022年5月	离职
45	邬赟羚	男	纳米科学技术学院	2022年5月	离职
46	匡绍龙	男	机电工程学院	2022年5月	离职
47	徐亦舒	男	传媒学院	2022年6月	离职
48	乔 玮	男	能源学院	2022年6月	离职
49	张 浩	男	材料与化学化工学部	2022年6月	离职
50	李成坤	男	材料与化学化工学部	2022年6月	离职
51	朱 晨	男	材料与化学化工学部	2022年6月	离职
52	韦 婷	女	纳米科学技术学院	2022年6月	离职
53	曾 攀	男	纳米科学技术学院	2022年6月	离职

续表

序号	姓名	性别	离校前工作部门、院（部）	离校时间	调往工作单位
54	尹秀华	女	纳米科学技术学院	2022年6月	离职
55	王玉生	男	纳米科学技术学院	2022年6月	离职
56	卓明鹏	男	纳米科学技术学院	2022年6月	离职
57	张环宇	男	纳米科学技术学院	2022年6月	离职
58	闫 涛	男	纺织与服装工程学院	2022年6月	离职
59	方艺璇	女	唐仲英血液学研究中心	2022年6月	离职
60	曹 婷	女	生物医学研究院	2022年6月	离职
61	王雪枫	男	转化医学研究院	2022年6月	离职
62	王威力	男	苏州医学院放射医学与防护学院	2022年6月	离职
63	张小虎	男	苏州医学院药学院	2022年6月	离职
64	董 群	女	实验室与设备管理处	2022年6月	离职
65	姜建明	男	校长办公室	2022年7月	常熟理工学院
66	吴昌政	男	文正学院	2022年7月	苏州城市学院
67	周 高	男	校长办公室	2022年7月	苏州城市学院
68	刘广飞	男	体育学院	2022年7月	离职
69	蔡阳健	男	物理科学与技术学院	2022年7月	离职
70	刘 玉	女	能源学院	2022年7月	离职
71	沈孔超	男	纳米科学技术学院	2022年7月	离职
72	布里托	男	纳米科学技术学院	2022年7月	离职
73	郭述文	男	电子信息学院	2022年7月	离职
74	李 成	男	轨道交通学院	2022年7月	离职
75	董红亮	女	生物医学研究院	2022年7月	离职
76	张 唯	女	生物医学研究院	2022年7月	离职
77	孙 莎	女	苏州医学院基础医学与生物科学学院	2022年7月	离职
78	郭博菡	女	海外教育学院	2022年7月	离职

续表

序号	姓名	性别	离校前工作部门、院（部）	离校时间	调往工作单位
79	王光阁	女	机关与直属单位党工委	2022年7月	离职
80	袁楠	男	商学院	2022年8月	离职
81	李珍	女	商学院	2022年8月	离职
82	蒋超	男	王健法学院	2022年8月	离职
83	徐泽文	女	能源学院	2022年8月	离职
84	肖贝	男	材料与化学化工学部	2022年8月	离职
85	尹全义	男	材料与化学化工学部	2022年8月	离职
86	闫长存	男	材料与化学化工学部	2022年8月	离职
87	阿亚兹	男	材料与化学化工学部	2022年8月	离职
88	周骏	男	纳米科学技术学院	2022年8月	离职
89	安娜	女	纳米科学技术学院	2022年8月	离职
90	汝长海	男	机电工程学院	2022年8月	离职
91	朱一丹	女	苏州医学院	2022年8月	离职
92	李威	男	唐仲英血液学研究中心	2022年8月	离职
93	李振宇	女	苏州医学院放射医学与防护学院	2022年8月	离职
94	辛颖	女	纪委（监察专员办公室）	2022年8月	离职
95	顾圣琴	女	传媒学院	2022年9月	离职
96	伊琳娜	女	艺术学院	2022年9月	离职
97	巴夫洛	男	艺术学院	2022年9月	离职
98	拉希德	男	体育学院	2022年9月	离职
99	禹久泓	男	数学科学学院	2022年9月	离职
100	叶翠翠	女	材料与化学化工学部	2022年9月	离职
101	马志刚	男	材料与化学化工学部	2022年9月	离职
102	赵婧馨	女	材料与化学化工学部	2022年9月	离职
103	义格	男	纳米科学技术学院	2022年9月	离职
104	彭陈诚	女	纳米科学技术学院	2022年9月	离职

续表

序号	姓名	性别	离校前工作部门、院（部）	离校时间	调往工作单位
105	汪琴	女	生物医学研究院	2022年9月	离职
106	赛吉拉夫	男	骨科研究所	2022年9月	离职
107	雷哲	男	苏州医学院基础医学与生物科学学院	2022年9月	离职
108	包守信	女	苏州医学院放射医学与防护学院	2022年9月	离职
109	曹晓雪	女	文学院	2022年10月	离职
110	曹妍	女	王健法学院	2022年10月	离职
111	赵晓辉	女	能源学院	2022年10月	离职
112	刘冰之	女	能源学院	2022年10月	离职
113	邱金晶	男	材料与化学化工学部	2022年10月	离职
114	梁文凯	男	纳米科学技术学院	2022年10月	离职
115	赵宇	男	纳米科学技术学院	2022年10月	离职
116	张晗	女	纳米科学技术学院	2022年10月	离职
117	刘越	男	纳米科学技术学院	2022年10月	离职
118	宋蕊	女	纳米科学技术学院	2022年10月	离职
119	米娅	男	纺织与服装工程学院	2022年10月	离职
120	虞游	男	心血管病研究所	2022年10月	离职
121	塞耶	女	转化医学研究院	2022年10月	离职
122	艾迪尔	男	苏州医学院基础医学与生物科学学院	2022年10月	离职
123	李凯	男	苏州医学院放射医学与防护学院	2022年10月	离职
124	楚云	女	图书馆	2022年10月	离职
125	王胜宇	男	文学院	2022年11月	离职
126	刘佳伟	男	商学院	2022年11月	离职
127	李瑞玟	女	商学院	2022年11月	离职

续表

序号	姓名	性别	离校前工作部门、院（部）	离校时间	调往工作单位
128	邵宝	男	外国语学院	2022年11月	离职
129	石路遥	女	数学科学学院	2022年11月	离职
130	王静	男	能源学院	2022年11月	离职
131	陈中悦	女	电子信息学院	2022年11月	离职
132	吴孟	男	生物医学研究院	2022年11月	离职
133	赵丹丹	女	心血管病研究所	2022年11月	离职
134	张星	女	苏州医学院基础医学与生物科学学院	2022年11月	离职
135	希达	男	苏州医学院公共卫生学院	2022年11月	离职
136	郝宗兵	男	苏州医学院药学院	2022年11月	离职
137	黄戈骏	男	传媒学院	2022年12月	离职
138	陈西婵	女	商学院	2022年12月	离职
139	何驰	男	王健法学院	2022年12月	离职
140	侯波	男	物理科学与技术学院	2022年12月	离职
141	沙希德	男	材料与化学化工学部	2022年12月	离职
142	许杰	男	纳米科学技术学院	2022年12月	离职
143	方华攀	男	纳米科学技术学院	2022年12月	离职
144	郑丹阳	男	电子信息学院	2022年12月	离职
145	刘昭	男	骨科研究所	2022年12月	离职
146	金爱平	男	苏州医学院放射医学与防护学院	2022年12月	离职
147	陶莎莎	女	苏州医学院公共卫生学院	2022年12月	离职
148	徐明明	男	苏州医学院药学院	2022年12月	离职
149	叶婧	女	分析测试中心	2022年12月	离职

表81　2022年度教职工去世人员名单

序号	姓名	性别	出生年月	工作单位	原职称	原职务	去世时间	备注
1	赵爱菊	女	1928年2月	组织部（党校）	—	副处级	2022年1月	离休
2	朱俊芳	女	1941年12月	纺织与服装工程学院	副高	—	2022年1月	退休
3	徐鸿贞	女	1923年6月	苏州医学院基础医学与生物科学学院	正高	—	2022年1月	退休
4	张秀珍	女	1933年6月	后勤管理处（校医院）	科员	—	2022年1月	退休
5	黄正藩	男	1928年4月	社会学院	副高	—	2022年1月	退休
6	王金妹	女	1956年9月	后勤管理处（原教服集团）	高级工	—	2022年2月	退休
7	王焕妞	女	1928年7月	苏州医学院基础医学与生物科学学院	正高	—	2022年2月	退休
8	赵永康	男	1928年9月	后勤管理处（原教服集团）	高级工	—	2022年2月	退休
9	黄惠芳	女	1936年10月	外国语学院	中级	—	2022年2月	退休
10	陈树德	男	1933年5月	王健法学院	副高	—	2022年2月	退休
11	王松荪	男	1933年9月	科学技术研究部	高级工	—	2022年2月	退休
12	杨炳全	男	1934年1月	后勤管理处	—	正处级	2022年2月	退休
13	周振泰	男	1927年7月	人文社会科学处	—	副处级	2022年3月	离休
14	牟琨	男	1929年7月	实验室与设备管理处	—	正科级	2022年3月	离休
15	周根源	男	1936年5月	后勤管理处（原教服集团）	高级工	—	2022年3月	退休
16	汤明国	男	1955年7月	工程训练中心	高级工	—	2022年3月	退休
17	郭庆桂	女	1947年8月	财务处	—	副处级	2022年3月	退休
18	朱琦	男	1951年12月	体育学院	中级	—	2022年3月	退休
19	徐公威	男	1935年11月	应用技术学院（挂靠群直党工委）	副高	—	2022年3月	退休

续表

序号	姓名	性别	出生年月	工作单位	原职称	原职务	去世时间	备注
20	章祖敏	女	1929年6月	图书馆	—	正科级	2022年3月	离休
21	赵群	女	1940年6月	苏州医学院第一临床医学院	正高	—	2022年3月	退休
22	蔡伯达	男	1933年4月	阳澄湖校区	—	副科级	2022年3月	退休
23	姜淑君	女	1929年4月	财务处	—	正科级	2022年3月	退休
24	潘兆麟	男	1927年9月	商学院	中级	—	2022年3月	退休
25	徐传祺	男	1933年1月	组织部（党校）	副高	—	2022年3月	退休
26	周建国	男	1974年8月	出版社	专技七级	—	2022年3月	在职
27	吴兴宝	男	1954年6月	后勤管理处	高级工	—	2022年4月	退休
28	朱庚伯	男	1934年12月	苏州医学院基础医学与生物科学学院	副高	—	2022年4月	退休
29	王思康	男	1936年3月	苏州医学院放射医学与防护学院	中级	—	2022年4月	退休
30	吴彩云	女	1932年9月	苏州医学院第一临床医学院	正高	—	2022年4月	退休
31	柴彦衡	男	1925年10月	外国语学院	副高	—	2022年4月	退休
32	钱锋	男	1932年10月	马克思主义学院	—	正处级	2022年4月	退休
33	夏莲娣	女	1926年4月	后勤管理处（原教服集团）	中级工	—	2022年4月	退休
34	黎年宝	男	1935年10月	纺织与服装工程学院	—	副科级	2022年4月	退休
35	薛惠琴	女	1942年1月	后勤管理处（原教服集团）	中级	—	2022年4月	退休
36	翁春林	男	1930年3月	后勤管理处	—	副厅级	2022年5月	离休

续表

序号	姓名	性别	出生年月	工作单位	原职称	原职务	去世时间	备注
37	何广仁	男	1940年9月	苏州医学院第二临床医学院	正高	—	2022年5月	退休
38	陆慰利	男	1931年5月	图书馆	中级	—	2022年5月	退休
39	冷庆荣	男	1931年9月	后勤管理处（科教厂）	高级工	—	2022年5月	退休
40	张强	男	1988年11月	苏州大学附属独墅湖医院	专技四级	—	2022年5月	在职
41	黄凤云	女	1928年4月	体育学院	—	副处级	2022年6月	离休
42	卫瑞霞	女	1936年8月	数学科学学院	副高	—	2022年6月	退休
43	李佑文	男	1940年8月	体育学院	正高	—	2022年6月	退休
44	叶秋星	女	1928年8月	苏州医学院第一临床医学院	副高	—	2022年6月	退休
45	汪夕兰	女	1936年10月	后勤管理处（校医院）	中级	—	2022年6月	退休
46	沈锡琳	女	1930年6月	后勤管理处	中级	—	2022年6月	退休
47	马知行	男	1960年5月	计算机科学与技术学院	中级	—	2022年7月	退休
48	俞毓琴	女	1934年6月	后勤管理处	副高	—	2022年7月	退休
49	郭香春	女	1934年4月	实验动物中心	初级工	—	2022年7月	退休
50	汪涛	男	1936年6月	苏州医学院放射医学与防护学院	正高	—	2022年7月	退休
51	韩纪成	男	1934年6月	阳澄湖校区	—	副科级	2022年7月	退休
52	陈锡范	男	1927年3月	校长办公室	—	副处级	2022年7月	退休
53	曹学明	女	1931年12月	外国语学院	中级	—	2022年8月	离休
54	王永光	男	1930年3月	保卫部（处）	—	正处级	2022年8月	离休
55	吴茂庆	男	1937年9月	数学科学学院	副高	—	2022年8月	退休
56	吴建玉	男	1937年2月	计算机科学与技术学院	副高	—	2022年8月	退休

续表

序号	姓名	性别	出生年月	工作单位	原职称	原职务	去世时间	备注
57	潘小农	男	1961 年 4 月	后勤管理处	高级工	—	2022 年 8 月	退休
58	金兴梅	男	1937 年 5 月	物理科学与技术学院	副高	—	2022 年 8 月	退休
59	翁水男	男	1931 年 2 月	东吴饭店	初级工	—	2022 年 9 月	退休
60	倪祥庭	男	1938 年 10 月	教育学院	正高	—	2022 年 9 月	退休
61	吴 龙	男	1941 年 1 月	苏州医学院第一临床医学院	中级	—	2022 年 9 月	退休
62	束景尘	男	1932 年 11 月	政治与公共管理学院	副高	—	2022 年 9 月	退休
63	程留怡	女	1932 年 9 月	外国语学院	副高	—	2022 年 9 月	退休
64	张国梁	男	1930 年 6 月	材料与化学化工学部	中级	—	2022 年 9 月	退休
65	张贵晨	男	1933 年 10 月	后勤管理处	中级	—	2022 年 9 月	退休
66	潘德根	男	1947 年 9 月	苏州医学院基础医学与生物科学学院	副高	—	2022 年 9 月	退休
67	王建国	男	1963 年 9 月	后勤转回人员	技术工二级	—	2022 年 9 月	在职
68	何孔鲁	男	1930 年 1 月	文学院	副高	—	2022 年 10 月	离休
69	彭文彬	男	1941 年 11 月	纺织与服装工程学院	—	副处级	2022 年 10 月	退休
70	姜富强	男	1952 年 7 月	机电工程学院	技师	—	2022 年 10 月	退休
71	林根水	男	1943 年 6 月	后勤管理处（原教服集团）	高级工	—	2022 年 10 月	退休
72	查金妹	女	1939 年 8 月	后勤管理处（原教服集团）	初级工	—	2022 年 10 月	退休
73	王祖立	男	1942 年 11 月	后勤管理处（恒信公司）	高级工	—	2022 年 10 月	退休
74	刘东胜	男	1935 年 11 月	后勤管理处（校医院）	副高	—	2022 年 10 月	退休

续表

序号	姓名	性别	出生年月	工作单位	原职称	原职务	去世时间	备注
75	孙国器	男	1938年10月	苏州医学院放射医学与防护学院	副高	—	2022年10月	退休
76	毛盘生	男	1932年10月	阳澄湖校区	高级工	—	2022年10月	退休
77	徐惠康	男	1937年2月	阳澄湖校区	副高	—	2022年10月	退休
78	华毓芬	女	1929年10月	后勤管理处（校医院）	中级	—	2022年10月	退休
79	张志良	男	1934年7月	文学院	副高	—	2022年10月	退休
80	葛佩华	女	1928年10月	后勤管理处（原教服集团）	中级工	—	2022年10月	退休
81	吴宝兴	男	1937年6月	纺织与服装工程学院	—	正科级	2022年10月	退休
82	康祖惠	女	1946年6月	应用技术学院（挂靠群直党工委）	中级	—	2022年10月	退休
83	王江峰	男	1970年11月	苏州医学院基础医学与生物科学学院	专技四级	—	2022年10月	在职
84	郁乃尧	男	1933年3月	应用技术学院（挂靠群直党工委）	中级	—	2022年11月	退休
85	刘珍如	女	1934年12月	后勤管理处（校医院）	副高	—	2022年11月	退休
86	王兆钺	男	1943年2月	苏州医学院第一临床医学院	正高	—	2022年11月	退休
87	曹秀洪	女	1932年7月	外国语学院	副高	—	2022年11月	退休
88	魏文英	女	1934年12月	体育学院	副高	—	2022年11月	退休
89	陈才年	女	1928年8月	图书馆	中级	—	2022年11月	退休
90	陆晓峰	男	1967年1月	计算机科学与技术学院	专技六级	—	2022年11月	在职

续表

序号	姓名	性别	出生年月	工作单位	原职称	原职务	去世时间	备注
91	陈克潜	男	1926年4月	材料与化学化工学部	正高	—	2022年12月	离休
92	陈巾范	女	1931年4月	苏州医学院公共卫生学院	—	正处级	2022年12月	离休
93	许绍基	男	1933年2月	保卫部（处）	—	正处级	2022年12月	离休
94	何践	男	1927年10月	机电工程学院	—	正处级	2022年12月	离休
95	姜亚光	女	1935年5月	光电科学与工程学院	正高	—	2022年12月	退休
96	万一星	男	1953年10月	后勤管理处（产业代管）	高级工	—	2022年12月	退休
97	白永兴	男	1936年1月	体育学院	副高	—	2022年12月	退休
98	王财堂	男	1957年9月	后勤管理处（教服集团）	高级工	—	2022年12月	退休
99	马菊根	男	1931年11月	后勤管理处	—	正科级	2022年12月	退休
100	胡光敏	男	1934年9月	苏州医学院第一临床医学院	副高	—	2022年12月	退休
101	陈致璠	男	1939年6月	后勤管理处	中级	—	2022年12月	退休
102	汤刘庆	男	1954年1月	苏州医学院第一临床医学院	技师	—	2022年12月	退休
103	季映辉	男	1942年1月	苏州医学院第二临床医学院	副高	—	2022年12月	退休
104	汪为郁	女	1925年12月	教务处	—	正科级	2022年12月	退休
105	顾金萱	男	1935年1月	王健法学院	中级	—	2022年12月	退休
106	范瑞溪	男	1930年12月	材料与化学化工学部	正高	—	2022年12月	退休
107	徐凤英	女	1938年8月	后勤管理处（校医院）	中级	—	2022年12月	退休

续表

序号	姓名	性别	出生年月	工作单位	原职称	原职务	去世时间	备注
108	朱洪欣	男	1935年10月	纺织与服装工程学院	—	正处级	2022年12月	退休
109	王剑敏	女	1972年2月	组织部、党校	五级职员	—	2022年12月	在职
110	尹春宝	男	1962年1月	后勤管理处	技术工四级	—	2022年12月	在职

2022年离休干部名单

陈克潜	李绍元	邱 光	牟 琨	郑玠玉	姜宗尧	王永光
赵经涌	程 扬	袁 涛	迟秀梅	张 枫	周振泰	朱文君
黄凤云	陆振岳	曹积盛	蒋 璆	李世达	李秀贞	何孔鲁
蒋 麟	李振山	倪 健	吴奈夫	仲济生	章祖敏	曹学明
张佩华	杨宗晋	任 志	钟 枚	余广通	杨康为	李 贤
王亚平	沈 毅	何 践	陈文璋	赵 琪	赵梅珍	赵爱科
袁海观	鲍洪贤	鞠竞华	封 兰	姜新民	张德初	张淑庆
于培国	刘涉洛	李维华	徐桂森	沈淑能	陶不敏	唐月清
陈德新	朱 燕	黄德珍	周 鸣	樊志成	闻宇平	熊重廉
龚 辉	裘 申	丁志英	冷墨林	姚群铨	刘汉祥	吕玉功
戴立干	刘爱清	祝仰进	马云芬	纪一农	黄文锦	赵爱菊
孙 玲	李惠章	宗 洛	翁春林	刘兴亚	刘延祖	陈守谦
吕去癖	魏振文	黄宗湘	陆明强	许绍基	徐 利	李 馨
耿 杰	嵇佩玉	陈巾范	严荣芬	雷在春		

2022 年退休人员名单

刘祥安	赵杏根	马亚中	杨宗兴	王安琨	梁君林	胡　燕
侯焕春	许　苏	孙锡平	郭秋琴	姜建成	张才君	龚菊明
张　薇	陈东健	罗正英	徐春秀	常忠武	胡育新	陆小明
祝蔚红	蔡　进	王　燕	和　汇	张　卓	姜竹松	黄燕敏
浦　英	胡　乔	胡　原	蔡　赓	王　平	黎先华	钱定边
严亚强	成凤旸	薛莹雯	余红兵	袁海泉	顾济华	朱桂荣
胡祖元	魏　琪	王文丰	吴　莹	李宝宗	周年琛	史达清
张书奎	王　林	张　倩	吴兴华	赵鹤鸣	刁爱清	俞一彪
吴红卫	李森华	李　艺	陈再良	兰向军	冯志华	汪　萍
叶　萍	眭晓花	唐维俊	朱灿焰	陈　甦	吴　戈	李晓村
蒋志良	左保齐	马建兴	薛小珍	沈新娥	邓　敏	夏春林
邱玉华	盛伟华	朱明德	苏国兴	虞晓华	许丁军	黄鹤忠
高晓明	胡晓磐	钟宏良	杨　红	何　炎	陈　颖	郑小坚
刘　犁	姜建平	施从先	王栋樑	谢庆林	朱　麟	梁建英
赵玲美	汪　寅	卢祖元	谈建中	张国英	郝吉环	钱正福
张凤娟	朱国生	李　平	滕冬梅	戴中寅	阮中中	周　红
张晓南	王依超	江作军	夏东民	任　平	王玉玫	邵春妹
施美华	郁秋亚	陈荣保	罗建文	钟慎斌	王　静	钱巧生
祁寿福	宋熙荣	张　郑	蒋伟辅	朱　未	高　平	杨永林
高三男	程友英	周建明	伏　姚	袁建伟	张　寅	沈自力
夏　涓	韩明东	季　礼	石康震	王世娴	庄　健	王福良
陶宇清	张正霞	汪持真	李朝霞	周　敏	洪少华	张荣华
黄维娟	夏兆可					

办学条件

苏州大学办学经费投入与使用情况（表82、表83、表84）

表82　2022年苏州大学总收入情况一览表　　　　　　　　　单位：万元

序号	资金来源	部门决算	部门预算	增减数
1	财政拨款收入	208 201.80	169 988.22	38 213.58
2	上级补助收入	—	—	—
3	事业收入	159 234.99	118 552.87	40 682.12
4	经营收入	—	—	—
5	附属单位上缴收入	—	—	—
6	其他收入	74 001.41	92 475.09	-18 473.68
	合计	441 438.20	381 016.18	60 422.02

表83　2022年苏州大学总支出情况一览表　　　　　　　　　单位：万元

序号	项目	部门决算	部门预算	增减数
1	工资福利支出	194 742.75	194 712.78	29.97
2	商品和服务支出	129 228.71	121 683.35	7 545.36
3	对个人和家庭补助支出	42 575.30	34 807.05	7 768.25
4	基本建设支出	—	—	—
5	其他资本性支出	49 769.18	25 813.00	23 956.18
6	债务利息支出	3 664.79	4 000.00	-335.21
7	经营支出	—	—	—
	合计	419 980.73	381 016.18	38 964.55

表84　苏州大学2022年与2021年总支出情况对比表　　　　　　　单位：万元

序号	项目	2022年	2021年	增减对比	增减率
1	工资福利支出	194 742.75	189 716.94	5 025.81	2.65%
2	商品和服务支出	129 228.71	157 169.12	−27 940.41	−17.78%
3	对个人和家庭补助支出	42 575.30	36 121.06	6 454.24	17.87%
4	基本建设支出	—	—		
5	其他资本性支出	49 769.18	66 518.54	−16 749.36	−25.18%
6	债务利息支出	3 664.79	6 806.39	−3 141.60	−46.16%
7	经营支出				
	合计	419 980.73	456 332.05	−36 351.32	−7.97%

2022年苏州大学总资产情况（表85）

表85　2022年苏州大学总资产情况一览表　　　　　　　　　　　单位：万元

序号	项目	年初数（原值）	年初数（净值）	年末数（原值）	年末数（净值）
1	流动资产	269 915.67	269 915.67	289 163.34	289 163.34
2	固定资产	694 701.54	354 972.61	712 218.49	347 197.21
	（1）房屋及构筑物	353 632.44	238 604.26	353 131.07	231 539.04
	（2）专用设备	49 448.77	11 937.05	51 081.20	10 893.91
	（3）通用设备	237 540.45	63 525.19	251 015.50	61 563.99
	（4）文物和陈列品	1 277.49	1 277.49	1 266.24	1 266.24
	（5）图书、档案	33 966.34	33 966.34	36 528.30	36 528.30
	（6）家具、用具、装具及动植物	18 836.05	5 662.28	19 196.18	5 405.73
3	无形资产	31 547.16	31 545.37	32 345.10	32 322.76
4	长期投资	30 196.55	30 196.55	33 827.43	33 827.43
5	在建工程	45 920.77	45 920.77	57 054.76	57 054.76
6	工程物资	105.35	105.35	105.35	105.35
7	待处置财产损溢	25.98	25.98	—	—
8	受托代理资产	10 434.50	10 434.50	14 460.31	14 460.31
	合计	1 082 847.52	743 116.80	1 139 174.78	774 131.16

苏州大学土地面积和已有校舍建筑面积

苏州大学各校区土地面积（表86）

表86　苏州大学各校区土地面积一览表　　　　　单位：平方米

校区	土地面积
独墅湖校区	987 706.44
本部	344 451.65（另有22 880.40平方米土地非学校产权）
北校区	185 383.40
南校区	4 158.00
东校区	271 821.90
阳澄湖校区	597 291.00
未来校区	142 829.74（非学校产权）
合计	2 556 522.53

苏州大学已有校舍建筑面积（表87）

表87　苏州大学已有校舍建筑面积一览表　　　　　单位：平方米

序号	校舍	建筑面积
1	教室	237 239.79
2	实验实习用房	454 035.84
3	专职科研机构办公及研究用房	34 946.79
4	图书馆	80 831.28
5	室内体育用房	26 865.09
6	师生活动用房	2 811.32
7	会堂	14 209.36
8	继续教育用房	5 908.51
9	校行政办公用房	32 313.10
10	院系及教师办公用房	69 766.35
11	学生宿舍（公寓）	558 970.25
12	食堂	68 571.83
13	单身教师宿舍（公寓）	29 637.50
14	后勤及辅助用房	50 884.06
15	教工住宅	30 725.57
16	其他用房	87 677.35
	合计	1 785 393.99

苏州大学实验教学示范中心情况(表88)

表88 苏州大学实验教学示范中心情况一览表

单位	实验教学示范中心 总数	国家级	部级	省级	实验教学示范中心	国家级	部级	省级
文学院 传媒学院	1	0	0	1	传媒与文学实验教学中心	—	—	传媒与文学实验教学中心
教育学院	1	0	0	1	心理与教师教育实验教学中心	—	—	心理与教师教育实验教学中心
艺术学院	1	0	0	1	艺术设计实验教学中心	—	—	艺术设计实验教学中心
物理科学与技术学院	2	1	0	1	物理实验教学中心 物理基础课实验教学中心	物理实验教学中心	—	物理基础课实验教学中心
能源学部	1	0	0	1	新能源材料与器件实验教学中心	—	—	新能源材料与器件实验教学中心
材料与化学化工学部	1	0	0	1	化学基础课实验教学中心	—	—	化学基础课实验教学中心
纳米科学技术学院	1	0	0	1	纳米材料与技术实验教学中心	—	—	纳米材料与技术实验教学中心
纺织与服装工程学院	3	2	0	1	纺织与服装设计实验教学中心 纺织与服装虚拟仿真实验教学中心 纺织服装实验教学中心	纺织与服装设计实验教学中心 纺织与服装虚拟仿真实验教学中心		纺织服装实验教学中心
计算机科学与技术学院	2	1	0	1	计算机与信息技术实验教学中心 计算机基础课实验教学中心	计算机与信息技术实验教学中心	—	计算机基础课实验教学中心

续表

单位	实验教学示范中心			实验教学示范中心	国家级	部级	省级
	总数	国家级	部级	省级			
电子信息学院	1	0	0	1	电工电子实验教学中心	—	—	电工电子实验教学中心
机电工程学院	1	0	0	1	机械基础实验教学中心	—	—	机械基础实验教学中心
沙钢钢铁学院	1	0	0	1	冶金工程实践教育中心	—	—	冶金工程实践教育中心
苏州医学院基础医学与生物科学学院	3	0	0	3	基础医学实验教学中心 临床技能实验教学中心 生物基础课实验教学中心	—	—	基础医学实验教学中心 临床技能实验教学中心 生物基础课实验教学中心
苏州医学院药学院	1	0	0	1	药学学科综合训练中心	—	—	药学学科综合训练中心
苏州医学院护理学院	1	0	0	1	护理学科综合训练中心	—	—	护理学科综合训练中心
金螳螂建筑学院	1	0	0	1	建筑与城市环境设计实践教育中心	—	—	建筑与城市环境设计实践教育中心
城市轨道交通学院	1	0	0	1	轨道交通实践教育中心	—	—	轨道交通实践教育中心
工程训练中心	1	0	0	1	工程训练中心	—	—	工程训练中心
合计	24	4	0	20	—			

苏州大学图书馆馆藏情况（表89）

表89 2022年苏州大学图书馆馆藏情况一览表

类别	单位	2021年积累	本年实增	2022年积累	备注
中文图书（印刷本）	册	3 713 192	65 160	3 778 352	—
古籍	册	145 357	0	145 357	—
善本	册	7 217	0	7 217	—
中文图书（电子本）	册	2 148 057	119 406	2 267 463	数据库自然增长
外文图书（印刷本）	册	240 904	2 483	243 387	—
外文图书（电子本）	册	156 040	10 646	166 686	数据库自然增长
中文纸质报刊（份是指几个复本）	种	1 725	0	1 670	当年数据
	份	1 962	0	1 928	当年数据
外文纸质报刊（份是指几个复本）	种	178	0	161	当年数据
	份	178	0	161	当年数据
中文报纸（电子本）（份是指几个复本）	种	943	0	1 155	—
	份	943	0	1 155	—
中文期刊（电子本）（一个年份的算一册）	种	62 408	5 560	67 968	
	册	924 670	129 505	1 054 175	
外文期刊（电子本）（一个年份的算一册）	种	31 254	159	31 413	
	册	607 069	135 384	742 453	
学位论文	册	13 121 550	2 299 564	15 421 114	
音视频	小时	123 114	0	114 634	数据库自然增减
中文期刊合订本	册	279 408	8 524	287 932	—
外文期刊合订本	册	98 480	543	99 023	—

续表

类别	单位	2021年积累	本年实增	2022年积累	备注
音像资料	种	20 296	0	20 296	—
缩微资料	册	573	0	573	—
网络数据库	个	160	8	168	以2023年江苏省事实数据库填报导出的数据为准
赠书	册	26 546	396	26 942	—
本馆纸质图书累计	册	4 133 216	68 039	4 201 255	—

注：
1. 减少的数字指本年度图书剔旧及援藏的数字，电子图书和期刊包括数据库内容的自然增减。
2. 2022年积累中文图书包含阳澄湖校区并馆的31.5万册图书。
3. 2022年纸质图书总量为4 201 255册，中外文期刊合订本为386 955册，总量为4 588 210册。
4. 期刊合订本数量包括未入库期刊和汇文系统期刊累计（以期刊合订本说明为准），目前在汇文系统统计新增数据并累加。

海外交流与合作

2022年公派出国（境）人员情况（表90—表94）

表90 2022年教职工长期出国（境）情况一览表

序号	单位	姓名	任务	类别	前往学校或机构	派出日期	返回日期
1	功能纳米与软物质研究院	张梦玲	合作研究	自费公派	澳门科技大学	2022-01-10	2024-01-10
2	功能纳米与软物质研究院	王玉生	合作研究	自费公派	澳门科技大学	2022-01-10	2024-01-10
3	机电工程学院	李加强	合作研究	国家公派——香江学者计划	香港理工大学	2022-01-15	2024-01-14
4	苏州医学院基础医学与生物科学学院	李文杰	访问学者	自费公派	加拿大卡尔加里大学	2022-01-19	2023-02-01
5	教育学院	刘江岳	访问学者	江苏省青年骨干	德国柏林洪堡大学	2022-02-28	2023-02-27
6	能源学院	王浩聪	合作研究	自费公派	日本京都大学	2022-04-13	2024-04-12
7	功能纳米与软物质研究院	史国钲	合作研究	自费公派	日本电气通信大学	2022-05-04	2023-04-30
8	功能纳米与软物质研究院	罗树林	合作研究	自费公派	香港城市大学	2022-06-01	2023-05-31

续表

序号	单位	姓名	任务	类别	前往学校或机构	派出日期	返回日期
9	苏州医学院放射医学与防护学院	刘志勇	访问学者	国家公派	日本放射线医学综合研究所	2022-06-16	2022-11-11
10	文学院	秦烨	访问学者	自费公派	美国埃默里大学	2022-07-10	2023-07-09
11	材料与化学化工学部	李佳佳	合作研究	自费公派	美国北卡罗来纳大学教堂山分校	2022-07-18	2023-07-18
12	机电工程学院	俞泽新	合作研究	自费公派	德国斯图加特大学	2022-08-08	2024-08-07
13	商学院	沈建成	访问学者	自费公派	瑞士苏黎世大学	2022-09-01	2023-08-31
14	金螳螂建筑学院	徐俊丽	访问学者	国家公派	荷兰埃因霍芬理工大学	2022-09-04	2023-09-04
15	金螳螂建筑学院	吴捷	访问学者	江苏省青年骨干	葡萄牙埃武拉大学	2022-09-28	2023-09-27
16	功能纳米与软物质研究院	陈冬阳	合作研究	自费公派	英国圣安德鲁斯大学	2022-09-28	2023-09-27
17	苏州医学院基础医学与生物科学学院	高原	访问学者	中国博士后交流项目	加拿大多伦多大学	2022-10-16	2024-10-15
18	苏州医学院药学院	周亮	访问学者	国家公派	英国牛津大学	2022-10-29	2023-10-28
19	政治与公共管理学院	柴李梦	合作研究	自费公派	香港理工大学	2022-11-01	2023-10-31
20	纺织与服装工程学院	洪岩	访问学者	自费公派	香港理工大学	2022-11-02	2023-11-01
21	数学科学学院	王之程	访问学者	校公派	新加坡国立大学	2022-11-30	2023-11-29

续表

序号	单位	姓名	任务	类别	前往学校或机构	派出日期	返回日期
22	材料与化学化工学部	杜玉扣	高级访问学者	国家公派	山口东京理科大学	2022-12-10	2023-06-09
23	苏州医学院基础医学与生物科学学院	郑栋	访问学者	国家公派	英国帝国理工学院	2022-12-10	2023-12-09
24	苏州医学院基础医学与生物科学学院	沈彤	访问学者	国家公派	荷兰莱顿大学医学中心	2022-12-18	2023-12-17
25	功能纳米与软物质研究院	范正龙	合作研究	国家公派——香江学者计划	香港科技大学	2022-12-31	2024-12-30

表91　2022年教职工因公赴港澳台地区情况一览表

序号	姓名	院（部）、部门	类别	前往学校或机构	外出期限
1	熊思东	校长办公室	校际交流	澳门大学、澳门科技大学、澳门城市大学	2022-02-12—2022-02-14
2	洪晔	校长办公室	校际交流	澳门大学、澳门科技大学、澳门城市大学	2022-02-12—2022-02-14
3	方亮	教务处	校际交流	澳门大学、澳门科技大学、澳门城市大学	2022-02-12—2022-02-14
4	姚亦洁	光电科学与工程学院	校际交流	澳门大学	2022-01-16—2022-01-23
5	王晴	光电科学与工程学院	校际交流	澳门大学	2022-01-16—2022-01-23
6	吴永发	金螳螂建筑学院	科研合作	澳门城市大学	2022-12-13—2022-12-16
7	吴尧	金螳螂建筑学院	科研合作	澳门城市大学	2022-12-13—2022-12-16

续表

序号	姓名	院（部）、部门	类别	前往学校或机构	外出期限
8	冯朋	金螳螂建筑学院	科研合作	澳门城市大学	2022-12-13—2022-12-16
9	李东会	金螳螂建筑学院	科研合作	澳门城市大学	2022-12-13—2022-12-16
10	王照奎	功能纳米与软物质研究院	学术会议	澳门科技大学	2022-12-05—2022-12-09
11	谢凤鸣	功能纳米与软物质研究院	学术会议	澳门科技大学	2022-12-05—2022-12-09
12	陈敬德	功能纳米与软物质研究院	学术会议	澳门科技大学	2022-12-05—2022-12-09
13	曾馨逸	功能纳米与软物质研究院	学术会议	澳门科技大学	2022-12-05—2022-12-09

表92　2022年学生长期出国交流情况一览表

序号	姓名	学生人数/人	类别	去往国家（地区）及院校	外出期限
1	林浩伦　金洛稼　袁雯钰　高沐楠	4	"2+2"联合培养	英国曼彻斯特大学	2022-09—2024-06
2	张开　陈诺　周舟　宋润琳　王子轩　许子豪　王海韵　金可馨　孙睿歆　王艺霏　涂洛瑜　陈彦州　刘亦城　叶添笑　顾子锐　郑润琦　蒋钟澜　陈欣怡	18	"3+2"联合培养	新加坡国立大学	2022-07—2023-05
3	王凯文　尤思迦　侯思源	3	"3+2"联合培养	加拿大维多利亚大学	2022-08—2023-05

续表

序号	姓名	学生人数/人	类别	去往国家（地区）及院校	外出期限
4	葛耀	1	"3+2"联合培养	法国SKEMA商学院	2022-08—2024-06
5	孙书瑶	1	"3+1+1"联合培养	美国威斯康星大学麦迪逊分校	2022-08—2023-05

表93　2022年学生长期赴港澳台交流情况一览表

序号	姓名	学生人数/人	类别	去往地区、院校	出国（境）年限
1	闵昕睿　于晓卉　陈涛	3	学生交换	澳门城市大学、澳门科技大学	2021-08-30—2022-02-01
2	史爽爽　吴雨川	2	学生交换	澳门城市大学	2022-08-30—2023-02-01

表94　2022年学生公派短期赴港澳台交流情况一览表

序号	项目名称	交流院校	地区	人数	交流期限
1	光电科学与工程学院寒假研修团	澳门大学	澳门	14	2022-01-16—2022-01-23

2022年在聘中国语言文教专家和外籍及港澳台籍教师情况（表95）

表95　2022年在聘中国语言文教专家和外籍及港澳台籍教师情况一览表

序号	姓名	性别	国籍	来校年月	所在单位或参加项目名称
1	秦正红	男	美国	2003年5月	苏州医学院
2	潘勤敏	女	加拿大	2009年1月	材料与化学化工学部
3	陈羿君	女	中国（台湾）	2009年2月	教育学院
4	周泉生	男	美国	2009年2月	苏州医学院

续表

序号	姓名	性别	国籍	来校年月	所在单位或参加项目名称
5	王雪峰	男	加拿大	2009年7月	物理科学与技术学院
6	朱力	男	加拿大	2009年7月	苏州医学院
7	王晗	男	美国	2009年9月	苏州医学院
8	高立军	男	美国	2010年3月	能源学院
9	罗宗平	男	美国	2010年3月	苏州医学院
10	侯波	男	中国（香港）	2010年12月	物理科学与技术学院
11	宋耀华	男	美国	2011年9月	苏州医学院
12	STEFFEN DUHM	男	德国	2012年6月	功能纳米与软物质研究院
13	翟俊	男	美国	2012年6月	金螳螂建筑学院
14	李述汤	男	中国（香港）	2012年10月	功能纳米与软物质研究院
15	杭志宏	男	中国（香港）	2012年11月	物理科学与技术学院
16	张冬利	男	中国（香港）	2012年11月	电子信息学院
17	陈晓东	男	新西兰	2013年1月	材料与化学化工学部
18	洪澜	女	澳大利亚	2013年2月	沙钢钢铁学院
19	CLARA NOVAKOVA	女	意大利	2013年8月	音乐学院
20	ANGELA CHOLAKIAN	女	美国	2013年8月	音乐学院
21	吴翊丞	男	中国（台湾）	2013年8月	音乐学院
22	宋歆予	女	美国	2013年9月	音乐学院
23	徐博翰	女	中国（台湾）	2013年9月	机电工程学院
24	李杨欣	女	美国	2013年12月	苏州医学院
25	孙巧	女	澳大利亚	2013年12月	苏州医学院
26	冯敏强	男	中国（香港）	2014年1月	功能纳米与软物质研究院
27	夏利军	男	美国	2014年4月	苏州医学院
28	龙乔明	男	美国	2014年4月	苏州医学院

续表

序号	姓名	性别	国籍	来校年月	所在单位或参加项目名称
29	时玉舫	男	美国	2014年7月	苏州医学院
30	张莉英	女	美国	2014年7月	苏州医学院
31	JUAN MANUEL GARCIA-CANO	男	西班牙	2014年9月	音乐学院
32	魏正启	男	法国	2015年3月	音乐学院
33	LEE SHIN KANG	男	新加坡	2015年9月	音乐学院
34	JOEL MOSER	男	法国	2015年9月	光电科学与工程学院
35	MARK HERMANN RUMMELI	男	英国	2015年9月	能源学院
36	刘 涛	男	美国	2016年1月	材料与化学化工学部
37	ALEXANDER DAVID BRANDT	男	美国	2016年2月	纳米科学技术学院
38	VLADIMIR KREMNICAN	男	斯洛伐克	2016年5月	功能纳米与软物质研究院
39	WONMIN KIM	女	美国	2016年9月	音乐学院
40	VALENTIN LANZREIN	男	美国	2016年9月	音乐学院
41	长海博文	男	日本	2017年6月	沙钢钢铁学院
42	邵常顺	男	美国	2017年6月	苏州医学院
43	SAARTJE HERNALSTEENS	女	巴西	2017年9月	材料与化学化工学部
44	JIN-HO CHOI	男	韩国	2017年10月	能源学院
45	李若欣	男	美国	2018年4月	纺织与服装工程学院、现代丝绸国家工程实验室
46	赵青春	男	加拿大	2018年6月	光电科学与工程学院
47	凌晓峰	男	加拿大	2018年7月	计算机科学与技术学院

续表

序号	姓名	性别	国籍	来校年月	所在单位或参加项目名称
48	ABHISEK CHAKRABOR	男	印度	2018年7月	功能纳米与软物质研究院
49	TIMOTHY VERNON KIRK	男	新西兰	2018年9月	材料与化学化工学部
50	ANTHONY RICHARD LITTLE	男	英国	2018年9月	纳米科学技术学院
51	SHAHID IQBAL	男	巴基斯坦	2019年1月	材料与化学化工学部
52	SARAH ELIZABETH DORSEY	女	美国	2019年3月	纳米科学技术学院
53	PERCEVAL GARON	男	澳大利亚	2019年4月	教育学院
54	何宝申	男	中国（台湾）	2019年4月	政治与公共管理学院
55	MATTHEW SHERIDAN	男	美国	2019年6月	苏州医学院
56	PIRZADO AZHAR ALI AYAZ	男	巴基斯坦	2019年9月	功能纳米与软物质研究院
57	郑毅然	男	新加坡	2019年9月	苏州医学院
58	BISWANATH MUKHERJEE	男	美国	2019年10月	电子信息学院
59	GUILLAUME RICHARD PATRICK MOLKO	男	法国	2019年11月	音乐学院
60	莫仲鹏	男	中国（香港）	2019年12月	数学科学学院
61	沈景华	男	德国	2019年12月	金螳螂建筑学院
62	SEYEDEH RAMOUNA VOSHTANI	女	伊朗	2019年12月	苏州医学院
63	KHEMAYANTO HIDAYAT	男	印度尼西亚	2019年12月	苏州医学院
64	陈雅卉	女	新加坡	2020年1月	物理科学与技术学院

续表

序号	姓名	性别	国籍	来校年月	所在单位或参加项目名称
65	XU WANG	女	美国	2020年7月	纳米科学技术学院
66	ANJA SPILLER	女	德国	2020年9月	外国语学院
67	杨霜	男	美国	2020年10月	苏州医学院
68	林洛安	女	中国（台湾）	2020年10月	音乐学院
69	吴希	女	加拿大	2020年12月	教育学院
70	LEON HILLEBRANDS	男	德国	2021年2月	音乐学院
71	蔡轶	男	美国	2021年6月	电子信息学院
72	TEO WAN GEE	女	新加坡	2021年8月	纳米科学技术学院
73	MD SHIPAN MIA	男	孟加拉国	2021年8月	纺织与服装工程学院、现代丝绸国家工程实验室
74	POLITOVA ANASTASIA	女	俄罗斯	2021年9月	外国语学院
75	MISHRA SHITAL KUMAR	男	印度	2021年12月	苏州医学院
76	POE EI PHYU WIN	女	缅甸	2022年1月	材料与化学化工学部
77	JUAN MANUEL AREVALO CASTRO	男	西班牙	2022年2月	外国语学院
78	IVASENKO OLEKSANDR SERGIIOVYCH	男	比利时	2022年5月	功能纳米与软物质研究院
79	郭小平	男	德国	2022年10月	金螳螂建筑学院
80	MUHAMMAD MATEEN	男	巴基斯坦	2022年11月	电子信息学院
81	JACK PANG HSIAO	男	中国	2022年12月	纳米科学技术学院
82	GUO JUN	女	新加坡	2012年5月	分析测试中心
83	ZHAI JUN	男	美国	2014年5月	金螳螂建筑学院

续表

序号	姓名	性别	国籍	来校年月	所在单位或参加项目名称
84	ALEXANDRE LOUIS ANDRE MARCELLIN	男	法国	2011年9月	外国语学院
85	OHTA ATSUO	男	日本	2019年9月	外国语学院
86	OHTA (MORIOKA) YUKARI	女	日本	2019年9月	外国语学院
87	ADEDAMOLA SIJUADE SHOBERU	男	尼日利亚	2019年12月	材料与化学化工学部
88	SEAN PATRICK BOWMAN	男	法国	2019年2月	纺织与服装工程学院、现代丝绸国家工程实验室
89	ZHANG XIAOHU	男	美国	2015年4月	苏州医学院药学院
90	NATHALIE ANDREE BRAZIER	女	法国	2013年9月	外国语学院
91	MATTHEW CLAYTON WILKS	男	美国	2019年6月	中加项目
92	JOSEPH BRETT WEINMAN	男	美国	2012年9月	中加项目
93	JACUS ANDRE BROUILLETTE	男	美国	2017年9月	中加项目
94	JEFFREY WAYNE HAINES	男	美国	2021年9月	中加项目
95	ORJI IFEYINWA MARIA-JULIET	女	尼日利亚	2021年9月	商学院
96	HARVOT ANA	女	克罗地亚	2019年9月	纳米科学技术学院
97	ABBASI ADEEL AHMED	男	巴基斯坦	2021年8月	转化医学研究院
98	JIHUI JEONG	女	韩国	2021年9月	大真项目

2022年苏州大学与国(境)外大学交流合作情况(表96)

表96 2022年苏州大学与国(境)外大学交流合作情况一览表

序号	国家或地区	学校或机构名称	协议名称	协议签订时间	期限
1	意大利	罗马大学	苏州大学与意大利罗马大学校际合作协议	2022年5月18日	5年
2	意大利	都灵理工大学	苏州大学和都灵理工大学关于建立博士联合培养的协议	2022年5月6日	5年
3	俄罗斯	圣光机大学	中国苏州大学光电科学与工程学院和俄罗斯圣光机大学信息光学技术中心学生交换协议	2022年4月9日	5年
4	美国	中国中外语言交流合作中心、美国俄勒冈州希斯特思市中小学	中国中外语言交流合作中心、苏州大学与希斯特思六学区关于美国俄勒冈州希斯特思市中小学中文教育项目的协议	2022年3月14日	5年
5	英国	南安普顿大学	苏州大学与南安普顿大学合作协议	2022年6月17日	5年
6	加拿大	维多利亚大学	苏州大学与维多利亚大学合作办学协议	2022年6月5日	10年
7	爱尔兰	爱尔兰皇家外科医学院	苏州大学与爱尔兰皇家外科医学院关于设立国际联合学院的合作协议	2022年4月1日	17年
8	日本	千叶大学	日本千叶大学学术交流与合作、学生交换计划协议	2022年7月22日	5年

续表

序号	国家或地区	学校或机构名称	协议名称	协议签订时间	期限
9	意大利	米兰大学	意大利米兰大学与苏州大学联合培养博士协议	2022年7月8日	3年
10	澳大利亚	蒙纳士大学、蒙纳士大学苏州校区	苏州大学和蒙纳士大学以及蒙纳士大学苏州校区联合培养蒙纳士大学博士生与科研合作协议	2022年7月31日	5年
11	巴基斯坦	巴基斯坦国立科技大学	苏州大学与巴基斯坦国立科技大学合作协议	2022年7月2日	5年
12	法国	法国国立高等纺织工程师学院（ENSAIT）	《苏州大学—法国国立高等纺织工程师学院（ENSAIT）研究生及本科生交流协议》补充协议	2022年3月8日	5年
13	哥斯达黎加	联合国和平大学	联合国和平大学与苏州大学学术及研究合作谅解备忘录	2022年11月28日	5年
14	比利时	根特大学	苏州大学与根特大学合作备忘录	2022年10月3日	3年
15	联合国	联合国儿童基金会驻华办事处	联合国儿童基金会驻华办事处与苏州大学关于由大学资助的实习醒目的谅解备忘录	2022年11月17日	无期限
16	美国	代顿大学	《苏州大学和代顿大学关于团体交换生的协议》的补充协议	2022年12月14日	无期限
17	日本	室兰工业大学	日本室兰工业大学学术合作备忘录/学生交换协议	2022年11月30日	5年
18	英国	利物浦约翰摩尔大学	英国利物浦约翰摩尔大学与苏州大学合作备忘录	2022年12月14日	3年

续表

序号	国家或地区	学校或机构名称	协议名称	协议签订时间	期限
19	英国	泰晤士高等教育	苏州大学在泰晤士高等教育网站国际声誉推广合作协议	2022年11月1日	1年
20	英国	泰晤士高等教育	泰晤士高等教育大学学术影响力和国际声誉分析咨询服务	2022年12月29日	1年
21	中国台湾	中原大学	中原大学与苏州大学学生交换学习合作项目协定书	2022年6月28日	3年
22	中国台湾	中原大学	中原大学与苏州大学学术交流与合作意向书	2022年6月28日	3年
23	中国香港	香港浸会大学	香港浸会大学与苏州大学学术交流合作协议	2022年6月15日	3年
24	中国台湾	东吴大学	东吴大学与苏州大学学术交流合作约定书	2022年6月17日	3年
25	中国台湾	东吴大学	东吴大学与苏州大学学生交换合作约定书	2022年6月17日	3年

2022年苏州大学举办各类短期汉语培训班情况（表97）

表97　2022年苏州大学举办各类短期汉语培训班情况一览表

序号	期限	班级名称	人数/人
1	2022-02-17—2022-03-11	日本宫崎公立大学线上短期班	26
2	2022-09-05—2022-12-30	语合中心线上项目—泰国HSK汉语研修班	114
3	2022-02-16—2022-06-02	法国SKEMA项目	50
4	2022-08-31—2022-12-16	法国SKEMA项目	19

2022年各类外国留学生人数情况（表98）

表98　2022年各类外国留学生人数情况一览表　　　　单位：人

总人数	男	女	国家、地区数	高级进修生	普通进修生	本科生	硕士生	博士生	短期生
1 501	642	859	52	0	20	593	228	170	490

2022年港澳台地区各类学生人数情况（表99）

表99　2022年港澳台地区各类学生人数情况一览表　　　　单位：人

总人数	男	女	地区数	交换生	本科生	硕士生	博士生
143	84	59	3	8	73	29	33

2022年港澳台地区各类单位校际来访情况（表100）

表100 2022年苏州大学港澳台地区各类单位校际来访情况一览表

序号	来访日期	来访单位	来访人员名单（含职务、职称）	来访人数/人	来访目的及成果
1	2022-12-15	两岸企业家峰会	台湾方面理事长刘兆玄一行	40	参观访问
2	2022-10-03	澳门大学	霜冰雪创作实验剧团一行	20	学生交流

2022年苏州大学规章制度文件目录（表101）

表101 2022年苏州大学规章制度文件目录一览表

序号	文号	题名	日期
1	苏大委〔2022〕20号	苏州大学党的建设与全面从严治党工作领导小组工作规则（试行）	2022-01-19
2	苏大委〔2022〕43号	苏州大学党委关于"全国党建工作示范高校"创建工作的实施方案	2022-04-14
3	苏大委〔2022〕45号	关于深化苏州医学院体制机制改革的若干意见	2022-04-14
4	苏大委〔2022〕81号	苏州大学关于开展整治形式主义官僚主义为基层减负专项行动的工作方案	2022-05-30
5	苏大委〔2022〕122号	苏州大学职员职级评聘办法	2022-06-30
6	苏大委办〔2022〕8号	苏州大学二级学院（部）关工委优质化建设工作基本要求	2022-06-07
7	苏大委宣〔2022〕1号	苏州大学思想政治工作理论研究项目管理办法	2022-01-11
8	苏大委宣〔2022〕7号	苏州大学开展法治宣传教育的第八个五年规划	2022-06-30
9	苏大〔2022〕7号	苏州大学合同管理实施细则（试行）	2022-03-26
10	苏大〔2022〕8号	苏州大学行政印章管理暂行办法	2022-03-28
11	苏大〔2022〕9号	苏州大学哲学社会科学联合会章程	2022-03-14
12	苏大〔2022〕14号	苏州大学未来精英（Fe）计划实施方案	2022-07-13

续表

序号	文号	题名	日期
13	苏大人〔2022〕4号	苏州大学教师公派出国（境）管理暂行办法（2022年修订）	2022-01-27
14	苏大人〔2022〕13号	苏州大学专业技术职务评聘工作实施办法（2022年修订）	2022-05-27
15	苏大人〔2022〕14号	苏州大学教师专业技术职务资格条件（2022年修订）	2022-05-27
16	苏大人〔2022〕15号	苏州大学高层次人才计划实施办法	2022-06-27
17	苏大人〔2022〕23号	苏州大学第五轮岗位设置与聘用工作实施办法	2022-10-06
18	苏大人〔2022〕29号	苏州大学保留管理企业事业编制人员管理暂行办法	2022-10-27
19	苏大人〔2022〕33号	苏州大学派遣制人员转人事代理制选拔考核办法	2022-11-24
20	苏大教〔2022〕16号	苏州大学双学士学位复合型人才培养项目管理办法（试行）	2022-03-02
21	苏大教〔2022〕17号	苏州大学本科生创新创业学分认定管理条例（2022年修订）	2022-03-09
22	苏大教〔2022〕20号	苏州大学成人高等教育本科毕业生学士学位授予工作实施细则（2022年修订）	2022-03-31
23	苏大教〔2022〕31号	苏州大学关于深入落实教授为本科生授课制度的实施办法	2022-05-24
24	苏大教〔2022〕65号	苏州大学全日制本科生转专业工作实施办法（2022年修订）	2022-09-21
25	苏大教〔2022〕67号	苏州大学普通高等教育本科生学籍管理办法（2022年修订）	2022-09-26
26	苏大教〔2022〕82号	苏州大学普通高等教育全日制本科生学生证、校徽和火车票优惠卡管理办法（2022年修订）	2022-11-02

续表

序号	文号	题名	日期
27	苏大教〔2022〕83号	苏州大学本科教学实习经费管理办法（2022年修订）	2022-11-02
28	苏大教〔2022〕106号	苏州大学普通高等教育本科毕业生学士学位授予工作实施细则（2022年修订）	2022-12-29
29	苏大教〔2022〕107号	苏州大学关于外国留学生本科生教学管理及毕业、学位授予的若干规定（2022年修订）	2022-12-29
30	苏大研〔2022〕9号	苏州大学研究生思想政治理论课教学改革实施方案（2022年修订）	2022-02-28
31	苏大研〔2022〕10号	苏州大学研究生学籍管理办法（2022年修订）	2022-02-28
32	苏大研〔2022〕60号	苏州大学研究生国家奖学金评审办法	2022-09-28
33	苏大研〔2022〕61号	苏州大学关于加强新时代研究生美育工作的实施方案	2022-10-01
34	苏大研〔2022〕127号	苏州大学研究生参加国际学术会议资助办法（2022年修订）	2022-10-29
35	苏大研〔2022〕128号	苏州大学研究生学籍管理办法（2022年10月修订）	2022-10-31
36	苏大研〔2022〕131号	苏州大学博士学位研究生招生"申请—考核"制实施办法（2022年修订）	2022-11-09
37	苏大学科〔2022〕2号	苏州大学学科建设绩效评价实施办法（试行）	2022-11-24
38	苏大学科〔2022〕3号	苏州大学学科经费管理细则（2022年修订）	2022-11-24
39	苏大招就〔2022〕3号	苏州大学加强本科招生宣传工作的实施意见（2022年修订）	2022-06-06
40	苏大招就〔2022〕4号	苏州大学本科招生宣传工作评优办法	2022-06-07

续表

序号	文号	题名	日期
41	苏大招就〔2022〕6号	苏州大学关于建立书记校长访企拓岗促就业长效机制的实施办法	2022-07-19
42	苏大发展〔2023〕1号	苏州大学接受捐赠管理办法（2022年修订）	2022-12-22
43	苏大发展〔2023〕2号	苏州大学捐赠协议管理暂行办法	2022-12-22
44	苏大国资〔2022〕1号	苏州大学国有资产管理绩效评价实施办法	2022-01-07
45	苏大科技〔2022〕26号	苏州大学"包干制"科研经费管理暂行办法（自然科学类）	2022-06-28
46	苏大科技〔2022〕27号	苏州大学国防科研项目和经费管理办法（2022年修订）	2022-07-08
47	苏大科技〔2022〕28号	苏州大学纵向科研项目经费管理办法（自然科学类）（2022年修订）	2022-07-08
48	苏大科技〔2022〕29号	苏州大学纵向科研项目经费间接费用分配及使用实施细则（2022年修订）	2022-07-08
49	苏大科技〔2022〕30号	苏州大学纵向科研项目过程管理办法（2022年修订）	2022-07-08
50	苏大科技〔2022〕34号	苏州大学校级协同创新中心认定和建设管理办法（2022年修订）	2022-07-18
51	苏大科技〔2022〕35号	苏州大学江苏高校协同创新计划项目及资金管理办法（2022年修订）	2022-07-18
52	苏大科技〔2022〕36号	苏州大学赋予科研人员职务科技成果所有权或长期使用权管理办法	2022-07-26
53	苏大科技〔2022〕37号	苏州大学科技成果转化管理办法（2022年修订）	2022-07-26
54	苏大科技〔2022〕38号	苏州大学校企创新联合体建设管理暂行办法	2022-07-26

续表

序号	文号	题名	日期
55	苏大社科〔2022〕3号	苏州大学人文社会科学高质量论文管理办法	2022-04-29
56	苏大社科〔2022〕4号	苏州大学人文社会科学著作类成果管理办法	2022-04-29
57	苏大社科〔2022〕5号	苏州大学决策咨询类成果管理办法	2022-04-29
58	苏大社科〔2022〕7号	苏州大学人文社会科学类纵向科研经费管理办法	2022-05-13
59	苏大实验〔2022〕1号	苏州大学2022年实验室安全检查和专项整治实施方案	2022-03-31
60	苏大实验〔2022〕2号	苏州大学实验室安全准入管理办法	2022-06-02
61	苏大实验〔2022〕3号	苏州大学实验室专业技术安全建设项目管理办法	2022-06-02
62	苏大实验〔2022〕4号	苏州大学实验室危险源辨识、风险评估与分类分级管理办法	2022-06-02
63	苏大外〔2022〕1号	苏州大学教职工因公短期出国管理办法（2022年修订）	2022-01-19
64	苏大外〔2022〕12号	苏州大学国际合作与交流专项资金管理办法	2022-10-06
65	苏大外〔2022〕13号	苏州大学国际学术会议资助项目管理办法	2022-10-06
66	苏大外〔2022〕14号	苏州大学国际联合实验室建设与管理办法（试行）	2022-10-06
67	苏大外〔2022〕15号	苏州大学国际化人才培养品牌专业建设管理办法（试行）	2022-10-06
68	苏大创〔2022〕1号	苏州大学创新创业教育实践基地建设与管理办法（试行）	2022-12-26

2022年市级及以上媒体关于苏州大学的报道部分目录（表102）

表102 2022年市级及以上媒体关于苏州大学的报道部分目录一览表

新闻标题	刊载媒介	刊发时间
全国高校黄大年式教师团队：接续奋斗 至诚报国（报道苏州大学纳米材料科学教师团队）	央视《新闻联播》	2022-05-25
高校多措并举 护航学子学习备考	央视《朝闻天下》	2022-12-29
苏大新添教育实训基地 政校企共建筑牢保密防线	新华社	2022-11-15
苏州大学：切实解决学生"急难愁盼"问题	《光明日报》	2022-01-15
体验吴地风韵 苏州三百余名"海归"集体"园林问雅"	《光明日报》	2022-06-22
助力江苏民营经济发展新蓝图 江苏省新时代民营经济研究院落户苏州大学	《光明日报》	2022-11-07
苏州大学校长熊思东代表：充分发挥高校科技创新主力军作用	《光明日报》	2022-03-11
张晓宏任苏州大学校长	《光明日报》	2022-08-13
苏州大学：党建工作为高质量教学注入"源头活水"	《光明日报》	2022-09-19
苏州：重金打造创新集群 助力实现三大转变	《科技日报》	2022-01-28
以思想政治建设新成效迎接中共二十大	《人民政协报》	2022-04-27
科技兴农看"小院"	《中国教育报》	2022-12-08
苏州大学应用技术学院——用中华优秀传统文化铸魂育人	《中国教育报》	2022-03-06
苏州大学推进"铸魂逐梦"工程，构建"三全育人"格局——人人都是学生成长"陪伴者"	《中国教育报》	2022-09-29

续表

新闻标题	刊载媒介	刊发时间
苏州大学：科研创新要"顶天立地"，也要"铺天盖地"	《中国科学报》	2022-09-20
专注"双碳"研究 苏州大学袁建宇教授获评"全国青年岗位能手"	《中国科学报》	2022-09-30
专注"双碳"研究 苏州大学袁建宇教授获评"全国青年岗位能手"	中青在线	2022-09-02
苏州大学与宿迁学院打造国产图形化编程平台	科学网	2022-04-24
新系统实现360°高精密全自由金属修复	科学网	2022-05-11
给城轨列车装上一双"智慧眼睛"	科学网	2022-05-11
苏州大学"中国贡献给世界的文化瑰宝"英语演讲赛优秀作品展示	学习强国	2022-07-21
就业先锋行·高校书记校长访企拓岗——苏州大学：访来万余岗位 学生就业之路"不断线"	学习强国	2022-07-05
苏州大学未来校区首批新生报到	《新华日报》	2022-09-07
苏大机电工程学院微纳机器人课题组：争分夺秒工作，拿出国家需要的成果	《新华日报》	2022-10-02
苏大附属独墅湖医院签约国际医学专家	《新华日报》	2022-11-11
苏州成立大院大所党建联盟	《新华日报》	2022-05-27
苏州大学将党建落实到教学、科研、管理全过程——以高质量党建引领"双一流"建设	《新华日报》	2022-09-29
让更多千里马竞相奔腾——访苏州大学党委书记江涌代表	《新华日报》	2022-10-22
苏大携手相城深化校地合作共建苏大黄桥实验小学	《新华日报》	2022-10-28
苏大附属独墅湖医院聚智增强医疗服务	《新华日报》	2022-11-25
苏州大学放射医学与防护学院：提优"一核多能"党建工作法，开拓学院高质量发展新局面	《新华日报》	2022-11-22
苏大附儿院完成罕见病基因修饰治疗	《新华日报》	2022-04-01

续表

新闻标题	刊载媒介	刊发时间
"2022软科中国大学排名"发布　江苏15所高校上百强榜	《新华日报》	2022-04-27
苏州银校党建共建凝聚发展合力	《新华日报》	2022-11-25
苏大开通抗疫心理援助热线	《新华日报》	2022-02-21
苏州大学附属第一医院血液科主任吴德沛"血"浓于水，进无止境	《新华日报》	2022-07-27
苏州大学：党建引领人才赋能　答好"双一流"建设的时代答卷	《新华日报》	2022-08-19
苏州大学：创新创建创优　以高质量党建引领高质量发展	《新华日报》	2022-08-19
苏州大学"最强就业推荐团"为毕业生送来万余岗位	新华网	2022-07-05
聚焦"新工科"　探索人才培养新模式	新华网	2022-05-11
苏大师生连续两年赴黔　在社会实践中上好"思政大课"	交汇点	2022-08-20
《江苏省哲学社会科学促进条例》今起施行　苏州大学第一时间学习贯彻《条例》精神	交汇点	2022-09-01
苏大校友感念师恩　捐款母校设立"师恩源"基金	交汇点	2022-12-08
苏州大学助毕业生精准就业打出"组合拳"	交汇点	2022-01-06
闻令而动！苏州大学党员抗疫突击队，出征！	交汇点	2022-02-22
公共卫生专业"储备军"这样助力苏州疫情防控	交汇点	2022-01-15
苏大学子研发智能热防护服　消防员披上新型"变形战甲"	交汇点	2022-05-01
"打造太湖世界级湖区"战略研讨会举办	交汇点	2022-06-16
党建引领优服务　苏州中行与苏大附一院共建结对	《扬子晚报》	2022-11-30
苏大新添教育实训基地　政校企共建筑牢保密防线	《扬子晚报》	2022-11-12
苏大学子研发鱼病疫苗助力养殖户增收	《扬子晚报》	2022-05-10

续表

新闻标题	刊载媒介	刊发时间
"人民满意的公务员"杜开林受聘苏大王健法学院	《扬子晚报》	2022-11-12
劳动教育成为本科生必修课 苏大学子走进田间地头体验"收割忙"	《扬子晚报》	2022-11-13
国家示范基地落户苏州 苏大附一院与吴中集团瑞颐康养共同开启医养结合新篇章	《扬子晚报》	2022-04-29
三维协同 三制融合 三进并行——苏州大学探索多维度工程类专业创新人才培养	《扬子晚报》	2022-04-29
苏州大学：深化教学改革 涵育时代新人	《扬子晚报》	2022-09-23
居家不停学 苏州大学多措并举推进线上教学工作	《现代快报》	2022-03-03
布料上色不用印染，苏大学生科研团队研制出结构色纤维	《现代快报》	2022-05-01
男子离世，遗体捐给儿子就读的苏大	《现代快报》	2022-09-08
低成本、高精度，可媲美工业级惯性传感器 苏大3名本科生发明获国家专利	《现代快报》	2022-03-23
苏大附一院总院二期工程封顶	《现代快报》	2022-05-27
苏州大学等你一起向未来	《现代快报》	2022-06-26
赓续四十载，逐梦向未来！苏州大学商学院发展大会成功举行	《现代快报》	2022-11-14
苏州大学商学院院长冯博：踔厉奋发四十载，笃行不怠向未来	《现代快报》	2022-11-03
联合苏大，赋能黄桥教育量质齐升	《现代快报》	2022-10-28
苏大毕业生论文致谢喵星人 教授为猫题赠言：少喵永不为恶虎	《现代快报》	2022-06-22
苏州大学访企拓岗建立促就业机制	《江南时报》	2022-06-23
苏州大学研究生工作站在相二院"落户"	《江南时报》	2022-07-26
苏州大学第二实验学校"双减"打出"组合拳"	《江南时报》	2022-11-03

续表

新闻标题	刊载媒介	刊发时间
昆山农商银行与苏州大学应用技术学院举办第二届"农商行冠名班"项目宣讲	《江南时报》	2022-10-14
苏州大学第二实验学校举行教师节表彰大会	《江南时报》	2022-09-15
苏州大学访企拓岗促就业有实招:书记线上交流 校长直播荐才	江南时报网	2022-04-24
同心抗疫,"苏战苏决":直击封控区、管控区"战疫"中的苏大人	江南时报网	2022-02-26
苏港同心、抗疫必胜 苏大人参与制作抗疫MV《同待花开》	江南时报网	2022-03-04
苏大材化部教师志愿队筑牢疫情防线守护校园安全	江南时报网	2022-05-11
苏州大学放射医学与辐射防护国家重点实验室:开创医学科普新格局	《江苏科技报》	2022-08-26
苏州大学学子研制地下管网监控系统	《江苏科技报》	2022-04-13
替代高成本高精度传感器 苏州大学学生发明迷你"小黑盒"	《江苏科技报》	2022-04-01
苏州大学"四轮驱动"助推教育国际化	《江苏教育报》	2022-08-03
苏州大学:全面促进党建工作与事业发展深度融合	《江苏教育报》	2022-07-01
苏州大学交响乐团奏响2022年新年乐章	紫牛新闻	2022-01-06
暖心!苏大创业小伙自制"爱心蜜薯"赠送抗疫工作者	紫牛新闻	2022-02-24
在血液中寻找癌变"信号" 苏大学子助力白血病早筛	紫牛新闻	2022-03-22
让党旗飘扬在疫情防控第一线!苏州大学党员师生众志成城同心战"疫"	紫牛新闻	2022-04-21
苏大学子深入体验服务岗位,致敬校园里"最可爱的人"	紫牛新闻	2022-05-01

续表

新闻标题	刊载媒介	刊发时间
开展义诊惠及社区3 200余人　苏大学子研发智能心电监测系统	紫牛新闻	2022-05-13
新增3个本科专业和2个双学士学位复合型人才培养项目　苏州大学今年计划招生6 696名！	紫牛新闻	2022-06-25
运动康复护航青春　苏大学子助力省运会	紫牛新闻	2022-08-20
香港与苏州　追梦25年｜中科院院士李述汤：归来心系创新力　万众同心谋鸿图	苏州新闻	2022-07-04
苏大师生举办线上主题党日活动致敬英烈精神	荔枝新闻	2022-04-05
推动城镇化高质量发展　苏大江村调研基地揭牌	《苏州日报》	2022-09-03
苏大附儿院血液科精准帮扶广西百色　地中海贫血患儿出院	《苏州日报》	2022-03-01
打造高水平合作研究平台　苏大孤独症研究中心成立	《苏州日报》	2022-11-17
引才聚智，以文化人，苏州大学努力构建校地同频共振的创新生态——为城市发展贡献"苏大力量"	《苏州日报》	2022-09-28
苏州大学3个本科专业获批　分别是机器人工程、数据科学与大数据技术、儿科学　今年开始招生	《苏州日报》	2022-03-05
位列全国第29名　苏大附一院"国考"成绩再创新高	《苏州日报》	2022-10-02
5天采样4万多人份　苏大附二院白衣战士携手社区共同抗疫	《苏州日报》	2022-02-21
200余件作品精彩亮相　苏大艺术学院本科毕业作品展开幕	《苏州日报》	2022-05-31
"苏"写青春　放飞梦想　2022年苏州高校新生开学季活动启动暨苏州大学未来校区启用仪式举行　曹路宝致辞　吴庆文出席	《苏州日报》	2022-09-28
学科发展与人才建设全面发展　苏州大学获省级考核"三连冠"	《苏州日报》	2022-05-08

续表

新闻标题	刊载媒介	刊发时间
获批国家临床重点专科建设单位 苏大附儿院血液科迈入"国家队"	《苏州日报》	2022-06-02
"线上自习室"求知氛围浓 各地苏大学子开启居家学习新模式	《苏州日报》	2022-05-28
苏大学生明日起陆续返校 学生须自行在宿舍健康监测一周	《苏州日报》	2022-05-26
6大专业向省内外招生 苏大未来校区将迎来近700名学生	《苏州日报》	2022-06-30
苏州大学黄桥实验小学下月开建 打造名城名校融合发展新样板	《苏州日报》	2022-10-28
姑苏区与苏大东吴智库合作签约 "姑苏智库"活动季启动	《苏州日报》	2022-07-05
苏大附儿院园区总院恢复诊疗服务	《苏州日报》	2022-02-17
筑牢抗疫"红色堡垒" 130余名苏大党员加入"行动支部"	《苏州日报》	2022-02-27
苏大党员师生助力疫情防控 10批152人次赴一线开展志愿服务	《苏州日报》	2022-04-22
探索校银合作新模式 浙商银行苏州分行与苏州大学签署全面战略合作协议	《苏州日报》	2022-06-16
苏大附属苏州十中揭牌 市教育局和苏大签约合作	《苏州日报》	2022-01-27
苏大检测将建"三中心一平台" 苏州高新区打造一流产业创新集群再添助力	《苏州日报》	2022-11-29
苏大新增14个国家级一流本科专业建设点 入选数位列省属高校第一	《苏州日报》	2022-06-20
省内计划招生3 851名 苏州大学江苏本科批次投档线公布	《苏州日报》	2022-07-19

续表

新闻标题	刊载媒介	刊发时间
技术突破有效节约成本　苏大科研团队研发的技术被世界500强企业应用	《苏州日报》	2022-05-08
苏大附一院总院二期封顶　增加1 800张床位，明年启用	《苏州日报》	2022-05-27
全国顶级医院排行榜发布　苏大附一院首次跻身三十强	《苏州日报》	2022-07-11
一年做一件终生难忘的事：苏州大学"惠寒"研究生支教团接力支教中西部	《苏州日报》	2022-05-12
打造恶性肿瘤诊疗研发平台　苏大附儿院获批省工程研究中心	《苏州日报》	2022-01-08
苏大再次入选"双一流"名单　材料科学与工程学科入选世界一流学科建设名单	《苏州日报》	2022-02-25
助力健康中国战略实施落地　苏大医学教育110周年发展大会举行	《苏州日报》	2022-11-06
2021年度省属高校领导班子考核结果公布　苏大领导班子获评"优秀"	《苏州日报》	2022-06-02
苏大今年计划招生6 696名　新增3个本科专业和2个双学士学位项目	《苏州日报》	2022-06-25
苏州大学博物馆：跨越百年的流芳	《苏州日报》	2022-11-05
开启拔尖创新人才培养新模式　苏州大学启动未来精英计划	《苏州日报》	2022-06-28
连续三年获江苏高校综合评价A等第一　苏大研究生教育再获殊荣	《苏州日报》	2022-05-28
苏州31个牵头项目获省奖励　阮长耿院士荣获全省唯一基础研究重大贡献奖	《苏州日报》	2022-02-28
苏大多措并举推进线上教学工作　3万余名师生齐聚云端	《苏州日报》	2022-02-28

续表

新闻标题	刊载媒介	刊发时间
坚持社会主义办学方向 深化名城名校融合发展 早日建成中国特色世界一流高水平研究型大学 中共苏州大学第十三次党代会开幕 曹路宝到会祝贺并讲话	《苏州日报》	2022-09-30
苏州大学未来校区9月投用 新增机器人工程、数据科学与大数据技术2个专业	《苏州日报》	2022-06-16
中国青年科技奖揭晓 苏大何耀教授榜上有名	《苏州日报》	2022-11-15
党建共建 携手苏大教授团队深化合作 太仓市城投集团成立"校在一企"党建共同体	《苏州日报》	2022-07-22
学习贯彻党的二十大精神省委宣讲团宣讲报告会在苏州大学举行 曹路宝作宣讲报告	《苏州日报》	2022-11-15
为国家网络安全建设传递科技薪火	《苏州日报》	2022-10-07
苏战速决,我们在行动	《姑苏晚报》	2022-03-04
苏大新增两个双学士学位项目 学制4年,今年开始招生	《姑苏晚报》	2022-05-16
苏大附一院总院二期封顶 增加1 800张床位,西区明年启用	《姑苏晚报》	2022-05-27
苏州大学举行2022级新生开学典礼 1.3万新生共上开学一课	《姑苏晚报》	2022-10-07
"云端筑梦"丰富寒假生活 苏大学子参与在线支教活动	《姑苏晚报》	2022-02-17
全国顶级医院排行榜发布 苏大附一院首次入围30强	《姑苏晚报》	2022-07-11
全国五大学科竞赛(初赛)成绩出炉 81名苏州学子获一等奖	《姑苏晚报》	2022-10-31
开展系统化国际医学合作 两家省级中心落户苏大附二院	《姑苏晚报》	2022-11-05
首批江苏省研究型医院揭晓 附一院、附儿院入列	《姑苏晚报》	2022-09-15

续表

新闻标题	刊载媒介	刊发时间
坚持安全隐患零遗漏　苏大召开安全稳定工作会议	《姑苏晚报》	2022-09-18
苏大附一院增设线上护理咨询　门诊时间为每周一至周五	《姑苏晚报》	2022-02-21
苏大学子助力白血病早筛　在血液中寻找癌变"信号"	《姑苏晚报》	2022-03-23
配有先进专科设备　苏大附一院集团名仕医院消化内镜中心启用	《姑苏晚报》	2022-09-20
中国医院科技量值榜单　苏大附一院列全国第33位	《姑苏晚报》	2022-08-10
筑梦冰雪，相约冬奥　苏大中外学子"一起向未来"	《姑苏晚报》	2022-01-18
校园马拉松跑了10年了　苏州大学师生细雨中奔跑	《姑苏晚报》	2022-11-20
为广西地中海贫血患儿进行骨髓移植　苏大附儿院启动帮扶项目	《姑苏晚报》	2022-01-20
苏大附儿院获批省工程研究中心	《姑苏晚报》	2022-01-08
苏大检测在虎丘区开业　聚焦医疗器械研发、临床前动物实验等	《姑苏晚报》	2022-11-29
苏大研究生学术科技文化节开幕　"学梓讲堂"线上举行	《姑苏晚报》	2022-05-21
苏大研究生辅导员开启"战'疫'状态"　"疫"路守护全校2万多名学生	《姑苏晚报》	2022-03-01
奏响新年篇章　苏大举办新年音乐会	《姑苏晚报》	2022-12-27
苏大送出今年首封录取通知书　未来校区9月将正式启用	《姑苏晚报》	2022-07-22
实现360°高精密全自动金属修复　苏大学子创新激光熔覆系统	《姑苏晚报》	2022-05-12
学科与人才建设全面发展　苏大获省级考核三连冠	《姑苏晚报》	2022-05-09
助力疫情防控　苏州大学志愿者投入核酸检测工作	《姑苏晚报》	2022-04-14
访企拓岗促就业有实招　苏大书记、校长"直播荐才"	《姑苏晚报》	2022-04-26

续表

新闻标题	刊载媒介	刊发时间
在轮椅上为残疾人打造一条属于自己的"马路" 苏大博士获评"强国青年创业者"	《姑苏晚报》	2022-10-09
以声寄情 以月传意 苏大教师举办中秋朗诵会	《姑苏晚报》	2022-09-09
苏大学子线上"云"自习 居家学习新模式让他们不再"孤军奋战"	《姑苏晚报》	2022-05-30
苏大师生连续两年赴黔 在社会实践中上好"思政大课"	《姑苏晚报》	2022-08-21
首轮建设成效显著 苏大再入"双一流建设名单"	《姑苏晚报》	2022-02-25
"全国党建工作示范高校"培育创建单位 苏州大学党委入选	《姑苏晚报》	2022-03-09
新增3个本科专业 今年苏大计划招生6 696名	《姑苏晚报》	2022-06-25
苏大附儿院眼科专家建议做到"一个端正""两个减少""三个要多" 网课护眼秘籍来了,快收藏!	《姑苏晚报》	2022-03-03
新校区 新面孔 新智慧 苏大未来校区迎来首批大一新生	《姑苏晚报》	2022-09-26
苏大附儿院心脏中心昨成立 为"心"病危重患儿提供精准诊疗	《姑苏晚报》	2022-11-20
经历酸甜苦辣 收获磨炼与成长 高校毕业生"求职冲刺"记	《姑苏晚报》	2022-07-20
引导"星宝"摆脱社交恐惧与障碍 苏大"孤独症分享合作大社交"干预训练营昨日开营	《姑苏晚报》	2022-11-15
中国医院科技量值榜单 苏大附儿院7学科进全国百强	《姑苏晚报》	2022-08-07
新增2个专业 苏州大学未来校区今秋投用	《姑苏晚报》	2022-06-10
苏写青春 放飞梦想 2022年苏州高校新生开学季活动启动暨苏州大学未来校区启用仪式举行 曹路宝致辞 吴庆文出席	《姑苏晚报》	2022-09-28

续表

新闻标题	刊载媒介	刊发时间
两校深入合作共育人才　苏州大学为星海 37 名苏大新生颁发录取通知书	《姑苏晚报》	2022-07-25
在苏大附儿院成功接受哥哥的造血干细胞移植　爱心救助基金让新疆女孩获新生	《姑苏晚报》	2022-01-08
打造苏大未来校区"学镇"新风貌　吴江八坼街道着力提升校区周边品质	《姑苏晚报》	2022-09-01
受益于苏大附儿院的医疗帮扶项目，广西患儿重燃生命希望	《姑苏晚报》	2022-02-07
让孩子们乐享缤纷一夏　苏大学子开展志愿服务活动	《姑苏晚报》	2022-07-21
苏大省内计划招生 3 851 名　志愿满足率：历史类 91.94%　物理类 90.59%	《姑苏晚报》	2022-07-19
苏大附儿院吴中分院引进病区管理新模式　优质资源为儿童健康保驾护航	《姑苏晚报》	2022-09-04
诺奖得主与苏大的 8 年情缘	《姑苏晚报》	2022-10-09
为美丽乡村建设贡献青年力量　苏大学子"井上添画"	《姑苏晚报》	2022-08-07
连续三年获江苏高校综合评价 A 等第一　苏大研究生教育工作再获佳绩	《姑苏晚报》	2022-05-29
停课不停学　苏州大学春季学期教学工作在线上全面展开	看苏州	2022-02-24
云陪伴　共抗疫！231 名苏大学子为抗疫人员子女提供"一对一"公益线上辅导	引力播	2022-02-24
苏锡常三地专家助阵　苏州大学面向社会开通抗疫心理援助热线	引力播	2022-02-21
超酷！苏大研究生新发明：柔性电池背上身，太阳就是你的充电站	引力播	2022-03-22

续表

新闻标题	刊载媒介	刊发时间
海浪来供能，苏大学子启动"蓝海引擎"助力海洋强国梦	引力播	2022-05-08
今年招生！苏州大学获批两个双学士学位复合型人才培养项目	引力播	2022-05-14
三方共建　打造高水平特色商学院	引力播	2022-06-16
"最后一堂大思政课"温暖开讲　苏州大学举行2022年毕业典礼暨学位授予仪式	引力播	2022-06-22
苏州大学启动未来精英计划，开启拔尖创新人才培养新模式	引力播	2022-06-27
专注"双碳"研究　苏州大学袁建宇教授获评"全国青年岗位能手"	引力播	2022-08-22
深入祖国边疆　苏大学子开展志愿服务实践活动	引力播	2022-08-24
苏州大学江村调研基地揭牌　助力中国特色城镇化研究	引力播	2022-09-02
铸魂润心！苏州大学启动强师行动计划	引力播	2022-11-08

后 记

《苏州大学年鉴2023》将2022年学校的各种信息汇编成集，力求全面地记载学校一年来的主要工作、重大事件、发展特色，全面反映学校各方面发展的成果，供学校各方面查考、借鉴、比较。

《苏州大学年鉴2023》的编写体例与往年基本相同，记载的内容主要是2022年学校各方面的工作，主要数据收录截至2022年12月31日。

《苏州大学年鉴2023》的顺利出版，主要是在学校各单位的大力支持下完成的，在此谨表示衷心的感谢！

《苏州大学年鉴2023》在编写过程中，除编委以外，档案馆的付双双、程利冬、张亮、於建华、张娟、朱明、钱昆、周佩佩等同志都参加了编写工作，并为此付出了辛勤的劳动。

特别值得一提的是，苏州大学出版社对《苏州大学年鉴》的出版，数十年如一日，给予大力支持，在此表示衷心的感谢！

在编写过程中，我们力求资料翔实、数据准确，但由于面广量大，可能仍有疏漏之处，敬请广大读者批评指正。

编　者
2024年6月